澳門

庚寅 選堂

饶宗颐教授　惠赐墨宝

第三届澳门学国际学术研讨会

The Third International Conference on Macaology

主办单位：北京外国语大学

澳门基金会

中国社会科学杂志社

澳门大学

2012年11月14~16日

中国　北京

澳门学论丛

全球视野下的澳门学

第三届澳门学国际学术研讨会论文集

THE MACAOLOGY
IN THE GLOBAL PERSPECTIVE

澳门大学澳门研究中心　编

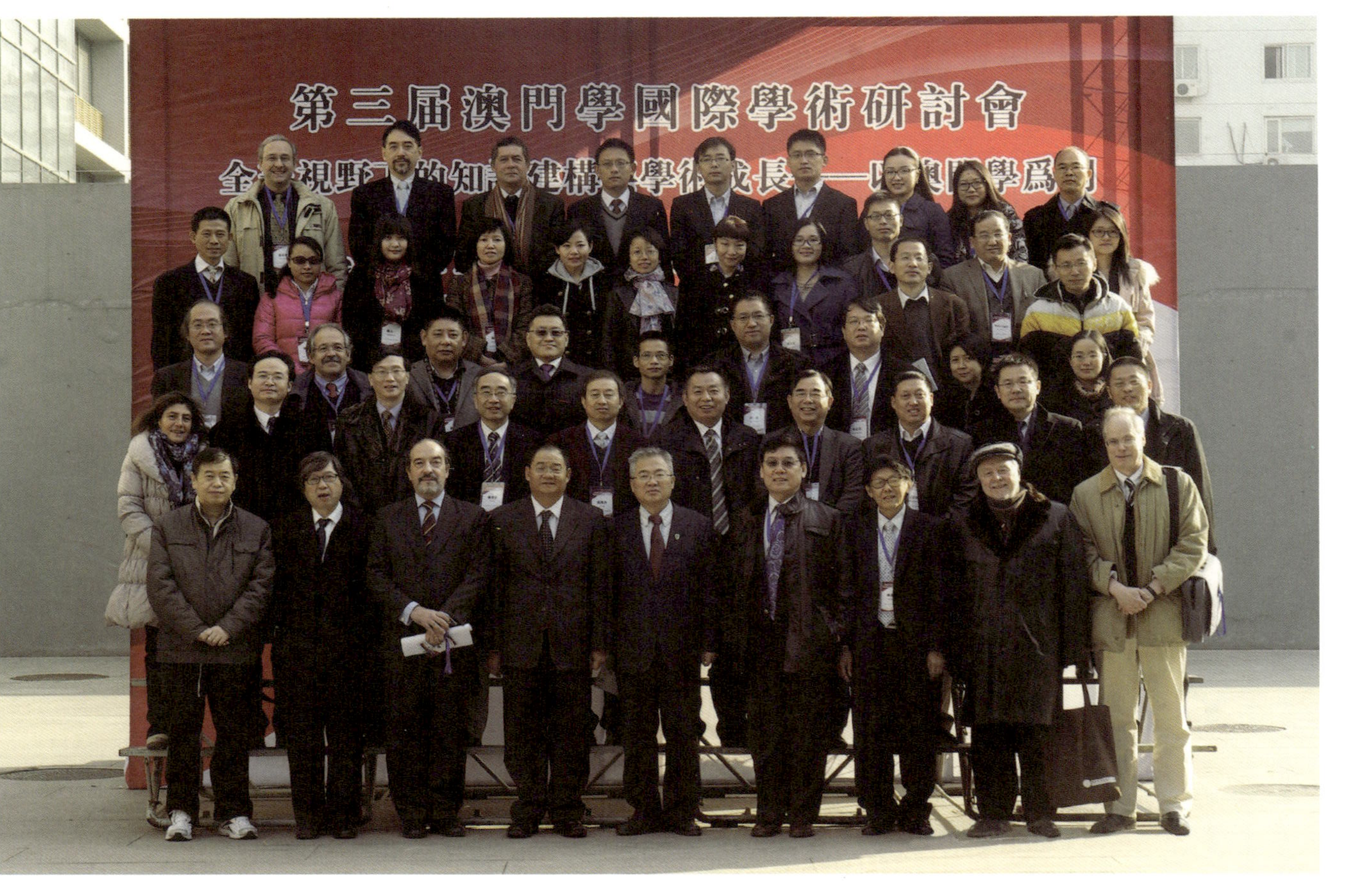

第三届澳门学国际学术研讨会主礼嘉宾与学者合影

目　　录

澳门与中外关系

澳门文献与澳门学学科成长

澳门与中西文化交流

澳门：社会发展与城市变迁

澳门学：揭示澳门文化的内涵与价值

韩　震*

北京外国语大学与澳门有着特殊的渊源，北京外国语大学的许多优秀毕业生，都活跃在澳门葡语文化相关的各类机构中，如澳门基金会行政委员会主席吴志良博士、澳门理工学院院长李向玉教授等。此外，澳门基金会和澳门大学长期支持北京外国语大学葡萄牙语专业的建设与发展，澳门基金会多次支持北京外国语大学中国海外汉学研究中心的学术出版项目。校友对母校的这种回馈是尤其令人珍视的。因此，在北京外国语大学，"澳门"是一个令人感到亲切的名词。

澳门在新石器时代开始就有了人类文明的足迹，东西方文化在这里融和共存，风貌独特。澳门学研究就是通过对澳门在人类文明发展史上的地位与作用等问题的探索，进一步揭示澳门文化在人类文明接触、交汇与融合过程中的内涵与价值。澳门曾一度是中国与西方各国交往的枢纽，这使澳门学的研究不可避免地涉及多种西方语言的资料，挖掘、整理和研究西文文献中的"澳门"乃至"中国"，是开发澳门学这个完整的学术领域最基础的工作。作为国内开设语种最多的外语院校，北京外国语大学正在积极发挥优势，协同各方做好相关工作。

北京外国语大学建立的70余年来，中外文化交流研究一直是其保持不变的学术传统。以周珏良、王佐良、许国璋等为代表的北外学者，为中外文化交流研究做出了突出贡献。近年来，北京外国语大学海外汉学研究中心重

* 韩震，北京外国语大学校长、教授、博士生导师，兼任教育部社会科学委员会委员、全国高等学校教学研究会理事会副理事长。

视早期入华传教士与中西文化交流研究、中国古代经典文化在域外的传播和影响研究，特别是在2013年10月联合德国、英国、意大利、俄罗斯等国档案机构和文献专家，在德国杜塞尔多夫召开了“欧洲藏中国文献的整理与研究”国际学术研讨会。这些不仅是北京外国语大学达成“把世界介绍给中国，把中国介绍给世界”的使命、努力实现“让中国了解多样的世界，让世界理解变化的中国”构想的重要步骤，同时也构成和丰富了澳门学的研究内容。

我高兴地看到，第三届澳门学国际学术研讨会还扩展了北京外国语大学的合作范围——增添了中国社会科学杂志社这个非常重要的合作伙伴。这一合作意味着中国学术界对澳门学研究的认可，也必将引导北京外国语大学的人文社会科学研究走向更高的层次。北京外国语大学目前正经历着从单一外语大学向复合型大学的转型过程，在这方面我们也期待与中国社会科学杂志社展开更为深入的合作，并预祝澳门学研究由此踏上一个新的台阶。

学术规范：澳门学学科建设的基础

吴志良*

2011 年，在葡萄牙首都里斯本举办的“第二届澳门学国际学术研讨会”上，我曾经提到，应该将澳门学的学术规范视为一个重要的学术理论问题加以讨论和研究。在此，我想再度重申建立学术规范对澳门学学科建设的重要性。

众所周知，澳门学知识增量已转型成为一门由本土知识体系构建起来的学科。正是由于澳门学建基于本土知识及其解释体系，对本土知识的发掘整理、研究和论证需要科学的学术规范作为支撑，不但使本土知识成为具有新增长点的知识，也使澳门学本身能在严密的学术程序上建立起来，使相关学科研究所提炼出来的学术成果产生辐射作用。

另一方面，澳门在历史上担当近现代中西文化交流起始的平台角色，华洋居民数个世纪以来在这块弹丸之地和平共处、分治，并未出现太多或者严重的冲突。这些事实，已为史学家所论证并相信的共识，没有太多人会表示异议。这种文化间的对话方式，或者说“澳门模式”的个中成功之处，也一直是学术界加以探究的重要课题之一。

澳门之所以成功扮演中西文化交流的平台角色，主要是由于澳门提供了中西文化相遇和对话的“公共空间”，同时澳门具有的独特政治地位，使其兼备多重社会身份认同，从而方便并增进了中国与西方世界之间的对话和理

---

* 吴志良，澳门基金会行政委员会主席，兼任公共行政管理学会会长、澳门学者同盟主席、中国中外关系史学会副会长、中国明史学会理事、中国国际问题研究和学术交流基金会理事，以及澳门大学、澳门科技大学、南京大学、北京外国语大学客座教授。

解，这是澳门学的核心内容，也是我们提出“澳门模式”的基本出发点。

事实上，探索“澳门模式”的宏观特征和微观内容，正是澳门学学科建设的核心任务所在。正如国务院前总理温家宝在2010年视察澳门大学时所作出的指示一样：澳门学对研究澳门历史文化在中国乃至世界历史长河上有着重要意义。所以，我们应该竭尽我们的责任和努力，推动澳门学的学科建设和学科研究。

由此可见，澳门学的学科建设和讨论今后应该集中在两个方向：一个是确定学术规范的具体内容和技术操作，这涉及学术本体与认识论的确定问题；另一个是探索“澳门模式”的宏观特征和微观内容，这是研究课题的取舍问题。

我们期待通过本届研讨会的主旨——“从澳门到北京：全球视野下的跨文化运动”，及其相关研讨内容——澳门学学科建设、宗教与文化、澳门与中外关系、澳门文献与澳门学学科成长、澳门与中西文化交流以及社会变迁与城市发展，能够为上述两个方向寻找到初步的目的，在过去取得的成果上更上一层楼，通过触及实质的内容使澳门学能早日成为对学术界产生深远影响的学科，并进一步使澳门在世界文化交流中发挥示范作用。

本着促进、发展或研究文化、学术的宗旨，澳门基金会一直致力推动澳门学的构建与发展。希望通过是次研讨会，进一步联合志同道合的朋友们，为繁荣澳门学术共同贡献自己的力量。

澳门学发展的三个要素

高　翔*

近年来，澳门基金会在吴志良主席的带领下，积极支持和推动澳门学的建设与发展，并先后资助了第一届、第二届澳门学国际学术研讨会。去年，我有幸受邀参加了在葡萄牙里斯本举行的第二届澳门学国际学术研讨会。在那次会议上，我亲身感受到澳门学作为一门学科的巨大发展潜力。自16世纪中叶葡萄牙人取得澳门居住权之后，澳门即开始发挥西学东渐、中西文化交流的桥梁作用，成为中国放眼看世界的重要窗口。经过400多年欧洲文明的洗礼，澳门既吸纳了欧洲先进的文明，同时又传承着中华文明的基因，中西合璧的文化特质造就了澳门独树一帜的人文景观。在澳门，中西文化交汇融合，不同族群和平相处，东西方宗教和谐共生，共同描绘出澳门多元文化的历史画卷。反观当今世界，民族冲突此起彼伏，宗教极端主义猖狂肆虐，民族分离主义运动风起云涌，国际安全形势扑朔迷离。而澳门则做出了不同文明彼此尊重、相互学习、和谐共处的典范，为我们思索不同文化的关系乃至人类文明的未来提供了宝贵的思想财富，其中蕴含着实现重大理论创新、促进知识增长的丰富资源。从这个意义上说，此次会议将主题定为“澳门学的知识建构与学术成长”，具有重要的学术意义与现实意义。

借此机会，我想就澳门学的发展提出一些个人的粗浅认识，供学界同仁批评指正：

第一，澳门学的发展需要建立自己的理论体系。从学术发展的一般规律

---

* 高翔，中国社会科学院秘书长、研究员。

来看，一门独立的学科，至少需要具备两个条件：一是拥有自己独特的研究对象，二是建立自己特有的理论体系。自20世纪80年代澳门的一批学者提出建立澳门学的设想以来，澳门学者包括世界各地从事澳门问题研究的学者，积极投入到分散在世界各地的澳门历史文献资料的搜集和整理之中，取得了一大批厚重的学术成果，为澳门学的建设与发展奠定了必要而坚实的文献基础。然而，对文献的扎实研究，对历史的详尽描述，并不等于也无法取代理论体系的建设。所谓“理论体系”，就是要在稳步推进历史研究的基础上探索历史发展的基本规律，建构系统化、普遍性的知识体系，将本土性知识提升至全球性知识的理论高度，为人类知识的增长做出应有的贡献。因此，澳门学的研究，需要超越澳门问题本身，将澳门问题放置在整个人类历史进程中予以考察，以全球人文关怀的理论自觉性揭示出澳门问题的普遍性意义。

第二，澳门学的发展需要积极推动跨学科研究。当今国际学术发展的基本趋势是任何重大理论问题的解决都无法由某一单一学科独自完成，任何一门学科的学术成长都离不开跨学科研究所开辟的新的知识增长空间。对于像澳门学这样一门立志建成独立学科的研究领域来说，有意识地进行跨学科研究尤为必要。任何新兴学科的成长，都需要从成熟学科中吸取理论智慧，将成熟学科的理论范式创造性地运用于新兴学科领域，从而有助于建立新兴学科的理论体系。环顾当代人文社会科学诸学科，“经济学霸权主义”如日中天，科学化程度最高、学科体系最为完备的经济学不断向其他学科渗透，社会学、政治学、法学乃至历史学无不借鉴经济学的概念、理论或方法。例如，政治学由于借鉴了经济学的分析方法，形成了新政治经济学，推动了政治学朝着定量化、科学化的方向发展，实现了政治学学科发展史上的一次重大理论突破。当然，澳门学的发展不是要盲从经济学僵硬的量化方法，但是毫无疑问，澳门学的发展需要借鉴经济学、社会科学、法学等学科的概念工具、理论假设或分析方法。澳门学应该是一门立体化、纵深式的学问，它不仅要研究澳门的历史，还要研究澳门的现实与未来；它不仅要研究澳门的历史文化，还要研究澳门的经济、政治、社会、法治等一切与澳门相关的领域。这样一门涉猎面极其广泛的学问，自然需要多学科的协同努力。澳门学研究的跨学科研究不单是借鉴其他学科的理论知识，更主要的是利用澳门学的经验材料去检验或修正已有的学术范式，唯有如此，才能彰显澳门学的理论意义，才能得到国际学术界更广泛的承认。

第三，澳门学的发展需要完善学科建制和课程设置，持续不断地培养研究澳门学的专门人才。任何一门学科的发展，绝非一朝一夕之功，需要一代又一代学人长期不懈的辛勤耕耘。因此，学科的发展不仅涉及科学研究，也内在地包含着研究队伍的培养问题。人才培养必须有着明确的教学理念，而教学理念又体现在课程设置和培养机制方面。在西方学术界，各个学科都有一整套严格的学术培养制度，包括在各个学科之下设立诸多分支领域，规定攻读博士学位者必修的课程和选修的课程等，这套做法为研究人员未来的持续研究奠定了合理的知识结构和牢固的理论基础。同样，澳门学的长远发展，也需要建立一支学术能够不断得到传承的研究队伍，这就需要我们认真思考澳门学作为一门独立学科，应如何设计一套合理的课程教学体系和人才培养机制，造就一批又一批创新性人才。十年树木，百年树人。澳门学的建设与发展，必须高度重视研究队伍的培养工作，这是澳门学发展的百年大计！

澳门学既是一门年轻的学问，又是一门迅速成长的学问。中国社会科学杂志社今后将继续支持澳门学的发展，为澳门学发展成为一门具有广泛国际影响的学科贡献力量！

澳门学：知识体系中澳门谱系的呈现

郝雨凡*

澳门是个弹丸之地，却创造了影响近代世界历史进程的大历史。20世纪80年代中期，一批澳门学者提出了建构澳门学的设想，并就此进行了讨论和研究。2010年和2011年，澳门基金会、澳门大学等机构先后在澳门、里斯本召开了两届澳门学国际学术研讨会，试图从国际学术层面，从人类文明发展的视野探索澳门学的学术可能性。在这两次会议上，国内外学者对澳门学的学科建设和文献基础，包括澳门学的概念、对象以及范式等问题做了广泛而深入的探讨，并初步形成了一些共识。

研究澳门学，必须"跳出澳门研究澳门"，必须从全球人类文明发展的大视野考察澳门西学东渐、东学西传，以及异质文明碰撞兼容的独特性，探讨澳门社会、文化、经济的独特的结构功能和价值形态，以"互动相生"的文化传播范式，探讨澳门在世界文明进程中的特殊地位和作用，以弥补世界史关于不同文明相互融合研究的不足，丰富人类现有的知识体系。因此，澳门学不应该是仅仅冠以澳门之名的地区学，澳门学可界定为关于澳门的学问，所研究的领域包括澳门的政治、经济、社会、文化等方面的历史、现实和未来，更应界定为关于人类知识体系中的澳门谱系的呈现，是以澳门为承载和中心的所有历史认知、世界认知的知识系统的综合。澳门学的这种知识体系，从时间上看，不仅是面对"已经过去"的历史存在，而且随着澳门特殊的政治形态和文化形式的存在和延续，更加关注澳门"正在发生"的

* 郝雨凡，澳门大学社会科学学院院长、政治学讲席教授、博士生导师。

社会形态在现阶段以及未来的表现形式及其走向，这一特点，决定了澳门学的学术内涵既有历史的文献性，又有当代的现实性；从空间上看，近500年来，澳门外引欧洲，内联中国，是中国与世界联系的枢纽，也是中西文化相互传播和影响的驿站，不间断地记载着明清以来中国与世界交往的各种珍贵信息，直接或间接地对东西方近代历史以及人类文明发展产生了重大影响。这一特点，决定了澳门学的学术边界既是澳门的，也是中国的，更是世界的。

研究澳门学，具有重要的学术价值和现实意义。澳门是中国文明乃至东方文明的最初模块，是西方世界投射到中国的原始影像。澳门所扮演的历史角色及其所具备的特殊地位和作用，使澳门学在中国和世界知识体系中具有别样的风情和魅力。澳门学的全部学术内涵，指向500年来中西文明交流史的重新梳理，指向中国近代史的重新认知，指向世界文明史的重新建构。澳门学具有丰富而深邃的中国近代史矿藏，具有广阔而壮丽的世界史内涵，在世界近代史和世界文明发展史上具有不可忽略、需要重新评估的价值。研究澳门学的现实意义在于，澳门学基于不同文化互动相生的学术范式，为人类不同类型的文化如何相处相知提供了有价值的认知，为人类文明的发展揭示了可能的路向——不同的民族、宗教、文化如何交往，怎样相处。当今世界，地区性的冲突多为民族、宗教、文化之间的摩擦所造成，这些冲突如何避免，这些冲突如何化解，如何实现和谐共处——这些问题时刻困扰着各国政治家。澳门的经验显示，不同的民族、宗教、文化共处共融，编织出这样一种美好场景：不是在征服中求胜利，而是在多元中求和谐；不是在冲突中被毁灭，而是从多元中谋大同。研究澳门学，就是要寻找这种“美好场景”的历史解释和核心价值，为当今世界妥善处理民族、宗教、文化问题，促进世界各国的和平发展提供有益的启事和借鉴。

研究澳门学，是在全球化的进程中，地方知识如何与全球化形成有益的观照并为人类文明贡献增量的学术过程。作为一门新兴学科，澳门学的创建和发展，澳门学树立于世界学术之林，是一个漫长而艰难的过程，需要所有研究澳门，研究社会科学，研究人类文明发展的各国学者共同努力。同时，澳门学的成长，需要借鉴东方学、敦煌学以及徽学等新兴学科的成功经验，在全球学术田野中汲取养分。从这个意义上说，此次会议以“知识建构与学科成长”为主题，对于成长中的澳门学，是一场及时雨，更是一个助推器。此次会议由北京外国语大学、中国社会科学杂志社、澳门基金会、澳门大学联合举办，显示了内地具有深厚学术背景和重大学术影响的学术机构对澳门学的关注和支持，也是澳门、内地主流学术界的一次真诚的互动与配合。这种合作，对澳门学乃至整个澳门学术界都是一次极为重要的、具有历史意义的学术经历。此次莅会的专家学者，在澳门学以及社会科学学科建设领域素有研究。今天，大家汇聚一堂，共同探讨澳门学的学术可能性如何转变为学术现实性，澳门学的地方知识如何融入世界知识体系，澳门学的互动相生的学术范式在人类文明传播范式中的历史地位，以及澳门学之于不同文化互相尊重、和谐相处的现实意义等等重大问题，必将进一步推动澳门学的建设和发展。

澳门学：我们应该做些什么？

胡阿祥*

承邀参加“第三届澳门学国际学术研讨会”。品味邀请函中之澳门学定义，即“澳门学是以文献档案、文化遗产为基础，以历史文化和社会生活为对象，探寻澳门模式与澳门精神的综合性学科”，回想本人在澳门的历史文化考察、社会生活体验，这样的澳门学定义，堪称严密。然则定义既明，围绕着澳门学的基础研究与应用研究，我们具体应该做些什么呢？

一 “地域”如何成“学”？

在学科归类上，指向特定时空范围的澳门学，无疑属于地域学的范畴。2007 年 10 月，在韩国全州召开了“全州学国际学术大会”，大会的目的之一在于“领会中国、日本和国内外地域学研究现况及课题”。应会议的要求，笔者作《中国历史研究的地域视野与南京地域历史文化的研究》报告，以为中国“地域学研究现况及课题”之例。在这次报告中，本文提出了地域学研究“特别希望强调的几点”：

其一，中国各地“地域学”的研究，不能离开中国历史、文化、社会、生活的大背景，作为重视统一传统的国家，在探讨各地地理环境、经济形态、政治状况、文化教育、社会习俗乃至文化心理等方面“同中之异”时，不能忘记“异中之同”，没有了这种辩证的、相对的“同”与“异”，也就

* 胡阿祥，南京大学历史学系教授。

没有了坚强的“地域学”的学术基础。

其二，如果不以中国的历史过程与空间范围为限定，而言普遍意义上的“地域学”，则一定地域内，自然尤其是人文方面可成体系、相对独特、较为稳定、尚在传承、认同感强的现象，是地域学能够成立的关键。相当数量的历史文献、众多类别的实物遗存以及其他形式的无形文化遗产，是地域学能够展开的学术基础。历史学、地理学、历史地理学以及社会学、文化学、人类学等学科，是地域学重要的支撑学科。具有系统的理论、可以操作的方法、工具意义的术语，是地域学走向成熟的标志。国家与地方、全国与区域、微观与宏观、个性的差异与共性的一致、地域内的历时比较与地域外的共时比较，是地域学需要妥当处理的几对关系。

其三，“地域学”不可仅仅满足于地方性资料的发现与整理以及“地方性知识”的描述。体验式的学术研究与应用性的经世致用，是地域学首先应该兼顾的两大方面。成功的地域学，应该能为特定地域的经济社会发展提供精神动力、智力支持和文化氛围，并且通过与地域经济的互动，形成文化经济，产生经济效益和社会效益。

其四，本地学者、政府、民众的共同参与，外地学者、政府、民众的大体认同，是地域学能够推进的社会保障。

以此衡量，以“揭示澳门文化在人类文明接触、交汇与融合过程中的内涵与价值”为学术目标的澳门学，是能够成立、可被承认的“地域”之“学”。所以，问题的关键就落在了：澳门学如何架构与怎样展开？

二　成功的地域学之借鉴：以徽学为例

与澳门学同属广泛意义上的“地域学”，在民族众多、历史悠久、保持地域特色相对明显的中国，当然还有许多，它们各具学术基础、社会需求、现实价值。如已然成为国际性学问、虽以地域命名其实学科性质比较复杂的“敦煌学”“藏学”“西夏学”“客家学”；带有强烈的以“精细”为核心的地域性色彩（潮汕地区），以饶宗颐先生为大旗、在本地与台港澳及海外讲潮汕话民系中（约 2000 万人）较有影响的“潮州学”或“潮学”；致力于研究北京城市及其区域环境共同组成的区域综合体之形成、演化、发展规律，具有较强应用性与综合性的“北京学”；以及新兴的诸如“楚学”“泉州学”“温州学”“三峡学”一类关注“地域”的学科。这些“地域学”的成功经验非常值得澳门学借鉴者。以典型的“地域学”之“徽学”（也称“徽州学”）为例，即对澳门学的架构与展开具有重要的参考价值。

徽学是以徽州社会历史文化及其传承为研究对象的。显然，“徽州”就是“徽学”赖以存在的地域基础。作为历史地理概念的徽州，位于今天安徽省的南部，略指当年徽州府所辖的六县，即歙县、休宁、黟县、祁门、绩溪、婺源[①]。其地理环境层峦叠嶂，万木丛生，为“七山一水一分田，一分道路和庄园”，所以外出经商成为徽州人谋生的主要途径，徽商也因此成为明清商业舞台上一支重要的地域性商帮群体，这又形成了本土意义上的“小徽州”与徽商意义上的“大徽州”的概念。徽商重视商业合同与契约文书的作用，重视家族谱牒的修纂，且有收藏文书与原始资料的优良传统；徽州还有“好讼”“健讼”的风气，凡事皆以文字记录下来，举凡土地买卖、租佃、借贷、典当，甚至家庭的分家等，都以文书的方式加以记录，作为凭证。又作为地域文化概念的徽州，是以宗族制度为社会基础、以朱子之学为指导思想、追求儒贾仕三结合的典型地域。再有值得指出者，徽州地域社会当然是中国传统的农村社会，而宋、元以来，特别是明、清、民国中央政府的一系列土地赋税制度政策，在该地域得到了忠实的贯彻执行，其相对封闭的地理环境，则为丰富的原始性文书档案材料的保存提供了天然条件；以此，由徽州地域，中国宋、元以来特别是明、清、民国传统农村社会的可见一斑。

徽学的研究，运用了宏观研究与微观研究相结合、综合研究与个案研究相结合、计量研究与比较研究兼重等方法，涉及历史学、文献学、经济学、社会学、人类学、地理学、文学、美学、民俗学、建筑学、环境学和医学等诸多学科，故而徽学的属性，按照现代学科分类难以归属，简言之，它是综合性的“地域学”。

---

① 徽州一府六县的格局，奠定于唐大历五年（770），是年，歙州辖此六县。北宋宣和三年（1121）改歙州为徽州；元为徽州路；元末、明、清为徽州府。虽其名称有州、路、府之变化，但辖六县不变，且维持近1200年之久。作为政区或类政区名称的“徽州”的消失，是在1987年，是年，撤销徽州地区，成立地级黄山市，辖有屯溪区、黄山区（原太平县、县级黄山市）、徽州区（原歙县岩寺区）、歙县、黟县、休宁县、祁门县，并包括黄山风景区，直属省辖；同时绩溪县被划出，隶属安徽省宣城地区。

徽学得以确立的学术基础有三方面：一是大量的历史文献（文字资料）。如丰富的徽人著述，齐全的徽州府县乡镇志书，众多的徽州谱牒，以及初步估计约在40余万件的文书。徽州文献数量之多，涉及面之广，学术质量之高，在中国极为罕见。二是大量的文化遗存（物态文化资料）。据不完全统计，原徽州府属6县有各种文化遗存5000余处，另有各类馆藏文物近20万件。这些物态文化资料，不仅可以补充文字资料的不足，验证文字资料的真伪，而且本身就是活着的或者形象的历史文化。三是以口述和演唱形式保留下来的无形文化遗产。如傩舞、目连戏、徽剧、民间游艺、传统工艺以及民俗、方言等。以此为基础，徽学的内容十分丰富，略言之，包括徽州宗族、徽州土地制度、徽商、徽州文书档案、徽州典籍、徽州教育、徽州科举、新安理学、徽州朴学、新安画派、徽州篆刻、徽派版画、徽剧、徽州刻书、新安医学、徽派建筑、徽菜，以及徽州园林、徽派盆景、徽州漆器、徽州竹编、文房四宝（徽墨、歙砚、澄心堂纸、汪伯立笔）、徽州民俗、徽州方言等。

地域意义明显、学术基础雄厚、内涵丰富实在的徽学，在近30年来得到了从国家到地方各级政府、从中国到海外（日本、美国、西欧、韩国）诸多学界、从学者到民众众多人群的高度关注。各级政府关注徽学，大概看重的是其现实意义，如安徽省黄山市，以旅游立市，而“打好黄山牌，做好徽文章”是其跨世纪发展战略，“做好徽文章”就必须资助“徽学”的研究与推介，以求将徽州文化转化为旅游资源，促进黄山市旅游经济的发展。海内外学界关注徽学，乃因其典型“标本”意义所具有的重大研究价值，即言徽州文书，就被誉为是继甲骨文、汉晋简牍、敦煌文书、明清内阁大库档案之后的“中国历史文化第五大发现”。众多人群关注徽学，目的自然各异，若皖南人以“徽骆驼”自喻其拼搏奋进、百折不挠、吃苦耐劳的创业精神，若商人看重徽商“诚信”经营的道德理念，至于中外学者，则视徽学为开掘不尽的富矿，孜孜于此而乐此不疲。

在中国，“徽学”的明确提出是在20世纪80年代初，虽然时间不长，但徽学的研究却已有了约百年的历史。概括言之，20世纪徽学研究大体经历了三个发展阶段：1907～1949年是徽学的萌芽发端时期①，该时期特别关

① 该年黄质在《国粹学报》第3期第7册发表《滨虹羼抹》，论者或以此文作为20世纪徽州学研究的发端。

注徽州历史人物和地方文化的研究；1949～1976年为徽学研究的基本形成和初步发展阶段，围绕具有真实性、典型性、连续性、具体性等特点的徽州契约文书的研究受到广泛重视；1977年至今为徽学研究的第三阶段，这是徽学研究的复兴与繁荣时期。在第三阶段，相关学术团体和研究机构纷纷建立，国际徽学研讨会多次召开，及2000年，中国教育部在安徽大学成立“徽学研究中心”，作为专门研究徽学的“人文社会科学重点研究基地”。徽学内涵与性质在争鸣中延伸，并形成了几种具有代表性的观点，或认为徽学是研究徽州历史文化的地方史学科，或指出徽学是研究徽州契约文书的专门学科，或主张徽学是以研究徽州社会经济史特别是明清社会经济史为主体、兼及徽州整体历史文化的综合性学科。该阶段徽学的研究领域也相当广泛，成果堪称丰硕，专著和译著约有百部，公开发表的研究论文超过千篇。而包括文书契约在内的徽学研究资料得到系统整理与正式出版，意义尤为重大，如《明清徽商资料选编》为徽学入门者的必读之书，40册的《徽州千年契约文书》则是研究徽州社会史、经济史和法制史的关键资料。

时至今日，可以认为：徽学已经不仅属于徽州地域史研究的范畴；徽州作为中国传统社会后期经济状况、社会面貌和文化变迁的缩影，透过徽学的研究成果，能够更加清晰地审视中国传统社会后期的经济、社会和文化。而“地域学”研究的学术意义与现实价值，由徽学的上述简单交代，应该也能够感知大概。

然则以越来越显声势的、已获广泛承认的徽学为参照，总体尚属“新兴”学科而又进步迅速的澳门学，其研究对象是独特的，学术意义与现实价值是可以肯定的，学术基础也是广泛而牢靠的。而就当前澳门学的发展阶段论，笔者以为大体相当于20世纪徽学发展的第二阶段，并向第三阶段伸展。那么，处在这样阶段的澳门学，下一步到底如何架构与怎样展开呢？

三 澳门学的架构与展开

谭其骧先生曾经指出：“历史好比演剧，地理就是舞台，如果找不到舞台，哪里看得到戏剧。”[①] 由这样的比喻引申，就社会大众的亲近理解与学界专家的真切把握言，我们不妨把澳门历史与文化以及更扩而大之的澳门学想象成一台多幕大戏，而我们是观众。如此，要想看懂甚至融入澳门学的戏中，以下几点是不可缺少的：

（一）剧目解题：何谓澳门？何谓历史？何谓文化？

“历史”是在一定的时间与一定的空间里，由人的活动所构成的连续的过程，这样，“历史”的三大支柱，就是时间、空间与人。而历史学的思维，如果以人为出发点，就是追寻6个“W”，即Who、When、Where、What、How、Why，亦即什么人、什么时候、什么地方、做了什么、怎样做的、为什么。前5个“W”是“历史”，是对事实的描述；最后一个“W”是“历史学”，是对事实的解释。而顺着这样的思路问下去，澳门的历史就会少有遗漏地呈现出来。

“文化”的概念非常复杂。时至今日，国内外学者给文化下的定义，大概不少于百种。也许文化天然就是模糊的概念，我们与其追求一个简单而精确的定义，不如确定一个有弹性的文化研究范围。具体到地域文化的理解与把握，现在提倡从五个方面展开，即物质文化、制度文化、精神文化、行为文化、心态文化。这是一种广义的大文化，其内涵与外延比单纯的精神文化要丰富得多。我们观照澳门文化，也以立足于这种大文化观为妥。

那么澳门学意义上的“澳门”一词，又作何理解呢？在汉语语境中，明代以来，澳门先后被称为蚝镜澳或雅化为濠镜澳，又有蚝镜（濠镜）、镜海、海镜、镜湖、濠江、莲峰、莲海、莲洋、莲岛等别称，而就目前所见史料言，“澳门”一名首见于明嘉靖四十三年（1564）广东御史庞尚鹏之《陈末议以保海隅万世治安疏》。这些名称，或者是澳门的自然特征、交通地位的写照，或者反映着澳门的经济出产（蚝，即牡蛎）、民俗风情。又在西方语境中，也是从明嘉靖年间开始，澳门被称为Macau，Macau为“妈阁”的葡萄牙语译音，而按照“名从其主”的原则与通例，这是极富象征意味的，即象征着澳门“自古以来”属于中国领土，象征着先有妈阁庙、后有澳门

① 参见《禹贡》（半月刊）1934年第1卷第1期“发刊词”。此“发刊词”由谭其骧先生起草，顾颉刚先生改定。

城的史实，象征着妈祖即天后信仰在澳门的非凡地位，也象征着澳门与葡萄牙的特殊关系。然则澳门的这些汉语与西语名称，可谓真实而且珍贵的文献资料、鲜活而且广泛的文化符号，是具有本源意义的历史象征的。

（二）剧情提要：5000 年的文明史

依据考古资料、传世文献与学界通识，我们可将今日以前之澳门的历史与文化这台大戏划分为序幕、正剧与“尾声”。

序幕起自距今约 5000 年前的新石器时代晚期，如考古所见黑沙村古代文化遗址，止于明嘉靖十四年（1535）广东将市舶司由电白移驻澳门，澳门成为正式的外贸泊口。

正剧起自 1535 年，止于 1999 年，又可分为四幕，即 1535～1553 年的泊口贸易阶段，1553～1844 年的葡萄牙人居留贸易阶段，1845～1949 年的葡萄牙人管治阶段，1949～1999 年的回归过渡阶段。

不是“尾声”的“尾声”阶段，开始于 1999 年 12 月 20 日，经历了 400 余年被葡萄牙管治的遭遇之后，澳门终于回到了祖国的怀抱。

以上之序幕、正剧与“尾声”，如果高度概括其特征的话，序幕阶段的澳门，大体只是稍有人烟、舟船寄泊的中国东南沿海的小渔村；正剧阶段的澳门，其历史的演变、文化的面貌、城市的发展等，多与葡萄牙有着密不可分的关系，而正剧四幕的划分，依据的正是葡萄牙人在澳门的地位及其所作所为；至于“尾声”阶段的澳门，最大的高潮或曰亮点，毫无疑问地就是“一国两制”的巨大成功与经济、社会的兴旺繁荣、丰富多彩。

（三）舞台扫描：从三岛到两块

澳门历史与文化的舞台，自是地理概念的“澳门”。而以正剧的舞台言，这个舞台的范围是在变化与变迁的。从葡萄牙人方面来说，其在澳门的地盘，呈现逐渐扩大的趋势。先是登陆澳门半岛、搭建茅棚、晾晒货物，再到大兴土木、建造房屋、推扩范围，再到“筑室建城，雄踞海畔，若一国然”[①]；及至鸦片战争以后，氹仔、路环两个离岛也落入葡萄牙人的实际控制中。又至于今日，澳门半岛、氹仔岛、路环岛三个地理单元，经过填海造

---

① （清）张廷玉：《明史·佛郎机传》，中华书局，1974。

陆后，氹、路二岛已经连成一体，也就是说，澳门已由三岛变成了两块（澳门半岛、“路氹岛”，“路氹岛”又含氹仔、路氹、路环三个习称片区）。按照2008年年底的统计资料，澳门特别行政区的面积为29.2平方公里。

明了上述舞台的历史变化与地理变迁是有意义的。比如为什么澳门的“葡萄牙味道”，由澳门半岛到氹仔再到路环逐渐淡薄？为什么澳门半岛的“葡萄牙味道”，以西南部由西望洋山到旧基督教坟场之间最为浓厚？又为什么路环至今保留着清新自然的景象，而氹仔自回归后，大型甚至超大型的“娱乐场”摩肩接踵地拔地而起？这些，都联系着所对应的地理舞台在曾经的中、葡“主人”那里的功能定位，联系着回归前后相应片区经济或者旅游模式的转型。

（四）演员介绍：汉族、葡萄牙人与其他

在澳门历史与文化以及澳门学的研究中，最为关键的要素，当为“澳门人”的研究。总体而言，“澳门人”的复杂程度，在中国各别行政区域中，可居鼎甲之列（见表1）。

表1 2002年澳门人语言使用情况

语种		使用人数(人)	百分比(%)
汉语	粤方言	372697	87.9
	闽方言	18868	4.4
	普通话	6660	1.6
	其他方言	13257	3.1
	合计	411482	97.0
葡语		2813	0.7
英语		2792	0.7
菲律宾语		3450	0.8
其他语种		3666	0.8

这样的格局，自是400多年历史演变的结果。而若追源溯流，史实更有复杂于这种表面现象者。澳门文化的底层，是与福建移民有关的福佬文化。然后覆盖了与广东移民有关的广府文化层、以葡萄牙为代表的西方文化层。至于中国其他地域的文化以及世界其他国家的文化，并未构成澳门历史的文化层，而只是一些特别的文化元素。理解这样的文化层与文化元素，又是我

们理解澳门之语言、文字、民俗、饮食、宗教、信仰、建筑等的前提与基础。

“澳门人”的复杂，又不仅表现在作为群体概念的、语言文字有异的人群与族群方面。如果我们品味澳门的道路名称，亦能体会出澳门这个地理范围极小、文化空间很大的舞台之上，那些有名有姓的演员、直白些说就是“人物”的纷繁。这里不妨由北而南地列举一些用在道路名称上的“人物”及其身份：何贤绅士、白朗古将军、高利亚海军上将、马揸度博士、罗若翰神父、罅些喇提督、罗保博士、约翰四世、苏亚利斯博士、罗理基博士、何鸿燊博士、孙逸仙博士、嘉乐庇总督等等；至于不带身份的、以“人物”命名的道路、公园、住宅、庙宇名称，更是不胜枚举。这些人物，无论我们作何评价，其对澳门都产生过不同程度的影响，而我们在看澳门历史与文化这台大戏时，需要特别关注的、值得聚焦琢磨的，也正是这些“人物”。

（五）道具举例：历史与文化的象征

澳门历史传承至今，澳门文化演变至今，无论有多少的历史、文化已成往日的烟尘，却也存留下、积淀了诸多的具有象征意义的“道具”。这些“道具”，是活在当下的澳门的历史与文化甚至社会与生活，它们既彰显着澳门的魅力、独特甚至唯一，也是中外游客来到澳门的理由、感知澳门的符号、发展澳门的营养、繁荣澳门的动力。

澳门这样的“道具”，不同于内地的，是其西方的特征；不同于香港的，是其“葡式”的特征；不同于中国其他各地的，是其中葡历史与文化、社会与生活的交融或者共处。推而论之，由这众多的“道具”组合起来的澳门，可以说不同于世界其他任何地方。

作为澳门历史与文化象征的特别“道具”，甲乙丙丁，子丑寅卯，我们可以数出几十乃至上百，诸如娱乐场（博彩业）、妈阁庙、大三巴、天主教堂、东望洋灯塔与圣母雪地殿、土生葡人、巴度亚、马介休、龙环葡韵、官也街、三盏灯、关闸、赛狗、豆捞、安德鲁蛋挞、手信、黑白碎石地面、前地、圆形地、盛世莲花；而就中外游客的感受来说，漫步列入世界文化遗产项目、《中国国家地理》杂志评选的“中国最美的五大城区”第三名的“澳门历史城区”，从中华的妈阁庙踱到西洋的东方基金会会址，欣赏那种或华或洋的建筑转换、华洋融汇的街区风格，展现了澳门中西碰撞与结合的精髓。如果时间充裕，那么，比如一天寻深街老巷里的中华庙宇，一天访星罗棋布般的西洋教堂，一天谒氛围各样的旧基督教坟场、西洋坟场与伊斯兰教坟场、孝思墓园，一天逛颇刺激的老葡京、新葡京、银河、威尼斯人与很开心的逸园赛狗场，半天氹仔旧城区体味精致与静谧，半天黑沙龙爪角走岩与看海，半天塔石广场、疯堂斜巷感受艺术的熏陶，半天福隆新街、新马路收获购物的快乐，如此等等的隔日情异、移步换景地“阅读”澳门，或就走进了澳门甚至融入了澳门。

由上举数例，是否已经明确了所谓的“道具”及其象征意义？如果再放大些说，看懂甚至融入澳门历史与文化的这台大戏，还缺不了“台词浏览”与“旋律欣赏”两个环节。“台词浏览”即浏览记载着古往今来之澳门的史书、地志、人传、族谱以及各类的文书、档案、图像，如笔者曾经参阅清乾隆年间印光任、张汝霖纂修的《澳门记略》，此堪称首部系统介绍澳门的专著，也曾经访问澳门历史档案馆，馆中收藏的葡文档案、汉文信函、民间通信、图画相片，令人称奇赞叹。至于“旋律欣赏”，或可理解为欣赏过去与现在总在“文化”支配下的形形色色的“澳门人”，欣赏他们与她们的精神世界、行为方式、心理状态。唯有如此，才能对澳门历史与文化、社会与生活既知其然，也知其所以然。

回到文章的主题“澳门学：我们应该做些什么”，对照“地域”如何成“学”的基本条件，借鉴成功的地域学如徽学的经验，是否澳门学目前亟待做的工作，应该是架构周全而且勾连的系统，并在此系统之内，展开基础内容的全面研究？特别值得提醒的是，这样的系统架构与内容研究，当求避免历史、文化、社会、生活等等的条块分割；而本文之所以不嫌浅陋地以大戏为比喻，尝试着从剧目、剧情、舞台、演员、道具、台词、旋律 7 大方面，概括澳门的历史文化与社会生活，其意亦在于强调这种有机的整体性。笔者相信，建立在如此的整体认识之上的澳门学，将是立体、多维、有趣、灵活，而且学术价值、社会意义兼备的澳门学。

澳门学与澳门咸淡水文化

陈树荣[*]

一　澳门学是综合性学科

何谓澳门学？近年来，不少学者已做出深入研究，首届和第二届“澳门学国际学术研讨会”的成功举办，对澳门学的认知和推动亦做出不少贡献，第三届澳门学国际学术研讨会邀请函中指出：

> 澳门学是以文献档案、文化遗产为基础，以历史文化和社会生活为对象，探寻澳门模式与澳门精神的综合性学科。澳门学的学术目标，是透过对澳门在人类文明发展史的地位与作用等问题的研究，进一步揭示澳门文化在人类文明接触、交汇与融合过程中的内涵与价值。

这一段话，对澳门学已做出精辟的论述，容易被理解、被接受、被赞赏。

二　咸淡水文化是生动比喻

何谓澳门咸淡水文化？这是对澳门多元文化特色的一种比喻，一种对澳

* 陈树荣，澳门历史学会理事长。

门历史地理与文化的比喻，一种生动形象的比喻。

在澳门回归之前，1998 年 7 月的一次澳门基金会举办的研究会上，笔者提出了这个问题，写了一篇《澳门咸淡水文化特征及发展》，开头一段概述澳门咸淡水文化：

> 澳门地处珠江出海口的典型咸淡水交汇处，有着别具特色的自然地理现象。
>
> 澳门文化长期处于两种甚至多种文化背景中，几百年间，华洋杂处，东西文化交流，中葡文化交汇，构成澳门文化一大特色，可以形象地比喻为“咸淡水文化”，与称澳门文化特色为“中西合璧文化”、“海岛形文化”、“杂交文化”、“中西交流文化”、“多元文化”等，均具异曲同工之妙。

三 从自然界中感悟至深

为何提出澳门咸淡水文化？那是笔者在一次乘坐港澳大船时从自然景观中感悟出来的。那一年，是炎炎夏季晴朗天，船将驶出澳门水域，笔者在甲板上欣赏海景，但见海水截然分为两色，近澳门一段的海水偏黄色，近香港一段海水偏蓝色，咸的海水与淡的河水相交的一大片水域，就是咸淡水交界水域，咸淡水长期相触相碰、相交相聚，咸淡水交界水域的范围、颜色随着季节时令变动，景色特别美。船家说咸淡水交界的地方，海水微生物多种多样，海产也特别丰富。笔者观察澳门咸淡水交界的景观，感悟澳门文化特色，得到很多启发，引起不少思考，联想澳门几百年的历史文化景象，悟出澳门文化特色以咸淡水比喻，较为形象、生动，于是提出澳门咸淡水文化。

《澳门咸淡水文化特征及发展》一文中，谈到了三个方面：①澳门咸淡水文化的特征；②澳门咸淡水文化的形成和发展；③澳门咸淡水文化今后的发展。

四 咸淡水文化的显著特色

经过几百年逐年形成的澳门咸淡水文化，具有显著的特色，表现在其特别突出的开放性、包容性、互动性、渗透性、独立性、重商性、复杂性、长期性、多样性等，其中最重要的是开放性、包容性、互动性、多样性和长期性。

1. 开放性

由于澳门咸淡水文化明显受到中华文化（中原文化和岭南文化）和西方欧洲海洋文化的影响，而两者均具开放性，因此，澳门咸淡水文化是内外开放、广泛开放和多边开放的，发挥桥梁、纽带、中介、平台等作用。

2. 包容性

澳门咸淡水文化的包容性很大，突出了一个“宽”字，宽容、宽松、宽大，各方既可独处，又可基本上和平共处，有容乃大。几百年来，澳门无战事，亦无大的民族冲突和政治运动，经常成为避难地，民族融合与认同较突出。乾隆十六年（1751）成书的《澳门纪略》，正是澳门咸淡水文化的重要体现。

3. 互动性

两种不同文化相处，如咸淡水交汇，相存、相处、相交、相往、相通、相信，形成突出的移民文化，居澳葡人往往长期在中国的保护下发展，相互依存，在几百年间，虽有几次较大的政治冲突，但中葡友好仍然是主旋律。

4. 多样性

开放、包容、互动，形成具有多样性的多元文化，构成具有比喻为咸淡水文化的澳门文化特色的语言文化、教育学术文化、商业文化、宗教文化、博彩文化、休闲文化、建筑文化、饮食文化等，多姿多彩，像咸淡水交汇处的生物异常丰富多样。

5. 渗透性

澳门咸淡水文化也是多元文化，在澳门长期的宽松互动的文化精神环境中，很易渗透到政治、经济、社会、宗教、婚姻、风俗等各个方面，并且互相渗透，易于融合，你中有我，我中有你。

6. 独立性

澳门咸淡水文化，既有交汇、混合，又在澳门有着各自独立的部分。长期以来，中、葡文化在澳门各自有各自的活动空间，形成不同的社会形态，有华人社会、葡人（包括土生葡人）社会，各自维持和发挥母体文化，相对独立运作。

7. 重商性

澳门开埠几百年间，逐步成为国际商埠、外贸基地、经济重镇，因此澳门人重利务实，尤重商业化、市场化。商业文化产品亦占重要市场，出口瓷、出口茶、外销画等是其突出表现，而美其名为博彩文化的赌业异常发达，正是投机、冒险、搏杀等文化博戏和商业竞争行为及心理的表现。

8. 复杂性

几百年间，随着华洋人口的增减，宗教信仰力量的升升沉沉，各种社会力量的此起彼落，华人文化、葡人文化和土生葡人文化，成为澳门咸淡水文化的几根支柱，更显得错综复杂，亦因此而显示着其多样性。

五 咸淡水文化与澳门学

澳门咸淡水文化与澳门学相辅相成。澳门学是综合性学科，包含着并促进着澳门咸淡水文化的研究与发展。澳门咸淡水文化的研究，可以说是澳门学的重要组成部分，亦能促进澳门学的发展。

澳门莲峰庙有一块光绪元年（1875）立的牌匾，上面刻着“大启文明”四个字，对人很有启发。澳门咸淡水文化正是大启文明的多元文化，经过几百年的积聚，早已融入了世界文明。澳门学研究澳门咸淡水文化，可以探索其在人类文明史上的地位与作用。

澳门城隍庙有一块光绪三十四年（1908）立的牌匾，上面刻着的“化洽华夷”亦很有启发意义。澳门咸淡水文化亦早已发挥着“化洽华夷”的作用，促进澳门不同族群的融洽，促进和谐社会的形成和发展。澳门学研究澳门咸淡水文化，揭示在人类文明接触、交会与融合过程中的内涵与价值。

文明与和谐，是人类社会发展的主旋律。澳门咸淡水文化体现文明与和谐。澳门学揭示文明与和谐。澳门学与澳门咸淡水文化相辅相成，促进文明与和谐。

六 澳门学与咸淡水文化的延续发展

澳门咸淡水文化是澳门本土文化与外来文化的长期融汇的结果，是经过几百年时间逐步形成的，而且几百年间从不间断，这是澳门咸淡水文化的又一特色。

在中国明清历史上，中西文化交流曾经掀起两次高潮，第一次发生于16~17世纪，澳门扮演着非常重要的角色，澳门咸淡水文化亦在孕育、在成长。

澳门的咸淡水文化孕育、成长、发展，具有很强的生命力，几百年间延绵不断，从未中止。这种“长期性”，本是澳门咸淡水文化的显著特色和优势。然而，随着时局变化，居澳葡人在1999年前已走了一半，一旦澳门回归，踏入21世纪，澳门咸淡水文化能否继续延绵不断呢？令人瞩目。

令人高兴的是，澳门回归10多年了，文化的多元化与交流依然继续着，这是由于澳门回归后，很多方面都在“五十年不变”的承诺之保障下推动社会健康进步。澳门回归后，仍然保持和发展着原来颇为发达的对外文明开放，依然保持着原有的对外关系和对外交往，让澳门咸淡水文化的载体、条件、环境依然如常、正常动作。2005年，“澳门历史城区”荣耀地列入世界文化遗产，澳门土生葡人以澳门为根自强不息，并保持和发展对外关系。一系列的重要施政，一系列具战略价值的举措，令澳门社会稳定、繁荣，澳门咸淡水文化在21世纪必然持续发展延绵不断。

至于澳门学，亦与澳门咸淡水文化一样，都能持续不断发展。1998年，笔者在有关文章中，亦曾提及澳门学的发展：

> 1986年，笔者曾提出创建澳门学，1989年初，澳门大学澳门研究中心曾举办澳门学研讨会，前几年又有学者旧事重提澳门学，得到越来越多的学人的认同和支持与参与。新一次的澳门学研讨会，已是召开的时候了，有必要研究今后如何有声有色地开展创建澳门学，在21世纪成为一门影响较大的国际性学问，是完全有可能实现的。

以上论述，表达了对推动澳门学的期盼。近年来，澳门学又被进一步重视。澳门大学及澳门研究中心对澳门学甚为热情热心，鼎力推动，澳门学的研讨会提升到了国际与学术方面。“第三届澳门学国际学术研讨会”的举办，表明澳门学能够持续不断的发展。

帝国接触“缝隙”中的“他者”：澳门学中的华人通事研究回顾*

李毓中**

一 前言

1608年3月28日，一名“只有一点胡子（de poca barba）、无毛（lampiño）、棕色皮肤（color parda），且脸上有着一些天花痘痕（puntas）”① 的华人出现在西班牙。这名被称为 Antonio Pérez 的澳门土生华人，搭船渡过了太平洋与大西洋，来到西班牙，向主管殖民地事务的印地亚斯委员会（Consejo de Indias）提出请愿，希望国王为其参与西班牙人在东亚进行的拓展行动劳心劳力，给予恩赐②。

---

* 本文的完成，首先得感谢黄一农教授给予的宝贵意见，使得笔者得以从一个澳门华人 Antonio Pérez 的传奇故事，提升至较高的“跨文化交流”研究视野；其次，金国平、吴志良教授长期以来对笔者的指导与协助，使得笔者得以从原有的“西班牙在台湾”研究领域，迈向葡萄牙与西班牙在东亚（特别是在东南亚）此一新的研究尝试，在此谨向他们二位致上谢意；最后，本文的完成，要感谢澳门文化局对笔者“兄弟或敌人：西班牙观点下的马尼拉与澳门关系（1571－1700）”计划的奖助，以及汤开建教授所主持的澳门史料搜集整理计划，让笔者有机会参与澳门学中西班牙史料部分的相关研究。

** 李毓中，西班牙塞维亚大学美洲史博士，新竹清华大学历史研究所助理教授。

① 1610年 Antonio Pérez 结束了他的“上京请愿”之旅后，在西班牙塞维亚准备登船经墨西哥返回菲律宾时，按相关法规他需要有两个保证人来替他作保，而出席替他作保的人士中之一，就是著名的菲律宾道明会史学家 Diego de Aduarte。透过 Diego de Aduarte 的证词中，我们获知 Antonio Pérez 的年纪与些许外型，见 Archivo General de las Indias（A. G. I.），Cotracón 5317，N. 2，R. 49. Expediente de información y licencia de pasajero a indias de Antonio Pérez, chino, maestro polvorista, natural de Macao y vecino de Manila, a Filipinas. Sevilla, 19 de junio de 1610。

② Filipinas 5，N. 57. Petición de Antonio Pérez de oficio de intérprete de chino, 1608.

想当然尔，一名华人在400多年前出现于塞维亚（Sevilla）港口时，一定引起了许多西班牙人的好奇与围观，但对于今日的我们，特别是投入此历史领域的研究者而言，比较有兴趣了解的是，究竟是什么样的能力，让这名曾担任西班牙雇佣兵的澳门华人，远渡两大洋、横越过墨西哥的土地，来到这个在17世纪初全世界最重要的贸易港口——西班牙的塞维亚，为他个人的利益向西班牙君王提出请求？

答案或许有很多，当然包括了Antonio Pérez杰出的才能，例如，在他担任西班牙雇佣兵的时间里，他曾从事火绳枪手、铁匠的工作，同时据西班牙人Fernando de los Ríos Coronel所言，Antonio Pérez也是一名伟大的火药师。当然，透过黄一农教授所提倡的e考据方法，我们还可以了解到这名澳门华人，与其时代许多重要的西班牙人物，如前面已提及的Fernando de los Ríos Coronel，17世纪道明会的伟大史学家Diego de Aduarte[①]，还有那位16世纪末主导西班牙人在柬埔寨拓展行动的菲律宾总督Luis Pérez Dasmaniñas等人皆熟识。但众多因素中，最重要的一点，就是Antonio Pérez会“西班牙文”[②]，能与西班牙人“直接”沟通，也因此他还有另外一个身份，就是在Luis Pérez Dasmaniñas的海外远征军中，担任西班牙人仰赖与信任的翻译角色。

事实上，在异文化的接触过程中，通事（或翻译）一直是最重要最关键的人物，特别是在大航海时代展开后，葡萄牙及西班牙两个天主教国家与非、亚、美大陆接触、传教过程中，愈趋明显与重要，而首先随着葡萄牙人来华宣教的耶稣会会士，往往也就承担着伊比利亚世界与中华世界的沟通工作，特别是在1580年，葡、西共主时期天主教在华传教的“奠基期”。也因此对这一接触过程的相关研究，其焦点也较集中在南欧传教士或是明朝社会的上层知识分子上，如利玛窦及徐光启等人。

---

① 有关Diego de Aduarte的生平及著作，请见Fray Diego Aduarte, O. P., *Historia de la Provincia del Santo Rosario de la Orden de Predicadores en Filipinas, Japón y China*, *vol*. 1, Madrid: Consejo Superior de Investigaciones Cientificas, 1963, pp. XXIII - XXVII；中文请见《1632年迪亚哥·阿度阿尔特（Diego Aduarte）修士所写〈艾尔摩莎岛事务报告〉（Memorial de las cosas pertenecientes a Islas Hermosa）》，李毓中、黄翠玲译，《台湾文献》58卷3期。

② 也许更正确地说，应该是以葡萄牙文为主体的“Lingua Franka”。

与此同时，在西、葡与中华帝国接触过程的“缝隙”中，也存在着许多社会底层或市井小民的“他者”，在寻找他们可能“利”足之地的同时，也为此异文化的接触与沟通，略尽“绵薄之力”。只是以往受限于史料的零散与解读等问题，少有相关资料可供我们进行更深入的研究，但随着近年来相关葡萄牙文、西班牙文、荷兰文等档案的整理与翻译，让我们得以从外文史料中，慢慢地爬梳出一些在此交流过程中，小人物在大时代里的特殊事迹，也因此本文拟对这些华人通事的研究成果进行整理与回顾，以便未来能在此基础上，展开较为宏观视野的新研究。

二　相关研究的回顾

诚然，在不同语言、异文化的接触过程中，难免因不了解或各自的文化“本位”而产生冲突，但异文化的接触，并不是只存在冲突，有时也常会因“异国情趣”带来其他的利益，特别是贸易上的利益，让一些具备两个族群语言沟通能力的人，得以游走在葡、西与中华两帝国之间，甚至后来还穿梭在17世纪初到达东亚的荷兰及英国船舰或商馆里，为中外两个族群以及自己，谋取其小团体或个人的最大利益。

这些通事借由其具备的葡萄牙语、西班牙语沟通能力，再加上特殊际遇与运气，于是成就了每一个“他者”不同的事业。有人风光一时，但最后却被明朝官方下狱而死，如火者亚三；有人建构了早期的跨国企业，成了海外的一方财主，如李旦；甚至有人从挑夫、翻译，变成雄霸中国南方沿海的霸主，而后开启了明郑家族的政治事业，也就是有着天主教教名“尼古拉斯（Nicolas Gaspard）”的郑芝龙；也有些人则是安分认命地担任翻译工作，未能留下他们的大名；也有人完全融入了葡、西的社会，虽有着不平凡的生命际遇，却只留下他们的外文天主教教名，如同本文在前言时提到的Antonio Pérez。

接下来，本文将以目前已浮现出历史舞台“隙缝”，懂得葡萄牙文的这些“他者”为主轴，按照其年代的顺序，陈述他们概略的生平与相关的研究成果：

（一）火者亚三

火者亚三，是葡萄牙皮莱资（Tomé Pires）等人假冒马六甲使臣赴华访问时的翻译。正德十四年（1519）明武宗刚好“南巡”至南京，葡萄牙使臣获得机会晋见过皇帝后，亚三便被留侍在皇帝身旁，颇受武宗的喜爱，甚至皇帝还曾跟亚三学习过“外语”。虽然，与此同时御史丘道隆、何鳌揭发葡萄牙人并吞马六甲，以及假冒马六甲使臣一事，但由于“亚三侍帝骄甚。从驾入都，居会同馆”，所以明朝官员也对其无可奈何。直到隔一年武宗死后，失去靠山的亚三才被下狱审讯“自言本华人，为番人所使，乃伏法”[①]，结束其短暂荣华富贵的通事生涯[②]。

关于火者亚三的生平，相关的研究成果极为丰富，约有 20 多位中外学者皆曾为文讨论之，但这些论述多未能对火者亚三的了解有所突破，直到最近金国平、吴志良教授《“火者亚三”汉名及籍贯考：传说与事实》一文的发表，才为我们解开诸多的历史谜团。本名傅永纪的火者亚三实为苏州洞庭东山人，在搭船前往粤东经商的途中，不幸遇到暴风雨而漂到东南亚，后才辗转来到葡萄牙所据的马六甲。他与葡萄牙人沟通的“主要”语言，极可能不是葡萄牙语，而是马来语[③]。但从另一方面来看，火者亚三具备学习“外语”的能力，又与皮莱资等葡萄牙人长期相处，多多少少也习得一些简单的葡萄牙语，所以应也勉强算是“最早”学习葡萄牙文的华人翻译之一。

（二）Sinsay 与 Hernando

西班牙人在决定自宿雾向北拓展以接近中国后[④]，便在 1571 年占领马尼

---

① 以上引文，出自张廷玉等《明史》，中华书局，1974，第 8430 页。

② 有关葡萄牙人皮莱资与火者亚三的抵华过程，请参考金国平、吴志良《一个以华人充任大使的葡萄牙使团——皮来资和火者亚三新考》，《行政》2003 年第 60 期。

③ 另据该文的考证，火者亚三死应是病死于狱中，而非“伏法”，见金国平、吴志良《“火者亚三”汉名及籍贯考：传说与事实》，《明史研究论丛》（第 10 辑），紫禁城出版社，2012，第 226～244 页。

④ 有关西班牙人在东亚的拓展政策，请参考李毓中《北向与南进：西班牙东亚殖民拓展政策下的菲律宾和台湾（1565－1642）》，《曹永和先生八十秩寿论文集》，乐学书局，2001，第 31～48 页。

拉，之后菲律宾总督 Guido de Lavezaris 便在写给西班牙国王的信件中，提到他们会立刻开始寻找当地的翻译一事[①]，即可看出翻译人才对于西班牙人与明朝政府接触过程中，以及搜集中国的相关信息时，通事所扮演的重要角色。

首先出现在西班牙史料中的华人翻译，便是1574年7月30日菲律宾总督 Guido de Lavezaris 在寄给西班牙国王信件中，协助奥古斯丁神父将西班牙人刚获得的《古今形胜之图》，以闽南语发音进行部分翻译的那些华人[②]。虽然他们如 Sinay 及 Hernando 等人的中文姓名，并没有被西班牙人记录下来，但幸而汤开建教授在2007年所找到的珍贵新史料中，为西班牙与中国早期接触过程中的华人通事研究，提供了新的线索。

根据这份材料，本文揣测此人可能就是该年10月林凤南逃转往攻打马尼拉，哨官王望高因追踪林凤来到吕宋，而与西班牙官方有所接触后，1575年，同意奥古斯丁神父 Martín de Rada 等人以使节身份随他返回福建。随同西班牙人一同前往福州的还有华人翻译"Hernando"，而在刘尧诲《督抚疏议》中的《谕夷剿贼捷音疏》文中便提到，"通事一名陈辉然，其余番从一十三人，赍捧吕宋国王主番书及贡献方物，呈解到臣"，也就是说"Hernando"的中文本名应该是叫"陈辉然"[③]。

不过，在马尼拉懂得如何与西班牙人沟通的华人之列中，并不是只有"陈辉然"一位，另一位则是被西班牙人称之为"信师（Sinsay）"的漳州府海澄县民林必秀[④]。这位"一向在番生理"且"熟识吕宋国主"的林必秀[⑤]，据中文史料所载，似乎林必秀与西班牙官方有着不错的关系。所以我

---

① A. G. I., Filipinas, 29, N. 13.

② A. G. I., Filipinas, 6, R. 2, N. 21；相关史料内容，请参见《台湾与西班牙关系史料汇编》（一），李毓中译，国史馆台湾文献馆，2008，第141～157页。

③ 请参考汤开建《明隆万之际粤东巨盗林凤事迹详考—以刘尧诲〈督抚疏议〉中林凤史料为中心》，《历史研究》2012年第6期。有关 Martin de Rada 一行人的中国行史料，亦可参考 C. R. Boxer, *South China in the Sixteenth Century*, *being the narratives of Caleote Pereira*, *Fr. Gaspar da Cruz*, *O. P.*, *Fr. Martin de Rada*, *O. E. S. A.* (1550 – 1575), London, Hakluyt Society, 1953, pp. 241 – 259。

④ "信师（Sinsay）"一词引自陈荆和《十六世纪之菲律宾华侨》，新亚研究所东南亚研究室，1963，第37页。另外，依西班牙人的描述，"Sinsay"可能是位有功名的人士，因此"Sinsay"一词，也可能是闽南语"先生"之讹音。

⑤ 根据刘尧诲《督抚疏议》中的《谕夷剿贼捷音疏》所载，"望高等潜到吕宋，将原带表里紬绢等仪物进见吕宋国主，因探知漳州府海澄县民林必秀一向在番生理，熟识吕宋国主，一同引见"。

们可以合理地推测，当西班牙人来到马尼拉后，一些原本与葡萄牙人往来习得其语言的闽南华人，便很快地抵达吕宋岛，凭借着语言的优势以及了解西班牙人对于翻译人才“求才若渴”的情况，为自己寻找机会与利益。

当然，只要价格合理，他们后来便从中国携出一幅1555年在福建金沙书院刊印的“古今形胜之图”，而且还协助西班牙人将部分内容译成西班牙文，成为我们今日研究大明与西班牙初次接触，双方如何沟通与理解时，最弥足珍贵的“翻译”史料①。

（三）“敲诈”西班牙传教士的翻译

如同前面所提及的奥古斯丁神父 Martín de Rada 一般，其他的西班牙修会神父也急于前往中国，展开他们宣扬天主教教义的工作，于是，1579年，西班牙方济会神父 Pedro de Alfaro 等一行人，便搭船从菲律宾出发，在广东登陆来到广州城外。

借由崔维孝教授的大作《明清之际西班牙方济会在华传教研究（1579～1732）》，我们得以见到许多关于熟悉葡萄牙文的华人“翻译”是如何在明朝官方与“客户”之间“游走”沟通的同时，又如何为作为第三方的自己谋取最大利益，以下是他们的“客户”西班牙人，对此华人翻译的观感：

> ……当方济会的传教士们走到城墙下时，被守卫的士兵发现了，士兵们拒绝让他们进城，但没有对他们做出任何伤害，示意他们到一旁等候。传教士们等了好一阵儿，来了一位会讲葡萄牙语的中国人，问他们来这里做什么，传教士们回答说要见总督。于是这位中国人为他们找了一位叫西蒙·罗德里格斯（Simao Rodrigues）的中国基督徒为他们担任翻译员，他的葡萄牙语讲得非常好，因为他同葡萄牙人打交道已有多年。不懂中国话的传教士们把全部希望寄托在这位翻译员的身上。当知道这些西班牙传教士未经任何许可进入中国时，翻译员感到非常惊讶，

---

① 台湾清华大学人社中心获得收藏“古今形胜之图”的西班牙塞维亚印地亚斯总档案馆（Archivo General de Indias）之授权，已于2013年10月将该图原尺寸复制出版，未来还将出版该图之论文集。另笔者已写成《“建构”中国：西班牙所藏明代〈古今形胜之图〉研究》一文，将于近期内出版。

于是他叫传教士们返回船上去，然后赶快进城向中国官员报告去了。

从上文看来，由于西班牙人与葡萄牙人的外貌相似，因此连守城的士兵都直觉要找会葡萄牙语的华人来沟通，且似乎广州城里很容易便可以找到至少两名懂葡萄牙文的翻译，且其葡语能力，还获得西班牙人的肯定，且这名被称为“Simao Rodrigues”的华人翻译，亦是名天主教徒。

……但是翻译员早已同这个中国人串通好，让他如何回答官员的问话，于是他说：八年前乘船前往吕宋经商，因船海上失事而逃生到一岛屿上；后西班牙传教士上岛寻找淡水时遇到他。当西班牙传教士后来知道翻译员并没有如实翻译阿尔法罗（Pedro de Alfaro）所说的话时，感到很吃惊，认为这位翻译不忠实于他们，并因此而引起了后来对他的不信任[①]。

从这里可以看得出来，通事为了要达成“雇主”的目的，有时其交涉过程的行为或翻译的内容，往往不一定是根据对情况所知有限“雇主”的要求，而是以其经验做适当的调整，为了达到目的，甚至可以编出漫天大谎来欺骗明朝官员。

崔教授一书在描述该名华人翻译 Simao Rodrigues 相关行为的同时，也对该翻译的行为做了精湛的讨论与分析，受限于篇幅，只能将其令人印象深刻的见解，仅摘录部分如下：

那位华人翻译员并没有一字不落地翻译西班牙传教士的讲话，他有删有加，甚至还编造了一些事件，但有一点可以肯定，至少他翻译出了最主要的部分，把敏感的、可能引起官员们反感的问题省略了。例如：最初他并没有直接说出传教士来华之目的，相反编造说他们是海上遇难不幸漂流至广州城外的，但是这种善意的编造无非是想得到中国官员对西班牙传教士们的同情，使他们得以留下来，因为同情弱者，怜悯落难的人是中国人的一种美德。从这一点上讲，可以说翻译员帮了传教士们

① 崔维孝：《明清之际西班牙方济会在华传教研究（1579～1732）》，中华书局，2006。

> 的忙，使得他们后来才有可能在中国住了近了5个月。这位翻译员有多年陪同葡萄牙人同中国官员打交道的经验，应该说他对中国官员们的心理状态和所作所为非常的清楚，同时对外国人的处事方式也很了解。面对西班牙传教士直截了当地陈述，翻译员采取了迂回的策略，在博取官员们对传教士的同情之后，才说出他们来华的真正目的。在这里可以看到翻译员在两个不同文化背景民族之间的沟通上所起的重要作用，同时也看到西方传教士因不懂中国话而到中国所遇到的尴尬处境。

在今日看来，这名广州城里的葡文“通事”许多言行，似有如行骗一般，但另一方面看来，如同崔教授所指出的，其实是这些“通事”了解中国的风土民情，避开了会阻碍“雇主”目的的实情，选择了明朝官员最能接受的“船难”理由。

当然，西班牙人对他反感的原因，可能主要是这名华人通事向西班牙人索取报酬时，要价过高，远超过西班牙人所能支付的范畴，使得西班牙人不得不写信给澳门的葡萄牙人商借款项。西班牙人也因此非常不高兴，认为华人通事的索求，有如敲诈一般。

（四）两个 Antonio

自西班牙人携来美洲的白银后，许多的闽南人渡海前往马尼拉谋生，再加上一开始西班牙人与明朝官方的接触，便是在福建。在此一历史背景下，西班牙传教士希望宣教的地区，就是使用闽南语的福建一带，也因此西班牙传教士开始进行编译相关天主教教义的闽南语书籍，而此时最重要的人物莫过于道明会的高母羡（Juan Cobo），以及他的闽南翻译助理 Antonio Lopez。

以往有关 Juan Cobo 的著作与研究，其焦点多集中在他的作品《明心宝鉴》（Beng Sim Po Cam）与《无极天主正教真传实录》，以及 Juan Cobo 本人身上，而较少讨论他的翻译助理 Antonio Lopez 扮演的重要角色。所以本文目前仅能揣测，他也可能是从澳门学会葡萄牙文的华人，不过从他的西文名字看来，他可能已受洗，且应该已从仅具备“葡萄牙文”的能力，加强到“西班牙语”沟通的能力，这一点若能从 Juan Cobo 的中、西文著作进一步研究，我们应可获得一些证实与理解。

除了应该是闽南人的 Antonio Lopez 之外，还有一位是名为 Antonio Pérez 的澳门华人，也就是本文一开始便提到的，前往西班牙向西班牙国王请愿的华人雇佣兵，但受限于篇幅与时间，有关 Antonio Pérez 的生平与传奇事迹，笔者未来会另写成他文，此处暂不多做讨论[①]。

另外，据笔者近来在讨论的《谟区查抄本（Boxer Codex）》[②]，16 世纪末的马尼拉，应该至少还有一位替西班牙人担任翻译的闽南人，因为抄本中许许多多的东南亚地名或中国道教神祇的理解，都是以闽南语发音，然后再译成中文的[③]，如北台湾的鸡笼（今基隆）拼音为“Cheylam”，淡水则拼音为“Tamchuy”[④]。是否此时在马尼拉，已经培养出一批熟稔西班牙文与闽南语沟通的通事人才，或许是未来可以进一步研究与讨论的议题。

（五）李旦与郑芝龙

荷兰人抵达东亚后，如同西班牙人一般，也迅速雇佣了一批会葡萄牙文的华人翻译。在众多的口译人员中，相对于其他的“通事”而言，李旦因他的个人事业与成就，很早就受到中外学者们的注意，如日本学者岩生成一，便曾对其生平事迹有过讨论与陈述[⑤]，在此本文不便赘述。但近来，陈国栋教授则对李旦在马尼拉的生平事迹，有一更新的讨论，针对李旦自述在 1603 年马尼拉西班牙屠杀华人事件时，他在马尼拉华人社群地位的情况，以及被迫担任划桨帆船（galera）上划桨手一事的陈述，进行完整与细腻的讨论与分析，如本文前面所提及的，非常有助于我们在研究马尼拉有许多位华人翻译问题时的参考[⑥]。

---

① 笔者已写成《一个华人雇佣兵、两个传教士与一个卸任菲律宾总督：十六世纪末西班牙人在东亚的拓展初探》一文，亦将于近期出版。

② 李毓中、José Luis Caño Ortigosa：《中西合璧的手稿：〈谟区查抄本〉（Boxer Codex）初探》，《西文文献中的中国》，复旦大学，2012，第 67～82 页。

③ 李毓中：《理解与想象：中国人、葡萄牙人与西班牙人建构的十六世纪东亚世界》，《明清时期的中国与西班牙》，澳门理工学院中西文化研究所，2009，第 16～32 页。

④ 陈宗仁：《从“马尼拉手稿”（即〈谟区查抄本〉）看 16 世纪的鸡笼人与淡水人》，《原住民族文献》第 3 期。

⑤ 岩生成一：《明末日本侨寓支那人甲必丹李旦考》，《东洋学报》23（3）；岩生成一：《明末日本僑寓シナ貿易商アウグスチン一官李國助の活動：〈明末日本僑寓支那人甲必丹李旦考〉補考》，《东洋学报》66（1－4）。

⑥ 陈国栋：《马尼拉大屠杀与李旦出走日本的一个推测（1603－1607）》，《台湾文献》第 60 卷 3 期。

被荷兰人或英国人称之为“Andrea Ditts”或“Capitain China”的李旦，有学者认为曾待过马尼拉的李旦，应该是曾受洗的天主教徒，但一直没有找到较直接的证据，但在荷兰文献中留有许多有关他个人言行的描述中，有一段颇为有趣：

>……以后“李旦”他又说，世界上所有的事情，都有其开始、发展与衰落，相信都是万能的神（Godt）的旨意，所以我们应向这位神恳求让我们公司有良好的开始与发展，并向同一个神祈求，使我们的敌人衰落下去，并用各种可能和适当的方法来接受这些事实[①]。

如果不是荷兰人告诉我们，上述的话语是出自李旦之口，或许笔者还以为是出自某个西班牙传教士的宣教谈话。所以可想而知，就算李旦不是天主教徒，但他对天主教教义的了解，肯定是相当熟悉的。

至于郑芝龙，研究其事迹的学者，不乏许多知名的学者，如 C. R. Boxer、曹永和、卫思韩（John E. Wills）、金国平、吴志良、包乐史（Leonard Blusse）、翁佳音及林伟盛等，研究的面向也相当多元，列举他的生平事迹、杰出的贸易与军事能力、信仰以及其黑人雇佣兵[②]等事迹，但笔者较少见到有关郑芝龙担任翻译时事迹的讨论。事实上荷兰文献中有一些叙述，是提到他在“下海”当海盗前的情况：

>……约有 100 名中国人，以前在北边和这附近驾船抢劫，属于中国人甲必丹“李旦”与颜思齐（Pedro China）所管辖的，愿意为公司的工作，驾 3 艘戎克船加入我们前往马尼拉“巡弋”的船队，去协助我们。……希望他们很快就会赶上该船队，并为公司做出良好的成绩[③]。

① 江树生：《荷兰台湾长官致巴达维亚总督书信集（1）1622－1626》，“国史馆”台湾文献馆，2007，第 143 页。

② 有关郑芝龙的黑人卫队，可参考金国平、吴志良《郑芝龙与澳门——兼谈郑氏家族的澳门黑人》，《东西望洋》，澳门成人教育学会，2003，第 189～211 页。另有澳门黑人的相关研究，可参考汤开建《明清时期中国东南沿海与澳门的“黑人”》，《明代澳门史论稿（下卷）》，黑龙江教育出版社，2012，第 409～444 页。

③ 江树生译注《荷兰台湾长官致巴达维亚总督书信集（1）1622－1626》，“国史馆”台湾文献馆，2007，第 163～164 页。

……据约于三个月前，以前担任过司令官 Reyersen 阁下翻译的一官（Itquan）搭一艘失去桅杆、漏水严重的大戎克船进来大员。他说，是从北方来的，在那里巡弋（cruyse）的，还有40艘跟他同行的戎克船留在那里“打劫”，这些船也将前来此地。但是这些船只有一艘前来此地，而且没有载来任何东西。从他那艘戎克船，公司按照跟他“一官”约定的办法，取得该船“打劫到的东西”的半数，约为960里尔，大部分是银，如同账簿所记载那样①。

也就是说，郑芝龙是“译而优，则盗”，从担任荷兰长官的翻译后，再下海去从事“私掠船”的工作，而且其抢劫的对象并不是外国船只，而是往来马尼拉与福建之间的华商船只。

相较于明末的大海盗李魁奇、刘香等人，皆需仰赖“翻译”来替他们与荷兰人沟通，以便取得荷兰人的信任与支持而言。曾在澳门、马尼拉及日本生活过的郑芝龙，不但掌握了不假他人之口，便可与荷兰人直接沟通的优势，还拥有获知第一手欧洲人情报信息的能力与视野，而这或许也就是他在这么多海盗中，得以崛起与独霸一方的原因之一。

（六）其他替荷兰人工作的华人翻译

事实上，从1626年荷兰据有台湾地区时起，除了上述的李旦与郑芝龙外，还有数位懂得葡萄牙文的华人在台湾地区担任翻译的工作，甚至还因为翻译人手不足而屡屡致函给荷兰东印度公司的上级长官，要求派遣可以信赖的翻译给他们：

……当初若派一个良好的翻译员给我就最好不过了，虽然（在此地跟我们一起的）我们的翻译员竭尽他们有限的能力，认真地翻译，但是他们不但对西班牙文和葡萄牙文，对“荷兰文的”阅读或书写也都没有经验。因此，要再派翻译员来时，请您阁下务必派一个有能力又可信赖的翻译员来，因为中国人翻译员是难信赖，甚至

① 江树生译注《荷兰台湾长官致巴达维亚总督书信集（1）1622－1626》，“国史馆”台湾文献馆，2007，第161～162、223～224页。

不能信赖的，而且他们也不敢把我们告诉他们的话直接翻译给他们明朝的首长听①。

上面这段话，相当有趣，一语道破了担任荷兰人翻译的华人，多是先熟稔葡萄牙文或西班牙文之后，才有能力转而学习更陌生的荷兰语。而那句“不敢把我们告诉他们的话，直接翻译给他们‘明朝’的首长听”，更是写出了“通事”工作所要冒的职业风险，因为很多的前例都可证明，如果“雇主”（不管是葡萄牙人、西班牙人或是荷兰人）所要表示的话，触怒了明朝官员的话，在古人有言“两军交战不斩来使”的“训示”下，通事往往就成了代罪羔羊，少则遭明朝官员下令痛打一顿，重则可能丢了性命。所以聪明的翻译，有时很难不依赖形势或情况，来斟酌翻译。

当然，也不是荷兰人所雇用的华人翻译都是如此难以信赖的。从史料来看至少还有一名可能曾受洗的华人翻译，名为 Juan Fernandes 的人，其翻译能力以及书写葡萄牙文的能力颇获荷兰人的肯定：

……中国人翻译员费南达（Juan Fernandes）和另外三个中国人翻译员，被司令官德·韦特一起带去“中国”沿海；他在那里非常不愉快。他阁下“德·韦特”已有两个适用的翻译员了，如果他“费南达”在您那里，请您阁下派他来我们这里，因为像他那种人此地再也找不到了。他在翻译方面，甚至撰写葡萄牙文方面，都“对我们”很有帮助，我们找不到像他这样的人。在这期间，我们会遵照您阁下的提醒留意他的行为。

……也请您阁下不要忘记，要把那个葡萄牙语的翻译员费南达（Juan Fernandes）派来我们这里，因为他非常有用，像他这样的翻译员再也找不到了。缺了他，公司会遭受损失，因为我们那些翻译员无法准确翻译。而从爪哇派来的那个人，除了不肯为公司工作之外，因为他说是为私人的事来的，对我们也没有益处。所谓对费南达的

① 江树生译注《荷兰台湾长官致巴达维亚总督书信集（1）1622－1626》，“国史馆”台湾文献馆，2007，第38页。

指摘，是不真实的，即使是真实的，我们也会加以小心注意[①]。

很显然地，从荷兰人的史料可知，这名被叫作 Juan Fernandes 的华人，不仅是葡萄牙文书写没问题，其葡萄牙文的翻译准确性，也是获得荷兰人肯定的，这一点是以往其他史料，较少提及的。当然，翻译人员的忠诚度，常常也是雇主们有所忧虑的。

（七）Salvador Diaz

Salvador Diaz 就是一个曾让荷兰人颇为注意与怀疑的翻译。如同 Antonio Pérez 一般，Salvador Diaz 也是出身澳门，且是华人（与菲律宾）混血儿（Mestizo）。关于他的事迹，欧阳泰（Tonio Andrade）及陈宗仁教授[②]皆曾有过完整且精辟的论述，可看出 Salvador Diaz 也是一名极具冒险精神的口译人员。他是在 1622 年搭船前往马尼拉的途中，遭到荷兰人拦截与俘虏的，如同欧阳泰教授书中生动的描述一般：

> ……他和其他乘客一起收为奴隶，不少人被折磨至死。但 Diaz 被视为奇货，另做他用，他能说葡萄牙语，也能写汉文，荷兰人需要他担任通事。而后在澎湖及台湾大员的 4 年日子里，他花了不少时间，他才获得荷兰人的真心倚重，成为荷兰长官的心腹。
>
> ……Diaz 当然也别有居心，他把荷兰人驻地的底细记在小册子里，准备到澳门时献给葡萄牙官员。更险恶的是，他还跟一票海贼合作，把搜集来关于荷兰人的情报都泄露给他们，让他们能掌握中国船何时要出发，前往何地、载何种货物等讯息。他还跟有钱的大明海商收取过保护费[③]。

---

① 江树生译注《荷兰台湾长官致巴达维亚总督书信集（II）1627－1629》，“国史馆”台湾文献馆、国立台湾历史博物馆，2010，第 88、364 页。

② 陈教授一文，提到澳门华人的 Salvador Diaz，亦可能是闽南人后代的可能性，见陈宗仁《1626 年的大员港湾：一位澳门华人 Salvador Díaz 的观察与描绘》，《南瀛历史、社会与文化》（II），台南县政府，2010，第 1～31 页。

③ 欧阳泰（Tonio Andrade）：《福尔摩沙如何变成台湾府（How Taiwan became Chinese）?》，郑维中译，《远流》，2007，第 93 页。英文原著为 Tonio Andrade，*How Taiwan Became Chinese*，New York：Columbia University Press，2007。

可见做为此时期的一个口译人员，狡诈的 Salvador Diaz 有时扮演的角色非常多面，除了周旋于荷兰人、华人海盗、华人海商及葡萄牙人之间外，还始终知道该如何以他语言上的优势，将获知的情报"待价而沽"，也因此他在逃离台湾地区后，便将荷兰人在台湾地区的情况，以葡萄牙文写成了一份详细的报告，提供给葡萄牙及西班牙当局①。

唯一较可惜之处是 Salvador Diaz 在回到澳门后他便失去了踪影，至少笔者目前所知的西班牙文献中，还未了解到他后来的事迹。

（八）通事李叶荣

事实上，熟稔葡萄牙文的华人翻译，不只是替荷兰人效命，也替 1637 年来到澳门及广州的英国人约翰·威德尔（John Weddell）船队工作。知名的翻译学学者王宏志教授便利用中、英及葡萄牙等相关语言的材料，对自称为"Paulo Noretee"的通事李叶荣进行了研究。

在他的研究中，可看出被葡萄牙人指称曾受洗后又叛教的李叶荣，因一笔八万两的款项而与葡萄牙人闹翻分道扬镳，1637 年 8 月，英国人占领虎门炮台的冲突事件，给了他一次机会。可能是在总兵陈谦的授意下，他"高举着白旗"来到英国人的阵地，进而展开了中、英双方的第一次历史接触，后来甚至演变为，似乎是李叶荣与陈谦合谋，他们在英国人付款买货后，竟策划了火攻英国船的诡计，意图逼走或歼灭英国人而私下占有货款②。

王教授一文，是少有的翻译学学者探讨历史上通事问题的论文，该文的撰写不但具有非常敏锐的观察力，对明朝官员、英国人及通事李叶荣三方的角色及心态，也进行了细腻的分析与讨论，还提出中西交流学者对于明代中英虎门事件的论述，可能"忽视了问题的核心：译者——特别是译者——在事件中所扮演的角色"，因而无法对整体的事件有真正的全面理解，并从中点出了"翻译问题不止限于沟通上的问题，而且涉及一名来自中方的通

① 关于 Salvador Diaz 的葡萄牙文报告，请见 José Eugenio Borao, Pol Heyns, Carlos Gómez y Anna Maria Zandueta Nisce（int）, *Spaniards in Taiwan*（1582 - 1641）. *Vol. 1*, Taipei: SMC Publishing INC, 2001, pp. 62 - 69；迪亚士：《1622 - 1626 年，囚禁在福尔萨》，《文化杂志》2012 年第 75 期。

② 王宏志：《通事与奸民：明末中英虎门事件中的译者》，《翻译论丛》2012 年第 1 期。

事李叶荣从中营私舞弊"[①] 的问题。也为我们举出通事与这一方勾结，出卖另一方的实例，让我们对于历史上通事行为的讨论与研究，增加了更多的理解。而该文最重要的一点贡献，就是为翻译学与历史学的“通事”研究，搭起了对话与交流的桥梁。

三 其他相关的研究

2007 年，卜正明（Timothy Brook）[②] 教授在台湾中研院历史语言所演讲时，讨论到耶稣会与翻译的问题。笔者向卜正明教授请教华人“翻译”的重要性以及口译人员所扮演的角色问题时，卜教授亦谈到他已注意到此一问题很久，只是相关的史料非常零散，较难进行研究。显而易见的，关注此一问题的研究者，绝不是少数[③]。

事实上，在笔者关注“翻译”或“口译”人员对于澳门历史研究的重要性，进而展开相关资料的搜集工作时，发现著作丰硕且独特的程美宝教授也早已注意到此一议题，并发表了《澳门作为飞地的“危”与“机”——16～19 世纪华洋交往中的小人物》一文[④]。虽然该文的讨论是较为全面性的，“通事”议题并不是该文的唯一焦点，但文中不但已点出了华人通事在澳门历史上的重要性，亦对 18 世纪的华人翻译，如何协助清朝政府处理“番务”，甚至于担任吕宋西班牙人翻译的情况，有一完整且清晰的论述，相当值得参考。

除此之外，有关澳门葡语与华语翻译的研究，亦有相关丰硕的研究成果，如笔者很早便注意到广东葡语其研究重要性的知名学者章文钦教授，则在《广东葡语初探》一文中，对近 500 年广东葡语的发展，有相当完整与

---

① 王宏志：《通事与奸民：明末中英虎门事件中的译者》，《翻译论丛》2012 年第 1 期。

② 卜教授的著作相当丰硕，近年来较为史学界注目的史学著作为《维梅尔的帽子：从一幅画看十七世纪全球贸易》，黄中宪译，2009。英文原著为 Timothy Brook，*Vermeer' s Hat*，*The seventeenth Century and the Dawn of the Global World*，New York：Bloomsbury Press，2008。

③ 有两篇硕士论文，亦注意到明代通事及广澳通事的问题，请参考林杏容《明代通事研究》，暨南大学硕士论文，2006；卜艳萍：《明末至清中叶粤澳地区通事研究》，暨南大学硕士论文，2008。

④ 程美宝：《澳门作为飞地的“危”与“机”——16～19 世纪华洋交往中的小人物》，《河南大学学报》（社会科学版）第 52 卷第 3 期。

深入的讨论与分析，补充了笔者对此方面相当多研究成果的信息[1]。另外，在语言学上的论述，则分别有鲍登的《18 世纪澳门葡语方言的汉语资料》[2]，以及汤普森的《两份同期澳门葡语方言资料比较》一文。两篇论文的讨论重心基本上都是在如何将《澳门记略》中澳门葡语单字与广东话发音的汉字对照比较上，也都使用了语音学的研究方法，用图表分析与表列的方法，来讨论与还原相关词汇的拼音，对于进一步理解澳门葡萄牙语在语言学上的变化，相当有帮助[3]。

同时，亦有学者在词汇语音学问题外，也注意到这些选定的词汇里所隐含的历史元素，例如，刘月莲《〈澳门记略〉附录〈澳译〉初探》一文中，便将这些词汇分为天地类、人物类、衣食类、器数类与通用类五大类，借由这些被选定的词汇，我们得以了解当时这些生活在澳门的华人其生活的“关怀”所在[4]。胡慧明的《〈澳门记略〉反映的澳门土生葡语面貌》一文，其研究讨论亦大致是如此，但在资料的整理与比对上，做了更全面与完整的讨论与分析[5]。

相对而言，在马尼拉也一直有华人在协助西班牙传教士，进行中、西文文本或字典的翻译工作，例如西班牙巴塞隆那大学所藏万历四十八年（1620）的《漳州语艺术（Arte de la Lengua Chio－chiu）》，以及前面已提及的《明心宝鉴（Beng Sim Po Cam）》与《无极天主正教真传实录》等，目前已有许多知名的学者，如龙彼得（Pier van der Loon）[6]、连金发、洪惟仁[7]及韩可龙（Henning Kloter）[8] 等，对这些文本内容进行语言学的论述与讨

① 请参考章文钦《广东葡语和广东英语初探》，《岭峤春秋 岭南文化论集》，中国大百科出版社，2004，第 563～564 页；章文钦：《广东葡语初探》，《文化杂志》2008。

② 鲍登：《18 世纪澳门葡语方言的汉语资料》，《文化杂志》2004。

③ 汤普森：《两份同期澳门葡语方言资料比较》，《文化杂志》2008。

④ 刘月莲：《〈澳门记略〉附录〈澳译〉初探》，《文化杂志》2004。

⑤ 胡慧明：《〈澳门记略〉反映的澳门土生葡语面貌》，《文化杂志》2004。

⑥ Pitter Van der Loon, “The Manila incunabula and early Hokkien studies” (part I), *Asia Major*, 12 (1966), pp. 1－43; “The Manila incunabula and early Hokkien studies” (part II), Asia Major, 13 (1967), pp. 95－186.

⑦ 洪惟仁：《十六、七世纪之间吕宋的漳州方言》，复旦大学中华文明国际研究中心举办之“中西语言接触系列研究 workshop（1）——西班牙语与闽南语的接触研究”研讨会，2013 年 9 月 27～30 日。

⑧ Henning Kloter, *The language of the Sangleys: a Chinese vernacular in missionary sources of the seventeenth century*, Leiden; Boston: Brill, 2010.

论。看似这些文本的协助翻译者多是闽南的漳、泉人士，但如果从明代中叶起许多闽南人与葡萄牙人在海外多有接触的历史过程来看，闽南语与澳门学中的翻译或通事研究，亦是不可忽略的一个方面。

四 小结

澳门学的研究，其定义、学科范畴与方向，究竟是什么？或许是需要一个长期讨论、论述与许多学者努力才能达成的，但可以肯定的是，如同汤开建教授及许多澳门学者所呼吁的，澳门研究最重要且优先的工作，就是有关澳门史料的搜集与整理工作。而在展开此一澳门史料搜集与整理工作的同时，或许我们也可以同时对于此历史发展过程中，不管是葡萄牙人与明朝官方往来或是天主教传教士进行的宣教或翻译教义等工作都得仰赖其协助的华人译者，增加一些关注。

以往有关中、西方接触过程中的华人翻译，特别是口译人员的研究，受限于史料分散，且常常这些人不只是受聘于葡萄牙人、还可能替西班牙人、荷兰人，甚至于英国人工作，且活动空间又散布在广州、澳门、马尼拉、福建、台湾地区，甚至于东南亚等地，因而较难进行整合研究。但如果加以归纳后，便可发现其主要的共通点，便是知悉葡萄牙语，而澳门又往往是这些人习得葡萄牙语之处，也因此如能将这些华人“通事”的资料搜集与研究，置于澳门学研究之下，实有助于我们了解澳门历史过程中，非士大夫阶级或从事商业的华人，如何借由习得葡萄牙语，从而为其个人发展出不同的人生，进而在明朝与葡萄牙、西班牙及荷兰的交往过程，扮演或奸或良，或大或小的不同角色。

诚如本文所强调的，华人“通事”，一直是明中叶葡萄牙人、西班牙人及荷兰人来到东亚后，双方、三方或四方之间异文化接触过程中，最重要的“接触点”，不管是怀抱传教、经贸，或是殖民拓展企图的欧洲人，皆需仰赖他们的从中协助，才能向其目标前进，也使得这些熟谙葡萄牙语的华人，能担任双方的第三者“他者”角色，参与新时代的发展。因此，本文希望能借由此一粗略的研究回顾，在不久的未来，对中、西方异文化交汇时华人通事所扮演的沟通、冲突、调和或背叛角色有进一步的研究、分析与讨论，让这些“隐藏”在历史布幔后的华人翻译，重新回到舞台。

澳门多元宗教文化研究

——以澳门道教及民间信仰为中心

张泽洪*

澳门曾是一个孤悬海表的小渔村，历史上先后隶属于广东省番禺县、南海县、东莞县和香山县，与岭南社会历史文化有着密切关系。明清时期岭南道教进入发展阶段，道教全真派在岭南建立罗浮山、广州三元宫等传道中心，民间正一道也积极向岭南各地发展，清代是道教全真、正一各派进入澳门传道时期，中国传统宗教与西方宗教在澳门相交汇，不同宗教文化在澳门共同生存发展。本文探讨澳门道教与民间信仰的传播，分析澳门多元宗教产生的文化背景。

一　地方志所见澳门道教及多元宗教的传播

澳门早期居民的宗教信仰，是岭南地区传播的中国传统宗教，在唐宋时期儒释道三教普遍影响中国社会的氛围下，岭南地区同样受到道教文化的浸润。清康熙《香山县志》（卷十）《仙释》，记载唐代仙女陈仁娇："梦为逍遥游，餐丹霞，饮玉液，……至八月十五日丙夜，忽有神仙数百，从空召之，仁娇飘飘然随众谒于帝居，遂掌于蓬莱紫虚洞天。归而飞至龙塘潭峡中，与群仙共戏，……其俦侣五人，曰琼娇、玉润、伯山、蟾姬、伯瑰，相与飞至深井，踏石而歌明月，渔人见之，须臾凌空而去，石上留屐痕焉，人号其处为仙女澳，又曰蓬莱仙云。"① 仙女澳的仙迹传说，地点是澳门附近

* 张泽洪，四川大学宗教·哲学与社会研究创新基地学术带头人，四川大学道教与宗教文化研究所教授、博士生导师。

① （清）申良翰修、欧阳羽文纂［康熙］《香山县志》，清康熙十二年（1673）刻本。

的横琴岛。仙话记载女道士陈仁娇的故事，还载陈仁娇于宋元祐中下降广州进士黄洞家，为模仿齐梁高道陶弘景《真诰》女仙下降之事，折射反映出道教在澳门地区传播的史实。清康熙《香山县志》（卷十）《仙释》，记载宋代女仙许道人“幼有超尘之志，……遂清斋入道”，结庐修炼道法，“常有虎卫其庐”①。唐宋时期道教在中国社会广泛传播，澳门的道教仙话传说折射反映出这种历史趋势。

宋代澳门所在的香山县已建有道教宫观，是道教在香山县传播发展的历史遗迹。清康熙《香山县志》（卷十）《寺观》载：“北极废观，在县东镇抚司旧址。宋乾道五年县令范文林建，淳祐癸卯主簿宋之望重建。”宋赵希循曾有《北极观记》称：“北极观，邑之壮丽者也。”② 清道光《香山县志》（卷五）《寺观》记载香山县有太清道观、北帝庙③。清光绪《香山县志》（卷九）《寺观》具体记载说：“太清道观，在北门外拱北街北帝庙右。雍正甲寅邑人梁金震等醵建，额曰‘太清宫’，乾隆癸丑重修。有高以诚、李董书二碑。”④ 民国《香山县志》（卷七）《寺观附》：“云霞观，在潭州上村灵山，光绪十九年创建。”⑤ 道教云霞观的建立，说明道教已深入乡村社会。清光绪《香山县志》（卷五）《风俗》载：“遇神诞日，张灯歌唱曰打醮。盛饰仪从，舁神过市，日出游。为鱼龙狮象，鸣钲鼍鼓，盛饰童男女为故事。”⑥ 地方志的记载说明，清代以来岭南民间已形成道教节日的民俗信仰。

在宋代道教吸纳民间俗神进入道教神系的历史趋势中，东岳神、关圣帝君、文昌帝君、城隍神、天妃等民间俗神，纷纷被吸纳进入道教神系，各地民间普遍建立东岳庙、关帝庙、文昌庙、城隍庙、天妃庙，岭南地区的香山县同样如此。清康熙《香山县志》（卷一）《县治图》，以简图的形式标出县城内有东岳庙、文昌庙、城隍庙、关帝庙、七仙庙，城北门外有北帝庙，城西门外有三元庙、天妃庙，城东门外有金龙庙。清道光《香山县志》（卷二）《建置·坛庙》具体记载说，宋代建东岳庙、城隍庙，明代建北帝庙、

① （清）申良翰修、欧阳羽文纂［康熙］《香山县志》，清康熙十二年（1673）刻本。
② （清）申良翰修、欧阳羽文纂［康熙］《香山县志》，清康熙十二年（1673）刻本。
③ （清）祝淮修、黄培芳纂［道光］《香山县志》，清道光八年（1828）刻本。
④ （清）田明曜修、陈醴纂［光绪］《香山县志》，清光绪五年（1879）刻本。
⑤ 张仲弼修［民国］《香山县志》，民国九年（1920）刊本。
⑥ （清）田明曜修、陈醴纂［光绪］《香山县志》，清光绪五年（1879）刻本。

文昌庙、关帝庙、天妃庙，清代建火神庙、龙王庙、三元庙、吴相公庙、七仙庙、南阳庙、三山庙、新庙等。史称香山地区“多淫祀”“尚巫觋”，反映出道教及民间信仰的兴盛[①]。民国《香山县志》（卷四）《坛庙》载香山的祠庙有：关帝庙、文武二帝庙、文昌庙、火神庙、北帝庙、天后庙、康公庙、仙娘庙、东岳庙、侯王庙、二王宫、观音庙、崇义祠、文昌阁。这些民间祠庙多与道教信仰有关。

香山县道教及民间信仰的兴盛，为澳门道教及民间信仰的发展创造了社会历史条件。至清乾隆时期，随着澳门的开发和移民的增加，澳门岛陆续建立起众多的寺庙宫堂。清乾隆《澳门记略》（卷上）图二前山寨图，有天妃宫、观音阁、大王庙；图三有关帝庙、马王庙；图五有娘妈新庙、观音堂、唐人庙、三巴寺、新庙、花王庙、大庙、医人庙、尼姑寺、板樟庙、迦斯兰庙；图六有龙须庙、风信庙、娘妈庙；图十一有天妃庙；图十二有将军庙[②]。其中天妃宫、观音阁、关帝庙、马王庙、观音堂、娘妈庙、天妃庙、将军庙是道教、佛教和民间信仰的寺庙。大王庙、三巴寺、新庙、花王庙、尼姑寺、大庙、医人庙、板樟庙、迦斯兰庙、龙须庙、风信庙是西方宗教的庙宇，这些番庙分属于不同的教会。如花王庙是耶稣会传教士兴建，迦斯兰庙是马尼拉入澳门的方济各会传教士所建，板樟庙是天主教多明我会传教士所建，龙须庙是意大利天主教奥斯定教会兴建，尼姑寺是西班牙圣家辣会修女所建，风信庙供奉葡萄牙航海人庇佑平安、赐予风信之神。而天主教建立的唐人庙，则是专门吸纳中国信众的庙宇。正如《澳门记略》（卷首）《张汝霖传》所载：“番僧以天主教惑众，于三巴番寺外专立一庙，煽诱内地民人，名曰唐人庙。”[③]《澳门记略》的图像记载，形象说明清乾隆年间多元宗教在澳门发展的态势，显示澳门已成为东西方宗教汇聚之地。

二 澳门道教和民间信仰的神灵

历史上香山道教的宫观，有宋代的北极观、太清道观、北帝庙等，显

① （清）祝淮修、黄培芳纂［道光］《香山县志》，清道光八年（1828）刻本。

② （清）印光任、张汝霖：《澳门记略》，清乾隆十六年（1751）刻本。

③ （清）印光任、张汝霖：《澳门记略》，清乾隆十六年（1751）刻本。

示岭南香山地区道教的悠久历史。澳门属香山县范围，旧称香山澳、濠镜澳，而澳门道教的源流至少可以追溯至清代，位于澳门三巴门福庆街的吕祖仙院兴建于清光绪年间，大门正中石额“吕祖仙院”四字，上下款为“光绪辛卯仲夏，弟子东初奉书”；另一石刻联的下款“粤西吴德靖敬撰，李旭波书丹□□”，有光绪十九年（1893）吴德靖撰的《创建吕祖仙院碑记》为证。院内尚存光绪十九年（1893）吴德靖撰的《创建吕祖仙院碑记》，碑文中谓吕祖“于光绪庚寅春元旦花宵，降法于罗浮山朝元洞群生，以收修士。时有吾师在侧，道号戴宫山，乐成美任；……至辛卯春，余承师命，下山来澳倡建。其前后始终用度，计共支绌总数五百余金，悉非易举。于是振邀值事等，襄成其事，复行扬签，共得工银三百余元，合赀于众，以助厥成。果尔，而以五月举事，九月竣工。庙貌辉煌，莲峰毓秀，神人共乐，镜海流恩，遐迩胥佑福焉”[①]。碑文可知澳门吕祖仙院，传自广东罗浮山朝元洞。而据《镜海丛报》1893 年 12 月 19 日的《募修仙庙》报道称：“近有省城小北门内大石街太清宫嫡派道流区明泉炼师到澳募结善缘，修建吕纯阳庙。”

当代澳门道教的信善二分坛、云泉仙馆，也属于信奉吕祖的全真派道坛。信善二分坛前身是道教纯阳派吕道会信善堂，由李藻信、李藻善、梁藻智等于 1935 年成立于广州芳村。1945 年，梁藻智等从广州到澳门传教，与信士刘扬能、冼扬矶、刘扬球等于翌年在澳门沙梨头海边街 50 号基业大厦 5 楼成立信善二分坛，扶鸾救世，赠医施药。李藻善到澳后，亦于俾利喇街成立信善祖坛，于 1974 年迁至提督马路 117 号 5 楼现址。1964 年，二分坛道士屈展别、罗联宗、邓联学、邓联荫、罗联辉等，于澳门罗利老马路 17 号 3 楼创立紫阙玄观，1973 年该观转移至香港九龙发展。

澳门云泉仙馆源于广东西樵山云泉仙馆，抗日战争期间西樵山沦陷，黄豫樵、何海科等道士避乱澳门，乃于 1940 年成立西樵山云泉仙馆旅澳同门联谊处以延续道统，1965 年正式注册成立澳门云泉仙馆。

澳门还有正一派散居道士开设的庆云道院、静修道院、李七道院、梁荣道院、同福道馆等。吴庆云道院由正一派散居道士吴国绵（道号谒元）于清末民初开设。其子吴锦文（道号玉生）及孙吴天燊（道号京意）继其道

① 谭棣华等编《广东碑刻集》，广东高等教育出版社，2001，第 1028 页。

脉。1949 年第六十三代天师孙张恩溥从大陆到台湾地区，途经澳门时曾授“太上三五都功经箓”于吴玉生、吴京意父子及周竭明、李玉成等 10 多位道长。第四代吴炳鋕道长近年亦赴江西龙虎山嗣汉天师府，参加“太上三五都功经箓”的传授。澳门正一派散居道士大部分来自广东省顺德、中山或珠海。吴庆云道院的吴谒元道长原籍顺德黄茅涌，陈静修道院的陈厚坤道长祖籍珠海沙尾镇，麦丽昌道院的麦牛道长则是珠海湾仔镇人。澳门散居正一派的道院，专门为人做道场法事以弘道。

位于澳门氹仔市区中心嘉模前地的北帝庙，是氹仔岛最古老的庙宇，供奉北方真武玄天上帝，最早清道光二十四年（1844）曾重修。庙内供奉北方真武玄天上帝，所藏石刻碑文、牌匾及金木浮雕多为百年前的文物。庙前地近年恢复演神功戏，庙门石刻门柱及神台、楹联等刻有龙环、龙头环、潭仔等古地名。

澳门民间信仰的庙宇有妈祖庙、关圣帝君庙、城隍庙、康公真君庙、哪吒庙、谭公庙、莲溪庙、莲峰庙、包公庙、土地庙，这些民间坛庙亦多具有道教色彩。在澳门民间信仰的神灵系统中，航海女神妈祖是香火旺盛的神灵。自明清时期以来，澳门有多处祭祀妈祖的寺庙，今有澳门半岛位于妈阁街的妈祖阁、望厦天后圣母殿、马交石天后古庙、莲峰庙内天后殿，氹仔的天后宫和关帝天后古庙，以及路环的天后古庙，等。关于澳门妈祖庙兴建的年代，有明万历乙巳年（1605）的石刻为证。1996 年澳门大学谭世宝教授实地考察，发现妈祖阁的石殿门横梁上刻“神山第一”四字，妈祖阁庙原神山第一亭正面石横梁上镌刻：“明万历乙巳德字街众商建，崇祯己巳年怀德二街重建。”① 澳门妈祖阁后山有摩崖“太乙”大字，彰显妈祖信仰中蕴涵的道教思想。妈祖庙的兴建还有民间神话传说的依据。清乾隆《澳门记略》（卷上）《形势篇》记载说：“相传明万历时，闽贾巨舶被飓殆甚，俄见神女立于山侧，一舟遂安，立庙祠天妃，名其地曰娘妈角。娘妈者，闽语天妃也。于庙前石上镌舟形及‘利涉大川’四字，以昭神异。”② 妈祖阁有一通清道光二十七年（1847）《香山濠镜澳妈祖阁温陵泉敬堂碑记》载：

---

① 谭世宝：《澳门妈阁庙的历史考古新发现》，《文化杂志》（中文版）1996 年第 29 期。

② （清）印光任、张汝霖：《澳门记略》，清乾隆十六年（1751）刻本。

濠镜天后庙者，相传明时有一老妪，自闽驾舟一夜至澳，化身于此。闽潮之人商于澳者，为之塐像立庙，并绘船形，勒石记事①。

清同治七年（1868）黄光周撰《澳门妈祖阁漳兴堂碑记》也载：

澳门壕镜向有天后庙，自明至今，多历年所。凡吾漳泉两地之贸易于澳者，咸感戴神灵而敬奉弗怠焉，彼此均沐恩波，前后累沾惠泽②。

这些有关澳门妈祖阁石刻碑文的记载，反映由福建移民族群信仰妈祖的历史。福建是妈祖信仰的发源地，福建商人、渔民进入澳门的同时，也带来了福建盛行的妈祖信仰。明代澳门天妃庙在娘妈角，此为澳门之外文名字 Macao 或 Macau 之由来。1998 年 10 月，在路环主峰叠石塘山（澳门最高点）上矗立起高 19.99 米妈祖石雕像，象征澳门 1999 年回归祖国。1988 年 2 月 9 日《香港大公报》报道：2 月 8 日凌晨澳门妈祖阁天后大殿起火，金殿被焚毁，连高近 6 英尺有 200 余年历史的铜钟也被烧熔，可是内奉的木雕天后神像除被熏黑外却丝毫无损，信仰者皆称妈祖显灵所致。妈祖信仰起源于宋代，元明时妈祖信仰已广为流播，明代澳门已融入东南沿海妈祖信仰大文化圈之中。在中国及东南亚妈祖信仰圈中，澳门的妈祖信仰具有代表性。

澳门也是关帝信仰盛行的地区，清代以来建有三街会馆处关帝庙、路环九澳关帝庙、路环三圣宫等。澳门关帝信仰盛行民间，几乎每家商号都供奉一座关帝像，这与清代以来商业尊崇关帝信义的社会风尚一致。

望厦城隍庙，建于清光绪三十四年（1908），由望厦乡绅陈连泰、苏廷珍、沈雄文等捐资兴建，正殿祀城隍神，两旁奉洪圣大王及张王爷圣像。庙内现存光绪三十四年《倡建城隍庙碑志》，署名“澳门旺厦合乡绅耆谨敬泐石”，称建城隍庙之由来说“不得不仰赖神明，以为之主宰”。

① 清黄宗汉撰写碑文，此碑至今仍然保存在妈祖阁后堂。庄建平主编，中国社会科学院近代史研究所近代史资料编辑部编《近代史资料》（总 100 号），中国社会科学出版社，1999，第 201 页。

② 庄建平主编，中国社会科学院近代史研究所近代史资料编辑部编《近代史资料》（总 100 号），中国社会科学出版社，1999，第 205 页。

澳门康真君庙，俗称康公庙。望厦康真君庙位于美副将大马路普济禅院侧，1792 年前立，有 1882 年《重修天后康真君庙碑记》，因望厦康真君庙内有天后圣母殿；十月初五街康真君庙，建于清咸丰年间（1851 ~ 1861 年）。康真君又名康公、康元帅、康主帅，康元帅是道教岳、赵、温、康四元帅之一，又是东岳大帝属下的十太保之一。康元帅名康席，被玉皇大帝封为“仁圣康元帅”，《三教搜神大全》称他慈悲为怀，不伤蝼蚁。岭南地区普遍有康真君崇拜。位于十月初五街中段的康公庙的兴建，据说居民见随水漂浮而至的木康王神像，将之拾起于附近建庙供奉。康真君是道教尊奉的民间俗神，道教的《康真君灵签》，每签分为家宅、婚姻、自身、占病，求谋，官讼、耕种、山坟、失物、六甲等 10 类。经书说“六曹案上康真君，两耳红发往上生”，是康真君神格形象的写照。

澳门供奉谭仙的有路环九澳直圣庙、路环三圣宫、路环谭仙圣庙等。澳门路环十月初五街尾的谭公庙，又称谭仙圣庙，该庙建于清同治元年（1862），是路环香火最盛的庙宇。谭公庙是道教民间信仰，有一只由鲸骨雕制而成的龙舟，据说摸过鲸骨会行好运，故善男信女进香后必顺便摸一摸“龙骨”。《宣和画谱》载北宋李得柔画道教二十六神仙，其中第十四位就是谭仙君像。其实岭南各地元代已有谭仙信仰，澳门谭公信仰则直接源自惠州。清光绪《惠州府志》（卷四十四）《人物篇 · 仙释》载：“谭公道者，归善人也。居九龙山修行，不记岁月。每杖履出山，一虎随之，或为负菜，往返与俱，人其讶之。既殁，有祈雨旸者辄应。山故又庵，甚灵异。……咸丰六年，敕封襄济。”[①] 今路环谭仙圣庙内，其中一墙上，即画有虎。相传谭仙自幼聪慧异常，能卜知未来，治病如神，每次显灵，均化身为小孩。清道光三十年（1904）佛山的《创建谭仙观碑记》载：“谭仙真人起于元，未成童而得道。由元迄今，国朝祀典之所未载，搜神仙鉴之所未书。”[②] 岭南各地农历四月初八的谭公诞，是香火甚旺的民间盛会。

朱大仙为澳门水上人信奉的一位海神，以能护佑不受海盗的伤害而著称，朱大仙信仰通常在船上进行祭拜，民间称之为水面醮。朱大仙信仰至今

① （清）刘湝年、张联贵修，邓抡斌、陈新铨纂［光绪］《惠州府志》，清光绪三年（1877）修，七年（1881）刻本。

② 佛山市博物馆编《佛山市文物志》，广东科技出版社，1991，第 79 页。

仍有很深的影响。

三婆神是东南沿海地区的一位海神，澳门三婆庙建于清道光二十五年（1845），庙内供奉的三婆神相传是天后的第三姊，与天后同修炼成仙，三婆神以能助剿击退海盗见称，是甚受渔民崇敬的一位海神。1845 年，氹仔岛曾建有三婆庙，今存清咸丰九年（1559）《重修三婆庙碑记》和同治三年（1864）《氹仔三婆庙碑》，碑文记载三婆神出自惠州，以能助剿海贼为船人所信奉。光绪《香山县志》（卷二十二）《杂记》载："三婆神者，罾船人所信奉也。相传神出自惠州，能降灵附人身，言休咎。神降时，左右跳步，语喃喃，自以铁贯两颊，无血。咸丰四年秋，神降附罾船男女，言贼将败，人心借以自固，我军屡胜。罾船人为建大庙于沙地。"[①] 广西北海涠洲岛的三婆神传说是三姐妹，老大在福建，老二在澳门，老三在涠洲岛上，三婆名叫林莫娘，她活着的时候经常帮助海上一些遇难的渔民。澳门的三婆神与内地祈嗣的神格不同，如巴蜀地区三婆神是金霄、银霄、碧霄三姊妹，掌握着人间的生育和婴幼儿的祸福。

澳门下环河边新街的下环福德祠，又称土地庙，建于清同治七年（1868）。沙梨头土地庙，据传沙梨头土地庙建于南宋末年。澳门柿山的哪吒古庙已有 300 年历史，曾于清光绪二十四年（1898）时重修扩建。大三巴哪吒庙位于大三巴牌坊后右侧，建于光绪二十七年（1901）。据说建庙前澳门瘟疫流行，区内居民为了驱邪息灾，于是兴建供奉哪吒的哪吒庙，而哪吒被尊为道教的护法神。

三 近代以来澳门道教的发展振兴

清末民国初期，岭南珠江三角洲不少正一派道士迁居澳门，他们开设道院，为信众主持道场法事。1923 年，澳门镜湖医院启建万缘法会，21 岁的吴庆云道院的吴玉生道长就参加此次法会。1933 年，澳门举行追悼救国阵亡将士并设万缘附荐大会，这次斋醮法会分设 6 个坛普度亡魂，罗浮山冲虚观和广州三元宫都应邀莅澳设坛。清末民国初期，澳门正一道士为庆祝庙宇神诞举行的清醮道场，而清醮道场采用的科仪则以全真派为主，澳门正一科

① （清）田明曜修、陈澧纂［光绪］《香山县志》，清光绪五年（1879）刻本。

仪与全真科仪的融汇，这形成澳门道教科仪的鲜明特色。罗浮山冲虚观全真派梁叔雅道长，与澳门正一派周升真道长道谊深厚。历史上澳门正一科仪以渔民信众为主，而全真科仪以市民信众为对象。

澳门正一派科仪的经本宗源来自广东，澳门吴庆云道院所藏科仪经本都传自岭南各道院，说明澳门道教与岭南道教有着密切关系。如：光绪十九年（1893）凤城镜湖道院之金刚水幽金科和玉山净供，民国七年（1918）铁城逸德堂之玉山净供，光绪六年（1880）太和道院之玉山净供，为粤东南邑鼇溪合真堂藏版，光绪丙戌年（1886）的礼斗科本，为广州珠光西约星河道院藏版。先天济炼是广州三元宫、应元宫的经本。澳门清醮道场科仪以全真科仪为主，经本多是广州三元宫藏版。

澳门道教的游九州科仪，道长以南音说唱神仙游遍广东省九个州——广州、惠州、潮州、韶州、雷州、廉州、高州、琼州及德庆州，及信士在每个州分别购买茶、果、花、油、布及灵杯、酒、槟榔、点心及香等供品供养诸神。

澳门的早期居民，主要是从事渔业的渔民。澳门及其附近海域的疍民，可谓是澳门的土著族群。在20世纪中叶，澳门渔业兴盛时期，有多达上千艘渔船，渔民每逢喜庆嫁娶、新船下水、酬神、遇险归航等，都礼请道士到船上做道场，周贯一道长所编《醮果》收录渔民因风告许天醮开光科仪，拖船因遇风平安酬天醮科仪，遇石撞穿船底平安酬恩建醮科仪，海面贸易遇贼平安酬恩建醮科仪的榜文。其中拖船因遇风平安酬天醮榜文云：

> 信等江湖泛宅，网罟营生，驾一叶之扁舟，直逾南海，破千寻之巨浪，幸借东风，讵料逢日逢某某之辰，渡过某某之海，天愁地惨，风卷云飞，伙伴仓惶，向虚空而吁，恳帆樯字稳，荷神圣以扶持。

为神像开光榜文云：

> 信等历年信奉香火满堂，座在船上常叨庇佑，年深月久，烟封尘盖，不诚雅观，送神离位，伏请良工铺金换彩，各式重新，茂介灵通，理宜安奉，谨詹今月某日始仗道众，就于船内，修建酬恩礼斗开光功德一堂[①]。

---

① 吴炳鋕：《澳门的道教科仪》，《中国道教》2004年第5期。

澳门道教斋醮榜文的内容，说明渔民海上作业有着巨大风险，只有祈求道教神仙保佑平安。火居道在澳门的全盛时期，有道院近 30 所，道士约 50 人。自 20 世纪 60 年代开始，澳门社会经济模式由渔乡转为工商业城市，以致渔业式微渔民剧减，海面上渔业兴盛的情景已不在。

澳门道教科仪音乐有地域特色，以吴庆云道院的道场音乐为代表。吴庆云道院历经五代的吴氏道教科仪，有清晰传承谱系，本道派资料保存完整。吴庆云道院的第二代传人吴玉生道长擅长科仪，澳门信善二分坛最初没有经忏，礼聘吴玉生道长教科仪经忏，他打破科仪不外传的道派清规传统，将道教经忏科仪悉心传授予信善二分坛弟子。

澳门道教协会成立于 2001 年 3 月 21 日，该会一直致力于在澳门弘扬道教文化。通过主办道教文化周、祈福法会、道教音乐会、道教文化展览及道教文化专题讲座等活动，让澳门市民了解道教的思想及精神。自 2002 年至今，举办了多届道教文化研习班，全面系统传扬道教文化。

2002～2004 年，澳门道教协会每年举行道教文化日，2005～2010 年，每年举行道教文化周，2011 年以后每年举行道教文化节。在道教文化周期间弘扬斋醮科仪，是澳门道教协会的传统举措。2009 年道教文化周期间，为庆祝新中国成立 60 周年及澳门回归祖国 10 周年，澳门道教协会于 2009 年 11 月 29 日下午 3 时，举行金箓大醮——供诸天科仪。

澳门道教的传统斋醮科仪活动，扩大了道教在澳门的社会影响。2011 辛卯年敬点“万福光明灯”及“吉祥圣灯”祈福法会。2012 年 2 月 5 日举行新岁祈福祝星转运、拜太岁、敬点万福光明灯及吉祥圣灯法会，庆祝上元佳节。2012 年 2 月 26 日下午，沙梨头坊会与沙梨头土地庙慈善会合办“二○一二年万家欢乐贺土地宝诞”祈福大会，道教协会会长吴炳鋕率领 10 位法师与澳门道乐团主持祈福大会。

在 2010 年道教文化周中，澳门道教协会通过道教科仪示范、音乐表演、医学养生讲座及文化展览等，以弘扬《道德经》中“慈”“俭”“让”及珍惜生命的主题，倡导道教导人向善的精神。在 2011 年道教文化节期间，澳门道教协会主办“道教神像及经书展览”，陈列澳门吴庆云道院珍藏的清代工笔画及木石版刻画的道教神像画逾 30 幅，30 多本清代及民国初期的道教经书，还展出香港蓬瀛仙馆的多种语文版本《道德经》。

2008 年年初成立的澳门道乐团，在展示当代道教风貌，弘扬澳门道教文化方面做出显著成绩。2011 年 5 月 6～10 日，澳门道乐团受邀参加澳门文化局主办的第二十二届澳门艺术节，分别演奏《礼斗组曲》《三宝赞》《五供养》《文武点绛唇》。

2010 年 8 月 16 日晚在澳门文化中心小剧院举行“澳晋道乐欣赏会”。澳门道乐团演奏《玉皇赞》《三宝赞》《五供养》《歌斗章》《太乙赞》《礼斗组曲》《文武点绛唇》。成立于 1997 年山西省绵山大罗宫道经乐团以音乐舞台剧演绎道教音乐，献演《开天符》《介公赞》《黄庭赞》《文辞》《送花赞》。澳门道乐团后来亦赴山西交流演出，2011 年 8 月 22 日晚，澳门道乐团与绵山大罗宫经乐团联袂于绵山举办“晋澳道乐欣赏会”。

2011 年 9 月 25 日 7 时半，澳门道乐团、香港道乐团、上海浦东道教协会法务团联合举办“澳港沪道乐欣赏会”。澳门道乐团演奏《玉皇赞》《五供养》《道德经》和《文武点绛唇》，让听众领略澳门道乐的曲韵；更有充满喜庆的吹打乐，尽显道乐南派锣鼓、南派吹打乐的风采。上海浦东道教乐团演奏《斋天》《三比歌》和《渔歌》。香港道乐团演奏《仙家乐》《五声佛》和《三清宫》。2012 年 7 月 14 日，澳苏道乐欣赏会上，澳门道乐团以“道场南音”演唱《请将》，干元观坤道仙乐团演唱《道情》。

澳门道教协会通过与内地道教的互访，建立澳门道教与内地道教的联络平台。澳门道教信善二分坛于 1998 年 10 月 1～7 日，分别到北京、南京和上海的道教协会和各大宫观交流。2002 年 1 月 25～29 日，中国道教协会闵智亭会长前往澳门参加道教协会成立暨澳门道协首届理监事职员就职典礼。2008 年 9 月 21 日，澳门道教协会吴炳鋕会长率团赴崂山太清宫朝山进香。2011 年 10 月 23～25 日在湖南衡山举行国际道教论坛。吴炳鋕会长代表澳门道教在“四地论道”发表《齐同慈爱源归善，合作双赢理自平》的演讲。

澳门道教协会成立伊始，就致力保护抢救澳门道教科仪音乐，整理研究吴庆云道院五代传承的澳门道教科仪曲谱。于 2009 年 12 月出版《澳门道教科仪音乐》，该书分上、下两篇，上篇为学术研究内容，下篇为道乐谱辑存。2011 年 10 月 15 日，澳门道教协会出版《澳门道教科仪音乐》（续篇），收录澳门道教科仪 19 个，还有道场的敲击乐锣鼓谱。

澳门位于珠江三角洲南部，总面积约 30 平方公里，人口近 55 万，其中 96% 是中国人，外籍人仅占 4%。在澳门的大部分华人移民族群，仍信奉中国传统的佛教和道教。澳门的华人族群主要来自福建、广东。澳门宗教信仰种类繁多、教派林立，却能长期共存、各行其道。据1991年进行的第十三次人口普查和第三次住屋普查的统计数据，澳门常住总人口为355693人，宗教信徒为139418人。中国人多信奉佛教、道教，重视祖先崇拜。民间信仰盛行。1974年创建澳门儒释道教联会。此外，澳门是天主教、基督教的东方基地，教徒众多，势力较大。其他外来宗教还有伊斯兰教、巴哈伊教、摩门教、基士拿教、神慈秀明会、新使徒教会等。西方宗教教堂的钟声与东方宗教宫观寺庙的晨钟暮鼓此起彼伏，耶稣圣像出游活动与妈祖诞、关帝诞拜神活动同时进行，成为澳门的特有景观[①]。2007年3月18～23日，澳门道教协会举行道教文化资料展览，主题是“澳门宗教和谐的乐土”，展示澳门东西方宗教和谐共生、互相尊重的情况。

四 结语

澳门道教由岭南移民传入，与岭南道教有着千丝万缕的联系。澳门道教及民间信仰在澳门社会的传播发展，是同时期道教及民间信仰在大陆社会发展的缩影，反映出道教及民间信仰的社会渗透力，也反映在中华民族多元一体政治格局下，道教及民间神灵无处不在地影响着中国人的精神生活。澳门是中西方不同移民族群汇聚之地，由此生成具有不同宗教信仰的多元文化，东西方不同族群在澳门和平相处，多元宗教文化在澳门也得以兼容共存，值得宗教学、人类学的深入研究。

① 澳门统计暨普查司:《第十三次人口普查暨第三次住屋普查总体结果》，1993，第58页。

自身置入与道器之论

——如何看待杨光先对天主教之拒斥

李雪涛*

> 今天被认为是合乎真理的认识都有它隐蔽着的、以后会显露出来的错误的方面，同样，今天已经被认为是错误的认识也有它合乎真理的方面，因而它从前才能被认为是合乎真理的①。
>
> ……一切人类生命由之生存的以及以传统形式而存在于那里的过去视域，总是处于运动之中②。

康熙三年至四年（1664～1665年），北京发生了震惊全世界的大案，这就是由杨光先（1597－1669）首先发难、四大臣操纵审理的“康熙历狱”，即杨光先状告西方传教士汤若望（字道夫，Jean Adam Schall von Bell，1591－1666）一案。这是汤若望引进的西洋历法和中国传统历法之间的一次正面交锋。与明末批判天主教的儒家知识分子群体相比，杨光先可谓是孤军奋战，却成功地扳倒了汤若望，并且恢复了《大统历》。表面上看来，这是一次历法之争，实际上却是中西文化之争，最终以流血的方式来解决两种不同文化相碰撞时所产生的剧烈冲突。尽管其中伴随着复杂的文化心理、民族感情以及宫廷政治冲突的诸多因素，但中西方在人生观、世界观方面所存在的巨大鸿沟是显而易见的，这一点杨光先已经率先认识到了。

---

* 李雪涛，德国波恩大学哲学博士，北京外国语大学中国海外汉学研究中心教授。

① 恩格斯：《路德维希·费尔巴哈和德国古典哲学的终结》，人民出版社，1972，第35页。

② 伽达默尔：《真理与方法——哲学诠释学的基本特征》（第2版序言），洪汉鼎译，上海译文出版社，1999，第390～391页。

一 自身置入

历史研究的目的在于追求历史的真相，而这并不是简单地用今天的视角审视以往的历史事件，在展开分析和批判之前，我们需要“自身置入”一种历史存在的情境。仅仅追求所谓的历史真实，纠缠于历史的细节，常常会以偏概全。

伽达默尔（Hans-Georg Gadamer，1900－2002）在谈到施莱尔马赫（Friedrich Schleiermacher，1768－1834）的名言“我们必须比作者理解他自己更好地理解作者”时认为：“施莱尔马赫把理解活动看成对某个创造所进行的重构（den rekonstruktiven Vollzug einer Produktion）。这种重构必然使许多原作者尚未能意识到的东西被意识到。”[①] 对历史的重构当然意味着超越原来的历史，对于很多历史文本的解读，都是当时的作者所没能想到的。

伽达默尔强调在“效果历史”（Wirkungsgeschichte）中解读、理解文本。实际上，任何文本都是开放性的，其意义永远不可穷尽。因此，它是超越生成它的那个时代的。这就为不同时代的人们对于它的理解提供了可能性。所有的理解，都只能是历史的理解，不存在一种绝对的、唯一的理解。《不得已》的文本显然也是具有历史性的，对杨光先的研究同样是一个历史性的问题，而这正是伽达默尔效果历史原则的主旨所在。效果历史原则强调从文本的效果历史中理解作品，这就把历史与现实紧密地联系在了一起，充分肯定了古代文本对于当代社会的意义[②]。

在所谓的效果历史中，伽达默尔特别强调一种“丢弃自己”（Von-sich-absehen）的“自身置入”（Sichversetzen）的方法：“当然，就我们必须真正设想其他处境而言，这种丢弃是必要的。但是，我们必须也把自身一起带到这个其他的处境之中。只有这样，才能实现了自我置入的意义。”接下来伽达默尔举例说：“例如，如果我们把自己置身于某个他人的处境中，那么我们就会理解他，这也就是说，通过我们把自己置入他的处境中，他人的质

① 伽达默尔：《真理与方法——哲学诠释学的基本特征》（第2版序言），洪汉鼎译，上海译文出版社，1999，第248～249页。

② 伽达默尔：《真理与方法——哲学诠释学的基本特征》（第2版序言），洪汉鼎译，上海译文出版社，1999，第385页及以下。

性、亦即他人的不可消解的个性才被意识到。"[①]

也就是说，对待历史的言说方式，首先应当尽可能地还原一个历史语境，置身于他人的处境之中，去接近和理解历史之中的人物和思想。而这样一个历史语境的营造需要从具体的文本和时代背景出发，从而理解和体会历史人物的精神。

在读杨光先的《不得已》时，我常常会放下书本，沉浸于当时儒家知识分子面对中国伦理即将丧失时的痛苦和绝望之中。本文不希望给杨光先一个新的历史评价和定位，而是要提供一个理解杨光先的历史语境。至于做出什么样的价值判断，则是下一步的工作。

面对天主教和西洋历可能会对中国传统伦理道德造成的巨大影响，杨光先在涉及儒家名教方面的问题时，决不妥协，其言辞之激烈，在当时是绝无仅有的。按照杨光先的逻辑，作为技术层面的中国历法如果失去了地位的话，那么随之而来的将是"道"层面的天崩地裂。我们需要从杨光先所处历史时代的角度设身处地地分析清初的"历狱"事件，从中体会在面对中国传统可能瓦解时知识分子的痛苦而复杂的心态，从而得出尽可能贴近研究对象心灵的论断。只有把握住了这些深层次的原因，才有可能真正去理解杨光先其人。

科举考试自隋唐至清初已经有千年的历史，明代以后科举命题取自朱熹《四书集注》之法，规定试卷应"代圣人之言"，以程朱理学观点指导作文，从而使中国知识分子成为理学的维护者。我们也只有在了解了这样的制度环境下，才可能对诸如杨光先对传教士的反应有所理解。

在面对外来文明冲击的时候，杨光先是一位敏锐的观察者、思想者和辩论者，他对天主教和西洋历法的认识，是一个异常痛苦的思考和反击的过程。杨光先是中国传统的卫道士，我们今天应当充分认识到他在对待西学时其思想的复杂性。

当代的学者往往从当今的立场、现在的科技发展水平来看待和分析杨光先，他们所看到的杨氏当然是一个落伍、狭隘、固执的典型。大部分争论都远离了杨光先所处的时代，一些争论仅仅引证杨光先文本中特别具有感情色

① 伽达默尔：《真理与方法——哲学诠释学的基本特征》（第 2 版序言），洪汉鼎译，上海译文出版社，1999，第 391 页。

彩的言论，将之作为一个工具，片面强调杨光先对天主教的批判，或将之贬低得一无是处，或单从某些固定的观念出发得出一些简洁痛快的结论，这便失去了对历史人物复杂性和人性丰富性的方面的研究。重新评价固然重要，但其基础是“自身置入”的理解。如果没有细致的阅读和对历史语境的用心还原，那么我们常常会简单处理这些历史人物，忽视其复杂性的一面。伽达默尔指出：“因此，反对轻率地把过去看成是我们自己的意义期待（Sinnerwartungen），乃是一项经常的任务。只有这样，我们才会这样地倾听流传物，好像它能使自己的别的意义成为我们可听见的。”① 我想，对杨光先的理解也不例外。

二 道器之论

“道”“器”是中国哲学史重要的一对范畴，《易经·系辞上》曰：“形而上者谓之道，形而下者谓之器。”可以认为，“道”指的是无形的法则，而“器”则是有形的事物。北宋时期，哲学家们对“道”“器”的关系进行了深入的探讨，朱熹继承了二程的观点，认为：“凡有形有相者皆气也，其所以为是器之理者则道也。”他所强调的是“道”“器”不离，而并非有上下之别②。陆九渊不同意朱熹对道器的看法，他认为道本器末，道在器先③。

明清之际，西学与基督教一起传入中国，大部分传统知识分子认为所谓的西学仅仅是“器”层面的“小人之艺”而已，他们拒斥西学之“道”，而有条件地接受近代科学知识。著名启蒙思想家郑观应（1842－1921）主张“道本器末”，以“道”指传统的儒家伦理纲常，以“器”指西方的科技。徐光启从利玛窦那里所接受的也无非是西学中的天文历算之学，传教士引进的这部分内容的确是传统中国学术中所缺失的。而儒家的伦理纲常——

① 伽达默尔：《真理与方法——哲学诠释学的基本特征》（第2版序言），洪汉鼎译，上海译文出版社，1999，第392页。

② “器亦道，道亦器也。道未尝离乎器，道亦只是器之理。如这交椅是器，可坐便是交椅之理。人身是器，语言动作便是人之理，理只在器上。理与器未尝相离。”出自黎靖德编《朱子语类》（卷第七十七），中华书局，1986，第1970页。

③ “德成而上，艺成而下，行成而先，事成而后。……凡射御书数等事，皆艺也。为卑为贱，为下为后。”《象山先生全集》（卷十五书）《与陶赞仲》。

中国文化之命脉所系，同时是维持中国政治结构和统治秩序的基础，是不可能被西学所触动，更不可能被替代的。任何希望通过“器”进入“道”的层面的企图，都必然会遭到士大夫的坚决反对。正因为如此，《四库全书总目》中的一段话，对西学进行了非常清晰的定位：

> 欧罗巴人天文推算之密，工匠制作之巧，实愈前古。其议论夸诈迂怪，亦为异端之尤。国朝节取其技能，而禁传其学术，具有深意①。

这说明，在编纂《四库全书》的时候，当时的中国知识分子已经认识到，西学中“道”的层面的东西也是足以动摇中国传统文化的根基的。

在今天的立场上我们可以说，在对待异质文明的时候，明清的知识分子缺乏汉唐时代的气魄，中国文化显然缺少了灵活应变的能力和包容性。一直到晚清，传统儒家知识分子所提出的“道本器末”“中体西用”等主张，可以说既是对西方文明的一种戒惧、防备的心理，同时也反映了对三纲五常之道有可能沦落的担忧。“道本器末”依然是哲学观点，具体运用到对西学的看法上，后来才形成了“中体西用”的实践性主张，后者进而成为洋务派几十年指导新政的总的方针。

英国历史学家汤恩比（Arnold Joseph Toynbee，1889 - 1975）在分析远东受到西方冲击时的“冲突的心理”时写道：

> 接受外国文化就像接受一桩危险的任务一样痛苦。而受冲击的一方对于有颠覆其传统生活方式之预兆的新事物的本能的抵触，使这个过程对他来说变得更加糟糕②。

杨光先感受到西学中有足以“颠覆其传统生活方式之预兆”，因此本能地予以抵触。一直到了晚晴时，居中兴名臣之首的曾国藩（1811 - 1872）依然认为：“彼外国之所长，度不过机巧制造、船坚炮利而已。以夷狄之不

① （清）纪昀等：《四库全书总目》（卷百二十五）。

② 汤恩比：《文明经受着考验》，浙江人民出版社，1988，第281页。

知礼义，安有政治之足言。即有政治，亦不过犯上作乱，逐君弑君，蔑纲常、逆伦理而已，又安足法?”① 在理学家看来，儒家传统的一切都被提升到了“道”的层面，而西学仅在“器”的层面值得我们学习。

其后的中国知识分子，如汤震认为，西洋人的“器”除了具有工具性的特征外，其背后必定有某种“道”的价值：“盖中国所守者形上之道，西方所专者形下之器，中国自以为道，而渐失其所谓器；西人毕力于器而有时暗合于道。彼既赓而续之，变而通之，神而明之，彼能因我之所创，我胡勿创彼之所因?”② 但由于知识系统的不同，西学确实很难被纳入中国传统的知识体系之中。

三 “康熙历狱”之过程

清朝一开始建立钦天监的时候，依据官生所使用历法的不同可以分为三个集团，其主要代表人物分别是：维护中国传统《大统历》的汉族监正、回回科历官，以及极力要求引进西洋历的汤若望。“康熙历狱”之争早在顺治末年就拉开了序幕。来自德国的耶稣会士汤若望引进西洋新法，并以新法考核钦天监监生，借此打压依然守旧法的人士。清初以明制在钦天监设立了四科之一的回回科，该科官生均为信奉回教者，这样在信仰上便与信奉天主教的汤若望形成了对立。汤若望任钦天监监正的时候，回回科秋官正吴明炫遭革职。之后在顺治十六年至十七年（1659～1660 年），安徽歙县布衣杨光先先后撰写了《辟邪论》（上、中、下）、《拒西集》《摘谬十论》《中星说》等激烈反对天主教和西洋历法的“战斗檄文”，杨氏还将前两种刊印了 5000 部，广为散布③。由于汤若望在清廷中的地位，反对天主教和西洋历的声音，并没有对传教士构成实质性的威胁，但汤若望、利类思（Ludovic Bugli，1606－1682）、安文思（Gabriel de Magalhães，1609－1677）等在京城的传教士还是积极予以反击，他们指使钦天监夏官正李祖白（1610－

① 转引自宣樊《政治之因果关系论》，《东方杂志》1910 年第 7 卷第 12 期。

② 《危言·中学第六》，《萧山文史资料选辑（四）——汤寿潜史料专辑》，浙出书临（90）第 59 号，1993，第 225 页。

③ 见杨光先《与许青屿侍御书》，载杨光先等撰《不得已（附二种）》，黄山书社，2000，第 12 页。

1665）执笔，于康熙二年（1663）撰写了《天学传概》，对杨光先的《辟邪论》进行逐条辩解。而正是这本小册子，成为杨光先进一步攻击基督教的新的导火索。

顺治之后，年幼的康熙即位，四位辅政大臣秉政，杨光先认为时机已到。康熙三年（1664）七月，杨光先上《请诛邪教状》，并附上《正国体呈稿》以及《与许青屿侍御书》，控告传教士汤若望等人的三大罪状：①密谋造反；②妖书惑众；③以西洋历书毁我名教。希望迅速铲除天主教，以绝后患。稍后杨光先还进呈了以前所写的《摘谬十论》《选择议》等文本，竭力批驳西洋历法之非；并认为，由于汤若望使用了洪范五行，荣亲王（顺治皇帝与董鄂妃之子）的葬期推算才会失误，从而致使灾祸接踵而至。

礼部受理了此案后，严格按照当时的程序进行了审讯，从康熙三年（1664）秋天一直持续到康熙四年（1665）春天。首先由礼、吏二部进行会审，接下来移交刑部审讯，经三法司复审后，最后由亲王、辅政大臣、大学士、六部九寺长官和八旗都统等组成御前会议，进行终审[①]。判决结果是，将汤若望等8位钦天监官员处死。但在判决次日，北京突然发生了强烈的地震，持续数日。天象的变化引起了后宫对此案的干预[②]。后来改判为：允许从前就在北京居住的4位传教士汤若望、南怀仁（Ferdinand Verbiest，1623－1688）、利类思和安文思继续居留北京，但禁止其传教；其他由全国各地押解而来的21位耶稣会士、3位多明我会士、1位方济各会士押赴澳门。汤若望当时已经中风，在审讯时，均由南怀仁代答[③]。汤若望出狱不久，在康熙五年（1666）七月十五日病故，时年75岁。

杨光先在推倒了汤若望后，于康熙四年被任命为钦天监，几经辞让，朝廷不准，于同年八月出任钦天监监正。此时西洋历早已被打倒，杨光先重新恢复了传统历法。后来经过实地测试，康熙决定还是废除《大统历》和《回回历》，重新使用西洋历法。康熙八年（1669）五月，康熙铲除了鳌拜集团，南怀仁利用这一时机上书请求清廷重审“历狱”。同年八月，清廷判

① 有关此次审讯，《汤若望传》中记载颇为详细。请参考魏特《汤若望传》（第二册，第十三章），杨丙辰译，商务印书馆，1949，第471～518页。

② 黄伯禄斐默氏编《正教奉褒》，光绪三十年（1904）上海慈母堂第三次排印，第46a。

③ “猝患痿痹，口舌结塞。”见黄伯禄斐默氏编《正教奉褒》，光绪三十年（1904）上海慈母堂第三次排印，第45b。

定杨光先依附鳌拜，捏词诬陷汤若望，理应论死，念其年老，免死放归。杨光先在回乡的路上，行至德州时去世，时年 73 岁。至此，“康熙历狱”之争告一段落。

四　杨光先立论的出发点

杨光先最重要的反对基督教的著作《不得已》中大部分的文章写于 1659 年至 1665 年间。《不得已》的书名取自《孟子·滕文公》：“我亦欲正人心，息邪说，距诐行，放淫辞，以承三圣者，岂好辩哉？予不得已也。能言拒杨墨者，圣人之徒也。”由此可知，杨光先实际上是将自己反对天主教的行为提到了亚圣孟子拒杨墨的高度。从《不得已》中可以看出，杨光先对天主教是下过一番工夫的。他读过当时传教士用中文写的大量论著，同时也派遣他的“卧底”打入教会内部进行了解①。他从儒家知识分子的角度出发，清楚地认识到了天主教教义与以儒家思想为基础的中国传统社会的本质差别。他作《辟邪论》，并刊印 5000 多册，广造舆论，以力辟天主教，可以说在这方面杨光先是有所准备的。

杨光先对天主教的激烈反对主要是从宋明理学的立场出发，对天竺创造天地万物说、原罪及救赎理论、天主教不供奉君亲以及天主教在输入过程中的“索隐派”观点进行了严厉的批驳。

杨光先在《辟邪论》《邪教三图说评》《与许青屿侍御书》等篇章中，主要让中国知识分子认清天主教的本来面目：这是一种极其荒谬的邪教。他特别从汤若望的《进呈书像》中选取了几个场景，着力渲染了耶稣并非由父母交合而生，耶稣进入圣城耶路撒冷以谋反罪名被杀及其反对供奉君亲等事，认为这些都是与中国的名教纲常所格格不入的。他更批判了“索隐派”利用儒家的话语去阐释天主教学说的企图。

杨光先认为天主教是邪教，认定这些不同世界观的载体，其来华的目的是为了谋叛中国。他在《请诛邪教状》中列举了三个方面的理由：一是传布妖书，蛊惑民众。这里所谓的“妖书”，是李祖白编写的《天学传概》。

---

① “光先不敢信以为实，乃托血亲江广假投彼教。”见杨光先《请诛邪教状》，载杨光先等撰《不得已（附二种）》，第 6 页。

针对书中所言“东西万国皆是邪教之子孙，来中夏者为伏羲氏，‘六经’、‘四书’尽是邪教之法语微言”之说，杨光先认为“罪在不赦”①。二是传教士在中国的要害之地建立了据点，企图颠覆大清政权。杨光先历数了在济南、淮安、扬州等地的30座教堂，“汤若望借历法以藏身金门（京门），窥视朝廷机密”②。目的在于“内勾外联，谋为不轨”③。三是传教士以澳门为根据地，蓄万人之众，“据为巢穴，接渡海上往来”④。杨光先实际上是替朝廷担心，为朝廷出主意。他在《请诛邪教状》中指出：“种种逆谋，非一朝一夕。若不速行剪除，实为养虎遗患，虽大清之兵强马壮，不足虑一小丑，苟至变作，然后剿平，生灵已遭涂炭。莫若除于未见，更免劳师费财。”⑤

五　杨光先对天主教教理的批判

表面上来看，杨光先对天主教的批判带有很强的情绪化色彩，实际上他是从“道”的层面对天主教乃至西方历法进行批驳，是很有理性的。杨光先从维护儒学的正统出发，挑起了清初中西文化的冲突。天主教的传入在中国思想界所引发的震动是极为巨大的，传教士们从天文学入手，逐步否定中国传统的世界观，试图改变中国的社会秩序，而这一切是中国知识分子所不允许的。

梅欧金（Eugenio Menegon）指出：“其（指杨光先——引者注）动机并非由于职业嫉妒，他对儒家传统的狂热崇拜才是这种激烈抨击的驱动力。采用久已过时的候气法也说明了他对传统的热爱。”⑥ 谢和耐（Jacques Gernet）同样指出了这一点：

> 1657～1664年，杨光先同时向欧洲的宗教和科学发动了攻击。他在这两种情况下的批评都受到同一种焦虑的影响，都揭示了同一种手段：外国的宗教和科学对中国的优势提出了挑战并希望把中国置于欧洲

① 杨光先：《请诛邪教状》，载杨光先等撰《不得已（附二种）》，第5页。
② 杨光先：《请诛邪教状》，载杨光先等撰《不得已（附二种）》，第6页。
③ 杨光先：《请诛邪教状》，载杨光先等撰《不得已（附二种）》，第6页。
④ 杨光先：《请诛邪教状》，载杨光先等撰《不得已（附二种）》，第6页。
⑤ 杨光先：《请诛邪教状》，载杨光先等撰《不得已（附二种）》，第6页。
⑥ 梅欧金：《杨光先对汤若望的敌视——从〈不得已〉看基督教与西方科学》，载陈村富主编《宗教与文化论丛》，东方出版社，1995，第290～291页。

的控制之下，无论是指历书、为中国在地球上安排的位置、中华民族或者是它最古老宗教的起源均一概如此。在杨光先身上表现出了一种中国的“文化主义”，这是其性格中的突出特点①。

议政王大臣们之所以会支持杨光先而判定汤若望有罪，最重要的原因是基于道的层面的考虑。

最令杨光先不能容忍的是李祖白在《天学传概》中对天主教的吹捧，并认为中国人是犹太人的后裔的说法：

伏羲是如德亚②之苗裔，则五帝三王以至今日之圣君圣师圣臣，皆令其认邪作祖，置盘古三皇亲祖宗于何地？即寸斩祖白，岂足以尽其无君无父之罪！以中夏之人而认西洋之邪教作祖，真杂种也。上天何故而生此人妖哉③！

李祖白的说法，的确让以伏羲为中华民族共同祖先的中国知识分子感到难以接受，因为自己作为中国人的身份遭到了怀疑。在此，尽管杨光先已经不理性了，但从一位中国知识分子的视角对李祖白的严厉批判是可以理解的。对先祖认同的肆意改动，意味着对中国文化传统、对君王的背叛，当然也违背了孝道。

耶稣会当时已经承继了“索隐派”的做法，认为基督教中所讲的“天”跟中国古代典籍中所记载的“天”“上帝”是同一的，换句话来讲，就是基督教的真理在中国古已有之。尽管利玛窦等人认为，基督教跟中国传统所谓的“敬天”“事天”是一致的，但很多中国知识分子对此并不认同。特别是李祖白将自己的祖先认定是西洋人的后代，这是让大部分知识分子万难接受的④。

在回顾历史的时候，杨光先指出：“徐（光启）、李（李之藻）诸人，犹知不敢公然得罪名教也。”⑤ 他们仅仅敢为传教士技艺方面的著作作序，

① 谢和耐：《中国和基督教》，上海古籍出版社，1991，第193页。

② 犹太。——引者注

③ 杨光先：《与许青屿侍御书》，载杨光先等撰《不得已（附二种）》，第9页。

④ 方豪也认为，李祖白当时的“措辞造意，都不能不说有欠考虑”。方豪：《中国天主教人物传》（中册），中华书局，1988，第26页。

⑤ 参见杨光先等撰《不得已（附二种）》，第10页。

一旦涉及“道”层面的名教，便不做声了：“学士大夫如徐光启、李之藻、李天经、冯应京、樊良枢者，若而人为天主教作序多矣，或序其历法，或序其仪器，或序其算数。至《进呈书像》一书，则罔有序之者，实汤若望自序之可见。”[①] 因此，明末开明的中国知识分子，实际上也仅是从“器”的层面接受西学，一旦到了“道”的层面，便默然了。

杨光先认为，儒家思想已经尽善尽美了，无需外来思想的补充和附会，他指出：

> 圣人学问之极功，只一穷理以几于道，不能于理之外又穿凿一理，以为高也。故其言中正平常，不为高远奇特之论。学人终世法之，终世不能及焉。此中庸之所以鲜能也。小人不耻、不仁、不畏、不义，恃其给捷之口，便佞之才，不识推原事物之理、性情之正，惟以辩博为圣，瑰异为贤。罔恤悖理叛道，割裂坟典之文而支离之[②]。

“补儒”一词的提法出自徐光启，他于万历四十年（1612）曾提出：“余谓其教必可以补儒易佛……”[③] 到了万历四十四年（1616），徐光启对“补儒易佛”做了具体的阐述：“诸陪臣[④]所传事天之学真可以补益王化，左右儒术，救正佛法者也。”[⑤]

徐光启并不认为基督教中存在什么儒学中没有的新东西，“补儒”仅仅是更加详细、清晰的解释而已。换句话来说，儒家学说并不需要基督教来补足，而是通过基督教更好地展开了而已[⑥]。

杨光先清楚地认识到，儒家的思想与基督教思想是两套阐释系统，二者都很难纳入彼此的系统之中。同时，他也认清了利玛窦“适应政策”的真

---

① 参见杨光先等撰《不得已（附二种）》，第 10 页。

② 杨光先：《辟邪论中》，载杨光先等撰《不得已（附二种）》，第 23 页。

③ 徐光启：《泰西水法序》，《泰西水法》，扫叶山房本，第 1a。

④ 指耶稣会士。——引者注

⑤ 徐光启：《辨学章疏》，《增订徐文定公集》（卷一、卷五），1933 年徐宗泽重订本，徐家汇藏书楼。

⑥ 请参考许理和的文章：Erik Zürcher，“Jesuit Accommodation and the Chinese Cultural Imperative”，in *The Chinese Rites Controversy. Its History and Meaning*，Edited by D. E. Mungello，Nettetal：Steyler，1994，p. 46。

实面目，即从中国古代典籍中寻找天主教遗迹的“索隐派”的做法，其真正的目的是让中国士大夫误入他设的圈套之中：

> 利玛窦欲尊耶稣为天主，首出于万国圣人之上而最尊之，历引中夏《六经》之上帝，而断章以正其为天主。曰天主乃古经书所称之上帝，吾国天主即华言上帝也[①]。

杨光先从利玛窦的做法中，已经看出了传教士通过概念在字面上的相同，而将基督教的内涵注入儒家特定的概念中，从而使被阐述的概念具有了基督教神学的属性，同时也保留了中国传统所固有的词性，以消除中国文人对基督教的排斥心理。杨光先清楚地意识到了利玛窦的意图。

杨光先认为，如果任由天主教在中国发展的话，那么就会引导中国的民众于无君无父的境地，这有悖于儒家伦理纲常，是万万不可的：“今谓天为上帝之役使。不识古先圣人何以称人君为天子，而以役使之贱比之为君之父哉？以父人君之天，为役使之贱，无怪乎令皈其教者，必毁天地君亲师之牌位而不供奉也。”[②] 总之，信仰天主教是与中国的人伦大道背道而驰的。

六　杨光先对西洋历法的批判

天圆地方乃是天经地义之事，“道”乃是天、地的中心，它是超越时空而存在的。因此，天地观构成了中国人的思维定式：“当一个古代人面对世界的时候，这个‘秩序’（指‘天’‘地’表现出来的宇宙秩序——引者注）也就是他思考所有问题时的时间和空间框架，无论是理解自然现象还是理解社会问题，他都会不由自主地用这个框架来观照，在这个框架的背后隐隐约约支持它的就是人们头上的‘苍穹’和脚下的‘大地’。”[③] 中国古

---

① Erik Zürcher, “Jesuit Accommodation and the Chinese Cultural Imperative”, in *The Chinese Rites Controversy. Its History and Meaning*, Edited by D. E. Mungello, Nettetal: Steyler, 1994, pp. 23 - 24.

② Erik Zürcher, “Jesuit Accommodation and the Chinese Cultural Imperative”, in *The Chinese Rites Controversy. Its History and Meaning*, Edited by D. E. Mungello, Nettetal: Steyler, 1994, p. 25.

③ 葛兆光：《中国思想史》（第二卷　七世纪至十九世纪中国的知识、思想与信仰），复旦大学出版社，2001，第341页。

代传统一直认为，大地是一个回字形的结构，中国居于大地的中心，而地理的中心同时也是文明的中心，文化最为发达。

杨光先对名实问题有着自己的考虑，他对汤若望主持修订的《实宪历》极为不满，特别是对在大清历法上署上“依西洋新法”五个字感到愤怒，认为这是要毁灭中国文明，是对国家的侮辱，他在多处对汤若望的这一做法进行了猛烈的抨击。

他在《与许青屿侍御书》中写道：

> 《时宪历》面书“依西洋新法”五字，光先谓其暗窃正朔之尊以予西洋，而明白示天下以大清奉西洋之正朔，具疏具呈争之。今谓伏羲是彼教之苗裔，《六经》是彼教之微言，而“依西洋新法”五字，岂非奉彼教之正朔之实据名验乎[①]？

杨光先担心的是大清皇帝的正统性的丧失。对于中国朝廷来讲，历法并不是简单的计时的工具。“帝王必改正朔，易服色，所以受命于天也。”[②] 显然，在中国古代，历法是统治权力的象征。杨光先对西历的讨伐，是为了使中国的道统不至于毁于西人之手。

中国历代的王朝都非常重视制定历书，颁布历书也成为皇家的特权，历书既是君王治理天下权力的体现，同时也被看作是国家兴盛衰落的象征。历代私人制定历书都被认为是对皇帝所具有的至高权力的蔑视，《大明律》中明确规定，平民私习天文和制造浑天仪是违法的行为[③]。清初之所以使用西洋历，除了传教士带来的历法比较准确之外，更重要的原因是由于改朝换代都要例行颁布新的历书，以区别于前朝。汤若望的“时宪历”正好符合了清初的政治需要。杨光先对西洋历的批判，特别是在《摘谬十论》中，基本上是从“道”的层面，亦即从中国传统出发来对新法进行的审查，而不

---

① 杨光先：《与许青屿侍御书》，载杨光先等撰《不得已（附二种）》，第 14 页。

② 《汉书》（卷二十一上），《律历志》（第一上）。

③ 《大明律集解附例卷之十二》：“凡私家收藏玄象器物、天文图谶、应禁之书及历代帝王图像、金玉符玺等物者，杖一百；若私习天文者，罪亦如之，并于犯人名下追银一十两，给付告人充赏。纂注玄象器物，谓象天之器，如璇玑玉衡浑天仪之类；天文，谓推步测验之书，以占休咎如统天历之类。”

是从一般“器”的层面，亦即技术层面的言说。因此杨光先认为，从历理的方面来看，一切的一切都已经包括在《尧典》之中了：“历代遵守四千余年莫之或议，可云不足法乎？今西洋人汤若望尽更羲和之掌故而废黜之。”[①]他认为西洋历最根本的问题在于认为大地是个球形：“新法之妄，其病根起于彼教之舆图。”[②] 因为如果大地是个球体的话，那么就完全违背了“天圆地方”的祖训，这是对中国传统的挑战。

阴阳学说是天圆地方的核心所在，据《尧典》记载，尧待天下太平后，“乃命羲和，钦若昊天，历象日月星辰，敬授人时”。随后命羲和、羲仲、和仲、和叔分赴东南西北四方，将时令节气昭示给世人。从秦汉到清初，历代帝王都是按照这一认识将祭天和祭地的场所分别建成圜丘和方泽。在古代，“国之大事，在祀与戎”（《左传》“成公十三年”）。可见，祭祀天地被认为是国家大事。祭天只能由“受命于天”的天子才能承担，天圆地方在古代具有象天法地、君权神授的宗教和政治内涵。西汉董仲舒更发展出一套天人感应的理论，《白虎通》（卷四）《辟雍》中所谓：“天子立明堂者，所以通神灵，感天地，正四时，出教化，宗有德，重有道，显有能，褒有行者也。明堂，上圆下方，八窗四闼……上圆法天，下方法地，八窗象八风，四闼法四时……”可以看出董仲舒以“天人感应”给君父的尊位及其统治找到了理论根据。

杨光先在汤若望的《舆地图》中看到大西洋占据了午宫的位置，而中国却在丑宫，甚为愤怒：“若望之西洋在西方之极，其占天度也，宜以酉戌自居；中夏在天地之中，其占天度也，宜居正午之位。今乃不以正午居中夏，而以正午居西洋；不以酉戌居西洋，而以阴丑居中夏。是明以君位自居，而以中夏为臣妾，可谓无礼之极矣！”[③] 显然，杨光先是从阴阳体系的观念来理解汤若望的《舆地图》，这也是当时的儒家知识分子很容易从传统的学术中推演出的结论。由于长年来形成的朝贡体系，中国知识分子认为中国居于天下的中心，理应受到四方夷狄的朝贡。中国和西洋的关系，当然也不可能超越君臣关系，这是他为什么不能容忍汤若望在《舆地图》上竟然

① 杨光先：《中星说》，载杨光先等撰《不得已（附二种）》，第 40 页。

② 杨光先：《孽镜》，载杨光先等撰《不得已（附二种）》，第 53 页。

③ 杨光先：《孽镜》，载杨光先等撰《不得已（附二种）》，第 59 ~ 60 页。

将中国放在了丑宫，而大西洋却占据了午宫的位置。这实际上是名教的重要内容，而传教士竟敢公然践踏，这是杨光先无法置若罔闻的。

“予不惧羲和之学绝而不传，惧载籍之祖之掌故不能取信于今日，使后之学者，疑先圣先贤之典册尽为欺世之文具，而学脉道脉，从斯替矣。此予之所以大忧也。”[①] 杨光先惧怕的是自此以后可能产生的对传统和权威的怀疑，进而丧失了道统。由于惧怕西洋人的观念对中国传统的颠覆，杨光先得出了非常出格的结论：“宁可使中夏无好历法，不可使中夏有西洋人。”[②] 这也是近代以来他备受诟病的原因所在。

杨光先具有一些初步的天文历算知识，但是在传教士天文学家和回族天文学家面前，他显然所知甚少，对于《大统历》《回回历》等他也没有任何突破性的新观点。实际上他所关心的并不是天文历算本身，而是支撑天文历算的思想因素。他在扳倒了汤若望之后，力辞钦天监的官职，在《二叩阍辞疏》中明确地说明了自己“止知历理，不知历数”这一点：“臣思官以‘钦天’名，必精于历数历理者，方能胜任，而无失儒家但知历之理，而不知历之数；历家但知历之数而不知历之理。”[③] 甚至要求皇上准许他“以布衣在监学习，待历数精熟之日，然后授臣以官”[④]。这一请求当然没有得到皇帝的恩准。后来的天文实测更进一步证明了他历法知识的陈旧。

实际上，这在世界历史上并不少见。1512 年，天文学家哥白尼（Nicolaus Copernicus，1473 - 1543）经过多年的实地观测，反对教会支持的托勒密（Claudius Ptolemaeus，约 90 - 168）的地球中心说，在他的小册子《纲要》（*Commentariolus*）中提出了太阳中心说。在小册子中，哥白尼批判了经院哲学关于天上运动是完善的，地上运动是不完善的观念，指出了天体与地球都受统一的自然法则的支配，并提出了宇宙无限的假设。他的学说不仅改变了那个时代对宇宙的认识，更重要的是从根本上动摇了欧洲中世纪宗教神学的理论基础。恩格斯对哥白尼学说的意义予以了很高的评价：“自然科学借以宣布其独立并且好像是重演路德焚烧教谕的革命行为，便是哥白尼那本不朽著作的出版，他用这本书（虽然是胆怯地而且可以说是只在临终

① 杨光先：《中星说》，载杨光先等撰《不得已（附二种）》，第 40 页。

② 杨光先：《日食天象验》，载杨光先等撰《不得已（附二种）》，第 79 页。

③ 杨光先：《二叩阍辞疏》，载杨光先等撰《不得已（附二种）》，第 82 页。

④ 杨光先：《二叩阍辞疏》，载杨光先等撰《不得已（附二种）》，第 82～83 页。

时）来向自然事物方面的教会权威宣战。"[①] 后来意大利哲学家布鲁诺（Giordano Bruno，1548－1600）因宣传哥白尼的日心说，被捕入狱，后被异端裁判所判处火刑，被烧死于罗马百花广场。因为按照传统的托勒密体系，认为地球居宇宙的中心，日、月、行星和恒星都环绕地球运行。因为《圣经》上说，人是上帝根据自己的形象而创造的，而日月星辰又是上帝为了人而创造的，所以人居住的地方理应是宇宙的中心。由于基督教思想与托勒密地心说相结合，就形成了地球在宇宙中心，上有天堂、下有地狱的假想。托勒密的地心说是基督教思想的佐证，反对它就等于要颠覆教会的传统地位。在这种情况下，教会当然不能任其发展了。

正如谢和耐所指出的那样："教会猛烈攻击太阳中心说，因为这种学说对一种宇宙的形象提出了质疑，而教会又认为这种形象与其教义是不可分割的。在中国的情况也一样，因为对时空构造的解释自上古以来就是皇权中的主要特权之一。一切有关历法和天象的问题，总之是一切有关天的问题都属于一种禁区的范畴。"这样我们就比较容易理解，作为儒家知识分子的代言人，杨光先何以会对西洋历如此惧怕，同时又恨之入骨了。

西洋历法在当时取胜的原因并非完全是因为计算精确，实际上情况有很大出入。以1629年6月21日的日食为例，根据中国科技大学石云里、吕凌峰两位教授的计算，"整体来说，这次日食预报中，《大统历》的计算并不准确，但是西方的计算存在着更大的偏差"[②]。李约瑟（Joseph T. M. Needham，1900－1995）指出："耶稣会传教士们自以为欧洲当时的科学具有优越性，实际上他们是过分夸大了，并且有许多错误，因此就不能指望不引起强烈的反作用。"[③]

谢和耐同样认为，就当时有关天体运行、时空的有限性等方面，"我们通过比较则认为当时中国人的世界观显得更为先进得多。当时中国人认为天如同一个无限的空间，天体于其中漂浮，宇宙万物在漫长的发展变化中，于

① 恩格斯：《自然辩证法·导论》，《马克思恩格斯选集》（第三卷），人民出版社，1972，第446页。

② 石云里、吕凌峰：《中"道"与西"器"——以明清对西方交食推算数的吸收为例》，载李雪涛等编《跨越东西方的思考——世界语境下的中国文化研究》，外语教学与研究出版社，2010，第118～119页。

③ 李约瑟：《中国科学技术史》（第4卷第2分册），科学出版社，1975，第1091页。

这一空间经过无所不在的宇宙力（气）的聚合或分散而形成和解体”[①]。

可以看出，传教士著作对中国天文学所做的一无是处的描写显然是不对的。

七 权力的旋涡

传统儒家思想与天主教之间有着不可调和的矛盾，这是杨光先从一开始就认识到的。但从事件的发展来看，双方的攻讦都将历法作为武器，想将对方置于死地，而其背后所隐藏的却是权力和政治斗争的残忍法则。

汤若望通过修历与顺治帝建立了密切的私人关系，从掌管钦天监开始，朝廷中凡一切进历、占候等事务均由他一人把持。他依附顺治不断被加官晋爵，成为耶稣会士中官位最高者。天主教也在他的庇护之下得到了迅猛的发展。而身为布衣的杨光先却能依靠四辅臣的力量成功地扳倒曾红极一时的汤若望，其中当然与权臣鳌拜与传教士有隙相关。检讨杨光先的控告，其中“谋叛本国，造传妖书惑众，邪教布党京省，邀结天下人心”[②] 以及“内勾外连，谋为不轨”[③] 都是为了扳倒对方的上纲上线的政治说辞，与历法和学术基本上没有关系。

其后，南怀仁又利用康熙亲政后铲除鳌拜的机会，替“历狱”翻案。据载，南怀仁、李光宏等的呈告曰：“杨光先依附鳌拜，捏词陷人：将历代所用之《洪范》五行称为《灭蛮经》，致李祖白等各官正法。……捏造无影之事，诬告汤若望谋反。情罪重大，应拟斩，妻子流徙宁古塔。”[④] 这也完全是一套政治斗争的说辞。

实际上，康熙正是利用钦天监在历法上的问题，打击了鳌拜的势力。上述这一切，都跟宫廷的政治、权力斗争相关。

在这其中，得势与失势仿佛俯仰之间。历法冲突的背后，并不仅仅是科学本身，重要的原因实际上是中西文化间的冲突。而决定双方命运的，却是政治权力。

---

① 谢和耐：《中国和基督教》，上海古籍出版社，1991，第 90～91 页。

② 杨光先：《请诛邪教状》，载杨光先等撰《不得已（附二种）》，第 5 页。

③ 杨光先：《请诛邪教状》，载杨光先等撰《不得已（附二种）》，第 5 页。

④ 萧穆：《故前钦天监监正杨光先别传》，载杨光先等撰《不得已（附二种）》，第 209～210 页。

八　“历狱”的影响及简短的结论

顺治皇帝由于对汤若望的好感，而对天主教采取宽容的政策，他赐地建天主教堂，亲自御制碑文，使得天主教在这一时期发展迅猛。据德礼贤（Pasquale D'Elia，1890－1963）的统计，在利玛窦去世的那一年，天主教徒人数仅有2500人，而到了顺治七年（1650），已有教堂30多座，分布全国各地，信教的人数超过了15万[①]。尽管如此，顺治皇帝也从来没有下过一道正式允许天主教在中国传播的圣旨，他本人也没有成为天主教徒。顺治在《御制天主堂碑记》中表明过他对天主教的立场：“夫朕所服膺者，尧舜周孔之道；所讲求者，精一执中之理。至于玄笈贝文所称《道德》《楞严》诸书，虽尝涉猎，而旨趣茫然。况西洋之书、天主之教，朕素未览阅，焉能知其说哉！”[②] 可见顺治仅仅是对汤若望个人的信任和褒奖，并不认可天主教。

“历狱”结束，康熙亲政后，尽管汤若望得以平反昭雪，康熙也同意对传教士委以重任，但他却明确宣布禁止他们传教，天主教在华的传播受到重创。这不能不说是杨光先对天主教的认识对康熙产生了影响。天主教的传播与天文历法的介绍也因此被分离开来，朝中为官的传教士，不允许再传教了。这一直影响到后来的“礼仪之争”。

杨光先写道：“香山澳盈万人，据为巢穴，接渡海上往来。若望借历法以藏身金门，窥伺朝廷机密。若非内勾外连，谋为不轨，何故布党、为立天主堂于京省要害之地，传妖书以惑天下之人？”[③] 他对传教士居心叵测、谋为不轨的指控，实际上是从国家社稷的安全来考虑的。康熙对杨光先控告汤若望“谋叛本国”[④] 不可能无动于衷。康熙初年，全国的政局并未完全稳定，南方数省三番的势力恶性发展，台湾岛上郑氏集团的反清举措，这些都不能不引起康熙对国家安全的担忧。尽管杨光先的控告查无实据，但西洋人在中国具有战略意义的要塞建立教堂，康熙认为还是应当提防，他批准了议

---

① 请参考德礼贤《中国天主教传教史》，商务印书馆，1934，第67页。

② 黄伯禄斐默氏编《正教奉褒》，光绪三十年（1904），上海慈母堂第三次排印，第21a－b。

③ 黄伯禄斐默氏编《正教奉褒》，光绪三十年（1904），上海慈母堂第三次排印，第3页。

④ 参见杨光先等撰《不得已（附二种）》，第2页。

政大臣们的意见，禁止各省立堂入教。

杨光先指出耶稣会士来华有其“不轨”的目的，尽管不一定是以事实为根据的，但却使得清廷对传教士开始警惕。此后，传教士的活动受到限制，钦天监中也增设了一名满人的监正。

今天看来，杨光先对天主教的全盘否定和彻底批判，使得中西文化交流受阻；但杨光先同时也击中了一些问题的要害。他清楚地认识到了基督教与中国传统、社会，特别是儒家伦理道德方面的冲突。杨光先同时洞彻到基督教对于瓦解和分裂中国传统的道德伦理具有极大的潜在威胁。到了康熙末年，中国的确禁止天主教在中国传播了，不过这跟杨光先并没有直接的关联，而是由罗马教宗引发的“礼仪之争”造成的。其争论的焦点是以基督教教义为宗旨的天主教应该如何对待中国古老的文化，特别是中国传统的礼仪问题，中国传统所固有的祭天、祭祖以及尊孔的礼仪活动是否在信仰天主教后都应当被禁止。

清初“历狱”最终的结果，从形式上看以南怀仁为首的西方传教士取得了胜利，但实际上，杨光先所代表的传统儒家文化战胜了西方文化。后来清朝没有选择西方文化，而是接续了汉族的传统，这与以杨光先为首的儒家知识分子从“道”的层面对三纲五常的捍卫也许不无关系。

19 世纪北京的葡萄牙传教士与俄国传教士

柳若梅*

19 世纪下半叶，欧洲在华天主教经过 18 世纪耶稣会解散和清朝政府自雍正年间起近百年的禁教政策①，昔日风光早已不在。到 19 世纪 20 年代，在京的欧洲天主教传教士只有住在南堂的葡萄牙遣使会传教士毕学源（Gaetano Pires Pereira，1763 – 1838）②、李拱宸（José Ribeiro Nunes，1767 – 1826）和住在北堂的高守谦（Veríssimo Monteiro da Serra，1852 年于葡萄牙去世）、福文高（Domingos Joaquim Ferreira，1758 – 1824）4 人，在朝司钦天监正副之职，兼理算学馆事务，中国籍薛姓神父在北堂助四人理教务③。

---

* 柳若梅，北京外国语大学中国海外汉学研究中心教授。

在本文的撰写过程中，俄罗斯科学院东方文献研究所所长波波娃（И. Ф. Попова）女士、俄罗斯国家历史档案馆馆长索科洛夫（А. Р. Соколов）先生、主任馆员费多罗娃（О. С. Федорова）女士为作者查找相关档案资料提供了帮助，北京外国语大学图书馆全慧老师为作者翻译了相关法文资料，特此致谢。本文所使用的档案资料为作者在俄罗斯国家历史档案馆（РГИА）№0085/11 – к 号合同复制。

① 萧若瑟：《天主教传行中国考》，《民国丛书》（第一编），上海书店出版社，1989，第397 ~ 399 页。

② 关于在华和在京的遣使会士情况，可见耿昇《试论遣使会传教士的在华活动》，载中国人民大学基督教文化研究所主编《基督教文化学刊　神圣与越界》（第 19 辑），2008，第 142 ~ 177 页；另见高智瑜、马爱德主编《栅栏　虽逝犹存　北京最古老的天主教墓地》，澳门特别行政区政府文化局、美国旧金山大学利玛窦研究所，2001，第 54 ~ 59 页。

③ 1773 年，教皇下令解散耶稣会，1783 年法王路易十六要求教廷传信部准许由法国遣使会士取代耶稣会士主持法国北京传教区。由此遣使会士接管了耶稣会士在华传教区的财产和天主教在华最大的中西文文献中心北堂图书馆。由于法国与葡萄牙在保教权方面的纠葛，受葡萄牙人控制的澳门政府，对法国遣使会士入华采取遏制的态度，特别是 1799 年葡萄牙女王颁布诏令，禁止澳门总督保护法国传教士，澳门“议事会”拒绝向广州推荐法国传教士，由此导致鸦片战争以前北京以葡萄牙传教士为主的局面。详见耿昇 （转下页注）

西堂被官府拆毁，东堂失火后被籍没。道光四年（1824）福文高去世。高守谦急欲广招法国会友来京助力，乃设一计，特上奏疏，托言生母年迈，理宜西归终养，并荐他国修士代理历务。上疏皇上准其归养，不允他人代理历务。高守谦言已出口，势难挽回，于 1826 年回国[①]。1827 年，皇上降旨令籍没北堂。李拱宸 1826 年去世。至此在京欧洲传教士只年届 60 有余的毕学源一人。毕学源恐身后南堂遭籍没，“预将其堂之地契文约，俱托俄国教士魏姓收存。毕学源卒后，该教士向内务府追索遗业，皇上复降谕旨，令将南堂归还俄国教士魏姓收领……此外尚有滕公栅栏与正福寺之坟茔园囿及南堂之西洋书库，亦俱赖俄教士照管，不至荒废损失。至咸丰十年……降生后 1860 年，中国与西洋各国议和，魏教士接位之人将毕学源寄托之书册，全行归还”[②]。这一线索将俄国东正教驻北京使团与欧洲在华天主教在北京的遗留财产联系起来。本文根据俄罗斯中央历史档案馆藏“关于葡萄牙传教士遗留在北京的财产”原始档案[③]，对这一线索做进一步梳理。

一 北京的俄国东正教使团与欧洲天主教传教士

俄国自 17 世纪开始与中国真正直接接触，对与中国展开贸易充满向往，俄国的外交目的，从一开始就是尽可能地接近这个亚洲邻邦，并同它划定比较有利的边界和建立活跃的贸易关系[④]。为此，俄国利用其东正教教权听命于皇权的便利，在 1715 年俄国以为在华俄俘主持宗教生活为由向北京派驻了东正教使团，其实际意图也在于中俄的边界和贸易问题。在东正教使团派出

（接上页注③）《试论遣使会士在华活动》，《基督教文化学刊》，宗教文化出版社，2007，第 142 ~ 177 页；《遣使会在华活动考述》，《中西文化研究》2008 年第 1 期。关于葡萄牙遣使会在华活动情况，详见荣振华等著《16 ~ 20 世纪入华天主教传教士列传》，耿昇译，广西师范大学出版社，2010。

① 樊国梁：《燕京开教略》，载陈方中主编《中国天主教史籍汇编》，辅仁大学出版社，2003，第 405 页。其中的记述，但与俄罗斯人的记录不符。详见下文。

② 樊国梁：《燕京开教略》，载陈方中主编《中国天主教史籍汇编》，辅仁大学出版社，2003，第 408 页。

③ 葡萄牙关于这一问题的详细研究，可见 António V. de Saldanha，“Direitos Históricos e o Crepúsculo da Missão Portuguesa na China. Uma Aproximação Diplomática à Questão do Protectorado Religioso e dos Bens da Missão Portuguesa em Pequim”，in *Estudos em Homenagem ao Prof. Doutor Joaquim da Silva* Cunha，Lisboa，Faculdade de Direito de Lisboa，Coimbra Ed.，2005，pp. 111 - 149.

④ 班蒂什 - 卡缅斯基：《俄中两国外交文献汇编》，商务印书馆，1982，第 10 页。

之初，欧洲天主教传教士已在朝廷主持天文历算，并深得康熙皇帝器重。对此，彼得一世特地要求俄国东正教不要以传播福音为目的，应与欧洲天主教传教士友好相处，协调俄中事务，因而俄罗斯东正教驻北京使团的外交功能远远地大于其宗教使命。1727 年，中俄《恰克图条约》签订使俄罗斯东正教驻北京使团常规化："在京之俄馆，嗣后仅止来京俄人居住。俄请请造庙宇，中国办理俄事大臣等帮助于俄馆盖庙。现在住京喇嘛一人，复议补遣三人，于此庙宇住，俄人照伊规矩，礼佛念经，不得阻止。"[①] 清政府与地理相邻的俄国之间事务繁多，早期交往中天主教传教士中介翻译，其中必有诸多不便。因此，俄罗斯东正教传教士在京虽无天主教传教士官居高位之隆遇，但稳定驻扎，定期轮换，却是俄清谈判确定的原则。至天主教在华传播难以为继的 19 世纪 30 年代，适逢第十一届俄罗斯东正教驻北京使团(1830 ~ 1840 年)，毕学源生前委托第十一届东正教使团团长魏若明处理身后财产。

（一）东正教神父魏若明

魏若明原名韦尼阿明·莫拉切维奇（Вениамин Морачевич）[②]，1821 年作为第十届东正教使团的司祭来到北京，在京的 10 年间（1821 ~ 1830 年）大部分时间为使团房舍修建操劳，其间只有 1828 年和 1829 年没有施工，使团的两处驻地的设施整修，"买地、了解中国建筑的基本情况，买材料，和包活儿的人打交道"[③]，都落到了魏若明神父身上。另外，作为司祭，魏若明在京为俄俘子弟学校任课 8 年，逐渐使在京俄俘及其子弟开始来圣母安息教堂做礼拜，基督徒们来这里听福音、彼此交流，甚至有不信东正教的中国

① 《中俄恰克图界约》，《中俄边界条约集》，商务印书馆，1973，第 13 页。

② 魏若明原为俄国沃伦主教区神职人员之子，1817 年毕业于沃伦神学学校，转入彼得堡神学院学习，在尚未完成学业的 1819 年被吸收为俄国东正教使团成员，同年 9 月 14 日在亚历山大涅瓦大修道院进入教职，9 月 26 日成为修士辅祭，9 月 28 日由主教米哈依尔授修士司祭职，1820 年在前往中国途中在伊尔库茨克被授予锦章，抵北京后被任命为团长助手。1829 年经沙皇确认担任第十一届使团团长，1830 年获圣安娜二级勋章。1831 年经清理藩院的推荐（1830 年 12 月 20 日沙皇令）获得俄政府奖励的价值 600 卢布的镶钻修士大司祭十字架和修士大司祭圣服，后又得到多种奖励。见 Краткая история русской православной миссии в Китае, сотавленная по случаю исполнившегося в 1913 году двухсотлетнего юбилея ее существования, Издание первое, Пекин, 1916, pp. 102 – 103。

③ Краткая история русской православной миссии в Китае, сотавленная по случаю исполнившегося в 1913 году двухсотлетнего юбилея ее существования, Издание первое, Пекин, 1916, pp. 106 – 107.

人也来东正教教堂。魏若明随第十届、第十一届东正教使团在京共 20 年，自 1825 年直到第十一届东正教使团期满回国的 1840 年，他一直担任清内阁俄文馆的俄语教师。“为此他必须到城市的另一端给满俄学校上课，还必须学习满语。尽管除了夜间以外，他再没时间学习汉语书面语，但他在实际生活中很快掌握了汉语口语，这使他得以同中国人接近，结交广泛。”“与中国朝廷和要人的亲近关系巩固了使团对谈判的进度和调子的影响，丰富了俄国关于中国国家治理方式、边远省份统计资料、很难进入的上流社会生活等方面的信息。同时通过这种途径也使中国人能够正确地了解俄国和其他国家，驱散了对于中国政治和宗教生活的主要偏见。在翻译中国史籍时积累了统计资料、地理学、法律、习俗、中国人的生活方式等方面的资料。魏若明神父过去和现在都非常关注中国的农业，他把近百种中国粮食和园艺植物的种子，以及 12 种农具模型运回了俄国，计划组织关于中国农业的专门文集。”[①] 在第十一届使团期满回国后，魏若明得到嘉奖，并被任命为彼得堡亚历山大—涅瓦修道院院长。1842 年，魏若明向亚洲司总结自己在华 20 年的活动时说，回忆在北京度过的岁月，一种无愧于自己的使命的满足感油然而生。

1830 年，第十届东正教使团返回俄国后，魏若明留任为第十一届使团团长。在第十一届俄罗斯东正教使团内部，由于魏若明与使团的教士和学生的关系不甚融洽，甚至本应协助使团团长工作的使团管理委员会，也与团长魏若明僵持对立，使团成员向伊尔库茨克省长告状、向俄国外交部亚洲司告状之事时有发生。魏若明看到自己在使团内部毫无威信，便向亚洲司请求解除自己的团长职务。“1835 年亚洲司决定把使团的领导职责转予切斯诺依，韦尼阿明·莫拉切维奇只负责与理藩院的联系。”但同时亚洲司强调，“这一决定对外严格保密。给中国朝廷的所有公文都应以韦尼阿明神父的名义，韦尼阿明神父在中国朝廷中结交广泛，很有影响”[②]。魏若明自 1821 年便来到北京，自 1825 年秋天起就在俄罗斯文馆担任教习时间（长达 15 年），与中国人的关系，无论是魏若明使团之前还是之后，从未有哪届使团获得这么

① Краткая история русской православной миссии в Китае, сотавленная по случаю исполнившегося в 1913 году двухсотлетнего юбилея ее существования, Издание первое, Пекин, 1916, pp. 106 – 107.

② Очерки истории русского китаеведения, М., 1977, стр. 142. 该书中译本见《俄罗斯汉学史》，柳若梅译，社会科学文献出版社，2011。

高的评价。整个北京城的名流都来使团请求随团画家为他们画像，中国的许多达官显贵都来向随团医生寻诊问医。魏若明实际管理使团的5年间，经他手送给中国人的官配礼品达6000卢布[①]。

（二）在北京的天主教传教士与俄国东正教传教士

在中俄的早期交往中，欧洲天主教传教士以拉丁语为媒介，一度作为沟通中俄的翻译，1675年，俄国第一个外交使团——斯帕法里使团来京时，南怀仁、巴多明等从中协调，俄国便已洞悉了天主教传教士在清朝的影响和地位。1689年，《尼布楚条约》谈判过程中，徐日昇、张诚从中斡旋，也使得俄国进一步了解了该如何与北京的天主教传教士打交道。彼得一世明确指示俄罗斯东正教驻北京使团在京应处理好与欧洲天主教的关系，避免出现矛盾。因此，俄国的东正教使团自在京活动之日起，便同欧洲天主教传教士往来密切。在东正教使团早期，"凡生活在北京的俄国东正教修士大司祭都必须和耶稣会士交往，因为这样可以了解到不少新闻，可以比较方便、确切地打听到当地的事情"[②]。

天主教传教士自明末便在中国宫廷任职，东正教传教士入华后在中国语言、历史文化学习以及基督教传播的过程中，较多地采用了天主教传教士积累下来的相关成果。早在彼得堡科学院成立之初的18世纪30年代，马若瑟的汉语语法书、汉语词典已为俄国人所知[③]。1729年到达北京的第二届东正教使团团长普拉特科夫斯基（Антоний Платковский）曾将耶稣会士编写的汉语学习资料带回俄国，这份资料后又交给了1744～1755年在京的第四届使团，使团成员抄写复本并依之与当地居民交谈，培养了语言能力[④]。1733年，俄国驻北京商务代表朗格曾去理藩院请求允许学习汉语和满语的学生卢卡·沃耶伊科夫（Лука Войеков）把巴多明神父的法汉词典译成俄语[⑤]。

① Краткая история русской православной миссии в Китае, сотавленная по случаю исполнившегося в 1913 году двухсотлетнего юбилея ее существования, Издание первое, Пекин, 1916, pp. 105－106.

② 〔俄〕尼·伊·维谢洛夫斯基编《俄国驻北京传道团史料》，商务印书馆，1978，第52～53页。

③ 〔捷克〕严嘉乐：《中国来信》，丛林、李梅译，大象出版社，2002，第121～139页。

④ 尼古拉·阿多拉茨基：《东正教在华两百年史》，阎国栋、肖玉秋译，广东人民出版社，2007，第150页。该书中还记载了当时在京天主教传教士境况（第282页）。

⑤ 柳若梅：《18世纪俄罗斯人关于中国语言的教与学》，《跨越东西方的思考》，外语教学与研究出版社，2010，第378～404页。

1781 年至 1794 年间，在北京的第七届东正教使团随团学生安东·弗拉德金（Антон Владыкин）曾抄录耶稣会士所编汉拉词典[①]。在俄国东正教第九届驻北京使团团长比丘林（Н. Я. Бичурин）在俄国大量发表关于中国的论著之前，耶稣会士关于中国的记述是俄国了解中国的重要途径之一，通过天主教传教士的论著和词典了解中国的语言和历史文化，也是不少在京东正教传教士的选择。他们所留下的汉语拉丁语词典，也不免借鉴在京天主教传教士的语言资料，如现在俄罗斯科学院东方文献研究所档案馆、圣彼得堡大学东方系图书馆藏比丘林以及第八届、第十届使团成员编纂的多种拉丁语汉语词典，在这些词典的编纂过程中，天主教传教士的语言资料定是重要的参考资料[②]。处理毕学源身后财产的魏若明神父本人，就翻译过法国传教士编的汉语词典，用于俄国东正教使团成员的汉语学习[③]。

葡萄牙传教士福文高、李拱宸于 1801 年入京，毕学源、高守谦于 1804 年入京。在魏若明入京的 1821 年，这四名在钦天监任职的葡萄牙传教士已在北京生活近 20 年，魏若明在关于欧洲在京天主教的记述中写道："我们东正教使团，六年来与葡萄牙传教士相互宽慰、他们给我们各种热心的帮助还记忆犹新……"[④] 可以看出，魏若明对葡萄牙传教士心存感激，与葡萄牙传教士感情笃深。1830 年 7 月 6 日，毕学源确立遗嘱："本人毕学源，南京教区主教，请求尊敬的俄国神甫魏若明——若其不在，则请求其继任者——在我死后为我依例举行葬礼；同时，将南堂墓地托付于他，以便保管和实行必要之修复；此外，在我死后请其将在我房中能找到的一切物事进行变卖，所获资金交给我的国家，交至负责人手中。"[⑤] 在毕学源病重之时，魏若明时往探望，或差仆人前往问讯。毕学源

---

① 现该抄本保存在梵蒂冈图书馆的 Fonds Borgia Chinois（Borgia Cinese）收藏中的第 485 号，包括约 8500 个汉字。

② 见柳若梅《俄罗斯汉学家手稿词典散论》，《辞书研究》2010 年第 4 期。

③ Краткая история русской православной миссии в Китае, сотавленная по случаю исполнившегося в 1913 году двухсотлетнего юбилея ее существования, Издание первое, Пекин, 1916, p. 106.

④ Вениамин Морачевич, Записка о европейских Миссиях в Китае, Китайский благовестник, 1911, №8, p. 23.

⑤ J. Van den Brandt, "L'Archimandrite Benjamin Morachevich et la fin du Nan-T'ang", *Le Bulletin Catholique de Pekin*, 400 (June-October 1948), p. 451.

去世后，魏若明把处理毕学源身后当成是还葡萄牙传教士的人情，认为是应尽的仁爱之心[①]。

二 欧洲天主教的遗留财产与俄罗斯东正教驻北京使团

在魏若明关于在京的欧洲传教士的记述中可以粗略了解到在京天主教传教士与俄国东正教传教士之间的关系[②]：

> 1820 年，我们的使团在京之时，北京只有在钦天监供职的 4 名葡萄牙传教士，早先在京的 4 座欧洲天主教堂也只剩下法国传教士的教堂和葡萄牙传教士的教堂。前些年最后一名法国传教士受命出京与一名因偷偷在南方某省传教而被逮捕的法国传教士对质，后遣其由对质地前往广东，从此法国传教士教堂便交由一名葡萄牙传教士住持管理。
>
> 1824 年，福文高神父的去世使在京葡萄牙传教士人数又减少了一名。仅有的 3 名传教士，尽管处境艰难，但仍寄希望于清廷会允许从葡萄牙再派来新的传教士，继续为清廷服务。1826 年，管理钦天监的官员彻底拒绝为他们在京传教提供保护，粉碎了这 3 名传教士的希望。于是，在法国教堂任住持的高守谦，为人聪明果断，他向李拱宸和毕学源说明他们二人的年迈的事实以及一旦去世可能失去所有教产的危险，建议他们尽快处理在京的财产，然后带着钱款前往澳门，但是葡萄牙教堂的李拱宸对这种比较明智的做法并不认同，于是高守谦决定一人前往欧洲，在得到中国皇帝的准许之前，一直对李拱宸和毕学源隐瞒自己的决定。由于清廷对高守谦处理的欧洲事务十分反感，很快就批准了他返回欧洲的要求，并只给他 15 天时间准备启程。这一消息对李拱宸打击很大，以致在接到消息的第三天李拱宸便去世了。只身一人在北京宫廷服务的传教士——主教毕学源[③]，自

① Вениамин Морачевич, Записка о европейских Миссиях в Китае, Китайский благовестник, 1911, №8, p. 23.

② 在明晓艳、魏扬波主编的《历史遗迹——正福寺天主教墓地》中，也有关于天主教传教士与俄国东正教传教士的关系的内容。

③ 关于毕学源，详见《虽逝犹存——北京最古老的天主教墓地栅栏》，澳门特别行政区政府文化局、美国旧金山大学利玛窦研究所，第 60 ~ 62 页。

己决定作为最后一名传教士的命运，欧洲人在北京的各种事务让他感到处处危机四伏。他在向中国皇帝上奏李拱宸去世消息的同时，提出自己已年迈，无力接续完成李拱宸的工作，提出和高守谦一同返欧。

……

高守谦以给李拱宸办丧事为由，向朝廷请得延期 15 天启程。此时天主教传教士在京拥有的房产和商铺，每年能带来约 10 万卢布的收益。短时间内这些财产难以变卖，两难之时高守谦想把所有财产兑给俄国东正教使团。俄国东正教使团先向清廷了解俄罗斯人是否可以在中国购买不动产，得到肯定回答后便准备从高守谦处接收欧洲传教士的财产。但高守谦经过和清朝官员协调，将启程时间又向后拖延了半年。在这半年的时间里，高守谦变卖了所有不动产。为了在清廷面前兑现原来的话，得到朝廷允许他把在京不动产转让给俄罗斯人的权利，他便把墓地旁的菜园和 4 家铺子留下兑给俄国东正教使团。

……

在两人启程之前约半个月时，在教友的一再恳求之下，毕学源以年迈难以承受长途跋涉为由，向中国朝廷请求留在北京。

变卖了葡萄牙传教团所有不动产之后，高守谦于 1827 年 3 月离开北京，变卖财产所得留下毕学源主教生活和教堂必需的一部分钱款，其余全部由高守谦带往澳门，交给澳门的监察院或庇护人。清政府购买法国教堂的 5000 两白银，也由高守谦带走，交给当时也在澳门的法国传教团住持。两位传教士在整理行装之初，好意地建议把藏书丰富的葡萄牙图书馆、大量各式餐具和家具都让给我们东正教使团。这些都成了我们的财产，即使在毕学源去世后也是一样，却没有得到我们一句感谢的话①。

① Вениамин Морачевич，Записка о европейских Миссиях в Китае，Китайский благовестник，1911，№8，pp. 21－23。关于此批图书到俄国使团的时间众说不一。此处魏若明提到在 1827 年高守谦离开北京之前葡萄牙传教士的图书就送给了俄国东正教使团。这与以往常见记录相左，如龙思泰在《早期澳门史：在华葡萄牙居留地简史、在华罗马天主教会及其布道团简史、广州概况》一书中认为，“在十九世纪初期，全北京城就只剩下年迈的毕学源一人驻守南堂。他已年迈体衰，为了保留教会图书，1828 年起至 1830 年，他只好把南堂图书逐步转移到了俄国教堂”。而在惠泽霖的《北堂书史略》中提到，1828 年 4 月和 5 月之前，南堂藏书就已被移交给俄国使团了。

毕学源已年老体弱，早在高守谦在京时计划返欧之初就向李拱宸和毕学源提到过一旦发生意外教产将受到威胁的问题。现在，这个问题再次摆在了孤身一人在京的毕学源面前。由于俄国东正教驻北京使团与清政府的特殊关系，也由于作为使团团长的魏若明与在京的葡萄牙传教士之间的良好关系，并考虑到清政府同意的可能性，毕学源指定魏若明为其遗嘱的执行人和财产代理人①，希望魏若明通过正当的渠道将葡萄牙传教士的教产转给其继任或寄往澳门。魏若明接受了毕学源请他担任遗嘱执行人的请求，同时向俄国外交部亚洲司报告了此事，接着便在毕学源去世后着手处理葡萄牙传教士的教产。需要说明的是，毕学源委托给魏若明的财产，并不是高守谦离京时为毕学源留下的所有财产。1819 年起，高守谦开始代管北堂法国传教事务，同时遣使会司库中国人薛玛窦掌管北堂兼管修道院。高守谦在回欧洲之前变卖了北堂，薛玛窦便投奔毕学源寓居的南堂。在毕学源还在世时，就将教堂的钱物委托给薛玛窦，薛玛窦在毕学源在世之时就已经将一些教堂财物转移，毕学源去世后薛玛窦又变卖了一些财物②。1838 年毕学源去世后，依其遗嘱存在票号中的银票转到了魏若明的名下，薛玛窦把葡萄牙教堂的财物也都交到魏若明神父手里。现钱包括：①两张银票，共计 5800000 文；②白银 500 多两，黄金约 20 两。实物包括：①教堂里的几间空房子和离教堂不远的其他建筑物；②墓地及相关房产和菜园；③毕学源的四轮马车；④12 个装教堂圣器的空柜子；⑤5 座白铜枝形烛台；⑥几个书架和两张木椅。

魏若明接手这些财物后，于 1838 年 12 月给赵主教写信，介绍了处理毕学源遗留财产的过程③。1839 年 1 月，赵主教给澳门圣若瑟修院的一位薛神父，说明毕学源遗产的处理过程④。不久，在安葬毕学源之前，薛神父又把白银和黄金悉数取走，在向赵主教告知毕学源去世的消息时交给了他⑤。转

---

① 周国林主编《历史文献研究》（总第 25 辑），华东师范大学出版社，2006，第 332 页。

② 俄罗斯国家历史档案馆档案：РГИА фонд №796，опись №448，ед. хр. №9，лист №22。

③ J. Van den Brandt，"L'Archimandrite Benjamin Morachevich et la fin du Nan-T'ang"，*Le Bulletin Catholique de Pekin*，400（June-October 1948），pp. 452－453.

④ J. Van den Brandt，"L'Archimandrite Benjamin Morachevich et la fin du Nan-T'ang"，*Le Bulletin Catholique de Pekin*，400（June-October 1948），pp. 453－454.

⑤ 赵主教（João de França Castro e Moura，1804－1868），于 1825 年到达澳门，1829 年在菲律宾晋铎，1830 年前往南京教区任署理主教。1833 年 11 月赴北京，出任署理主教。详见〔法〕荣振华等《16～20 世纪入华天主教传教士列传》，耿昇译，广西师范大学出版社，2010，第 568 页。

到魏若明名下的两家票号的银票，由于票号经营不善，只兑付出1900000文（这样两家票号分别欠有2700000文和1200000文）。教堂房产和衣柜等杂物，变卖时谈到价格为27675300文，但最终只拿到23682280文。即魏若明一共拿到钱款25682280文。魏若明用这些钱款购买了白银4685两4分（14940764文）、黄金50两1钱（2411920文），尚余钱款5187076文①。这时魏若明专门给赵主教写信，告知财产处理情况和最终财产清单②。最后魏若明把这些拿到手的现钱，通过薛神父牵线，全都交给了赵主教，最终该笔款项转到了澳门③。赵主教收到此笔款项后，由北京的中国传教士作证人，给魏若明写了一份收款字据④。1840年6月，澳门圣若瑟修院雷特⑤、

① 变卖房产时的各项花销共356520文已经扣除。

② J. Van den Brandt, "L'Archimandrite Benjamin Morachevich et la fin du Nan-T'ang", *Le Bulletin Catholique de Pekin*, 400 (June-October 1948), pp. 452 – 453.

③ 关于此笔款项交给澳门圣若瑟修院。有关葡文档案可见 A carta do Bispo de Macau, Frei Francisco (de Nossa Senhora da Luz Chacim), 1827/02/13 – Carta do Bispo de Macau, Frei Francisco (de Nossa Senhora da Luz Chacim) a (D. Isabel Maria), (infanta regente de Portugal), sobre a ruína do bispado de Pequim; sobre a morte do governador do bispado, Pe. José Nunes Ribeiro; sobre a saída dos Bispos, Veríssimo Monteiro de Serra e Caetano Pires Pereira; sobre a entrega dos bens do bispado de Nanquim. AHU – Macau, cx. 57, doc. n°4, o ofício do ouvidor de Macau, desembargador Dr. José Filipe Pires da Costa, 1827/03/20 – o ofício do Ouvidor de Macau, desembargador Dr. José Filipe Pires da Costa ao secretário de Estado dos Negócios da Marinha e Ultramar, Joaquim José Monteiro Torres, que envia a tradução dos decretos do imperador da China de 1826/06/16 e 1826/10/19, relativos à licença concedida aos padres da missão; sobre o Bispo eleito de Pequim, Veríssimo Monteiro da Serra, e Bispo de Nanquim, Caetano Pires Pereira, para se ausentarem daquela corte e proibindo o seu regresso. Venda das fazendas e propriedades dos Portugueses e Franceses na China. Expectativa de entrada de novos padres da missão no império chinês. Obs.: Tem, em anexo, a tradução dos decretos imperiais. AHU – Macau, cx. 57, doc. n°24 e o Ofício do ouvidor de Macau, desembargador Dr. José Filipe Pires da Costa, 1828/02/13 – Ofício do ouvidor de Macau, desembargador Dr. José Filipe Pires da Costa, ao secretário de Estado dos Negócios da Marinha e Ultramar, António Manuel de Noronha, acerca da correspondência trocada com o Bispo eleito de Pequim, D. Veríssimo Monteiro da Serra, sobre os bens da missões da China, em Pequim. Obs.: Ofício no 6. Tem anexa cópia da correspondência. AHU – Macau, cx. 58, doc. n°59。关于圣若瑟修院，可见叶农《澳门圣若瑟修院在遣使会管理时期（1784～1856）的发展》，《学术研究》2005年第12期。又见解成编著《基督教在华传播系年·河北卷》，天津古籍出版社，2008，第60页。

④ 俄罗斯国家历史档案馆档案：РГИА фонд №796, опись №448, ед. хр. №9, лист №24。

⑤ 若阿金·若泽·雷特（Joaquim José Leite, 1764－1853），1800年到马六甲，1801年到澳门，1808年起任澳门圣若瑟修院院长，1841年负责管理南京教区财务。1853年于澳门去世。见叶农《澳门圣若瑟修院在遣使会时期的（1784～1856）发展》，《学术研究》2005年第12期。

博尔哈[1]、江沙维[2]、米兰达[3]、多明戈·若泽·恩里克（Dominique José Henrique）联名给魏若明写来一封关于收到些笔款项的信函[4]。

现在，魏若明手中尚有的葡萄牙教产只是那些需要与中国政府交涉或者需要与京的商人交涉的：①变卖房产时的赊账和两家银号的欠款；②未能变卖的教堂用具；③葡萄牙传教士墓地的几间房子和菜园；④还有高守谦毕学源准备离京返欧时送给俄国东正教使团的图书和银餐具。

关于如何处理这些财物，俄罗斯东正教使团内部产生了意见分歧，并将此事捅到了俄国外交部亚洲司。

三 俄国东正教使团对葡萄牙传教士遗留财产的态度及其最终处理

高守谦计划返回欧洲的1826年，是魏若明作为第十届俄国东正教使团司祭在京生活的第六年。在第十届东正教使团中："团长修士大司祭彼得全身心地奉献于使团事务，作为一名教士，他的生活堪称楷模，是一位值得称道的牧人，待人接物很有分寸，也是一位勤奋的学者。在他来说最关心的事是与中国官员保持良好的关系，很多中国官员都是他的朋友。蒙藏活佛经常光顾他这里，一些喇嘛和僧人也是一样。使团在中国的权势显贵中广交朋友。使团的内部秩序方面，修士大司祭彼得从数量极少的阿尔巴津人教徒入手整顿。这些阿尔巴津人已经被严重汉化，对东正教态度漠然。修士大司祭彼得用简洁、充满感情的话传教，说服阿尔巴津人放弃异教的堕落习俗，全身心地热爱自己原本的东正教，虔敬地面对圣像。他经常温和地鼓励他们，

① 尼古拉·罗德里格斯·佩雷拉·德·博尔哈（Nicolau Rodrigues Pereira de Borja），1804年抵澳门，澳门圣若瑟修院第四任院长，1843年出任澳门主教。

② 江沙维（Joaquim Alfonso Gonçalves），1813年抵澳门，其使命原本为前往北京传教，但因清政府的禁教政策而未能成行，遂在澳门圣若瑟修院进行教学。见叶农《澳门圣若瑟修院在遣使会时期（1784～1856）的发展》，《学术研究》2005年第12期。各国学者对于江沙维的汉语研究成就关注较多，如〔日〕内田庆市《19世纪传教士江沙维对汉语的看法》，《东西方文化交涉研究》2008年第4期；柳若梅《江沙维的〈汉字文法〉与比丘林的〈汉文启蒙〉》，《华南师范大学学报》2009年第6期。

③ 若泽·若阿金·佩雷拉·米兰达（José Joaquim Pereira Miranda），澳门圣若瑟修院第三任院长，曾被任命为南京教区待认主教，见叶农《澳门圣若瑟修院在遣使会时期（1784～1856）的发展》，《学术研究》2005年第12期。

④ 俄罗斯国家历史档案馆档案：РГИА фонд №796，опись №448，ед. хр. №9，лист №35 об。

造访他们家里，特别友善慈祥。修士司祭韦尼阿明也像彼得这样做。他住在北馆，在俄罗斯佐领那边，即圣母安息教堂附近，阿尔巴津人已经开始来这个教堂了。他和他们交谈，并做到用中文向他们传播上帝的福音。"[①] "在履行圣命时，修士大司祭彼得用官方经费在中国为外交部亚洲司图书馆选择购买最有用的书看成一项重要职责，他预想到罗马教的传播在中国很快要受到压制，以后一本书也没处买，他就不惜钱财想方设法尽可能多地收集由欧洲语言译成汉语、满语和蒙语的基督教书籍。"[②] 高守谦和毕学源启程前处理教产时，墓地旁的菜园和 4 家铺子兑给了修士大司祭彼得为团长的第十届使团。高守谦独自一人离京时，葡萄牙传教士图书馆藏书、餐具、家具也是送给了这一届使团。毕学源 1838 年去世，在京的是第十一届俄国东正教使团，魏若明在自己的第十届使团司祭期满后，留任为第十一届使团团长。在第十一届俄罗斯东正教使团内部，由于魏若明与使团的教士和学生的关系不甚融洽，甚至本应协助使团团长工作的使团管理委员会，也与团长魏若明僵持对立，使团成员向伊尔库茨克省长告状、向俄国外交部亚洲司告状之事时有发生。魏若明看到自己在使团内部毫无威信，便向亚洲司请求解除自己的团长职务。"1835 年亚洲司决定把使团的领导职责转予切斯诺依，韦尼阿明·莫拉切维奇只负责与理藩院的联系。"但同时亚洲司强调，"这一决定对外严格保密。给中国朝廷的所有公文都应以韦尼阿明神父的名义，韦尼阿明神父在中国朝廷中结交广泛，很有影响"[③]。无论是魏若明使团之前还是之后，从未有哪届使团获得这么高的评价。整个北京城的名流都来使团请求随团画家为他们画像，中国的许多达官显贵都来向随团医生寻诊问医。魏若明实际管理使团的 5 年间，经他手送给中国人的官配礼品达 6000 卢布[④]。但

① Краткая история русской православной миссии в Китае, сотавленная по случаю исполнившегося в 1913 году двухсотлетнего юбилея ее существования, Издание первое, Пекин, 1916, p. 97.

② Краткая история русской православной миссии в Китае, сотавленная по случаю исполнившегося в 1913 году двухсотлетнего юбилея ее существования. Издание первое, Пекин, 1916, p. 106.

③ Очерки истории русского китаеведения, М., 1977, стр. 142。该书中译本见《俄罗斯汉学史》，柳若梅译，社会科学文献出版社，2011，第 199 页。

④ Краткая история русской православной миссии в Китае, сотавленная по случаю исполнившегося в 1913 году двухсотлетнего юбилея ее существования. Издание первое, Пекин, 1916, pp. 105 – 106.

是，在第十一届使团中，魏若明的反对派核心是切斯诺依（Аввакум Чесной）。在使团管理权转给切斯诺依后，他“也并没有放松对韦尼阿明神父的监视。在葡萄牙传教士事件上就体现出这一点”①。

毕学源病重时，魏若明有时前去探望。毕学源去世后，魏若明认为按应该的方式为毕学源筹办葬礼是自己应尽的义务，并尽最大努力完成作为毕学源遗嘱指定财产代理人的职责。但是在俄国东正教使团内部，握有管理实权的切斯诺依担心魏若明亲葡萄牙传教士的做法会使禁教、驱逐天主教传教士的清政府以同样的态度对待俄国东正教使团。因此，切斯诺依向俄国外交部亚洲司报告此事，认为魏若明在没收到外交部指令的情况下，就擅自决定着手处理葡萄牙教会的教产，是很不明智的。

俄国外交部亚洲司在给魏若明报告的回复中说，魏若明未经亚洲司批复，擅自决定处理葡萄牙传教士的财产，是不正确的。这件事本与俄国、与俄国东正教驻北京使团无关，在清政府驱教、禁教的政策之下，魏若明的做法，有可能会给俄国东正教驻北京使团招致像在华天主教一样的灾祸。本来毕学源在遗嘱中请魏若明将财产转给他的祖国即葡萄牙，但魏若明却转给了生活在中国的葡萄牙传教士。“亚洲司清楚地知道，与秘密生活在中国的欧洲传教士的一切往来都是被禁止的，希望和要求您不要再有类似之举，不要与该人就葡萄牙财产的事擅自往来。”② 要求魏若明和驻北京俄国东正教使团，将“尽可能地保持谨慎，不要因自己的行为引起中国政府的丝毫不满和怀疑”③作为处理葡萄牙传教士遗留财产的确定不移的原则。亚洲司认为，葡萄牙传教士遗留财产一事关系到驻北京俄国东正教使团的命运，细小的粗心都有可能带来不利的后果。因此，要求魏若明向切斯诺依和使团管理委员会汇报相关做法，取得一致认可的前提下才可付诸实施。并具体指示魏若明：

1. 葡萄牙传教士留下的所有财产，包括不动产和动产，属于已故主教毕学源一切，都应详细登记在册，并附有相关证明材料。

---

① Краткая история русской православной миссии в Китае, сотавленная по случаю исполнившегося в 1913 году двухсотлетнего юбилея ее существования. Издание первое, Пекин, 1916, pp. 105 – 106.

② 俄罗斯国家历史档案馆档案：РГИА фонд №796, опись № 448, ед. хр. № 9, лист № 6。

③ 俄罗斯国家历史档案馆档案：РГИА фонд №796, опись 448, ед. хр. 9, лист № 5 – 6。

2. 变卖葡萄牙传教士财产的所有款项，都应该入使团账内保存，以便入将来政府支配，或者近期您和使团委员会根据本规章共同商议。

3. 同时还应该上交详细说明材料，以什么价格卖给了谁，附上所有相关材料、字据等，以及所有财产的清单。

4. 通过变卖或其他方式拥有的款项都应保存在使团的账内。

5. 这笔款项在使团中单独立账，记在单独的账簿上①。

同时亚洲司还告诉切斯诺依，亚洲司处地遥远，信息不畅，不能够提出正确有效处理方案，要求切斯诺依和使团委员会认真了解考察，最终决定做何种限度的处理，但必须遵守两条原则，以确保俄国的声誉，避免使俄国使团招致灾祸：

1. 不可引起中国政府的丝毫不悦，不可损害我们的尊严。这是您和使团委员会在以后所有的判断和处理上必须坚持的最主要的原则。

2. 注意避免日后引起财产的法定继承人的不满②。

经使团上报俄国外交部亚洲司，最后决定这样处理这些财物：

①变卖其中的房产，所得款项暂时放在俄国东正教使团不动用，将来找机会交给葡萄牙政府；②和中国商人交涉，追回票号的欠款；③像一般处理教堂旧物那样，烧掉教堂圣器；④墓地和菜园收归俄国东正教使团，以菜园收入维持墓地整修和管理；⑤银餐具保存在东正教教堂；⑥相关事宜做好记录，在东正教使团轮换时将完整记录交由新一届使团③。

第十二届俄国东正教使团（在京）由修士大司祭波利卡尔普（Поликарп Тугаринов）主持，据《中国的东正教使团历史》一书载，1848 年，葡萄牙

① 俄罗斯国家历史档案馆档案：РГИА фонд №796，опись 448，ед. хр. 9，лист №2－3。

② 俄罗斯国家历史档案馆档案：РГИА фонд №796，опись 448，ед. хр. 9，лист №4。

③ 俄罗斯国家历史档案馆档案：РГИА фонд №796，опись 448，ед. хр. 9，лист №33－34。

传教士藏书中的天文学书籍转入俄国东正教使团，随团学生戈什科维奇（И. А. Гошкевич）为葡萄牙传教士藏书编写了目录[①]。1860 年，俄国东正教使团将葡萄牙传教士藏书和天主教墓地归还给了天主教在京主教孟振生（Joseph-Marial Mouly）[②]。

由此，欧洲传教士 19 世纪在华遗留财产与俄国东正教驻北京使团之间的这桩要事算是画上了句号。天主教史家认为，“俄人于法国教务倾覆之际，乃能敦尚邦交，慨然相助，全行归还，宜法国修士佩德弗忘也”[③]。“不算对毕学源主教身前身后的帮助，仅凭对这批珍贵文物的保管之功，魏若明司祭也应该在为北京传教事业做出过重大贡献的人物中，占有一席之地。”[④] 俄国东正教使团的后人认为，“魏若明负责任地处理葡萄牙传教士留下的财产，为俄罗斯人在中国人和欧洲人中赢得了名誉和尊敬”[⑤]。

---

① Краткая история русской православной миссии в Китае, сотавленная по случаю исполнившегося в 1913 году двухсотлетнего юбилея ее существования. Издание первое, Пекин, 1916, pp. 119 – 121.

② Краткая история русской православной миссии в Китае, сотавленная по случаю исполнившегося в 1913 году двухсотлетнего юбилея ее существования, Издание первое, Пекин, 1916, p. 138。另外，《北堂书史略》之附录《北京图书馆西文善本目录》附录部分，第 32 页。

③ 《燕京开教略》，《中国天主教史籍汇编》，辅仁大学出版社，2003，第 408 页。

④ J. Van den Brandt, "L'Archimandrite Benjamin Morachevich et la fin du Nan-T'ang", *Le Bulletin Catholique de Pekin*, 400 (June-October 1948), p. 457.

⑤ Краткая история русской православной миссии в Китае, сотавленная по случаю исполнившегося в 1913 году двухсотлетнего юбилея ее существования, Издание первое, Пекин, 1916, p. 107.

第一位中国籍耶稣会神父澳门人郑维信生平考略

罗 莹*

澳门（当时的广东香山）作为明清之际来华耶稣会士进入中华帝国的首要据点，已然成为400年来东西方文化碰撞、对话及交融的前沿阵地。早期华人领洗入教、接受神学教育、为内地传教事业募集物质及资金援助等亦大多在澳门进行。耶稣会历史上最早的两位中国修士：曾协助过利玛窦（Matteo Ricci，1552－1610）、高一志（Alfonso Vagnone，1566－1640）以及郭居静（Lazzaro Cattaneo，1560－1640）等人的钟鸣仁①（Sebastien Fernandez，1562－1622，广东新会人，又名钟巴相）和劝说儒士瞿太素入教的黄明沙（François Martinez，1573－1606年，澳门人）都是在澳门领洗入教。此外，明末另有5位澳门人加入耶稣会成为修士：游文辉（Emmanuel Pereira，1575－1630）、徐必登（Antoine Leitao，1580－1611）、丘良禀（Dominique Mendez，1581－?）丘良厚（Pascal Mendez，1584－1640）兄弟以及石宏基（François de Lagea，1585－1644）②。下文拟将重点梳理的澳门人郑维信（Emmanuel de Siqueira，1633－1673），乃是耶稣会历

---

* 罗莹，北京外国语大学海外汉学研究中心讲师。

① 钟鸣仁之弟钟鸣礼（Jean Fernandez，1581－1620）与其兄、其父一同在澳门入教，1604年他在南京辅佐高一志神父并正式加入耶稣会。参见〔法〕费赖之《在华耶稣会士列传及书目（上）》，中华书局，1995，第127页。

② 方豪：《中国天主教史人物传》，宗教文化出版社，2007，第117～118页。与这五位中国籍耶稣会修士一同被提及的还有一位日本华侨倪一诚（Jacques Niva Ni，1579－1638），洗名雅谷，因其出色的绘画技能被范礼安（Alessandro Valignano，1539－1606）派遣来华，先是在澳门工作，之后随李玛诺神父（Manuel Dias，the elder，1559－1639）前往北京，此后的事迹不可考。参见〔法〕费赖之《在华耶稣会士列传及书目（上）》，中华书局，1995，第130页。

史上第一位中国籍神父——在中国天主教历史上，郑维信是第二位中国籍神父，第一位中国籍神父及主教是隶属于多明我会的罗文藻（Fray Gregorio Lopez，1610 - 1691，福建福安人）。作为最早赴欧学习并顺利完成学业、获晋神职归来的华人之一①，尽管后来他服务中国教区不到4年便因病去世，

① 明清之际被耶稣会士带到欧洲的中国人人数不多，笔者粗略统计包括有：由法国耶稣会神父罗德（Alexandre de Rhodes，1591 - 1660）带到欧洲的郑维信；由卫匡国带到欧洲的Dominic和Pole；由卜弥格（Michel Boym，1612 - 1659）带到欧洲的陈安德（Andreas Cheng）和Joseph Ko/Lo（名为罗若瑟或郭若瑟的年轻中国基督徒，资料记载不一致），这两人都是当时南明王朝的宰相庞天寿的心腹随从，同时也是基督徒，由庞天寿推荐给卜弥格作为返欧的随从，最终只有陈安德陪同卜弥格到了欧洲，另一人于中途返回。参见〔波〕爱德华·卡伊丹斯基《卜弥格——中国的使臣》，大象出版社，2001，第104 ~ 105页以及《西域南海史地考证译丛》（第三卷），冯承钧译，商务印书馆，1999，第81页；由Giovanni Filippo de Marini（1608 - 1682）带到欧洲的澳门人Nicolas da Fonseca。此外，殷铎泽也曾带着万其渊从澳门出发准备一同前往欧洲，但是来到果阿，在帮助殷铎泽完成《中国政治道德学说》（*Sinarum Scientia Politico-Moralis*，1667/1669 Quamcheu/Goa）一书的刻印工作后，不知为何万其渊放弃了继续同行并独自返回中国。被耶稣会士带到欧洲的中国人中，最有名的莫过于沈福宗（Michel Alfonso Shen，1658 - 1692）。他于1681年与另一名中国教友龚尚实一起陪同当时被选为耶稣会“中国教区代理人”的柏应理（Philippe Couplet，1623 - 1693）返回罗马报告工作。欧洲逗留期间，沈福宗因受到法王路易十四的接见以及在英国牛津时与著名的东方学家海德（Thomas Hyde，1636 - 1703）合作，帮助海德为博德莱安图书馆（Bodleian Library）的中文藏书做编目而为人所知。沈福宗本人在葡萄牙里斯本完成了见习修士的学习并发初愿，之后在返华途中因染病在船上逝世。另一名中国教友龚尚实则因他们一行来到爪哇时发生了船只失事，他便决定放弃继续前往欧洲并随即跟随方济各会神父伊大仁（Bernardino della Chiesa，1644 - 1721，后来任北京主教）一同从爪哇返回中国，他于1686年在澳门加入耶稣会，1694年晋升司铎，之后返回内地传教，详见Theodore Nicholas Foss，“The European Sojourn Philippe Couplet and Michael Shen Fuzong 1683 ~ 1692”，in *Philippe Couplet*，S. J.（1623 - 1693），*The Man Who Brought China to Europe*，Sankt Augustin：Steyler Verlag，1990，pp. 125 - 140以及费赖之《在华耶稣会士列传及书目》，第414页；除龚尚实和沈福宗之外，吴历（Simon-Xavier a Cunha，1632 - 1718）及陆希言（Domingo Lo，1630/1631 - 1704）也陪伴柏应理抵达澳门，但都没能继续陪同柏应理前往欧洲，据说是因其年龄较大、无法负荷舟车劳顿等原因，他们被当时的中国副会省省长毕嘉（Giandomenico Gabiani，1623 - 1694）禁止同行并止步于澳门。现藏于法国巴黎国家图书馆（编号Courant 7043XI）题为《澳门记》的抄本，即是一篇由陆希言所写的关于澳门的简短报道，在文中他记述了自己陪同柏应理于1680年11月抵达澳门。详见方豪《中国天主教史人物传》，宗教文化出版社，2007，第392 ~ 399页；费赖之：《在华耶稣会士列传及书目》（上），中华书局，1995，第461 ~ 462页；荣振华：《在华耶稣会士列传及书目补编》（上），中华书局，1995，第385 ~ 386页。上述这些陪同传教士前往欧洲的中国人，有关他们在欧洲的经历及其最终命运都记录甚少。而这些中国人在陪同中所发挥的一个重要作用是：帮助外国传教士校对、刻印出版他们介绍中国文化以及教务工作的著作。参见Theodore Nicholas Foss，“The European Sojourn Philippe Couplet and Michael Shen Fuzong 1683 ~ 1692”，in *Philippe Couplet*，S. J.（1623 - 1693），*The Man Who Brought China to Europe*，Sankt Augustin：Steyler Verlag，1990，p. 123；另外，还（转下页注）

在他的身上却突出体现了中西文化因素间的交融以及中国教会本土化的早期尝试。

一 郑维信生平[①]

1. 早年在欧洲的学习

郑维信更为人熟知的名字是郑玛诺，"玛诺"一名源自他的葡文教名Manoel 或 Emmanuel——由于中国当时隶属于葡萄牙保教权范围内，准备来华传教的外国传教士出发前都需向葡王宣誓并搭乘葡国船只来华，而受洗入会的中国教友及神职人员通常也都有葡文教名——据柏应理（Philippe Couplet，1623－1693）所撰拉丁文《耶稣会神父名录》[②]、耶稣会罗马会省

（接上页注①）有一些中国教友被多明我会的神父带到了菲律宾接受神职培训，比如1638年跟随流亡的多明我会修士来到马尼拉并加入当地第三修会的福建青年郭邦雍以及多明我会的第一个中国籍神父及主教罗文藻（Fray Gregorio Lopez，1610－1691），1638/1640～1647年、1652～1655年、1683～1684年这些年份罗文藻都是在马尼拉度过的。参见 Nicolas Standaert，*Handbook of Christianity in China*，Vol. One：635～1800，Leiden · Boston · Koeln：Brill，2001，p. 450。

① 有关郑维信的生平论述，最早亦是最详尽的梳理出自胡天龙神父笔下：Francis A. Rouleau S. J.，"The first chinese priest of the society of Jesus Emmanuel de Siqueira，1633－1673 Cheng Ma-no Wei-hsin 郑玛诺维信"，in *Archivum Historicum Societatis Jesu XXVIII*，Romae：Institutum Historicum S. I.，1959。本文撰写所凭借的有关郑维信神父生平的西文文献出处，大多得益于该文参考文献的相关提示，下文将逐一标注。

② "P. Emmanuel de Siqueira Sinensis adolescens profectus in Europam et curiam romanam，studuit litteris europaeis，philosophiae，theologiae. Anno *Cam hi* 10。（康熙十年，亦即1671年——笔者注）venit in aulam［pekinensem］，ubi anno 1673. Obiit，sepultum extra portam Feu chim（此处地名应指"阜成门外"的滕公栅栏墓地——笔者注）."该段拉丁文生平介绍出于Philippe Couplet，*Catalogus Patrum Societatis Jesu qui*，*post Obitum S. Francisci Xaverii*，*primo Saeculo*，*sive ab Anno 1581*，*usque ad Annum 1681*，*in Imperio Sinarum Jesu Christi Fidem propagarunt. Ubi Singulorum Nomina*，*Patria*，*Ingressus*，*Praedicatio*，*Mors*，*Sepultura*，*Libri Sinicae Editi recensentur Parigi 1686*，No. XCⅢ，p. 46（《耶稣会神父名录》，笔者所阅刻本藏于奥地利国家图书馆，编号为42. W. 39），该目录介绍了从1581年到1681年各位来华耶稣会士的生平及其著述。除了这一单行本，柏应理也将该目录附于南怀仁神父*Astronomia Europea sub Imperatore Tartaro*（《鞑靼帝国的欧洲天文学》）一书中并于1687年在德国Dillingen出版。柏应理在拉丁文《名录》中注明自己编写时依据的是韩霖和张赓合著的本子（即韩、张合著的《圣教信证》），经校对，柏氏该书拉丁译文的内容与《圣教信证》确实基本一致。《圣教信证》一书的内容详见《天主教东传文献三编》（一），台湾学生书局，1998，第267～362页。

初学生名录[①]以及栅栏墓地郑氏墓碑上的相关记载，可对其生平有一简略了解：郑公，讳玛诺，号维信，中国广东香山人（今澳门）。生于1633年5月25日[②]，自幼奉教，1651年10月17日在罗马正式加入耶稣会成为初学生，开始人文方面的学习训练，最终在欧洲顺利完成欧洲语言、哲学及神学方面的学业且成绩优良。此后返回中国并于1671年入京。1673年5月16日（康熙十二年癸丑四月十一日）去世，享年40岁[③]，葬于阜成门外（指滕公栅栏墓地）。

因其父——教名安多尼（António de Siqueira）——是位虔诚的天主教徒且与法国耶稣会神父罗德（Alexandre de Rhodes，1591－1660）往来密切，因而将自己的儿子予之洗礼。罗德神父主要是在越南一带传教，亦曾来到澳门及广东工作。与当时大部分外国传教士观点相左，罗德神父极力主张教会应培养本土的神职人员，或许这也是他会将年幼的郑维信带到欧洲接受教育的原因。1645年年底，罗德一行从澳门启程，经陆路前往罗马[④]。据罗德神父的日记记载[⑤]：途经波斯时，为了保护郑维信躲避同行土耳其人的骚扰劫持，他秘密地将他的"中国小孩"（"mon petit Chinois"）安置在亚美尼亚山区一所多名我会的修道院中，然后自己独自上路。郑维信在此地逗留半年并流利掌握了当地的语言——由此可见其语言天赋之高——继而重新上路，并于1650年年初抵达罗马与罗德神父会合。

---

① "（Nomen et cognomen）*Emmanuel De Siqueira.*（Patria）*Cinen.*（Aetas）*a. 19 natus 25 Maii 1633.*（Vires）*Bonae.*（Tempus Societatis）*Ingressus 17. 8bris 1651.*（Tempus studiorum）*Human.*"转引自 Francis A. Rouleau S. J.，"The first chinese priest of the society of Jesus Emmanuel de Siqueira，1633－1673 Cheng Ma-no Wei-hsin 郑玛诺维信"，in *Archivum Historicum Societatis Jesu XXVIII*，Romae：Institutum Historicum S. I.，1959. p. 6.

② 因郑维信墓碑上没有记载其出生年份，费赖之在其为郑维信所作传记中，据墓碑上所记录的去世年份以及郑公当时的岁数，推算出他是在1635年出生；但据罗马耶稣会圣安德烈初学院登记簿，郑维信出生日期是1633年5月25日，这与另一登记郑公入学时随身所带衣物的记录上所载"是时18岁"的记录相符。方豪据此推断郑维信应该是指1633年出生，去世时享年40岁。详见方豪《中国天主教史人物传》，宗教文化出版社，2007，第356～357页。

③ 碑文上记载"寿三十有八"，但据郑维信的生卒年计算实为40岁，碑文此处记载应有误。

④ 方豪：《中国天主教史人物传》，宗教文化出版社，2007，第357页。

⑤ Francis A. Rouleau S. J.，"The first Chinese priest of the society of Jesus Emmanuel de Siqueira，1633－1673 Cheng Ma-no Wei-hsin 郑玛诺维信"，in *Archivum Historicum Societatis Jesu XXVIII*，Romae：Institutum Historicum S. I.，1959. pp. 7－8；文德泉（Manuel Teixeira）：《第一个中国耶稣会神父》，王复山译，《文化杂志》（中文版）1992年第10期。关于郑维信是独自一人还是跟随其他神父从亚美尼亚返回罗马，胡天龙神父与文德泉神父的意见不一。

抵达罗马后，郑维信先用一年多的时间学习意大利语、拉丁语与古希腊语等古典语言以及补习当时欧洲中学的基本课程。1651 年 10 月 17 日郑维信进入罗马耶稣会圣安德烈（Sant'Andrea）初学院，注册成为初学生；1653 年秋，郑维信进入罗马公学（Collegium Romanum）学习了一年的修辞学和三年的哲学，之后开始在此实习，负责教授古典语言及文学。此时的郑维信完全依照耶稣会内部教育体系的规定，接受了各项训练并顺利完成修习，表现优异①，这无疑为日后耶稣会继续从远东各个会省挑选候选人前往罗马接受系统训练提供了成功的先例。1660 年，3 年实习期满，按照耶稣会的规定郑维信开始研习神学：他先是从罗马转到博洛尼亚（Bologna）学习神学，1661 年 9 月又奉命前往葡萄牙，进入耶稣会科英布拉公学（Collegium Conimbricense）继续攻读神学并于三年期满后在此地晋司铎神职②。

2. 传教生涯及其交际往来

1666 年春，郑维信奉命前往远东传教。他们一行 15 人由马理尼神父（Giovanni Filippo De Marini，1608 - 1682）带领，在获得葡王召见一并正式宣誓后乘船东渡，于 1666 年 10 月抵达果阿。据后来郑维信 1668 年发自澳门的一封亲笔信可知，逗留果阿时他曾被当地的掌上要求学习果阿方言留在该地服务。但最终郑维信还是于 1668 年 5 月再次起行并于 8 月抵达澳门。当年 12 月 12 日，郑维信去信当时罗马耶稣会总会长 Giovanni Paolo Oliva 报告自己的现况（信件原文参见附件），有关此封意大利语信件的主要内容，本文摘译如下：

> 在此我想向您告知：我已于 1688 年 8 月抵达中国澳门。此前我先是在葡萄牙等待了两年多，之后又在印度滞留了一年多，那里的掌上阻挠我上船前往日本及中国传教，他们声称这是日本会省的省会长特别向我下达的命令，没有人知道具体原因。因而我只能留在果阿并开始学习果阿当地的卡拉语（la lingua canarina），为该会省服务。但一艘来自澳门的军舰带来了日本及中国会省视察员神父的命令，指名要求我前往。因应

① 据郑氏碑文上提及其哲学、神学研习情况时，评价为“cum laude”，亦即成绩优良。——笔者注

② 文德泉（Manuel Teixeira）：《第一个中国耶稣会神父》，王复山译，《文化杂志》（中文版）1992 年第 10 期。

这一指令，我与另外三名意大利神父：来自热那亚的 Filippo Fiardir、来自鲁奇斯的 Luigi Azzi 和来自西西里的 Giuseppe Tandanne——此前，另外两名来自意大利西西里的神父 Francisco di Castilla 和 Dago Agliati 已在途中去世——以及两名葡萄牙神父、一名弗莱芒神父一行七人立即启程，经过将近四个月的航行，我们终于抵达了澳门。正当我们准备开始各自的传教工作时，却发现各处的大门都向我们关闭。

此时想进入日本根本无望……交趾支那（Cocincina，即今天的越南）出现迫教运动，已有超过三十名教友殉教，许多神父都被流放……但至少前往 Filippo Marini 神父所在的地区（译者按：指印度果阿）仍有希望，很快将有一艘船启程前往该地，Filippo Fieschi 神父将代替 Marino 神父前往。此时的中国犹如被遗弃了，因为不管是在广州还是在北京，那里的神父们都被看守起来，禁止与外面的天主教徒有任何联系。要想继续守护这里的天主教徒以及管理中国教会的圣事，就必须将更多的中国籍神职人员（sacerdoti naturali）派到这里。因为只有他们能在不引起外界注意的情况下继续开展工作，这对欧洲神父来说完全不可能。会省的省长也终于意识到这点并希望采取措施，却苦于无人可派。因为长期以来，修会在接纳中国籍神职人员入会方面设置了重重困难。现在身处教难时期的我们是如此迫切地需要他们，没有本土神父便无法扭转危局。我的判断是：如果不采取有效的措施解决这一问题，我们在这里的传教工作将前功尽弃。在此我提请您裁决这一问题该如何解决。

另一件事是：此前我乘船途经马六甲，这些年来这座城市里成千上万的天主教徒一直都在抵抗荷兰人并时常爆发冲突（译者按：指 1641 年荷兰人打败葡萄牙人攻占了马六甲，信奉加尔文教的荷兰人针对天主教信徒颁布了严苛的禁令，压制其发展以迫使其改宗。其中包括不允许天主教神父在此地传教，未经总督允许也禁止民众私自窝藏神父。因此长期以来这里的教友都无法正常地领取圣事）。那里的天主教徒迫切需要我们修会的一位神父能在该地为他们安排圣事，这也是我在最近这次航行中感受到的。在此提请日本会省考虑是否可以派出一两位神父长驻该地，确保那里传教工作的持续性，有需要的话可以乔装不引起人注意地去他们中间传教。尝试帮助其他灵魂，这样的工作比起现在这样无所事事地待在澳门要有意义得多，无所事事是不和谐的根源，这使我们焦虑不安。请您怜惜马六甲那些灵魂以及我们的圣沙勿略神父在那里所进行的开创性工作。否则，改宗将会是这个城市里所有天主教徒的命运。奉巡视员神父 Luigi della Gama 神父之命（译者按：此处指葡萄牙耶稣会士 Luís da Gama，1610－1672），我正在准备秘密潜入中国。但愿上主赋予我智慧、联系起各方的热忱以及力量来服侍中国教区……

由于郑维信12岁就被带离中国，直到35岁才返华。此时他虽然掌握了多门西方语言，也接受了耶稣会内部系统的神学教育，但其中文却只有年少时在学堂求学所达到的水平并已部分遗忘。因而遵循耶稣会的惯例，他先在澳门圣保罗公学（Collegio de São Paulo）学习了一年汉语①。在澳门期间，作为新手的他得遇传教经验丰富的意大利耶稣会士殷铎泽并获指点。殷铎泽此前原本在江西建昌传教，1664年因杨光先所起的教案，他与当时其他的来华传教士（其中包括21位耶稣会士，1位方济各神父以及3位多明我会神父）②

① 关于郑维信初到澳门时的汉语水平及其学习情况，可参见 Luís da Gama 神父的信件，转引自 Francis A. Rouleau S. J.，“The first chinese priest of the society of Jesus Emmanuel de Siqueira, 1633－1673 Cheng Ma-no Wei-hsin 郑玛诺维信”，in *Archivum Historicum Societatis Jesu XXVIII*, Romae：Institutum Historicum S. I.，1959. pp. 32，36。

② 关于软禁在广州来华传教士的人数，学界有两种说法：一说有23人，具体名单参见 Josef Metzler, *Die Synoden in China, Japan und Korea, 1570－1931*, Paderborn：Ferdinand Schöningh，1980，p. 23；另一说则认为有25人，其中包括21个耶稣会士、3个多明我会士和1个方济各会士，参见 Albert Chan，S. J.，“Towards a Chinese Church：the Contribution of Philippe Couplet S. J.（1622－1693）”，in Philippe Couplet，S. J.，（1623－1693）*The Man Who Brought China to Europe*, Sankt Augustin：Steyler Verlag，1990，p. 60。笔者在阅读法国国家图书馆所藏抄本《泰西殷觉斯先生行略》（CHINOIS 1096，作者不详）时，文中提到“诏旨命先生及同会诸友进都。随奉旨恩养广东共二十五位”。殷铎泽作为“代理人”前往罗马汇报中国教务时，曾呈递教廷一份报告 *Compendiosa Narratio de statu Missionis Chinensis ab anno 1581. Usque ad annum 1669*（《1581～1669年中国教务情况简述》），文中详细介绍了被押送到北京接受审判的30位神父的名单（25名耶稣会士、4名多明我会士以及1名方济各会士）。其中汤若望和多明我会士 Domenico Maria Coronado Spanuolo 在北京受审期间已去世，此后除了利类思、安文思、南怀仁留京，其余传教士都被流放广州；流放期间，郭纳爵和金尼阁又先后于1666、1667年去世。由此笔者判断：当时参见广州会议的外国传教士应该有25名，具体为21名耶稣会士、1名方济各会士和3名多明我会士，正如陈伦绪神父所说的。殷铎泽的报告详见 Johannes Foresius, *Historica Relatio De Ortu et Progressu Fidei Orthodoxoe In Regno Chinensi Per Missionarios Societatis Jesu Ab Anno 1581. usque ad Annum 1669. Novissimè collecta Ex Literis eorundem Patrum Societatis Jesu Praecipuè R. P. Joannis Adami Schall Coloniensis Ex eadem Societate.* Ratisbonae：Hanckwitz，1672，pp. 353－367，该刻本藏于德国沃芬比特公爵图书馆，藏书号 M：QuN 699（2）。

被集体流放广州，直至1671年才获释放[①]。在此期间他们召开了“广州会议”（1667年12月18日~1668年1月26日）集体讨论“中国礼仪”“中国教会本土化”等问题。在会上，来华传教士总共达成42条共识[②]并选举殷铎泽作为中国教区的“代理人”（Sinensis missionis procurator）前往罗马，向教皇汇报中国传教区的悲惨现状并请求迫切的物质援助。利用广州官府的管理疏松，耶稣会秘密地让一名从澳门潜入广州的年轻法国耶稣会士方玛诺（Germain Macret，1620－1676）代替殷铎泽坐牢，殷神父得以连夜越狱出城并于1668年7月来到澳门[③]。正是暂住澳门圣保禄公学等待登船之时，他遇到刚刚来华的郑维信并就当时中国教区所面临的具体问题给予了指导。殷铎泽于1669年1月21日上船，他随身携带的行李中就包括上文提及的那封郑维信的亲笔信。殷铎泽于1672年返回罗马。除了向总会长汇报耶稣会在华教务情况、上呈广州会议上选举出来的中国传教会护教圣者的结果外，他还带回了北京的耶稣会士利类思（Lodovico Buglio，1606－1682）、安文思（Gabriel de Magalhães，1610－1677）和南怀仁（Ferdinand Verbiest，1623－1688）等有关保存和发展教会传教工作的建议。其中有一条就是要在亚洲某个地区建立一个神学院，培养训练中国本土的神职人员。只要能获得当地神职人员的支持，他们认为这样传教活动就永远不会停止。而殷铎泽也成功地从当时罗马耶稣会的总会长Giovanni Paolo Oliva那里获得批准，可以在澳门开办一个培养中国副省神职人员的学校，并且他还从葡萄牙的佩德罗二世

① 当时的两广总督卢兴祖将他们安置在广州城西门外太平桥一座耶稣会旧教堂中，这座教堂是由毕方济（Francesco Sambiasi，1582－1649）所建。卢兴祖还给西洋传教士送来250杜卡特（ducats）金币，以供其日用生活所需。传教士可在教堂内进行宗教活动，也可以在教堂之外广州城中走动，但不允许他们出城并派有士兵进行看守。有关广州“历狱”以及“广州会议”的具体情况，详见赵殿红《“康熙历狱”中被拘捕传教士在广州的活动：1661~1671》，暨南大学2002年硕士学位论文；吴志良、汤开建、金国平主编《澳门编年史》，广东人民出版社，2009，第569页。

② 关于这42条共识的具体内容，详见Josef Metzler，*Die Synoden in China*，*Japan und Korea*，*1570－1931*，Paderborn：Ferdinand Schöningh，1980，pp. 24－28。

③ D. E. Mungello，*The Forgotten Christians of Hangzhou*，Honolulu：University of Hawaii Press，1994，pp. 42－66；Liam Matthew Brockey，*Journey to the East. The Jesuit Mission to China*，*1579－1724*，London：The Belknap Press of Harvard University Press，2007，p. 123；Francis A. Rouleau S. J.，“The first chinese priest of the society of Jesus Emmanuel de Siqueira，1633－1673 Cheng Ma-no Wei-hsin 郑玛诺维信”，in *Archivum Historicum Societatis Jesu XXVIII*，Romae：Institutum Historicum S. I.，1959. p. 37。

(Pedro Ⅱ) 那里筹集到了建立这个学校的捐款。此外，为了鼓励更多的欧洲青年神父来华，也为了使欧洲的大众放心，不要对耶稣会在华的传教前景萌生出任何悲观失望的情绪，殷铎泽于1672年在罗马出版了八开本的《1581～1669年中国教会状况概述，附上帝当时所行奇迹和寄自北京宫廷的书信，还有令人非常高兴消息》(*Compendiosa Narratione dello Stato della Missione Cinesi dall'Anno 1581 fin all'Anno 1669*)①。后来，吴玉山(Simao Xavier，1632－1678)、刘蕴德(Blaise Verbiest，1628－1707)和万其渊(Paulo Banhes，1631－1700)三人被送到澳门接收神学训练并于1688年在南京获授神职，也是得益于殷铎泽向当时会省的视察员方济各神父(Francesco Saverio Filippucci，1632－1692)的不断游说及积极推动。

殷铎泽与郑维信在澳门的谈话对其产生的影响，或许可以从郑维信亲笔信中对于耶稣会中国副会省在本土神职人员培养上举措不力的指责中一窥端倪。正如郑维信在信中所说：奉副省会长之命，他“正准备不为人知地潜入中国”。1669年的夏天抑或秋天，他在经验老到的中国籍庶务修士(lay brother，或译为助理兄弟)蔡按铎(António Fernandes Cai，1620－1670)的陪同下进入广州，开始了他在中国内地的传教工作。一年内便给广东省500名儿童行洗礼，并给150名成年人授洗②。同为澳门人的蔡按铎，一生亦颇为传奇③：他自幼奉教，1651年加入耶稣会，曾是安文思及利类思在四川担任张献忠“大西政权”顾问时的近身仆人及秘书；1660年，他在江西赣州服务时亦曾担任当时新来华传教士柏应理等人研习汉语及中国文化的老师，之后他一度被交换到日本会省工作，直至1669年才重返广州。1670年因服侍生病的Carlo de Rocha神父，不幸染病与之一同去世。

郑维信开始在广州传教期间，由于此时来华耶稣会士也被软禁于此，他与柏应理、鲁日满等人亦有往来。比利时耶稣会士柏应理与他弗莱芒修会的

---

① 〔法〕费赖之：《在华耶稣会士列传及书目》(上)，中华书局，1995，第330页。

② Francis A. Rouleau S. J.，“The first chinese priest of the society of Jesus Emmanuel de Siqueira, 1633－1673 Cheng Ma-no Wei-hsin 郑玛诺维信”，in *Archivum Historicum Societatis Jesu XXVIII*，Romae：Institutum Historicum S. I.，1959. p. 39，note 94；亦可参见〔法〕费赖之《在华耶稣会士列传及书目》(上)，中华书局，1995，第1061页。

③ 蔡按铎的生平资料可参见〔法〕费赖之《华耶稣会士列传及书目》(下)，中华书局，1995，第1061页以及〔法〕荣振华《在华耶稣会士列传及书目补编》(上)，中华书局，1995，第213页。

兄弟鲁日满、南怀仁，以及他们的前辈金尼阁（Nicolas Trigault，1577－1628）同为利玛窦“适应”政策的支持者以及中国教会本土化方针的倡导者及支持者①。受制于教难时期传教工作的艰难处境，柏应理、鲁日满和他们的耶稣会同伴共同目睹了多明我会中国籍神父罗文藻（Gregorio Lopez，？－1691）借助其华人身份在进行传教工作时所获得的便利和灵活。而他们同会兄弟郑维信的及时到来，与他的相识、相互了解以及对于他在教难时期出色传教工作的认同，这些都进一步坚定了柏应理培养中国本土神父的愿望。后来，当柏应理继殷铎泽之后，同样被选为耶稣会中国教区代理人返回欧洲汇报工作时，他便决定带上吴历（Simon-Xavier a Cunha，1632－1718）、沈福宗（Michel Alfonso Shen，1658－1692）、龚尚实（Pedro Tomas da Cruz）等中国教友前往欧洲接受教育。柏应理在成功回到欧洲并向教宗汇报中国副会省工作时，也一再请求教宗批准培养中国本土神父并在中国建立神学院。他精心栽培的沈福宗也于1685年年底在罗马加入了耶稣会②并在欧洲接

① 早在1613年金尼阁就将一封请愿书从中国带回欧洲，请求当时的教皇保罗五世批准在华耶稣会接收中国修士并用中文来做弥撒。1615年保罗五世在“Romanae Sedis Antistes”通谕中批准了该项请求并赋予来华耶稣会此项特权。但此后该项特权一直没有获得切实执行，而且在“中国礼仪”究竟是世俗的还是宗教性质这方面，来华各个天主教修会之间一直争论不休，直至1692年柏应理欧洲之行以失败告终，该问题才有了最终定论。直至20世纪，随着“梵二”会议的召开，教廷开始积极鼓励世界各地天主教会本土化，在弥撒中使用各国各民族的语言也成为司空见惯的事情。参见Albert Chan，“Towards a Chinese Church：The Contribution of Philippe Couplet S. J.（1622－1693）”，in Philippe Couplet，S. J.，（1623－1693）*The Man Who Brought China to Europe*，Sankt Augustin：Steyler Verlag，1990，pp. 62－85。

② 沈福宗于1688年进入里斯本的耶稣会修士见习学校学习并在1690年10月9日发初愿。1691年春天，当时他还在进行两年制预修班（juniorate）阶段的人文学习，突然接到掌上的命令要他马上陪同3位德国传教士来华，立此出行。此时，同样身处里斯本的柏应理却无法与沈福宗一同返华，因为他之前已向传信部以及名誉主教发誓效忠，从而受到葡萄牙方面的阻挠，不允许他们前往中国传教。1691年9月，在莫桑比克外海，沈福宗在船上染病去世，船上来华的4名传教士中最后只有纪理安1人抵达。得知沈福宗去世的消息，柏应理深受打击悲痛万分。他本人直至1692年3月才得以上船返华。航行途中由于遭遇暴风雨的袭击，船只颠簸，当时年近七旬且因身体虚弱而卧床不起的柏应理被船上掉落的木箱击中头部，最终他在果阿外海的船上去世。参见Edward J. Malatesta，S. J.，“The Last Voyage of Philippe Couplet”，in Philippe Couplet，S. J.（1623－1693），*The Man Who Brought China to Europe*，Sankt Augustin：Steyler Verlag，1990，p. 179以及Theodore Nicholas Foss，“The European Sojourn Philippe Couplet and Michael Shen Fuzong 1683－1692”，in Philippe Couplet，S. J.（1623－1693），*The Man Who Brought China to Europe*，Sankt Augustin：Steyler Verlag，1990，p. 139。

受教育，可惜后来病逝于返华的航行中。

作为教难时期唯一能够在中国自由活动的两位中国神父，郑维信并没有像他的同胞罗文藻那样，进入中国的内陆广泛传教，而是将自己的传教重心放在中国南方。一方面是为了首先弥补耶稣会中国副会省人手短缺的需求；另一方面也是因为在开始传教工作一年后，他的健康状况便每况愈下，致使他只能选择留守南方。此后他罹患肺结核的种种症状日渐明显，以致后来他以“相公”之名奉命陪同闵明我（Claudio Filippo Grimaldi，1638－1712）、恩理格两位数学家神父一同乘船上京时，因健康情况恶化，不得已于中途独自上岸修养数月后才抵达京城。但北京干燥的气候也无法扭转他日益加重的病情，此时的郑维信与南怀仁、利类思、安文思、恩理格及闵明我5位耶稣会神父共同生活在一起，在北京隐姓埋名地工作了一年多，最终在1673年5月26日亦即他40岁生日的翌日，病逝于京。

二　中国教会本土化的曲折过程

早期来华的三个天主教修会虽然在不同程度上都认识到建立本土教会的重要性，但在接收中国籍修士的问题上却极为审慎①，一如郑维信在其信中批评的，来华修会在接纳中国神职人员方面设置了重重困难。经历了1619年和1664年教难之后，来华耶稣会士开始意识到凭借帝王一时的恩宠，抑或是依靠自身在天文、数学、历法以及火器制造方面的技能来服务于朝廷，并非发展在华传教事业的长久之计，真正能保护在华传教事业，以应对一切冲击的方法是培养中国本土的神职人员，建立起中国的本土修会，这样才不会总是引起中国地方官僚势力对传教士群体的疑虑和排斥。特别是当外国传教士被软禁于广州之时，罗文藻神父却能自由传教于中国各地而不会引起地方官府的怀疑和阻挠，他们更坚信了培养本土神职人员的迫切性。那时对建立中国神学院最为热心的几位神父包括利类思、安文思、南怀仁、鲁日满和柏应理。当时他们几人联名所写的请愿书经由殷铎泽带回欧洲并呈献给教皇，但梵蒂冈

① Albert Chan，“Towards a Chinese Church：The Contribution of Philippe Couplet S. J.（1622－1693）”，in Philippe Couplet，S. J.，（1623－1693）*The Man Who Brought China to Europe*，Sankt Augustin：Steyler Verlag，1990，pp. 62－63.

主教团因受到 Pallu 神父信件内容的影响——在信中 Pallu 神父就中国的教务情况和建立本土教会等问题询问了多明我会来华传教士闵明我（Domingo Navarrete，1618－1686）——最终主教团否定了在华耶稣会的请求①。此后，柏应理作为下一任的代理人，其争取中文弥撒和教会本土化的活动也再次以失败告终，而且至此教廷正式就中国教会本土化的请求给予了否定的最终裁决。

尽管教廷方面在教会本土化方面踌躇不前，来华耶稣会却一直没有放弃这方面的努力和尝试。1667 年年底召开广州会议之时，鲁日满神父就曾与其他软禁于此的传教士详尽讨论过如何选拔中国籍会士以及中国人如何学习拉丁文等问题。他本人倾向于选择成年男子作为耶稣会中国修士的候选人，理由是：虽然较年幼的孩童学习拉丁文会更容易，但那些家庭出生较好的孩童，他们的父母一般不会允许他们去学拉丁文，而那些出生低微的孩童，就算他们学习了拉丁文，他们也不能借此获得社会上层的尊敬和认同，而这些反过来会限制他们日后的传教工作。因此，如果必须教授中国人拉丁文，鲁日满认为应该将成年的中国文人作为选择对象，他们的博学广识以及品行端正能帮助他们更快地赢得异教徒的尊敬，也有助于培养基督徒之间的信任。殷铎泽在 1672 年上呈教皇的请愿书中，不仅请求教皇批准在华耶稣会接纳成年的中国男子加入修会，还希望能批准他们吸纳鳏夫、曾纳妾者以及太监加入中国修会，这些应该都是广州会议上讨论得出的结果。至于吸纳太监成为修士的原因则在于：普通百姓通常难以接近皇家，吸纳太监成为神职人员将有助于归化中国宫廷中的太后、贵妃、公主等女性皇族成员②。

借助来华耶稣会士返欧汇报工作的机会，中国副会省也曾挑选一些有资质的年轻中国人带到欧洲进行训练，例如上文提到的郑维信、沈福宗以及后来由艾若瑟（Antonio Francesco Giuseppe Provana，1662－1720）带到罗马的樊守义等。但其中也有一些失败的例子，例如直辖于传信部的意大利来华传

① F. Bontinck, *La lutte autour de la liturgie chinoise aux 17e et 18e catholique de Pékin*, *34*, 1947, p. 142，转引自 Secondino Gatta, *Il natural lume de Cinesi*: *teoria e prassi dell'evangelizzazione in Cina nella Breve relatione di Philippe Couplet S. J.* (*1623 - 1693*), Sankt Augustin: Institut Monumenta Serica, 1998, pp. 16 - 19。

② 参见 Albert Chan, "Towards a Chinese Church: the Contribution of Philippe Couplet S. J. (1622 - 1693)", in Philippe Couplet, S. J., (1623 - 1693), *The Man Who Brought China to Europe*, pp. 64 - 65, 67。

教士马国贤（Matteo Ripa，1682－1746）带回欧洲的中国年轻人中，就有人因无法胜任学业要求及屡次违反规定而被教会囚禁。

另一方面来华耶稣会也试图在中国一些比较重要的修会会院，譬如南京会院以及澳门圣保禄公学里接纳并训练一些有潜力的中国年轻人成为神职人员。在这方面最重要的成果是：由于神父人手不足，在殷铎泽的积极推动下，副会省同意将其3位中国籍助手吴玉山（Simao Xavier，1632－1678）、刘蕴德（Blaise Verbiest，1628－1707）和万其渊（Paulo Banhes，1631－1700）送到澳门训练一年，之后他们于1688年返回南京并获神职。尽管当时教内有反对的声音，最终副省还是在1688年8月接纳了这3位神父的任命。由于吴玉山和刘蕴德两位神父兢兢业业的工作，殷铎泽在写给巡视员的信中也再次表示他还有其他的神职人员可以推荐受训为神父。但是后来的“万其渊事件”却使殷铎泽乃至耶稣会的声誉受损：1689年的早秋，万其渊在一个晚上突然从上海耶稣会住处的墙上跳下并由此失踪，直至第二年的2月他才在福建省北部出现并向当地的耶稣会士请求庇护和原谅[①]。这件事使殷铎泽受到了很多批评，连他也觉得自己是受到惩罚，认为将来一定要格外的小心防范这种造成严重后果的事件发生[②]。这一事件也导致了副会省对于接受中国神父变得更加犹豫不决。此后，马国贤神父曾不顾其他神父的反对于1715年6月在中国成立的神学院，试图仿效罗马方面的教育体系在华培育中国神职人员，1724年11月该学院迁到意大利拿波里，亦即著名的“中国学院”（Collegio dei Cinesi）[③]。

中国教会本土化的过程充满了曲折，教廷内部对此的意见亦很难统

---

① 参见罗马耶稣会档案馆 Jap-Sin Ⅰ99－Ⅰ：65v；里斯本 da Ajuda 图书馆的 Jesuitas na Asia Collection 49－Ⅳ－64：98v 中有一封 Giandomenico Gabiani 于1690年2月19日在南京写给 Francesco Saverio Filippucci 的信；49－Ⅳ－64：107r/v 中还有另一封 Gabiani 于1690年4月6日在南京写给 Francesco Saverio Filippucci 的信。转引自 Liam Matthew Brockey，*Journey to the East*，*The Jesuit Mission to China*，*1579－1724*，London：The Belknap Press of Harvard University Press，2007，pp. 148－149。

② 参见里斯本 da Ajuda 图书馆 Jesuitas na Asia Collection 49－Ⅳ－63：540r 处所看到的一封殷铎泽在1689年10月5日于杭州写给 Francesco Saverio Filippucci 的信。转引自 Liam Matthew Brockey，*Journey to the East. The Jesuit Mission to China*，*1579－1724*，London：The Belknap Press of Harvard University Press，2007，pp. 148－149。

③ 关于马国贤的生平及其为培养的中国本土神父所组建的学校，参见〔意〕马国贤《清廷十三年：马国贤在华回忆录》，李天纲译，上海古籍出版社，2004。

一。直至“梵二”会议的召开，教廷开始积极鼓励世界各地天主教会本土化，在弥撒中使用各国各民族的语言也成为司空见惯的事情。某种意义上，17 世纪来华耶稣会神父恰是这方面的先驱，正是因为他们持续不断的努力才最终促成教廷对这一问题进行认真思考、讨论和改革，而耶稣会历史上的第一位中国籍神父郑维信正是耶稣会早期在培养中国神职人员方面最好的例子。

附件：

1668 年 12 月 12 日郑维信写于澳门的信件，现藏于罗马耶稣会档案馆（Jap-Sin 162：243），这也是耶稣会档案馆现存唯一一封出自郑维信笔下的信件（见图 1、图 2）[①]。

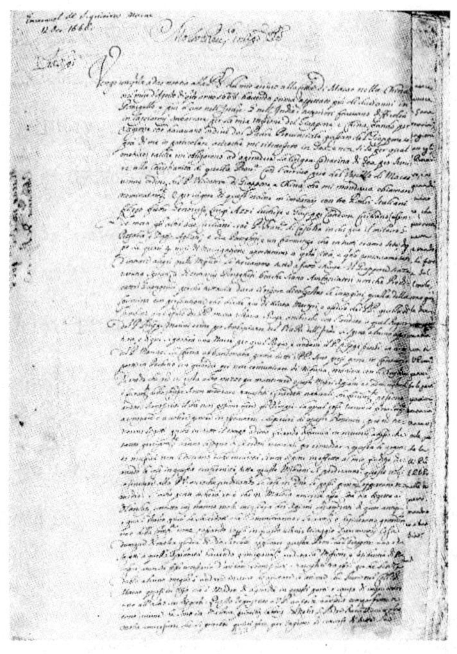

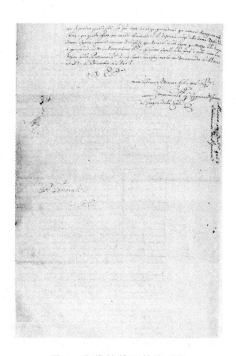

图 1　郑维信笔下的信前页

图 2　郑维信笔下的信后页

① 感谢北京外国语大学拉丁语外籍专家麦克雷教授（Michele Ferrero）和意大利米兰昂布罗休图书馆傅马利馆长（Pier Francesco Fumagalli）在该封书信手稿字迹识别上给予的指点和帮助。

时间与记述：1582年历法变革对远东传教史记述的影响

李　庆[*]

被历史学家忽略的事件，表面看来虽似末端小节，实质上是后世大事件的症结与肇始。万历十年（1582），明代内阁首辅张居正于六月二十日（公历7月9日）病逝后数月，另一个末端小节的事情在中国偏远一隅发生了，即同年8月7日，耶稣会意大利籍传教士利玛窦（Matteo Ricci，1552－1610）来到了中国澳门。

利玛窦来华事件多被当代学者研究，学者津津乐道其在华的传教活动，对罗明坚（Michele Ruggieri，1543－1607）和利玛窦的在华活动展开记述，记述中的时间直接引导了记述的进行与深入。记述则几乎毫无例外地建立在当时人物的书信与著作的基础上，这也被视为最严谨而科学的方式。考证利玛窦等传教士书信中时间记载准确性的虽不多，但亦有之，且多归咎于当时作者的记忆错误或因诸多原因有意为之。

然而“万历十年”这一年似乎正是“末端小节”多发的一年，在这一年，罗马教会颁行了为后世沿用至今的新历法——“格里历”（Calendarium Gregorianum，Gregorian Calendar）①。东方的事件与西方的事件在发生之时，粗看来似无多大关联，细究其道却会发现，这次历法变革对研究者释读罗明坚与利玛窦等人书信以及澳门历史事件，都产生了莫大影响，本文正意图探讨耶稣会东方传教史和澳门史中，于罗马发生

---

* 李庆，澳门大学历史系博士研究生。

① 也译作额我略历、格列高利历、格里高利历等。对于此类术语，文中采用较为流行的译文，不有意使用天主教专用译文，后文中其他术语的翻译，不再说明。

的历法变革，在时间和记述的层面上，可能对后世解读历史事件产生巨大影响。

一 “格里历”颁发的历史背景及其变革内容

在中华民国成立之前，从“儒略历”（Calendarium Iulianum，Julian Calendar）到“格里历”的变革与中国历史并无太多牵连，然在格里历颁发后不久，部分中国士人可能已了解到格里历的主要制定者，即利玛窦在罗马学院的数学老师“丁先生”（Christopher Clavius，1537－1612）。利氏对他这位老师可谓推崇备至，他在《译几何原本引》中如此写道：“至今世又复崛起一名士，为窦所从学几何之本师，曰丁先生，开廓此道，益多著述。窦昔游西海，所过名邦，每遘颛门名家，辄言后世不可知，若今世以前，则丁先生之于几何无两也。”①

耶稣会士丁先生参与编制，教宗批准的这份历法，其出发点是为解决伴随儒略历由来已久的宗教问题②。公元 325 年，尼西亚会议（Councils of Nicaea）最终确定了复活节推算的原则，由此结束了长达三个世纪的复活节日期争论与混乱。复活节日期对天主教宗教节日尤为重要，这不仅源于其神学上的内涵，还源于许多宗教节日的日期都直接跟复活节的时间联系在一起，从而复活节日期的确定就直接影响到教士与普通信徒的宗教生活，如天主教封斋前第一个星期日，这个星期日是复活节前的第七个星期日，叫狂欢星期日或封斋前的星期日；三天后是行圣灰礼的星期三；复活节前的四十天是四旬斋；圣灵降临节；耶稣升天节，即圣灵降临节前的星期四；圣三节，圣灵降临节后的星期日，还有圣体瞻礼，下一个星期四③。更为重要的是，自第一次尼西亚会议后，该推算规则就沿用至今，规定大致如下：

①普世庆祝复活节皆应在同一个星期日。

②即“春分月圆日”（paschal moon）后的第一个星期日。

---

① 朱维铮主编《利玛窦中文译著集》，复旦大学出版社，2001，第 301 页。

② 王明根、吴皓坤、柏明：《文史工具书的源流和使用》，上海人民出版社，1980，第 203～205 页。

③ 〔法〕保罗·库代克：《历法》，刘玉俐译，商务印书馆，1996，第 85 页。

③春分月圆日则规定为该复活月的第十四日（在春分之后）[①]。

正如尼西亚会议规定所示，复活节的日期是根据春分（3 月 21 日）的时间来划定，即春分满月后的第一个星期日。然而公元前 45 年所采取的儒略历自身就与回归年存在误差，季节回归年的长度为 365. 2422 天，而儒略历平均为 365. 25 天，如此，儒略历比回归年多出了 11 分 14 秒，则四个世纪后，儒略历的季节就要推迟 3 天。尼西亚会议的主教们并未意识到，随时间的推移，春分的日期每 400 年就要提前 3 天，他们简单地认为春分永远就是 3 月 21 日，从而以春分日期为基础划定的复活节日期，就与主教们的初衷产生了偏移。

待到 1582 年之时，离尼西亚会议已相隔 1257 年，该年的春分正好落在了 3 月 11 日，相对 3 月 21 日就提前了 10 天[②]。自尼西亚会议以来，在教宗格里高利十三世（Gregory XIII，1572 ~ 1585 年在位）之前，解决这个问题的呼吁已经存在，问题最终得到解决是在这位教宗在任期间。最初，教宗指定数学家卡洛·奥塔维亚诺·劳罗（Carlo OttavianoLauro）负责修历，劳罗在 1575 年完成了相关工作，至今仍未清楚的是，劳罗的成果为何未得到教宗的重视[③]。在安东尼奥·吉利奥（Antonio Giglio）将其兄弟路易奇（Luigi）起草的历书递交给教宗后，修历之事得到了进一步发展。格里高利十三世随后将历书交付新成立的委员会审查，上文提到的丁先生正是这个委员会的成员之一[④]。简而言之，经过数年的工作，1582 年 2 月，安东尼奥·吉利奥带着历书来到蒙德拉格尔（Mondragone）拜见了教宗，格里高利十三世在同月 24 日签署了关于新历法的法令 *Inter Gravissimas*，该法令于 3 月 3 日印刷，直到 5 月底才向各罗马教廷大使和各国政府寄发[⑤]。法令后收录在了丁先生

① *The Catholic Encyclopedia*，Vol. 5，New York：The Encyclopedia Press，INC.，p. 229。需要注意的是，这里的“春分月圆日”也多称为“满月日”，但是这并非天文学意义上的满月，即这一天并不一定会出现“满月”，通常会有两三天的差异。

② 戴兴华编《两千三百年年中西历谱》，气象出版社，2008，第 9 页。

③ Ludwig，Freiherr Von Pastor，*The History of the Popes From the Close of the Middle Ages*，Vol. 19，London：Kegan Paul，Trench，Trubner & Co. . Ltd.，1930，p. 284.

④ Ludwig，Freiherr Von Pastor，*The History of the Popes From the Close of the Middle Ages*，Vol. 19，London：Kegan Paul，Trench，Trubner & Co. . Ltd.，1930，pp. 284 – 285.

⑤ Ludwig，Freiherr Von Pastor，*The History of the Popes From the Close of the Middle Ages*，Vol. 19，London：Kegan Paul，Trench，Trubner & Co. . Ltd.，1930，p. 288.

1603 年版的 *Romani Calendarii A Gregorio XIII* 一书中。主要内容如下：

……据历任教宗规定，特别是庇护一世和维笃一世的法令，以及诸会议制定的法令，又特别是尼西亚会议所制定的，吾等在修订复活节日期时，须注意以下三点：首先，确定春分的准确日期；然后，是太阴月第十四日的准确日子，确保是在春分这一天或第二天；最后，是太阴月第十四日后的第一个星期日。故而，不仅须使得春分的日期回到之前所定日期，因为自尼西亚会议以来，它已经大概相差了十日，从而复活节月的第十四日就回到了正确的位置，而如今它已经偏离了四日甚至更多；另外还须建立系统性、合理性的制度，确保在将来的春分和太阴月第十四日永远在恰当位置。本座规定，在 1582 年 10 月份中移除 10 日，即从 5 日到 14 日（两日包括在内），从此尼西亚会议所规定的春分日期，又重回到 3 月 21 日……

然后，为了不让春分的日期在以后偏离 3 月 21 日，每四年设置一个闰年（正如儒略历一样），其中不包括每个世纪的最后一年，这之前它们都是闰年；本座决议 1600 年仍为闰年，而之后的世纪年却不完全是闰年；每四百年中，前面的三个世纪年不是闰年，第四个世纪年则是闰年，如 1700 年、1800 年和 1900 年就不是闰年。2000 年就确定是闰年，该年 2 月份就有 29 日，这种间歇性的每四百年插入一个闰年的形式就将永世沿用。

……

故而本座舍弃并完全废除旧历法，并希冀所有的宗主教、首席主教、大主教、主教、院长及其他教会领导人，在他们的教堂、修道院、女修道院、司令部、军队或教区推行这份新历法，且确保仅使用这份历法（殉教史也据此做出了调整），用于朗诵日课与庆贺节日中；同样的，所有司铎和教士，无论世俗或宗教性的，无论其性别，以及所有的士兵和天主教信徒都须遵行此历法。他们须在 1582 年删去的那 10 日后开始执行本历法。对于那些所处位置甚为偏远的人，他们若未能及时获悉此份法令，可在随后一年的 10 月份立即执行，即在 1583 年，或者 1584 年，也就是说，当他们获悉法令之时，须遵从改历那年历法中详备的规定①。

① Christophoro Clavio, *Romani Calendarii A Gregorio XIII*, Romae: Apud Aloysium Zannettum, 1603, pp. 13－14.

从现时角度看来，也许这份教宗法令是自宗教改革与反宗教改革运动以后，罗马教会所采取的，对后世影响最广泛而深远的举措。因为各种政治、经济和军事的因素，格里历演化已成为现在历史记述的最主要记述手段，将全球各时段各地区的事件放置在同一计时体系中，从而它为历史研究提供了事件对比分析的可行性。然而这种时间上的一元记述，也必然带来诸多问题，后文探讨的历法变更对记述的影响便是可参考的一个实例。

以上四段内容大致包括了 *Inter Gravissimas* 法令在时间方面对儒略历的修正，规定复活节的日期为“太阴月第十四日后的星期日”，这其实与尼西亚会议的规定如出一辙，并未有什么改变，“格里历”重要的两点修正是：①每四百年一个闰年的设置；②删除 1582 年 10 月 5 日到 10 月 14 日范围内的十日。第二点将春分的时间重新安置在了 3 月 21 日，而第一点则使得每 400 年在儒略历的基础上增加了 3 日，进而让春分在以后继续保持在 3 月 21 日上①。

正如上文教宗法令所述，法令条文在各国或各教区推行的时间理应在 1582 年 10 月 15 日，然而由于地理因素，法令到达各地区的时间往往不一致，其中就有大部分地区将未能在该年 10 月前到达。远东传教区就包括在这个范围之内。那么，显而易见地，像果阿、马尼拉和澳门这些传教地点获悉法令的时间就会如教宗所言的，大概“在 1583 年或 1584 年”，这些地点推行 *Inter Gravissimas* 的时间就会大约晚于欧洲宗主国一年到两年，这种时间上的“推迟”就为后文谈到的历史记述问题埋下了伏笔。

二 果阿、马尼拉和澳门三地推行的时间

文章中对历法影响的研究，主要集中在探讨与相关澳门的史料上，从而文中对果阿和马尼拉推行格里历时间的研究也主要是以“澳门”为核心展开的，在对两地推行时间研究结果的基础上，天主圣名之城的推行时间方可得到推导与揭示。

1517 年 10 月 31 日，马丁·路德在维腾堡的城堡教堂门上张贴上了

① 然而格里历也并未如教宗所愿的那样，就永久地避免了春分日期和 3 月 21 日的偏离，因为格里历一年（365.2425 天）相对一回归年（365.2422 天）仍多出 0.0003 天，一万年后，日历中就又会多出 3 天，春分又会移到 3 月 18 日。参见〔法〕保罗·库代克《历法》，刘玉俐译，气象出版社，2008，第 30 页。

"95条拉丁文的论纲"，这便是后来大多学者认同的宗教改革之始。时至1582年，宗教改革已过去数十年，新教势力在英国等地有着一定发展，致使 *Inter Gravissimas* 法令颁发之初就受到新教国家的强力抵制，新教国家不愿为教会势力的渗透提供任何机会，后文还将会提到由此导致格里历在英国推行的时间晚到18世纪。所幸的是，建立仅两年之久的西葡联合王国是虔诚的天主教国家。在教宗法令发布不久，菲利普二世（Felipe Ⅱ，1527～1598）便宣布推行新历法[①]。从而，果阿、马尼拉和澳门得以相继在法令颁布后不久得以推行。值得引起注意的是，欧洲的一份教宗法令传达到东方传教区，不仅要受到保教权的影响，还会受到这个新成立不久的联合王国某些制度的影响。

1580年，西葡两国的"统一"仅限于欧洲本土，甚至这种统一也是不完全的。至于两国的殖民地，几乎是按照旧制运行的，这一点在1581年4月的国会会议政治纲领中有所体现：

> 6. 在印度和几内亚的贸易只能由葡萄牙人进行[②]。西、葡两国边境上各种赋税应予取消，妨碍两国商品流通的种种限制应予排除。为保护来自印度的船队免遭海盗袭击，菲利普二世所辖其他国家的海军在必要时应提供援助。
>
> 7. 葡萄牙的城市和村镇官员之任命、现有封号及王室权力之分配，只能给予葡萄牙人。如有空缺，国王应保证不将这些市镇收归王室财产，而交给新受封的葡萄牙人[③]。

为此，菲利普国王所确认的教宗法令在远东三地"推行"的时间，应该是从伊比利亚半岛沿着两条不同的线（伊比利亚半岛—果阿—澳门，伊比利亚半岛—新墨西哥—马尼拉）传播的。之所以用"推行"的时间，而不用"传达"的时间，是因为考虑到，即使新历法的消息早于国王法令传

① Ludwig, Freiherr Von Pastor, *The History of the Popes from the Close of the Middle Ages*, Vol. 19, p. 289.

② 即葡属东印度，包括好望角到日本间广阔区域。

③ 〔葡〕J. H. 萨拉依瓦：《葡萄牙简史》，李均报、王全礼译，中国展望出版社，1988，第192页。

至殖民地或两国控制地区，在未得到国王命令前，殖民地传教区教会人士和官员都不会使用新历法。

（一）果阿

继 1582 年 5 月底、教宗向各国政府寄发法令及新历法后一年左右，1583 年 4 月 8 日，4 艘船只携带着 15 名耶稣会士，以及奔赴果阿赴职的印度总督堂弗兰西斯科·马加士路（D. Francisco de Mascarehas，1530 – 1608）也从里斯本出发[①]。本文进一步根据 1583 年菲利普二世给果阿省会长的信件中署名的日期（1583 年 3 月 16 日）推定，国王命令果阿推行新历法的信件，可能正是随这队船只去往印度的。国王信件如下：

敬爱的省会长神父[②]，我们神圣的教宗神父全身心地为天主服务，

---

① 〔葡〕施白蒂：《澳门编年史》，小雨译，澳门基金会，1995，第 21 页。施白蒂在编年史中认为马加士路也是跟随这艘船队（1583 年 4 月 8 日）出发前往印度，然而本文根据林旭登（Jan Huyghen van Linschoten，1563 – 1611）和库托（Diogo de Couto，1542 – 1616）的著作判定，施白蒂此处的观点是错误的，而且 1583 年的这只船队也不是 4 艘，而是 5 艘。库托《亚洲十年史·卷十》（*Da Asia de Diogo de Couto*）中有一章名为“De como ElRey D. Filippeelegeo D. Francisco Mascarenhas por Viso-Rey da India：e do contrato que fez das naos da Carreira：e do que aconteceo a Francisco Mascarenhas na viagem ate chegar a Goa”，其中指出，马加士路也离开里斯本的时间为 1581 年 4 月 11 日，到达果阿的时间为同年 9 月 26 日，参见 Diogo de Couto，*Da Asia de Diogo de Couto* X，Lisboa，1778，pp. 66，69；林旭登在他的书中则指出，当他和新任总主教唐·文森特·德·丰塞卡（D. Vincente de Fonseca）于 1583 年 9 月 21 日到达果阿时，总督马加士路也接见了总主教，这就说明总督不可能是随同林旭登和总主教一起乘 1583 年 4 月 8 日船队到达果阿的。参见 John Huyghen van Linschoten，*Voyage of Linschoten to the East Indies*，Vol. 1，edited by The Hakluyt Society，1885，pp. 39 – 40。从而马加士路也理应是随 1581 年 4 月 11 日船队去往印度，关于这一支船队施白蒂也有所记载，她称“1581 年 4 月 11 日，第三十三批耶稣传教士从里斯本出发前往东方……”参见〔葡〕施白蒂《澳门编年史》，小雨译，澳门基金会，1995，第 19 页。由此，我们根据林旭登和施白蒂两本书，简单地还原 1583 年 4 月 8 日船队的概况：船队从里斯本出发时间为 1583 年 4 月 8 日，到达果阿时间为 1583 年 9 月 21 日左右；船队中耶稣会士约 15 人；船上所载名人有林旭登、1582 ~ 1587 年印度总主教丰塞卡等；船队由 5 艘船构成，每艘大概为 1400 ~ 1600 吨级，船名分别为主舰“圣·菲利普号”（S. Phillip）、副舰“圣·雅各号”（S. Jacob）、“圣·劳伦斯号”（S. Laurence）、“圣·方济各号”（S. Francisco）和“圣·萨尔瓦托号”（S. Salvator）；林旭登和总主教所乘船只为圣·萨尔瓦托号。另外值得提请注意的是，我们并不能十分确定林旭登的记述中使用的是旧历或新历。

② 菲利普二世向果阿方面寄发关于推行新历法的书信，不是直接寄给果阿总主教，而是寄给果阿耶稣会省会长。我们揣测，这一方面源于耶稣会在远东宗教和世俗事务中的极大影响力，另一方面源于新任总主教尚未到达果阿。

很好地管理着普世教会，他以热情和谨慎之心决议颁行一份永世的历法……从而这份法令所述的所有内容将在我所辖的国土和地区颁发和遵循，所有地区须立刻在去年（1582 年）的 10 月份执行。据此我命令你在 1583 年 10 月于你所辖地区，根据教宗法令颁发并遵行新历，我随信寄上一份历法，从而该地区完全遵循新历，遵从教宗的法令。如果此份消息未能准时送到，你可以不在 1583 年 10 月执行，根据教宗法令，你应在 1584 年 10 月执行。印度总督也须遵循我的法令和这封信中的规定。

1583 年 3 月 16 日，里斯本[①]

菲利普国王致果阿神父信件的结构，基本与 1582 年 Inter Gravissimas 法令一致，首先是一番追溯，进而提到“修改的内容”，最后是“规定推行历法的时间”，不难想象这多少是有意为之，更何况该信本来就是寄给一位天主教神父的。推定国王信件正是随着 1583 年 4 月 8 日的船只前往果阿的，理由有三：其一，信件写作日期（3 月 16 日）与船队出发时间（4 月 8 日）相隔很近，仅 20 来天；其二，信件正好写作于里斯本，与船队出发港口在同一城市；其三，1583 年，格里历在印度果阿得到推行，后文将具体论述。

众所周知，16 世纪远洋船只的航行日期在很大程度上缺乏机动性，为借助季风和洋流，它们从某港口出发前往另外一港口的日期往往固定在每年的某一两个月。这种航行惯例通常在里斯本、果阿、澳门等港口得到了严格执行。关于果阿和里斯本间航行时间，博克塞（C. R. Boxer，1904 – 2000）就此在《从里斯本到果阿，1500 ~ 1750》中写道：

当被问及船只从里斯本出发的最佳季节时，印度航线的一位老练领航员回答说，“2 月底出发刚好，3 月 1 日出发就晚了”。实际上，船只

① 这封信最初收录在耶稣会士弗兰西斯科·德·索萨（Francisco de Sousa）1710 年的著作 *Oriente Conquistado a Jesu Christo pelos Padres da Companhia de Jesus* Vol. 2，pp. 184 – 185。名为“Carta del-Rey ao Padre Provincial sobre o Calendario Gregoriano，q Deos cofirmou com alguns milagres”。该题目下还谈到范礼安神父被任命为印度会省会长和天主因肯定新历法而施行的神迹。1972 年出版的 *Documenta Indica* 第 12 卷单独收录了这份信件，参见 *Documenta Indica*，Vol. 12，Romae：MonumentaHistorica Soc. Iesu，1972，pp. 734 – 735。

多在 3 月中下旬或者 4 月中上旬出发，到 5 月出发的情况也是有的[①]。

与此同时，作为开辟中国传教区主要角色的范礼安（Alessandro Valignano，1538－1606）、罗明坚和利玛窦，他们三人前往远东的时间为此做了很好的说明[②]。从而这些时间点揭示出了以下几点：

其一，国王菲利普二世在 1582 年下半年接受教宗法令后拖到次年才写信发往印度，是源于本年已无从里斯本去往印度的船队，需待来年 3 月或 4 月；

其二，国王信件写作的时间可能正是为迎合船队出发的时间；

其三，国王信件中"未能准时送到"的考虑是基于该船队可能会"拖到 5 月出发"或因途中风暴等自然因素导致晚于 10 月 4 日后到达。

幸运的是，信件及时到达了。一如范礼安、利玛窦和罗明坚一样[③]，林旭登和总主教在 10 月前（9 月 21 日）到达了果阿城，这就为信件随该船队到达果阿提供了必要条件。与此同时，承继上文论证的两个方面，第三点的论证是基于印度在 1583 年执行了新历法的事实展开说明，既然有执行的"事实"，那就能充分地说明国王信件在 1583 年 10 月前到达了印度，这就为信件随 4 月 8 日船队东来提供了进一步的证据[④]。

这一"事实"在另外两封印度耶稣会传教士的信中得到了说明，一封写于 1583 年 10 月 24 日。托马斯·斯蒂芬斯（Thomas Stephens，1549－1619）[⑤] 在信里通知其兄弟理查德多·斯蒂芬斯（Richado Stephens）："我

---

① C. R. Boxer, "The Carreira da India", *From Lisbon to Goa, 1500 – 1750*, Great Britain: Variorum, 1984, p. 55.

② 范礼安从里斯本出发的时间是 1571 年 3 月 21 日，罗明坚和利玛窦是在 1578 年 3 月 16 日。参见 Josef Franz Schütte, *Valignano's Mission Principles for Japan*, translated by John J. Coyne, Vol. 1, Part. 1, by John J. Coyne, S. J. Anand, India: Xavier Diaz del Rio, S. J., 1980 – 1983, p. xv;〔法〕裴化行：《利玛窦评传》（上册），管震湖译，商务印书馆，1993，第 36 页。

③ 范礼安到达印度时间是 9 月 6 日，利玛窦和罗明坚到达时间是 9 月 13 日。Josef Franz Schütte, *Valignano'sMissionPrinciples for Japan*, Vol. 1, Part 1, p. xvii;〔法〕裴化行：《利玛窦评传》（上册），管震湖译，商务印书馆，1993，第 38 页。

④ 虽然不能排除 1583 年 4 月、5 月还有从里斯本去往果阿的其他船队，信件可能会随另外船队到达果阿。但是如此重要的信件跟随总主教和 15 名耶稣会士去往印度的可能性更大，而且交由 15 名耶稣会士中的某人转交给省会长可能更为妥当。

⑤ 一般认为，耶稣会士托马斯·斯蒂芬斯是在印度出现的第一位英国人。1579 年 4 月 4 日，他从里斯本出发，并于同年 10 月 24 日到达果阿。他所写的信件，如今仅存两封，一封是 1579 年 11 月写给其父亲的，另一封即此处所引用的。*The Catholic Encyclopedia*, Vol. 14, p. 292。

希望你了解到，约在去年3月25日，日期做了修改。”① 信件作者是英国籍耶稣会士，写于推行格里历后9日，1583年船队到达印度20来天后。由于理查德多也是英国人，他所处的国家尚未推行教宗颁发的新历法，可能托马斯希望借此信通知他。一定程度上，这份信件写作的日期说明了改历的信息已经传达至果阿。

另一封信写于1584年1月20日，科钦，作者是院长神父希罗尼米·雷贝洛（Hieronymi Rebelo），他在这封年报中提到：“第四，在格里历被罗马公教采用的这些天，他们共祝庆辰。”② 若第一封信仅能说明历法变革的信息传达到了印度，那么这封信就足以说明印度地区已经开始推行了新历法，因而才会有依新历法庆贺节日的活动。

论及于此，“格里历”从欧洲传达到印度的时间以及传达的方式业已清晰，可以断言的是，1583年3月16日的国王信件极可能是随4月8日船队离开里斯本，大概于同年9月21日左右到达了果阿。也正是此时，葡属印度地区的计时方式，从传统的“儒略历”脱离了出来，删去了1583年10月4日到1583年10月15日间的10天时间。因为当时海洋交通因素，“果阿—澳门”间信息的传达也面临着“里斯本—果阿”间信息传递中的问题，不过关于澳门推行的时间将放到马尼拉之后再考察。

（二）马尼拉

正如上文所述，西葡联合王国的建立并未带来两国殖民地管理上的统一，西葡保教权下的殖民地在政治、宗教和经济上仍独立行事，新历法的推行也未得免。为此，菲利普二世在1583年3月16日约两个月后颁行了另一份法令，法令写于5月14日，西班牙阿兰胡埃斯（Aranjuez）③。该法令的内容与教宗1582年法令以及国王寄往果阿的信件无甚差别，为不扰读者，此处不再加以引述。

据掌握资料显示，马尼拉推行新历法的时间晚于印度果阿一年，即

① *Documenta Indica*, Vol. 12, Romae: Monumenta Historica Soc. Iesu, 1972, pp. 818 - 819.

② *Documenta Indica*, Vol. 13, Romae: Monumenta Historica Soc. Iesu, 1972, p. 499.

③ 这份法令在1584年于墨西哥由安东尼·里卡多（Antonio Ricardo, 1540? - 1606）出版，是目前已知的最古老的南美印刷品之一，全文共4页，名为“Pragmatica sobre los diez dias delaño”即“关于一年中十天的变动”。

1584 年 10 月。旧历 1584 年 6 月 3 日，在西班牙人梅尔基奥·达瓦罗斯（Melchior Davalos）致菲利普二世的信件中，他饶有趣味地记载了这一史实：

> ……据教宗法令，陛下您命令我们执行新的计时方式，那么我们是在 3 月 9 日从阿尔普尔科（Acapulco）出发的。我着重提到这个，皆源于我们经过了一番闻所未闻的经历，即，在海上时，我们过了“耶稣升天节”、“圣灵降临节”、“圣三主日”和“圣体瞻礼”；然而当我们在马尼拉登岸后把这些节日又过了一遍，因为新的计时方式在这里尚未执行，这要待到今年的 10 月 5 日去了。根据新的计时体制，我们是在 5 月 26 日到达马尼拉的，然而根据旧历法却是在 5 月 16 日，这是一个值得纪念的事件[①]。

梅尔基奥·达瓦罗斯离开阿尔普尔科时，西班牙美洲殖民地已在使用“格里历”，从而才有这番“闻所未闻”的经历。该史料已能充分说明马尼拉推行“格里历”的时间是 1584 年 10 月，即教宗法令两年后。与此同此，在这件值得纪念的事件中，达瓦罗斯重复地经历了 4 个宗教节日，与本文开篇所论的复活节与其他节日的关系甚为切合。

（三）澳门

“格里历”在金色果阿和马尼拉推行时间已然得到清晰说明，然而不幸的是，据至今所见史料，圣名之城推行“格里历”的时间似乎并未留下什么蛛丝马迹，文中也仅能做出推断，这也是打断“里斯本—果阿—澳门”航线而先于澳门考察马尼拉，不得已而为之的缘由。

1557 年，澳门开埠的同年，经保罗四世敕封澳门被划归马六甲教区，隶属于果阿，受葡萄牙保教权保护，到 1576 年 1 月 23 日，又通过 *Super Specula Militantis Eclesiae* 敕书，教宗格里高利十三世成立了澳门葡萄牙教区，辖区包括中国、日本、朝鲜和所有毗连岛屿[②]。虽然 1576 年澳门从果阿总主教的管辖下分离出来，单独成为一个教区，并且管辖中日等地，不过

---

① 节译自“Letter from Melchior Davalos to Felipe Ⅱ”, in *The Philippine Islands, 1493 - 1898*, Vol. 6, edited by Emma Helen Blairp, BiblioBazaar, 2009, p. 54。

② 〔葡〕施白蒂：《澳门编年史》，小雨译，澳门基金会，1995，第 15、18 页。

它仍然受辖于果阿总主教，在澳门的耶稣会士也受制于果阿耶稣会，这种管辖关系在 17 世纪澳门诸修会发生争执时，双方意图通过上诉果阿解决纷争的事实得到了充分体现[①]。当 1961 年果阿被并入印度后，澳门教区才转为由罗马教廷直接牧养，即所谓的直属教区。在 16 世纪 80 年代，毋庸置疑澳门教区在宗教上直接由果阿总主教管理。

另外，上文中已经说明 1580 年西葡联合王国的成立并未改变两国在东方殖民地及统治地区的政治状况，甚至 1582 年澳门人对菲利普二世的宣誓也是大打折扣，澳门土地上飘扬的仍然是葡萄牙国旗[②]。

无论是在宗教抑或在政治上，澳门都不与西班牙及其在东方的桥头堡马尼拉有直接的管辖或治权的关系，澳门推行新历法的命令绝不可能来自 1584 年采取格里历的马尼拉官员或教会高层，而只能来自于果阿。

那个时期，葡人在果阿和澳门两点之间的贸易和书信往来几乎都依靠每年的船队。里斯本、果阿之间船队出发时间惯例，仍然合适于“果阿—澳门”一线（见表 1）。

表 1　16 世纪部分耶稣会士“果阿—澳门”起止时间

人　名	果阿起航时间	到达澳门时间	备　　注
范礼安	1577 年 9 月 20 日	1578 年 9 月 6 日	1577 年 10 月 19 日到 1578 年 8 月 1 日在马六甲
范礼安	1588 年 4 月 28 日	1588 年 7 月 28 日	
范礼安	1597 年 4 月 23 日	1597 年 7 月 20 日	4 月 27(28)日到达科钦,6 月 16 日到达马六甲。以上三条信息参见 Josef Franz Schutte, *Valignano's Mission Principles for Japan*, Vol. 1, Part 1, pp. XV - XVIII
罗明坚	1579 年 4 月	1579 年 7 月 20 日前后	宋黎明:《神父的新装——利玛窦在中国(1582 ~ 1610)》,南京大学出版社,2011,第 12 页
利玛窦	1582 年 4 月 15 日	1582 年 8 月 7 日	7 月 3 日抵达马六甲。参见〔法〕裴化行《利玛窦评传》(上册),管震湖译,商务印书馆,1993,第 51 页
孟三德	1585 年 5 月 1 日	1585 年 7 月	〔法〕费赖之:《在华耶稣会士列传及书目》,冯承钧译,中华书局,1995,第 50 页

① C. R. Boxer, *Fidalgos in the Far East, 1550 - 1770*, Netherlands: Martinus Nijhoff, 1948, pp. 157 - 172.

② C. R. Boxer, *Fidalgos in the Far East, 1550 - 1770*, Netherlands: Martinus Nijhoff, 1948, pp. 41 - 42.

该表展现了范礼安神父 3 次和其他 3 人，总共 6 次从果阿前往澳门的起止时间，从中不难看出，除去范礼安第一次去往澳门的船只外，船只几乎都是在一年中的 4 月或 5 月出发，于同年 7 月或 8 月抵达澳门。虽然范礼安 1577 年 9 月 20 日出发，同年 10 月到达马六甲后，也需要待来年季风再出发前往澳门。基于这一资料，16 世纪时期“果阿—澳门”航行惯例就得到了揭示，果阿—澳门一线的船只，一般 4、5 月从果阿出发，7、8 月到达澳门。

从而可以推断，1583 年 9 月 21 日左右抵达果阿的王国命令，最快（若忽略范礼安第一次航行的例子）也需要待到次年 4 月或 5 月向澳门传达，那么无论是果阿官方或总主教所做出的任何关于“格里历”的命令或信函，抵达澳门的时间都不可能早于 1584 年 7 月[①]，从而进一步得出，澳门推行格里历的时间就不可能早于 1584 年 10 月，遗憾的是，现在没有可靠的直接史料进一步验证这一推断。另外值得一提的两点是：若果阿方面在 1584 年寄发了关于格里历的命令或信函，那么这部历法从欧洲传达澳门的途径与所费时间，几乎就与罗明坚神父从里斯本出发到达澳门的途径与所费时间相同，因为这位开创中国传教区的先驱者在 1578 年 4 月从里斯本出发，同年 9 月到达果阿，于 1579 年 4 月去往远东，7 月到达澳门；第二点是，若果阿方面并未在 1584 年将推行的指令寄出，那么，推行历法的相关信息，就可能是由数年后担任澳门“传教会道长”的孟三德神父于 1585 年带到了澳门。

三 历法变革带来的历史记述影响——以澳门为例

经过对史料的考察以及相关推论，前文已经很清晰地说明了教宗 1582 年所推行的新历法在远东三地执行的时间，果阿为 1583 年 10 月、马尼拉为 1584 年 10 月，澳门则不早于 1584 年 10 月。再加上前文所引述的教宗法令内容，可以得出这样的结论：理论上而言，果阿地区官方文献和传教士书信

① 关于印度船只到达澳门的时间，利玛窦也有提及，他称“葡国的大商船队在八月到达澳门，依照惯例，常有几位耶稣会的会士乘船而来，或是来澳门读书，或去日本传教”。参见《利玛窦中国传教史》，刘俊余、王玉川译，光启出版社、辅仁大学出版社，1986，第 119 页。

等文稿中不应出现1583年10月5日到14日这几个日期，同理，澳门的官方文献和传教士书信中也不应出现1584（或1585）年10月5日到14日这几个日期。不仅如此，教宗法令中删减日期的规定加上推行时间的延迟，导致后世在对远东地区进行历史记述时面临一个严重的问题：1582年10月到1583（或1584、1585）年10月的葡人或西班牙人，并未得知新历法的推行，其写下的文稿就仍沿用的是旧历法——儒略历，而大多后世学者在引用这时期史料时忽略这一情况，导致在他们的著作中使用新历法的观念对待旧历法的日期，进而掩藏了这段时期历史事件发生的真实日期，使得本就尚待考察的日期更乏准确性。

更为严重的是，1582~1584年这2年①，对于天主教在华传教史和澳门历史皆显得尤为重要，这种错误就必然会对后世理解传教事件和澳门历史的发展带来不应有的负面影响，下文分别各取一例加以说明。

现今中国学者对罗明坚和利玛窦在华开教史的研究，几乎都是建立在汾屠立（Pietro Tacchi Venturi，1861－1956）和德礼贤（Pasquale M. D'Elia，1890－1963）两人整理的史料和著作基础之上的②。在《利玛窦中国书信集·下》第五封信“罗明坚致总会长阿桂维瓦神父书”和《利玛窦中国传教史》第三章“一五八二年三次入境居无定所”、第四章“传教士被邀赴肇庆屋开教”中，两份原始史料记载了两位传教士开创中国传教区的最初努力和成就。后世对这段历史的描述，无一不是基于这些史料展开的。即：

> 我们的传教士利玛窦罗明坚数人，是在一五八三年九月上旬离开澳门公学，跟着那位送信的卫兵，于九月十日来到肇庆③。
>
> 在蒙视察员神父的祝福后，便由澳门起程（时在一五八二年十二月十八日），并有巴范济神父做伴，他由卧亚来到澳门，准备前往

① 为简洁故，假设澳门推行新历法的时间在1584年10月，后文不再说明。

② 德礼贤和汾屠立整理出版的史料（*Operestoriche del P. Matteo Ricci S. I.*；*Fonti Ricciane：documenti originali concerneti Matteo Ricci e la storia delle prime relazioni tra l'Europa e la Cina (1559－1615)*）及其中译，在宋黎明《神父的新装》的“参考书目举要”中有较为详实地说明与评价，此处不再多论。参见宋黎明《神父的新装——利玛窦在中国（1582~1610）》，南京大学出版社，2011，第300~305页。

③ 《利玛窦中国传教史》，刘俊余、王玉川译，光启出版社、辅仁大学出版社，1986，第128页。

日本传教，而今为给我做伴，暂随我去中国内陆。我们于一五八二年圣诞节后两日到达总督署所在地——肇庆，总督非常高兴，待我们非常好①。

这两份记载分别说明了 1582 年 12 月 18 日罗明坚在肇庆建立住院的尝试（1582 年 12 月 27 日到达肇庆）以及 1583 年 9 月 10 日利罗两人一同到达肇庆——真正意义上的传教肇始。这两份史料，一份是利玛窦后来基于自己的书信等写成，一份是罗明坚写于 1583 年 2 月 7 日的信件，两者的记载正好处于论述的时间段（1582 年 10 月到 1584 年 10 月），从而两份史料记载的计时方式是旧历法儒略历。正如现在诸多罗明坚、利玛窦研究著作中显示出来的，几乎所有学者在记述这段历史时，都直接引用史料所表明的时间②，掩盖了史料写作日期和现今日期（研究者使用的日期）在计时方式上的不同。也正如两条史料所示，它们展现的是天主教第三次在华传播之肇始，其重要性就进一步令时间记述上的准确性须谨慎对待。

无须列举这两年传教士写下的大量重要书信，仅查阅《利玛窦书信集》发现，以下书信皆写于该时间段：①1583 年 2 月 13 日，利氏致巴都阿德·富尔纳里神父书；②1583 年 2 月 13 日，利氏致罗马总会长阿桂维瓦书；③1583 年9 月 13 日，利氏致西班牙税务司司长罗曼先生书；④1582 年 12 月 15 日，巴范济神父致总会长阿桂维瓦神父书；⑤1582 年 12 月 24 日，罗明坚致总会长阿桂维瓦神父书；⑥1583 年 2 月 7 日，罗明坚致总会长阿桂

① 《利玛窦书信集·下》，罗渔译，光启出版社、辅仁大学出版社，1986，第 450 页。

② 耶稣会士裴化行（Henri Bernard S. J.）意识到了历法变革带来的叙事影响，他在《天主教十六世纪在华传教志》中简单地称“庆幸有许多信札的助力，我们幸能将罗明坚与巴范济在肇庆府的日历，约略重新组织起来，但是所记的年月日是按旧历法写出，因为在一五八二年十月十五日在罗马所颁布的各利高烈新历法，须等到第二年才能在卧亚城开始采用。日历的程序如下……”，随后他按照史料所载日期记述了罗明坚、巴范济的在华活动，并未深究格里历在东方推行的始末，也未进一步探讨可能产生的影响。参见〔法〕裴化行《天主教十六世纪在华传教志》，萧濬华译，商务印书馆，1964，第 206 页。然而裴化行教授的这种敏感意识似乎并未贯穿他对所有历史事件的看法，而仅停留在对传教事件上，也并未将此问题放到全球史观的角度认真对待，导致他在记述桑切斯活动等其他事件时仍忽略了这种影响，而且他的不谨慎也出现在了格里历东传问题中，“中国历法”和“西洋历法”之间的转换，这将在后文论及。

维瓦神父书（见图1）；⑦1584年1月25日，罗明坚致总会长阿桂维瓦神父书；⑧1584年5月30日，罗明坚致阿桂维瓦神父书；⑨1584年7月5日，桑革兹神父致高爱劳神父书等。

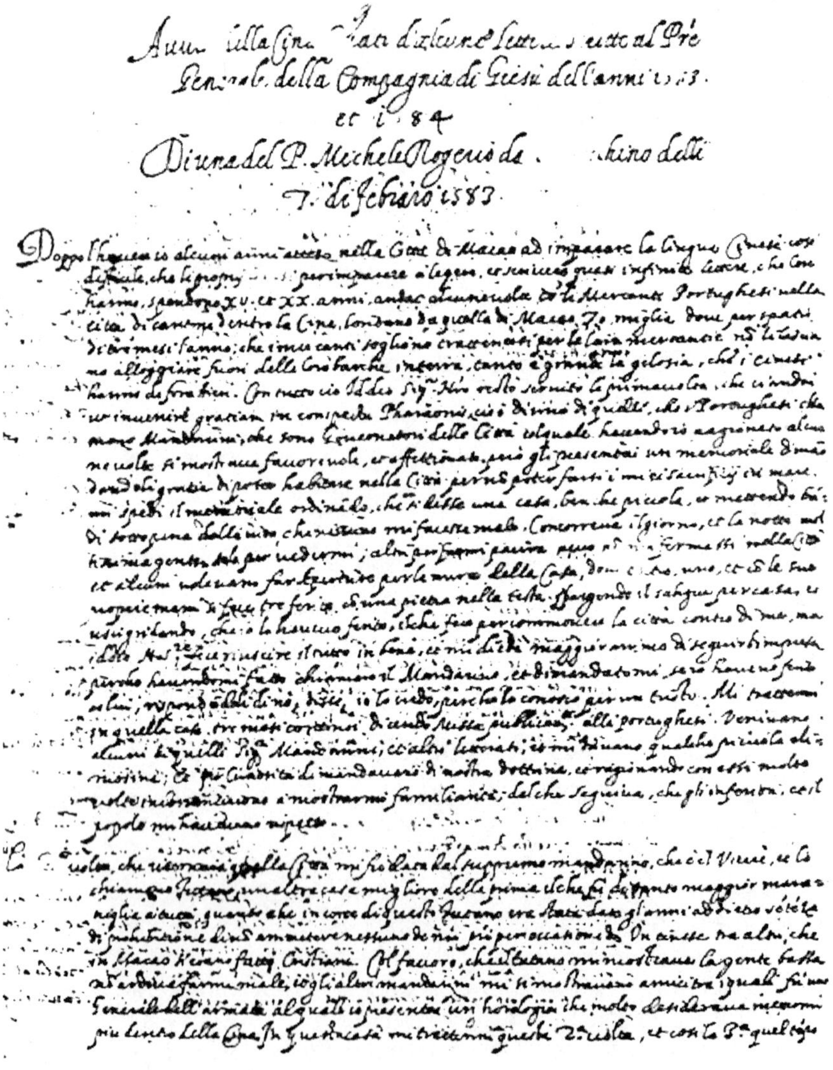

图1　罗明坚致总会长信手稿（1583年2月7日，肇庆）

说明：该手稿中第五行中意大利文本为"7 di febraio 1583"，即手稿的写作日期1583年2月7日。手稿来自西比斯（Joseph Sebes S. J.）《利玛窦的前辈》，《文化杂志·1594～1994澳门圣保禄学院四百周年论文特辑》，澳门文化司署，1994，第62页。

无论是研究天主教在华史，抑或澳门史，这些史料皆是研究者不可绕过的材料，甚至它们在某些主题的论述中充当了主要史料，那么如何处理这些时间就显得尤为重要了。

第九封信的作者是“桑革兹”即西班牙耶稣会士“阿隆索·桑切斯”（Alonso Sánchez，1547－1593）。桑切斯这封信写于澳门，他在中国的活动对耶稣会中国传教史和早期澳门史都有莫大的影响，甚至直接或间接地促使耶稣会在华人事关系变动以及澳门议事会（Leal Senado）的成立，而这些事件又正好是发生在本文探讨的时间段内。

可惜的是，澳门议事会成立时间方面的史料至今仍未公布于世，可能未保存下来，或仍不知保存在哪个档案馆中待人发现。因而，本文不能将议事会成立时间作为实例①，用以探讨格里历推行对澳门史记述产生的影响。

1582 年 12 月 18 日，罗明坚与巴范济在范礼安的指示下，从澳门出发前往肇庆，同一天，澳门发生了另一件意义重大的事件。据施白蒂称：“1582 年 12 月 18 日澳门当局正式承认西班牙菲利浦二世为君主，条件是在菲律宾与中国的关系中，必须由澳门充当中间人，以及统治权的变更绝对不让中国人知道。”② 于是，在名义上，澳门葡人自这一天起接受了西班牙国王的统治，澳门城市的政治身份完成了从“葡属”向“西属”的转化。关于此，博克塞有更多的论述：

> 1582 年 12 月 14 日，桑切斯和同伴从台湾回到澳门时，米兰达继阿尔梅达成为了澳门和中日航线大船长。四日后，米兰达经由中

① 澳门议事会的成立，首先是由澳门当地市民选举产生，然后经由印度总督 1586 年 4 月 10 日签署的法令得到确认。因为有史料保存下来，学界对印度总督确认其成立的时间没有多大异议，然而对议事会成立的时间（尚未得到印度确认）却多有争论。博克塞认为是在 1582 年 6 月，即桑切斯到达澳门后不久，潘日明（Benjamim Videira Pires，1916－1999）、龙思泰（Anders Ljungstedt，1759－1835）和施白蒂皆认为是在 1583 年，一者是在澳门向菲利普二世正式宣誓（1582 年 12 月 18 日）前，一者是在宣誓之后，意义应有所不同。参见 Benjamim Videira Pires，S. J.，*Os Extremos Conciliam-se*，Macao：Instituto Cultural de Macao，1988，p. 115；C. R. Boxer，*Portuguese Society in the Tropics*：*the Municipal Councils of Goa*，*Macao*，*Bahia*，*and Luanda*，*1510－1800*，University of Wesconsin，1965，p. 44；〔瑞典〕龙思泰：《早期澳门史》，吴义雄、郭德焱、沈正邦译，章文钦校注，东方出版社，1997，第 60 页；〔葡〕施白蒂：《澳门编年史》，小雨译，澳门基金会，1995，第 21 页。

② 〔葡〕施白蒂：《澳门编年史》，小雨译，澳门基金会，1995，第 21 页。

国主教宣誓效忠菲利普二世，自称“中国和日本的大船长”(Capitão-Moor da China e Japão)，唐·李奥纳多·德·萨主教则称其为“澳门和日本港口大船长”(Capitão-Mordesteporto de macao e de Japão)。耐人寻味的是，1582 年 5 月底桑切斯就已将菲利普即位的消息从马尼拉带到了澳门。直到 12 月 18 日，澳门官方才宣誓效忠，即使如此，他们也以“畏惧中国官员和其他中国权贵”为由，摒弃了规定的公共仪式[①]。

那么，澳门史中的这一重大事件同样归属于上文论述的时间段。博克塞在中外关系史和澳门史中的诸多见解得到了学界的认可。与此同时，他在写《远东贵族》一书中时，也意识到了格里历所带来的叙事影响，博克塞虽未在书中直接谈及此问题，却在引用彼得·芒迪（Peter Mundy）的《游记》时，在未告知读者的情况下，自发地修正了历法变革带来的影响，本文将两份资料对照如下：

博克塞在《远东贵族》中的论述及引用：

彼得·芒迪在 1637 年 8 月 6 日记述到此事情及其余波：“大概在五六年前，据规定，从马尼拉来的西班牙船不得进入，不得贸易，对此，西班牙人向国王抱怨……”[②]

根据博克塞自己列出的参考书目，他所引用的《游记》是哈克卢特协会 1919 年编辑版本[③]，原文为：

1637 年 7 月 27 日，……大概在五六年前，据规定，从马尼拉来的西班牙船不得进入，不得贸易；但是葡人需要马尼拉的东西时，可以去

① C. R. Boxer, *Fidalgos in the Far East, 1550 - 1770*, p. 41.

② 原文为“It is to this incident and its aftermath that Peter Mundy refers in his Journal on the 6th August 1637, when he writes, ... ‘Some 5 or 6 yeares since, as theyre late, A Spanish shippe coming from Manilla was not suffered to enter butt keptt out with their Ordenance, not suffred to trade; of this affront the Spaniards complained to the King’ ...”, C. R. Boxer, *Fidalgos in the Far East, 1550 - 1770*, pp. 136 - 137。

③ C. R. Boxer, *Fidalgos in the Far East, 1550 - 1770*, p. 137.

那里运来[①]。

由于英国推行格里历的时间是在 1752 年[②]，彼得·芒迪所写的这部《游记》就必然使用的是旧历法儒略历了。博克塞意识到这个问题，在使用这份史料时就自发地将彼得·芒迪原文时间 1637 年 7 月 27 日（27th July 1637）修正为格里历计时中的 1637 年 8 月 6 日（6th August 1637）。

博克塞对历法影响的意识，似乎并未贯穿全书，也未对澳门等地推行格里历时间做出一番细致考察，从而才有了在记述澳门宣誓效忠时"1582 年 12 月 18 日"这个日期的使用，否则他对澳门效忠一事的描述，应异于施白蒂所记时间，应增加 10 日，写为"1582 年 12 月 28 日"。

裴化行和博克塞两人在书中对历法变革影响的处理，提供了两种应对格里历对记述影响的方法，即或说明所用日期为何种历法，或直接在日期上加天数。本文较为认同裴化行采取的方式。进而建议学者在使用"1582 年 10 月 4 日至 1584 年 10 月 4 日"这段时期的耶稣会在华传教史和澳门史原始史料时，应注明所用时间为"旧历"或"儒略历"，如"儒略历 1582 年 12 月 18 日""旧历 1583 年 2 月 7 日"等。此种新的记述方式，一方面可以说明该时期历法变革所带来的影响，另一方面又可以保存原始史料所载日期。虽然这种谨慎处理的方式，会带来澳门史和天主教在华史中大量记载和编年的重新书写，为学术研究带来新的"麻烦"，但对于尽可能地还原历史史实的科学追求而言，此番工作仍是必要的。

不幸的是，格里历东传所带来的影响远不只上文所述，上文探讨的影响仅限于"西方世界"。在这个时代，东方和西方第一次紧密地联系起来，由此，历法变革对记述的影响还体现在两个世界所采用的历法之间的转换，即"中历"和"西历"间的转换。

在某种程度上，中西历间转换的意义更多的是对于后世研究者存在的。

---

① 原文为"The 27th（July 1637）... So that some 5 or 6 years since, as they relate, A Spanish shippe coming from Mannilla was not suffred to enter butt kepttoutt with their Ordance, not suffred to trade; but that what they want Mannilla the Portugalls in their owne vessels may carry thither ...", *The Travels of Peter Mundy*, Vol. 3, London, 1919, p. 181。

② 英国 1752 年 9 月 2 日后开始推行新历法，由于从 1582 年到 1752 年，之间已过去 170 年，英国便从中删减了 11 天，1752 年 9 月 3 日改为 1752 年 9 月 14 日。从而，博克塞此处增加了 11 日以修正日期。

由于中国古代历法与西洋历法各自独立，研究者为将两者统一在同一时间线上，需要在两者间进行转换，如：当需要将中国历史事件与西方事件对比时，就需将万历十年九月十七日（壬午年壬申），转换为西历 1582 年 10 月 3 日[①]；当需要参考西历某日中国的历史事件时，往往又需要反方向转换，因为中历还能说明更多问题（年号等）。

正如本文业已揭示的，1582 年至 1584 年间，澳门史和天主教在华传教史中“多余”的 10 日会对记述造成影响，这种影响同样进入了中西历的转换之中（见表 2）。

表 2　澳门格里历推行时间的特殊性造成的与现行公历计时的差异

中历	万历十年九月十七（壬申）	九月十八日（癸酉）	九月十九日（甲戌）	……	万历十二年九月十日（癸未）	九月十一日（甲申）	九月十二日（乙酉）
现行西历	1582 年 10 月 3 日	10 月 4 日	10 月 15 日（星期五）	……	1584 年 10 月 13 日（星期六）	10 月 14 日	10 月 15 日
明代天主教计时	1582 年 10 月 3 日	10 月 4 日	10 月 5 日（星期五）	……	1584 年 10 月 3 日（星期六）	10 月 4 日	10 月 15 日

资料来源：表中“现行公历计时”根据陈垣《二十四朔闰表》和郑鹤声《近世中西日对照表》列出，参见陈垣《二十四史朔闰表》，古籍出版社，1956，第 180 页；郑鹤声编《近世中西日对照表》，中华书局，1981，第 134、138 页。

在对待“万历十二年九月十日”这个日期时，若不顾本文考察的问题，就会直接根据现有历法转换的书籍或工具，将其转换为“1584 年 10 月 13 日（星期六）”，然而实际上，当时的耶稣会士或澳门人的计时日期为“1584 年 10 月 3 日（星期六）”。

再次回到耶稣会士裴化行对罗明坚和巴范济在华活动的概述中来，他根据汾屠立和德礼贤整理的史料，意图重新还原当时传教士的传教活动，并且根据某些历法转换的工具书，试图完全重现当时的活动日程：

---

① 郑鹤声编《近世中西日对照表》，中华书局，1981，第 134 页；陈垣：《二十四史朔闰表》，古籍出版社，1956，第 180 页。另外台湾中研院制作了“两千年中西历转化”网页工具，可根据不同国家改历时间进行转换，并且可自订改历日期，http：//sinocal. sinica. edu. tw/。

一五八二年十二月十八日星期三：罗明坚，巴范济，协同翻译员斗代修士巴荣达撒及印度人公匝洛由澳门起身。

十二月二十日星期五：香山县知事，供给彼等船只一只。

……

一月二十四日星期五：今日是中国新年的元旦，总督身穿特别体面的礼服，率领许多官属一齐来至天宁寺，恭向“天神之后”像鞠躬致敬，罗明坚接到赞扬“来自西方之贤哲”的诗文数首[①]。

所引文字前两段使用的便是旧历的计时（裴化行这么认为），“1582 年 12 月 18 日星期三”这样的“日期”在现今的历法转化书籍中是无法查到的，只能查到“1582 年 12 月 18 日星期六”[②]。不过，此处并不是新历法的计时有问题，相反，在历法变革后，儒略历 1582 年 10 月 4 日为星期四，第二日 10 月 15 为星期五，也就是说历法变革对 1582 ~ 1584 年澳门史记述的影响，不会在星期计时上发生作用。换言之，1582 年 12 月 18 日在旧历中为星期六，在新历中也是星期六。裴化行在对罗明坚巴范济的活动记述时，臆测当时日期所对应的“星期几”便是时下历法书中减去 10 日后那天所对应的星期，这种臆测导致这部分的记述在“星期几”上完全弄错了。

再以“儒略历 1582 年 12 月 18 日”为例，罗明坚和巴范济于此日出发前往肇庆，那么，当时的肇庆官员所用的日期应为“万历十年十一月十四日，岁在壬午，庚辰”，然而当我们查阅现有历法书时，对应的中历却为“万历十年十一月二十四日，岁在壬午、戊寅”[③]。显而易见，在将中历转换为西历时，这种错位的问题也同样存在。

在上面引述的文字中，裴化行在第三段中称“一月二十四日星期五：今日是中国新年的元旦”，就犯了此种记述“错位”。因为根据随后的描述，这里要表达的日期在中历中一定是“元旦”，即“正月一日”，然后查阅工具书，我们发现“正月一日”和他所用的西历“一月二十四日”居然匹配了，但是在“星期”上又不匹配。其实，若是交由罗明坚写下“完整的”

① 〔法〕裴化行：《天主教十六世纪在华传教志》，萧濬华译，商务印书馆，1964，第 207 ~ 210 页。

② 郑鹤声编《近世中西日对照表》，中华书局，1981，第 134 页。

③ 郑鹤声编《近世中西日对照表》，中华书局，1981，第 134 页。

日期，其记述应该为“一月十四日星期一：今日是中国新年的元旦”。现在，将裴化行的记述按照罗明坚所生活的计时，重新叙述如下：

> 旧历1582年12月18日星期二：罗明坚，巴范济，协同翻译员斗代修士巴荣达撒及印度人公匝洛由澳门起身。
>
> 旧历12月20日星期四：香山县知事，供给彼等船只一只。
>
> ……
>
> 旧历1月14日星期一：今日是中国新年的元旦，总督身穿特别体面的礼服，率领许多官属一齐来至天宁寺，恭向‘天神之后’像鞠躬致敬，罗明坚接到赞扬‘来自西方之贤哲’的诗文数首。

若以当时中国士大夫的角度来记录这几件事情，他们会写下这样的日期：

> 十二月四日（壬午年，戊子）：罗明坚，巴范济，协同翻译员斗代修士巴荣达撒及印度人公匝洛由澳门起身。
>
> 十二月六日（壬午年，庚寅）：香山县知事，供给彼等船只一只。
>
> ……
>
> 正月一日（癸未年，乙卯）：今日是中国新年的元旦，总督身穿特别体面的礼服，率领许多官属一齐来至天宁寺，恭向‘天神之后’像鞠躬致敬，罗明坚接到赞扬‘来自西方之贤哲’的诗文数首。

若需要将这段事件与西方以格里历记录下来的事件对照分析时，应以此记述：

> 1582年12月28日星期二：罗明坚，巴范济，协同翻译员斗代修士巴荣达撒及印度人公匝洛由澳门起身。
>
> 12月30日星期四：香山县知事，供给彼等船只一只。
>
> ……
>
> 1月24日星期一：今日是中国新年的元旦，总督身穿特别体面的礼服，率领许多官属一齐来至天宁寺，恭向‘天神之后’像鞠躬致敬，罗明坚接到赞扬‘来自西方之贤哲’的诗文数首。

四 结语

至此，格里历东传和在三地推行的时间基本得到了揭示，因延迟推行历法对后世带来的记述影响也得到了一定说明。然而必须指出的是，“10 日”加减的影响更多是理论上的，因为我们没有也不可能拥有足够的史料说明，新历法的推行是否立即得到了全范围的执行。换句话说，当马尼拉在 1584 年 10 月推行格里历后，仍然有部分史料可能是按照旧历写作，因为新历法在菲律宾各地推行的具体时间和路线，已不可考。从而上文所断定的时间具有的理论意义远胜于实际意义。但是，这并非是说我们就可以弃之不顾，将此次历法变革带来的影响有意忽视，继续犯原有的错误。

与此同时，文中在考察“中历”和“西历”间的错位时，所援用的日期也并非就是绝对正确的，因为可能罗明坚和利玛窦等人所记载的西历本就是错误的，同时所用的历法转换书籍《近世中西历对照表》等也可能是不完全正确的，若如此，那么这种在对比中所使用的日期，相对于历史事件真实的日期就谬之千里了。然而，即使所使用的两方材料都存在错误，也并不能推翻格里历变革所带来的记述影响，因为“材质”的差异并不能影响“形式”的完满。

自然，我们也不能纠缠于以上两者的可能性，否则就得不出任何结果。撇开这两个前提，本文认为在对待特殊时间段下的史料所载时间（如：天主教在华史中的 1582 年 10 月 4 日到 1584 年 10 月 4 日）时，应该使用“儒略历”或“旧历”的前缀；在判定该日期（如儒略历 1582 年 12 月 18 日）所对应的中历和星期时，可根据时下相对准确的历法转化工具，使用减去 10 日的日期（1582 年 12 月 8 日）所对应的中历和未做加减日期（12 月 18 日）所对应的“星期几”。当需要将该时段内以儒略历写下的史料，同以格里历记述的史料做对比分析时，就需要在前者的基础上加上“10 日”，星期不变。

无须说明，历法变革带来的影响，同样适用于那个时期在日本写下的传教士史料，只是根据不同地点推行时间的不同，“时间段”的划分有所不同罢了。另外，如文中提到的英国（1752 年 9 月 3 日改为 9 月 14 日）以及未提到的荷兰北部省份、俄罗斯和挪威等国家和地区，它们推行的时间又各自不同，这也会造成“单纯的格里历记述”与“历史事件真实时间”产生更大偏差，而建立在此上的文本释读错误想必也不在少数。

天主教在华传教之合儒路线

——以《圣经直解》《儒教实义》《古新圣经》为例

王硕丰*

传入中国的外来宗教都曾面临本土化的问题，即如何与中国宗教文化相协调的问题。佛教体系在中国尚未完善时，僧侣们不得不从中国原有的语言文化中为外来知识寻找立足点。在中国得到最早译述的第一部佛经《四十二章经》就采取了与儒家《孝经》相仿的体例。不论译经还是解释教义，僧侣们都需要运用中国本土哲学和道德传统词汇，所谓“格义”风行一时。

公元16世纪末，以利玛窦（Matteo Ricci，1552－1610）为代表的天主教传教士开始大举对华传教。利玛窦最初试图利用佛教来帮助天主教进入中国社会，但最终发现，在中国社会生活中，占统治地位的思想是儒学。1594年，利玛窦毅然脱去和尚的袈裟，改穿儒服，研读中国儒学经典，自称“西儒”。他认为，儒家思想是一种建立在自然理性基础之上的齐家治国理论，与天主教道理没有任何冲突的地方。而天主教信仰对于儒家所关切的社会安宁与和平的实现，则大有帮助。因此，利玛窦等人尊重中国传统文化和礼俗，但另一方面也不讳言天主教可以补儒家思想的先天不足。他翻译中国经典，并以基督思想诠释，以拉近二者关系。利玛窦的这种传教方略被称为“驱佛补儒”。他所遵循的这条尊重乃至适应中国传统文化的传教路线以及翻译儒家经典的方针策略，在传教士中得到了大力发扬。

耶稣会传教士在中国传教之所以能够取得巨大成功，很大程度上也是由于他们走了这样一条本地化、中国化的道路。他们尊重中国传统文化礼俗，

---

* 王硕丰，博士、西安外国语大学汉学院讲师。

学习中国语言文化，认为儒家的道理与天主教道理不谋而合，试图将儒家思想和天主教教义加以调和。他们取消了先前在宗教仪式中强制使用拉丁语的做法，通过汉语诠释、讲解《圣经》要义，传播基督教义。

利玛窦曾在与耶稣会会长的通信中谈到《天主实义》的写作时写道："我们认为在这本书（《天主实义》）中，最好不要抨击他们所说的东西，而是把它说成同上帝概念相一致，这样我们就在解释原作时不必完全照中国人的概念，而是使原作顺从我们的概念。同时，为了不冒犯统治中国的士大夫，我们宁可对各种解释提出不同看法而不针对原理本身，而如果最后，他们终于理解太极原理是基本的、智力的和无限的物质的原理，那么我们终于可以说这正是上帝。"①

这种传教路线以利玛窦为首，所以被清朝康熙皇帝称之为"利玛窦规矩"，后来的学者们也将其称为传教士的"适应政策"。

比如，利玛窦在《天主实义》里把中国古代经典中的"上帝""天"称为"天主"，说"吾天主乃古经书所称上帝也"②，这样就方便中国人理解基督教思想中的"天主"，容易接受该信仰。此外，他在传播教义时，为了迎合中国人的思维习惯和传统观念，较多采用能为中国士大夫认同的道德观，例如，他对"三位一体""耶稣被钉十字架"以及"复活"等启示真理讲得很少，而对于基督教孝道的阐释，着墨较多。这一点受到不少人批评，被认为扭曲了基督教理，但也许只有这样，传教士才能长久存在于中国，且受到朝廷尊敬，因此该路线是功不可没的。

本文将以阳玛诺的《圣经直解》③、马若瑟的《儒教实义》④、贺清泰的《古新圣经》为例⑤，说明天主教的合儒路线。

阳玛诺《圣经直解》是对《圣经》四福音书进行译介的著作，在译介过程中，作者将天主教与儒学杂糅，字里行间透露出合儒路线。阳玛诺并非逐字逐句地准确翻译，而是考虑到语境与语言的结合互动，选择性、有意识

---

① 何兆武：《利玛窦中国札记》，中华书局，1983，第376页。

② 利玛窦：《天主实义》，1603年在北京正式刊刻出版，共二卷八篇，收录于《四库全书》子部杂家类存目二。

③ 阳玛诺（Emmanuel Diaz Junior，1574－1659），葡萄牙籍教士。《圣经直解》书于1636年。

④ 马若瑟（Joseph-Henrg-Marie de Premare，1666－1735），《儒教实义》成书时间不详。

⑤ 贺清泰（Louis Poirot，1735－1814），法国籍教士。《古新圣经》书于1800年前后。

地进行语言顺应，使语言的动态性特征在两种异质文化的互通、交流中起到了积极的应变效果。正如翻译理论家韦努蒂所说："翻译是一个不可避免的归化过程。其间，异域文本被打上使本土特定群体易于理解的语言和文化价值的印记。……它首先体现在对拟翻译的异域文本的选择上，通常就是排斥与本土特定利益不相符的其他文本。"[①] 为了使交际得以顺利进行，译者应该从特定历史文化背景下的翻译目的出发，顺应具体的交际环境和交际对象，有意识地选择文本和翻译策略，做出灵活动态的顺应性翻译，从而顺利地完成交际任务[②]。现举二例予以说明：

（1）在概念的使用上，以中国人熟知的概念诠释基督教名词，实现语言的顺应性技巧。

如在《圣经直解》第二卷中，阳玛诺这样解释耶稣和圣母：

> 吾主，其太阳也；圣母，其太阴也。

太阴就是月亮，中国古人认为阴阳相济，太阳白天出来，其气纯阳，故为太阳；而月亮与之相对，晚上出来，其性属阴，故为太阴。将"吾主"比为"太阳"，"圣母"比为"太阴"，充分体现了耶稣和圣母的地位之重，但太阴、太阳相互交替，阴阳相生，而耶稣和圣母不具备这个特点。喻体含有本体不具备的特征，虽不很恰当，但也可以理解，正如尤金·奈达所说："译者不必十分在意接受语信息与源语信息的匹配，译者的目的主要是考虑接受者在自身文化环境里的行为模式"，比如爱斯基摩语《圣经》将"上帝的羔羊"译为"上帝的海豹"，因为在北极是没有羔羊的。对于中国读者而言，看到"吾主"似"太阳"和"圣母"似"太阴"的比喻，了解到本体的重要性即可。

在第七卷讲到"信、望、爱"时，阳氏这样解释"爱"：

> 五金之中，黄金为主。四行之中，火行为主。七政之中，太阳为

---

① 劳伦斯、韦努蒂：《翻译与文化身份的塑造》，中央编译出版社，2001，第359页。

② 宋志平、杨颖：《从适应性理论看翻译研究的语用取向》，《东北师大学报》2004年第3期。

主。夫爱犹黄金，有者，则富，无者，则贫。其价正对真福，爱多福厚，爱薄福薄。天主曾责罪人曰："汝灵无爱德之金，何云富足？无所求人，何知其贫？何视其裸？"解曰："炼金，爱德也。"人虽饶裕，无爱为乏；虽无立锥，有爱为富也。夫爱犹火，火炼五金，爱炼诸德。

作者将"爱"比作"黄金"，"爱多福厚，爱薄福薄"，"人虽饶裕，无爱为乏；虽无立锥，有爱为富"，爱"炼五金，爱炼诸德"。下文中又以"火""太阳"比喻"信""望"。以中国人熟悉的知识，诠释天主教义理，是阳玛诺最主要的翻译策略。如玛丽亚·铁木志科所说："不是译文依靠原文，而是原文要依靠译文才能在一种文化中获得再生，使自己的生命得以延续。"

（2）从政治制度角度，在译介西方宗教、文化时，以中国本土政治制度做比拟。如第二卷中有一段话，这样形容天堂和教会：

又天堂，大国也。其皇统握大权，是一天主也；其大臣恒立皇侧，不出治事，至大天神也，其在外治民理事；下品天神也；其名哲，十二宗徒也；其勇士，致命圣人也；其贵者，其富者，其百姓者，诸等大小圣人是也。圣公教会，犹天国也。其总领教事，独一教皇也；其不离其侧者，宰相也；其外出治民，主教主祭者是也；其明哲，传注圣经，开释人疑，教示庶民者是也；其上中下之民，教中三级人也：上级守童贞者，次级受鳏寡贞者，又次级守夫妇贞者是也。

阳玛诺把"天主"比喻为"皇"，"天神"比为"大臣"，"十二宗徒"比为"明哲"，"圣人"比为"勇士"，"教皇身边者"比为"宰相"，把教会内部教徒分为"上中下之民"，等等，这样比喻天堂和教会的方式，向中国人展示了一幅完全类似中国社会等级阶层的画面，便于中国人理解与接受。正如谢天振所说："译者对另一民族或国家的文学作品的翻译，不仅是两种语言之间的转换，它还是译者对反映在作品里的另一民族、另一国家的现实生活和自然的再翻译、理解、接受和阐释。"[①] 这种在源本和译文中寻

① 谢天振：《译介学导论》，北京大学出版社，2007，第7页。

找相似点加以诠释的译法，形象直接，简易明了。

马若瑟《儒教实义》以儒家经典本身作为研究对象，以“远生”身份共提出108个问题，内容涉及天学、灵魂、鬼神、伦理、丧礼葬祭等诸多方面，以“醇儒”身份解答。《儒教实义》以诠释儒家经典的名义来传播天主教义理，为便于传达基督思想，将儒教与天主教交融杂糅，偷梁换柱，转移某些概念的内涵、意义，如：

（1）“上帝”转至“大父母”。书中第5段写道：“至尊上主，则为大父母而可爱者也。”天主教中最多称上帝为父，而无“母”的称法，但利玛窦创造了“大父母”这个词，马氏在此使用，强调上帝的至尊至爱，便于忠于孝道的中国人更好理解与接受；同时，鉴于当时中国哲学界以阴阳、乾坤二气为万物之本，干为父、坤为母，传教士们亦以“父母”比作上帝，比作万物本原，与当时社会思潮趋同，以免有过大冲突而不便传播天主思想；

（2）不孝的判断标准由“无后”转至“不德”。孟子语：“不孝有三，无后为大。”而马若瑟在《儒教实义》第53段中写道：“吾窃以为非以形传形，为大孝。唯以德传德，则孝大矣。”这样便抹杀了儒家观念中对于“孝”与“得后”“传形”的关系，改造中国的孝道观，将孝之本意转为道德方向，转为宗教情感之纲常、基督神学之教条。同时，鉴于“不孝有三，无后为大”并非出自孔子，相反，孔子尊以为圣人的伯夷、叔齐、比干三人，都没有后代，由此便承续了“只信孔子”之路线，更为信徒的不婚、无后做好托词；

（3）君臣关系转至天人关系。文章第54段写道：“人之于天、臣之于君、子之于亲，其理一也。自下上达，三互相顾，顺而不遗是也。”此段将孝悌、事君与敬天三者合而为一，从下至上、顺其自然地统一，一脉相承，最后归于最高境界：对上帝的虔诚信仰。这样，便将中国传统的伦理道德转至敬天崇帝的层面，且采用了中国人惯常运用的直观比附的论证方法，即通过对自然、人事的经验，通过一定的理性思考，上升到具有形而上意味的结论；

（4）判断一个人是否为真儒，增加了“信上帝”这则标准。文章第14段“凡为醇儒者，皆信古今大训，皆事皇天上帝”，天主教概念被强加于儒生基本原则之上，貌似很唐突生硬，但马若瑟却是在前文论述宋以来诸儒分裂的前提下、举了7个例子来证明由宋至“今”上帝之义仍存于儒生心中，在此基础上很“自然”地得出这个结论，以示不仅古儒信上帝，后儒也同样信，这样一来，上帝便成了儒家信仰的唯一，成了先后儒贯通的主线；

（5）丰富了“鬼神”的含义。孔子云“敬鬼神而远之”，先秦儒家有关本体论、宇宙观的思想并不多，而主要是名人伦、讲义理、教人如何做人，这也是诸多学者不以儒家为宗教的缘由。在孔子那个年代，天、鬼神的存在被承认，但是其对于社会生活的支配作用却已经被否定。“敬鬼神而远之”这句话，本意是说人不必为死后的事过多重视，聪明人应该集中力量作与民生有关的事，即活在当下，就重视当下，做好此生。但是马若瑟却将这句话解释为：①孔子承认鬼神的存在；②之所以要“远之”，是因为鬼神听命于天主，他们是上帝用来“传其号令”“守护万方”的，所以不能事其为上帝般的“近”。如此便赋予了孔子这句话新的含义：上帝造万物，万物皆听从于上帝，从而加强上帝之威力，降低鬼神之地位；

（6）赋予了天主教对于儒家的拯救意义。文章的最后写道：“吾儒之大道也，先王既受之于天，使皇天上帝，眷佑我中国。”在马氏眼中，后儒各派的产生、佛道的入侵，是由于孔子的离世及先秦儒家的衰微所致，而真正能够弥补真儒所缺废的，正是基督。这样一来，不仅意味着儒耶本原的一致，更进一步暗示了儒家真谛发扬光大之重任，应由马氏等传教士完成，儒家思想的复原，应由天主教徒所承担，中国宗教思想的变质与衰败，应由西方人来拯救。如此，便大大加强了儒耶关联及天主教对于中国之巨大作用，为传教士的工作铺平道路。

在翻译一个文本时，译者应在语言选择的过程中做到语境与语言的互动，动态地生成话语意义，积极顺应具体的语境和语言结构，应该有意识地将交际对象的接受能力考虑在内，才能成功传达自己的意图。该顺应性的使用，直接影响到交际的效果。贺清泰的时代还未产生这样的翻译理论，但经过前人翻译、传教的经验总结，以利玛窦为先驱，耶稣会的传教士们皆走了这样一条路线，在大量著作中这种路线得到了很好的反映。在尽量保留基督教义理本义的前提下，贺清泰在词语的使用、篇幅的布局、翻译的取舍等方面，结合中国文化背景，注意中西伦理道德思想的融汇，贴近中国人心理，达到传教目的。《古新圣经》是现存最早最完整的官话汉语圣经，现举例若干，分析作者的这种“顺应性”翻译策略：

（1）从伦理方面进行顺应性翻译，在译介中贴近儒家思想，对中国传统文化中占重要地位的思想，加以渲染和强调：

耶稣劝我们说："你们如孝子，求你们父，使他此国太平；求万处王民，随神恩引，分真假，弃左道灭书邪神像，惟遵一天主正教，守他规诫。"①

这里贺清泰将教徒与天主的关系，比喻为孝子与父亲。"孝"在中国文化中占有绝对重要的地位，故此作者在这里做这样的类比，以唤起读者共鸣，这是杂糅儒耶文化的典型。这类例子在全书中还有几处，皆为迎合中国人的思维习惯和传统观念，较多采用能为中国士大夫认同的道德观。

（2）在名词概念的使用上，以中国人熟知的概念诠释《圣经》中词汇，实现语言的顺应性技巧：

吃饭时，耶稣举馒头降福，分成块，散与众徒说：你们领，也吃，这是我体②。

在拉丁语《圣经》中，此句中"馒头"一词为"panes"，这个词的意思是"饼""面包"，而贺清泰在此译为"馒头"。此类例子还有很多，凡经文中涉及"食物"的词，都被译为"馒头"。这是一个极为有意思的现象：贺清泰所处时代为清朝，尚未出现"面包"，中国北方的主食为馒头，它是百姓最为熟悉的食物，因此作者在翻译中做了这样的处理。

（3）从政治制度角度，在译介基督思想时，以中国本土政治制度做比拟：

圣教会，名为天国，奉教人在世，虽不能明见天主福容，但以信德如明见。再者因有天主圣宠，算是天主的宠臣，一死必得天国永福。天主之国起于世而终于天：起于世，即在世立功；终于天，即得天国对功之赏报③。

---

① 贺清泰：《圣徒玛窦万日略》，徐家汇藏书楼，第17页。

② 贺清泰：《圣史玛尔谷万日略》，徐家汇藏书楼，第15页。

③ 贺清泰：《圣徒玛窦万日略》，徐家汇藏书楼，第38页。

这里贺清泰把教徒比作“宠臣”，则天主喻为皇帝，教徒的表现比作“立功”，升天堂后将得到“赏报”，如此便向中国人展示了一幅完全类似中国社会等级阶层的画面，便于中国人理解与接受。

在将贺清泰本与拉丁据本的对勘中，会发现类似翻译现象并不鲜见，它们反映了作者的翻译策略及传教方针，这些现象值得注意。

独立文化在不同语言背景中各不相通，天主教与儒学相差甚远，加之礼仪之争的出现，使得除文化上的相异外，又增添了政策冲突。在这样不利于传教的情况下，传教士们大胆地在文化交流中得以实现宗教传播，“合儒”方针下诞生的论著，虽然在文化的冲突中显得大胆甚至时而荒诞，但其求同的取向是可以理解的，并且具备了比较文学角度的合理性，这种方法可借鉴，并为传教事业拓宽了道路。

南海地区宗教与民间信仰的交流（约700～1600年）*

普塔克　肖文帅**

一　引言：航海模型和交流

历史学家经常探讨这样的可能性，将法国学者福纳德·布罗代尔（Fernand Braudel）提出的欧洲地中海的概念应用于亚洲海域的不同区域①。现今的文章经常着眼于这一类的研究，希望在一些能够贡献于亚洲海上世界

---

* 英文版发表于《南洋学报》（六十六卷），2012，第121～154页。

** 普塔克，德国慕尼黑大学汉学系教授；肖文帅，德国慕尼黑大学汉学系博士研究生。

① 参考资料：Roderich Ptak，“Die maritime Seidenstraβe. Küstenräume, Seefahrt und Handel in vorkolonialer Zeit”，*Historische Bibliothek der Gerda-Henkel-Stiftung* 2，München：C. H. Beck，2007，导言。François Gipouloux，*La Mediterranée asiatique. Villes portuaires et réseaux marchands en Chine*，*au Japon et en Asie du Sud-Est*，XⅥ*e* – XXⅠ*e siècle*，Paris：CNRS éditions，2009，遵循了一种不同的方法。近期带有理论意义的微观研究，请参阅 Angela Schottenhammer（ed.），*The East Asian* “*Mediterranean*”：*Maritime Crossroads of Culture*，*Commerce and Human Migration*，East Asian Maritime History 6，Wiesbaden：Harrassowitz Verlag，2008。Haneda Masashi（ed.），*Asian Port Cities*，*1600 – 1800. Local and Foreign Cultural Interactions*，Singapore：NUS Press，in association with Kyoto University Press，2009，该书的导言部分把有关的理论范围扩大了。其他的作品包括：Denys Lombard，“Une autre ‘Méditerranée’ dans le Sud-est asiatique”，*Hérodote* 28（1998），pp. 184 – 193；Peregrine Horden and Nicholas Purcell，*The Corrupting Sea. A Study of Mediterranean History*，Oxford：Oxford University Pr，2000；Ptak，“Quanzhou：At the Northern Edge of a Southeast Asian ‘Mediterranean’?”，in Angela Schottenhammer（ed.），*The Emporium of the World*：*Maritime Quanzhou*，*1000 – 1400*，Sinica Leidensia 49，Leiden：E. J. Brill，2001，pp. 395 – 427；Roy Bin Wong，“Entre monde et nation：les régions braudeliénnes en Asie”，*Annales* 66.1（2001），pp. 9 – 16；Heather Sutherland，“Southeast Asian History and the Mediterranean Analogy”，*Journal of Southeast Asian History* 34.1（2003），pp. 1 – 17。

的一个“次要部分”（即中国南海）的特点上作评论。

一个在地中海模型中经常用到的假设是：在一个封闭或接近封闭的海域内存在“交流”的概念。布罗代尔的理解是：“交流”包含了广义上商品的流通和文化元素的流动。这包含了科学知识、艺术、生活方式、制度，也包括宗教和民间信仰。如果这些元素的跨海流通导致在广阔的海域范围内一定程度上的文化同化，则讨论的区域可能被作为单一“实体”，拥有它自己独特的特性，其中有很多特性可追溯到跨海联系。

对某个特定的港口或者沿岸区域来说，从以上内容可以得到以下推测：如果通过海洋的“物”的流通相比在相同地点和各自的内地间的流通对一个沿海地区来说更重要，则这个港口或是讨论的沿海地区相对于内陆地来说，与海洋有更密切的联系。这便形成了某种海事区。

这样的一个观点依赖于几个假设。首先，能够量化大部分或者全部的跨海流通的“实体”。众所周知，这纯粹是个理论，因为文化对于观念和想法的影响实际上无法测量。此外，人们可能会自然地在脑海中将海上的场景和内陆世界划分开。再次强调，这只是个理论，现实总是不同的，很难清楚区分两个相邻领域。

相似的问题在时间维上也有体现。布罗代尔曾经对“长期效应”（longue durée）因素，即对一些在历史上持续了很长一段时间的，逐步产生的对海上交易空间的结构有决定性影响的可证明的现象十分感兴趣。理论上，人们可能依据每一个明确特征定义不同的变量集。在这样的整理下，某些元素占据了很长的时间段。自然现象，如洋流和风，被包含在这个分类中。相反地，海岸帝国、港口和网络的兴衰曾经经常成为相对短暂的“事件”。货物和观念的流通和传播似乎处于这两个极端之间。有时候它们持续几个世纪或更长，有时候却消失得很快。

可观测的现象应该持续多久才可量化为“海事成分”或一个海域的重要特征？这个问题将持续争论一段时间。这里没有数学上的定义，从海洋历史的角度来看“长期效应”元素的结构，总是偏颇而不完备的。虽然自相矛盾的是，有时我们似乎觉得这些影像确实反映出现实的本质，无论哪个事实已经成为什么。

我们现在转向一个特定区域——南海地区的交流案例。大多数在这个海域的环境下讨论交流的历史学家，已经将注意力放在可计算数量和价格的经济贸易上。这包括早已出现的中国丝绸和陶瓷的流通。而日本和拉丁美洲的银币运输在时间跨度上就相应的短些。尽管如此，丝绸与银之间的交易对那些特定港口（尤其是澳门和马尼拉）的短暂影响尤其明显。

然而，我们也可以通过着眼于看似不重要的“东西”来研究跨南海的“交流”。这些项目在某些地方的影响经常比普遍认为的还要深远，比如植物和动物产品。沉香木和一些相关木材的装运在很早的时候就已经出现，并且持续到了明朝。这些有限的木材被认为具有很高的价值并被广泛地运输。它们被运用于各个领域，尤其是医药方面，并且在不同社会留下了明显的文化痕迹[①]。

这些对于很多无法定量的（或难以定量的）“元素”来说也是适用的。科技的影响是个很好的例子。与船只和建筑结构有关的传统技术好像很早就已经在南海地区流通。如何生产不同类型的陶瓷的知识是另一个领域的问题。各色的窑炉在东南亚被发现，它们生产的一些产品非常接近中国的商品。另外，也有证据证明地理知识和地图制作技术的传播。这些传播在特别的沿海地带造成的影响总是比“简单的”商品贸易所带来的影响更加重要。

几乎在每一个时间点，宗教和民间信仰的交流都是海上交易现象之一。南海地区的特点已成为现今研究的主题。明显地，我们无法准确量化南海地区宗教文化交流的程度，但是以鸟瞰的视角总括这个现象，并且将之与上文描述的概念联系起来，我们至少能够注意到这样一个事实，即中国南海是一个富于变化的“舞台”，不应该简化为一个纯粹的贸易区。此外，从更远的视角来看，鉴别出某些结构、周期性的模式和单一的发展是有可能的。在这个意义上，本文希望从完全交流的视角，为南海地区未来的调查提供一些新的建议。

二　南海的背景：海上航线和相关研究的局限性

在讨论跨中国南海的商品和观念的流通之前，我们应确定三个重点。第

① Roderich Ptak, “The Circulation of Animals and Animal Products in the South and East China Seas (Late Medieval and Early Modern Periods)”, *Revista de Cultura* (international edition), 2009, pp. 7 - 23, and Ptak (ed.), *Birds and Beasts in Chinese Texts and Trade. Lectures Related to South China and the Overseas World*, Maritime Asia 22, Wiesbaden: Harrassowitz Verlag, 2011.

一个是所有的船只在驶过南海的时候都会遵循海上航线。这些航线受自然物理条件（如洋流和风）的限制，并且随着时间的流逝可能不会改变，至少在我们所关心的时间段（700 ~ 1600 年）内不会①。

华南到东南亚有两条主要航线。第一条也是更重要的一条是沿着福建、广东、海南的东部直至现在的越南海岸的航道。从越南的南端，船只大致能够从三个方向前进：①去南海海域内暹罗湾里的不同地点；②去马来半岛和廖内群岛的最南端；③去加里曼丹岛的西北角，然后从这里沿着岛的西侧去南岸。其他的路线从现今新加坡的区域和马来半岛的东端到邦加岛、苏门答腊岛和爪哇岛，或者到西加里曼丹，并且穿过爪哇海到达马来世界的东半部分。从中世纪开始，这一整条路线广为人知。中国的文献资料将这些水道和“西洋”联系在一起。

第二条航线连接着从广东、福建两省东端到澎湖与台湾地区南部。船只有时也会通过东沙群岛。它们从台湾地区南部出发并开往吕宋岛，之后沿着岛的西岸到达马尼拉湾、民都洛岛并最后到达维萨亚斯群岛和苏禄海。位于苏禄海南部边缘的苏禄群岛是西里伯斯海入口的标记，因此有可能到达马鲁古世界。当然也有可能，船只从沙巴州出发去文莱和达土角，这条航线在这里与上文提到的第一条航道系统中的一支交汇。

这些路线都是沿着南海外边缘的。穿过民都洛的多个分支并处于其东部边缘的第二条路线，在中国文献资料中和“东洋”联系在一起。

历史上，大致从广州到文莱这个方向上由北至南直线穿过南海是很困难

---

① 以下关于海上航线的段落，请参考 J. V. G. Mills（tr.，ed.），*Ying-yai sheng-lan. The Overall Survey of the Ocean's Shores（1433）*，Cambridge：At the University Press，1970，esp. appendix 1；Pierre-Yves Manguin，*Les Portugais sur les côtes du Vietnam et du Campā. étude sur les routes maritimes et les relations commerciales，d'après les sources portugaises（16e，17e，18e siècles）*，Publications de l'école française d'Extrême-Orient 81，Paris：École française d'Extrême-Orient，1972；Roderich Ptak，“From Quanzhou to the Sulu Zone and Beyond：Questions Related to the Early Fourteenth Century”，*Journal of Southeast Asian Studies* 29. 2（1998），pp. 269 – 294；“Südostasiens Meere nach chinesischen Quellen（Song und Yuan）”，*Archipel* 56（1998），pp. 5 – 30；“The Eastern Rim of Southeast Asia in Late Medieval and Early Modern Chinese Sources”，*Nanyang xuebao（Journal of the South Seas Society）* 55（2000），pp. 22 – 47；“Quanzhou：At the Northern Edge”；“Jottings on Chinese Sailing Routes to Southeast Asia，Especially on the Eastern Route in Ming Times”，in Jorge M. dos Santos Alves（coord.），*Portugal e a China. Conferências nos encontros de história luso-chinesa*，Lisbon：Fundação Oriente，2001，pp. 107 – 131。这些研究列出了一些中国和日本的作品。

的，因为中沙群岛和南沙群岛阻碍了这个交汇口。这就是为什么从东亚到东南亚的所有交通都通过上文提到的两条主要路径。

当没有垂直的南北向路线时，在某段时间内，以11世纪为例，从占城到民都洛和棉兰老的直接贸易是可能的。这条航道横穿南海海域，而中沙海域在这条路北边。但在元朝和明朝我们再也找不到关于这条航道的详细记载了。

这些都暗示着，宗教文化跨南海的交流沿着两个明显的南—北路径和各自的分支，并且有可能是一条以前临时使用的、不太重要的东—西路线。因此，当试图弄明白一个特定的宗教文化“元素”在这个背景下如何变得分散时，航线起着重要作用，并且东、西路线应该分开讨论。

这里有另外一个与南海的次要部分有关的问题。北部湾是一个实例，在那里航海的条件取决于很特别的地理情况。但这些细节与现阶段的调查无关[①]。另一个大致与南海相连的海区是苏禄地带。苏禄海域是否形成了南海的次要部分，或者我们是否应该更好地将其以单独实体来对待，是一个不容易回答的问题。关于南海的南边界线也有相似的疑问。海洋历史学家们看南方应该有多远？超出纳土纳群岛的海域和在勿里洞岛与西加里曼岛之间的海域，即加里曼丹海峡，可以被看作为“独立”的区域。但是历史学家们经常将这些区域，甚至是爪哇海域归到更大的范围内。

第二个要点是关于在引言中已定位了的沿海地区和内陆之间“分界线”的构想。当我们在调查宗教和文化的传播时，应该期盼这样一个情况，即这些元素渐渐地从海洋世界向内部流动，或者向着相反的方向，因此越过陆地与海洋的界限，在其他情况下，另一种特殊形式的信仰在沿海地带保留下来，并从未被传到内陆。此外，宗教思想由北传至南方，或者向着相反的方向传播。一些元素在我们所关注的海域内涌现，其他元素则是外生的，从遥远的地区引进。

---

① Roderich Ptak, “The Gulf of Tongking: A Mini-Mediterranean?”, in Schottenhammer (ed.), *The East Asian “Mediterranean”*, pp. 53 – 72。也可参看 Li Tana, “A View from the Sea: Perspectives on the Northern and Central Vietnamese Coasts”, *Journal of Southeast Asian Studies* 37 (2006), pp. 83 – 102 和 “The Rise and Fall of the Jiaozhi Ocean Region”, in Angela Schottenhammer and Roderich Ptak (eds.), *The Perception of Maritime Space in Traditional Chinese Sources* (East Asian Maritime History 2), Wiesbaden: Harrassowitz Verlag, 2006, pp. 125 – 139。

最后一点需要一些额外的注释。有学者认为，南海可以被视为海上丝绸之路的一部分。此路由日本延伸到东非。这个系统由几个海区组成，或者说是由“准地中海”组成，通过不同的海峡与其他海区相连。换句话说，南海是在更大范围内的另一个元素①。和其他所有属于海上丝绸之路的海区一样，南海有好几个入口和出口——马六甲和新加坡海峡、巽他海峡、台湾海峡和各种海道都沿着它的东外围。这就是为什么我们必须承认宗教“传入”从无到有的可能性。

第三点与时间维有关。宗教元素在各大海域如南海这个范围内的分布，暗示着质变的可能性——从“转换”的意义上说。更普遍地说，一些东西由X流动到Y，之后再从Y流动到Z，可能根本不会被改变，或者也可能经历必要的变化。如何衡量这些变动和什么时候考虑变化都存在异议。某些商品的本质从来不变，与此相反，一些复杂的实体如宗教和民间信仰，随着时间的流逝却时常变化。因此我们能看到一个特定宗教在其“聚集地”的分布就像一个“长期效应”现象，然而，严格地说，它的很多成分可能不会被认定为“长期效应”的项目，因为它们变得适应了当地的条件。这些或与之相似的一些观点导致的方法论上的问题将不在本文中考虑。

通过上文的说明可以明显地认识到，对于研究南海的特殊条件，有方法论的限制，尤其是空间维的限制因素。这些是如何影响着我们的主题呢？第一，为了将陈述保持在可控的水平上，我们应该关注于沿着西航线，即由福建路经海南到达马来世界的航线上的交换。这就意味着，我们应该特别留意南海海岸和泉州、广州、澳门的港口，而暹罗湾和纳土纳群岛以南范围内西航线上的不同分支不是本文的重点。第二，直接的东西交流，即中沙的南部和沿着东航线体系将不是我们关注的重点；这在一定程度上归因于与这两部分有关的书面资料的不足。第三，因为西轴的主干道沿着马来半岛的南端向印度洋延伸，并且穿过台湾海峡直至东北亚，它形成了一个重要的通道，宗

① 有几本书是关于海上丝绸之路（或“香料之路”）的。这里只列出六个例子：刘迎胜：《丝路文化》（海上卷），浙江人民出版社，1995；陈炎：《海上丝绸之路与中外文化交流》，北京大学出版社，1996；李庆新：《海上丝绸之路》，五洲传播出版社，2006；顾涧清：《广东海上丝绸之路研究》，广东人民出版社，2008；John N. Miksic, *Singapore and the Silk Route of the Sea, 1300 - 1800*, Singapore: National University of Singapore Press，未出版；Ptak, *Die maritime Seidenstrape*, C. H. Beck, 2007。所有这些书以不同的出发点与研究方法介绍了丝绸之路的历史。最后一本把丝绸之路的概念与近似地中海区域的不同亚洲海域连在一起。

教元素就是沿着这个通道远距离传播，或者只是就近传播，这些都是可以被定位的。第四，总的来说，本文将遵循一个大致的时间顺序，尝试将不同宗教和民间信仰按照其特殊功能和在南海地区的分布形式“分类”。明显地，这并不意味着读者们应该期望对于跨南海的宗教文化交流有一个成熟的分类。相反，这项研究试图以一个自由的角度描述一个特定海域的普遍的全景，希望能够激励未来相似方向的研究。

三　佛教

我们的讨论从 7 世纪开始。那时，佛教已经从印度传播到中国的许多地区，并从中国继续扩散到朝鲜与日本。与佛教有关的新观念和物质“因素”不断涌入，使东亚各地区出现了许多新的宗派。这一过程意味着某些宗教元素的本地化，而这些元素对于上层社会和日常生活都产生了巨大的影响。从地理角度来说，从印度到东亚的“物质”流动大体上是顺着既有的陆地商路，也就是人们所说的“丝绸之路”进行的。

与此相反，在上文中讨论过的海上商路，只在佛教“元素”的传播中起了很小的作用。在此之前法显的东渡就是具有代表性的例子①。也有许多研究是关于使用了中国和印度之间的海路的著名唐僧，但他们对于宗教文化交流的影响远远比不上那些使用过西域陆路的僧侣。取海路的僧侣从不同的港口出发，但主要是从广州港。广州在唐代是一个重要的港口，而且政府在此设置了“市舶使”一职专门管理海外贸易。去往印度途中，僧侣和其他旅人通常在去往孟加拉湾之前，在三佛齐（在今苏门答腊岛之东部）停驻。这些航行的细节在文献中并没有特别详细的记录，并且在一些地名上仍然存在争议。

这些为数不多的取海路的僧侣包括义净（约 635 - 713）、新罗的慧超（704 - 787）以及密宗的重要代表人物——来自斯里兰卡的不空（705 - 744）。僧人们也从东海去往别国，如天台宗的圆（円）仁（793/4 - 864），

① 近期的和非常全面的关于法显的作品请参阅 Max Deeg, *Das Gaoseng-Faxian-Zhuan als religionsgeschichtliche Quelle. Derälteste Bericht eines chinesischen buddhistischen Pilgermönchs über seine Reise nach Indien mit übersetzung des Textes*（Studies in Oriental Religions 52），Wiesbaden：Harrassowitz，2005。

他的谥号“慈觉大师”更加广为人知。但这就涉及不同的海区了①。

显而易见，这些僧侣以及其他人士带到中国的佛经与思想在唐朝更广大的地区传播。在此意义上，广州成为沿海诸国与中国内陆进行文化交流的桥梁，而那时广州仍被作为一个沿海城市，而非如今的内陆城市。那时福建的港口尚未兴起，例如泉州的发展就要推迟到唐末，或者闽国（约907～945年）统治福建的时期②。

佛教从海路传播的过程大致是从西向东的，而这一过程对如今越南沿海的港口有多大的影响，至今难有定论。更早的时候，印度的宗教元素已经影响到了东南亚，林邑（占城）也不例外。占城受到印度教习俗的影响很大，特别是湿婆崇拜的观念。虽然在东南亚，印度教与佛教的不同形式难以截然分开，但是我们最好还是把它们区别对待。唐朝和别国僧侣行经南海时，常会在占城停留，但是当地的印度旧传统究竟对从海上涌入的新思想有无贡献，仍然众说纷纭③。

---

① 关于这些和其他僧侣的作品很多。一个有利于调查研究的作品为：Latika Lahiri，*Chinese Monks in India*，*Biography of Eminent Monks Who Went to the Western World in Search of the Law During the Great Tang Dynasty*，Delhi，etc.：Motilal Banarsidass，1986。这些僧侣们写了以下作品：《大唐西域求法高僧传》《南海寄归内法传》（义净）和《往五天竺国传》（慧超）。另一个重要作品是玄奘（602 - 664）的《大唐西域记》，但他主要与陆路有关。无数作品把东南亚看成为印度和中国之间的文化桥梁，例如：Michel Jacq-Hergoual'ch，*The Malay Peninsula. Crossroads of the Maritime Silk Road*（*100 BC - 1300 AD*）（Handbook of Oriental Studies，Section Three，Vol. 13），Leiden，etc.：Brill，2002. 另请参阅附注11。

② 许多作品调查了福建和泉州的历史背景，四篇文章应在此提到：Hugh Clark，*Community*，*Trade*，*and Networks*：*Southern Fujian Province from the Third to the Thirteenth Century*，Cambridge：Cambridge University Press，1991；（Billy K. L. So）苏基朗：《唐宋时代闽南泉州史地论稿》，商务印书馆，1991；中国航海学会与泉州市人民政府：《泉州与海上丝绸之路》，科学出版社，2002；Angela Schottenhammer，*Das songzeitliche Quanzhou im Spannungsfeld zwischen Zentralregierung und maritimem Handel. Unerwartete Konsequenzen des zentralstaatlichen Zugriffs auf den Reichtum einer Küstenregion*（Münchner Ostasiatische Studien 80），Stuttgart：Franz Steiner Verlag，2002。

③ 近期关于海上占城的作品：Tran Ky Phuong and Bruce Lockhart（eds.），*The Cham of Vietnam*：*History*，*Society and Art*，Singapore：National University of Singapore Press，2011。旧的（但很重要）而且比较综合性的研究，有：R. C. Majumdar，*Champa. History and Culture of an Indian Colonial Kingdom in the Far East*，*2nd～16th Century A. D.*，rpt. Delhi：Gian Publishing House，1985，pp. 167 et seq.，和 Georges Maspero，*Le royaume de Champa*，Brussels：Les éditions G. Van Oest，1928。其他关于占城的调查研究包括（仅列出两个例子）：George Coedès，*Les états hindouisés d'Indochine et d'Indonesie*，rpt. Paris：De Boccard，1964；R. K. Kanchan，*Hindu Kingdoms of South-East Asia*，New Delhi：Cosmo Publications，1990；Nicholas Tarling（ed.），*The Cambridge History of Southeast Asia*，Vol. 1，*From Early Times to c. 1800*，Cambridge，etc.：Cambridge University Press，1992。

在某种意义上，这种情况与唐朝的情况类似——印度的观念从陆路传入，后来逐渐向沿海地带扩散，而且这种传播方向占主导地位。

唐朝一直被认为是国际化的朝代。但是，845 年中央政府下令限制佛教及其他宗教团体的活动。随之而来的迫害时期阻碍了佛教徒在中国与印度、东南亚之间的行动，更重要的是，这些事件影响了佛教思想通过西航路向中国的传播，而且影响程度难以估量。黄巢起义使外来宗教团体再遭重创。内战伴随着大量屠杀，许多大城市遭到破坏。广州也难逃一劫，成千上万的外国商人和移民在动乱中丧生①。

随后唐朝四分五裂，中国的沿海地区出现了众多独立的政权。在闽、南汉（907～971 年）统治大部分南方地区期间，如今的福建地区声名渐起。尽管这些政权彼此之间与北部邻国之间都保持着联系，但地方战争仍然阻碍了由沿海向内陆的文化传播。而且，移民大多是由北向南迁移，由南向北的则少之又少。特别是当时人口还比较稀少的福建，吸纳了大量的新移民。广州依然继续吸纳新鲜的印度“元素”，但是来自亚洲佛教地区的宗教“输入”对中国内陆地区的影响已经大大削弱了②。

之后，宋朝历经多年逐步统一南方，但宗教输入的状况并未因此改善。虽然中日经由东海的佛教交流成为两国联系的重要组成部分，但这种交流很少涉及广州和新兴港口泉州，因此，这些交流大多影响不到南海地区。进一步来说，在宋朝，乃至蒙古族统治时期，佛教传播到雷州半岛和海南部分地

---

① 多达 12 万人在 878、879 年被杀害了，其中有穆斯林和其他许多人。我们也知道早一点的 760 年的扬州大屠杀，但细节上不是很明确。

② 关于中印关系和印度商人在中世纪的中国，尤其在泉州的作品有很多。书中也提到了印度教寺庙，但印度教在中国沿海地区的影响是微乎其微的。参考资料如下：T. N. Subramanian，“A Tamil Colony in Medieval China”，in R. Nagaswamy（ed.），*South Indian Studies*，Madras：Society for Archaeological，Historical and Epigraphical Research，1978，pp. 1－52；Hugh Clark，“Muslims and Hindus in the Culture and Morphology of Quanzhou from the Tenth to the Thirteenth Centuries”，*Journal of World History* 6. 1（1995），pp. 49－71；John Guy，“Tamil Merchant Guilds and the Quanzhou Trade”，in Schottenhammer（ed.），*The Emporium of the World*，pp. 283－308；Tansen Sen，*Buddhism*，*Diplomacy*，*and Trade*：*The Realignment of Sino-Indian Relations*，*600～1400*，Asian Interactions and Comparisons，Honolulu：University of Hawai'i Press，2003；Haraprasad Ray，*Trade Routes between India and China*，*140 BC to 1500 AD*，Kolkata：Progressive Publishers，2003。可能有人感兴趣的一些文章在：Hermann Kulke et al.（eds.），*Nagapattinam to Suvarnadwipa. Reflections on the Chola Naval Expeditions to Southeast Asia*，Nalanda-Sriwijaya Series，Singapore：Institute of Southeast Asian Studies，2009。

区，这不可以仅仅归因于来自海外的影响，因为这些地区新寺庙的兴建大多是受到广东和中国其他地区的影响[①]。

讨论到这儿，我们需要找出一个新解释了。上文中提到占婆（占城）与菲律宾之间的直航是可能的。一些宋元时期的文献也提到了这条路线以及沿着沙捞越海岸线的另一条路线。这两条海路可能都与11～14世纪左右印度宗教对菲律宾的影响有密切关系[②]。如果事实真的如此，那么我们就需要讨论一下，是否应该将中国佛教输入的逐渐衰落与印度元素从占婆到菲律宾的传播联系起来。乍一看这两条宗教传播线路的载体截然不同，而且从印度传播到占婆的宗教与唐朝的佛教也少有共通之处。但是如果我们抛开两种宗教形式彼此完全不同的假设，并承认中国的载体也可能与占婆—菲律宾线路有关，那我们可以得出不同的结论：也许一些佛教徒和印度教徒将他们的注意力从中国转移到了菲律宾世界。

我们也可以考虑其他发展结果。宋元时期的文献与考古证据显示了福建与吕宋岛之间以及横跨苏禄海的东部贸易航路的逐渐兴起。棉兰老岛的蒲端（浦端）就以中国的陶器而闻名。在蒙古族统治下，东部轴线的贸易继续向外拓展。尽管目前对于宋元时期的宗教元素沿这条从中国到菲律宾的交通线或者其他交通线的传播并没有明确的证据支持，但已经有学者提出，立足泉州的穆斯林商人们对这一线路进行过投资。因此，这是否意味着在南海中存在着一条伊斯兰教的南北轴线和一条同时代“印度化”的东西航道呢？

但是，这一说法可能过于简单了。历史学家们也提出，占婆与马来地区不同地方可能存在多种多样的联系。这些联系也牵扯到许多伊斯兰因素。并且，除了研究这些海路的联系，我们也不能忘记占婆与西面邻国陆路上的直接联系以及与南诏大理（今云南）地区的联系。

很明显，以上这些问题需要更深入地讨论或者留作专门研究。现在我们

---

① 司徒尚纪：《中国南海海洋文化》，中山大学出版社，2009，第189～190页。

② J. R. Francisco, “Indian Culture in the Philippines: Views and Reviews”, *Fourth Sri Lanka Endowment Fund Lecture*, University of Malaya, Kuala Lumpur, 1985; Geoff Wade, “On the Possible Cham Origin of the Philippine Scripts”, *Journal of Southeast Asian Studies*, 24.1 (1993), pp. 82-87。关于中文的资料参阅中山大学东南亚历史研究所编《中国古籍中有关菲律宾资料汇编》，中华书局，1980。

按时间顺序继续向前，讨论明朝时期。在明朝，禅宗在广东部分地区非常盛行。肇庆、新会、徐闻等城市都兴建了许多寺庙。那时，澳门正置于葡萄牙管治之下。到了清朝，澳门的中国居民也受到了广州地区活跃的佛教群体的影响。但是，这些发展主要是由内陆扩展到沿海地区的。很久之后，出身名门的禅宗代表人物大汕（1662－1705）建立了广东中部与越南之间、经由澳门的新联系，这也与海路有关，但已经超出了本文讨论的时间范围①。

我们在这里对前文进行一下总结：印度、斯里兰卡和中国之间通过海路的早期文化交流与宗教传播关系密切。从宋朝开始，商业因素上升，宗教文化影响逐渐淡化。之后，佛教僧侣再次“上路”，但是主要是通过水路往来于中国与东南亚，而非印度与东亚之间。而且，佛教思想自西向东（或自南向北）的传播在后来似乎偶尔会调转方向。更普遍的是，东亚与南亚之间通过南海地区的宗教文化交流经历了几次质变。在这一框架中，佛教成分如同一个矩阵，可变因素与不变因素在其间共同存在。

四　伊斯兰教

唐朝时期在中国沿海地区就能发现瑣罗亚斯德教与摩尼教传播的踪迹，这要归功于来自伊朗的商人及其随从。在这期间他们经常到远东来做生意，而在中国他们被称为“波斯人”。考古学上的发现证实了波斯人曾造访扬州、广州以及其他几个内陆城市。我们知道，伊朗的商业网络覆盖了印度、马来的部分地区、暹罗（今泰国）和其他一些地方。然而，当一部分伊朗商人通过海路前往东南亚的内陆地区的同时，另一些商人来到了中国，而他们中的大部分都是经由中亚而来②。

---

① Claudine Salmon，“Regards de quelques voyageurs chinois sur le Viêtnam au XⅦe siècle”，in Denys Lombard 和 Roderich Ptak（eds.），*Asia Maritima. Images et réalité*，*Bilder und Wirklichkeit*（South China and Maritime Asia 1），Wiesbaden：Harrassowitz Verlag，1994，pp. 129 et seq.；请参阅姜伯勤《石濂大汕与澳门禅史：清初岭南禅学史研究初编》，学林出版社，1999；何建明《澳门佛教》，中交文化出版社（1999 年）相关章节。

② 关于波斯人在中国的影响，请参阅 Claudine Salmon，“Les Persans à l'extremité orientale de la route maritime（Ⅱe A. E. － ⅩⅦe siècles）”，*Archipel* 68（2004），pp. 23－58。这一期 Archipel 还包含了对散落在海上世界的伊朗商人的其他研究。近期编辑的一些关于这个主题的文章请参阅 Ralph Kauz，*Aspects on the Maritime Silk Road*：*From the Persian Gulf to the East China Sea*（East Asian Economic and Socio-cultural Studies 10），Wiesbaden：Harrassowitz Verlag，2010。

摩尼教在亚洲内陆流传尤为广泛，然而它从未在广东、福建和东南亚沿海地区得到广泛的传播。在福建曾经出现过摩尼教的痕迹，然而 9 世纪中期的宗教迫害使得这个教的规模不断缩小。因此，摩尼教对福建本地的文化影响甚小[①]。

正如上文所述，在广州，黄巢起义的爆发进一步削弱了沿海地区国外团体的势力。琐罗亚斯德教与摩尼教以及早期的基督教和犹太教教徒都深受其害。也正因为如此，这些宗教不仅没有在南海地区得到有效的传播，而且也没能对广州以及其他地方的文化产生长期的影响。

在唐朝中期，大约黄巢起义之前一个世纪，伊斯兰教就开始通过水陆两路传播到中国。在这里，我们只关注水路的传播[②]。与佛教相同，伊斯兰教也曾经是从遥远的地方传入南海地区的重要的外来因素。总的来说，伊斯兰教向东南亚以及中国的传播要快于佛教。另外，在南海的佛教传播者可能多为中国的僧侣，而伊斯兰教通过西亚的社会团体来到远东，我们又要提到，这些团体多为波斯人以及一些阿拉伯人（中文文献中常被称为大食商人）。他们中的一些人定居在中国南部，再后来，有的定居在占城。

在 9 世纪，中国南方的国际交流中心——广州，设立了外国人聚居地——蕃（番）坊。它可能类似于东南亚的唐人街。很多居住在这个聚居地的外国人都是穆斯林商人。这些商人拥有自己的社团领导者，并且他们组织自己的宗教活动。然而，伊斯兰教是否被当地的广州人民接受，仍然是一个广为

---

① 关于摩尼教在中国沿海地区的传播，见陈达生《以考古文物中看 7 ~ 15 世纪伊朗对中国东南沿海的影响》，《海交史研究》1999 年第 2 期；廉亚明（Ralph Kauz）《中国东南摩尼教的踪迹》，《海交史研究》2000 年第 2 期；中国航海学会《泉州港与海上丝绸之路》，中国社会科学出版社，2002，第 447 ~ 477 页；étienne de la Vaissière, "Mani en Chine au VIe siècle", *Journal Asiatique* 293.1 (2005), pp. 357 - 378; Samuel N. C. Lieu, "Medieval Manichaean and Nestorian Remains in the Zayton (Quanzhou) of Marco Polo", in Jason BeDuhn (ed.), *New Light on Manichaeism: Papers from the Sixth International Congress on Manichaeism*…, Leiden: E. J. Brill, 2009, pp. 181 - 200；粘良图《晋江草庵研究》，厦门大学出版社，2009；林悟殊《为华化摩尼教研究献新知——评粘良图〈晋江草庵研究〉》，《海交史研究》2009 年第 2 期。关于中国的摩尼教、祆教和景教，请参阅林悟殊《波斯拜火教与古代中国》，新文丰出版公司，1995；林悟殊《中古三夷教辩证》，中华书局，2005。

② 据说，四个穆斯林传教士在初唐时期来到中国东南部。对此几位作者已经提出疑问。苏基朗：《唐宋时代闽南泉州史地论稿》，台湾商务印书馆，1991，第 62 ~ 94 页。

讨论的问题①。

黄巢起义并没有终止外国人居住在几个独立的聚居区的理念。这解释了我们为何在宋朝再次发现这样的聚居区，依然在广州，但同时也在泉州以及从浙江到海南的几个小一点的港口城市，不过这些城市的聚居区规模都偏小。如同在唐朝一样，这些聚集区给予外国人空间来进行自己的宗教活动。与此同时，我们可以看到外国人同当地的中国人在许多地区混居在一起。墓地、铭文以及清真寺都表明伊斯兰教在宋朝的广东和福建沿海地区已经处于萌芽状态②。

佛教从南海海路以及陆路两路传入中国，并且对唐朝新思想的传播做出了重要的贡献。然而，伊斯兰教似乎仅仅在宋朝的港口城市留下了痕迹，在那里它满足了一些小型的宗教团体的需要。此外，这一时期伊斯兰教在中国的传播网络并不明了。不过，尽管伊斯兰教没有在中国内陆或者是更大的沿海区域得到传扬，它还是丰富了广州、泉州以及其他地区的种族、宗教等的多样性。

伊斯兰教在中国沿海地区的出现可以被认为是“波斯轴线”向东的延伸，主要穿过泉州、广州、海南和占城。这一地区伊斯兰教的传播网络与其在东南亚其他地区的宗教团体有着些许的联系。例如在占城，有关铭文的发现可以证实这些联系早在11世纪就存在。然而，在一个众多宗教并存的系统里，伊斯兰教从未占据过统治地位，其教徒多为外国商人。本土的社会名流中，信奉印度教的占大多数。尽管如此，我们应当看到，占城与其他地区之间跨南海的交流也涉及伊斯兰教，其中包括向南的发展以及向文莱和苏禄

① 关于唐朝时期的广州，请参阅 James K. Chin，“Ports，Merchants，Chieftains and Eunuchs：Reading the Maritime Commerce of Early Guangdong”，in Shing Müller et al.（eds.），*Guangdong：Archaeology and Early Texts*，*Archäologie und frühe Texte*（*Zhou-Tang*）(South China and Maritime Asia 13)，Wiesbaden：Harrassowitz Verlag，2003，pp. 231 - 233。关于蕃坊的特点，请参阅 Salmon，“Les Persans”；Tan Ta Sen（Chen Dasheng），*Cheng He and Islam in Southeast Asia*，Singapore：Institute of Southeast Asian Studies，2009，pp. 85 - 87；关于一般的情况，请参阅 Roderich Ptak，“China's Medieval *fanfang*-A Model for Macau under the Ming?”，*Anais de Hist*ó*ria de Al*é*m-Mar* 2（2001），pp. 47 - 71。

② 比如陈达生的《泉州伊斯兰教石刻》，宁夏人民出版社、福建人民出版社，1984。关于海南的伊斯兰教元素，参阅司徒尚纪《中国南海海洋文化》，中山大学出版社，2009，第200页。相关信息还可以参考 Roderich Ptak，“Hainan and Its International Trade：Ports，Merchants，Commodities（Song to Mind-Ming)”，载汤熙勇编《中国海洋发展史论文集》（第十辑)，台湾中研院人文社会科学研究中心，2008，第25～63页。

地区的传播[①]。

以上我们已经提出了另一个要点：伊斯兰教在东方的传播路线，即从福建，经澎湖和中国台湾向下到达菲律宾。众多资料，如《岭外代答》《诸蕃志》《南海志》以及《岛夷志略》等清晰地反映了这一发展过程，但是它们都没有详细介绍宗教的思想和文化在这条路线及其分支上的传播。众所周知，当蒙古人在 12 世纪 70 年代征服中国时，泉州的伊斯兰教会决定与新的统治者合作。与此相反，广州抵抗了元军并因此受到了沉重的打击。因此，在接下来的几年里，广州伊斯兰教的发展落后于泉州。穆斯林商人此后开始专注于福建的贸易活动，这也对泉州的海上贸易起到了促进作用。

随着福建商人实力的不断壮大和波斯及其他地区的团体出入泉州进行贸易活动的增多，南海本区的东南亚航海者的影响力可能在短期内逐渐变弱[②]。也许是因为元朝军队沿着向西的路线远征，尤其是前往爪哇的一次，加速了这个过程。如果果真如此，直到 1320 年左右元朝贸易政策放宽之后，南海地区的海上交流才开始进入迅猛发展阶段。

从明朝起，情况又发生了变化。伊斯兰教团体与新统治者在福建发生了冲突[③]。这导致大批穆斯林商人从泉州向外移民。极有可能的是，这些人壮大了文莱、爪哇以及其他东南亚地区的伊斯兰教萌芽组织的力量。

---

① 关于占城的伊斯兰教，请参阅 Pierre-Yves Manguin，“The Introduction of Islam into Champa”，*Journal of the Malaysian Branch of the Royal Asiatic Society* 57. 1（1985），pp. 1 – 28［法文版：*Bulletin de l'école française d'Extrême-Orient* 66（1979）pp. 255 – 287］；Tan Ta Sen，*Cheng He and Islam in Southeast Asia*，Singapore：ISEAS Publishing，2009，pp. 146 – 147；Abdeljaouad Lofti，“Nouvelles considérations sur les deux inscriptions arabes dites du《Champa》”，*Archipel* 83（2012），pp. 53 – 71。关于伊斯兰教中世纪晚期放入东南亚这个大背景的情况，下面的调查研究是很有用的（列举一些例子）：Jorge Manuel dos Santos Alves，*O domínio do norte de Samatra. A história dos sultanatos de Samudera-Pacém e de Achém，e das suas relações com os Portugueses*（*1500 – 1580*），Lisbon：Sociedade Histórica de Independência de Portugal，1999，pp. 71 et seq.；Denys Lombard，*Le carrefour javanais. Essai d'histoire globale*，3 vols.，Paris：éditions de l'école des Hautes études en Sciences Sociales，1990，pp. 33 et seq.；M. C. Ricklefs，“Islamization in Java. Fourteenth to Eighteenth Centuries”，in Ahmad Ibrahim et al.（eds.），*Readings on Islam in Southeast Asia*，Social Issues in Southeast Asia，Singapore：Institute of Southeast Asian Studies，1985，pp. 37 – 43。

② Derek Heng，*Sino-Malay Trade and Diplomacy from the Tenth through the Fourteenth Century*（Ohio University Research in International Studies，Southeast Asia Series 121），Athens：Ohio University Press，2009.

③ 关于亦思巴奚战乱，参阅陈达生《泉州伊斯兰教派与元末亦思巴奚战乱性质试探》，《海交史研究》1982 年第 4 期。

这也促进了伊斯兰教在马来不同地区的传播，后来甚至扩大到菲律宾的南部。

明朝的第一位皇帝朱元璋（洪武）对于海事非常谨慎，他对海上贸易与交流加以严格的限制，这导致包括泉州在内的几个港口城市的衰落。而第三位皇帝朱棣（永乐）却采用了完全不同的政策。他令郑和、王景宏（弘）和其他太监沿着西方贸易通道下西洋。这些事件在马欢、费信、巩珍的文献、铭文以及《明实录》等资料中都有记载①。当时中国进入了其海上势力的顶峰期。然而，与此同时，明确的限制依然存在：所有与海事有关的活动都必须由国家掌控，私营商家不得经营。另外，向东的航线没有再进一步拓展。

很多学者认为，出生在中国云南一个穆斯林家庭的郑和，代表了三种宗教：佛教、道教和伊斯兰教。我们可以看出，郑和本人并不执意要宣扬这三种宗教。因此，现代学者一般认为，郑和在宗教方面比起 16 世纪早期开始登上历史舞台的欧洲传教士而言，要更加宽容大度。

如果以上的假设被认可，那么我们就可以发现东南亚地区的宗教分布图十分有趣：许多私营的穆斯林商人被迫从福建撤离，但是本身为穆斯林的郑和，却被任命为中国出访南海周边以及印度洋周边各国的首席外交官，而这些地方有很多是信仰伊斯兰教的。另外，正如前文中提到的，一些居住在马来地区的中国人也信奉穆罕默德的戒律。这样的东南亚图景导致了很多尚未得到定论的问题：中国远征队的首领郑和与明朝朝廷以及居住在诸如爪哇地区的中国人之间有怎么样的关系？东南亚分散的伊斯兰团体之间有多强的联系？

虽然这些事件主要涉及的是纳土纳以南的宗教情况，与当前研究的地域没有太大的关联，但这一总体的印象揭示了中国的政策对沿海地区以及在一定程度上对南海周边的伊斯兰国家的宗教组织的命运有着深远的影响。换言之，在唐朝和宋朝，伊斯兰教从西、南边由水路传播而来；在元朝这一趋势得到了延续，并且伊斯兰组织在不同的城市得到了繁荣发展。更重要的是，

① 马欢的《瀛涯胜览》、费信的《星槎胜览》和巩珍的《西洋番国志》（所有写于 15 世纪初）。关于明初探险方面收集资料最全的仍然是：郑鹤声、郑一钧：《郑和下西洋资料汇编》（共三册四个部分），齐鲁书社，1980～1989。

穆斯林大多受到了朝廷的欢迎。但是后来形式发生了变化，很多商人撤回到南边。此后便是郑和下西洋的故事，然而，船队远征的目的与组织形式至今仍然被广泛讨论。

另一方面的问题也不容忽视。一些现代学者指出，尽管穆斯林与中国国内其他团体有暂时的冲突与矛盾，但是洪武和永乐年间的皇帝可能都与伊斯兰教有密切的联系。朱元璋的妻子高皇后以及其他几个朝廷高官都宣称信奉伊斯兰教，这些人显然对朝廷决策有着深远的影响①。其他一些学者也讨论了中国国内伊斯兰团体的汉化过程。关于这个复杂的汉化过程的结构与结果在学界存在不同的意见。关于涉及的术语、它的政治影响以及概念上的问题，都在讨论的范围之中。例如，有学者指出，原来的“蕃坊”后来改称为“教坊”。第三个问题涉及郑和下西洋：虽然郑和沿着西方的路线出征，但是东方的路线完全没有被激活。中国的外交使节曾出访苏禄海域，并且在 15 世纪前期从文莱（加里曼丹岛）以及苏禄岛屿而来的高官都曾访问中国。众所周知，一个小型的外国团体曾在山东德州的一个已故的苏禄统治者的墓区附近出现过。到底中国、苏禄、文莱、甚至可能与爪哇地区之间的宗教联系有多么紧密，至今仍然是个谜②。

从一个更高的角度来看，我们可能会得到这样的结论：伊斯兰教如同佛教一样作为一种外来宗教传入南海地区。佛教从同样的路线涌入中国，促进了中国国内许多新宗派的兴起，然而，伊斯兰教的意义与影响在中国都相对偏小。这种影响似乎主要源于通过中亚进入中国的移民。至于通过海上西航路的传播，它被限制在福建、广东、海南以及占城海岸的某个“城市地带”。

伊斯兰教也散播到现在的文莱以及苏禄海域南部的地区。关于这些后来发生的对当今研究有重要意义的事件，我们只能依赖于零星的铭文、模糊的中文材料以及后来载入文献的口头传说。苏禄地区的族谱记录也发挥了一定的作用。然而，它们的有效性一直被质疑。这些文献显示了当地人对宗教的

① 比如：Tan Ta Sen, *Cheng He and Islam in Southeast Asia*, Singapore: ISEAS Publishing, 2009, pp. 169 – 171 and Haji Yusuf Chang, “The Ming Empire: Patron of Islam in China and Southeast-West Asia”, *Journal of the Malaysian Branch of the Royal Asiatic Society* , 61. 2 (1988), pp. 1 – 44。

② 在许多研究中，这些问题都已经提到。参见附注 13 和 26 中的文献资料。

热诚，然而它们很少记载宗教活动的细节或详细的信仰内容[①]。

佛教通过海路的传播与中国僧侣的努力密切相关，然而，至少在早期，伊斯兰教在海上的传播大多是间接的。商人群体及其社交网络发挥了至关重要的作用，并且伊斯兰教一直以来都十分依赖于这些人。换句话说，脱离商业贸易、脱离波斯人与大食商人的团体宗教活动，很少能够在中世纪后期有关南海的文献中找到相关记录。这当然不是否认在穆斯林、儒家与其他宗教团体之间存在深远的宗教思想上的交流，而且由此产生了各种各样的文献，但是这些发展大多发生在郑和时期之后。另外，回族文化的逐渐汉化也导致了一些冲突与矛盾，但是这些与我们现在的研究没有直接的关系。

直到现在仍然有很多问题还没有答案：明朝离开云南前往占城的穆斯林发挥了怎样的作用？这些移民对马来地区的伊斯兰团体的强化作用有多大？琉球群岛与占城之间是否有一段时期的合作？例如，在 15 世纪的马六甲，也就是说在葡萄牙人到达这个港口之前。我们应该如何把这些问题放到我们的模型之中呢[②]？最后一个问题涉及了西航路的一个主要部分，这个占城—

---

① 一些研究文莱的早期文献：Graham Saunders, *A History of Brunei*, Kuala Lumpur, etc.: Oxford University Press, 1994, ch. 1; Chen Da-sheng, "A Brunei Sultan in the Early 14th Century", *Journal of Southeast Asian Studies* 23. 1 (1992), pp. 1 – 13; Wolfgang Franke and Ch'en T'ieh-fan, "A Chinese Tomb Inscription of AD 1264, Discovered Recently in Brunei", *Brunei Museum Journal* 3. 1 (1973), pp. 91 – 99; P. L. Amin Sweeny, "Silsilah Raja-raja Berunai", *Journal of the Malaysian Branch of the Royal Asiatic Society* 41. 2 (1968), pp. 1 – 82; Johannes L. Kurz, "Boni in Chinese Sources. Translations of Relevant Texts from the Song to the Qing Dynasties", www. ari. nus. edu. sg/docs/BoniInChinese Sources-edited4. pdf (May 2012)。而关于苏鲁、民答那峨岛等方面的信息，参阅 Cesar Adib Majul, "Islamic Arabic and Cultural Influences in the South of the Philippines", *Journal of Southeast Asian History* 7. 2 (1966), esp. pp. 67 – 69; Cesar Adib Majul, *Muslims in the Philippines* (2nd ed.), Quezon City: The University of the Philippines Press, 1973; Cesar Adib Majul, "An Analysis of the 'Genealogy of Sulu'", in Ibrahim et al. , *Readings*, pp. 48 – 57; Najeeb M. Saleeby, *Studies in Moro History, Law, and Religion*, Department of the Interior, Ethnological Survey Publications 4. 1, Manila: Bureau of Public Printing, 1905; Najeeb M. Saleeby, *The History of Sulu*, Filipiana Book Guild 4, Manila, 1963, ch. 2 and 3; Carmen A. Abubakar, "The Advent and Growth of Islam in the Philippines", in K. S. Nathan and Mohammed Hashim Kamali (eds.), *Islam in Southeast Asia: Political, Social and Strategic Challenges for the 21st Century*, Singapore: Institute of Southeast Asian Studies, 2005, pp. 45 – 63。

② Momoki Shiro, "Was Dai-Viêt a Rival of Ryukyu within the Tributary Trade System of the Ming during the Early Lê Period (1428 – 1527)?", in Nguyên Thê Anh and Yoshiaki Ishizawa (eds.), *Commerce et navigation en Asie du Sud-est (XIVe – XIXe siècle), Trade and Navigation in Southeast Asia (14th – 19th Centuries)*, Paris: L'Harmattan, 1999, pp. 101 – 112.

琉球“联盟”对南海全景的影响有多大，还很难说。这里我们也可以考虑马六甲的兴起，这座城市逐渐成为一个重要的地域性港口，而它的统治者也信奉伊斯兰教。直到现在，许多马来人仍然爱称道马六甲为伊斯兰教中心，并且它被认为是当代典型的东南亚港口城市。

事实上，郑和是一位穆斯林并且涉及许多东南亚事务的事实赋予了很多现代学者创作灵感，他们写了很多研究性的文章来讨论明代中国与许多马来地区伊斯兰城市之间的联系。学者们也发现了一份时间与来源均不明的材料，它显示了明朝早期的出海事务与爪哇地区的伊斯兰团体的联系。然而这份材料在多大程度上反映了历史的真相，尚不明确①。

从 15 世纪下半期开始，到访中国的穆斯林商人数量开始减少。这一时期琉球与福建的船只经常往返于东南亚与中国沿海省份之间。这些船只上的船长、水手和商人信仰佛教、道教以及其他宗教，但他们很少信奉伊斯兰教。当随着西航路到南海的伊斯兰教团体不再像原来一样受到注重时，穆斯林的信仰在文莱和其他苏禄海域则流传越来越广。葡萄牙和西班牙人在 16 世纪早期到达这一区域之后，这一对比也显得显著起来。

五　地方崇拜和妈祖信仰

除了考虑到由外面的世界传入的主流宗教，我们必须同时看到发源于南海地区本身的地方信仰。这其中的一些信仰与海洋本身毫不相干，其他的一些基于神明发展形成的信仰被认为是保护船员和/或者某一特定沿海地区的人民。如果我们调查这些信仰的历史，将会发现好几种模式：有的信仰形式在一些偏远地区蓬勃发展，却从来没有蔓延到较大的区域；在其他情况下，一个具有类似功能的神通常取代另一个神，或者几个神在一个小空间内共存；在许多情况下，我们还可以看到，一个特殊的“沿海人物”被吸收到

---

① 比如：Tan Ta Sen, *Cheng He and Islam in Southeast Asia*, Singapore: ISEAS Publishing, 2009。与在引用书目里面所提到的资料；一些文章收于 Claudine Salmon and Roderich Ptak (eds.), *Zheng He, Images & Perceptions, Bilder und Wirklichkeit* (South China and Maritime Asia 15), Wiesbaden: Harrassowitz Verlag, 2005；另有孔远志、郑一钧《东南亚考察论郑和》，北京大学出版社，2008。参见 H. J. de Graaf and Th. G. Th. Pigeaud (tr.), M. C. Ricklefs (ed.), *Chinese Muslims in Java in the 15th and 16th Centuries. The Malay Annals of Semarang and Cerbon*, Monash Papers on Southeast Asia 12, Clayton, Victoria, 1984。

一个多神的世界（或者说：Pantheon 万神殿），佛教和道教在这样的背景下发挥了重要作用；此外，许多不含有“海洋元素”的崇拜首先从偏远的内陆传播到沿海地区，然后逐步在海外地区扎下了根。

许多这样的崇拜与信徒的梦想和忧虑产生联系。虽然心理层面在大多数情况下很相似，但是也会出现特例。通常保护神从来不惩罚或威胁其“客户”。一些神明在大多数时候都是良性的，另一些却会发怒，而且需要特别的祀祭和认可。只有这样，他们才愿意变得友好和提供帮助。流行的故事里也包括不同的神和灵之间的竞争。这样的事件可以与各种正面和负面的层面产生联系。它们可能会发生在孤立的背景下或者在一个混有佛教、道教和其他“成分”的复杂的宏观结构中。另外，政府往往会出于政治的原因将一位“显灵”的神或女神“工具化”，甚至委托这位神照顾水手和商人的事务。

这些和其他基本成分可能进入适用于我们主题的不同类别。然而，在许多情况下，我们不是很清楚应如何论述某个崇拜。其根源常常笼罩着神秘的色彩，而且没有或很少有文献提到关于它地位的上升和下降。因此，本文将仅仅列举一些很普通的情况。整个情况的叙述若集中在一篇文章中则显得过于复杂。

在中国沿海地区，南海神崇拜是一个很好的例子。这个崇拜跟广州郊区一个美丽的寺庙有密切关系①。唐朝时期南海神得到了他的第一个正式头衔——“广利大王”，奖励他作为保护神的功劳。后来的封号包括南汉以及宋元时期被授予的头衔。南海神庙始建于 594 年。根据历史文献记载，647 年一位印度高僧带着一棵小波罗（菠萝）树访问过此庙。这棵树就种植在寺庙附近，因此，此庙又有“波罗庙”一名。官员、商人和渔民出海之前一般会在这里祈祷，而且有几个铭文是由到访过的著名学者写的，他们赞扬此庙美丽而奇妙。至今保存下来的建筑接近明代的建筑风格。

和其他情况一样，波罗庙里还供奉了其他几位神，其起源与该庙的主神无关。其中有后来成为妈祖（天妃）助手的千里眼和顺风耳。这两个妖怪在转到“海洋阶段”之前先与中国内地有关联。他们的职责很特别：他们

① 参阅黄淼章《南海神庙》，广东人民出版社，2005；王元林：《国家祭祀与海上丝路遗迹——广州南海神庙研究》，中华书局，2006。还有一些相关文章在 2006 年的《海交史研究》中可以找到。

必须像间谍一样监视海，并且向上级提供所有相关的信息①。

在早期的广州，特别是在唐朝，南海崇拜占据了中心地位。后来它逐渐失去了往日的意义，其原因不是很清楚。此外，它主要是一个区域性的现象，因为几乎没有在文献中表明，它传播到遥远的地方。著名的伏波神或者伏波将军信仰是类似的情况。严格来说，有两个与此名称相关联的将军：西汉路博德和东汉马援。这两位汉代的军事领导人使现今的广东地区在北方的控制下。后来他们之间没有明显的区别，但伏波神在广东的几个部分，甚至在越南的河内却作为“海神”来崇拜。随着福建商人、水手和移居者迁移到广东，伏波神在一定程度上被妈祖代替了，特别是来自闽南沿海地区的团体。妈祖信仰吸引了广东东部和中部许多地区的新追随者，而海南和雷州半岛的几个地区，还有廉州和钦州的邻近地方却保持着对伏波神的忠诚②。

虽然航海家和移民在更大的地理空间传播伏波神信仰，但是这个信仰基本上是一个限制于北部湾沿海地区的区域性现象，对遥远之地影响不大。类似的推测适用于各种龙的崇拜，谭公、清水祖师、显惠侯、昭惠公、吴真人（保生大帝）、龙母、张贤君、临水夫人、太姥等信仰。他们当中有一些传播到隔海相望的台湾地区，还有东南亚的海外华人社区。但是许多地方神没有扮演“保护神”的角色，而且他们在清朝（这个时间段已经超过本文研究的时间范围）才传播到海外③。

然而，在一些早期文献里有证据表明：有可能是来自于福建的水手在沿

① 关于千里眼和顺风耳，参阅徐晓望《妈祖信仰史研究》，海风出版社，2007，第 270 页；Gerd Wädow, *T'ien-fei hsien-sheng lu. , Die Aufzeichnungen von der manifestierten Heiligkeit der Himmelsprinzessin. Einleitung*, *übersetzung*, *Kommentar* (Monumenta Serica Monograph 30), Sankt Augustin and Nettetal: Institut Monumenta Serica and Steyler Verlag, 1992, pp. 180 - 182；邱福海：《妈祖信仰探源》，淑馨出版社，1998，第 102 ~ 104 页。这两个妖怪还出现在叙事文本中：元代的《武王伐纣平话》、明代的《西游记》、明代晚期余象斗的《南游记》等。

② 参考资料李庆新、罗燚英《广东妈祖信仰及其流变初探》，2011 年 7 月在舟山群岛召开的关于中国海洋文化及宗教活动国际研讨会论文集；冼剑民、陶道强：《论明清时期雷州民间神庙文化》，《广东史志》2002 年第 1 期；王锋：《伏波文化的区域特色及传承》，《中国民间海洋信仰与祭海文化研究》，海洋出版社，2011，第 48 ~ 58 页。

③ 请参阅 Hugh Clark, "Religious Culture of Southern Fujian, 750-1450: Preliminary Reflections on Contacts across a Maritime Frontier", *Asia Major* 19 (2006), pp. 211 - 240; Barend J. ter Haar, "The Genesis and Spread of Temple Cults in Fukien", and Kristofer Schipper, "The Cult of Pao-sheng ta-ti and Its Spreading to Taiwan - A Case Study of Fen-hsiang", both in Eduard B. Vermeer (ed.), *Development and Decline of Fukien Province in the 17th and 18th* （转下页注）

西航路穿越中国南海时表露了他们的信仰。据元代汪大渊的《岛夷志略》记载：在灵山（现今越南海岸）水手们经常会点灯，并且把小纸船放在水面上许愿，希望这样做能够帮助他们应对灾难。后来的资料重复着类似的信息。廖大珂认为，这些描述是指福建著名的神明王爷（王公）和相关的仪式（通常称作"送王船"）①。然而，汪大渊没有提到具体的名字，因此有可能跟妈祖和/或者其他神明有关联。

后来，王爷信仰沿东航路蔓延到台湾地区。它是否在元明时期已经发挥了显著作用就很难讲了。关于王爷信仰在东南亚海外华人中的情况也不是很清楚，而且源自浙江、福建、广东和海南的一些海洋崇拜的情况也是如此。

上面我们已经提到中国的海神——妈祖（天妃）。这是迄今为止在中国东南沿海地区最重要的海神之一。近年来，妈祖信仰经历了迅速复兴。大陆（包括香港和澳门）现在有超过千座妈祖庙，台湾地区有大约900座。关于妈祖信仰的发展史是一个热门而熟悉的研究课题，就不在此重复了②。值得一提的是，这位女神的信仰源自北宋时期一个福建沿海的岛屿——湄洲屿。按照文献记载，妈祖曾经协助一位政府使者远航高丽（今韩国），作为酬谢妈祖被赐予荣誉称号。之后，特别是在清朝，妈祖被赐予许多额外的封号。

随着时间的推移，妈祖成为更强大、更有保护功能的神。最初，她在海

（接上页注③）*Centuries*（Sinica Leidensia 22），Leiden：E. J. Brill，1990，pp. 349 - 396，397 - 416；Brigitte Baptandier（author），Kristin Ingrid Fryklund（tr.），*The Lady of Linshui*：*A Chinese Female Cult*，Stanford：Stanford University Press，2008；Keith Stevens，"Fukienese Wang Ye（Ong Ya）"，*Journal of the Hong Kong Branch of the Royal Asiatic Society* 29（1989），pp. 34 - 60；蔡相辉：《台湾的王爷与妈祖》，台原出版社，1992；徐晓望：《福建民间信仰源流》，福建教育出版社，1993；叶春生：《岭南民间文化》，广东高等教育出版社，2000。所有这些文献列举出很多相关材料。

① 廖大珂：《略论厦门的"送王船"信仰》，2011年7月在舟山群岛召开的关于中国海洋文化及宗教活动国际研讨会论文集。关于王爷还可以参阅 Stevens，"Fukienese Wang Ye（Ong Ya）"，*Journal of the Hong Kong Branch of the Royal Asiatic Society* 29；蔡相辉《台湾的王爷与妈祖》，台原出版社，1992。

② 这里只引用两个调查研究：徐晓望：《妈祖信仰史研究》，海风出版社，2007；李献璋：《妈祖信仰の研究》，澳门海事博物馆，1995。德语版文献：Wädow，*T'ien-fei hsien-sheng lu*；Claudius Müller and Roderich Ptak（eds.），*Mazu*：*Chinesische Göttin der Seefahrt. Dargestellt an der Holzschnittfolge*，*Die feierliche Begrüßung der Mazu von Lin Chih-hsin*，München：Hirmer Verlag，2009 和在里斯本出版发行的一本简短的阅读小册子：Ptak，*Der Mazu-Kult*：*Ein historischer überblick*（*Song bis Anfang Qing*），2012。有关妈祖的期刊包括《妈祖研究学报》和《中华妈祖》。

上辅助水手和商人，后来她也击退土匪和邪恶的魔鬼、帮助人们控制流行疾病、保护沿海堤防、保障从中国中部到达渤海的粮食运输的安全等。这些只是她许多工作中的一部分。她还帮助对抗各种入侵者，如：女真（金）。我们还知道，海盗也向妈祖祷告。另外，在施琅（1621 - 1696）和郑氏氏族的台湾交战中，双方都曾经寻求过她的支持。

有趣的是，元朝和清朝作为中国的非汉族王朝，也曾经进行了多方面的努力提升妈祖的地位。这些表现在妈祖得到的众多的官方头衔上，如："天后"或"天上圣母"等。这些策略隐藏的目的很多，其中之一乃是：为了更好地拴住强大的福建商人，政府通过提供象征性的支持来配合他们，而不是担忧地方团体通过地区信仰的迅速扩大与中央政府作对。

有关妈祖的宗教作品多得惊人：她在民间的化身、她的传记、她升天和她后来的"职位晋升"等。在这些资料中，《天妃显圣录》最为重要①。它不但列出了天妃显圣的神迹，还告诉我们，她是如何引导郑和的船队通过"西洋"：在风暴中，她的红灯笼经常会出现在桅杆顶部（圣埃尔莫之火），而且船只被她护航。这是在各种官方文献中明确提到的。

据推测，郑和指挥的庞大的船队主要是由来自福建的水手操纵。这些信徒可能促进了妈祖信仰在海外华人中的传播。后来，许多往来于东南亚与中国之间的中国私营商人也祭祀妈祖，在船上、国内、国外、在短暂逗留的外国港口等。

在明朝，妈祖信仰的传播也向东行，到达冲绳。琉球水手可能曾经协助妈祖信仰在南海地区以及日本南部的进一步推广。沿着广东沿海，澳门成为妈祖信仰传播中心之一。这个城市的葡萄牙语名字（Macau）与在澳门半岛南端著名的妈阁庙（葡萄牙语：Templo da Barra）有关。总之，妈祖逐步成为重要的神明，以至于道教和佛教都尽力将她吸纳到自己的万神殿中。甚至于在明朝晚期的小说里妈祖也扮演了重要的角色，如《天妃娘妈传》②。

在这里，我们可以总结一下上文。在所有与海有关联的信仰中，妈祖

---

① 德语版翻译本：Wädow，*T'ien-fei hsien-sheng lu.* 至目前为止，最全的妈祖材料的收集本：《妈祖文献史料汇编》。这套书有三个系列，由不同出版社编辑出版。第一辑 4 卷于 2007 年由北京中国档案出版社出版；第二辑 5 卷于 2009 年由北京中国档案出版社出版；第三辑 3 卷 7 册于 2011 年由福州海风出版社出版。

② 德国慕尼黑大学汉学系博士研究生蔡洁华目前正在研究这本小说。

（天妃）信仰是最重要的。福建的水手和移民沿着西航路将这一信仰传到广东和海南以及浙江的海岸、江苏、山东和渤海等。中国的沿海地带，包括一些内陆河流区，可以看到一些寺庙，庙内展示出这个神被崇拜的各种目的。东南亚大陆和部分马来世界的庙宇和碑文强调了妈祖在海外华人中扮演的角色①。

妈祖信仰并不仅仅沿着西航路和它的许多分支传播，它还逐步代替广东部分地区和海南的其他民间信仰。另外，中国移民也把她带到澎湖、中国台湾和菲律宾。因此，可以说，东航路和西航路沿线都有妈祖信仰的痕迹。这个信仰的传播过程开始于中国早期，而明末清初变得非常明显②。但是，我们可以说，中国移民没有兴趣劝诱别人改变传统和信仰。南海地区的妈祖本质上仍然是中国的神，没有人尝试将这个神从最初的精神“领域”分离出来。对有多种保护能力的妈祖的崇拜从来没有发展成为一个有其自身特点的独立宗教。

妈祖信仰的蔓延是与中国商人网络的扩展紧密联系在一起的。此外，对这个神的信仰成为沿海福建人身份认同的关键因素。朝廷注意到了这些现象，并试图将迅速蔓延的妈祖信仰纳入自己的政府范围，通过官方的祭祀仪式、赠匾额、赐予封号等方式。然而，在某些时期中央政府与妈祖信仰之间没有真正的联系，而很多时候，其他地方信仰也是类似的情况。因着其“海上”功能的重要性，妈祖信仰一直是海洋文化的一个主要组成部分。从广泛意义上说，它是南海海上交换模式不可缺少的元素，但很少超越海岸。总的来说，妈祖信仰的传播不同于佛教、伊斯兰教和其他没有海洋元素特征的“普通”宗教。

---

① 大多数题词来自于晚期。请参阅集 Wolfgang Franke, Claudine Salmon, Anthony K. K. Siu et al.（eds.）, *Chinese Epigraphic Materials in Indonesia*, 3 vols. in 4, Singapore and Paris: South Seas Society, école française d'Extrême-Orient & Association Archipel, 1988 - 1997; Wolfgang Franke and Chen Tieh Fan（eds.）, *Chinese Epigraphic Materials in Malaysia*, Vol. 2, Kuala Lumpur: University of Malaya Press, 1982 - 1987。关于东南亚妈祖信仰的调查研究包括：苏庆华：“The Cult of Mazu in Peninsular Malaysia”, *Contributions to Southeast Asian Ethnography* 9（1990）, pp. 29 - 51；《从妈祖崇祀到妈祖文化研究——以马、新两国为例》，《马新华人研究：苏庆华论文选集》，马来西亚创价学会/Soka Gakkai Malaysia，2004，第81～102页；苏庆华、刘崇汉：《马来西亚天后宫大观》，雪隆海南会馆（天后宫），2007。

② 早期的妈祖信仰传播的研究比比皆是。近期的一篇文章是李金明：《早期福建的海外移民与妈祖信仰》，《中华妈祖》2008年第2期。另请参见前面所引述的资料来源。

六 天主教

在南海地区内，佛教和伊斯兰教大多是从西部和南部向东部和北部迁移，而妈祖信仰却向相反的方向移动。中国的其他民间信仰遵循着同样的方向，但它们相对来说不是很重要。如果测量整个南海地区宗教元素的流动性，可以明确确定，妈祖信仰超越了佛教和伊斯兰教的“数值”。根据采用的标准，“妈祖元素”在南海地区的交流，可以说已经持续了很长一段时间——也许长于其他民间信仰的流通。从明代起（或者更早），福建人便在南海各地扮演着领导的角色。而在一定意义上，妈祖信仰在南海地区起到文化“统一性”的作用。

到目前为止，我们还没有考虑过民间信仰往北移动的可能性。在我们讨论的时段，这方面的流向不是重点。有历史记载提到，从中国台湾和/或者维萨亚斯群岛来的小团体去到福建，但这种接触不常有，而且我们不知道任何与他们的宗教有关的信息①。我们也不能说太多关于早期时候民间信仰沿着沙捞越海岸的传播或者通过西航路从马来世界和暹罗湾的港口出口到现代越南的海岸、海南、广东、福建等地区的信仰（佛教和伊斯兰教曾经作为进口到这些地区的主要宗教）。

在前文展现的范围内现在增加一个元素：基督教信仰。它在远东的传播大致分为四个阶段②。第一批进入中国的团体是聂斯托里教（景教）教徒，他们不是通过海路，而是通过河西走廊来到长安等地方。第二次是在蒙古人统治时期，基督徒出现在首都和不同的商旅之路上。和早期景教的情况一样，现有的证据并没有真正指出基督教的元素通过海路不断涌入，但我们不应该完全排除这种可能性。因为，基督徒商人偶尔通过外国船只到达广州和泉州。

在我们讨论的范围内，基督教仅仅在明朝变得比较重要。这与通过好望角航线抵达的葡萄牙人和通过太平洋路线登录的西班牙人有很大关系。西班

① 文献提到有关袭击中国沿海的海寇和在福建文身的外地男人，但这样的行为是否跟宗教信仰有关系，没有人知道。

② 有关远东地区的基督教活动的作品比比皆是。本文的附注引用得不多。

牙人转移到马尼拉（1567年7月1日），葡萄牙人在澳门落脚（16世纪50年代中期）。两国都曾经派出传教士，其中“耶稣会”成为领导小组。天主教传教士曾经活跃在日本、中国、现代越南地区、几个菲律宾的岛屿、部分马来地区以及中国台湾（非常短暂）。

与南海地区的其他宗教相比，天主教教会可以依赖一个其中心在罗马的全球化组织。这种宗教机构与伊比利亚国家合作。通过欧洲人世俗的和精神的力量的联合行动，南海地区在历史上第一次进入全球化的竞争。不同的记载是：原本类似于地中海、几乎完全被亚洲人使用的南海地区接受了遥远的外源性之影响，从而导致了一连串新的转型。

葡萄牙人和西班牙人世俗的力量仅限于海洋和沿海地区，而与内地的联系不多。与此相反，传教士在中国、印度、日本等国之内地建立了自己的网络。至于中国，传教士在主要城市活动，如南昌、南京和北京，可是物流方面还是依赖于澳门。因为与中国高层人物的密切关系，传教士成功地反对了关闭澳门的建议，从而保护了他们的根据地。从某种意义上说，教会的“统治区”成了葡萄牙殖民系统的“附属品”，至少两者作为“神和钱”是相互依存的。从另一个角度来看，教会作为世俗领域之外的一个独立实体运行着。也可以说：在空间方面，所谓的葡属保教区（葡萄牙语：Padroado）之规则使得教会拥有比葡属印度更大的影响区①。

在西班牙殖民地——马尼拉的情况是不同的。由于本地及其他的情况，世俗和精神的机构更紧密地编织在一起，而且教会不可以“扩展”到澳门后方的内地。通常，地区与地区之间的传教活动的情况差别很大。因此，虽然有可能在日本和菲律宾的部分地区使成千上万人迅速信教，但在中国宣教却需要特殊的长期战略、外交手段和极大的耐心。

正因为如此，“耶稣会”成员使澳门逐渐变为东西方之间的文化桥梁。从这个意义上，澳门与早期广州等城市的蕃（番）坊有一点相似，正如我们提到的，在那里曾经居住过有着不同宗教背景的团体和不同种族群体。与旧蕃（番）坊不同的是，澳门是一个独立的结构，不是大型城市综合体的一个部分，而且它主要由欧洲管理员运作，从而形成广泛编织的小殖民地网

① 相关的结构化方法将刊登在一个集合本，参阅 Roderich Ptak，“Rethinking Exchange and Empires：From the Mediterranean Idea to Seventeenth-Century Macau and Fort Zeelandia”。

络的一部分。其网络的中心在葡属印度的果阿。

通过西航路航行至澳门的传教士会协助当地的葡萄牙人、中国人以及其他信徒。早期时，他们便决定招募年轻的中国人服务教会。这些人承担了邮递、行政、翻译等工作，在汉语基督教网络内发挥了重要的作用①。是否相似的结构归因于南海地区的早期伊斯兰教的结构发展，这个很难说。但是在所有的可能性中，他们也依靠了当地员工的支持，尽管也许使用了不完全相同的方式。

随着荷兰人首先抵达东南亚，然后是在日本和中国台湾的出现，加尔文主义和基督教在南海地区留下了痕迹。但是，这属于 1600 年以后，而且很长一段时间，仍然是一个孤立的现象。只有极少数传教士曾经在中国台湾，而且 1662 年荷兰东印度公司被郑成功打败了，荷兰海寇被迫离开了中国台湾。在这个时候，南海其他各地均未触及基督教的“第四次浪潮”。

从更广泛的角度看南海的“模型”，可以得出以下结论：虽然有些基督徒在唐元时期通过内陆路线到达了中国，但是“耶稣会”成员和其他天主教徒却通过南海西航路来到中国。一小部分西班牙修道士也经东区走廊进入福建，而且在现今越南地区和海南也出现过一些天主教团体。但在西航路上，中国的澳门是天主教唯一重要的地方。这一点和菲律宾的情况不同：教会的中心在马尼拉，但天主教逐步扩大到整个群岛的北部和一部分中部的不同地区。看来，在这些东方国家的基督教活动激励了加里曼丹岛北部沿岸、棉兰老岛和苏禄群岛上的穆斯林巩固自己在苏禄地带的南半部的地位。这种带有不同信仰的地理分布在沿着西轴线的海岸无法观察到。也不可以说，伊斯兰教和天主教在中国、占城和安南境内大面积取代了当地的信仰。

虽然西班牙的、葡萄牙的、意大利的和其他传教士服务于同一个教会，但是菲律宾和中国内地与澳门的天主教机构基本上保持独立。此外，教会内部的竞争导致不必要的事态发展，如“礼仪之争”。类似的发展不能等同于早期迁移到南海地区的穆斯林。

毫无疑问，在我们的南海全景中，天主教形成了一个重要因素。就地理方面而言，相对内地它与西轴线和海洋世界有更紧密的关联。但量上，用来

① 关于这个问题，近期的具有启发性的作品有：Isabel Murta Pina，*Jesuítas chineses e mestiços da missão da China*（*1589 – 1689*），Lisbon：Centro Científico e Cultural de Macau，2011。

衡量宗教信仰的数据，从一个地区到另一个地区的整体影响差别很大。此外，基督教穿越南海面向越南和中国，而且从太平洋抵达菲律宾，在那里流传于岛屿之间。在此之前，妈祖信仰却通过两条航线沿着相反的方向蔓延，沿着中国海岸，并从北到南。

有趣的是，天主教和妈祖信仰之间没有冲突。诚然，一些早期的伊比利亚记载包含了对本地信仰的批评性言论，但没有很大的冲突。我们可以认为这个情况是由于以下几个因素造成的：首先，在中国，天主教徒和中国绅士以及佛教僧侣彼此辩论，对前者来说，真正的挑战是儒家和佛教的哲学概念。其次，澳门和马尼拉作为天主教的物流中心，在欧洲管理员的手中运行，这很少需要妥协的解决方案。再次，妈祖是海上的女神，其主要职责是护航，天主教却提供了一个非常不同的宗教平台。尽管如此，最重要的是，妈祖信仰的成功传播主要依靠的是福建商人和移民，这些移民经营着自己的网络，而这很少与葡萄牙人的利益发生抵触[①]。这跟马尼拉的情况不一样：西班牙殖民者精英和福建移民之间的紧张关系导致了一些暴力冲突，数千名中国人曾经被杀害。但是，这些冲突和宗教异议的关系不大。他们之间是普通的对立和相互的不信任，尤其是西班牙一方，他们担忧中国移民数量的增多导致华人在当地的影响不断变大[②]。

七 结语

本文首先介绍了南海地区佛教的出现，然后是“伊斯兰教章节”，第三部分描述了以妈祖信仰为代表的中国的民间信仰的传播，第四部分的重点是天主教的传入。这样的安排是为了配合时间发展的顺序。其他的宗教组织，

---

① 在福建和葡萄牙群体之间存在一些竞争，特别是在非常早期的中葡接触阶段，但双方彼此协调，从而避免了在以后的岁月里严重的冲突。参阅 Roderich Ptak，“The Fujianese, Ryukyuans and Portuguese （c. 1511 to 1540s）：Allies or Competitors?”，*Anais de História de Além-Mar* 3 （2002），pp. 447 – 467。沿广东海南海岸也有一些福建移民和不同群体之间发生摩擦。这甚至包括澳门半岛北部的部分妈祖的追随者之间的竞争关系。参阅 Gunda Abelshauser，“Mazu-Tempel in Macau”，in Müller and Ptak，*Mazu*：*Chinesische Göttin der Seefahrt*，pp. 37 – 41。

② 关于马尼拉的中国人的最新描写是一本巨著：Juan Gil，*Los Chinos en Manila*（*Siglos* XVI *y* XVII），Lisbon：Centro Científico e Cultural de Macau，2011。

比如：印度教、摩尼教和东航路上以及沙捞越海岸的民间信仰等没有仔细地去考证，主要原因是由于在中世纪和 16 世纪很少或者几乎没有什么相关的文献资料。另外，一些“事件”出现在一个特定的章节，但它们也可能写入了其他一些章节里。郑和就是一个很好的特例，因为我们可以把郑和与几个宗教联系起来，不仅仅是伊斯兰教。

本文挑出四个现象进行单独分析，只有一个是真正的海洋性实体——妈祖信仰。这不是从很远的地方进口而来，而是一个真正基于南海内源性的信仰。而且，它兴盛于中国沿海地区和东南亚海外华人社区。佛教和伊斯兰教通过海路以及河西走廊抵达中国，这使我们很难衡量它们在中国沿海地区的影响力。至于东航路海域，伊斯兰教在那里越来越盛行，因此我们可以把它看成一个简单纯粹的海上现象。在明代，基督徒数量的增长也依赖于海路。这种情况显然也发生在菲律宾。

随着时间的推移，寺庙、清真寺和教堂点缀着越南、中国、菲律宾和北加里曼丹海岸。沿着西航路，我们可以看到绝大多数寺庙供奉着保护神，他们一般都是和道教、佛教有关联的神明。沿着东航路以及它的许多支流，我们还看到不少教堂和清真寺。今天，沙捞越海岸可能是所有这些领域中宗教活动最多元的，但这些属于不同的历史篇章。

在某些早期的港口城市，例如：广州、泉州和澳门，还可以注意到一些宗教和民间信仰的共存性。在海洋的“舞台”上文化交流是比较典型的。因此可以说：像泉州和澳门这样的地区，除了作为以利润为导向的商贸中心（emporia）或者集散地（entrepôt）以外，还在一个复杂的交换矩阵成为文化桥梁（cultural bridgehead）。

宗教和民间信仰在海外的传播通常取决于特定的网络。在某些情况下，商业贸易之间的竞争没有对宗教事件产生重大影响，而在其他情况下并不如此。不同时期或者不同地区的情况是不一样的。

上述列出的四种情况，妈祖的故事是最感人的一章。妈祖信仰不但取代了一些中国沿海早期的信仰，它还沿着两条航路系统传播开来。假设我们在南海地区内寻找一个“长期效应”的元素，那么，妈祖信仰肯定被列为一个重要项目，因为至少它起到一些“宗教一体化”的作用。

当宗教跨越时空的时候，它们经历着某些变化。通过基督教的情况以及礼仪的问题，我们可以清楚地看到这种现象。但是让基督教的原则符合儒家的要求，这一点与沿海普通人们的具体需求无关。类似的情形适用于佛教和伊斯兰教：它们在南海地区的分布并不意味着它们为了适应当地的需求和风俗进行了重大调整，至少这一点不在我们讨论的时间段里。

渔民有时会混淆妈祖和圣母玛利亚——尤其是“海洋之星”（Stella Maris）的角色，而且对于一些人来说，妈祖和南海观音之间没有真正的区别，他们基本上只说观音。然而，无论是在中世纪还是早期现代时期，一个融合不同宗教与信仰“教义”的综合体，在南海地区纯粹的海洋条件下没有出现过①。“小合并”基本上是涉及仪式的尺度和神明的“功效”，一般不会超越这些。道教和佛教声称妈祖信仰应该纳入它们的范围之内，两者的出发点却一直含糊不清，而这些对于人们的信仰和哲学思想并无重大影响。

文章的开头提到了布罗代尔的思想和地中海的概念。整个南海地区的宗教与民间信仰的交流就像该区域中“总循环”的一部分。而“总循环”这个矩阵从一个周期到下一个周期发展得越来越错综复杂。在这样的背景下，传统的介于“中世纪晚期”和“现代早期”的时间分界线没有存在的理由。有一点可以讨论：是否宗教成分促进了南海地区内部的同质性？但是，鉴于这个地区担任的多重角色，也许可以说，同质性在该地区可能根本不存在。

自从南海成为海上丝绸之路的重要部分，它的作用就像一条双车道贯通南北以及东西。通过它，佛教和天主教也传入到另外一个类似于地中海的东海地区，而妈祖信仰到达马六甲海峡和爪哇海，伊斯兰教则进入西里伯斯海和马鲁古群岛（除了通过爪哇海的扩张）。所有的这些方面，加上不可否认南海成为第一个在全球化过程中产生不同政治与经济利益矛盾的国际平台，这一切使得该地区成为一个值得我们研究的非常特殊的空间。

---

① 近期的作品有：释厚重：《观音与妈祖》，稻田出版有限公司，2005；郭万平、张捷：《舟山普陀与东亚海域文化交流》，浙江大学出版社，2009；普塔克：《海神妈祖与圣母玛利亚之比较（约公元1400 - 1700年）》，肖文帅译，《澳门研究》2011年第63期。关于观音的基本信息，请参阅 Yu Junfang, *Guanyin*, New York: Columbia University Press, 2000。有几篇文章是研究在欧洲早期文献中的观音。比如：Lauren Arnold, “Folk Goddess or Madonna? Early Missionary Encounters with the Image of Guanyin”, in Xiaoxin Wu (ed.), *Encounters and Dialogues: Changing Perspectives on Chinese-Western Exchanges from the Sixteenth to the Eighteenth Centuries*, Sankt Augustin: Institut Monumenta Serica and The Ricci Institute of Chinese-Western Cultural History, 2005, pp. 227 - 238。

明清时期中国东南沿海与澳门的“黑人”*

汤开建**

明清时期的澳门，素有“世界型的土地与海洋”之称。在这一块仅2平方公里的微型土地上，不仅居住有华人、葡萄牙人，还曾居住过为数不少的日本人、越南人、亚美尼亚人、英国人、美国人、法国人、意大利人、西班牙人、荷兰人、瑞典人、丹麦人、帕西人及南美各国人①。葡萄牙人东来还带来了许多航线沿岸诸国之人。他们来自不同的国家，属于不同的种族，其中黑人占了很大的比重，后来逐渐成为澳门社会中极为重要的一分子，从而形成了澳门社会一种特殊而有趣的文化景观。关于明清时期来华黑人问题研究，余所见有德国普塔克（Roderick Ptak）教授、澳门文德泉神父及金国平、吴志良先生，还有艾周昌和沐涛两位先生编写的《中非关系史》中也提到澳门黑奴问题②。本文拟就明清时期中国东南沿海及澳门出现的“黑人”现象展开深入研究，这是颇具学术意义的课题。但必须说明的是，本文所探讨的“黑人”这一概念，并非完全人种意义上的黑种人，亦非明清

---

* 此文在笔者与笔者的硕士研究生彭蕙所写的两篇旧文基础上重新修改、撰写而成。

** 汤开建，澳门大学历史系教授。

① 〔葡〕潘日明：《殊途同归——澳门文化的交融》（第14章），苏勤译，澳门文化司署，1992，第137～140页。

② 〔德〕普塔克：《澳门的奴隶买卖和黑人》，关山译，《国外社会科学》1985年第6期；Manuel Teixeira，*O Comércio de Escravos em Macau*，Macau Imprensa Nacional，1976；金国平、吴志良：《郑芝龙与澳门——兼谈郑氏家族的澳门黑人》，《东西望洋》，澳门成人教育学会出版，2003，第189～211页；艾周昌、沐涛：《中非关系史》（第4章），华东师范大学出版社，1996，第128～131页。

文献所言“夷人所役黑鬼奴，即唐时所谓昆仑奴”[①]，其所指实是自葡萄牙、西班牙及荷兰人向海外扩张以来，他们均在各地役使有色人种为奴仆，故将比他们自身肤色深的东方民族仆隶统称为“黑人”（Swart）[②]，在文献中又称“黑奴”“鬼奴”“黑鬼”“乌鬼”“黑番”等[③]。

一 明代文人笔下记录的中国东南海上的“黑人”

中国文人笔下最早对“黑人”的记录来自一位最坚决反对葡萄牙人入华贸易的闽浙大吏——朱纨，在他那部完成于嘉靖二十八年（1549）的《甓余杂集》中，以其亲眼所见，给我们留下了大量随葡萄牙人东来的“黑人”资料：

> 刘隆等兵船并力生擒哈眉须国黑番一名法哩须，满咖喇国黑番一名沙哑马喇，咖呋哩国极黑番一名，嘛哩丁牛，喇哒许六，贼封直库一名陈四，千户一名杨文辉，香公一名李陆，押纲一名苏鹏[④]。
>
> 又据上虞县知县陈大宾申抄黑番鬼三名口词，内开一名沙哩马喇，年三十五岁，地名满咖喇，善能使船观星象，被佛郎机番每年将银八两雇佣驾船；一名法哩须，年二十六岁，地名哈眉须人，十岁时，被佛郎机买来，在海上长大；一名嘛哩丁牛，年三十岁，咖呋哩人，被佛郎机

① （清）傅恒：《皇清职贡图》（卷1），辽沈书社，1991，第93页。

② 曹永和、包乐史：《小琉球原住民的消失——重拾失落台湾历史之一页》，载曹永和《台湾早期历史研究续集》，台湾联经出版社，2000：“按自葡萄牙、西班牙向海外扩展以来，他们都在各地役使有色人种为奴仆。荷兰人也曾役使 Makkassar、Bali、Banda 等诸岛屿或印度的 Coromandel、Malabar 等沿海地区的人，甚至也购自缅甸的 Arakan 等地人。他们的肌肤颜色比一般较深，被称为黑人（swart），却不是非洲黑人。其实明末闽粤海商也时常役使这种有色人奴仆，而文献上称谓黑奴、乌鬼、鬼奴等。”普塔克《澳门的奴隶买卖和黑人》：“葡萄牙人称黑人为‘cafres’（黑种人）、‘negros’（黑色的人）和‘moços’（侍者）。”金国平、吴志良《郑芝龙与澳门——兼谈郑氏家族的澳门黑人》：“葡萄牙人及西班牙人将比他们肤色深的东方民族统称为黑人，尤指马来人、印度人、帝汶人等。”

③ 《明太祖实录》卷139，洪武十四年冬十月条辛巳条：“洪武十四年（1381），爪哇贡方物及黑奴三百人。”印光任、张汝霖：《澳门记略》（卷下）《澳蕃篇》：“其通体黝黑如漆，特唇红齿白，略似人者，是曰鬼奴。”傅恒《皇清职贡图》（卷1），第93页：“荷兰所役名乌鬼，生海外诸岛……通体黝黑如漆。”朱纨《甓余杂集》（卷2）《捷报擒斩之凶荡平巢穴靖海事》：“刘隆等兵船并力生擒哈眉须国黑番一名法哩须。”

④ （明）朱纨：《甓余杂集》（卷2）《捷报擒斩元凶荡平巢穴靖海道事》。

番自幼买来。……该臣（卢镗）看得前后获功数，内生擒日本倭贼二名，哈眉须、满咖喇、咖呋哩各黑番一名，斩获倭贼首级三颗。窃详日本倭夷，一面遣使入贡，一面纵贼入寇宁绍等府，连年苦于杀虏。……至于所获黑番，其面如漆，见者为之惊怖，往往能为中国人语①。

又据判官孙爚等报，（嘉靖二十七年）六月十一日，佛郎机夷人大船八只、哨船一十只径攻七都沙头澳，人身俱黑，各持铅子铳、铁镖、弓弩乱放②。

（嘉靖二十七年）八月初三日，……陈言所统福兵马宗胜、唐弘臣等合势夹攻，贼众伤死、下水不计，冲破沉水哨番船一只，生擒黑番鬼共帅罗放司、佛德全比利司、鼻昔吊、安朵二、不礼舍识、毕哆啰、哆弥、来奴八名，……③

（嘉靖二十七年十二月初八日）海道副使魏一恭手本。……泉徽等处贼人见驾大番船四只遁泊马迹潭，……十月分十二起：一起拿获海洋番货事，……一起敌获海洋贼船器械事。指挥张汉差报信军兵王昔等，于黄大洋遇漳贼三十余人、黑番七八人，对船交战，贼败走。……八月初三日，分督军门调到福建福州左卫指挥使陈言兵船，合势夹攻，贼众伤死下水不计，冲破沉水哨番船一只，生擒黑番鬼共帅罗放司等八名，暹罗夷利引等三名，海贼千种等四名，斩获番贼首级五颗④。

（嘉靖二十七年九月十三日）今佛郎机夷船在大担屿，非回兵与海道夹攻不可。……八月二十八日，……贼船计有贼六十余人，内有黑色及白面大鼻番贼七八人，番婆二口。九月二十三日，……近获铜佛郎机铳并工匠寔光等到杭，委官监督铸造足用，方行福建一体铸造，仍行按察司查取见监黑鬼番驾驭兴工，此番最得妙诀工料议处回缴。七月十一日，浙江都司呈议，工料缘由批仰候原样至日，对同黑鬼番置造，合用料价，先行布政司议支缴⑤。

嘉靖二十七年十月初三日，……吴大器等擒解佛郎机、暹罗诸番夷

① （明）朱纨：《甓余杂集》（卷2）《议处夷贼以明典刑以消祸患事》。
② （明）朱纨：《甓余杂集》（卷3）《亟处失事官员以安地方事》。
③ （明）朱纨：《甓余杂集》（卷4）《三报海洋捷音事》。
④ （明）朱纨：《甓余杂集》（卷4）《三报海洋捷音事》。
⑤ （明）朱纨：《甓余杂集》（卷9）《公移》。

> 贼一十六人……各报称，夷船八只哨船十只于六月十一等日劫掠沙头等澳。……本月初三日晚，探得夷船只在黄崎澳攻劫烧毁房屋，……生擒番贼一十八人，……打破贼船各二只，内反狱贼二名及番贼三名。……审得陈文荣等积年通番，伙合外夷，先由双屿，继来漳泉，后因官兵追逐，遂于福宁地方沿村打劫，杀人如艾，掳掠子女，烧毁房屋。滨海为之绎骚，远近被其荼毒，神人共愤，罪不容诛。及审诸番，各贼俱凹目黑肤，不类华人①。

上引7条《甓余杂集》中的资料均提到了"黑人"，或称"黑番"，或称"黑番鬼"。其中有许多对"黑人"的形象描写，如"其面如漆，见者为之惊怖，往往能为中国人语"；"人身俱黑，各持铅子铳、铁镖、弓弩乱放"；"各贼俱凹目黑肤，不类华人"。从上述引文中还看出，当时随葡人东来的黑人还有"黑番"与"极黑番"之分，"极黑番"大概是指来自非洲的黑人，而"黑番"则有可能是指印度或东南亚的"黑人"。文中提到的"黑人"至少来源于三个国家。咖呋哩系 Kaffir 之译音，是欧洲人对一部分南非班图人的称呼②；哈眉须，音近者有《郑和航海图》中的哈甫泥，即东非之哈丰角（C. Hafun）③，还有马鲁古群岛的主要岛屿哈马黑拉岛（Pulau Halmahera）音亦相近。廖大珂先生则认为应是霍尔木兹（Ormuz）之译音④，此说当是。满咖喇，疑为满喇咖之倒讹，其他中文文献称之为"满剌伽"，当即马六甲⑤。据《续吴先贤赞》一书记载，嘉靖二十九年（1550）

---

① （明）朱纨：《甓余杂集》（卷9）《公移》。

② 艾周昌、沐涛：《中非关系史》，华东师范大学出版社，1996，第129页。"Kaffirs 来自阿拉伯语 *kāfir*，（葡萄牙语是 *cafre*），这个词汇最初是阿拉伯世界的穆斯林用来称呼异教徒的，后来被葡萄牙人用于指称黑人异教徒，再后来被用于指称所有的黑皮肤人"，引自 Clive Willis ed.，*Portuguese Encounters With the World In the Age of the Discoveries - China and Macau*，Ashgate，p. 93。普塔克的《澳门的奴隶买卖与黑人》中也指出："cafres"不仅是指非洲人，而且也包括其他深肤色人种的人在内，如孟加拉人。金国平的《郑芝龙与澳门》释义为："源自阿拉伯语 kāfir，意即'异教徒'，原指东非海岸不信仰伊斯兰教的黑人。在葡萄牙语中，失去了'异教徒'的含义，仅作黑人解。"文中又释咖呋哩国葡语作"Cafraria"。不指具体某国，而是东非黑人地区的泛称。各家解释歧异，余意以为金国平所言较确。

③ 向达整理《郑和航海图》之《哈甫尼》，第27页。

④ 廖大珂：《明代佛郎及"黑番"籍贯考》，《世界民族》2008年第1期。

⑤ （明）王士骐：《皇明驭倭录》卷五多次提到当时同葡萄牙商人一起在闽浙活动者为"满剌伽国番人"；佚名《嘉靖倭乱备抄》（不分卷）嘉靖二十九年七月条亦称："满剌伽国番人。"

走马溪一战，被明军抓捕者就有“黑番四十六，皆狞恶异状可骇”①。从上文看，葡萄牙人在闽浙沿海通商时就已经大量役使“黑人”，这些“黑人”成为葡萄牙人的得力助手，他们不仅能帮助葡萄牙人驾船，还充当对华贸易的翻译，甚至还充当铳手，而且还帮助葡人铸造佛郎机铳等（见图1、图2）。

图1　16世纪南蛮艺术屏风中记录的在日本的黑人形象

图2　16世纪南蛮艺术屏风中记录的在日本的葡人的黑人随从

① （明）王士骐：《皇明驭倭录》（卷五），嘉靖二十九年条引《续吴先贤赞》。

朱纨《甓余杂集》（卷一〇）《海道纪言》中还有一首关于“黑人”的诗：

> 黑青本来魑魅种，皮肤如漆发如卷。蹯跳搏兽生能啖，战斗当熊死亦前。野性感谁恩豢养，贼兵得尔价腰缠[①]。（原注：此类善斗，罗者得之，养驯以货贼船，价百两数十两。）

朱纨记录的是澳门开埠前活跃在闽浙沿海的黑人，对黑人英勇善战的形象描绘得十分生动，且记录了当时买卖黑人得市场价格“百两、数十两”不等。

早期葡人来华的贸易船只上均有黑人，这在葡文文献中亦有记载。《末儿丁·甫思·多·灭儿致函国王汇报中国之行情况》记录，1522 年，葡船离开马六甲前往中国时，“他们流窜、染病、死亡，因此，只得花钱请当地‘黑人’驾船，协助航行”[②]。平托《远游记》记载，1542 年时法里亚率两艘船出发前往卡伦普卢伊岛，船上有 146 人，其中有“42 个奴隶”[③]，这 42 个奴隶应是“黑人”。如果再看看保存于日本的南蛮屏风画（见图 3），更

图 3　16 世纪南蛮艺术屏风中的葡人与黑奴

① （明）朱纨：《甓余杂集》（卷 10）《海道纪言》之《望归九首》。

② 《末儿丁·甫思·多·灭儿致函国王汇报中国之行情况》，转自金国平《西方澳门史料选粹（15～16 世纪）》，广东人民出版社，2006，第 37 页。

③ 〔葡〕费尔南·门德斯·平托：《远游记》（上册），金国平译，澳门基金会，1999，第 205 页。

可看出在16世纪前期从印度到中国到日本航线上活跃着为数不少的“黑人”。从图中可以看出每年从澳门抵达长崎的“黑船”上不仅有白肤色的葡萄牙人，还有深肤色的非洲人。这些“黑人”有驾船司舵探望风泛者，有执枪拿棍护卫者，有牵马御象抱猫随行者，有搬箱提包奔忙者，还有撑伞抬轿伺奉者，“黑人”形象极为丰富[①]。

二 澳门开埠后中国文人记录的澳门黑人

澳门开埠后，进入澳门地区的“黑人”也成为中国人笔下最为引人注目的描写对象。澳门开埠不到10年，1565年，安徽人叶权即游澳门，他在澳门目击了葡萄牙人外出，“随四五黑奴，张朱盖，持大创棒长剑”[②] 的情景。而且观察到：

> （葡萄牙人）役使黑鬼。此国人贫，多为佛郎机奴，貌凶恶，须虬旋类胡羊毛，肌肤如墨，足趾踈洒长大者殊可畏。……亦有妇人携来在岛，色如男子，额上施朱，更丑陋无耻，然颇能与中国交易[③]。

可见，这应是对开埠之初进入澳门的“黑人”第一次记录。据叶权的记录反映，在澳门不仅有男黑奴，也有女黑奴。他们均为葡人之奴隶。叶权特别提到那些相貌丑陋的女黑奴，却“颇能与中国交易”。女黑奴参加对中国的贸易，这一点似乎在其他文献还找不到相同的记载。

第二位是万历年间曾在广东担任布政使的蔡汝贤，万历十四年（1586），他在其著作《东夷图像》（见图4）中有一段黑人的描述：

> 黑鬼即黑番奴，号曰黑奴。言语嗜欲，不通性悫，无他肠，能捍主。绝有力，一人可负数百斤。临敌不畏死，入水可经一二日。尝见将官买以冲锋，其直颇厚，配以华妇，生子亦黑。久蓄能晓人言，而自不

---

① Instituto Português do Oriente, *Namban*, *Memórias de Portugal no Japão*, pp. 64－65, 67, 68－69, 70.

② （明）叶权：《贤博编》附《游岭南记》，第45页。

③ （明）叶权：《贤博编》附《游岭南记》，第46页。

图 4 《东夷图像》中的黑奴

能言，为诸夷所役使，如中国之奴仆也，或曰猛过白番鬼云①。

蔡汝贤笔下的黑奴勇猛善战，被“将官买以冲锋”，他们忠厚老实，为“诸夷所役使”，夷主还会给他们“配以华妇”，以解决他们的婚姻问题。黑奴的勇猛有时连葡萄牙人也比不上，因此便有“猛过白番鬼”的说法。

第三位是万历十九年（1591）到澳门的王临亨，其《粤剑编》（卷三）载：

番人有一种，名曰黑鬼，遍身如墨，或云死而验其骨亦然。能经旬宿水中，取鱼虾，生啖之以为命。番舶渡海，多以一二黑鬼相从，缓急可用也。有一丽汉法者，谳于余，状貌奇丑可骇。侍者为余言：此鬼犴狴有年，多食火食，视番舶中初至者皙白多矣。然余后谳狱香山，复见

① （明）蔡汝贤：《东夷图说》之《黑鬼》，北京图书馆藏明万历刻本，第 29 ~ 30 页。

一黑鬼，禁已数年，其黑光可鉴，似又不系火食云①。

黑奴的水性极好，他们常常被用来充当船上的水手，因此“番舶渡海，多以一二鬼相从，缓急可用也”。这种水性很好的“黑人”，应该是东南亚海岛诸国随葡人入华者，他们长年生长于海浪之中，故水性极好，与中国广东沿海的蛋民、卢亭之类极相似。

第四位对澳门“黑人”进行描述的是明代的王士性，其著作《广志绎》大约完成于万历二十五年（1597），书中提到：

又番舶有一等人名昆仑奴者，俗称黑鬼，满身漆黑，止余两眼白耳，其人止认其所衣食之主人，即主人之亲友皆不认也。其生死惟主人所命，主人或令自刎其首，彼即刎，不思当刎与不当刎也②。

黑人的忠实可靠是各国夷主最为信任的，他们能为主人赴汤蹈火，而且“惟主人所命”，主人对其有生杀予夺的权力，主人令他们“自刎”，他们只有听之任之，别无选择，当然也不可能去思考应不应当去“自刎”。以上四位文人，先后记录了澳门“黑人”，他们对澳门“黑人”的描述虽然不尽相同，但能说明一点，澳门的“黑人”同“诡形异服”的葡萄牙人一样，已经成为开埠之初澳门街头一道引人注目的靓丽风景线。

此后，各类文献关于澳门“黑人”这一特殊的异质文化景观均从各自不同的观察中作了各种方式的表现。明万历末年，庞迪我、熊三拔奏疏：

至于海鬼黑人，其国去中国六万里，向来市买服役，因西土诸国，无本国人为奴婢者，不得不用此辈。然仅堪肩负力使，别无他长，亦无知识，性颇忠实，故可相安。即内地将官，间亦有收买一二，充兵作使者。其人物性格，广人所习也。果系恶夷，在诸商尤为肘腋之患，独不自为计邪③。

① （明）王临亨：《粤剑编》（卷3）《志外夷》，第92页。

② （明）王士性：《广志绎》（卷4）《江南诸省》，第101页。

③ 庞迪我、熊三拔：《奏疏》，载（比）钟鸣旦等编《徐家汇藏书楼明清天主教文献》（第1册），第100～101页。

入清以来，不少文人雅士也来到澳门，亦对澳门的“黑人”进行了描述。清初到澳门的屈大均记载澳门“黑人”：

其侍立者，通体如漆精，须发蓬然，气甚腥，状正如鬼，特红唇白齿略似人耳。所衣皆红所罗绒、辟支缎，是曰鬼奴。语皆侏离不可辨①。

独暹罗、满剌伽诸番，以药淬面为黑。予诗：“南海多玄国，西洋半黑人”谓此。予广盛时，诸巨室多买黑人以守户，号曰鬼奴，一曰黑小厮。其黑如墨，唇红齿白，发卷而黄，生海外诸山中，食生物，捕得时与火食饲之，累日洞泄，谓之换肠。此或病死，或不死即可久畜。能晓人言，绝有力负数百斤。性淳不逃徙，嗜欲不通，亦谓之野人。一种能入水者，其人目睛青碧，入水能伏一二日，即昆仑奴也。有曰奴团者，出暹罗国。暹罗最右僧，谓僧作佛，佛乃作王。其贵僧亦称僧王，国有号令决焉。有罪没为奴团。富家酋奴团数百口，粤商人有买致广州者，皆黧黑深目，日久能粤语②。

这是屈氏对澳门身着红衣的葡萄牙贵族家内黑人仆役及广州之暹罗、满剌伽黑人奴团的描绘。康熙二十二年（1683）工部尚书杜臻巡视澳门记其事云：

予至澳，彼国使臣率其部人奏番乐以迎入，其乐器有觱篥、琵琶，歌声咿嗢不可辨。……侍童有黑白二种，白者曰白鬼，质如凝脂，最雅靓，惟羊目不眴，与中国人异。黑者曰黑鬼，绝丑怪，即所谓昆仑波斯之属也。白者为贵种，大率皆子弟。黑鬼种贱，在仆隶耳③。

雍正七年焦祁年《巡视澳门记》也载：

（澳门）彝有黑白鬼二种，白贵而黑贱，猬须魋结发，各种种帽

① （清）屈大均：《广东新语》（卷2）《地语》，第37页。
② （清）屈大均：《广东新语》（卷7）《黑人》，第234页。
③ （清）杜臻：《粤闽巡视纪略》（卷2），康熙二十三年二月乙未条，孔氏岳雪楼影抄本。

三角，短衣五色不等，扣累累如贯珠。咸佩刃，鞾拖后齿，绷胫上[①]。

杜臻和焦祁年先后来到澳门巡视，杜臻记录的澳门奴仆分黑白两种，而焦祁年的记载则侧重黑奴衣着方面的描述，对“黑人”的外貌则着墨不多，只一句“猬须魋结发”而已。乾隆时，印光汝和张汝霖两位官员在澳门任职期间撰写了中国第一部系统介绍澳门的著作——《澳门记略》。其中有很大篇幅写到了澳门的“黑人”：

其通体黝黑如漆，特唇红齿白，略似人者，是曰鬼奴。明洪武十四年，爪哇国贡黑奴三百人。明年，又贡黑奴男女百人。唐时谓之昆仑奴，入水不眯目，贵家大族多畜之。《明史》亦载和兰所役使名乌鬼，入水不沉，走海面若平地。粤中富人亦间有畜者。绝有力，可负数百斤。生海外诸岛，初至时与之火食，累日洞泄，谓之换肠，或病死；若不死即可久畜，渐为华语。须发皆卷而黄。其在澳者，则不畜须发。女子亦具白黑二种，别主奴。凡为户四百三十有奇，丁口十倍之。……男女杂坐，以黑奴行食品进。……食余，倾之一器，如马槽，黑奴男女以手抟食。……黑奴男女皆为衣布。……屋多楼居……己居其上，而居黑奴其下。……凡庙所奉天主，有诞生图、被难图、飞升图。……出游率先夕诣龙松庙，迎像至本寺，燃灯达旦，澳众毕集，黑奴舁被难像前行，蕃童诵咒随之[②]。

《澳门记略》中对“黑人”的描绘非常之生动，从他们的外貌、衣着、服饰以及他们的饮食习惯都有所涉及。而且在一些节日出游时，黑奴没有因为身份低下而被排斥在外，相反他们还承担了一项神圣的任务，在出游时“舁被难像前行”。清代关于“黑人”的记载很多，尤其是乾、嘉、道三朝，人们的目光始终没有离开黑人这样一种别样的文化景观。《皇清职贡图》（见图5）（卷一）载：

① （清）郝玉麟：（雍正）《广东通志》（卷62）《艺文志》（4焦祁年）《巡视澳门记》。

② （清）印光汝、张汝霖：《澳门记略》（卷下）《澳蕃篇》，第143～151页。

图 5 《皇清职贡图》中的葡萄牙男女黑奴形象

> 夷人所役黑鬼奴，即唐时所谓昆仑奴。明史亦载，荷兰所役名乌鬼，生海外诸岛，初至与之火食，累日洞泄，谓之换肠；或病死，若不死，即可久畜。通体黝黑如漆，惟唇红齿白，戴红绒帽，衣杂色粗绒，短衫，常握木棒。妇项系彩色布，袒胸露背，短裙无袴，手足带钏，男女俱结黑革条为履，以便奔走。夷人杂坐，以黑奴进食，食余，倾之一器，如马槽。黑奴男女以手抟食。夷屋多层楼，处黑奴于下。若主人恶之，锢其终身，不使匹配，示不蕃其类也①。

赵翼《檐曝杂记》（卷四）《诸番》中则载：

> 广东为海外诸番所聚。有白番、黑番，粤人呼为“白鬼子”“黑鬼子”。白者面微红而眉发皆白，虽少年亦皓如霜雪。黑者眉发既黑，面亦黔，但比眉发稍浅，如淡墨色耳。白为主，黑为奴，生而贵贱自判。黑奴性最憨，且有力，能入水取物，其主使之下海，虽蛟蛇弗避也。古所谓“摩诃”及“黑昆仑”，盖即此种。某家买一黑奴，配以粤婢，生子矣，或戏之曰：“尔黑鬼，生儿当黑。今儿白，非尔生也。”黑奴果疑，以

① （清）傅恒：《皇清职贡图》（卷一），第93页。

刀斫儿胫死，而胫骨乃纯黑，于是大恸。始知骨属父，而肌肉则母体也①。

汤彝《盾墨》（卷四）《澳门西番》则云：

> 澳门……迄今二百年，孳育蕃息，其户口三千有奇，白主黑奴。……夷人所役之黑鬼奴，即唐时所谓昆仑奴，明时名乌鬼，生海外诸岛，通体如漆。夷人杂坐，以黑奴进食。食余倾之一器，如马槽，黑奴男女以手抟食。夷屋多层楼，处黑鬼于下②。

葡人东来，“黑人”随之而来，形成了“白为主，黑为奴”的局面，他们“生而贵贱自判”，过着非人的待遇，吃主人的残羹剩饭，白人“食余，倾之一器，如马槽，黑奴男女以手抟食”。而且“夷屋多层楼，处黑鬼于下”，黑奴只能住在白人的下面，如果主人对黑奴表示厌恶，则“锢其终身不使匹配，示不蕃其类也”③。可见，从明至清的大批中国士大夫对澳门的关注中其焦点始终没有离开“黑人”。

在清人的诗歌中也有大量涉及澳门“黑人”的题材。清初屈大均《广州竹枝词》即云：

> 十字钱多是大官，官兵枉向澳门盘。东西洋货先呈样，白黑番奴捧白丹④。

尤侗《荷兰竹枝词》亦说：

> 和兰一望红如火，互市香山乌鬼群。十尺铜盘照海镜，新封炮号大将军⑤。

两首竹枝词都描写了“黑人”参加澳门葡人对外贸易的活动。康熙十九年

① （清）赵翼：《檐曝杂记》（卷4）《诸番》，中华书局标点本，1982。
② （清）汤彝：《盾墨》（卷4）《澳门西番》，续修四库全书本。
③ （清）傅恒：《皇清职贡图》（卷一），第93页。
④ （清）屈大均：《屈大均全集》（第2册）《翁山诗外》（卷16）《广州竹枝词》，第1306页。
⑤ （清）尤侗：《西堂全集》（第11册）《荷兰竹枝词》，文渊阁四库全书本。

(1680) 来澳门圣保禄学院修道的吴历在澳门生活了近3年时间，在他的《澳中杂咏》则记录了“澳门”黑人较多信息：

黄沙白屋黑人居，杨柳当门秋不疏。夜半蕃船来泊此，斋厨午饭有鲜鱼（黑人俗尚淡黑为美。鱼有鲥鳓两种，用大西阿里袜油炙之，供四旬斋素）[①]。

腊候山花烂熳开，网罗兜子一肩来。卧看欲问名谁识，开落春风总不催（花卉四时俱盛，游舆如放长扛箱。两傍窗入，偃卧。尊富者雕漆巧花，居常者网罗一兜，以油布覆之，两黑人肩走）[②]。

百千灯耀小林崖，锦作云辔蜡作花。妆点冬山齐庆赏，黑人舞足应琵琶（冬山以木为石骨，以锦作为山峦；染蜡红蓝为花树状，似鳌山，黑人歌唱舞足与琵琶声相应。在耶稣圣诞前后）[③]。

“黄沙白屋黑人居”从这句诗中可以看出“黑人”在澳门社会中已经形成了一个群体，他们聚居在一起，有时会一起娱乐。他们的乐感很强，会应着琵琶声而手舞足蹈，因此吴历描述到“黑人舞足应琵琶”。张汝霖《澳门寓楼即事》中也写到黑人：

居岂仙人好，家徒乌鬼多。移风伤佩犊，授业喜书蝌。富已输真腊，恩还戴不波。须知天泽渥，榷算止空舸[④]。

夏之蓉《半舫斋诗钞》（卷九）亦载：

野屋袅孤烟，岛屿相掩映。鬼奴形模奇，跂踵而交胫。借此法王寺，阴森设椎柄[⑤]。

---

① （清）吴历著、章文钦笺注《吴渔山集笺注》（卷2）《三巴集》（前帙）《澳中杂咏》（3），第161页。

② （清）吴历著、章文钦笺注《吴渔山集笺注》（卷2）《三巴集》前帙《澳中杂咏》（11），第169页。

③ （清）吴历著、章文钦笺注《吴渔山集笺注》（卷2）《三巴集》前帙《澳中杂咏》（27），第180页。

④ （清）印光任、张汝霖：《澳门记略》（卷下）《澳蕃篇》，第146页。

⑤ （清）夏之蓉：《半舫斋诗钞》（卷9）《澳门》，乾隆三十六年刻本。

“黑人”的形状总体来说是很奇怪的，“形模奇，跂踵而交胫”，难以想象出他们怪异的样子。杭世骏《岭南集》(卷五)《黄孝廉冏遣僮阿宝送鬼子羔》：

鬼奴乌帽羊毛，尺八腿缚行縢牢。左牵四尺帖尾獒，画幡招摇卷秀毦[①]。

嘉庆时期李遐龄《澳门杂咏》：

黑种红衣薙发，鬖鸡毛插帽状堪哈。激筒药水湔肠罢，旋点玻璃打勺来[②]。

道光时潘有度《西洋杂咏》：

头缠白布是摩卢（摩卢，国名。人皆用白布缠头），黑肉文身唤鬼奴。供役驶船无别事，倾囊都为买三苏（夷呼中国之酒为三苏。鬼奴岁中所获，倾囊买酒）[③]。

不同时代均有文人对澳门“黑人”的诗歌描述，澳门“黑人”亦成为中国文人文学作品的关注对象。

三　明清东南海上及澳门黑人的来源

（一）来源于东南部非洲的“黑人”

普塔克教授认为：“葡萄牙人的奴隶大多数来自非洲。”他还说：

在澳门的所有人种中，黑人的社会地位是最低下的。他们大都是来自非洲，几乎没有受过教育，只从事简单的体力劳动，如作水手、手工

---

① （清）杭世骏：《岭南集》（卷5）《黄孝廉冏遣僮阿宝送鬼子羔》，光绪七年刻本。
② （清）李遐龄：《勺园诗钞》（卷一）《澳门杂咏》，嘉庆十九年单刊本。
③ （清）潘义增、潘飞声：《番禺潘氏诗略》（第2册）《义松堂遗稿》之潘有度《西洋杂咏》，光绪二十年刻本。

业者的帮徒，或者充当 moços[①]。

普塔克教授的结论是有根据的。文德泉神父称，澳门自开埠之初即有非洲“黑人”，据 1584 年的记载，澳门耶稣会院就有 19～29 名非洲奴仆[②]。万历年间，西洋传教士庞迪我、熊三拔向神宗帝上书解释澳门养奴之事称：

至于海国黑人，其国去中国六万里，向来市买服役[③]。

这“去国六万里”之国当指东部非洲国。1635 年，澳门“有 850 个有家室的葡萄牙人，……他们平均有 6 个武装奴隶。其中数量最大、最优秀的是咖呋哩（cafre）人，还有其他族人”[④]。1637 年，《彼得·芒迪游记》记录：“澳门男奴隶大多数是鬈头发的卡菲尔人。”[⑤] 1640 年澳门出使日本的人员中有 3 名随行的卡菲尔奴隶[⑥]。1771 年，一位在澳门的匈牙利人看到了一些来自加纳利群岛的卡菲尔人[⑦]。根据一份 1773 年的葡文资料，澳门居民由四部分组成：出生在葡萄牙的葡萄牙人、出生在印度的葡萄牙混血儿、华人基督徒、非洲和帝汶的奴隶[⑧]。从中可以看出，非洲黑人奴隶已成为澳门社会主要组成部分之一。就是到澳门黑人衰减的清中期，天主教徒和印度商人还是积极参加奴隶贸易，1780～1830 年，每年约有 200～250 个非洲人被运往葡属印度和澳门[⑨]。

① （德）普塔克：《澳门的奴隶买卖和黑人》，关山译，《国外社会科学》1985 年第 6 期。

② Manuel Teixeira, *O Comércio de Escravos em Macau*, Macau Imprensa Nacional, 1976, p. 6.

③ 庞迪我、熊三拔：《奏疏》，载（比）钟鸣旦等编《徐家汇藏书楼明清天主教文献》（第 1 册），第 100～101 页。

④ 〔英〕博克塞：《光复时期的澳门》，东方基金会，1993，第 28 页。转引自金国平、吴志良《郑芝龙与澳门——兼谈郑氏家族的澳门黑人》，《东西望洋》，第 189～211 页。

⑤ Peter Mundy, *The travels of Peter Mundy, in Europe and Asia, 1608 - 1667.* Ⅷ Part I. pp. 264 - 268, Nenclelm; Rraus Reprit Ltd, 1967.

⑥ Manuel Teixeira, *O Comércio de Escravos em Macau*, Macau Imprensa Nacional, 1976, p. 10.

⑦ Manuel Teixeira, *O Comércio de Escravos em Macau*, Macau Imprensa Nacional, 1976, p. 10.

⑧ 参见 A. M. Martins do Vale, *Os Portugueses em Macau (1750 - 1800)*, Instituto Português do Oriente, 1997, p. 130.

⑨ Rudy Bauss, "A demographic study of Portuguese India and Macau as well as comments on Mozambique and Timor, 1750 - 1850", in *The India Economic and Social History Review*, 34, 2, 1997, p. 212.

以两地平分，则澳门在1780～1830年，每年均可增加100～125个非洲黑奴。1840年，澳门土生葡人多明戈斯·皮奥·马贵斯（Domingos Pio Marques）遗产清单罗列的7名奴隶中就有2名卡菲尔人，一个是40岁的费列斯（Félix），另一个是50岁的丽塔（Rita）。他们的籍贯明确标明他们是卡菲尔人（cafre）[①]。据鲁迪·包斯（Rudy Bauss）公布的18世纪的资料称，澳门的非洲人占了白人和黑人总人口数的33%[②]。可以证明，非洲黑奴在澳门总人口中占有相当重要的比例。

非洲的莫桑比克因长期作为葡萄牙的东方属地和居留地，也成为澳门“黑人”奴隶的重要来源地。法国学者贡斯当的著述中提到：

> 澳门租用和修缮非常豪华的住宅，他们都择地区优美、漂亮、美观又带有很大的美丽花园。自16世纪以来，葡萄牙便习惯于将莫桑比克的黑人运到澳门，以给到那里住冬的驻穗欧洲人充当仆人[③]。

到18世纪后，欧洲各国东印度公司均在澳门设立商馆或办事处，其所役使之黑奴来自非洲东南部的莫桑比克。《瀛环志略》云：

> 澳门各夷馆所用黑奴，皆从此土（指莫三鼻给）贩[④]。

“莫三鼻给”即今之莫桑比克（Mozambique）。鲁迪·包斯的一份调查中也写道：（澳门）黑人一部分来自莫桑比克。18世纪中期成书的《中国和日本》一书中记载，当时澳门尚有许多“黑人”，其中不少是莫桑比克人[⑤]。

---

① Jorge Forjaz, *Familias Macaenses*, Macau: Fundacao Oriente, 1996, Vol. 2, p. 561.

② Rudy Bauss, A demographic study of Portuguese India and Macau as well as comments on Mozambique and Timor, 1750－1850, in *The India Economic and Social History Review*, 34, 2, 1997, p. 213。《澳门人口调查》，《澳门书信集》HAG 1314，1818年，5043人，第75页；《澳门书信》HAG 1334，1831年，4419人，第106页；《澳门书信集》HAG 1341，1835年，4804人。普塔克的《澳门的奴隶买卖和黑人》也指出：“非洲黑人占了大多数。”

③ 〔法〕贡斯当：《中国18世纪广州对外贸易回忆录》，耿昇译（此书大概成书于19世纪末），《暨南史学》2003年12月第2期。

④ （清）徐继畬：《瀛环志略》（卷8），台湾华文书局影印道光三十年刊本，1968，第256页。

⑤ Manuel Teixeira, *Macau através dos séculos*, Macau, 1977, p. 24.

可见，18 世纪后澳门黑奴来自莫桑比克数量在澳门总人口中占有不小的比例。

普塔克甚至还认为，在来自非洲的“黑人”中，有许多人是来自非洲西北部的佛得角群岛，他说，按照一些语言学家的看法，澳门葡人所讲的那种“澳门语”是受佛得角群岛语言的影响[①]。以此为依据，可以旁证澳门有不少从佛得角群岛来的黑人。

（二）来自霍尔木兹的“黑人”

早期来华的黑奴有来自霍尔木兹者。《甓余杂集》（卷二）：

> 刘隆等兵船并力生擒哈眉须国黑番一名法哩须[②]。
>
> 又据上虞县知县陈大宾申抄黑番鬼三名口词，（其中）一名法哩须，年二十六岁，地名哈眉须人，十岁时，被佛郎机买来，在海上长大[③]。

该书卷五提到的“四十六名黑番鬼”中也有一名来自哈眉须[④]。又哈眉须，据考证为霍尔木兹。据葡文资料，1550 年前后，霍尔木兹曾居住着大约 150 名葡萄牙人和“黑人居民”[⑤]。据博卡罗的解释，这里的“黑人”指“黑种已婚居民”即“当地的土著人”。上面这些来自于哈眉须（Hormus）的黑奴当亦是当地土著人。

（三）来自印度的“黑人”

17 世纪时，葡萄牙人将印度人分为两种，一种称为“伊斯兰教摩尔人”，一种称为“非犹太教的黑人”。这种“黑人肤色浅黑，具有其他人所没有的智慧，他们有一个恶习，他们是优秀的窃贼。非犹太教黑色人毫不吝惜自己的体力，可以成为一个很好的仆人”[⑥]。澳门的印度“黑人”当即是

---

① 〔德〕普塔克：《澳门的奴隶买卖和黑人》，关山译，《国外社会科学》1985 年第 6 期。

② （明）朱纨：《甓余杂集》（卷 2）《捷报擒斩元凶荡平巢穴靖海道事》。

③ （明）朱纨：《甓余杂集》（卷 2）《议处夷贼以明典刑以消祸患事》。

④ （明）朱纨：《甓余杂集》（卷 5）《六报闽海捷音事》。

⑤ 〔印度〕桑贾伊·苏拉马尼亚姆（Sanjay Subrahmanyam）：《葡萄牙帝国在亚洲 1500～1700：政治和经济史》，何吉贤译，纪念葡萄牙发现事业澳门地区委员会出版，1997，第 83 页。

⑥ 〔印度〕桑贾伊·苏拉马尼亚姆（Sanjay Subrahmanyam）：《葡萄牙帝国在亚洲 1500～1700：政治和经济史》，何吉贤译，纪念葡萄牙发现事业澳门地区委员会出版，1997，第 238 页。

这种“非犹太教的黑人”。不仅葡萄牙人将印度人视为“黑人”，美国人也将印度人称为“黑人”。据哈丽特·洛日记：

> 在澳门，葡萄牙人常常与来自印度的混血女子结婚，……马尔顿太太及两位威廉斯家小姐从加尔各答来，他们具有一半种姓血统，肤色相当深……我们应该叫他们为黑人[①]。

《历史上的澳门》中载：

> 到1563年，已有900葡萄牙人（儿童不计在内），此外还有几千名满剌加人、印度人和非洲人，他们主要充当从事家务的奴隶[②]。

徐萨斯的记载中谈到16世纪澳门就有印度人充当奴隶。1564年到澳门的叶权看到葡萄牙人役使黑鬼，其中也有女黑奴，她们“色如男子，额上施朱，更丑陋无耻”[③]，从其“额上施朱”来判断，应是印度女人。可见，澳门开埠之初即有来自印度的黑奴。利玛窦在肇庆时，曾在澳门调来一个印度黑人钟表匠，为肇庆知府王泮造钟：

> 这个人来自印度果阿省，是所谓加那利人（Canarii），肤色深褐，是中国人称赞为不常见的[④]。

康熙六年（1667）随葡使玛讷·撒尔达聂（Manuel de Saldanha）入京进贡的仆人也有印度黑人。据葡文档案记录：

> 在我们的寓所，他们为巴塞因（Baçaim）一苦力仆人治好了病。

---

① 〔葡〕普噶：《从哈丽特·洛（希拉里）的日记看19世纪澳门性别的社会生活》，《澳门公共行政杂志》2002年第2期。

② 〔葡〕徐萨斯：《历史上的澳门》，黄鸿钊等译，澳门基金会，2000，第32页。

③ （明）叶权：《贤博编》附《游岭南记》，第46页。

④ 〔意〕利玛窦、〔比〕金尼阁：《利玛窦中国札记》，何高济译，中华书局，1983，第174页。

这个仆人病了一大场，虽说没变白，却不那么黑了，皮肤变得光滑些了。原因是印度人并不像莫桑比克人那样黝黑黝黑的[①]。

来自印度的“黑人”主要为马拉巴尔人、卡那林人及其他种族。入清后，来澳门的印度“黑人”多称“摩卢”或“摩啰”。道光时潘有度《西洋杂咏》中曾提到：

头缠白布是摩卢，（摩卢，国名。人皆用白布缠头。）黑肉文身唤鬼奴[②]。

《林则徐日记》则云：

更有一种鬼奴，谓之黑鬼，乃谟鲁国人，皆供夷人使用者，其黑有过于漆，天生便然也[③]。

摩卢当即谟鲁。摩卢人葡文为 Mouro，英文作 Moor，今译摩尔人。其词源是拉丁语 maurrus。原始语义是异教徒。在葡语中有两个基本的意思，一是不信基督教的土著，二是伊斯兰教徒，尤其是指北非和统治伊比利亚的穆斯林。在葡属印度，用于不信基督教的土著或穆斯林。上引被称之“黑鬼”的摩卢（谟鲁）人应指不信基督教的土著，也就是前言之“非犹太教的黑人”。澳门的印度“黑人”除为奴仆者外，还有一部分是服役当兵，崇祯三年（1630）组建支援明朝的100名黑人部队中有一部分是印度人[④]。1784年，在澳门组建一个连队，其中主体就是100名印度叙跛兵（Sepoys）[⑤]。在

① 〔葡〕弗朗西斯科·皮门特尔：《葡萄牙国王遣中华及鞑靼皇帝特使玛讷·撒尔达聂使京廷简记》，载金国平《中葡关系史地考证》，澳门基金会，2000，第176页。

② （清）潘义增、潘飞声：《番禺潘氏诗略》（第2册）《义松堂遗稿》之潘有度《西洋杂咏》，光绪二十年刻本。

③ （清）陈胜粦编《林则徐日记》，道光十九年七月二十六日，辑自陈树荣《林则徐与澳门》，“纪念林则徐巡阅澳门一百五十周年学术研讨会”筹备会，1990，第241页。

④ Michael Cooper, *Rodrigue*: *O Interprete*: *Um Jesuita no Japão e na China do Seculo XⅥ*, Lisboa: Quetzal, 2003, p383.

⑤ 〔瑞典〕龙思泰：《早期澳门史》，吴义雄等译，东方出版社，1997，第65页。

澳门有个摩罗园（Mouros），原来是从葡属印度招雇来的土著兵的军营，印度收回葡属印度后，改从非洲招兵。摩卢人，具体就是指葡萄牙人从葡属印度如果阿、柯钦等地带来的当地土著黑人。嘉庆十七年八月二十八日禀文也曾提到澳门一名嚒嚧鬼酒醉后到街上店铺闹事，后被其主人带回去处置[①]。此嚒嚧鬼就是摩卢人。18 世纪后期来广州、澳门的 Mouro 或 Moor，却是葡属或英属印度殖民地的土著民，其人以白布缠头，如《西洋杂咏》中提到的“头缠白布是摩卢”。但须注意的是，还有一部分称之为“白头摩啰”或“港脚白头夷”者却不是在澳门为奴者，他们是居住在印度的巴斯人，他们大都是从事海上贸易的商人，其所奉者为袄教。故《瀛环志略》云：

> 粤东呼（波斯）为大白头，呼印度为小白头。两地皆有白布缠头之俗，因以为名者也[②]。

大白头为巴斯人，袄教徒；小白头为印度非基督教土著及穆斯林。

（四）来自孟加拉国和马六甲的“黑人”

据载，16 世纪进口到果阿的奴隶大部分来自孟加拉国、中国和日本。17 世纪初果阿的奴隶大部分来自远东、孟加拉国及东非三个地区[③]，可见孟加拉国奴隶在果阿数量很大，而在澳门数量相应要少得多。目前为止仅发现两例：一是据巴范济 1583 年的信称，当时他身边有一名孟加拉国人，名字叫“阿隆索”，此人能说一口流利的官话[④]。二是在何大化《1643 年华南耶稣会年札》中记录澳门城的黑人有孟加拉国人[⑤]。

在葡萄牙人控制的东方殖民据点中，马六甲是离澳门最近的基地，故与

① 刘芳辑《葡萄牙东波塔档案馆藏葡萄牙东波塔档案馆藏清代澳门中文档案汇编》（上），第 599 号文件，章文钦校，澳门基金会，1999，第 328 页。

② （清）徐继畬：《瀛环志略》（卷 3），第 250 页。

③ 〔印度〕桑贾伊·苏拉马尼亚姆（Sanjay Subrahmanyam）：《葡萄牙帝国在亚洲 1500 ~ 1700：政治和经济史》，何吉贤译，纪念葡萄牙发现事业澳门地区委员会出版，1997，第 237 页。

④ 巴范济致戈麦兹的信，1583 年 2 月 18 日，转自夏伯嘉《利玛窦：紫禁城里的耶稣会士》（第 3 章《澳门》），向艳红、李春园译，上海古籍出版社，2012，第 82 页。

⑤ 〔葡〕何大化：《中国年札》，东方葡萄牙学会、葡萄牙国立图书馆，1998，第 167 页。转引自金国平、吴志良《郑芝龙与澳门——兼谈郑氏家族的澳门黑人》，《东西望洋》，第 189 ~ 211 页。

澳门的关系亦表现最为密切。葡萄牙人将马六甲土著人称“黑人”，《明史·满剌加传》载：“（其地）男女椎髻，身体黝黑。”[①] 平托《远游记》记载满剌加时，多次提到马六甲的“黑人”[②]，从第一节引朱纨《甓余杂集》中记录了不少满喇加黑人。徐萨斯《历史上的澳门》称，1563 年时澳门就有 900 名葡萄牙人和数千名奴隶，其中一部分是来自满剌加的人。他还指出：“早期澳门的葡萄牙殖民者与日本或满剌加女人结婚，尤以后者为多。”[③] 裴化行又指出：“住澳门的外商，因为葡国妇女的缺乏，又不满于马六甲或印度而来的妇女，于是便与日本的特别是与中国的妇女结婚。”[④] 可见，早期进入澳门的马六甲女奴很多，葡人多娶女奴为妾。17 世纪中期的葡文资料记载，有人建议葡王从澳门进攻广州称：“留下 300 葡萄牙人及 100 名满剌加混血基督徒留守广州。”[⑤] 均可证明 17 世纪时澳门马六甲“黑人”尚有不少。

（五）来自帝汶的“黑人”

帝汶，清人称为地满。《澳门记略》载：“有地满在南海中，水土恶毒，人黝黑，无所主。”[⑥]《澳门图说》：

> （澳内）夷有黑白二种：白曰白鬼，西洋人，其性黠而傲；黑曰黑鬼，西洋之属地满人，其性愚而贪，受役于白鬼[⑦]。

可见，中文文献中也明确称有澳门黑奴来自“地满”。但帝汶“黑人”

---

① （清）张廷玉：《明史》（卷 325）《满剌加》。

② 〔葡〕费尔南·门德斯·平托：《远游记》（上册），金国平译，澳门基金会，1999，第42～43 页。

③ 〔葡〕徐萨斯：《历史上的澳门》，黄鸿钊等译，澳门基金会，2000，第 32 页。

④ 〔法〕裴化行：《天主教十六世纪在华传教志》（上编），萧濬华译，商务印书馆，1936，第 110 页。

⑤ 澳门中国居民若尔热·平托·德·阿泽维多于 1646 年 3 月亲手给唐·菲利佩·马斯卡雷尼亚斯总督先生转呈议事会《呈吾主吾王唐·若昂四世陛下进言书》，转引金国平《耶稣会对华传教政策演变基因初探——兼论葡、西征服中国计划》，载该氏《西力东渐——中葡早期接触追昔》，澳门基金会，2000，第 148 页。

⑥ （清）印光任、张汝霖：《澳门记略》（卷下）《澳蕃篇》，第 142 页。

⑦ （清）王锡祺：《小方壶斋舆地丛钞》（第 9 帙），张甄陶《澳门图说》，第 315 页。

进入澳门都是比较后期的事情。西文资料多有记录，前引1773年葡文资料称帝汶的奴隶是澳门居民的组成部分；鲁迪·包斯18世纪资料也称，澳门的“黑人”一部分来自帝汶[①]。施白蒂亦称：

> 唐·伊拉里奥修士在1747年致国王的呈文中指责澳门人把抢来、骗来、买来和用布匹换来的帝汶人带到澳门做奴隶[②]。

澳门土生葡人多明戈斯·皮奥·马贵斯财产清单中的7个奴隶，除了2个是卡菲尔人，另外5个都是亚洲的帝汶人，Tomás（托马斯），José（若泽），Luisa（路易莎），Lourenço（洛伦索）和Ana（安娜）[③]。

综上所述，可以看出，明清时期澳门“黑人”的来源是多方面的，根据各种文献记录来看，主要来自东南部非洲（包括西北非之佛得角群岛）、伊朗（主要指霍尔木兹）、印度（主要指科罗曼德尔 Coromandel）及马拉巴尔（Malabar）、孟加拉国（Bengal）、马六甲（Malakar）及帝汶（Dimor）。其中来自东南非洲是16～19世纪澳门“黑人”中最主体的部分，且从16世纪直到19世纪中叶，非洲黑人一直是澳门“黑人”的主体，其次是印度“黑人”，再次是帝汶“黑人”。马六甲“黑人”主要是在澳门开埠初期的一段时间，而帝汶“黑人”主要在18世纪中后期才进入澳门。至于孟加拉国“黑人”进入澳门者人数不多，在文献中仅见一次记录。

四　明清时期澳门“黑人”的数量及其在澳门社会中的地位和作用

随着葡人的不断东来，澳门的“黑人”也越来越多。他们主要来自非洲、印度和东南亚各国。那么“黑人”在澳门社会中到底有多少？澳门开

① Rudy Bauss, “A demographic study of Portuguese India and Macau as well as comments on Mozambique and Timor, 1750－1850”, in *The India Economic and Social History Review*, 34, 2, 1997, p. 213.

② 〔葡〕施白蒂：《澳门编年史》，小雨译，澳门基金会，1995，第136页。

③ Jorge Forjaz, *Familias Macaenses*, Macau: Fundacao Oriente, 1996, Vol. 2, p. 561.

埠初10年间，葡萄牙来澳人数最高达900名已婚者[①]，而当时澳门的外国人总人数为5000~6000基督教徒[②]。当时进入澳门华人入教者不多，故这一时期来澳的黑人至少应在4000人左右，其数量远远高于葡萄牙人。博卡罗曾经参照果阿的统计数据写道：葡萄牙人家庭至少平均有6名以上的奴隶，他们“是具有服役能力的，其中绝大多数是黑奴及同类”[③]。在对日贸易的鼎盛时期，已婚的葡萄牙男户主的人数1601年达400人，1635年达850人，1640年减为600人。按1:6推算，黑人应为2400人、5100人和3600人[④]。17世纪40年代初，澳门总人口估计约为40000人，其中约有2000人是葡萄牙人或具有葡萄牙血统的[⑤]。如果以博卡罗所说的比例来计算，当时的黑人也为数不少。

乾隆八年（1743）广东按察史潘思榘上奏：“我朝怀柔远人，仍准依栖澳他。现在澳夷计男妇三千五百有奇。”[⑥] 19世纪初，澳门人口又有所增加。《粤海关志》记澳门人口云：“今生齿日繁，男女计至五千众。”[⑦] “今”指嘉庆十五年（1810）。可见此时入华葡人及土生葡人数量已大不如前，一是由于澳门经济逐渐衰落，二是清政府的禁海政策，导致澳门葡人逐渐减少，因此随之而来的黑人数量也相应减少。到了嘉庆十四年（1809）总督百龄临澳点阅时，夷人1715，夷妇1618，夷兵265，黑奴365[⑧]。这里的“黑人”数量明显比澳门对外贸易黄金时代统计的资料少得多。

从上述澳门葡人人口与“黑人”人口变化可以看出，明代澳门社会“黑人”人口比例远远高于葡人，成为澳门社会除华人以外第二主体人口。但入清后“黑人”人口比例逐渐下降，到嘉庆竟降到365人，道光时又下

---

① 〔葡〕施白蒂：《澳门编年史》，小雨译，澳门基金会，1995，第16页。

② 〔葡〕施白蒂：《澳门编年史》，小雨译，澳门基金会，1995，第17页。

③ “Description of the City of the Name of God in China, by Antonio Bocarro, Chronicler-in-Chief of the State of India”, in C. R. Boxer ed. and trans., *Seventeenth Century Macau in Contemporary Documents and Illustrations*, Hongkong: Heinemann, 1984, p. 15.

④ 博克塞：《十六至十七世纪澳门的宗教和贸易中转港之作用》，载中外关系史学会、复旦大学历史系编《中外关系译丛》（第5辑），第82页。

⑤ Sanjay Subrahmanyam, *The Portuguese Empire in Asia, 1500 - 1700: A Political and Economic History*, London and New York: Longman, 1993, p. 207.

⑥ （清）印光任、张汝霖：《澳门记略》（卷上）《官守篇》，第75页。

⑦ （清）梁廷枏：《粤海关志》（卷29）《夷商》（4），广东人民出版社，2003，第551页。

⑧ （清）祝淮：《新修香山县志》（卷4）《海防·澳门》引《县册》。

降到200人[①]，可见到清中叶时，澳门“黑人”在澳门人口中的比例已退居到较次要的位置上。

一般来说，“黑人”在澳门的身份均为奴隶或仆役，社会地位十分低下，即杜臻所言：“黑鬼种贱，在仆隶耳。”[②] 他们不具备“自由人”的身份，生命被主人掌握：“其生死惟主人所命”[③]；甚至可以被主人像牲口一样贩卖：“价百两、数十两”不等[④]。文德泉《18世纪澳门》记录了1708年4月13日从澳门运往马尼拉贩卖的黑人发生暴动事件[⑤]。他们只能吃主人的残羹冷饭，“食余，倾之一器如马槽，黑奴男女以手抟食”[⑥]，居住则只能住在主人的楼下，“己居其上，而居黑奴其下”[⑦]，最重要的是如果主人不喜欢这一黑奴，则终身不许其婚配，“若主人恶之，锢其终身，不使匹配”[⑧]。可以说，“黑人”，他们是澳门社会中社会地位最为低下的阶层。因此，在澳门社会中，“黑人”的反抗、逃亡、打架、酗酒、强奸、偷盗就成为当时最为严重的社会问题。在明代，黑奴逃亡事件就频频发生[⑨]。在葡萄牙东波塔

---

① （清）关天培：《筹海初集》（卷1）《奏覆查明澳门夷人炮台原委请免驱拆折》，近代中国史料丛刊三编。

② （清）杜臻：《粤阅巡视纪略》（卷2），康熙二十三年二月乙未条。

③ （明）王士性：《广志绎》（卷4）《江南诸省》，第101页。

④ （明）朱纨：《甓余杂集》（卷10）《海道纪言》之《望归九首》。

⑤ Manuel Teixeira, *Macau no Séc.* XⅧ, pp. 56 - 57。直到1715年12月，澳门总督马玉（Francisco de Alarcão Soto-Maitor）才颁布命令，禁止澳门的奴隶买卖，同时，澳门教会亦重申禁止奴隶买卖。参见 C. R. Boxer, Fidalgos in the Far East, 1550 - 1770, p. 237；〔葡〕阿马罗（Ana Maria Amaro）：《大地之子：澳门土生葡人研究》，《文化研究》1994年第20期。

⑥ （清）印光汝、张汝霖：《澳门记略》（卷下）《澳蕃篇》，第143～151页。

⑦ （清）印光任、张汝霖：《澳门记略》（卷下）《澳蕃篇》，第145页。

⑧ （清）傅恒：《皇清职贡图》（卷1），第93页。

⑨ Jose Maria Gonzalez, *Historia de las Misiones Dominicanas de China*, Vol. 1, p. 150记载，1638年，浙江温州城有一群从澳门逃往那里的黑人，据罗马耶稣会档案馆，日本－中国档案第122号，第264页载，1647年，在福建安海“从澳门逃跑的黑人（pretos）超过两百人”。据程绍刚译注《荷兰人在福尔摩莎（1624～1662）》，第472页称，“若澳门的出入检查松懈，所有的奴仆和其他自由黑人将投奔广东王（指尚可喜）”。而据费赖之《在华耶稣会列传与书目》上册地297页称：“1641年受洗者230人，有某官恶葡萄牙人，迁怒（聂）伯多，命吏役殴之，并驱其出境，信教之黑人不愿为奴而从澳门逃出者，尽匿尼古拉（郑芝龙）舟中，闻伯多受窘，欲为复仇。”可知，郑芝龙手下的黑人也是在明末时从澳门逃出。据《葡萄牙国王遣中华及鞑靼皇帝特使玛讷撒尔达聂使京廷简记》（金国平《中葡关系史地考证》，第179页）记录，1667年，随葡使进贡入京的黑人也在下船后即逃入皇宫。据 Manuel Teixeira, *Macau no Séc.* XⅧ, p. 17记载，1701年，有澳门2位葡萄牙人的16名奴隶逃入广东顺德。

档案馆内就收藏有大量的关于澳门“黑人”各种犯罪的原始记录[①]。尽管如此，但是在明清时期澳门社会中（特别在鸦片战争之前），由于“黑人”是澳门的第二大主体人口，他们在澳门社会中所占有的位置及所起的作用仍然是十分重要的。也就是说，澳门“黑人”在澳门社会中的地位和作用应引起研究者的注意。

(1)“黑人”“绝有力”[②]，且“临敌不畏死”[③]，再加上勇敢善战，“此类善斗”[④]，战斗力很强，冲锋陷阵，在所不辞，“故将官买以冲锋”[⑤]，并成为澳门最主要的军事力量。徐萨斯称：

> 议事会还保持一支市卫队，此外，海关还雇用一小对黑人。中国人十分惧怕这些黑人，因为他们异常骁勇，用扁担就能弹压骚乱[⑥]。

工部右侍郎赛尚阿奏陈澳门情况时就说：

> 又有番哨三百余人，皆以黑鬼奴为之，终年训练，无间寒暑[⑦]。

这些黑人在军队中充当士兵，成为军队重要的组成部分。1606 年，黑人和葡萄牙人还一起参加了在青洲小岛的战斗[⑧]。1622 年，在葡荷战争中，“黑人”对战斗的胜利起了决定性的作用。当时还有一名“女黑奴”女扮男装，杀死了 2 名荷兰人[⑨]。咖呋哩国的“黑人”作战勇敢，因此葡人特别喜欢役使他们。1622 年，澳门反击荷兰入侵战争中，葡萄牙人喜欢给卡菲尔奴隶大量饮酒、吸鸦片，使这些卡菲尔奴隶勇敢作战，并战胜

---

① 参见刘芳辑《葡萄牙东波塔档案馆藏清代澳门中文档案汇编》（上册）《民蕃交涉》，这一章近 200 份档案，其中多涉及黑人犯罪。

② （清）屈大均：《广东新语》（卷 7）《黑人》，第 234 页。

③ （明）蔡汝贤：《东夷图说》之《黑鬼》，第 29～30 页。

④ （明）朱纨：《甓余杂集》（卷 10）《海道纪言》之《望归九首》。

⑤ （明）蔡汝贤：《东夷图说》之《黑鬼》，第 29～30 页。

⑥ 〔葡〕徐萨斯：《历史上的澳门》，黄鸿钊等译，澳门基金会，2000，第 28 页。

⑦ 中国第一历史档案馆、暨南大学古籍所编《明清时期澳门问题档案文献汇编》第 2 册《寄谕两广总督卢坤等澳夷在澳门自筑炮道训练番哨之事著确切查明据实具奏》，第 259 页。

⑧ 〔葡〕徐萨斯：《历史上的澳门》，黄鸿钊等译，澳门基金会，2000，第 45～46 页。

⑨ 〔葡〕徐萨斯：《历史上的澳门》，黄鸿钊等译，澳门基金会，2000，第 55～56 页。

了荷兰人[①]。耶稣会士鲁日满（Francois de Rougemont）称：

在战斗里，这些士兵中表现最勇敢的是咖呋哩（Cafres）人[②]。

这次胜利意义重大，使荷兰彻底放弃了占领澳门的想法，转而把注意力转移到中国东南沿海的台湾地区及澎湖群岛一带。而且为了嘉奖“黑奴”表现出来的忠诚和勇敢，得胜者当场宣布归还他们（指黑奴）以自由。事后，海道也给“黑人”送来了几百担大米[③]。1622 年，澳门送至北京一队铳师也是“黑人”：

天启初，宣彼国三十人至京教军士铳法。甲子春，遣回，至杭州，曾见之。其人色黑如墨，颠毛不及寸，皆团结如螺，两旁髭须亦然。颇似今所图达摩祖师像。所用刀锋利而薄，可以揉卷，盖千炼铁也。其小铳以弹飞鸟，亦在半空方响，发无不中[④]。

崇祯三年（1630），从澳门组织的 360 名雇佣军中，其中 100 人即是被称之为“黑奴”的“非洲人和印度人”[⑤]。1638 年，因明朝“哨兵盗奸夷妇”之事，一队“黑夷”水手驾哨船，驾大铳驶入香山泛地，袭击明军，且“误杀”哨官何若龙，后为首 6 名“黑人”凶犯均被中国官员绞死[⑥]。当

---

① C. R. Boxer, *Fidalgos in the Far East, 1550 - 1770: Fact and Fancy in the History of Macau*, The Hague, Martinus Nijhof, 1948, p. 85。〔印度〕桑贾伊·苏拉马尼亚姆（Sanjay Subrahmanyam）：《葡萄牙帝国在亚洲 1500 ~ 1700：政治和经济史》，何吉贤译，纪念葡萄牙发现事业澳门地区委员会出版，1997。

② 参见鲁日满 *Relaçam do estado politico e espiritual do Imperio da China pellos annos de 1659 até o de 1666, escrita em latim pello P. Francisco Rogement. traduzida por hum religioso da mesma Companhia de Jesus.* Lisboa: na oficina de Joam da Costa, 1672, p. 8。转引自金国平、吴志良《郑芝龙与澳门——兼谈郑氏家族的澳门黑人》，《东西望洋》，澳门成人教育学会，2002，第 189 ~ 211 页。

③ 〔葡〕徐萨斯：《历史上的澳门》，黄鸿钊等译，澳门基金会，2000，第 57 页。

④ （明）包汝楫：《南中纪闻》（不分卷）之《西洋国鸟铳》，丛书集成初编本，第 19 页。

⑤ Michael Cooper, *Rodrigue: O Interprete: Um Jesuita no Japão e na China do Seculo XVI*, p. 383。韩霖《守圉全书》（卷 3）韩云《战守惟西洋火器第一疏》称：“购募澳夷数百人，佐以黑奴，令其不经内地，载铳浮海，分凫各岛。”此处“黑奴”即西文中的“非洲及印度人。”

⑥ （明）张镜心：《云隐堂文集》（卷 3）《直纠通澳巨贪疏》，第 26 ~ 33 页；Manuel Teixeira, *Macau no Sec. 17*, pp. 69 - 70。

时威震东南海上的“一官船国”中也有一支黑人雇佣兵：

> 这些士兵是郑芝龙从澳门和其他地方弄来的。这些人是基督徒，有妻子儿女。他们来探望我们。他们的连长叫马托斯（Luis de Matos）是一个聪明、理智的黑人……在那里（安海），有一些澳门的黑人。他们是基督徒，是那位官员（郑芝龙）的士兵……上述官员一官手下一直有大量的从澳门来的棕褐色的基督徒为其效劳。他们有自己的连队，是优秀的铳手（arcabuceros）。他最信任他们，用他们护身、充兵役。我们一靠岸，一些人马上过来看望我们。有几个是我在澳门认识的[①]。

这些黑人为郑氏家族事业的发展和巩固贡献不少。他们捍卫自己的主人，为主人赴汤蹈火，为主人而战，他们还通过语言和勇敢的行为来表达对主人的忠诚[②]。而这些黑人军队大部分来自澳门[③]。这一批“黑人”最初有“300多人”，但至后来清军击败郑芝龙时“剩下来的大约200人，后来在胜利者（清朝）手下当兵，刚好被编入广州城的军队”[④]，驻守广州，防御海盗。

（2）由于“黑人”“性颇忠实”[⑤]，其对主人十分忠诚，“其人止认其所衣食之主人，即主人之亲友皆不认也”[⑥]。效忠主人，甚至可以为其“用剑自杀而亡”[⑦]。所以，他们是很好的护卫和家仆。葡萄牙人居住的房屋一般都有很多层，他们（指葡萄牙人）居住在上层，而“黑奴”居于最下层，

---

① 《在华方济各会会志》（第2卷），第367页，转引金国平、吴志良《郑芝龙与澳门——兼谈郑氏家族的澳门黑人》，《东西望洋》，澳门成人教育学会，2002，第189~211页。

② Peter M. Voelz, *Slave and Soldier: The Military Impact of Blacks in the Colonial Americas*, New York&London, 1993, p. 367.

③ 金国平、吴志良：《郑芝龙与澳门——兼谈郑氏家族的澳门黑人》，《东西望洋》，澳门成人教育学会，2002，第189~211页。

④ 〔西〕帕来福（Juan de Palafox y Mendoza）：《鞑靼征服中国史》，何高济译，中华书局，2008，第118页。

⑤ 庞迪我、熊三拔：《奏疏》，载〔比〕钟鸣旦等编《徐家汇藏书楼明清天主教文献》（第1册），第100~101页。

⑥ （明）王士性：《广志绎》（卷四）《江南诸省》，第101页。

⑦ 〔西〕帕来福（Juan de Palafox y Mendoza）：《鞑靼征服中国史》，何高济译，中华书局，2008，第118页。

目的就是要保护夷主和整个大宅院的安全，做好护卫工作。因此屈大均说：“诸巨室多买黑人以守户”[①]，姚元之则称：

> 番人之有职者，所居墙外有黑鬼持火枪守之，隔数十步立一人[②]。

而且葡萄牙人用餐时，“男女杂坐，以黑奴行食品进”。姚元之以亲眼所见“黑奴”的家庭服务：

> 饮用熬茶，令鬼奴接客座以进；食果，鬼奴递送客前，取客前之盘返于主人，别置他果，往复传送，客引愈多，食愈多，则主人愈乐矣[③]。

又根据洛伦索·梅希亚斯神父1548年12月8日记载，在澳门耶稣会会院，有19~29名非洲奴仆，其中一人为看门员，另一位是圣器管理员[④]。“夷人自有黑奴搬运家私，移顿货物……”[⑤]，《芒迪游记》还载，澳门一种主要流行于葡萄牙和西班牙民族中的骑术和投球的游戏中，“每个骑士都有卡菲尔黑奴为自己传递泥球”[⑥]。曾于1829~1833年在澳门居住的美国姑娘哈丽特·洛（Harriet Low）在日记中提到，1831年8月17日，她在非洲卡菲尔奴仆的武装护卫下步行去欣赏歌剧[⑦]。文德泉神父的书中还提到非洲卡菲尔奴仆参加1833年新年庆祝活动的情景；这些奴隶为总督提供各种服务[⑧]。可见，葡人出行，卡菲尔“黑奴”常伴其左右。可以反映这些“黑人”仆役为他们的葡人主子从事方方面面的家庭服务（见图6）。

---

① （清）屈大均：《广东新语》（卷7）《黑人》，第234页。

② （清）姚元之：《竹叶亭杂记》（卷三）《广东香山有地》，中华书局，1982。

③ （清）姚元之：《竹叶亭杂记》（卷三）《广东香山有地》，中华书局，1982。

④ Manuel Teixeira, *O Comércio de Escravos em Macau*, Macau Imprensa Nacional, 1976, p.6.

⑤ （清）梁廷枏：《粤海关志》（卷29）《夷商4》，第554页。

⑥ Peter Mundy: *The travels of Peter Mundy, in Europe and Asia, 1608 - 1667.* Ⅷ Part I. pp. 264 - 268.

⑦ 〔葡〕普噶（Rogério Miguel Puga）：《从哈丽特·洛（希拉里）的日记看19世纪澳门性别的社会生活》，《澳门公共行政杂志》2002年第2期。

⑧ Manuel Teixeira, *O Comércio de Escravos em Macau*, Macau Imprensa Nacional, 1976, p.11.

图 6 《阿妈港纪略稿》中葡萄牙贵族与其黑人仆役

资料来源：〔日〕近藤守重：《近藤正斋全集》之《阿妈港纪略稿》（卷下）《杂图》，第 41 页，国书刊行会，明治三十八年刊本。

（3）“黑人”的水性很好，“入水可经一二日”①，甚至“其主使之下海，虽蛟蛇弗避也”②，故多被用来作为船上的水手、护卫，应急时可用。多种中文文献记录：“有黑鬼者，最善没，没可行数里”③；“番舶渡海，多以一二黑鬼相从，缓急可用也”④；“番舶往来，有习于泅海者，谓之黑鬼刺船护送”⑤；“洋船：以黑鬼善没者司之”⑥。当时每年从澳门抵达长崎的“大黑船”上不仅有白肤色的葡萄牙人和亚洲人，而且还有深肤色的来自非洲和亚洲的水手：“崇祯十三年五月十七日（1640 年 7 月 6 日）澳门小船一

① （明）蔡汝贤：《东夷图说》之《黑鬼》，第 29～30 页。

② （清）赵翼：《檐曝杂记》（卷 4）《诸番》。

③ （明）李光缙：《景璧集》（卷 9）《却西番记》，江苏广陵古籍刻印社影印崇祯十年本，1996。

④ （明）王临亨：《粤剑编》（卷 3）《志外夷》，第 92 页。

⑤ 《明熹宗实录》（卷 11），天启元年六月丙子条。

⑥ （清）郝玉麟：（雍正）《广东通志》（卷 9）《海防志》。

艘抵达长崎，海员七十四人，内葡萄牙人六十一人，黑人十三人。”而1640年1月3日大员出发的遇难获救的荷兰船上就有“黑奴9名”[①]。《南蛮屏风图》中有多幅图画描绘黑人在大黑船上充当各种职务形象[②]。可以反映黑人在澳门对外贸易的航海中所具有的重要作用（见图7）。

图7 16世纪南蛮艺术屏风中记录的航行中的黑奴

（4）“黑人”由于长期与其欧洲主人生活在一起而通欧洲语言，而到澳门后又多与华人打交道，或“见渐习华语”，或“日久能粤语”。因此，“黑人”多利用他们的语言知识，在中西交往中充当翻译[③]。朱纨称“黑人”“往往能为中国人语”[④]，这些能讲中国话的“黑人”在嘉靖时期中日贸易中充当翻译。1583年巴范济的信中称澳门耶稣会院有孟加拉国人阿隆索，“能说一口流利的官话”[⑤]。此人亦充当翻译。徐萨斯《历史上的澳门》中也记载“黑奴”充当翻译的事情。1637年，英国的威德尔率舰队从果阿航行至澳门，他们首先派遣一支探测队花一个月时间勘探河流情况，这支探测队于中途被中国舰队拦住，不让他们前行。中国舰队上的通事（翻译）就

① 《巴达维亚城日志》（第2册），〔日〕村上直次郎（日译）、郭辉（中译），台湾省文献委员会，1970，第265页。

② Institto Português do Oriente, *Namban: Memórias de Protugal no Japão* , pp. 64, 66, 67, 74 – 75.

③ Austin Coates, *Prelude to Hong Kong*, London: Routledge & K. Paul, 1966, p. 13.

④ （明）朱纨：《甓余杂集》（卷2）《议处夷贼以明典刑以消祸患事》。

⑤ 巴范济致戈麦兹的信，1583年2月18日，转自夏伯嘉《利玛窦：紫禁城里的耶稣会士》（第3章《澳门》），向艳红、李春园译，上海古籍出版社，2012，第82页。

是一些从澳门逃出去的“黑奴”。中方官员通过通事规劝这支队伍返回。最终这支英国的探测队返回了澳门。从这件事情可以看出，“黑奴”在双方交涉的过程中起了很大的作用，他们是双方交涉的桥梁，充当了翻译[①]。

最后值得注意的一点是，来到中国的“黑人”不全是作为奴隶的，他们中也有地位比较高的，在旧金山的亚洲艺术博物馆中就收藏了一幅 14 世纪的中国画，画中的一个“黑人”从其衣着和举止明显能看出他地位之高。这里明显反映出“黑人”不全是作为奴隶，且他们的后裔也不全是被役使的[②]。也就是说，并不是所有的“黑人”及其后裔世代作为奴隶[③]。

---

① 〔葡〕徐萨斯：《历史上的澳门》，黄鸿钊等译，澳门基金会，2000，第 75 页。

② Ronald Segal, *Islam's Black Slaves: the other diaspora*, New York: Farrar, Straus and Giroux, 2001p. 69. Illustrated in Runoko Rashidi, ed., *African Presence in Early Asia*, New Brunswick, N. J.: Transaction Publisher, 1995, p. 54.

③ Ronald Segal, *Islam's Black Slaves the other Diaspora*, New York, p. 69.

大黄、澳门与来华西人*

——关于明清中外关系史研究的思考

林日杖**

大黄是主产于中国西北、西南地区的特产药材，被喻为“药中四维”之一（明代名医张介宾语），曾在明清中外关系史上产生过重要影响①。由于西人东来以及葡萄牙人入居，澳门在明清中外关系史上发挥着沟通中西的独特作用。明朝中后期起，西方殖民者东来，形形色色的来华西人在明清中外关系史扮演着重要角色。明清时期世界逐渐由分散走向整体，中国逐渐融入世界。然而，世界近代史与中国近代史之间存在着数百年的落差，这一落差正是在明清时期。综合研究明清时期的中国特产、特殊地区及特殊人群，有利于宏观上把握明清中外关系的特点，促进明清中外关系史研究的深入。

一 明清中外关系史视野下的大黄、澳门与来华西人

“人”“地”“物”提供了历史发展演变的基本内容及场景。大黄为边疆物产，反映的西北、西南内陆边疆对明清中外关系史的影响。作为东南海

---

* 本文是国家社科基金项目“明清时期的大黄贸易与中外关系”的阶段性成果之一。

** 林日杖，历史学博士，福建师范大学学报编辑部副编审。

① 大黄对明清中外关系的影响，可参看〔俄〕特鲁谢维奇《十九世纪前的俄中外交及贸易关系》，徐东辉、谭萍译，陈开科校，岳麓书社，2010；Clifford M. Foust，Rhubarb，*the wondrous drug*，Princeton University Press，1992；张哲嘉《“大黄迷思”——清代制裁西洋禁运大黄的策略思维与文化意涵》，《中央研究院近代史研究所集刊》2005年第47期；林日杖《试述清代大黄制夷观念的发展演变》，《福建师范大学学报》2005年第5期；林日杖《论大黄制夷观念发展强化的原因》，《福建师范大学学报》2006年第1期。

疆的独特区域，明清以来澳门在沟通中西方面发挥着独特作用。在中国融入世界的过程中以及使中外关系演变成目前的格局，明清时期来华西人发挥着独特的作用。在中外关系史框架下对三者分别考察并进行综合研究有利于正确理解、定位明清时期的中外关系史。

（一）明清中外关系史的大黄[①]

大黄对中外关系史的影响，并非始自明清。有的观点认为，早在东汉时期，罗马帝国就从黑海沿岸获得了来自中国的大黄。大黄由于易受潮腐烂，陆路贸易兴盛早于海路。但大黄出口海外，至少在宋代已出口于东南亚的三佛齐等国。但大黄对中外关系产生重大影响，则主要在明清时期，特别是清前期。大黄影响明清中外关系，主要体现为大黄制夷或茶黄制夷。明嘉靖朝起，已有明确的史料表明，大黄开始用于制夷。但这一时期的制夷，主要针对哈密、吐鲁番等明朝边境地区，这些地区仍在传统中国的范围之列。但入清之后，大黄制夷开始拓展。影响较大的主要有乾隆五十四年至五十七年的大黄制俄。通过查禁大黄，清朝成功迫使俄人屈服。乾隆朝大黄制俄的成功，强化了俄人需要大黄的观念，从而以后对大黄输俄进行了严格控制。而且，乾隆朝大黄制俄到嘉庆十四年还导向了大黄制英，由陆路扩及海路。鸦片战争时期，更形成了盛行一时的茶黄制夷。史学界对大黄的已有研究，主要是因为大黄在制夷中的重要角色。大黄之所以能充当这种重要角色，很大程度上是因为大黄制夷观念发展中大黄受到了毛皮、茶叶以及丝绸、茯苓、苏合油等各种商品的影响。而大黄制夷观念的瓦解，很大程度上又体现在大黄返回本真。作为本真的大黄，大黄作为重要的贸易商品与药材，在明清中外关系史占有一定的地位。从贸易价值来看，大黄在清前期外贸中的重要性往往仅次于茶、丝、土布等少数几种大宗商品。大黄作为在中医、域外汉医、伊斯兰医学及传统西医中均有重要用途且被普遍认为产于中国的药材，其在境外的运用本身就属于中外关系史的范畴。

大黄影响明清中外关系，不仅仅体现大黄收编了毛皮、茶叶、丝绸等商品的历史影响。大黄对中外关系的影响，亦为其他商品、事件所隐没而不显。丝绸之路上，牧畜的治病，多有借助于大黄者。早在唐代，大黄广泛用

---

① 本部分内容摘要于笔者博士论文《大黄与明清中外关系》，福建师范大学，2012。

于疗马，并且一直延续到民国时期。明清时期边疆民族用大黄治各种牲畜之病，保障了丝绸之路的畅通。丝路上驼铃悠悠，延续数千年，其中亦有大黄的功劳。

影响是双向的。不仅大黄影响了明清中外关系，明清中外关系对大黄也产生了种种影响。在明清中外沟通的大背景下，大黄自身也发生重要转变。“大黄”有一个从中国走向世界的进程。大黄概念的演变历程，清晰地显示出这一时期的中外关系的特点。中国的大黄概念常有大黄、土大黄、山大黄之分。在大黄之中因其制法的不同，在医学上有生大黄、制大黄（熟大黄）、酒大黄、醋大黄、大黄炭（炙大黄）等名目。在国人的日常知识体系中，大黄就是药材，所以，百度搜索“大黄”图片，大黄显示出来的是大黄的块根，即作为药材的大黄。而谷歌检索“rhubarb”（大黄）图片，屏幕上红彤彤的一片，显示的是作为蔬菜或水果的大黄。而大黄属概念的产生，大黄属植物被视作大黄，实现了“大黄”内涵的西方转向；与此同时，在某些场合下，大黄又具有一些中国特色或地方特色的内涵。

（二）明清中外关系史的澳门

澳门在明清中外关系史的意义，学界多强调澳门的特殊性，强调它的试验田性质。正是基于“澳门文化是异质异体文明碰撞相融的独特案例”等类似想法，学界提出了澳门学的概念，并对学科建构提出了不少有益的设想。较近的相关成果主要有：林广志的《试论澳门学的概念、对象及其方法》（《广东社会科学》2010年第6期）；郝雨凡、汤开建、朱寿桐、林广志的《融会与超越：全球文明史互动发展的澳门范式——论澳门学的学术可能性》（《学术研究》2011年第12期）；郝雨凡的《澳门学的学术可能性》（《社会科学辑刊》2012年第1期）；郝雨凡、吴志良、林广志主编的《澳门学引论——首届澳门学国际学术研讨会论文集（上、下）》（社会科学文献出版社，2012年4月）[①]。这些构想对推进澳门研究无疑具有重要的学术价值。本文认为，这些文章强调了澳门的特殊性，以之作为澳门学得以存

① 首届澳门学国际学术研讨会论文集由澳门大学、澳门基金会、澳门欧洲研究学会主办，澳门社会科学学会、澳门学者同盟合办。该论文集收录了国内外从事澳门研究的著名学者的论文40篇。

在的最重要的基础，同时又主张从全球史的角度来看待，特别借用了全球史的核心理念“互动”。这种对澳门特殊性的强调，本文认为基本上是在现代语境下的阐述，甚至是西方语境下的陈述。已有研究借用全球史模式进行探讨，对该模式的内在局限似关注不够。本文以为，无论如何互动，总有一个主导力量的问题。澳门在明清中外关系史或者在明清中国史的意义难道呈现的基本上是特殊性的意义吗？或者换个表述，澳门在何种意义上是特殊性，又是在何种意义上是一般的？对这一问题从不同角度进行解答，可以展现澳门史研究的多样化图景。如果在对明清的共性思维范围中理解澳门，自会有不同于“特殊性”视野的场景①。

对澳门史的研究，并不仅仅是中外关系史的意义，而且还要强调中外关系史之外的意义，只有这样定位，才能破立结合，准确定位澳门的历史地位及其在明清中外关系史中充当的作用。澳门的主权从来属于中国，老一辈澳门史研究专家比较重视，并做了充分的论证。然而，现代学者在澳门史研究中却关注不够（也许因为非常明显的事实而造成“灯下黑”）。澳门很大程度上是葡人东来的产物，但是澳门并没有发展成“果阿”；之所以发展成为现在的场景，其中中国因素恐怕是最重要的因素，当时中国较为强大的国力及其对澳门的有效控制，成为澳门和谐共生的基本保证。以下就上述澳门学学科建设论文中提到的一些问题，稍加讨论。

林广志先生在文中谈道：“多神信仰是澳门宗教最值得关注的问题。澳门庙宇教堂随处可见，各路神仙都有栖身之所，有的庙宇甚至同时供奉不同的神祇，众神共舞，济济一堂。”随后还强调：“在（澳门）如此狭小的空间，汇集了如此众多的宗教门派，而且宗教门派之间，长期和平相处，相安无事，甚至互相融入，这在世界宗教发展史上也是极其罕见的。”② 其实，一庙多神现象至少在福建东部沿海地区是极为常见的。2000 年夏，笔者在福建古田凤都镇溪头村就发现有一小庙同时供奉陈靖姑、孙大圣、玉皇大

① 如，将澳门放在中国边疆史的整体中进行考察，将边疆作为一个整体进行考察，甚至不能局限于海疆视角的考察。尽管目前学界强调了海洋经济、游牧经济在中国史上的重要意义，但毫无疑问古代中国居于主导的仍是农耕经济思维。古代中国边防中海防与陆防并没有太大的分化，边防观念主要还是陆防观念。此外，从传统中国的多元统治模式角度来理解澳门，似能使对澳门的定位更合乎历史实际，而不过分为现实所牵引。

② 林广志：《试论澳门学的概念、对象及其方法》，《广东社会科学》2010 年第 6 期。

帝，而且不同神有不同的签。正值有村民抽签，抽了大圣签或玉皇大帝签，即两者中的一种，结果抽的签不满意，说此签不灵，又抽另一者的签①。笔者所在的学报发过俞黎媛先生的有关文章②，其中一个因素就是早年编者关注过一庙多神的现象，这种现象在福建表现得非常突出。一庙多神或一个小地方集中了大量的寺庙，是中国全国性的现象，还是中国南方某些地方如闽粤地方的主要特色，答案显然是后者。如果再考虑供奉的神灵，则澳门宗教的闽粤色彩更加明显。澳门有众多的寺庙且长期和平相处，出于何种原因？从葡萄牙东进的各个港口城市看，也许只有澳门做到了这一点。那么，为什么澳门能够做到这一点？是澳门这个地方本身具有特别大的影响，还是它背靠的内地对澳门有特别大的影响？从明清乃至古代中国的历史来看，中国往往宽容对待各种宗教，而且各传入的宗教与本土文化实现有效融合，而不似西方那样有特别剧烈的宗教冲突。各宗教在澳门的多元共存与儒家中庸思想以及闽粤崇巫尚鬼习俗有很大的关系（而崇巫尚鬼又与闽越族文化遗存有关）。清代广东人常称外省人为外江佬，然外江佬并不包括福建人。广州、澳门的大商人，包括行商，其祖先即来自福建。笔者以为正是中国文化及闽粤地方文化对澳门的影响，才决定了澳门宗教的多元文化共存。然而，在晚清时期，西方以坚船利炮为后盾传教，致使教案频发。

林广志、郝雨凡等学者的研究，均强调了澳门学的“范式意义”，并认为“互动相生”是澳门学的特点。澳门学的推进，到底侧重突出澳门模式可以推而广之，还是澳门模式之来之不易，这是两个不同的思路。吴志良强调：“在澳洲400多年的历史中，或多或少产生过不同程度的纠纷，但最终都能在互相忍让和谅解的基础上通过磋商和谈判来解决，不争一时之长短，但求长期共存。这难道不值得当今世界或因经济、或因宗教、或因种族而大动干戈的国家或地区效仿？”吴志良并由此得出结论：“从学术意义上，澳门的历史演进也有力地说明，亨廷顿的‘文明冲突论’，难以令人信服。”③

① 近期笔者又向宁德市文化系统工作人员陈扬州进一步核实。陈扬州系溪头村人。该小庙名吉灵堂，后面一排几案正中供奉的是玉皇大帝，左边是孙大圣，右边是何仙姑、陈夫人（临水夫人）。玉皇大帝前面的几案，供奉观音菩萨。这些神有不同的签。另外，庙里还供其他小神。

② 俞黎媛：《闽台地区神灵崇拜的生态学分析》，《福建师范大学学报》2008年第3期。

③ 有关论者观点，均引自林广志《试论澳门学的概念、对象及其方法》，《广东社会科学》2010年第6期。

其实，上述对澳门这种和谐共生的独特性的强调，本身就说明各地区或因经济、或因宗教、或因种族而经常大动干戈，虽然澳门模式在学理上可以推广，但在实践中只是非常特殊的个案。以非常有限的个案反驳“文明冲突论”这一整体，在逻辑上并不是有说服力的，它最多说明针对具体的个案，带有普遍性论述色彩的“文明冲突论”适用性必须做出相应的调整。强调澳门的独特性，不能仅仅导向它的普适性，或者甚至可以说主要不是推导出它的普适性，最多只能强调它在何种意义上具有推而广之的价值。尤应关注的是，在有着各种文明冲突的世界上，为什么会有澳门能够难得地维持着和谐共生的关系？这可能更具有学术意义及现实借鉴色彩。也就是说，要着重强调为什么澳门能而其他地方不能维持这种和谐共生的关系，并且对此进行历史地说明，而不是形而上的空谈，避免过度拓展所研究对象的普适意义。研究价值与对象在历史上的价值要区别开来。强调澳门学的意义，重点不是强调澳门模式可以如何推广，而是要特别注重澳门模式的边界。理论运用必须服从于具体多变的历史事实，并据此有所调整。强调澳门模式的边界，即强调澳门能达到目前这种和谐共生是多么的不易，则可能更启人思考[①]。

关于澳门医学方面，有讨论澳门学的文章强调指出：“一组颇具特色的偏方，其中许多方子既不同于中药方又异于欧洲的西药方。”[②] 中国自古以来存在着各具特色的各种医学，除中医之外，还有藏医、蒙医、彝医、壮医等民族医学，各种医学既吸收了周边医学的要素，又具有自身的特色。如藏医就综合中医、印度吠陀医学以及传统西医的某些因素，形成了具有青藏高原地域特色的藏医。其对大黄的分类、使用与中医、西医、阿拉伯医学存在很大的不同。毕竟，现今中国版图约有近 40 种大黄，大部分分布于青藏高原，大黄就是中国藏区重要的土产药材。要理解澳门医学要采用民族学、人类学的文化考古分析方法，鉴别出澳门医学到底糅合了哪些医学的成分，然后进行化用，哪些移植的成分比较明显，哪些变化的因素比较明显，其变化

---

① 经济学分析模式广泛运用于不同学科领域，引发了对“经济学帝国主义”的批评。对有关理论分析模式可以适度借用，但不能过度使用。新闻传播学科强调新闻传播无处不在，搞修辞学的学者则强调人不仅是语言的动物，更是修辞的动物。研究对象而是一个综合的、立体的结构，含有诸多学科的成分。具体何种学科的属性可以成为或都不成为研究对象的本质属性，则要根据具体研究对象进行具体探讨。

② 转引自林广志《试论澳门学的概念、对象及其方法》，《广东社会科学》2010 年第 6 期。

的动力又来自何方？如何采用比较人类学的方法，将澳门医学与藏医这种具有鲜明的青藏高原特色的医学进行比较，可能能够产生新的思考。到底澳门医学中受传统西医的影响多大？受印度医学的影响多大？受中医的影响多大？又是如何体现了澳门及其所在珠江地区的地域特性的？这些问题都可以进一步考虑。

强调澳门特殊性从而具有普遍性的学者，多借重于全球史理论。刘新成强调：互动是全球史观的核心理念[①]。刘新成在中国大力推广全球史研究模式。互动是从来就有的，还是在某个历史时期才有的？“文化互动相生”应是具有普遍性的现象，只要存在略有差别的文化，文化互动相生就可能存在。文化互动及文化互动相生并不是全球化时代独有的现象。如果互动只是在不同范围内普遍广泛的存在，那么值得强调的不是互动本身的意义，而是谁主导、如何主导这种互动这一更为迫切的问题。笔者研究全球化背景下五口通商时期的银元风潮，特别强调了在全球化时代下主导权的极端重要性[②]。就澳门而言，学者们强调了葡萄牙人采取非暴力方式解决了异质文明的冲突。其中举了4个例子，其中3个鸦片战争前的情况：“1667年，在澳门的多明我会闵明我亲眼看到葡萄牙人以忍耐与克制的态度理智地处理了一场宗教冲突。1758年3月18日，果阿宗教裁判所下令，在澳门不允许任何形式的娱乐活动和游行，但澳门议事会的议员们认为其不能对华人行使司法权，因此，他们十分谨慎地默许了华人短暂的娱乐活动。1816年4月15日，澳门华人在妈阁庙举办庆祝妈祖的神诞游行活动，澳门主教知道，澳门城内的警察不可能阻止这些异教徒的庆祝活动，遂对各教区发表告诫书，劝诫所有的基督教徒不能偷看游行和表演的队伍。”[③] 这些发生在鸦片战争前的事件，证明了澳葡方面的妥协性。如果联系到1815年对华贸易垄断结束前英国东印度公司对华的妥协态度以及此人来华的英国自由商人与清朝的频频冲突，可以理解澳门采取有关政策的情境性。澳门当局清楚地知道，澳门

① 刘新成：《互动：全球史观的核心理念》，载刘新成主编《全球史评论》（第二辑），中国社会科学出版社，2009，第3~12页。

② 林日杖：《五口通商时期的银元风潮与近代中国金融的发展》，《福建师范大学学报》2007年第3期。

③ 郝雨凡、汤开建、朱寿桐、林广志：《融会与超越：全球文明史互动发展的澳门模式——论澳门学的学术可能性》，《学术研究》2011年第12期。

华人背后是大清帝国，而且澳门本身势力较弱，必须在服从于清朝，只有与清朝保持密切关系、不与清朝发生大的冲突才可能求得自身的生存与发展。此外，面向英人对澳门的觊觎，只有清朝才能维护澳门葡人的既得利益。联系所在年份澳门与清朝面临的形势，澳葡方面采取妥协态度的原因，就能准确理解有关做法的情境性①。对这些情境的综合考察说明，尽管澳门葡人实行了有限的自治，但由于明清地方保持着澳门的管辖权，从而使葡人方面不得不采取必要的妥协措施，从而保证了异质文化无法对原有文化采取极端做法。林广志先生谈道："澳门的实践证明，不同的文化倏尔相遇，慢慢浸染，互动相生，不但不会伤及'母体'，还会诞生'新儿'。澳门文化的'互动相生'形态，为考察人类文明的互动融合提供了全新的思路，也为澳门研究开启了一片新的天地。"② 关键在于不是文明的"慢慢浸染"，而是在中华文化主导下中华民族有吸收外来文化的自信。这种自信是中西交流中中国文化或中华文明占主导这一条件下存在的。否则在被迫情况下进行由西方主动的互动，中西之间的冲突就难以避免，近代中国史就说明了这一点。

（三）明清中外关系史中的来华西人

西人来华，本身就是中外关系史的范畴。对来华西人本人就需要进一步研究，目前有关来华西人的研究，有两部词典性质的书值得关注：《近

① 康熙元年（1662）清朝实行禁海，虽经汤若望转寰，将澳门置于界外，但还是对澳门产生了极为不利的影响。澳门方面担心葡萄牙商人违禁出海贸易会招致灭顶之灾，于康熙五年（1666）将澳门情势上报果阿印葡当局，印葡总督于次年即这里所讨论的1667年以葡萄牙国王的名义派使者携带重礼出使清廷，请求康熙皇帝施恩，准许葡萄牙人遣船出海贸易，以使澳门葡萄牙人尽快摆脱困境。更何况，自1665年（康熙四年）起，在华耶稣会士也因汤若望案而受到严重牵连；此时葡萄牙享有东方的保教权，这种状态对澳葡当局显然也是不利的。因此，1667年大小环境都对澳葡当局极为不利，正有求于清朝，此时不能不以隐忍的态度明智处理有关宗教冲突问题。1667年，首次通聘清廷之后至乾隆末年，葡萄牙又5次遣使中国，纵使卑辞厚礼，种种请求仍未得逞。在这种大格局下，1758年（乾隆二十三年），澳葡当局明智地避免将果阿宗教裁判所有关通令施于华人。此外，早在17、18世纪，特别是乾隆末年马戛尔尼使华失败后，英国人对葡萄牙人的嫉恨有增无减，而且更对澳门觊觎。嘉庆十三年夏秋之交，英国甚至发兵澳门。靠清军出力，才迫使英军于该年十一月退出澳门。1816年2月，英国又派阿美士德使团访华，企图获取很大程度上由澳葡独享的权利，这无疑是对澳门形成威胁。澳门当局的有关决定，并非仅是照顾华人传统习俗，特殊的形势决定了澳葡当局不可能采取过激措施。

② 转引自林广志《试论澳门学的概念、对象及其方法》，《广东社会科学》2010年第6期。

代外国来华人名词典》提供了明清以来最主要的来华西人及其有关简历及著作,《近代中国专名翻译词典》提供了远较前者更丰富的来华西人名录及更为简洁的介绍。两者各有其使用价值,前者经常为学人参考引用。后者虽常为学人查考,但因其对来华西人的介绍比较简单,利用者多,引用者甚少,这是体例的问题。在这些名录中,存在着明显的缺点,外交官、外国在华洋行职员、自然科学家涉及较少,来华女性介绍甚少,介绍比较多的为来华传教士。从不同角度划分来华西人,对不同类别、不同地域的来华西人进行定位,并进行相应的比较,可以进一步深化明清中外关系史的研究,对区域史的研究也是重要推进。到底在中国各个地区分布的来华西人,哪些到过澳门,发表过对澳门的评论,或者以文学作品中纳入澳门因素,等等。当然,到过澳门的来华西人,离华之后如何看待澳门,澳门经历对他们在外地活动产生了怎样的影响,等等,也要关注。明清时期全球化的发展,西人逐渐从不同方向进入中国。清代从西北地区进入中国的西人、从中印边界进入中国的西人以及从澳门进入中国的西人,其行为有何异同?至少可以看到,鸦片战争前,由西北进入中国边疆地区的自然科学家及从中印边界进入中国的自然科学家,与西方有关国家的殖民扩张密切相关①。

可以从不同角度对人口进行划分。可将人口分为常住人口与流动人口。就常住人口而言,土生葡人便很值得研究。土生葡人,亦称澳门人,被认为"东西方文化互动相生的典型案例"。目前学界对土生葡人有较深入的研究②。从中外关系史的角度看,与宋元时期海上东来的阿拉伯商人一样,明清时期的来华西人也有一个本土化的过程。明清葡人的本土化有何共性与个性,值得研究。明清来华西人还有不少为过客,最终走向中国内陆地区。还有众多的水手,在澳门、广州短暂停留之后便返回,然而这些水手也对澳门产生了影响。清代前期来华商船需停泊在澳门休整。从心理学的角度看,长途且又缺乏女性陪伴的海上行程往往带有水手的心理不适乃至反常。水手的到来,往往带来娼妓业的发达。由于新教在西方的广泛传播,随船牧师亦在广州及澳门出现。瑞典来华商船中就有不少随船牧师。这些新教牧师来华,

① 参看林日杖《明清时期来华俄人对大黄的认识》,《福建师范大学学报》2012年第6期。
② 参看叶农《20世纪前期香港葡人的族群认同》,《民族研究》2012年第3期。

远早于通常被视为近代最早抵华的新教传教士马礼逊。瑞典随船牧师奥斯贝克还留下了有关大黄的记述[①]。

从性别上看，女性问题很值得研究。郭卫东探讨了鸦片战争前后外国妇女进入中国通商口岸问题[②]，重点分析的仍是鸦片战争前“盼师夫人案”，这一案例在诸多中外关系史著作中时常提及。英国大班携带番妇入广州引起了轩然大波，这一举动冲击了番妇一般居住在澳门的情况，突破了中国对妇人进行隔离的传统[③]。1853 年，广州商馆才有第一对英侨订婚（这离 1842 年开放五口已 7 年了）。这在很大程度上是因为商馆面积很小，为节省地盘，商馆房间的门是互通的。英国驻广州代理领事巴夏礼在信中谈道：“尽管两年来居住在这里的有不少女士，但是人们似乎与‘求爱’和‘婚礼’绝缘。”“如果你想做爱，这里根本找不到合适的地方，你永远不可能遇到年轻妇女独自在家的情况。”[④] 澳门的开放，其实反映的是清朝更大范围内的封闭。美商德拉诺（Edward Delano）则在广州、澳门两地追逐着美国驻华公使伯驾的新婚妻子[⑤]，这很大程度上与在华外侨男女比例高度失衡有关。不同口岸、不同人群对中外异性交往的态度是不同的。

从生死的角度看，不仅要关注生活在澳门的来华西人，还要关注在澳门逝世的来华西人。到底在澳门有多少来华西人逝世？哪些西人选择澳门作为

① 例如，奥斯贝克谈道：“中国人说在广州附近不长大黄树，但我在城里的一个地方看到太阳下晒着的很新鲜的大黄根，不可能是从很远的地方运来的。”参见〔瑞典〕彼得·奥斯贝克《中国和东印度群岛旅行记》，倪文君译，周振鹤校，广西师范大学出版社，2006，第 102 页。2012 年 11 月下旬笔者就大黄研究相关问题与中国科学院植物研究所谢宗强教授做了沟通。谢宗强博士后报告专门研究大黄属植物在中国的分布问题。《中国植物志》并没有谈到广东产大黄，笔者长期以为该书未提到的地区应不是大黄产区（该书提到某些地区产大黄，只表明经作者鉴定相关地区产大黄，并不意味着其他地区就不产大黄）。谢宗强认为国内很多地方产大黄，广东也有。做博士后报告时，谢宗强教授广泛查阅了全国各地的大黄标本。此后，根据有关标本，他发现还有一些地区产大黄，这些大黄产区并没有在其博士后报告中得到体现。奥斯贝克是著名博物学家，现代植物分类学奠基人瑞典植物学家林奈的学生。有关大黄的判断，反映了他敏锐的观察力。

② 郭卫东：《鸦片战争前后外国妇女进入中国通商口岸问题》，《近代史研究》1999 年第 1 期。

③ 传统中国在社会生活中对本国妇人实行隔离，贸易一般由男性成员进行，甚至在长距离贸易中，不允许伙计携带家眷。更何况，这里是番妇闯入广州。

④ 〔英〕斯坦利·莱恩-普尔、弗雷德里克·维克多·狄更斯：《巴夏礼在中国》，金莹译，广西师范大学出版社，2008，第 126 页。

⑤ 参阅〔美〕爱德华·V. 吉利克（Edward V. Guilick）《伯驾与中国的开放》，董少新译，广西师范大学出版社，2008，第 102、203 页。

他们最后的归宿，原因何在？这些与澳门有关的历史人物身后形象如何，澳门在其中起着怎样的作用？这些问题都可以进行考虑。

二 明清中外关系史研究的模式

明清是中外关系史研究上具有特殊意义的时段。传统教学将“世界近代史的开端界定在 17 世纪英国资产阶级革命，而中国近代史的开端又定于鸦片战争，已是 19 世纪中期。相距近两百年，交叉部分讲得不清楚，让人对世界史和中国史的相互联系等方面产生隔膜”①。现在世界史教学中将世界近代史的开端定为 14 世纪末 15 世纪初，则世界与中国进入近代的时间相隔更久。世界近代史的开端往往确定为 1500 年前后，而世界不同国家进入近代的时间并不相同。明清中外关系史研究模式的成功建构，必然对同样存在“近代”的时间落差的其他国家的相关研究，具有参考意义。同时，其他国家的有关研究，对于明清中外关系史研究模式的建构亦有重要的借鉴意义。

明清时期（鸦片战争前）中国处理诸“夷”事务，参照系并非国际法，其实，到了鸦片战争前后，国际法还在形成之中。中国处理中外关系的模式，需要放在不同层次“夷务”中进行说明，这很大程度上与中国有层次的天下观密切相关。因此，研究明清中外关系，要着重思考明清两朝对边疆民族的控驭方式及其对某些在边疆地区有着特殊意义的商品的控制办法。总体上看，要侧重从东方角度理解明清时期的中外关系及世界秩序。鸦片战争后中外关系的发展，东方传统思维逐渐为西方强权思维所取代。以物为中心、从边疆民族角度进行综合考察，是从东方角度理解明清中外关系及世界秩序的一个重要切入点，也是理解世界近代史与中国近代史数百年落差的关键点。

（一）要建立以“物”为中心的研究模式

全球一体化，最主要的是“物”的流动、物的流动规模及范围的扩大。甚至可以说物的全球化更早于人的全球化。以物为中心构建全球史，可以推及非常遥远的时代。可以探讨不同物质在全球史中的作用，在全球化不同发展阶段中的作用。早在大航海时代之前，毛皮成为沟通游牧经济、农耕经

① 蔡鸿生：《专门史与通识》，《读史求识录》，广东人民出版社，2010，第 28 页。

济、海洋经济、狩猎经济等不同经济形态的重要载体。以物为中心构建全球史，对于理解明清以来的中外贸易及贸易全球化很有帮助。如，清代前期毛皮贸易在陆海两路一度相当重要，并与大黄制夷观念的发展强化有密切关系。毛皮兽的分布，与第四纪冰期有关联。清代前期西洋参一度大量进口，其实也与第四纪冰期有关。毛皮运到中国商品交换茶丝等商品，实际上体现了狩猎经济通过海洋实现了与农耕经济的交流，从而使西方达到发展资本主义经济的目的。人类学方面的研究表明，大航海时代之前，前农耕经济就是世界体系的一部分："在今天世界上以狩猎、捕鱼和采集野生植物为生的民族并非遵循古老的生活方式，因为他们并不知道更好一点的生活方式；他们这样做，或者是因为环境逼迫使他们陷于寻食是最好生存手段的处境，或者因为他们只是喜欢以这种方式生活。在许多情况下，他们感到其生活方式是令人满意的，就如坦桑尼亚北部的哈扎人，他们竭力避免采纳其他生活方式。事实上，寻食是对特殊生态、经济和社会的政治现实的理性反应。而且，至少2000年来对专业化市场的需求一直存在，在这种市场上，狩猎者、捕鱼者和采集者供应诸如动物毛皮、皮革、象牙、羽毛、鱼类、珍珠、蜂蜜和燕窝（为中国人的燕窝汤之用）等商品，这自古代以来一直有助于维持东西方之间的贸易。同其他人一样，寻食者也是较大的世界体系中的一部分。"[①] 明清时期的全球化只不过是扩大规模的世界贸易体系，在这一体系中起主导作用的商品与前有较大变化而已。

明清时期全球化与一体化的研究重心应实现由"人"到"物"的转型。目前已有一些学者注重从物的角度入手研究明清时期的中外关系，研究中国融入世界的步履。但以沟通某种具体的沟通中西的特殊商品对象进行的研究还不甚多，不少研究仍相对综合。特色商品的特色未得到充分的反映[②]。大黄、麝香、樟脑、肉桂到底如何影响中外关系进程，其作用方式与"人"为中心的研究颇不相同。这些商品何时影响中外关系史，明清时期又怎样表现？这中间有什么关系，又是如何对人、对地产生影响？最关键的问题是，如何才是以"物"为中心？以"物"为中心探讨明清时期的中外关系，不

① 哈韦兰：《文化人类学》（第十版），上海社会科学院出版社，2006，第171页。

② 相对综合的研究，可以参看万明《整体视野下的丝绸之路——以明初中外物产交流为中心》，载万明《明代中外关系史论稿》，中国社会科学出版社，2011。

仅包括在中外关系史体系中的大黄、麝香、人参等商品，而且要分别探讨这些商品如何进入中外关系史，在进入中外关系史的过程中又在何种形式上保持了中国史乃至地方史的意义？也就是说，并非同一商品的不同种类同时同步进入中外关系史的范畴，甚至有些根本不进入中外关系史，或者说在特定商品中只是某些种类进入中外关系史。这种不同的种类进入中外关系史的时间及程度有何区别？如何明显化？下面以大黄及人参作简要说明。

以物为中心来考察大黄及人参。可以建立在植物分类学的基础上展开说明。从化学分类的角度看，人参属植物可分为古老的类群及进化的类群。古老的类群有人参、西洋参、田七，而竹节参等多种同属植物则属于进化的类群[①]。进化的类群主要成分与葫芦科植物差不多；竹节参在中国境内有假人参之名。西洋参能够进入中外关系史的范畴，与同一类群的人参在中国的广泛运用及中国医家的偏好有关。清代前期，根据人参形态等因素判断，来华法国传教士判断法属北美西北海岸应也有人参。此后，西洋参从北美西北海岸大量运来，一度成为西方国家同中国交易的主要商品之一。随着西洋参的大量进入，西洋参也进入了中医药的范畴。至于福建某些地区现在将“人参”称为“洋参”，是否受此影响？还是仅仅一般性地表示来自于“大洋”（大地方），另考。在对人参使用过程中，又产生了沙漠人参（肉苁蓉）、天上人参（黄胸鹂）等比喻义。另外，还可以将龙涎香与人参作类比。这些都是值得关注的问题。

大黄属植物是由数十种大黄构成的体系。各种不同的大黄、不同地区的大黄对中外关系史的影响是不同的。对于不同大黄的发现、确认，与西人密切相关，西人对国产大黄的考察与命名，本身就是中外关系史的内容。而即使是国人对大黄的命名，因国际通用学名以拉丁名为准，也带上中外关系史的色彩[②]。

① 崔大方主编《植物分类学》，中国农业出版社，2006，第4~5页。

② 植物国际通用学名，采用拉丁文，虽有便利交流的因素，但无疑具有明显的西方色彩甚至反民族化的色彩。而伴随着民族思潮的发生，特别是全球化引发的民族化浪潮下，即使是拉丁语系的国家，不同国家的学界对此亦有抵触及反抗。据王文采院士介绍：“大约在上世纪80年代以来，不少欧美国学报对新分类群改用英文，在韩国有的学者改用朝鲜文，法国有的学者改用法文，哥伦比亚有的学者改用西班牙文。”而“新出版的2004年修订的《维也纳法规》，第36条关于新分类群描述仍然规定须伴有拉丁文特征集要，其辅则仍然规定须给出完整的拉丁文描述。”王文采感叹：“20多年来，第36条一直未变，同时用各种文字描述新种的情况也未改变，这种不协调的局面，不知何时才告结束。”（参看《王文采口述自传》，湖南教育出版社，2009，第153~155页）笔者以为，之所以出现这种情况，与拉丁学名的西方化及去民族化色彩是密切相关的。

从种类来说，掌叶大黄、唐古特大黄、药用大黄无疑在明清中外关系史上影响较大，但波叶大黄及其他大黄也产生过相当的影响。有些种类的大黄可考的对中外关系史产生影响的时间甚至是在民国时期及中华人民共和国成立之后，因为有些种类的大黄到此时才鉴定出来。

从植物分类学角度来考察，同属植物在性状上无疑具有很大的相似性，习用称呼往往将一个属的植物均视为同一种植物。大黄属植物一般均有大黄之名[①]。大黄属众多大黄中影响最大的只是少数几种大黄。大黄显性进入明清中外关系史显然有个过程。但原产美洲的仙人掌科植物在中国往往均被称为仙人掌。在中国，樟属植物并非都称作樟树。樟属植物在植物学上由樟组与肉桂组组成。樟属樟组植物一般被认为是樟树，而肉桂组则被称作桂树。进入中外关系史的樟脑，实际上为樟属樟组植物，由于组成樟组的各种樟树含油量及地域分布不同，对中外关系史的影响也就不同，其中，台湾地区樟脑在中外关系史上有着较大影响（晚清时期，台湾地区还发生了“樟脑战争”）[②]。樟脑、肉桂都是鸦片战争前外国来华洋行抢购的主要药材，在中外贸易史上占有重要地位，也是鸦片战争后少数几种贸易主导权掌控在外商手上的寥寥几种中药材中的两种。

以物为研究对象，要对“物”进行多角度考察。因为研究对象往往有着多种角色，有着多样的内涵。对这些内涵的深入发掘，就必须从多角度建立起相应的参照系进行分析。例如，可以从药材、外贸商品、制夷工具以及染料、食物、香料、边疆物产的角度进行关注，可以在不同的角色范围内定位大黄对明清中外关系史的影响。如，大黄与肉桂对明清中外关系的影响有何不同？还可以综合不同角色建立起种种参照系来探讨研究对象对明清中外关系史的影响。如染料与药材两种角色综合的角度来看，可以

---

① 但在从文革时期出版的《丽江中草药》来看，不少大黄反而以牛尾七来命名。如 *Rheum forrestii Diels* 又称红牛尾七（第196～197页）；Rheum emodi Wall. 称作牛尾七、白牛尾七（第112～113页）。《丽江中草药》是笔者于2012年7月赴云南省香格里拉县尼西乡上桥头村所阅。所阅之书缺封面及版权页，将有关内容及页码与网络电子书对照，可知该书为1971年版。

② “两次鸦片战争后，英国侵略者为掠夺台湾地区的樟脑资源，发动了对台湾地区的侵略战争，逼迫清政府签订了丧权辱国的《樟脑条约》。《樟脑条约》签订于1868年（清同治七年）11月下旬，条约完全答应英方提出的无理要求，废止樟脑官办，准许洋商领照往内地买办樟脑，赔偿怡记洋行损失，撤换台湾地区兵备道梁方桂和台湾地区鹿港同知洪熙恬等官员。”参看百度百科“樟脑战争”。

与靛青相对照进行探讨。研究对象的角色越多，可构成的参照系的数量便急剧扩大①。

（二）明清时期的全球化及民族化：边疆视野下的全球史

藏学与澳门学都是很有特色的区域学。传统中国的政治统治形式相当多样化，而这在“天下观”中便可以得到很好地理解。澳门在明清时期逐渐发展为在中国政府官辖之下的葡人具有较高自治权的地方行政区域。明朝通过册封维系中原与西藏的关系。据成崇德的研究，清初达赖喇嘛、班禅与清初顺治康熙帝之间存在着互相册封关系，在礼仪上呈现出平等的姿态②。而后清朝为加强与西藏地方的联系，还设立了驻藏大臣。西藏是清朝的一部分，但西藏还有锡金这个属国，西藏境内亦有不丹的“飞地”。对照藏区及澳门，可以看到中国传统治理模式的多样性。藏学、澳门学都是引起世界关注的学问。相对而言，明清时期澳门比较开放，而藏族地区相对封闭；但两者都是明清时期中国有着特殊地位的边疆地区，边疆视角非常重要。就大黄而言，也是主产于中国西北、西南地区的重要植物与药材，大部分种类的大黄集中在藏区，大黄在藏医中也有自身独特的认知体系。

“在西藏历史中，有一个非常令人瞩目的事实：自公元7世纪以来，西藏的文明无论在地域空间上或是种族与文化上都强烈地呈现了一种东向发展的趋势。”“从很大程度上说，这一联系的不断积累和发展，正是使西藏最终被牢固地纳入中原政治体系之中并形成西藏今天格局的重要原因。”尽管西藏文明与印度文明、中亚文明和中原文明交汇，但最终采取东向发展趋势并与中原文明发生深刻联系③。澳门之所以能够形成了目前这种格局，而不同于葡

① 可参看笔者博士论文《大黄与明清中外关系》的绪论，福建师范大学，2012。

② 另外，晚清时期慈禧、光绪在北京接见达赖的礼仪，亦可反证清初的情况。“（1908年）10月14日，慈禧太后和光绪皇帝在仁寿殿接见了达赖喇嘛，达赖进献了丰厚的礼品，以示对清政府和皇太后、皇帝的诚心和敬意。可是，达赖喇嘛对清政府给自己安排的坐席非常不满。据寺本婉雅记载，觐见结束后，达赖喇嘛曾派人持顺治九年（1652）清廷接待五世达赖的相关记载，要求在次日的万寿节朝见之时给予较好的礼遇。”达赖喇嘛说：“旧例是‘皇帝会见赐宴时达赖坐台高并靠近御座’。然而我现在的坐席不仅低下而且远离御座，众堪布看后颇感不平。”但此外，清廷对达赖招待甚厚。“尽管入觐过程中，在觐见礼节和上奏权利方面未能满足其要求，但他最后还是顾全大局，遵守定制，维护了权威，表现了他当时具有的爱国护教的内向力。”（秦永章：《日本涉藏史——近代日本与中国西藏》，中国藏学出版社，2005，第126~127、138页）

③ 石硕：《西藏文明东向发展史》，四川人民出版社，1994，“内容摘要”。

萄牙在东方的其他港口，中华文明整体及闽粤地方文化发挥了重要作用。

要从传统中国的思维来研究，特别用边疆民族史的视角来研究明清中外关系史。中国视角或说本土视角具有重要意义。大黄可以看作边疆物产，西北、西南地区是中国重要的边疆地区。要考虑明清时期中国与世界的联系与落差。对中国观念体系的问题要有清楚的认识，对于行政上及观念上“中国”范畴的多层次性、模糊性尤要有清晰认识[①]。明清时期实行土司制度，但入清之后，特别是雍正年间实行大规模改土归流，但这没有完全改变中国政治统治中的多样化，部分地区的土司制度在民国时期仍保留。这种状况对明清时人对“中国”及边疆的认识产生影响。雍正十年奉檄入藏的王世睿《进藏纪程》中谈道：“经十五番邦而至乌斯藏，盖西域徼外，即司马相如所通之西南彝也。”[②]“番邦”之后才达乌斯藏，并将其视为西域徼外。而在论述沿途风景时，王世睿又提到：“其他雪岭尽属培，处处皆然，盖中华外夷，天地生成，荒徼风景，诚难与十五国埒也。”[③] 而这里将藏区视为“中华外夷”，又将“十五番邦”，称为“十五国”。体现了明清国人观念的模糊性，而明清行政治理上也有多层次性。

从某种意义上，澳门的独特性并非仅为个案，“内边”和“外边”很大

① 可参看石硕《汉代的“都夷”、“旄牛徼外”与“徼外夷”——论汉代川西高原的“徼”之划分及部落分布》，《四川大学学报》2004 年第 4 期；石硕《汉代西南夷之“夷”的语境及变化》，《贵州民族研究》2005 年第 1 期；石硕《汉晋时期南中夷越辨析》，《民族研究》2006 年第 1 期。石硕的文章强调了汉代以来西南夷语境的变化，强调夷由泛称向某些民族专称的转化。但笔者认为，从清朝后面的情况反观，“夷”作为泛称及专称两条发展线路，在汉以后应是长期保持下来的。而且，“夷”的泛化现象非常明显，清前期甚至在很大程度上包括了番的意义。雍正十年入西藏的王世睿描述藏区所用措辞值得关注。“余于壬子重九奉檄，有西藏之行，蓐食风餐，迢迢关河，经十五番邦而至乌斯藏，盖西域徼外，即司马相如所通之西南彝也。”这里采用了“彝”来称呼。而在描述“土俗”时，又强调指出：“自汉司马相如辟灵关，以通西南夷，灵关为芦山、天全交界地，则西南夷正打箭炉外诸番也。”最后总结称：“西域夷俗，盖难殚述焉。”而在“夷情”目下，开头便称“番地苦寒，无多物产”，又称“打箭炉为诸夷负贩会集之处，习染汉制，狡而多诈。乍丫、江卡，两番乐于剽窃，殊不驯顺，为番民最野者”。最后描述番人“其人勇于趋死，而畏杖责，盖夷情大略如此”。作为“夷情”这一目的收尾。可见，至少在这里，西南夷、西南彝共用，作者所用彝。被视为番人，有关情况视为夷情，实描述清代藏族地区的情况。王世睿书中所附《运饷事宜》谈道：“按站给价，分项须赏，皆所以施惠番夷。但番人之性，银钱非其所重，惟中国财物，彼则视为奇珍。”这里明确“番”“夷”连用，可见“夷”应是一个比较广泛的概念。参看王世俊《进藏纪程》，载吴丰培辑《川藏游踪汇编》，四川民族出版社，1985。

② 王世睿：《进藏纪程》，载吴丰培辑《川藏游踪汇编》，四川民族出版社，1985，第 61 页。

③ 王世睿：《进藏纪程》，载吴丰培辑《川藏游踪汇编》，四川民族出版社，1985，第 71 页。

程度上能体现传统中国的思维方式（内外其实也没有截然分开，其实是多层次的模糊，由于不同意义的边疆的存在，传统中国甚至在某种意义上说主要是由各种“边疆”而形成、界定的国家）①。回到先秦，虽有天下观，也有华夷观念的形成，相对而言，模糊的成分不少。周王朝内各诸侯国之间，并不存在现代意义的国家，士人游说服务于不同诸侯国，主要是可以实施自己的主张。这与同为周天下有关②。现代研究澳门先用西方的现代国家或主权视角来看澳门。如何从边疆史、民族史的视角去看澳门？其实从这一角度来考虑，澳门只不过是多维多层次的“中国”中的一个例子而已。此外，从边疆民族史的视角，还可以有效反思鸦片战争。

（三）建立多中心交融的中外关系史研究模式

14 世纪末 15 世纪初，伴随着海上交通的发展，世界日益从分散走向整体，促进了全球史的发展。海洋史，并非仅是货物经由海洋运出的问题，而要以海洋为重心进行观察。以海洋为中心探讨中外关系史，如在海上如何生活，船员的宗教需要如何得到满足，长途航行中女性缺乏产生怎样的影响，即要探讨水手的影响。一个研究涉及多方面很正常，但这里强调是进行多中心的交融研究。将有关交融研究必须放在不同的参照系中去理解。具体分析如下：

1. “物”“地”互动

在大黄、麝香、龙涎香等商品的全球流动中，澳门到底起到怎样的作用？在澳门的商品体系中，大黄、麝香、龙涎香等商品又分别处于怎样的地

① 有关内边及外边的提法，参看李方有关论文。李方认为，中国古代有两条“边”，一条是“外边”，一条是“内边”。外边是现代真正意义上的“国境”“边境”。中国古代的边防长期以来主要针对“内边”。“内边”边防，主要是针对周边少数民族或地区的防御体系。这种边防，明清“外边”边防的源头，也是现代边防的前身。并且指出：“边疆理论构建有两种途径，一种是纯理论的探讨（相对而言），一种是在边疆研究过程中对涉及边疆理论问题给予的探讨。中国古代边防制度研究属于后者。”参见李方《开阔思路，深化中国边疆史研究》，《中国边疆史地研究》2010 年第 2 期，第 24、25 页。其实，明清时期乃至民国时期，“边疆”的范围，也包括了“内边”与“外边”，正因为如此，乃至到了民国时期，内地一些民族地区成为边疆地区，生活其间的少数民族成为了“边胞”。另据贾湖亭的理解，边疆有四重含义：地理的边疆、经济的边疆、政治的边疆及文化的边疆。参看杨天宏《基督教与中国“边疆研究”的复兴——中华全国基督教会全国总会的边疆研究》，《四川大学学报》2008 年第 1 期。

② 参看林校生《春秋战国时期的国家形态与政治控御》，《福建师范大学学报》2012 年第 5 期。

位？对明清中外关系史又产生怎样的影响？大黄影响明清中外关系，陆上主要是明中后期俄人参与大黄贸易，经营从西北边疆民族转运自中国的大黄。而其派使者来华则是到了明末的时候了，使团成员记载了张家口一带药店售大黄等商品的情况。明清葡使首次来华并抵京，则是明中期皮雷资出使中国。皮雷资在东南亚期间就关注了大黄，就想着来中国进行大黄贸易。龙涎香问题，已有不少学者研究。较早有骆萌《略谈古代名贵香药——龙涎香的传入》[①]。吴志良、金国平先生也撰文专门讨论了龙涎香问题。大陆学者李飞谈道："中文文献虽未载明葡人入居澳门的具体时间，却留下大量线索供后人考索。以龙涎香为切入点对中文文献进行梳理，可以发现中文记载与葡文记载能够相互参证。之所以长久以来对葡人入居澳门的时间争论不休，一则源于史料本身晦涩，二则是对文献的误读和曲解。对文献正确合理的解读，仅是重返历史现场的第一步。"[②] 由此可见，龙涎香的研究价值，实现了物与地的有效结合。

将"物"与"地"结合考虑。要考虑该地对外贸易的商品，哪些是本地产，哪些是外地产，来自哪里？同类物品是否来自不同地方，竞争消长的情况怎样？清代福建输往琉球的商品，很多不是福建本地所产。从中外贸易商品种类及来源可以反映出明清中外贸易的诸多情况。

研究对象的历史价值与研究价值，并不总是重合的。大黄无疑在中外关系史上具有相当地位，澳门也是如此。是大黄、澳门本身特别重要，还是特殊情境下才特别重要？从大黄来看，大黄固然有其自身内在的重要性，而其对中外关系的影响主要却体现在大黄制夷上。前者具有较为坚实的基础，具有较强的必然性色彩，而大黄制夷（即大黄发生重大影响）则具有较强的情境色彩：大黄既无法在明末清初在中外关系发挥重大影响，也无法在晚清中国发挥特别重大的影响，大黄发挥重大影响，有其时代性色彩。中外关系、中外社会中的各种问题、联系、矛盾在特定时期、特定情境下选择大黄作为表现的对象，从而使大黄显得特别重要。明中叶以来至鸦片战争前的澳门，是否具有同样的因素？即贸易全球化的背景中，在特定情境下，历史选择了澳门作为沟通中西的窗口，而路径依赖，又使澳门集聚了诸多功能与效

① 骆萌：《略谈古代名贵香药——龙涎香的传入》，《海交史研究》1986 年第 2 期。

② 李飞：《龙涎香与葡人居澳之关系考略》，《海交史研究》2007 年第 2 期。

应，大黄、澳门在历史上的功能，很大程度是不可复制的。

学术研究与现实应保持距离。在这一前提下，必须要有现实关怀。历史可为现实借鉴，但只是借鉴而已。情境的重要性在历史研究中应得到重视。除了大黄本身作为植物、药材的重要角色，正是历史阴差阳错地将诸多角色赋予大黄。澳门自然是贸易港口、港口城市，但其在大航海时代的独特作用是有很强的历史情境因素的。回顾澳门在明清史的重要作用，不是为了恢复澳门“往日荣光”，更要侧重理解其中的历史情境性，即不可复制性，从而理解历史、还原历史，为现实提供借鉴，否则适得其反。如澳门能在大航海时代的中外关系及中外贸易中起到特殊作用，是与明清来华传教士特别是耶稣会士分不开的，而传教士问题又与葡萄牙盛期拥有的在东方的“保教权”有关。“特殊情境”之后，澳门遗留下什么，或许更值得关注。可能这些才是能够更好地为现实服务的。

2. “人”“物”互动

要分别以“人”与“物”为中心构建体系。到底哪些来华西人关注大黄？哪些关注了麝香？哪些关注了肉桂？哪些又同时关注了其中的两种或三种商品？为什么会这样？对大黄关注的来华西人属于哪些国家或地区？关注麝香的又是哪些国家或地区的？对这些商品关注的时段有何不同或相近？人关注了哪些物？一个人可以关注多种药材，但也可以不关注某种。一种药材可以为许多人关注，另一种药材也可以为许多人关注。这两种关注圈到底存在怎样的重叠，值得考虑。

3. “人”“地”互动

建立分别以“人”与“地”为中心的体系，探讨两个体系的交汇之处。哪些人到过澳门，与澳门有关的传教士有哪些？在一个时期的传教士的比例如何？（还可以分国别、时段，分差会或修会进行介绍）在来华西人中的各类别的来华西人比例如何？对于很多人来说，澳门只不过是人生中一个经历，如何从在来华西人整个人生历程中去定位理解澳门，值得考虑。以“地”（澳门）而言，不仅仅有“人”穿梭而过，更有商品、商船、季风经过。这些人与有关商品、有关商船、有关季风等是什么关系？到底对明清中外关系产生了怎样的影响？

4. “人”“物”“地”三者的交融

总之，要建立起中国近代史与世界近代史两三百年落差时段的研究模式，体现出中外关系史的特点，体现出中国史及世界史的特点。世界史的形成不仅仅是面上的联系，也体现为深度的发展。这一时期，中国不断融入世界（例如大黄含义由中国化走向世界化，海禁、互市概念与五口通商的衔接，等等），世界也不断联系中国，并且导致了多维多层次“中国”在一定程度的消解。最终中国近代史与世界近代史的重合以及此后中国与世界在磨合中调适相互关系。在这一从分歧走向重合的过程，澳门是一个重要的观察点。从葡萄牙文明东传过程中对东方城市的影响来看，不同城市之间显然不同。中国文明具有多层次性，明清时期澳门的主导文明形态还是中国的，甚至闽粤的，故而还是共存得比较好，形成了目前这种较为包含的城市发展格局。然而，全球化并不意味着一定就是去民族化，全球化与民族化往往相伴而行。“人”“地”“物”各自在其中发挥重要作用又相互影响。

加比丹考

——以“日本航海（权）”及其交易为中心的若干分析

戚印平*

一

中文“加比丹末”一词音译自葡萄牙语 Capitão-mor，原意为大船长或舰队首领。《明史·佛朗机传》曰：“佛郎机近满剌加，正德中，据满剌加地，逐其王。十三年遣使臣加比丹末等，贡方物请封，始知其名。”① 由于又被简称为“加比丹（Capitão）”，稍后的中日典籍中，又有“加毗丹”、“加必丹”、“甲比丹”或“甲必丹”等不同译名。据学者考证，在16世纪之前，“Capitão-mor”专指王家船队司令（comandante das naus da armada real），有时简称“Capitão”。至16世纪中期，因军事需要，葡萄牙本土广泛设立此职，专司征兵与普查事宜。不久，主要军事基地的司令官及市镇行政长官，亦有用此名者。后又指称舰队司令，它不仅指挥手下舰船，而且亦

---

* 戚印平，浙江大学人文学院哲学系教授。

① 《明史》（卷325）《佛郎机传》，中华书局，1974，第8430页。相同的记录还可见于以下明代文献：《明武宗实录》正德十三年正月壬寅条记曰：“佛郎机差使臣加必丹末等贡方物，请封，并给勘合。”（台北中研院史语所校勘，1962年影印本）顾应祥《静虚斋惜阴录》（卷12）《杂论》三记曰：“……佛朗机国遣使臣进贡，其使臣名加必丹。”（明嘉庆刻本）郑若曾《筹海图编》（卷13下）《经略六》引顾应祥语云：“正德丁丑，予任广东佥事，署海道事。蓦有大海船二叟（艘），直至广城怀远驿，称系佛狼机国进贡，其船主名加必丹，其人皆高鼻深目，以白布缠头，如回回打扮。”（李致忠点校本，中华书局，2007，第903页）严从简：《殊域周咨录》“佛郎机”条曰：“本朝正德十四年，佛郎机大酋弑其国主，遣加必丹末等三十人入贡请封。”（余思黎点校本，中华书局，1993，第320页）焦竑《国朝献征录》（卷120）曰：“佛郎机……正德十三年（1518年），其酋弑国王，遣加必丹末等三十人，入贡请封。”（上海书店，1987年影印本，第162~163页）

以国王的名义，节制所到之处的文武官员，其职权有如“海上巡抚”[①]。

从本质上说，由葡萄牙王室特别任命的加比丹制度，是特定历史条件下封建王权在海外的延伸与象征，是王室垄断的贸易许可制度，并因此成为葡萄牙统治海外领地的重要补充。

在这一基本前提下，作为远洋航行的船队首领，加比丹的实际权力又可以分解为三个层面：首先，是在特定年份、于特定航线上进行航行的航海专属权；其次，是在所到之处管辖当地葡人并处理相关事务的行政管辖权；再次，作为船队首领、拥有运送并交易商品的贸易权。在上述一职三权的权力构造中，航海权又是其余两项权力的前提与基础，一旦它发生改变，其余方面的权力归属与内含也就随之发生变化。

然而，当葡萄牙远东航线（即从里斯本起航，南下绕过非洲大陆至印度果阿，再向东航行，经马六甲至中国澳门，然后再前往日本长崎，然而循远路返航）定型后不久，作为加比丹权力基础的航海权首先发生变化，原本一个整体的远东航海权就被一分为二，成为从果阿到澳门的所谓的中国航海（vagem da China）以及从澳门到日本航段的所谓日本航海（Viagem de Japão）[②]。

由于缺乏可靠而准确的材料，我们还不清楚上述航海权的划分始于何时并为何划分，但合理的推测是：既然二种航海分别以澳门作为终点和起点，那么它的初始时间就应当在葡萄牙人租住澳门之后不久。由于实际执行整个航程（由果阿至澳门、再由澳门至日本的航程）依然是同一位加比丹及其麾下的船队[③]，因此，这一看似画蛇添足的行为或许向我们暗示了加比丹体制下极为复杂的利益纠葛。

---

① 金国平：《Capitão-mor 释义与加必丹末释疑》，《中葡关系史地考证》，澳门基金会，2000，第 344 ~ 345 页。

② 高瀬弘一郎：《モニスン文书レ日本——十七世纪ボルトカル公文书集》，八木书店，2006，第 494 页补注 2。

③ 一份作于 1582 年的文献或可引为佐证。该文中名为“从中国前往日本的航海”的章节写道：

“这些被恩准从中国航海到日本的人们，用自己出资、并承担装备费用的他们自己的船舶，从果阿向中国进发。他们运送的商品数量不多，但种类齐备。……滞留于该处（澳门）时，他们（被恩准从中国航海到日本的人们）不仅在我们所辖的城镇里拥有民事和刑事裁判权的加比丹，而且还是停泊于（澳门）港口的所有船只的加比丹（总司令官）。除了前述加比丹（的定期商船）之外，任何船只、即定期商船都不得进行从该处前往日本的航行。

（转下页注）

二

关于上述问题，一份作者不详、作于1582年、名为《关于葡萄牙王室在印度各地拥有的城市、要塞，该处加比丹之职及其他各级官吏以及他们经费的记录》（Livro das Cidades，e Fortalezas，que a Coroa de Portugal tem nas Partes da índia，e das Capitanias，e mais Cargos que nelas ha，e da Importancia delles，以下简称《记录》）的文本中有题为“从中国到日本的航海”一节可资参见。其曰：“……在印度各地进行的所有（航海）中，（从中国前往日本的航海）可以说是最好且获利最为丰厚的。为此，（该航海）始终被赐予极有名誉、为（王室）做出重大贡献、其功绩值得名留青史的贵族们。除去所有开支，每次（航海）的收入数额约在35000克鲁扎多以上。如果出售它，购买它（航海）的价格应支付约20000克鲁扎多。其中一半立即用现金支付，另一半在返航时支付。当然，这另一半要承担航海风险。有几次售价在我说的（价格）之上。……但在印度各地，由于历代葡萄牙国王赐予的各种职务、航海（权）及其他各种事项（恩惠）常常因受惠者今不如昔，所以一再导致如下情形。即某职务恩赐于某人，虽然在他之前有许多

（接上页注③） 为此，上述澳门当地的所有居民，以及在日本进行交易和商业的其他任何人，都必须向他（加比丹）支付往返路程的大量运费后，才能将他们的财产与商品装上前述加比丹的定期商船，它们（运费）的金额就是这些航海的主要收入和利益。

加比丹自己拥有资金时，他们本人就用他们的定期商船前往日本，因为能够高价出售他们的商品，获得极大利益。但他们没有自己的资金、而且他们也不想前往（日本）时，就将那部分商品装上定期船运出。他们会留在澳门，直到船只返航。”

转引自高瀬弘一郎《モニスン文书レ日本——十七世纪ポルトカル公文书集》，八木书店，2006，“序论”，第76~77页。

无独有偶，荷兰人林斯霍腾在作于1596年的《东方案内记》一书中也有类似的描述。其曰：“每年有一艘船带着葡萄牙国王的特许状从印度来到这里，其司令官的地位与要塞的长官相同，是被赋予巨大声望与权威的人。该船从澳门前往日本，再从离开那里返回澳门，由此前往马六甲，再航向果阿。该航海除了拥有国王逐次颁发上述特许状者之外，一次都没有过。但是，从果阿出发的该航海每年只允许一次，该特许状也与其他所有职务一样，是作为在印度对国王作某种服务的报偿而给予的。无论谁都能够送去前往中国与马六甲的他喜欢的船只，但前往日本，除了被国王授予特许状并得到认可的人之外，谁都不得前往。此外，即使是在中国与马六甲，上述船只在为国王满载其货物出发之前，任何人不得装卸货物，或者建造船只，在它出发之后，才能用各自所喜欢的船只，由中国前往马六甲或果阿，或者沿着相反的航线，完成各自的事务。”（林斯霍滕：《东方案内记》，岩波书店，1968，第241~242页。）

人（配得上这一职务的恩赐），但他却捷足先登。但他还没来得及享受它（恩赐），就抱着恩赐的许可证就死于家中。为此，因获利丰厚而众望所归的许多职务就由于它徒成画饼而声名扫地了。……而正是由于是些弊端，它（中国航海）已经声名狼藉了。”[①]

或因事涉隐秘，作者并未详述王室和印度在航海权分配时是如何徇私舞弊，但作为上述推测的佐证，我们注意到在上述文献的写作年代，原来作为赏赐有功贵族的航海特权逐渐演变成为王室与殖民地的重要资源，被公开标价，进行转让或出售，以满足王室成员的私人用途、某些城市的军事防御工程和教会传教经费的多种需求。

综合日本学者对部分历史档案的统计[②]，在 1563 年至 1699 年期间，葡萄牙国王与印度副王之间涉及日本航海权转让的往返文件不少于 40 封，除去早年按传统将航海权授予有功贵族个人的 8 道敕令之外，数量最多的是涉及王室个人用途的航海权转让以及出售的往返信件，共 15 封；其次是为建设或完善军事设施而给予果阿、马六甲以及澳门等特定城市的航海权，共 14 次；而数量最少的，则是为舒缓耶稣会士财政困难而转让航海权的 3 封信件[③]。

---

① 高瀨弘一郎：《モニスン文书レ日本——十七世纪ボルトカル公文书集》，八木书店，2006，第 78 ~ 80 页。

② *Documentos Remettidos da índia ou Liuros das Monções*, Vol 9., Lisboa, 1880 - 1978. *Archiuo Português Oriental*, J. H. da Cunha Rivara ed., Vol. 10, Nova-Goa, 1857 - 1877 (Reprint), New Delhi, 1992. Arquivo Histórico do Estado da índia，架藏《季风文献》(Livros das Monções), Filmoteca Ultamarina Portuguesa, Lisboa 收藏之微缩胶卷。高瀨弘一郎：《基督教时代的贸易与外交》，八本书店，2002，第 327 页。

③ 这些按惯例将航海权授予有功贵族的信件分别是：1563 年 3 月 7 日发布于里斯本的敕令，将从印度出发、经由马六甲至中国的加比丹航海权授予贵族门多萨（Joao de Mendonca）（详见第二节所引文献）；1566 年 2 月 7 日发布于里斯本的敕令，为褒奖贵族洛博（Lobo, D. Diogo）在印度等地为王室所作的服务，授予其二次由印度前往中国的加比丹航海权；1567 年 3 月 15 日发布于里斯本的敕令，授予贵族安冬尼奥·佩雷拉（Pereira, António）一次从印度前往中国的加比丹航海权；1568 年 2 月 21 日发布于里斯本的敕令，授予贵族里奥利斯·佩雷拉（Pereira, Dom Lioniz）由印度出发、经马六甲前往中国的加比丹航海权；1568 年 2 月 26 日发布于里斯本的敕令，将印度出发、经巽它群岛前往中国的一次加比丹航海权授予贵族阿尔梅达（Aimeida, D. João de）；1568 年 2 月 26 日发布于里斯本的敕令，将印度出发、经马六甲前往中国的一次加比丹航海权授予贵族恩里克斯（Anriques, Francisco）；1568 年 2 月 18 日发布于里斯本的敕令，将印度出发、经马六甲前往中国的一次加比丹航海权授予贵族梅内塞斯（Menezes, Pedro da Silva de）；1571 年 3 月 8 日发布于里斯本的敕令，将印（转下页注）

关于上述粗略统计，有几点需要加以说明：

其一，这些信件的数目并非对应于航海权转让或出售的实际次数（例如国王在1611年6月10日所写的4封信，都是关于将一次航海权转让给王妃之事；而1619年2月20日印度副王在写给国王的1封信中，就提到3次航海权的出售及其购买者），但考虑到在多数年间每年只有一次加比丹航行，因此，谈论航海权转让与出售的信件的频繁程度以及实际的转让与出售次数，其数量依然还是相当惊人的。

其二，航海权的授受有着明显的阶段性差异，而其中关键的时间点则是1580年西、葡两国的合并。在此之前，国王的8道敕令均是将航海权授予有功贵族个人，而在此后，这一传统的方式不复出现，取而代之的是航海权

（接上页注③）度出发、经马六甲前往中国的一次加比丹航海权授予贵族维里埃那（Vilhena, António de）。

其中转让航海权给特定城市，用以修建或完善军事要塞的信件是：1586年2月7日，国王于里斯本写给印度副王的信件中，同意达曼市议会的请求，为完成该城的要塞化而将一次日本航海权给予该市。1590年3月2日，国王又在致果阿市议员以及管区代表的信件中，下令授予一次日本航海权，以便迅速完成果阿市及岛屿的要塞化。1595年2月18日于里斯本写给印度副王的信件，给予一次日本航海权，并要求出售它，以出售收入强化科伦坡要塞。1607年1月18日于里斯本写给印度副王的信，为完成马六甲市要塞以及铸造大炮，授予一次日本航海权。1608年1月15日，再次要求印度副王为强化科伦坡要塞而授予一次日本航海权。1608年3月26日，又致信印度副王说，如果他认为有必要，就可以为澳门修建城墙而授予一次日本航海权。1610年2月19日于里斯本写给印度副王的信，要求为抵御荷兰人，强化马六甲要塞而给予一次日本航海权。1610年11月10日，于里斯本致信印度副王，要求为澳门市的要塞给予一次日本航海权，但其中的一半为国王的财产，用以购买运往果阿的大炮的铜。1615年2月21日信，再次提到将一次日本航海权和一次航海售价的一半赠给澳门，以强化该城的防卫能力。1618年2月1日信，为强化马六甲的防御工事，给予一次日本航海权。1623年2月1日的两封信，提到为增强安汶岛的防御能力，给予一次日本航海权。

将航海权转让给耶稣会的三封信件是：1610年2月20日于里斯本写给印度副王的信件，要求他给予耶稣会士一次中国航海权或者更好的航海权，作为弥补其停止参与生丝交易的补偿。如果耶稣会转让航海权，就给他们出售价30000克鲁扎多的一半，另一半用于马六甲的要塞化；1612年3月27日于里斯本写给印度副王的信件，应中国主教皮塔（Piedade, D. João Pinto da）的请求，将一次从科钦支那前往中国的航海权和一次从澳门前往日本的航海权授予澳门教会。1615年2月14日于里斯本写给印度副王的信件，将一次澳门至科钦支那的航海权、一次澳门至日本的航海权以及一次澳门前往坎帕亚（Cambaia）的航海权授予澳门教会。

将航海权转用于王室私人用途的信件是：1608年3月24日于里斯本写给印度副王的信，要求将一次由中国前往日本的航海权授予他的母亲。1609年11月4日再次于里斯本致信印度副王，要求将一次由中国前往日本的航海权授予他的母亲。详见高濑弘一郎《基督教时代的贸易与外交》，八木书店，2002，第327~349页。

的转让与公开出售。如此巧合不免让人怀疑，航海权授受对象与形式的变化或许是西班牙王室挤占或削弱葡萄牙海外势力的谋略之一。

其三，作为这一推测的佐证之一，我们注意到用于王室成员的航海权转让次数甚至超过了对特定城市的航海权转让次数，而且主要集中在17世纪初期，除了1608年3月24日和1609年2月17日的两次要求将中国至日本的航海权转让给国王母亲之外，其余要求为王妃转让航海权的13余封信件都写于1611年至1620年间。如果说为建立并完善军事设施而将航海权售让给某些特定城市尚属为公，那么国王的这些要求就属于毫不掩饰地巧取豪夺了。

1611年6月10日，为了给他的王妃修建修道院（Mosteiro da Encarnação），国王在同一日于马德里连发4信［包括2道敕令、1封致印度副王的私人信件以及致具体承办人、果阿市王室资产高级管理官拉贝尔（Rabello Rodovalho，Francisco）的信件］[①]，要求将一次果阿至澳门以及日本的航海权转让于她。在写给印度副王的信件中，国王的要求直截了当："我的朋友副王阁下云云。根据由此信送达的二道敕令，阁下一定知晓，朕已将通常由果阿前往澳门以及日本的一次航海，送给胜过一切（女性）、极受爱戴和尊重的女性，朕的王妃。"他还说："由于我确信经阁下之手，可以使该（航海权出售）交涉的结时能带来王妃所希望的收入，所以我觉得将此事委托给您是好的。朕强烈地要求阁下，在收到此信后，出售前述航海，将其出售所得用以下方法进行投资。首先，立即下达出售该航海的命令。它应当通过公告施行，其支付应一次性完成，并且尽可能地使它的价格高于25000谢拉弗（xerafim，pardau xerafim）。朕已经获得情报，它的价格当有此(数额)。"[②]

---

① 高濑弘一郎：《モニスン文书レ日本——十七世纪ボルトカル公文书集》，八木书店，2006，第191~204页。

② 或因事涉皇室成员的利益，国王不惜屈尊纡驾，躬自亲为，对相关行动的细节详加指点：

此外，朕还将负责此次（航海权出售）交涉者委任给果阿市朕的王室资产高级管理官拉贝尔（Rabello Rodovalho，Francisco），他拥有出售和转让的权力，所以他可以在必要场合中署名，并接受前述航海的出售金额。它们（出售金额）应保管在阁下指定的金库中，一把钥匙由你（保管），另一把交拉贝尔保管。

前述拉贝尔应就王室资产与阁下协商，决定前述资金投资何物为好。如了解到在（葡萄牙）本国最好、拥有最高售价的物品，就照此办理。朕还将关税和运费也送给王妃，关于前述航海（出售）的相关商品，则作为印度商馆（Casa da índia）的债务。考虑到征收前述关税所能得到的数额，应竭尽全力，用所有方法使该交易达成最高利益。（转下页注）

1613年3月14日，国王又于马德里写给印度副王的信件中提出了新的要求，即“将二次通常由果阿前往澳门以及日本的（航海），赠送给送给胜过一切（女性）、极受爱戴和尊重的女性、朕的已故王妃”。国王在信中写道：“这（二次）航海中最初（的航海），已依据副王达沃拉（Távora, Rui Lourenço de）的命令出售了，其售价内的15000谢拉弗（xerafim）用以购买蓝靛和肉桂，已由去年离开该（印度）领国的定期船队送来，并平安无事地抵达了。”国王在信中还说：“他（副王）还向我报告，即由于商品的不足，不能送来更多。剩下的钱存放在克罗（Cron, Fernando（Fernão de）处[①]。由于报告送达他（副王）那里迟了，所以（虽然马上附诸公告）第二次航海无人接手。我打算在来年（我希望商品能更加丰富）所有剩下的钱以及第二次航海转让和出售金额将全部投入交易，以寻求尽可能多利益。”[②]

或许是担心有人对此提出异议，国王在1614年4月24日又连发两信，对交易事务再做具体指导。其中前者称：“我已送来命令，该定期船队（在返航里斯本之际）装载用出售两次航海权的所的购入的香科。……为了朕的王室资产的利益，以及朕的家臣们的利益，我已接获某些质疑，所以朕已下令将送交阁下的敕令与本信一起发出，（该敕令）是在朕的财政顾问会

（接上页注②）因此阁下应与前述拉贝尔协商，做出最佳决定，并立即实施。

如购入上述商品，应按照不同物品的质量，分别捆扎装箱，或进行必要包装。它们应载入装货的定期船或者定期船队的货物账簿上，然后放入（定期船）的香科仓库，贴上致王妃的标签，上述拉贝尔应根据阁下的命令，将它（商品）交给前述定期商船的船长或船长们，以便它能交给朕在印度的王室资产管理官员。

高濑弘一郎：《モニスン文书レ日本——十七世纪ボルトカル公文书集》，八木书店，2006，第195～196页。

在同一天（1611年6月10日）发布的另一道敕令中，国王除了要求在“返回（葡萄牙）王国的定期船队船舱中装入朕的王室资产预定的胡椒和其他香科之后，在剩余空间中再装入用前述航海（权）出售所得购入的所有商品”，还特别申明，“它（敕令）的效力将持续一年以上，它虽然不是由宰相颁发的，但上述事项应按照它（敕令）的内容完全地履行。如果有命令、规则、敕令以及其他与之相冲突的命令存在，朕明确地将它们全部废止”。高濑弘一郎：《モニスン文书レ日本——十七世纪ボルトカル公文书集》，八木书店，2006，第201、203页。

① 高濑弘一郎：《モニスン文书レ日本——十七世纪ボルトカル公文书集》，八木书店，2006，第245页注释5。

② 高濑弘一郎：《モニスン文书レ日本——十七世纪ボルトカル公文书集》，八木书店，2006，第243页。

议上决定的。"[1]

在同一天发出的另一封信中，国王下令将出售两次航海所得的83000克鲁扎多投资于本地商品，其中的一半资金用于采购胡椒，另一半用于购买宝石。他还细细叮嘱道："关于将前述金钱作为资金，按先前所述方式进行的采购，不论其数额多寡，阁下应在其账簿中事无巨细、极为精确地记载收支，以便明了做了哪些支出与采购。"[2]

1617年4月18日，国王于里斯本再次致信印度副王，要求再将两次航海权转让给已故王妃，以便为她修建修道院。而当印度副王在回信中声称现在无人购买，而且贸然出售可能会引起价格大幅下滑[3]，国王在1618年4月14日、1619年2月10日以及1619年2月26日作为答复的回信中，要求将此前出售航海权所得的40000克鲁扎多交船队带回，交给负责王妃财产的出纳安冬尼奥·席尔瓦（António da Silua），并声称，为王妃出售的航海权应优先于其他航海权的出售，以免遭受价格下滑的损失[4]。

三

由于缺乏比对材料，我们不清楚国王慷慨赠予的航海权是否如愿以偿地顺利出售，也不清楚它的最终售价究竟是多少，但有一点可以肯定，由于航海权的转让与出售意味着极丰厚的利益回报，所以加比丹一职及其航海权的转让才成为许多人竞相追逐的对象，并且成为国王和印度副王屡试不爽、并乐此不疲的敛财之道。

或因占据地利之便的缘故，由印度当局出面转让的航海权售价不仅毫不逊色于国王的收获，甚至还有更胜一筹的实效。根据英国学者

① 高濑弘一郎：《モニスン文书レ日本——十七世纪ボルトカル公文书集》，八木书店，2006，第293页。

② 高濑弘一郎：《モニスン文书レ日本——十七世纪ボルトカル公文书集》，八木书店，2006，第297页。

③ 高濑弘一郎：《モニスン文书レ日本——十七世纪ボルトカル公文书集》，八木书店，2006，第415页。

④ 详见高濑弘一郎《モニスン文书レ日本——十七世纪ボルトカル公文书集》，八木书店，2006，第444～445、446～447、505～508页。

博克塞的考证，1627 年 12 月 7 日异端裁判所的法官在从果阿发出的一封信件中透露说，为筹集科钦市的防务经费，当局出售了一次日本航海的权利，并从中赢利 27000 帕尔塔诺·谢拉弗。另据果阿异端裁判所的法官塞巴斯蒂昂（Sebastião Soares Paes）作于 1637 年 1 月 19 日的信件，印度当局曾出售过年份不详的多次航海权，其中 3 次日本航海的售价分别为 102000 谢拉弗、38000 谢拉弗和 36500 谢拉弗，3 次日本航海的售价 68000 谢拉弗，1 次售价 16000 谢拉弗。而其中明确为 1629 年由印度副王出售的 1 次日本航海的售价甚至高达 72000 谢拉弗①。

与此形成鲜明对比的是，我们注意到另外一些航海权的售让价格远低于此数，例如耶稣会视察员神父范礼安为解决经费不足、于 1588 年 10 月 18 日致信总会长说："在我看来，要摆脱这一窘境，应当向国王乞求一次日本航海。如果出售这一航海（的权利），可以从中获得 15000 克鲁扎多。"②

或因久久没有回音，范礼安在 1593 年 1 月 1 日于澳门再次致信耶稣会总会长，重提旧事。他在信中说道："即使得到这一救济策略，也太弱太迟了。因为在印度，一次日本航海的售价只有 23000 ~ 24000 帕尔塔诺·谢拉弗，而它也不过是 12000 多杜卡多而已。"③

1603 年 11 月 15 日，范礼安再次致信总会长，要求他为日本教会向国王乞求一次日本航海权。"（国王）有可能为救济日本而给予它。该航海可以售得 25000 ~ 26000 谢拉弗。由于一个帕尔塔诺相当于 8 个里亚尔，它大致相当于里亚尔货币的 18000 个帕尔塔诺。"④

或因日本教会的再三恳求以及罗马总会的游说活动，吝啬的国王终于法外开恩。他在 1610 年 2 月 20 日致信印度副王，在附加了严苛的条件之下，答应将一次航海权售价 30000 克鲁扎多的一半给予耶稣

① Chales Ralph Boxer, *The Great Ship from Amacon*, Lisboa, 1963, pp. 209, 248, 279。转引自高瀬弘一郎《モニスン文书レ日本——十七世纪ボルトカル公文书集》，八木书店，2006，第 150 页。

② 高瀬弘一郎：《キリシタン時代の研究》，岩波书店，1991，第 369 页。

③ 高瀬弘一郎：《キリシタン時代の研究》，岩波书店，1991，第 372 页。

④ 高瀬弘一郎：《キリシタン時代の研究》，岩波书店，1991，第 376 页。

会士[①]。但巴范济（Pasio，Francesco）神父却在1610年3月14日写给总会长助理的信中认为航海权的售价远没有国王所说的那么多，而教会的实际所得，将更是少得可怜。他颇为不平地申诉道："（葡萄牙）国王陛下只给（日本耶稣会）半份（日本航海权），……这数额太少了，一次（日本航海）可以售得10000~12000克鲁扎多，而给予我们的只不过一半而已。"[②]

关于航海权的转让与出售，我们或可作更多的考察[③]，但就本文讨论的主题而言，我们注意到虽然航海权已被公开出售、甚至有可能几经转手，但实际施行航海的加比丹本人却未受影响，不仅如此，他们的收入还呈现水涨船高的趋势。例如，前引1582年的《记录》声称：从中国前往日本的航海，获利最为丰厚，除去所有开支，每次的收入在35000克鲁扎多以上。而范礼安（Alessamdro Vlignano）作于1589年7月28日的信件则曰：这一

① 国王于里斯本写给印度副王的信件中说：

通过1608年以及1609年定期船队送来的朕的信件，朕下令在日本诸王国从事改宗的修道士们，无论是从印度前往其处还是滞留于其处的人，禁止从事一切交易和所有种类的商业（活动）。并且绝对不允许日本航海的加比丹们及其他们的定期船上装载无论是以他们（修道士）的名义还是其他人的名义的此类商品。并采取所有正当的方法与手段，阻止前述交易，并命令在他们的住院中问质这一点，并命令他们戒除此一点。

……朕的决定如下，即新给予他们（日本耶稣会士）的2000克鲁扎多，可以该（印度）领国之内设定方便向他们支付的场所。而以前他们所拥有的2000克鲁扎多的支付，继续分配给他们。只要他们在日本同有与此相当的收入，就每年全额支付前述4000克鲁扎多。如果他们拥有（在日本国内的收入），并达到前述金额（4000克鲁扎多），就从中减少。

此外，朕还决定，为他们返还债务，向他们赠送出售一次中国航海的收入的一半，他们可以将它（中国航海）转让给合适的人选。此人可以1607年3月2日之前、（中国航海）授予者缺席时开始进行（中国航海）。如转让前述（中国）航海，我想它可能价值30000克鲁扎多。另外的一半可用于马六甲的要塞化。

高濑弘一郎：《モニスン文书レ日本——十七世纪ボルトカル公文书集》，八木书店，2006，第175~176、176~177页。

② 高濑弘一郎、岸野久译注《耶稣会与日本》，岩波书店，1988，第11页。

③ 由于各种文献中记写的币种颇为混乱，学者给出的平均售价不尽相同。其中博克塞认为，在17世纪，航海权的售价在16000~40000谢拉弗浮动，但大部分时候，其售价在20000~30000谢拉弗。葡萄牙学者佩雷拉的计算与之相差不多，认为该售价在15000~30000谢拉弗，而日本学者高濑的计算要精细得多，在他看来，如果将不同币种换算成更为普遍的币种克鲁扎多，澳门市和其他人购得的航海权售价可约定为23625克鲁扎多。详见高濑弘一郎《モニスン文书レ日本——十七世纪ボルトカル公文书集》，八木书店，2006，第152页。

（从中国澳门前往日本的）航海极为有利，经费交易可以获得超过 40000 杜卡多的收益。

有关加比丹个人收入的最高数额见载于荷兰人林斯霍滕的记述，他宣称："前往日本航海的司令官在一次航海中就可获得巨大的利益。如果最初拥有某些资本和出色的船只——大致为七、八百拉斯特（last），就可以获得 15 万到 20 万杜卡多的利益。"①

我们不清楚林斯霍腾之言是有所依据还是道听途说，但即便这一骇人数目中掺杂了某些水分或者是文学夸张，从售让航海权早期的 35000 克鲁扎多（1582 年），到不足 10 年后的 40000 杜卡多（1589 年），再到 16 世纪末的 150000 ~ 200000 杜卡多（1596 年），加比丹的收入的增长速度依然令人瞠目结舌。因此，我们不得不猜测，加比丹的收入中应当包括并非商品交易的其他收入②。

---

① 林斯霍滕：《东方案内记》，岩波书店，1968，第 243 页。又文中所言拉斯特（last），是为荷兰人的计量单位。据考证，在 16 世纪之前，荷兰的船只计量与其他欧洲国家相同，多采用以葡萄酒等货物装载量为基准的桶（约 931 升），进入 17 世纪后，改用原为谷物计量单位的拉斯特（约 2800 ~ 3000 升），但就船用拉斯特而言，每 2 个表示最大装载容积的吨（Measurement tonnage）为 1 个拉斯特，约合 120 立方英尺，或 4000 荷兰磅。参见林斯霍滕《东方案内记》，岩波书店，1968，第 80 页注释 4。

② 我们或许还记得本文第一节中索萨于 1556 年 1 月 15 日致信路易斯亲王时的抱怨，他声称"甚至被解除了其他人所兼任的管理死者遗言之职责"。另前引葡萄牙国王塞巴斯蒂安在 1563 年 3 月 7 日任命门多萨为加比丹的命令中也提到了他的这一特权。其曰："在上述航海往返以及上述中国妈港或日本港口，上述门多萨应指定并宣示死亡者遗言及其在印度的他者，并有义务负责所托付管理之财产的死后管理人。当遗书指名并表示管理其死后财产的他人搭乘其船只或为滞留于上述某港口之人时，上述门多萨不得加以干预。如无人按照本敕令发布之前的朕之敕令就任上述死后财产管理人一职时应承担此事。" Archivo Portuguez-Oriental. Fasc. V，Pt. Ⅱ，pp. 538 – 539。转引自冈本良知《十六世纪日欧交通史の研究》（《十六世纪日欧交通史研究》），弘文庄，1936，第 287 ~ 288 页。关于国王敕令中的这一内容，高濑弘一郎先生的译文略有不同。其曰："无论是前述航海的往返途中，上述若昂·德·门多萨在中国澳门和日本港口，如果死者遗言中没有指定在印度的遗产管理人，他既可担任该死者的遗产管理人。"高濑弘一郎：《基督教时代的贸易与外交》，八本书店，2002，第 328 页。

此外，在前引《关于葡萄牙王室在印度各地拥有的城市、要塞，该处加比丹之职及其他各级官吏以及他们经费的记录》（1582 年）一文中，作者对加比丹的这一特权描述得尤为详精。其曰：

"前述加比丹·莫尔同时还是往返航海以及在澳门期间死亡者的遗产管理官。对他来说，这个职务相当重要，在我们谈到前述澳门的问题时，我们曾说过这一职务，对于这个地方（澳门）来说，我们还认为它是（该职务）就任宣言。现在我想再谈谈这一职务。

（转下页注）

关于这一点，前引李玛诺神父的报告或可作为佐证，他告诉我们，阿尔玛萨与船长（加比丹）订立的契约规定，无论装载生丝是否达到2000担（pico）的规模，都要向他支付价值10%的运费，以及3000两白银（或克鲁扎多）的利益补偿。

李玛诺神父的报告没有透露这10%的运费价值几何，但同时期意大利人卡莱蒂在其游记中说明道："在返回澳门后，每次航海按（货物价值）10%的比例向首长（capitamo，加比丹）支付（运费），因此，虽然航船常常会面临危险，但首长花费20～25天将商品送往日本可获得40000～50000斯格特（scudo）。"①

无独有偶，博加洛（Bocarro，António）提供的数目也颇为骇人。他在名为《关于东印度领国所有要塞、都市、城镇的地图的记录》（1635年）的文献中写道："（澳门与日本间的航海收益）是由航海拥有者提供的、商品货价10%的关税收入，其数目高达110000两（银子），帕塔西奥船（Patacho. Pataxo）② 的运费和支付（船员）士官薪水的经费是由这部分开支的，但它们的总数通常不过30000两左右。再加上向航海拥有者支付的15000两，总共45000两，将它们从110000两（银子）中扣除，（剩下的）

（接上页注②） 在关于该航海发给的认可证中，也明确提到兼任死者的遗产管理官。而在尚未明确这一点时，印度副王还为此向他们颁发敕令。这对当地、尤其是澳门居民造成了极大损害，他们应该继承死者们的遗产，但一旦交给他们，或是推迟返还到继承人手中，或是不再返还了，因为他们（遗产管理官）把它（死者的遗产）放入他们契约中，拿着它们（那个死者的遗产）返回印度，再返回葡萄牙，因此，拿回它几乎是不可能的了。为此，就从死者处接受的全部遗产制成受领书，并在完成（加比丹·莫尔）的职责之后，在果阿基于它（受领书），除了写明其他用途的会计报告之外，必须给予这一职务（加比丹·莫尔）一些好处。这样一来，高贵并具备良心的人就能从中得到实惠，对于他们来说，这些金额在三年中就有6000～7000克鲁扎多。"
高濑弘一郎：《モニスン文书レ日本——十七世纪ボルトカル公文书集》，八木书店，2006，第78页。

① 榎一雄：《榎一雄著作集》（第5卷），汲古书院，1993，第187页。

② 有两根桅杆，船首桅杆处的两根顶桅（mastaréus）上张有圆形帆，船尾的桅杆处的一根顶桅上备有三角帆。老式的patacho，至少是战用patacho船，备有三根桅，帆的种类不详，推测与定期船相仿。备有船首楼（castelo de proa）、复式甲板（tolda），第一甲板（primeira coberta）上安装有排炮（bateria），大炮有18～26门。Humberto Leitao & J. Vicente Lopes，p. 398。转引自高濑弘一郎《モニスン文书レ日本——十七世纪ボルトカル公文书集》，八木书店，2006，第398～399页注4。

65000 两就是国王陛下的收获。”①

必须说明的是，由于上述各种记录提及的货币单位及种类颇为复杂，我们很难精准计算或比较实际收入的实际差异②，但无论如何，此时的加比丹体制已与以往大相径庭，可以想象的是，当传统加比丹制度中堪称前提和基础的航海权被当作商品公开转让或竞价出售时，这一制度中原来的加比丹行政管理权和贸易权亦会受到根本性的摧毁，他们作为“海上巡抚”和“移动总督”的权威亦会受到挑战，在此种情况下，尽管加比丹制度在名义上依然存在，但它的实质已与以往大不相同了。

① 高濑弘一郎：《モニスン文书レ日本——十七世纪ポルトカル公文书集》，八木书店，2006，第 70 页。另据考证，博加洛上述报告是应菲律浦国王在 1632 年的要求而作。在现存的手稿上，博加洛的标题是 *Liuro das Plantas de todas as Fortalezas, Cidades e Pouoaçoens do Estado da India Oriental com as descripçoens da altura em que estão, e de tudo que ha nellas, Artilharia, Presidio, gente de Armas, e Vassalos, rendimento, e despeza, fundos, e baxos das Barras, Reys da terra dentro, o poder que tem, e a paz e guerra, que guardão, e tudo que esta debaxo da Coroa de Espqnha*（关于东印度所有要塞有图面、城镇、居民的书籍。包括各地的气候、出产、炮队、兵营、贵族以及平民的收入和支出，海底及沙洲的深度、土著王候、他的权力、战争及和平，他们的财物和依存于西班牙国王的所有事项）。在这份手稿中，在彩色手绘地图的附文中，作者逐一介绍了印度、马六甲以及澳门各地的要塞位置、交通线路、物产、货币及行政机构的具体情况。参见日本放送协会编《葡萄牙与南蛮文化展图录》，印象社，1993，第 86 页。

② 除已有解释的谢拉弗（xerafim）、帕尔塔诺·谢拉弗（pardau xerafim）之外，上述各引文中还提到克鲁扎多（cruzado）、杜卡多（ducat）和斯格特（scudo）。它们的比值会因时因地而发生变化。以当时亚洲流通最广的葡萄牙钱币克鲁扎多为例，它与每两白银的比值在1∶1左右，有时也升值至1.5∶1 甚至2∶1，而白银与杜卡多、斯格特的比值大致在1∶1.5，而克鲁扎多与帕尔塔诺的比值则多为 1∶1.2 ~ 1∶1.3。详见高濑弘一郎《キリシタン時代の研究》，岩波书店，1991，第 662 ~ 674 页。

The Records of the Inspeção Superior da Administração Ultramarina: Glimpses over Macao and its Networks

Vítor Luís Gaspar Rodrigues, Ana Canas D. M. *

I On the ISAU and its archive: notes of administrative and archival history[①]

The Portuguese High Inspection of the Overseas Administration (Inspeção Superior da Administração Ultramarina - ISAU) is not unknown among researchers. Several of them have already used records that this office produced or that were integrated in its archives. However, the significance of these records is far from being well-known, including to the history of Macao and the relationship among Portugal, the Western World, China and also Africa.

The scope and contents of the archives (or records fonds) of ISAU, in the Overseas Historical Archive of the Tropical Research Institute (AHU/IICT), are not yet clearly established. This paper intends to contribute to it.

Beginning with some data on the ISAU archival fonds in the AHU:

---

* Vítor Luís Gaspar Rodrigues, Centro de História/IICT; Ana Canas D. M., Arquivo Histórico Ultramarino/IICT.

① Sources: Some legislation collected previously in the AHU; *Relatório de Estágio de Carlos Gonçalves* Internship in the AHU, UNL, CID 2006 (Supervision AHU and UNL, PP e A. Lourenço); Archive of the AHU, arranged and described in 2006 - 2008; Data base of the Arquivos do Ministério do Ultramar and other personal research.

- It has 100 meters of extent and is dated from the 1930's to the 1970's.

There are the following allied materials of these records:

- 458 containers of records that belonged to the ISAU archive , too, dated 1930 – 1980, still kept at the Historical Archive of IPAD / Camões ICL.

- Scattered records in other archives/fonds of the Overseas Ministry such as: the ones of the Cabinet of the Political Affairs (Gabinete dos Negócios Políticos), which are kept at the AHU/IICT and the Foreign Affairs Historical Archive (Arquivo Histórico Diplomático). Here we may find records produced by ISAU and advice on the contents of these records made by high ranking overseas officers and minister.

- Personal files on the ISAU civil servants, in the Civil Administration Department (Direcção Geral da Administração) of the Overseas Ministry, kept at the AHU.

ISAU was an inspection office of the Portuguese central overseas administration, located in Lisbon. In order to better contextualize ISAU we will provide some information on its background.

The establishment of the posts of high inspectors of the finance of the colonies in 1918, in the Finance Department (Direcção-Geral de Finanças) of the Ministry of Colonies was the first step to an autonomous overseas inspecting office.

In 1929, the Financial Inspection of the Colonies was set up with the purpose of inspecting the colonies, administration as well as enterprises that had contracts with the correspondent governments.

But the groundwork for the ISAU was drawn up mainly from the 1933 Overseas Administrative Reorganization[①] legislation onwards. According to the respective decree[②] and taking into account the hierarchy of the Ministry of Colonies, the post of general inspector of the colonial administration was placed just under the post of general governor or governor of the colony. Besides, the general inspectors exerted their

① Overseas Administrative Reform - RAU (Reforma Administrativa Ultramarina - RAU).

② Decree-Law , No. 23: 229, of December 15, 1933 (Decreto-Lei , No. 23: 229, de 15 de Dezembro de 1933).

functions in the colonies on behalf of the minister and had free access to every public office and service. All this empowered them to act without any constraints①.

A set of posts of colonial administrative inspectors was also created. These, when on duty in the colonies, reported directly to the governors and carried out inspection of civil administrative local services such as the ones of the county councils②. The administrative inspectors could be appointed to other posts in the colonies, which happened often, sometimes disturbing their inspecting activities.

Besides, this 1933 legislation previewed two types of inspections, ordinary and extraordinary, and a schedule for the former③.

Concerning the reports resulting from the activities of the general inspectors of the colonial administration and of the administrative inspectors, the decree lays down the following rules:

(1) When the inspection focused on the central services of the colonies, the original report was always sent to the ministry and a copy to the governor of the colony. When the inspection was of local services, mainly in colonies like Angola and Mozambique, the inspectors had to send a third copy to the governor of the district. Later on and in some cases, a fourth copy was also produced.

(2) The reports were divided into five parts:

- General condition of the services;

① The general auditors were " (...) reporting directly to the Ministry of Colonies and destined to carry out audits on the civil administration services in the colonies (...). They proceed on behalf and representation of the Ministry of Colonies, informing the Governor-generals or the Colony Governor on everything they did (...). When exerting their functions, they have free access to all public offices and services, and they can scrutinize every document that may concern the audit they had been charged of performing".

② The administrative auditors, " (...) when on duty in the colony, report directly to the respective Governor: they are destined to carry out audits on the civil administration services and the native businesses in the counties, municipalities, stewardships, constituencies or administration posts", as well as " (...) to check how the staff from stewardships, constituencies, counties or posts comply with their duty, both legally and morally, by seeking to know the condition of the service and equipment, and proposing the enforcement of disciplinary measures or others considered to be necessary".

③ RAU defines two kinds of provincial audits: the ordinary ones, every four years for the central services, and every three years for the district, municipalities, constituencies and posts; and the extraordinary audits.

- Finances and accounting;
- Indigenous policy;
- Functionaries (Civil servants);
- Proposals to improve the services and discipline.

Until 1974, there had been a certain variety in the components of these reports and in their information contents. It depended on the context of the specific inspection, especially if it had been ordered by the overseas minister. This seems clear in key periods like the beginning of the 1960's, even before the colonial war was initiated in Angola, Mozambique and Guinea-Bissau. In these circumstances, the profile of the inspector chosen became particularly relevant.

The High Inspection of Colonial Administration (Inspeção Superior da Administração Colonial – ISAC) itself was created by the 1936 law that shaped the internal structure of the Ministry of the Colonies①. This office centralized the inspecting activities on the colonial civil administration, and excluded services related to justice, finance and development ("foment", namely public works) and converging on the work, emigration, assistance and protection of the indigenous people. These were, until then, functions carried out by the local colonial authorities.

The ISAC was a high ranking office (at the level of a Direcção-Geral) and are directly under the minister's command. In 1951, the name of this office was changed to High Inspection of Overseas Administration (Inspeção Superior da Administração Ultramarina) replacing the colonial adjective②.

In 1957 its functions were enlarged and comprised of③:

- The inspection of the whole of the civil administration in the colonies, then called provinces;
- Collecting and studying the governor's reports and further information about the activities of other government offices overseas and afterwards forwarding the matter to

① Decree-Law No. 26: 180, of January 7, 1936 (Decreto-lei no 26. 180, de 7 de Janeiro de 1936).

② Decree-Law No. 38: 300, of June 15, 1951 (Decreto-lei no 38. 300, de 15 de Junho de 1951).

③ Decree-Law No. 41: 169, of June 29, 1957 (Decreto-lei no 41. 169, de 29 de Junho de 1957).

the services which they were related to, inside and outside the Overseas Ministry;

- The inspection of overseas enterprises, including private enterprises[①];
- The study of the issues regarding the political interests of the populations under the regime ruling the indigenous people (Indigenato) and the inspection of the way that legislation on the political, civil and criminal status as well as on the assistance and work regime was applied to them.

In 1967, by the law that reorganized the Overseas Ministry[②], ISAU kept its administrative rank but its functions were newly devised and detailed, trying to keep up with the increasing complexity of the administration and government, especially in times of military conflict in Africa.

In general, the study and advising competencies of ISAU[③]were enhanced and regarded the overseas administration in the legislative and executive areas, as well as corporative, work and social assistance issues. The connection between ISAU and the Cabinet of the Political Affairs[④]and ISAU and the Economy Department (Direcção-Geral de Economia) of the same ministry was reinforced.

---

① Corresponding to the Section C—Overseas enterprises, according to a classification scheme used in the ISAU archive. The government nominated delegates, administrators /managers (administradores) or other representatives of the State interests in matters that were not dealt by the Presidency of the Council.

② Decree-Law 47: 743, of July 2, 1967, publishing the General Law of the Ministry of Overseas Territories (Decreto-lei no 47. 743 de 2 de Junho de 1967).

③ • The study of the legal and executive aspects in province administrations.

• The audit of the civil administration services, the personalized public services, and the overseas administrative bodies, on issues concerning the compliment of ministerial laws, regulations and determinations.

• The collection and study of the Governors' reports and other features deriving from provincial and local governance; the channelling to the ministerial institutions whose affairs may be their concern.

• The study of the rule of law for labour relationships, welfare and social action (including union problems) as well as the supervision of its enforcement. This job can be done in connection with the Political Affairs Office and with the General Directorate of Economy, depending on the nature of the issue.

• The supervision of the overseas corporate activity concerning the compliment of contracts, bills of award, regulations and competences of public interest. This supervision is carried out by Government representatives (delegates, managers and others) within the companies.

• The revision of the publication of the overseas Governments' legal acts, taking in consideration the respect for the fundamental laws and the local, national and international political interests.

④ As the correspondence and the Cabinet advisements sustain.

Besides, ISAU went on inspecting in the overseas territories the exertion of the laws, instructions and resolutions of the minister. This was carried out by analyzing information sent by initiative of the local overseas services or of the services of the ministry, of the enterprises and concessionaries, by ISAU request and by direct order of the minister.

In March 1975, following the 25th of April coup d'état and previewing the decolonization process, ISAU ceased and its functions and personnel meant to be transferred to the new Ministry of the Inter-territorial Coordination①, which replaced the Overseas Ministry.

II On the reports: two examples from Macao

Among the records of the ISAU, the series of reports deserves particular attention, not only because the reports are a synthesis document but also due to the relevance and past confidential status of much of their information content. That explains why they were kept in a separate archive (the Arquivo dos Relatórios) when the ISAU was still working.

Besides, they integrated a specific class (Section I) according to undated classification schemes of the archive of the ISAU.

The AHU received an important set of these records first in 1958 and then toward the end of the 1990's, after the rush storage of archives of the ceasing Overseas Ministry in several places.

They comprise the following types of reports:

- Governors' meeting reports;
- Intendants and Administrators conference reports;
- District Governors reports;
- Province Governors reports;
- Administrative Inspectors reports;
- High Inspectors reports.

---

① Decreto-lei no 125/75 de 12 de Março.

Among the 207 reports transferred ultimately to the AHU, there are about 20 related to Macao, mainly of the Portuguese governors of this territory and dated from 1947 to 1972①.

In order to better evaluate the extraordinary importance of this record series, we have decided to select two reports, namely that from ISAU, the first one, drawn up by a Higher Inspector of the Ministry of Overseas, José Diogo Ferreira Martins, an envoy to Timor and Macao in 1958②; and the second one, from 1970, which the governor of Macao, José Manuel de Sousa e Faro Nobre de Carvalho, was responsible for③.

These two documents are not only consistent with two different moments, both politically and economically, but they also represent two different ways of considering the reality in the Territory, in each of these periods. Actually, in the first instance, we have what could be defined as a microscopic overview of some of the most worrisome problems at the time in Macao, containing very tangible proposals of solutions to be applied, which is understandable since it consisted of an act of inspection aimed to inform the Minister of Overseas. The second instance is a macroscopic report about the administration performed by the government of the Territory, as far as the global functioning of healthcare services, justice and armed forces, or the civil administration and the Chinese affairs are concerned; and so are its financial and economical situation as well as its political and social climate, as a consequence of the relations with the neighboring countries, especially China.

From the first report, drawn up in 1958, something that is immediately stressed out is the very difficult moment lived by the Portuguese administration of the Territory, because of the "implantation of the Communist regime in China",

---

① AHU, *Fundo da Inspecção Superior da Administração Ultramarina*, *Província de Macau*, *Relatórios dos Governadores*, 1947, 1953, 1955, 1958, 1959, 1961, 1963, 1964, 1965, 1966, 1968, 1969, 1970, 1971 and 1972.

② AHU, ISAU, *Inspecção às Províncias de Macau e Timor. Relatório do Inspector Superior José Diogo Ferreira Martins*, 1959, No. 148.

③ AHU, ISAU, *Província de Macau*, *Relatórios do Governo*, 1970, No. 188.

which has utterly changed the balance of forces in the region. In José Diogo Martins' opinion, this had as a result that "the authority of the Portuguese administration in Macao was not fully enforced, even in very simple issues such as some council or police regulations"; so the governor had to face the need to solve the disputes emerging within some of the class or labor associations, by resorting to some prominent persons in Macao's high society, well-connected to Beijing, for example Ho Yun, a millionaire who held the monopoly of the gold trade and member of the Assembly of Beijing, who operated as a "liaison agent with the Communists"①.

In spite of being aware of the need to keep these "unofficial" channels open, the inspector recommended a change in the foreign policy that could put an end to the situation of "evident suffocation, permanent unrest [...] and a very precarious exercise of sovereignty" in Macao. Therefore he proposed the strengthening of relations with the Cantonese administration, to be achieved by what he called an "Orientalised diplomatic action" based on a courteous relationship. At the same time, all the activities exerted by the consul of Taipei's nationalist government should be neutralised, by explaining to the "several preponderant fully anti-Communist Chinese persons" how important it was to establish these contacts with the Cantonese authorities②.

At an internal level, as he was concerned with the growing social instability in Macao, much because of what he called a "policy of weakness", he advocated the adoption of a stronger governance, especially in the disputes with the Portuguese administration and the numerous class associations (57 sympathisers with the PRC government and 46 with the ROC nationalist government are mentioned), which, in spite of being illegal, had an increasing influence in the Territory. As referred by the inspector himself, if the state of affairs went on unchanged, soon the administration would completely lose face, "meaning all

① AHU, ISAU, *Inspecção às Províncias de Macau e Timor. Relatório do Inspector Superior José Diogo Ferreira Martins*, 1959, No. 148, p. 4.

② AHU, ISAU, *Inspecção às Províncias de Macau e Timor. Relatório do Inspector Superior José Diogo Ferreira Martins*, 1959, No. 148, pp. 19, 20.

prestige, respect and authority, Portugal being thus practically impeached to exert its sovereignty"①.

Aware of the importance of tourism to Macao, as an activity inherently linked to gaming, the inspector José Diogo Martins dedicated a great part of his report to this issue, by drawing a very detailed picture of the multiple problems he struggled with, and presenting a set of solutions that could tackle them. As he states, "Macao has regulations for the game of fortune [...], but it works in conditions not at all prestigious for us and even less attractive to tourists". As a matter of fact, in spite of being part of the city life, "as an essential issue for most people day-to-day, gaming has its sordid features and is not practised in a clean environment, with some luxury, as it would be desirable to attract more tourists. The best gaming house (I haven't seen any other), the dealer's (Hotel Central), has several halls, but none of them with the proper style and atmosphere. Some of these halls, as well as its attendance, had a very low quality, even obscure, outlook"②.

Given its importance to Macao, as one of its main sources of income, he believed it was counterproductive to prohibit gaming and, on the contrary, it was necessary to manage it in order to target mainly the wealthier layers of society, so as to prevent it turning into a social problem. The measures he proposed—which were perhaps the basis for a new route to be trailed by this activity in the Territory—were mainly founded on the need to adjust gaming towards the rich tourists, who would be offered the best conditions during their stay, not only through the creation of luxurious casinos, with new games, such as the roulette, the French bank, the baccarat or even the "pau-cai", but also with the building of new and modern hotels, thus increasing the offer of accommodations, both in quantity and in quality.

Otherwise, he argued that gaming should be forbidden to the civil servants and the poor. He also advocated that the casinos should move to Coloane, in order to

---

① AHU, ISAU, *Inspecção às Províncias de Macau e Timor. Relatório do Inspector Superior José Diogo Ferreira Martins*, 1959, No. 148, p. 82.

② AHU, ISAU, *Inspecção às Províncias de Macau e Timor. Relatório do Inspector Superior José Diogo Ferreira Martins*, 1959, No. 148, p. 13.

create what he called "a discrete and luxuriant environment" designed to attract a great number of tourists to the island, and proposed the building of an embankment between Taipa and Coloane that would facilitate the access to this island. Heavily taxed, gaming would thus become the main source of income in Macao.

The report also addressed some other issues of life in Macao, such as: dredging the canal that gives access to the inner harbour, which would also be deepened; the urgency to re-evaluate the contract with "Melco" company, the supplier of energy to Macao, and whose exclusivity contract allowed it to sell electricity at abusive prices (twice higher than those practised in Hong Kong), with an evident jeopardy for the local economy, especially industry; or even the need to reopen the airline connections to abroad, previously made by a seaplane berthed on the water mirror of the outer harbour. On this particular issue, he proposed the building of an airport, not only for the transportation of passengers but also to give flow to the imported gold, a business that, alongside with gaming, was responsible for most of the revenue collected by the State of Macao[①].

As for this activity, as it was current voice in Macao that the regime of monopoly in force was harmful for its economy, he recommended a very thorough study to be carried out on the activity developed by the Chinese group that held it, lead by Ho Yun and the Portuguese Pedro Lobo.

These are just a few notes we deliver here about the extraordinary amount of information in existence, because the report produced by the inspector José Diogo Martins also considered, in a particularly exhaustive way, many other aspects subsequent to the Portuguese governance that, in his mind, needed to be known by the Minister of Overseas for future amendment.

Now what concerns the report produced by the Governor of Macao Nobre de Carvalho, the document provides, first of all, an overview on the governance and the functioning of the administrative services in the Territory in its several aspects, with special relevance for education, healthcare services, sanitation,

① AHU, ISAU, *Inspecção às Províncias de Macau e Timor. Relatório do Inspector Superior José Diogo Ferreira Martins*, 1959, No. 148, pp. 36, 37.

public assistance, justice and security.

Drawn up on the basis of piecemeal reports prepared by the different leaders of the public services in Macao, it presented not only the work done in the area of built heritage, as was the case of the new Hospital S. Januário, but also a number of limitations, chiefly those concerning specialized technical staff, which was very scarce in such areas as Healthcare Services and Public Works①. In this particular instance, the report draws special attention to the great development registered in civil construction, which raised some problems both to urban planning in the city and the quality of the buildings, "given the fury to build quickly".

The report points out a clear idea: that 1970 is the year that marks a moment of accentuated growth of the Territory, not only at a demographic level (something attested to by the increasing number of vehicles in the city, which made the staff establishment plan of the public security police obsolete), but also industrial, with special focus on tourism (three hundred thousand tourists more than the previous year), manufacturing industry, which, as referred by the governor himself, "is a vivid reality nowadays, being one of the most stable factors of economic growth in Macao"②. Having started in 1968, this growth was particularly felt in the textile industry, number one in the ranking of exportations, and employed the highest number of industrial workers; it was responsible for both the increasing capacity of employment in the Territory, to the point of not having enough manpower, and a sensible rise in salaries, a very important feat as it was achieved without any vindictive pressure.

An identical situation was registered in foreign trade, which "had never achieved such growth rates" before 1970. The trade balance was accentuated in about three million *patacas*, as a result of the large number of raw materials and capital goods in the industrial units of the Territory. Yet this value was "compensated in the balance of payments by the incoming of 'invisibles', with special relevance for those resulting from tourism, private investments, emigrants'

① AHU, ISAU, *Província de Macau*, *Relatórios do Governo*, *1970*, No. 188, p. 91.

② AHU, ISAU, *Província de Macau*, *Relatórios do Governo*, *1970*, No. 188, p. 385.

remittances and transactions outside the usual circuits"①.

At the end of the report, he addresses the social and political situation in Macao, emphasizing the fact that no act of public disorder whatsoever had occurred, throughout that year. On the one hand, this could be directly related to the average rise of salaries (as mentioned before), on the other hand, it came as a consequence of what he called "a slowdown of the cultural revolution", since the propaganda activities by Mao Zedong's partisans were confined to their shops and the associations they controlled②.

The political struggles were not so disturbing because, as stated by the Governor himself, "the population is already duly aware that any activities against the People's Republic of China in Macao are not tolerated, and the PRC is undoubtedly getting a growing prestige not only in this geographic area but also throughout the world".

Regarding the relationship of Macao with the neighbouring colony of Hong Kong and foreign countries, he reaffirmed the management of a policy of good understanding with China, as what he called "an attitude of mutual neighbourhood on acceptable conditions". It goes without saying that the maintenance of this policy should require the inexistence of any official contacts with the government of Taipei and the need to make sure that the Nationalist elements in Macao were forbidden to exert any political activity, in order to prevent the outbreak of conflicts, as it happened in late 1966③.

From the present explanation, it is easy to understand that both reports in question—just like all the others that make up the record series presented here—are an extremely valuable source of information on many aspects of social, economic, political and administrative life in the Territory, during the third quarter of the last century, therefore being a key instrument for everyone who wants to study the contemporary history of Macao.

---

① AHU, ISAU, *Província de Macau*, *Relatórios do Governo*, *1970*, No. 188, pp. 407, 408.

② AHU, ISAU, *Província de Macau*, *Relatórios do Governo*, *1970*, No. 188, p. 482.

③ AHU, ISAU, *Província de Macau*, *Relatórios do Governo*, *1970*, No. 188, p. 483.

Macau and China's Foreign Relations: A Complementary Topics for Understanding the Identity Reformulation in Macau Society

Carlos Piteira *

I The process of modernization and the effects on identity

This article focuses on the reality of Macau as it was projected in the Asian context, this approach brought an "*emic*"① prospect, withdrawal of a Chinese language author, who raises questions about the issue of transition to modernity in Chinese society, to us.

In this case, we suggest following the point of view given by Kuo-shu Yang② and work based on this elements to base our reflection and contribution to referring the references of how Chinese people are handling the modernization process and how they can also be affected by identification process.

We believe that Macau is living the similar process since 1980 and it is increasing after 1999 with the political change under China's policy and, of course, based on a new conception of local identity.

The approach taken from Kun-shu Yang is based on a large scale of unity, in

---

* Carlos Piteira, Professor of Anthropology in Institute of Social and Political Sciences, Technical University of Lisbon (ISCSP/UTL) and Senior Researcher from Oriental Institute (ISCSP/UTL).

① "Emic" perspective is what in anthropology of sociology field we considered a internal points of view brought from inner of people.

② Kuo-shu Yang, "Chinese personality and its change", in Bond; Michael Harris (Edit.), *The Psychology of Chinese People*, Hong Kong, Oxford University Press, 1990 (Original: 1986).

any case, we think that it can also be useful for getting a few points about identity reformulation in Macao.

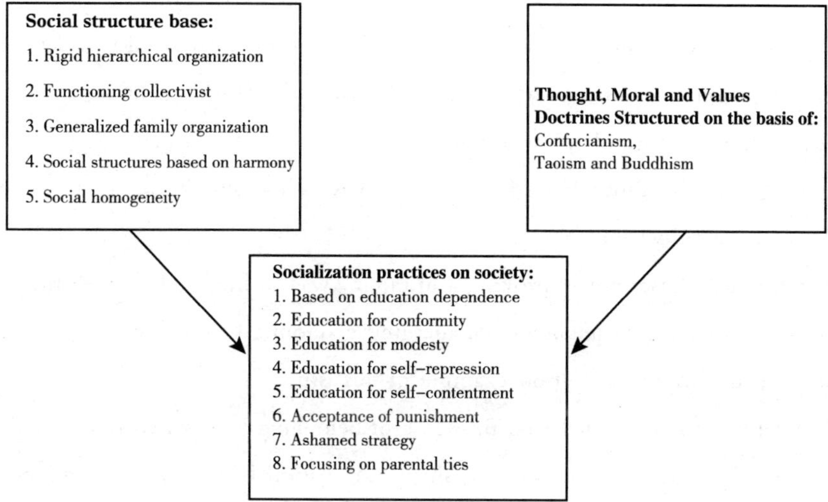

Figure 1　Simplified Diagram of Chinese Social Structure (by: *Kuo-shu Yang*)

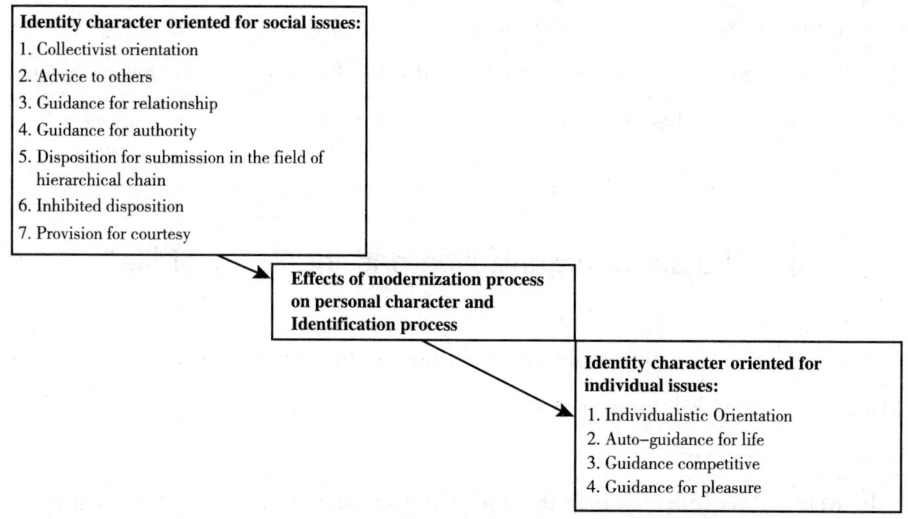

Figure 2　Simplified Diagram of How Modernization Process Can Change and Affect the Identification Process

Adapted from: Kuo-shu Yang, "Chinese personality and its change", in *The Psychology of Chinese People*, Hong Kong, Oxford University Press, 1999 (Original: 1986).

If we believe (or adopt) the point of view of this diagram, the key point is to know how people can keep his own secular identity based on strong values like Confucianism, Taoism and Buddhism which included a great concern of collective issues, in one based on individual values and modernization dynamics society.

In this matter, Macao could be a good social "laboratory" field to understand how people can reformulate, or rebuilding in his own sense of belonging based on modernity values without loss of link to the past while also keeping the essential values of secular doctrines.

The formula chosen for improving a modern "way of life" linked with the place we belong to, brings a possibility of merging economical dimension with cultural heritage to us; Macao is a good example of this issue.

The central point for analysing the sense of belonging is to try to understand the role of local identity in the way we shape our national identity. On this point, Macao is looking for a new direction for giving people other references that is different from the idea of that Macao is only an "casino economy", they are looking for integrated models of social and economical organization in one conception of modern style of life and get a integrate social structure for explaining the effects of this issue in a "way of life" and how they can support that on a sense of belonging①, and based on cultural heritage too.

Ⅱ The social organization and the "way of life"

Another issue that is rebuilding the sense of belonging is the way how the Macanese people feel in everyday life in a particular sense of "way of life" is different from others.

In Macao, we can say that the social organization is based on one particular ramification of the policy that has been adopted in China on the basis of "One

① Bill K. P. Chou, "Building National identity in Hong Kong and Macao", in *Revue of East Asian Policy*, April-June 2010, pp. 73 – 80.

country two systems" in Macao and Hong Kong. And for sure the most exemplificative social organization is based on the second system.

The social organization in the context in China is extremely diversified, however, they are opening a new direction based on a new political approach and new economic issues. The modernization and the "market game" are accepted here.

We can say that China is also inspired by capitalist model, but in its own way, political organizations of People's Republic of China dominate all "roads" . Hong Kong and Macau, representing all kinds of variations in the level of organizational models, styles of leadership, technologies, products and services, is a good example of this①.

In the base of this scenario, it is possible to contextualize the models of organization in regional reality, to propose four points consistent with the models of capitalist and market inspiration, which improved and controlled China.

These topics make it possibile for us to understand how it is possible to develop modern dynamics in harmony with ancestral ideology and, to remain constant for all characteristics of Asian (Chinese) social structure of "way of life" with significant impact on existing organizations in the region of East Asia.

The key points we found on organizational models of economic improvement in Macao (and I suppose also in Hong Kong) are:

a) Keep the form of socialization in family unit, which promotes sobriety, education, skills acquisition, and seriousness with respect to tasks, work, and family obligations;

b) Keep the tendency of helping the group or team (whatever it is identified with);

c) Keep a sense of hierarchy and its naturalness and rationality;

d) Keep a sense of complementarity in relations and social ties, together with

① Gordon Redding, Gilbert Y. Y. Wong, "Psychology of organizational behaviour in China", in Bond; Michael Harris (Edit.), *The Psychology of Chinese People*, Hong Kong, Oxford University Press, 1990 (Original: 1986).

the sense of hierarchy which increase the perception of fairness and equality in the institutions.

The involvement of Chinese organizations involves knowledge of structures, management processes and modern technology, which introduces the ancestral values of belonging and membership organizations in parallels. The conjunction of these parts makes the whole coherent and culturally acceptable. As social systems, they adapted and accommodated themselves to their environment.

The analysis can be, in this way, divided into three interconnected topics:

- Organizational structures;
- Management processes;
- Sense of belonging as members of the organization (in extension of culture, beliefs, values and attitudes of members).

The picture that emerges in Macao, with projection of China and Asia realities, is to analyze organizational and social structures that can be summarized in the following points:

a) Centralization of decision-making power, usually belongs to a single owner, a manager, an entrepreneur, a founder or a father figure;

b) Small scale as a basic tendency (even in the emergence of large-scale businesses they tend to remain highly centralized);

c) A low level of specialization, with fewer and/or less detailed job specifications, less fragmentation of the organization like specialized departments, and greater number of people responsible for a range of activities in various fields;

d) Minor Standardization activities and consequently less routine proced-ures;

e) A relative lack of supporting departments: research and development, labor relations, public relations, market research, and the tendency for all workers who deal with the main products or services of the company;

f) A strong overlap between ownership and control, and the large private family business dominance.

This is the context in which own social model based, drawn from two main issues, "*Social Stability*" and "*Materialistic Market*", highlighs the ways in which various elements within each issue affeced the implementation of cooperation in organizations.

We note now that this social model contributes significantly to economic growth and national consolidation. If the sum of their efforts is notoriously successful, it is reasonable to suppose that the general level of effectiveness of their organizations is high.

To achieve this level of efficiency, to tend to adopt remarkably consistent format of organizations, usually leaves a small, family-dominated structure and paternalist where the leadership process is usually didactic and process control management relies heavily on nepotism networks of obligation, subjective performance evaluation, and paternalism.

The members enter the organization with a set of family values, a broader collectivism, greater sensitivity of interpersonal harmony and a sense of social hierarchy. They act with a strong interest in the prosperity of the organization, respect for entrepreneurship, and diligently.

Consequently, the balance of forces that produces high levels of vertical and horizontal cooperation and enables productive efforts for personal and organizational goals, is a delicate matter.

If the organization becomes too large, it is beyond the reach of the personal ties that bind individuals effectively. They try to keep a paternalism protector standard of management for reducing the stress level of workers.

Excess nepotism can weaken efficiency in key positions within the institution, on the other side, lack of nepotism can cause trust issues. Too much delegation can become excessive and cause high turnover among supervisors and managers; lack of delegation may cause too much weight on the owner / manager.

The organizational context where all institutions are dealing in, the Chinese seem to find a quite particular balance. It is a matter of "small is beautiful" and it is a lesson to be learned by all.

In the background of all this, China moves inevitably toward thought, whether theoretical or practical, organizational knowledge in Asia.

The change is happening rapidly. Changes in incentive and reward systems will inevitably affect the motivation and attitude with work and the institution. Changes in political forum will probably suggest further reasons for the existence of the institution. Technological changes will affect not only the production and effectiveness, but also the individual's satisfaction with work.

It is suggested that further research could be undertaken to solidify the area of anthropology, sociology and psychology and to a better understanding of the organizational model of Macao and their contributions to the reformulation of social identities based on this model.

Ⅲ A singularity heritage and a singularity affirmation

The process of return of Macao to Mainland of China is a very important point for giving a new sense of affirmation of identity to Macao people, for now they can assume that Macao is in total integration with mainland China so, the sense of belonging is also a sense of belonging to a Chinese identity, even if there are multiple possibilities of interpretation for this sense of belonging.

We know that there are other people, non-Chinese people, who lives in Macao and who also have a Macao identity, with the same sense of belonging. This is a crucial point which reveals that Macao has also a singular heritage that offers a larger sense for its habitants. It is because the place, the way of life and the heritage are important in the reformulation of identity that Macao citizens are looking for now[①].

The key question to this point is how people in Macao can handle the heritage and at the same time live on a new phase of modernity that brings out a difference of values and a loss of social ties based on fragmentation of basic networks.

The way of building a conception of national heritage has been on the agenda of SAR of Macao, for further integration with mainland China. The process is now clearer after the handover of sovereignty, with participation of every social

---

① About this issue see: Hao Zhidong, *Macau: History and Society*, Macau: University of Macao, 2011.

community in a context to raising Macao to a integral place with mainland China.

Local identity of Macao is centred. The cultural heritage has quietly emerged. Emotional attachment to the cultural heritage is a key point for all citizens of Macao and can be a strong issue for diversity. To change the common feeling that Macao is only a "casino economy" to a sense that Macao is a place of cultural heritage where the people have proud and knowledge of it①.

The role of cultural heritage brings in the role of History②. The physical patrimony and also the importance of Macao's ethnic groups as a live heritage of multicultural and tolerance place to Macao. All of these points should be connected to improve this national identity in the sense of building a local singularity.

In conclusion the study of Macao society including "Macaology" branch research, is an important issue for a complementary legacy that can be left to our future generations. The author gives mainly four points to improve research, illustrated in the graph below and with this I close my explanation/communication:

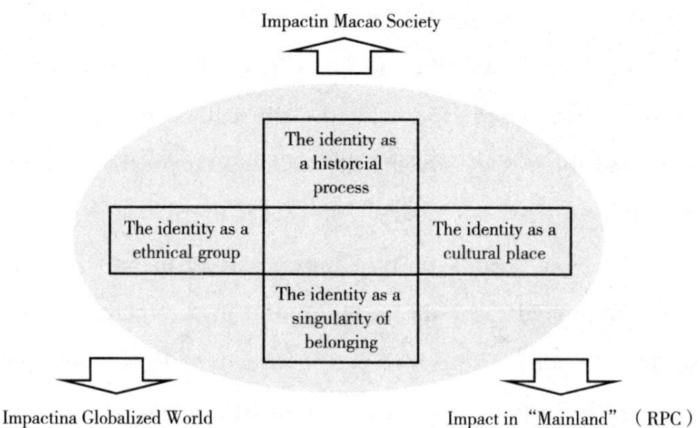

Figure 3 The Effect and Impact of Macaology

Source: Presented by the author on 2nd International Conference on Macaology, Lisbon.

---

① About this issue see: Bill K. P. Chou, "Building National identity in Hong Kong and Macao", in *Revue of East Asian Policy*, April-June 2010, pp. 73 - 80.

② About this issue see: Hao Zhidong, *Macau: History and Society*, Macau: University of Macao, 2011.

Between China and Japan: Portuguese Settlement at Macau*

*Patrizia Carioti***

I Brief premises

After reaching Goa in 1510 and Malacca in 1511, the Portuguese ships appeared along the Chinese coasts in the years 1513 – 1514: as we know, the several attempts to establish official relations or commercial ties with Ming China failed. The natural partners and counterparts for the Portuguese navigators and merchants were the *haikou* and the *wokou*. During the terrible years of the Jiajing Era (1522 – 1566), the "Golden Age" of piracy, the Far Eastern seas were shaken by the violent assaults of the sea-bandits, both Chinese and Japanese. The central decades of the 16th century proved to be the turning point in the international panorama of Far East Asia seas. Facing a fearsome piracy armed with the Portuguese cannons and weapons, the maritime policy pursued by the Ming authorities saw several abrupt changes, from Governor Zhu Wan's attentive policy, to his "forced" suicide in 1550, to the opening up of Haicheng port in 1567. With regard to Japan, the situation deteriorated as well: in 1549, the *kanhemaoyi* system

---

* This paper presents some of the results obtained from the Research Project "*Macau as an essential base of the international sea-trade network of Far East Asia between the XVI and the XVII Centuries, in the light of the Chinese maritime policy*", realized thanks to the precious help and the generous support by the Instituto Cultural de Macau.

** Patrizia Carioit, Department of Asian Studies, The University "L'Orientale" of Naples, Italy.

collapsed and the official relations between the two countries were definitively interrupted.

Exactly in those years, the Portuguese also reached Japan (Tanegashima, 1543), and in 1550 they appeared at Hirado shores for the first time, thanks to the notorious Wang Zhi and the welcoming policy by Matsuura Takanobu, the *daimyō* of Hirado. The Matsuura were gradually emerging from the *sengokujidai* in a powerful and dominant position in the local area of Hizen. Yet, relations with the bordering *daimyō* rised several difficulties in that time of general disorder. In particular the Ōmura caused serious problems because of the rivalry over maritime trades, made worse by the presence of the Portuguese. Both the *daimyō*, Matsuura and Ōmura, aspired to become Portugal's privileged partner. The Portuguese were deeply aware of the importance either for the Chinese government or for the Japanese *daimyō* to get the European cannons, weapons and advanced technology, and used their strong position in order to achieve their aim of establishing outposts and settlements on the Chinese and Japanese territories.

This paper compares the Portuguese strategies of expansion in China and in Japan, with precise regard to Macau and Hirado. It takes into examination the political stances taken by the Ming government in maritime and foreign policy, and it focuses on the essential partnership and support given by the Chinese piracy to the Portuguese. It also examines the strategies pursued and the positions taken by the *daimyō* of Kyūshū toward the Portuguese merchants and missionaries, as well as the fierce endemic rivalries that consequently exploded in the archipelago in order to obtain commercial privileges. In conclusion, the research underlines the fundamental function carried out by Japan as "hidden" player in the founding of the "Portuguese Macau", as well as the intermediary role played by the Chinese piracy in the Portuguese coming and settling at Hirado. The Portuguese settlements at Hirado (1550), Macau (1557) and finally Nagasaki (1571) were all inter-related, the common element being the *haikou* and the *wokou* connections.

Ⅱ Looking for allies: the role of Wang Zhi

Recently, many specific studies and detailed researches have analysed the years preceding the founding of Macau, describing the Portuguese various attempts to establish outposts on China's coasts, as well as the difficult dialogue with the Ming authorities and local officials. That dialogue sometimes resulted in clear and reciprocal hostilities, while on other occasions seeming to express the intention of co-operating on both sides①.

① Numerous are the essays and researches concerning the Portuguese expansion into Far East Asia; we mention, therefore, only some of the most recent or basical works related to Macau: A. H. de Oliveira Marques, *História dos Portuguese no ExtremoOriente*, Vol. Ⅰ, Part Ⅰ: *Em torno de Macau*, Lisbon: Fundação Oriente, 1998; A. H. de Oliveira Marques, *História dos Portuguese no Extremo Oriente*, Vol. Ⅰ, Part Ⅱ: *De Macau à periferia*, Lisbon: Fundação Oriente, 2000; Rui Manuel Loureiro, *Fidalgos, Missionários e Mandarins. Portugal e a China no Século* ⅩⅥ, Lisbon: Fundação Oriente, 2000; Wu Zhiliang, *Segreda Sobrevivência. História de Macau*, Macau: Associção de Educação de Adultos de Macau, 1999; Beatriz Basto da Silva, *Cronologia da História de Macau. Séculos* ⅩⅥ – ⅩⅧ, Macau: Dereção dos Serviços de Educação Educação e Juventude, 1997; Jorge Manuel dos santos Alves, *Um porto entre dois Impérios*, Lisbon: 1999; Jorge Manuel dos Santos Alves (ed.), *Portugal e a China*, Lisbon: Fondação Oriente, 1999; Jorge Manuel dos Santos Alves, *Portugal e a Missionação no seculo*, *Oriente e o Brasil*, Lisbon: Impresa Nacional-Casa de Moeda, 1997; Gonçalo Mesquitela, *História de Macau*, Macau: Instituto Cultiral de Macau, 1996; António Vasconcelos de saldanha-Jorge Manuel dos Santos Alves (eds.), *Estudos de história do relacionamento luso-chinês, séculos* ⅩⅥ – ⅪⅩ, Lisbon: Instituto Português do Oriente, 1996; João Paulo A, Oliveira e Costa, *A descoberta da Civilizaçâo japinesa pelos portuguéses*, Lisbon: Instituto Cultural de Macau-Instituto de história de além-mar, 1995; Maria da Conceiçâo Flores-João Paulo A, Oliveira e Costa, *Portugal e o mar da China no séc.* ⅩⅥ, Lisbon: Impresa Nacional-Casa da Moeda, 1996. See again, among the fundamental works: C. A. Montalto de Jesus, *Historic Macao*, Hong Kong, 1902; Chang T'ien-tse, *Sino-Portuguese Trade from 1514 to 1644*, Leiden, 1969; C. R. Boxer, *Fidalgos in the Far East, 1550 – 1770. Fact and Fancy in the History of Macao*, The Hague, 1948; C. R. Boxer, *The Great Ship from Amacon. Annals of Macao and the Old Japan trade, 1555 – 1640*, Lisbon, 1963; C. R. Boxer, *Estudos para a História de Macau. Séculos* ⅩⅥ – ⅩⅧ. Obra completa de Charles Ralph Boxer: I Volume, Lisbon: Fondação Oriente, 1991; C. R. Boxer, *Macau na época de restauração*, Obra completa de Charles Ralph Boxer: Ⅱ Volume, Lisbon: Fondação Oriente, 1993; C. R. Boxer, *South China in the 16th Century*, Nendeln – Liechtenstein, 1967; C. R. Boxer, *The Christian Century in Japan, 1549 – 1650*, Berkeley-Los Angeles-London, 1951; C. R. Boxer, *Missionaries and Merchants of Macao*, Lisbon: Ⅲ Colòquio International de EstudosLuso-Brasileros, 1957; *Actas*, Vol. Ⅱ, Lisbon,1960, pp. 210 – 224; Diffie – (转下页注)

The Portuguese strategy in order to gradually enforce their presence on the Chinese coasts was indeed very attentive. On one side, because the Ming official position concerning the sea-trades was of strict and rigid prohibition, the Portuguese needed the commercial ties with the Chinese sea-adventurers and pirates to realize lucrative trades, and therefore they were forced in a way to co-operate with the *haikou* and the *wokou*①. On the other hand, the Portuguese were in deep need to be recognized by the Chinese authorities and could not show that they were acting *de facto* against the Chinese laws or contradict the Ming prohibitions too openly. According to some scholars, in order to obtain the formal recognition from the Chinese authorities, one of the strategies that was pursued by the Portuguese and that finally prevailed and led to the founding of Macau, consisted in showing—at least apparently—a complete extraneousness to the piratical activities realized by the Chinese or by the Japanese sea-robbers, smugglers, outlaws②. The Portuguese wanted to be considered a trustful partner for China: to prove that they were reliable allies, they pursued a sharp political strategy, joining the Chinese troops and solders in the military expeditions against piracy. The scholar Jing Guoping proved the direct military interventions of the

(接上页注①) G. D. Winius, *Foundations of the Portuguese Empire, 1415 - 1580*, Vol. Ⅰ, *Europe and the World in the Age of Expansion*, Minneapolis: University of Minnesota Press, 1977. Finally: Patrizia Carioti, "The Portuguese Settlement at Macao. The Portuguese Policy of Expansion in the Far East, in the Light of the History of Chinese and Japanese Intercourse and Maritime Activities", *Revista de Cultura* (Review of Culture), n. 6 (2003), pp. 24 - 39; Patrizia Carioti, *Cina e Giappine sui marineisecoli XVI e XVII*, Napoli: Edizioni Scientifiche Italiane, 2006, pp. 65 - 83.

① With regard to the *haikou* and *wokou* (in Japanese *wakō*) activities in those years, see the selections from *Ming shilu*, published in Zheng Liangsheng (ed.), *Mingdaiwokoushiliao*, Taibei: 1987, Vol. 5; in particular *Wuzongshilu* and *Shizongshilu*, covering the Zhengde and Jiajing periods, deal with the maritime situations along the Chinese coasts at the arrival of the Portuguese and their first phase of settlement: *Wuzongshilu*, *Shizongshilu*, in Zheng Liangsheng (ed.), *Mingdaiwokoushiliao*, Vol. Ⅰ, respectively pp. 145 - 156, 157 - 412; see also in the Vol. Ⅲ, among the *benji*: *Wuzongbenji*, *Shizongbenji*, pp. 841 - 845. Finally: *Mingshi*, Beijing, 2003, *zhuan* 322, 210/III, pp. 8341 - 8360.

② Jin Guoping, "Combates a Piratas e a Fixação Portuguesa em Macau", *Revisa Militar*, n. 2364, 1999, *passim*; Fei Chengkang, *Macao 400 Years*, Shanghai, 1996, pp. 9 - 40. See also: J. M. Braga, *The Western Pioneers and Their Discovery of Macao*, Macau, 1949, p. 117.

Portuguese against the Chinese pirates on several occasions: according to his researches, the first Portuguese participation in the military attacks was in 1547 against the powerful pirate Lin Jian①. Nevertheless, for the Portuguese, a successful policy of expansion and survival in the Far Eastern seas was deeply depending on the illicit activities of *haikou* and *wokou*. In other words, the decision taken by the Portuguese to join the Ming fleet against piracy, for example, was never put into effect against their powerful ally Wang Zhi, as their strategies were indeed aimed to obtain their own advantages and profits, as we can easily understand②.

All the historians working on XVI century Chinese Maritime History face with the outstanding figure of Wang Zhi, as he was one of the most representative Chinese "merchants-sea-adventurers-pirates" of the period③. Native of Huizhou, Wang Zhi belonged to the piratical group of the Xu brothers, although in the beginning he was involved in overseas activities mainly as reach merchant, more interested in sea-trades and smuggling than in true acts of piracy. The Xu's band

① Jin Guoping, "Combates a Piratas e a Fixação Portuguesa em Macau", *Revisa Militar*, n. 2364, 1999, pp. 200 – 203.

② Concerning the first period of the Portuguese along the Chinese coasts, see for example: *Shizongshilu*, Jiajing era, 8th year, 10th month, in *Ming shiluleizuan*, *Guangdong Hainan zhuan*, Wuhan, 1993, pp. 382 – 383; *Shizongshilu*, Jiajing era, 9th year, 10th month, in *Ming shiluleizuan*, p. 383; *Shizongshilu*, Jiajing era, 44th year, 4th month, in *Ming shiluleizuan*, p. 386; *Mingshi*, *Folangjizhuan*, Vol. 28, *zhuan* 325, 213/VI, pp. 8430 – 8434. See also: Wu Guifang, *YizuAoyijingongshu*, in *Ming jingshiwenbian* (*Huangmingjinggshiwenbian*), Peking, 1997, Vol. V, *zhuan* 342, pp. 3662 – 3673. Finally, see the important work: *Zhongxijiaotongshiliaohuibian*, by Zhang Xinglang and annotated by Zhu Jieqin, in 5 volumes, and published in Beijing in 2003; in particular Vol. I, Chapter n. 6, pp. 421 – 459.

③ With regard to Wang Zhi, see: Jin Guoping-Zhang Zhengchun, "Liampó reexaminado à luz de fonts chinesas", in António Vasconcelos de Saldanha-Jorge Manuel dos Santos Alves, *Estudos de História do relacionamento Luso-Chinês séculos XVI – XIX*, Macau-Lisbon: Instituto Português de Oriente, 1996, pp. 85 – 134; J. E. Wills, "Maritime China from Wang Chih to Shih Lang: Themes in Peripheral History", in J. Spence – J. E. Wills (eds.), *From Ming to Ch'ing. Conquest, Region and Continuity in 17th Century*, New Haven-London, 1979, pp. 210 – 213; Migamoto Kazue, *Vikings of the Far East*, New York: Vantage Press, n. d., pp. 33 – 47. Concerning Wang Zhi's organisation, see also Lin Renchuan, *MingmoQingchu siren haishangmaoyi*, Shanghai, 1987, pp. 87 – 92. With regard to the connections with Japan and in particular with the *daimyō* Matsuura, see: Yobuko Shigeyoshi, *KaizokuMatsuuratō*, Tōkyō, 1965, pp. 160 – 181.

had already shared some co-operations and lucrative affairs with the Portuguese in Malacca since the year 1522, and it seems that it was on Xu's brothers' suggestion that the Portuguese attacked the Guangdong coast in 1523①, the same year as the serious incident of Ningbo, provoked by the Japanese embassies②. When the Xu were defeated by the Chinese fleets and their disperse group were without a leader, Wang Zhi did not lose such an opportunity and took over the command of the band. His sphere of overseas activities embraced South and Far East Asia, and in particular Japan. Due to the prohibitions on sea-trades strictly enacted by the Ming authorities in those years, Wang Zhi needed to have safer havens abroad: Japan, with his deep political instability, was certainly a good solution. The Japanese, whether they were *daimyō*, merchants, sea-traders or *wokou*, they were all eagle to trade with the Chinese continent, regardless of whether those trades were licit or illicit for Ming China③.

During the past twenty years many studies have dealt with the Chinese maritime history giving a new light on the sea-trade activities realized by the Chinese sea-adventurers and their connections with the Overseas Chinese, as well as their international network in the entire context of South and Far East Asia

---

① Jin Guoping-Zhang Zhengchun, "Liampó reexaminado à luz de fonts chinesas", in António Vasconcelos de Saldanha-Jorge Manuel dos Santos Alves, *Estudos de História do relacionamento Luso-Chinês séculos XVI – XIX*, Macau-Lisbon: Instituto Português de Oriente, 1996, p. 108.

② Two Japanese embassies reached Ningbo almost at the same time, both pretending to be the official one, that was bringing the tribute. The violent clash between the two missions provoked serious damage in Ningbo as well as numerous victims also among the Chinese population. During the Ashikaga period, in fact, on several occasions the ōuchi and the Hosokawa families fought each other in order to control the trades with China; on turn, they robbed to each other the official seals (*kanhe*, *kangō*) for the tribute mission and sent their fleets to China, affirming to be the official embassy of Japan. Cfr.: Wang Yi-t'ung, *Official Relations between China and Japan 1368 – 1549*, Cambridge, Mass.: Harvard University Press, 1953, in particular about the Ningbo incident: pp. 60 – 88.

③ Concerning Wang Zhi, there are many passages in the Ming sources mentioning his illicit activities as pirate: we just quote here some examples. Cf. *Shizongbenji*, Jiajing era, 32nd year, 3rd month, in ZhengLiangsheng (ed.), *Mingdaiwokoushiliao*, Vol. Ⅲ, p. 842; *Guangdong tongzhi*, *kaikou* section, Jiajing era 33rd year and 37th year, in ZhengLiangsheng (ed.), *Mingdaiwokoushiliao*, Vol. Ⅳ, pp. 1265 – 1266. See also: Tang Shu, *Yuwojizhu*, in *Ming jingshiwenbian* (*Huangmingjinggshiwenbian*), Vol. Ⅳ, *zhuan* 270, Peking, 1997, pp. 2849 – 2859.

more generally①. Yet, the role of Japan has been somehow neglected. Although the Chinese sources and documents report the intensive activities of the *wokou*, it is not clear the extent to which Japan interfered with the international situation of the XVI century, and how She was involved in the overseas activities realized by the Chinese piracy. In fact, there is no distinct line to separate the *haikou* and the *wokou* activities②. Moreover, and more importantly, Japan was very often behind the illicit commercial activities of the Chinese pirates, as She was the hidden partner of the Chinese sea-traders. Although the *wokou* were still active during the first half of the XVI century, from the middle of the XVI century onwards their direct participation in the pirate raids on the Chinese coasts was certainly reduced, if compared with the previous XIV and XV centuries: that was partly due to the internal political situation. Nevertheless, Japan continued to take part in the overseas trades, financing the illegal activities of the Chinese pirates: She invested capitals in the Chinese overseas activities and protected the *haikou*, hosting them on her shores and sharing profits with them. In other words, Japan utilised Chinese sea-adventurers as inter-mediators for her own overseas trades. As it is known, many powerful Chinese pirates had bases along the Japanese coasts: Hirado was one

---

① Concerning the *haikou* and the Chinese maritime activities: Lin Renchuan, *MingmoQingchu siren haishangmaoyi*, Shanghai, 1987,; Zhang Yanxian (ed.), *Zhongguohaiyangfazhanshilunwenji*, Ⅲ, Taibei, 1989; Chen Xiju, *Zhongguofanchuanyuhaiwaimaoyi*, Xiamen, 1991; Zhang Weiji, *Haishangji*, Xiamen, 1996; Zhang Zengxin, "Mingjidongnanhaikouchaowaifenqi", in Y. Zhang (ed.), pp. 313 – 344; Matsuura Akira, *Chūgoku no kaizoku*, Tōkyō, 1995; E. B. Vermeer (ed.), *Development and Decline of Fukien Province in the 17th and18th Centuries*, *SinicaLeidensia*, XⅫ, Leiden-New York-København-Köln, 1990; So Kwan-wai, *Japanese Piracy in Ming China during the 16th Century*, East Lansing, 1975; Ts'ao Yung-ho, "Chinese Overseas Trade in the Late Ming Period", *in International Historians of Asia-Biennal Conference Proceedings*, 1980, pp. 429 – 458. See also our previous work: Bai Di (Patrizia Carioti), "Yuandongzhongshangzhuyi de fasheng he fazhan", *Xinhua Wenzhai*, 7 (1998), pp. 213 – 216.

② With regard to the *wokou*, in Japanese *wakō*, see the omportant collection of primary sources in Vol. 5: Jin Guoping, "Combates a Piratas e a Fixação Portuguesa em Macau", *Revisa Militar*, n. 2364, 1999. See also: Ishihara Michihiro, *Wakō*, Tōkyō, 1964; Tanaka Takeo, *Wakō to Kangōbōeki*, Tōkyō, 1966; YobukoJōtarō, *Wakōshikō*, Tōkyō, 1971; Tanaka Takeo, *Wakō*, Tōkyō, 1985. Cfr. *Mingshi*, Vol. 27, *zhuan* 322, 210/Ⅲ, pp. 8341 – 8360.

of the traditional refuges for the Chinese outlaws①.

According to the Japanese researches, it seems that already in 1540 Wang Zhi had reached the Gotō Islands, establishing his first outpost there; soon after, in 1542, he had landed on Hitado's shore, invited by the powerful *daimyō* Matsuura Takanobu. It is necessary, at this point, to look at the Japanese historical circumstances, particularly related to the Kyūshū situation and to the Matsuura family②.

The central decades of the XVI century saw the peak of the *sengokujidai* in Japan: the Country was indeed in complete chaos and anarchy. The Ashikaga *shōgun* had lost control over Japan, and the powerful families fought each other to affirm their supremacy. Temporary agreements and alliances were easily changed, previous enemies became allies very quickly, only to suddenly become enemies again: everybody was merely looking for his own profit and advantage. Those were the years just before the rise of Oda Nobunaga, ToyotomiHideyoshi and finally Tokugawa Ieyasu. The Kyūshū regions were shaken by the civil war as well, and the Matsuura family was not an exception. Gradually overcoming the numerous fights and alliances of the *sengokujidai*, the Matsuura clans had succeeded in subjugating several smaller military families, Minu, Sashi, Shisa, Yatsunami, Kōda, Uku (Gotō), Aokata (etc.), and establishing firm control over them: Matsuura's territory was centred in the Hizen province, and their sphere of influence included the area of north-western Kyūshū③.

① With regard to this topic, the collection of primary sources—both Chinese and Japanese—by Yūya Minoru reveals to be certainly useful: Yūya Minoru, *Nichi Min kangōbōekishiryō*, Tōkyō, 1983. See again: Tanaka Takeo, *Higashi Ajiatsūkōken to kokusaininshiki*, Tōkyō, 1997; Tanaka Takeo, *Zenkindai no kokusaikōryū to gaikōmonjō*, Tōkyō, 1996; Kimiya Yasuhiko, *NichiKabunkakōryūshi*, Tōkyō, 1989; Wang Yi-t'ung, *Official Relations between China and Japan 1386 – 1549*, Cambridge Mass, 1953.

② See: Toyama Mikio, *Matsuurashi to Hiradobōeki*, Tōkyō: Kokushōkangyōkai, 1987; Yobuko Shigeyoshi, *KaizokuMatsuuratō*, Tōkyō, 1965.

③ "Hiradohan no seiritsu to hatten", *Hiradohan*, in *Nagasaki kenshi* (*Hanseihen*), Tōkyō: Yoshikawa Kōbunkan, 1973, pp. 386 – 396. "Kenryōkukyōka no hōshiki to Chōsenshuppin", *Hiradohan*, in *Nagasaki kenshi* (*Hanseihen*), Tōkyō: Yoshikawa Kōbunkan, 1973, pp. 397 – 403. "Nōsonshihai no henka to gaikikubōeki", *Hiradohan*, in *Nagasaki kenshi* (*Hanseihen*), Tōkyō: Yoshikawa Kōbunkan, 1973, pp. 403 – 412. Toyama Mikio, *Matsuurashi to Hiradobōeki*, Tōkyō: Kokushōkangyōkai, 1987, pp. 109 – 120.

Thanks to the incessant overseas commerce (trades with China were the most profitable, but not the only ones the Matsuura were engaged in), as Hirado had long been a traditional stop-point of the international sea-trade network in the Far East, the Matsuura clans had considerable power in those days. Nevertheless, not so satisfactory were their relations with the other more powerful *daimyō* of Kyūshū, the Ōuchi, the Ōmura, the Ōtomo, the Arima, the Shimazu, etc., rival clans: all of them were involved in overseas commerce, as since ancient times Kyūshū regions had been deeply interested and involved in overseas activities①. The Shimazu clan, for example, controlled the commercial route with Liuqiu (Ryūkyū Islands); the Sō family was engaged in dealing with Korea. In 1563, the Sō would lose the Iki Island - together with Tsushima Island, Iki was a key-stopping point for commerce with Korea-, taken by force by the Matsuura②. Yet, among the powerful *daimyō* of the Kyūshū, the most aggressive and strong military clans were the Shimazu of Satsuma, who were gradually enlarging their territory and influence, and whose intention was to take control of the entire Kyūshū: only the Military Campaign of Pacification by Toyotomi Hideyoshi in the years 1586 - 1587 would succeed in winning them, stopping the military aggressions of the Shimazu③.

Nevertheless, in the decades of the middle XVI century, the Shimazu were not so powerful yet, neither too dangerous for the Matsuura. These were in fact more concerned with the Ōmura clan, close to the Matsuura territories (bordering the Ōmura area), the rivalries being hard and entrenched, especially after the Portuguese had reached the Japanese shores of Tanegashima in 1543. The Ōmura, centred in the Nagasaki's area, were the first of Matsuura's rivals: for several years, between 1550 and 1564, the two powerful families disputed over the Portuguese presence, as both the clans wanted to host the Portuguese merchants exclusively in their territories. Moreover, and more importantly, both the families wanted to get the Portuguese fire-arms, guns, and cannons. In the

---

① Oda Fujio-Arikawa Yoshihiro-Yonezu Saburō-Kanzaki Yoshio, *Kita Kyūshū no rekishi*, Fukuoka, 1979.

② "Hiradohan no seiritsu to hatten", *Hiradohan*, in *Nagasaki kenshi* (*Hanseihen*), Tōkyō: Yoshikawa Kōbunkan, 1973, p. 391.

③ Fujiki Hisashi, *Toyotomiheiwarei to sengokushakai*, Tōkyō, 1986, pp. 12 - 38.

situation of civil war that Japan was suffering, indeed, it was essential to be armed at utmost, more and better than the enemies, and the possession of the fire-arms, introduced by the Portuguese, constituted a vital advantage①.

It is logic to suppose that Wang Zhi might have followed the same reason, when in 1543, accompanying the Portuguese, he landed on the Japanese coasts, acting as interpreter for them with the local Japanese authorities, although the ship was wrecked at Tanegashima because of a storm②. Being the expert he was in commercial affairs, and knowing well the political situation of Japan, Wang Zhi was deeply conscious of the enormous profits that he might have gained as inter-mediator, if he had helped the Portuguese to establish a new base in Japan. We have already mentioned that according to some Japanese studies Wang Zhi had reached the Gotō archipelago in 1540 and that in 1542 Matsuura Takanobu invited him to Hirado③. In those years, Wang Zhi was still using the base of Shuanyu, together with the Xu brothers, where they had several affairs with the Portuguese as well: we may presume that it was not by chance, that one year later, in 1543, Wang Zhi arrived in Japan with the Portuguese.

During the following years, until the Zhu Wan's attack on Shuanyu in 1548, illegal commerce was very prosperous on the Chinese coasts: Wang Zhi and Xu brothers' group continued their profitable activities, connecting China and Japan trades and smuggling with the Portuguese.

---

① Toyama Mikio, *Matsuurashi to Hiradobōeki*, Tōkyō: Kokushōkangyōkai, 1987; Yobuko Shigeyoshi, *KaizokuMatsuuratō*, Tōkyō, 1965.

② Wang Zhi's role in the arrival of the Portuguese at Tanegashima has not yet been clearly defined, though his involvement seems likely, if not yet proven. It has been suggested that he had a part in the mediation in 1543, when the first Portuguese ships reached Tanegashima, acting as an interpreter. With regard to the identification of Wang Zhi, see: Hiroshi Arimizu, "Osprimórdios das relaçõeshistóricasluso-japonesas. Discussão sobre uma hipótese de intermediação dos pirates sino-japoneses", in Poberto Carneiro - A. Teodoro de Matos, *O Século cristão do Japão* [*Actas do Colóquio Internacional Comemorativo dos 450 Anos de Amizade Portugal-Japão* (*1543 - 1993*)], Lisbon, 1994, pp. 259 - 266. In the well known, and controversial, *Peregrinacão* by Fernão Mandes Pinto, there are numerous references to the collaboration between his expedition and a powerful Chinese pirate-adventurer, even before the ships reached Japan: Jin Guoping-Zhang Zhengchun, "Liampó reexaminado à luz de fonts chinesas", in António Vasconcelos de Saldanha-Jorge Manuel dos Santos Alves, *Estudos de História do relacionamento Luso-Chinês séculos XVI -XIX*, Macau-Lisbon: Instituto Português de Oriente, 1996, pp. 85 - 135.

③ Seno Seiichirō, *Nagasakiken no rekishi*, Tōkyō, 1972, pp. 108 - 111.

Ⅲ The controversial policy of the Ming authorities: the Governor Zhu Wan

At that time the situation of the coastal area was serious and critical, as during the Jiajing era (1522 – 1566) China witnessed extremely violent attacks and raids of *haikou* and *wokou*①. The Ming government had acted accordingly and had taken certain serious measures: nobody was allowed to come ashore armed, military fleet was reinforced. Subsequently, however, even more drastic measures had to be introduced: coastal patrolling and further military reinforcement of strategic zones, while the Chinese were absolutely forbidden to trade unauthorized with Japanese under pain of death②. Yet, in this way the Ming government damaged the interests of the Chinese population living on the coast; the latter were forced to flee to the islands, sometimes having to join pirate bands, either *haikou* or *wokou*, at other times having to form independent groups③. The outcome was that the Chinese pirate crew or the union of the latter with the Japanese or also the Korean pirate crew continued to enforce.

In 1547, Zhu Wan (1494 – 1550) was appointed Governor of Zhejiang, with jurisdiction also over the coastal regions of Fujian. For the Chinese authorities, the presence of the Portuguese, pressing for trade, represented another element of disorder and destabilization along the coasts, and the arrival that

① With regard to this, see the interesting description of the situation by Hu Zongxian, *Hu shaobaohaifanglun*, in *Mingjingshiwenbian*, Vol. Ⅳ, *zhuan* 267, pp. 2822 – 2830; see also: Wang Yu, *Wang simaqinshu*, in *Ming jingshiwenbian*, Vol. Ⅳ, *zhuan* 283, pp. 2983 – 2998.

② Li Jinming- Liao Dake, *Zhongguogudaihaiwaimaoyishi*, Nanding, 1995; Roland Louis Higgins, *Piracy and coastal Defense in the Ming Period*, *Government Response to Coastal Disturbances, 1523 – 1549*, Unpublished Ph. Dissertation, microfilm, University of Minnesota, 1981; Ng Chin-keong, "Maritime Frontiers, Territorial Expansion and Hai-fang during the Late Ming and High Ch'ing", in Sabine Dabringhaus and RoderichPtak (eds.), *China and Her Neighbours*, Wiesbaden, 1997, pp. 211 – 257. NieDening, "Chinese Merchants and Their Maritime Activities under the Ban on Maritime Trade in the Ming Dinasty", in Paolo Santangelo (ed.), *Ming Qing Yanjiu*, Napoli – Roma, 1997, pp. 69 – 89.

③ Lin Renchuan, *MingmoQingchu siren haishangmaoyi*, Shanghai, 1987.

same year 1547 of the last Japanese official Embassy at Ningbo (too early, according to the regulations of the *kanhe* system) constituted one more problem to be dealt with①. Zhu Wan made the Japanese Embassy wait for the formal authorization to proceed to the capital, that finally came in the following year 1548: in the meantime the Japanese envoys and crews traded without permission with the Chinese merchants, smugglers and pirates, and with the Portuguese as well②.

The connections among the *Wo* (the Japanese), the Portuguese and the Chinese pirates, their deep ties with the powerful and important families of the coastal regions (moreover being those influent families strongly connected with the local and even central authorities as well) were all clear elements to Zhu Wan: he knew those circumstances and seriously intended to solve the *haikou* and *wokou* problem. As we know, in 1548, Zhu Wan launched the massive attack on Shuangyu, the most active base of piracy cost him the suicide (1550). Zhu Wan had often complained in his reports and memorials to the throne about the intense participation of coastal regions in these unlawful activities, clearly denouncing that all the population was involved in them: from individuals on the fringe of society, to respectable merchants, public servants and local officials of the *yamen*, the *gentry*, the powerful high-ranking officials③. Actually, that was the true reason why he was accused of abusing his power and implicitly sentenced to death: the imposed suicide of the Governor Zhu Wan in 1550 clearly demonstrated the considerable degree of interests at play and the deliberate "blindness" of the central power④.

After the military intervention by Zhu Wan on Shuanyu in 1548, and the consequent defeat inflicted to the Xus' group - the attack destroyed the pirate base

---

① Wang Yi-t'ung, *Official Relations between China and Japan 1368 - 1549*, Cambridge, Mass.: Harvard University Press, 1953, pp. 79 - 80.

② Concerning Zhu Wan, see: *Zhu Wan zhuan*, in *Mingshi*, Vol. 18, *zhuan* 205, 93, pp. 5403 - 5405; *Zhu Wan zhuan*, in ZhengLiangsheng (ed.), *Mingdaiwokoushiliao*, Vol. III, pp. 986 - 988. With regard to Zhu Wan's writings, see: Zhu Wan, *Piyuzazhi*, in *Ming jingshiwenbian*, Vol. Ⅲ, *zhuan* 205, pp. 2155 - 2177. See also: So Kwan-wai, *Japanese Piracy in Ming China during the 16th Century*, East Lansing, 1975, p. 177, *passim*.

③ See: Zhu Wan, *Piyuzazhi*, in *Ming jingshiwenbian*, Vol. Ⅲ, *zhuan* 205, pp. 2155 - 2177.

④ Cfr. So Kwan-wai, *Japanese Piracy in Ming China during the 16th Century*, East Lansing, 1975, pp. 40 - 72.

and was in this sense a success-, Wang Zhi escaped to Japan, taking under his command the rest of the band[①]. The previous year the Portuguese had supported the Ming fleet in attacking Lin Jian[②]. In a way, we might say that, actually, the elimination of other pirates was an advantage for Wang Zhi as well, because he would have fewer partners with whom to compete and share the international sea-trades network.

The Portuguese did not desire at all to make an enemy of the Ming officials, although the local authorities should know that the Portuguese merchants were involved in the illicit trades along the Chinese coasts with the Chinese and Japanese smugglers. Therefore, it appears enough clear the motivation that was behind the Portuguese armed participation. On the other hand, Portugal could not and would not renounce the lucrative profits of the trades: She was in the Far East exactly for that reason, to gain as much as possible concrete benefits. Even more, now that, after the first direct contact with Japan, the Portuguese had foreseen the future possibilities offered by the establishment of their bases on the archipelago. The new market of Japan appeared extremely significant to the Portuguese, in particular if they considered the still uncertain situation on the Chinese coasts, where, after almost half a century of vain attempts, they had not succeeded yet in creating a stable and recognised outpost. In reaching their goal to extend their expansion to the Japanese archipelago, the Portuguese received a serious support by Wang Zhi: in 1550, the first Portuguese ship entered the Hirado's bay[③].

The 1549 saw also the interruption of the official relations between China and Japan and the definitive failure of the *kanhemaoyi* system: Some years before, the well-known Ningbo incident of 1523 had heralded the definitive collapse in official relations with Japan, which had for some time already been seriously invalidated[④]. A century and a half of official relations between China and Japan, from 1404—

---

① Lin Renchuan, *MingmoQingchu siren haishangmaoyi*, Shanghai, 1987, pp. 87 - 92.

② Zheng Liangsheng (ed.), *Mingdaiwokoushiliao*, Taibei, 1987, pp. 200 - 203.

③ Toyama Mikio, *Matsuurashi to Hiradobōeki*, Tōkyō: Kokushōkangyōkai, 1987, pp. 106 - 155.

④ Jin Guoping-Zhang Zhengchun, "Liampó reexaminado à luz de fonts chinesas", in António Vasconcelos de Saldanha-Jorge Manuel dos Santos Alves, *Estudos de História do relacionamento Luso-Chinês séculos XVI - XIX*, Macau-Lisbon: Instituto Português de Oriente, 1996, p. 108.

the date of the controversial letter from Yoshimitsu to the emperor Ming, signalling the reopening of official relations①—to 1549, was thus characterised from time to time, depending on the case, by official missions which were regulated by the *kanhemaoyi* system and considered the vehicle for legitimate trade, or was alternatively characterised by invasions and raids from fleets of pirates engaged in sacking and smuggling②.

The interruption of the official relations between China and Japan, therefore, coincided with one of the most active period of piratical activities, this time mainly carried on by the Chinese pirates. The restrictive policy adopted by the Chinese authorities had heavily constrained and penalised the economy of the coastal areas, obtaining as a final and counter result the provocation and increase in piracy, instead of its reduction and all the southern coastal regions of China suffered "years of fire" form piracy, continuous and irrepressible raids and plunder③. In that uncertain situation, looking for alliances and trying to obtain recognition by the Ming government, the Portuguese made temporary agreements with the Chinese

① In this letter, Yoshimitsu signs as "King of Japan", openly recognizing in this way the Chinese sovereignty. The interpretations given to Yoshimitsu's act of submission to China are rather controversial. Some historians emphasize the deep admiration shown on several occasions by Yoshimitsu for the Chinese culture and civilization: Yoshimitsu was indeed used to dress Chinese costumes and to imitate Chinese habits and traditions. Some other scholars, on the other hand, more realistically, see in Yoshimitsu's behavior a prevalent economic and commercial reason, as for Japan— as we know—the trade with china was of vital importance. See: Wang Yi-t'ung, *Official Relations between China and Japan 1368 - 1549*, Cambridge, Mass.: Harvard University Press, 1953, pp. 22 - 37; Yoshi S. Kuno, *Japanese Expansion on the Asiatic Continent*, Berkeley Calif, 1937, pp. 89 - 100, 266 - 272; Tsuji Zennosuke, *Kaigaikōtsūshiwa*, Tōkyō, 1942, pp. 313 - 316.

② With regard to this topic, the collection of primary sources - both Chinese and Japanese-by Yūya Minoru reveals to be certainly useful: Yūya Minoru, *Nichi Min kangōbōekishiryō*, Tōkyō, 1983. See again: Kimiya Yasuhiko, *NichiKabunkakōryūshi*, Tōkyō, 1989; and the already quoted: Tsuji Zennosuke, *Kaigaikōtsūshiwa*, e Tanaka Takeo, *Wakō to kangōbōeki*. See also: Patrizia Carioti, "Diplomacy, Piracy and Commerce in the Eastern Seas. The Double standard of the K'an-ho Trading System in the Fifteenth and Sixteenth Centuries", in Leonard Blussé (ed.), *Around and about Formosa*, Taipei: Ts'ao Yung-ho Foundation for Cultural and Education, 2003, pp. 5 - 14.

③ Patrizia Carioti, *Cina e Giappine sui marineisecoli XVI e XVII*, Napoli: Edizioni Scientifiche Italiane, 2006, pp. 45 - 63.

pirate groups and bands, or acted as "pirates" themselves pressing on the Chinese coasts through military attacks①. Nevertheless, being in need of establishing official relations with the Ming Empire, the Portuguese were also very careful in dealing with Chinese pirates and smugglers: on some occasions, Portugal sided the Ming authorities and helped the Ming local officials against the *haikou*, taking direct part into the military attacks with her armed ships. Yet, on the other hand, the pirates could provide their fleets with the Portuguese fire-arms, directly or indirectly obtained. Being furnished with the Portuguese advanced technology of cannons and guns was an extremely important aim for Chinese government, Japanese *daimyō*, as well as for the outlaws groups of piracy, whether they were *haikou* or *wokou*.

Ⅳ Welcoming the Portuguese: rivalries in Japan

As we have previously mentioned, Matsuura Takanobu was deeply interested in overseas commerce, and for several years already, he had been sharing overseas trades with Wang Zhi: it seems enough logical to presume previous arrangements between Matsuura Takanbu and Wang Zhi, in order to make the Portuguese coming to Hirado. Since 1542, Takanobu had welcomed Wang Zhi to his dominion and had proposed to him to establish his base in Hirado②. According to Japanese sources, in those years Wang Zhi had in Hirado over two thousands men under his command and numerous ships, each of them capable to have around 300 men on board. Japanese ships were smaller than the Chinese ones, and that was one more reason to make use of the Chinese mediation in Japanese overseas trades. Wang Zhi had at his disposal an entire area of the Hirado *han*, where he lodged his men and established his residence, according to the Chinese uses and costumes, a sort of small "Chinese quarter", or *yashiki* (residence) as it is

① Zheng Liangsheng (ed.), *Mingdaiwokoushiliao*, Taibei, 1987, pp. 199 - 228; FeiChengkang, *Macao 400 Years*, Shanghai, 1996, pp. 9 - 40.

② Toyama Mikio, *Matsuurashi to Hiradobōeki*, Tōkyō: Kokushōkangyōkai, 1987, pp. 109 - 120; Lin Renchuan, *MingmoQingchu siren haishangmaoyi*, Shanghai, 1987, pp. 87 - 92.

called in Japanese texts①.

The Matsuura gradually emerged from the *sengokujidai* in a powerful and dominant position, having been able to keep the surrounding military families under control. In 1563 the island of Iki came under the power of the Matsuura②. Yet, the relations with the other bordering *daimyō* provoked serious difficulties in that time of general disorder. In particular the Ōmura caused serious problems because of the rivalry over maritime traffic, made worse by the presence of the few years after the arrival of a Portuguese. Both *daimyō*, Matsuura and Ōmura, aspired to become Portugal's principal partner. A few years after the arrival of a Portuguese sailing ship in Tanegashima (1543), that marked the beginning of Japan's relations with Portugal, another Portuguese ship sailed to Hirado (1550)③. As we have said previously, Matsuura Takanobu's political decision to welcome and encourage foreign ships had already resulted in the setting up of the large colony of men under Wang Zhi. Wang Zhi maintained relations not only with the Matsuura, but also with Ōtomo and the Ōuchi. This shows how trading with China—even through people of the official Ming dynasty would consider "pirates" —was eagerly sought after by the *daimyō*, especially in a period that witnessed the decisive suspension of all official relations with the Chinese mainland (1549) and the end of the *kangōbōeki*④.

The fact that Matsuura Takanobu had assigned a residence to Wang Zhi clearly

---

① "Hiradohan no seiritsu to hatten", *Hiradohan*, in *Nagasaki kenshi* (*Hanseihen*), Tōkyō: Yoshikawa Kōbunkan, 1973, pp. 386 - 396. "Kenryōkukyōka no hōshiki to Chōsenshuppin", *Hiradohan*, pp. 397 - 403. "Nōsonshihai no henka to gaikokubōeki", *Hiradohan*, pp. 403 - 412. Toyama Mikio, *Matsuurashi to Hiradobōeki*, Tōkyō: Kokushōkangyōkai, 1987, pp. 109 - 120; Seno Seiishirō, *Nagasakiken no rekishi*, Tōkyō, 1972, pp. 108 - 111.

② "Hiradohan no seiritsu to hatten", *Hiradohan*, in *Nagasaki kenshi* (*Hanseihen*), Tōkyō: Yoshikawa Kōbunkan, 1973, pp. 386 - 396.

③ Toyama Mikio, *Matsuurashi to Hiradobōeki*, Tōkyō: Kokushōkangyōkai, 1987, pp. 109 - 120.

④ With regard to the Chinese illicit migration and settlement in Japan (considered related to the *haikou* and *wokou* activities), numerous are the Chinese sources; see for example: Xu Fuyuan, *Sutonghaijinshu*, in *Ming jingshiwenbian*, Vol. V, *zhuan* 400, pp. 4332 - 4342; Nan Juyi's comment, reported in *Xizongshilu*, Tianqi era 5th year, 4th month, in ZhengLiangsheng (ed.), *Mingdaiwokoushiliao*, Vol. II, pp. 828 - 829. See also: LuoHuangchao, *Ribenhuaqiaoshi*, Guangdong, 1994.

demonstrates the official line of the Matsuura with regard to sea traffic. Likewise, they were open and welcoming with the Portuguese. Wang Zhi was probably engineering the situation and we may assume some agreement with Takanobu: the arrival of the first Portuguese ship in Hirado in 1550 was welcomed by the *daimyō* Matsuura with great satisfaction since it represented the alluring possibility of setting up new and highly profitable commercial relations①.

Such was Matsuura Takanobu's desire to establish the most cordial relations possible with the Portuguese that he hastily conceded complete freedom to the missionaries to profess and spread the Christian faith, even allowing them to transform a temple into a church. Even Francisco Xavier (Francesco Saverio) who had reached Kagoshima in 1549 heard about how well the Matsuura treated missionaries and wanted to see this for himself in a visit Hirado②. Although relations with Portugal got off to the best possible start, Takanobu's plans were destined to fail. The period in which there was a constant coming and going of Portuguese ships to and from Hirado was short—from 1550 to 1564. Takanobu had hoped to set up stable and permanent relations. In addition, the period was full of unpleasant episodes and incidents. The direct, though occult, influence of the Ōmura behind these episodes cannot be ruled out. They were certainly following the events closely and waiting to take immediate advantage when necessary—and in fact that is what happened③.

The incidents that came about were justified by quite obvious reasons. The great benevolence with which Matsuura Takanobu had welcomed the Christian missionaries had, quite understandably, caused resentment and anger among the local Buddhist clergy. In the increasingly tense atmosphere, arguments over prices

① Toyama Mikio, *Matsuurashi to Hiradobōeki*, Tōkyō: Kokushōkangyōkai, 1987, pp. 109 - 120.

② Toyama Mikio, *Matsuurashi to Hiradobōeki*, Tōkyō: Kokushōkangyōkai, 1987, p. 118; Yamamoto Kitsuna, *Nagasaki Tōjin Yashiki*, Tōkyō, 1983, pp. 30 - 50. See also: Anno Masaki, *Kōshiron. Hirado, Nagasaki, Yokoseura*, Tōkyō, 1992.

③ See our previous work: Patrizia Carioti, "Hirado during the First Half of the 17th Century: from a Commercial Outpost for Sino-Japanese Maritime Activities to an International Crossroads of Far Eastern Routes", in Chiu Ling-yeong, with Donatella Guida (eds.), *A Passion for China, Essay in Honour of Paolo Santangelo for His 60th Birthday*, Leiden - Boston: Brill, 2006, pp. 1 - 32.

and the buying and selling of goods between the Japanese and Portuguese merchants could easily lead to fighting. In 1560 one such argument flared up into an armed battle, Which unavoidably became between two groups, the Christians and the Buddhists. Some Portuguese houses were burnt down along with the converted temple that had been donated to the Portuguese and transformed into a church. Matsuura Takanobu was called on to intervene. The violence apparently began as a result of the improper and fraudulent behavior of the Portuguese merchants who has, in the first place, taken up arms. Takanobu, under pressure from the highest ranks of the influential Buddhist clergy who had no intention of missing their chance, was forced to send the Portuguese away[①]. Of course, he knew how damaging such an interruption would be in terms of economic loss. In these early years of contact with Japan the Portuguese, too, understood the importance of setting up bases all along the coasts of the archipelago and creating permanent and safe relations. This would benefit the missions as well as the trading activity. In the following year (1561), the Portuguese returned to the shores of Hirado with a proposal of re-establishing commercial relations on condition that the church was rebuilt. Takanobu immediately accepted this offer, though the Portuguese proposal was in fact more part of a strategy of delay and procrastination, waiting for a change in events, than the serious attempt at re-establishing a true dialogue with the Matsuura.

In 1562 Ōmura Sumitada donated the Bay of Yokose to the Portuguese. A port and a church were soon built. In the same year (1562) no Portuguese vessels sailed to the port in Hirado. However, there were incidents and violence at Yokoseura, too. This time unknown hands set fire to the port and to the church that was still under construction. Even if it is impossible to prove Matsuura's direct involvement in these events, or their responsibility for having encouraged such criminal acts, some doubt remains. It can be no coincidence that the Portuguese returned to Hirado in 1563. Yet again, however, their stay was to prove only temporary. In the same year (1563) Ōmura Sumitada was baptised, thus

① Toyama Mikio, *Matsuurashi to Hiradobōeki*, Tōkyō: Kokushōkangyōkai, 1987, pp. 122 - 133.

bringing relations with the Jesuits—and therefore the Portuguese—even closer. Even if Takanobu offered five churches to the missionaries, the Portuguese decided to settle in Fukuda, in the lands of Sumitada, during 1563 and 1564, thus opting decisively for the Ōmura. This revealed itself as an excellent choice: in 1571, thanks to Sumitada's goodwill, Nagasaki was assigned to the Jesuits and opened up to the international sea-trades, carried by the Portuguese and by the Chinese as well. The organisation of the well known embassy by Alessandro Valignano to Pope Gregory XIII sent in 1582 involved Ōmura Sumitada (the first "Christian *daimyō*"), Arima Harunobu and Ōtomo Sōrin①.

V Settling at Macau

The coming of the Portuguese to Hirado, as we have seen, was indeed a satisfactory event in the beginnings. The *daimyō* Matsuura was eagle to enlarge his participation in the overseas commerce, especially after the interruption of the official relations with China in 1549. Wang Zhi, the "King of Huizhou", suing his headquarters in Hirado, could act as inter-mediator in *peimis*: in fact, although the contact between the Japanese and the Portuguese had become direct, both the partners had to rely on the Chinese goods and merchandises for their trades, and therefore Wang Zhi's participation was essential. The Portuguese were satisfied as well: their expansion was reaching another country, where either the trades or the missionary work seemed profitable and successful; moreover, they could finally establish a stable base in the Far East②. It has not to be forgotten that in the previous circumstances even more difficult for the Portuguese to practice their illegal commerce with the Chinese partners, and they had to be more and

① Toyama Mikio, *Matsuurashi to Hiradobōeki*, Tōkyō: Kokushōkangyōkai, 1987, pp. 121 – 133. See also: Yamamoto Kitsuna, *Nagasaki TōjinYashiki*, Tōkyō, 1983, pp. 51 – 58. See also our previous work: Patrizia Carioti, "The origins of the Chinese Community of Nagasaki, 1571 – 1635", in Paolo Santangelo (ed.) *Ming Qing Yanjiu*, Napoli-Roma, 2007, pp. 1 – 34.

② On the general context of Far East Asia in those years, see: Roderich Ptak, "Sino-Japanese MaritimeTrade, circa 1550: Merchants, Ports and Networks", in Roberto Carneiro-A. Teodoro de Matos, *o SéculoCristão do Japão*, pp. 281 – 311.

more careful in their sea-trade affairs. The years 1547 – 1549 had been, indeed, a delicate moment for Portugal as well①.

The turning point came in 1550. After the suicide of Zhu Wan, when the Ming maritime policy changed into a more tolerant approach toward the coastal situations of smuggling and illicit sea-trades, Wang Zhi was offered the possibility to be pardoned and reworded, if he would have succeeded in defeating the other pirate groups infesting the Chinese coasts. The negotiations under way between Wang Zhi and the coastal officials led to a more relaxed atmosphere along China's shores, and the tension seemed to relent: to the problematic situation of the coasts it was finally possible to give a solution. Therefore, the Portuguese could accept to join Wang Zhi at Hirado, without too much risk of irritating the Ming government: Chinese authorities were co-operating with the pirate Wang Zhi as well. Yet, the balance lasted very shortly. Wang Zhi kept the promise, fighting against the other pirate bands in the years 1550 – 1552, and it was indeed also Wang Zhi's interest to defeat his rivals in sea-trades②. Nevertheless, the Chinese authorities did not respect the promise from Wang Zhi, and in 1553, the last launched a violent raid against the Chinese shores, also supported by some Japanese③.

For the Portuguese, the situation was becoming uneasy again, as they did not want to take wrong stances toward the Ming authorities, being co-operating with Wang Zhi at Hirado. Their political strategy was, at this point, the most sharp and productive. On one side, they sided the Chinese fleets against He Yiba in 1554, in order to prove their loyalty and support to the

① Patrizia Carioti (Kaliaodi), "PutaoyarenzaiAomendetuojucongzhongriliaoliu he haishanghuadong shikanPurenZaiyuandongdekuozhangzhengce", *Wenhunzazhi*, 2004, pp. 15 – 28.

② That same strategy, as we know, would have been successfully pursued by Zheng Zhilong in the following first decades of the XVII century. See our previous work: Patrizia Carioti, "The Zheng's Maritime Power in the International Context of the 17th Century Far Eastern Seas: The Rise of a 'Centralised Piratical Organisation' and Its Gradual Development into an Informal 'State'", in Paolo Santangelo, (ed.), *Ming Qing Yanjiu*, Napoli-Roma, 1996, pp. 29 – 67.

③ The ling negotiations between Wang Zhi and the Chinese authorities, as well as the complex events happened on China's coasts in those years, have been deeply afforded by So Kwan-wai, *Japanese Piracy in Ming China during the 16th Century*, East Lansing, 1975, *passim*.

Ming government[①]. On the other side, not to lose their position in Japan, they started to enforce their connections with the Ōmura *daimyō*, rival to the Matsuura, firstly to enlarge their settlement on the Japanese archipelago, and secondly to get a safer territory for their bases, if the Wang Zhi question would have become more serious[②]. Moreover, exactly in those years 1553 - 1554, the Portuguese began to build their first lodges on Macau, without permission, and consequently they had to be extremely cautious in their movements: Wang Zhi revealed to be a dangerous partner, and in that context, also the Portuguese settlement at Hirado could appear in a way challenging the Ming effort to defeat piracy[③].

Nevertheless, the Portuguese position in the Far East was not at all weak. Portugal had what all the Far Eastern disputants were deeply eagle and in need to gain: the fire-arms and the advanced war technology. This was the true strong-point of the Portuguese policy. And Portugal played her cards at best.

If we consider the difficult context of the coastal regions from a more general point of view, we might better understand the Chinese policy and attitude toward the Portuguese presence in China's seas. The most urgent concern of the Ming authorities was to stop the pirate groups from being provided with Portuguese fire-arms and cannons: to have to face with a fire-armed piracy, well organised and internationally connected, was indeed a very undesirable and extremely dangerous eventuality, that would have meant for the Ming government the total chaos on the coasts and the complete impossibility for the local authorities to keep under control the phenomena. At any rate, the Chinese authorities had to avoid that.

① Jin Guoping, "Combates a Piratas e a Fixação Portuguesa em Macau", *Revisa Militar*, n. 2364, 1999, pp. 203 - 212.

② Patrizia Carioti, "Hirado during the First Half of the 17th Century: from a Commercial Outpost for Sino-Japanese Maritime Activities to an International Crossroads of Far Eastern Routes", in Chiu Ling-yeong, with Donatella Guida (eds.), *A Passion for China, Essay in Honour of Paolo Santangelo for His 60th Birthday*, Leiden - Boston: Brill, 2006, pp. 1 - 32.

③ About the general situation at that time, see for example: *Xiangshanxianzhi*, in Zheng Liangsheng (ed.), *Mingdaiwokoushiliao*, Vol. 4, Taibei, 1987, pp. 1355 - 1356; *Yuedaji*, in Zheng Liangsheng (ed.), *Mingdaiwokoushiliao*, Vol. 4, Taibei, 1987, pp. 1357 - 1374.

Formally joining the Ming fleets against the piracy and, at the same time, furnishing *de facto* that same piracy with their fire-arms, the Portuguese were imposing the Chinese authorities a decision. The implicit message sent to the Ming government was clear: the Portuguese wanted to establish an outpost on China's coast, otherwise they would continue to smuggle and provide Chinese outlaws with their fire-arms①.

In 1555, the Chinese authorities reopened the negotiations with Wang Zhi, asking him to surrender and once again promising in exchange to pardon him and moreover to allow the sea-trades. Also on this occasion, the Japanese partners played a significant role: some missives on behalf of WangZhi, signed by influent *daimyō*, were sent to the Chinese authorities and some Chinese envoys reached Japan to conduct negotiations with the powerful "Kind of Huizhou"②. Meanwhile, the Portuguese ships continued to reach Hirado every year, although the relations with the Matsuura were becoming tenser: the Buddhist elite and monks, deeply irritated by the presence of the Portuguese missionaries, were forcing the *daimyō* Matsuura to undertake a stricter policy toward the Christian religion and the Portuguese presence in general③. On their side, the Portuguese were already thinking to move into the Ōmura's territories, as it was their interest to enlarge as much as possible their settlement on the Japanese archipelago: as we have said in the previous paragraph, few years later, in 1571, ōmuraSumitada assigned the important concession of Nagasaki territory to

---

① With regard to the Portuguese in Macao, arrival and settlement, see: *Guangdongtongzhi*, Zhengde era, 11th year, 4th month, in Zheng Liangsheng (ed.), *Mingdaowokoushiliao*, Vol. 4. Taibei, 1987, p. 1252; *Guangdongtongzhi*, Zhengde era, 11th year, 4th month, in Zheng Liangsheng (ed.), *Mingdaiwokoushiliao*, Vol. 4, 9. Taibei, 1987, p. 1297; *Guangdongtongzhi*, Jiajing era, 11th year, 2nd month, in Zheng Liangsheng (ed.), *Mingdaiwokoushiliao*, Vol. 4, Taibei, 1987, p. 1374. See also: *Aomenjilu* (reproduction from Guangxu 3rd year edition), in Wang Youli (ed.), *Linghaiyiwenlu*, *Zhonghuawenshicongshu*, n. 108. Finally, see: Luo Wei, *Guangdongwenxianzonglu*, Guangdong: Conghua, 2000.

② So Kwan-wai, *Japanese Piracy in Ming China during the 16th Century*, East Lansing, 1975, *passim*.

③ Toyama Mikio, *Matsuurashi to Hiradobōeki*, Tōkyō: Kokushōkangyōkai, 1987, pp. 106 - 155.

the Jesuits[1].

Nevertheless, in the middle 50ies, the situation was not clarified yet: Wang Zhi's question was still open, and the Portuguese, not knowing how it would develop, did not want to lose the co-operation with such an important partner in sea-trades. On the other hand, we might further consider that the elimination of Wang Zhi could be advantageous for the Portuguese, too. They might attempt to replace him as inter-mediators of trades between China and Japan: and that is indeed what the Portuguese partially realised. In 1557, Wang Zhi surrendered to the Ming officials. The Chinese officials, instead of pardoning him as they had promised, imprisoned Wang Zhi and made his group vanish. That same year (1557), Portugal received a sort of informal permission by the local authorities in Guangzhou to settle in Macau. We might suppose that the Ming government had reached analogous conclusions to those of the Portuguese, that is to say using them instead of Wang Zhi as inter-mediators of the sea-trades between China and Japan, from their bases of Macau and Hirado (later on Nagasaki). For the Ming government this solution had relevant advantages: keeping the Portuguese in the limited area of Macau under Canton authorities' control; conveying part of trade with Japan under the supervision of the local officials, and therefore getting taxes from it and at the same time providing the local economy with the necessary commerce; seriously breaking the economic alliance between the Portuguese and the Chinese piracy; obtaining the European fire-arms and cannons, in order to enforce the imperial fleets and militias.

Although from different points of view and in order to gain distinct aims, both the Chinese authorities and the Portuguese obtained advantages from the defeat of Want Zhi: in 1559, the "King of Huizhou" was executed.

---

① Toyama Mikio, *Matsuurashi to Hiradobōeki*, Tōkyō: Kokushōkangyōkai, 1987, pp. 106 – 155. See also: Yamamoto Kitsuna, *Nagasaki TōjinYashiki*, Tōkyō, 1983, pp. 30 – 50; Patrizia Carioti, "The origins of the Chinese Community of Nagasaki, 1571 – 1635", in Paolo Santangelo (ed.) *Ming Qing Yanjiu*, Napoli-Roma, 2007, pp. 1 – 34.

Ⅵ Some final remarks

The Ming government had several elements to take into consideration, in order to solve the problem of the coastal areas: the endemic phenomena of Chinese piracy; the disturbing and destablizing presence of the Portuguese along the Chinese coasts; the introduction of European fire-arms and of the advanced technology onto the Far East; the Japanese interest and pressure in keeping the sea-trades connections with the Chinese Continent, legal or illegal they were; last but not least, the deep involvement of the coastal regions in overseas commerce, as the inner economy and markets of those regions were mainly based and dependent on the sea-trades incomes and import-export flux①.

The Chinese government could not ignore any longer the heavy consequences that rigid policy of maritime bans and prohibitions had provoked on the local economy, and the consequent disturbances and disorders it had caused: the Ming authorities had to give a serious answer to the true economic needs of the coasts. On the other hand, the Ming government could not merely forget the terrible raids and violent attacks launched by the Chinese, the Japanese, and, on some occasions, the Portuguese piracy on the Chinese shores. Eliminating Wang Zhi and informally allowing the Portuguese to settle in Macau, under the strict Chinese authorities' control could reveal an acceptable solution: in this way, the Portuguese could partially provide the coasts with the necessary overseas commerce under Chinese supervision, moreover—and certainly more important—the Ming Empire, in exchange, could directly obtain from the Portuguese the fire-arms and the innovative technology. This political stance taken by the Ming authorities, may also be intended as the first step toward the opening of Haicheng to overseas trades in 1567 and the relaxing of the bans on the Chinese

① With regard to this, see for example, the interesting essays by Chang Pin-tsun, "Maritime Trade and Local Economy in Late Ming Fukien", and by Lin Renchuan, "Fukien's Private Sea Trade in the 16th and 17th Centuries", both collected in: E. B. Vermeer (ed.), *Development and Decline of Fukien Province in the 17th and 18th Centuries*, Leiden: E. J. Brill, 1990, respectively, pp. 63-81, 163-215.

maritime activities①. Japan would have been satisfied as well: the Portuguese bases on the Archipelago, playing a similar role as Macau's settlement in China, could furnish Japanese markets with part of the necessary merchandise. From the 60ies onwards, the Portuguese definitively moved from Hirado to the ōmura territories.

Following the definitive withdrawal of the Portuguese from Hirado in 1565, Hirado seemed to have lost ground in its attempt to become the international port of the Kyūshū. Things were made worse when Wang Zhi was executed in China by the Ming authorities in 1559. Takanobu had lost an important participant in trade with China, and was now looking to find other possibilities. As we have already seen, the *daimyō* Matsuura had included the island of Iki in his territories in 1563. This was an approach towards Tsushima, perhaps an indication of greater attention to trade with Korea, even if it was dominated by the mediation of the Sō family. However negative the consequences were of the impossibility of setting up permanent relations with the Portuguese, these consequences should perhaps be seen more as a missed chance and not as having had a real and damaging effect on the already existing commercial creativity of the island. Hirado continued to be, as before, on the main route for traffic with China. Even Wang Zhi's death, causing as it did a temporary reduction in sea trade, was not decisive or fundamental. The pirate-merchants from China continued to reach the shores of the archipelago, and of Hirado, especially after the opening up of Haicheng to overseas trade, by the Ming authorities in 1567②. Increasing numbers of so-called "pirates", navigators, adventurers and merchants sailed to Japan: they had to keep their destination secret since the Ming ban on travel to Japan remained.

---

① See our previous works: Patrizia Carioti, *Cina e Giappine sui marineisecoli XVI e XVII*, Napoli: EdizioniScientificheItaliane, 2006, pp. 27 - 63; Bai Di (Patrizia Carioti), "Yuandongzhongshang-zhuyi de fasheng he fazhan", *XinhuaWenzhai*, 7 (1998), pp. 213 - 216.

② If interest about the opening up of Haicheng (Yuegang) to overseas trade, see: Chang Pin-tsun, "Maritime Trade and Local Economy in Late Ming Fukien", in E. B. Vermeer (ed.), Development and Decline of Fukien Province in the 17th and 18th Centuries, Leiden: E. J. Brill, 1990, pp. 63 - 81; Lin Renchuan, "Fukien's Private See Trade in the 16th and 17th Centuries", in E. B. Vermeer (ed.), Development and Dedine of Fukien Province in the 17th and 18th Centuries, Leiden: E. J. Brill, 1990, pp. 163 - 215.

Still shaken by civil war, Japanese *daimyō* were all in urgent need of taking possess of the Portuguese fire-arms, and continued to contend each other the Portuguese favour. Gradually enlarging their trades and their missionary activities thorough the entire archipelago, in 1571 the Portuguese settled in Nagasaki. Hirado continued, though less constantly than before, to serve as an international stop-over in the Far eastern merchant routes, despite the uncongenial circumstances and the unsettled character of those years of transition. It once again attracted European ships to its shores, though these occasions remained isolated. It seems that an English ship reached the island in 1580, though probably on an early reconnaissance mission, followed by a Spanish galleon in 1584 from the Philippines. A Dutch ship arrived there in 1597①. This was a prelude to the great changes in the Far Eastern international scene that the arrival of Holland and England were to cause at the beginning of the 17th century. Toyotomi Hideyoshi died in 1598. With the accession of Tokugawa Ieyasu and the establishment of the Tokugawa shogunate in 1603, Hirado became effectively an international outpost in the Far East.

Macau's base, informally accepted in 1557 by the Chinese authorities of Canton, was the result of the complex and multifarious components, in continuous transformations and changes, of the entire panorama of Far East Asia. In such an international context, Japan played an important role: being the most important hidden partner of the Chinese overseas activities and illicit sea-trades, the archipelago indirectly provoked and supported the Portuguese settlement at Macau.

At the moment, the Portuguese strategies of expansion and settlement proved to be successful. Macau and Hirado were the privileged witnesses and protagonists of the extraordinary events of those years: the first unrepeatable encounter between East and West.

---

① If an English ship arrived or not in 1580 has been questioned on more than one occasion and with reason. The event is only mentioned in the chronology published by the Matsuura Museum of Hirado: *ShitōHirado*, Fukuoka: Matsuura ShiryōHakubutsukan, 1988, p. 14, but there doesn't seem to be any mention of it in the English archives. The arrival of a Spanish ship in Hirado in 1584, however, is corroborated by the Spanish archives. See: Juan Gil, *Hidalgos y samurais. Espana y Japònsinglos XVI y XVII*, Madrid, 1991, pp. 32 – 36. On the arrival of a Dutch sailing boat, see: W. Z. Mulder, *Hollanders in Hirado*, 1597 – 1641, Haarlem, n. d., pp. 20 – 28.

澳门功德林与其珍藏贝叶经

杨开荆*

一 前言

在澳门，海洋文化的包容性可见于中外宗教的互容共存，中国传统宗教亦是儒、释、道三教交融。弹丸之地的澳门，已有庙宇40多处，佛、道、民间俗神各式俱备。这种不拘一格的庙宇文化乃澳门之特色，实际上也受岭南佛教文化影响，尤其是明清鼎革时期，遗民逃禅成为岭南时代风潮，不受佛门清规的制约，已是澳门的文化特色。在众多的寺庙中，与著名的天主教教堂圣若瑟圣堂近在咫尺的无量寿功德林，研究的空间很大。虽然其创设年份相对短，只在百年之内，亦非与其他庙宇如三街会馆般担当华人议事的角色，又或如莲峰庙、普济禅院那样具有官庙的地位。然而功德林亦具有其无可比拟的特色，它是以弘扬净土宗为主的佛教寺庙；初期主要功能为慈善女修院，随后设佛学研究班，并因而聚集了港澳及各地文化人。又由于办学之故，令寺中设藏经阁，更拥有丰富的佛教文献，以及一批珍贵贝叶经，近年贝叶经已是国际社会关注和保护的文献遗产；另外，功德林创设的关键人物——张寿波（观本法师），本身有着极不平凡的经历，曾与梁启超“公车上书”，更在澳门推行了各种进步活动；还有著名的竺摩法师……这座深藏于百姓家、一派与世无争怡然景象的寺庙，藏着的是澳门一个时代的印记。

* 杨开荆，博士，澳门基金会研究所研究员。

二 功德林与佛学大师

关于功德林创设的确切年份以及功德林内所设的佛教学社创办人，有多种说法。据《曲江张氏族谱》中郑子健的记载，观本法师（1868－1946），俗姓张，名寿波，号玉涛。于1918年在澳创设澳门佛声社，召集同志，提倡素食，积极努力开展星期讲学活动，使澳门念佛法事由点到面，逐渐扩大，时兴起来。民国十四年（1925）就其故居念佛道场，改为无量寿功德林，成为澳门功德林之始。并呈报澳门政府批准，功德林永为慈善女修院，请上海灵山寺朝林老和尚挂临济钟板[①]。然而，此说法被学者谭世宝、胡慧明、王晓冉提出商榷，他们根据功德林寺内各种牌匾和铜钟等器具上所雕刻的文字记录以及相关文献的考证分析，指出功德林创建年份的多种可能性，且很有可能在1919年前已初具规模了。同时亦认为佛学社创办，乃至功德林的创立，并非仅仅是张寿波（观本法师）一人之力，亦与其他人士如释观愿法师、张莲觉居士等有关。前者于1921年至功德林听教研律，后者及其家庭成员参与功德林及其佛学社筹建及捐助[②]。

无论如何，可以肯定的是，澳门无量寿功德林始建于民国初年；此座曾为佛教学院的庙宇，为不少文化名人、僧尼、有识之士如观本法师、竺摩法师，甚至画家高剑父等营造了平台，他们以此学佛论道，在传播佛教文化的同时，更进行思想交流，产生火花，为澳门积淀文化。在此，我们以澳门功德林备受关注的佛教大师在澳门所参与的活动说起。

1. 张寿波（观本法师）在澳推动进步活动

无量寿功德林与观本法师的关系是无疑的，这在功德林创建纪事木碑录文中可见。而一直以来，除了以上提到郑子健在《曲江张氏族谱》《观本法师事略》[③] 等文章中对观本法师生平做出评述外，还有徐金龙的《在澳弘法

---

① 《曲江张氏族谱》（卷四）。

② 谭世宝、胡慧明、王晓冉：《澳门功德林创立之史迹钩浮沉》，《文化杂志》（中文版）2009年第七十三期。

③ 《圆音月刊》1947年第5、6期。

的粤籍高僧观本法师》[①]、华方田的《澳门佛教组织》[②] 等文章，多在郑子健的资料基础上对观本法师开展进一步研究。可见观本法师是一位在佛教领域，乃至社会文化活动方面皆具一定影响力并备受尊敬的人物。

从另一角度而言，澳门的特殊地理位置及政治环境，为历史上的有识之士追求理想提供了空间。与其他知识分子如郑观应、孙中山、康有为、梁启超等一样，张寿波拥有丰富而曲折的人生旅程，当中有着对澳门的贡献。1894 年，正当中国处于动荡不安的时局，张寿波与叔父仲球、同乡好友陈蔚秋、陈筱江等人从香山南屏乡来到澳门。不久，便在澳门开展一系列推动文明进步的运动。首先，他创设了“原生学舍”（澳门荷兰园 13 号，其后全家亦迁至澳门居住[③]）。他利用澳门作为平台，不仅研习中西文字，还成立戒烟会、戒妇女缠足会；更同时组织演讲团、阅书报社等进步组织，积极开展各种救国救民的活动。第二年，他又创办“原生学堂”及“原生书藏”等，服务事业得到很大发展。

在他的生命历程中，他亦经历了许多不平凡的道路。而最终在 1931 年 4 月（64 岁），观本法师在常州天宁寺的冶公和尚遗像前剃度落发，正式出家，专心进行弘法之道。光绪二十三年（1897），张寿波赴北京联名参加震惊中外的“公车上书”，反对签订《马关条约》，以变法图强为号召，组织强学会，掀起维新变法运动。不料变法失败，他因而遭到诽谤和打击。于是张寿波东渡日本游学，次年在横滨学习商业，专心从商的他在 1901 年回国经商。1903 年，因日俄瓜分内满和朝鲜谈判破裂而爆发战事，张寿波再次参与社会，为红十字会募集捐款，并获国家奖章。1904 年，他与妻子再赴日本留学，入东京帝国大学，选读政治经济专科。1906 年，他兼任上海广智书局编辑学报驻东京主任暨横槟大同学校地理教师。1908 年，移居神户，任同文学校校长，他借此大力振兴华侨教育。至 1911 年随团回国，再度参与红十字会的工作。在当时一代废兴、劫运难测的局势下，其母亲对他活跃于社会活动感到忧心忡忡，告诫他弃仕途而专心从商。于是在 1912 年，他

① 徐金龙：《在澳弘法的粤籍高僧观本法师》，广东佛教，http：//hk. plm. org. cn/qikan/gdfj/1999. 2/199902f25. htm。

② 华方田：《澳门佛教组织》，《世界宗教文化》1999 年第 4 期。

③ 徐金龙：《在澳弘法的粤籍高僧观本法师》，广东佛教，http：//hk. plm. org. cn/qikan/gdfj/1999. 2/199902f25. htm。

再次离开中国东渡日本，入大阪工厂研习化学工业以及制帽方法，旋即回上海经营帽业。但因时局动乱，生意遭逢失败。

经历种种，令他开始感到世事之无常，并萌生禅隐之念。1914 年，适逢粤汉铁路局委派他到上海办事，因缘际会，张寿波在上海玉佛寺里遇见了来自常州天宁寺著名的冶开和尚，于是决定皈依其门下，专修净土法门，改法名为观本。观本法师在皈依佛门之后，更致力在澳门弘扬佛法，民国四年（1915）回澳成立家庭念佛道场，积极努力开展星期讲学活动，参与功德林之创设，办佛学社等，使澳门念佛法事逐渐扩大了影响力。在他参学游历南洋群岛后，回澳门功德林内组织澳门佛学院，并兼任香港佛学院主讲五会念佛教授。

2. 竺摩法师避战驻锡功德林

在澳门功德林佛学院的发展历程上，还有不少的佛教大师名人汇集于此。抗日战争时期，因澳门未被战火波及，除了大批文人富商为避战逃到澳门，亦为佛教活动营造了空间，著名的竺摩法师便是其中之一。1939 年，应东莲觉苑林楞真苑长及主讲霭亭法师之邀，竺摩法师来到澳门功德林办佛学研究班，当时有学生释照真、黄本真、释性真、李朗真、释觉原、释了愿等十余人，皆是东莲觉苑第一届毕业生。霭亭法师因要退隐青山海云兰阁，嘱竺摩法师再为他们研讲唯识，讲《解深密经》及《因明大疏》。除了讲课之余，亦共同主编《觉音杂志》等宣扬佛学的书刊。据竺摩法师的记述，他在此结识了港澳许多的文化人，在澳门功德林的日子是很有意义的。其在自述中这样写道：

> 一日，岭南画哲高剑父氏来随喜听讲，见我书屏条，甚为欣赏，并谓："既已学书，何不学画？学佛我可奉汝为师，学画则汝师我才可能！"次日复来，送我大草一联，语为："莫问布无法，已空生灭心"，上款"竺摩私师博"，下款"建国三十一年试粥饭僧高剑父手制墨"。自此我游于艺，渠耽于禅，遂成忘年之交，时剑老年逾六十，我年仅二十七。时五羊城沦陷，百粤文人，多避居澳岸，组清游会，每源周日雅集，各出书画诗词观摩，以文会友，我在讲编之余，亦被邀滥竽其间，逢场作戏，视为人生之一乐①。

① 柳莲辑录《竺摩法师自述及濠江遗稿铦鉤沉》，《文化杂志》（中文版）2009 年第七十三期。

可以想象，当时澳门在相对自由和平的环境下，功德林中贤士相会，不仅为学佛之场所，亦是弘扬学术文化和联谊之地。

1941 年，香港沦陷，1943 年，竺摩大师未能按计划留港，便返回澳门在功德林隐居潜修 5 年。1948 年，尹法显居士、潘静闻居士、陈圣觉居士等借云泉分社二楼为道场创办“澳门佛学社”，聘请竺摩大师出任导师，驻社讲经弘法。1951 年，为扩大弘法范围，创办《无尽灯》杂志，并出版多种讲经著述，风行港澳及海外。1954 年始，竺摩大师先后赴尼泊尔、泰国、槟城、檀香山、马来西亚、新加坡及其他东南亚国家，讲经说法，在弘法的同时，亦展开了文化的交流活动。

观本法师及竺摩大师等有识之士在功德林居留及弘法，令人联想到寺中所藏的佛教文献。

三　功德林藏贝叶经

由于功德林在创办时已是佛学院，寺庙留下了珍贵的文献，尤其是贝叶经。笔者得到寺内住持释戒晟法师的指导以及寺中女尼的帮忙，在藏经阁进行调研，对寺中古籍有所涉猎，阁中藏清末民初之古籍 5000 余册，其中大部分是佛教文献。据该寺内住持表示，这些文献主要是佛学社时期的教材以及学员之参考书。因而寺庙中收集的主要是佛教经书、高等佛学教科书以及国学书籍。由于寺内近 10 年来有过多次小规模的修缮和调整，原本藏经阁中的典籍亦搬移了数次。

在功德林的一座木柜内藏着的贝叶经，一直静静地安藏于寺中多年，珍而重之地保存着，诚为镇寺之宝。目前所见共有 8 捆，约 2000 多片，每捆外用布包裹，内以绳穿过叶面上的孔，并用了木夹板为封面及封底作固定及保护作用，不至于散乱且利于携带，此装订形式为“梵筴（夹）装”，外侧两面均涂上金漆，全套保存良好。据了解，寺里藏经阁的珍贵贝叶经管理很严格，未经寺中住持允许，任何人不得擅自进入这里带走经书，凡佛教经典和其他内容的贝叶经是不允许个人带出佛寺藏入私人家中的。所以，贝叶经以及其他古籍在佛寺里没有流失（见图 1）。

据初步了解，此套贝叶经以缅甸文刻写，至于年代及具体内容则有待进一步研究。功德林大师为贝叶经的刻写提供了资料，应为以往在办佛教学社

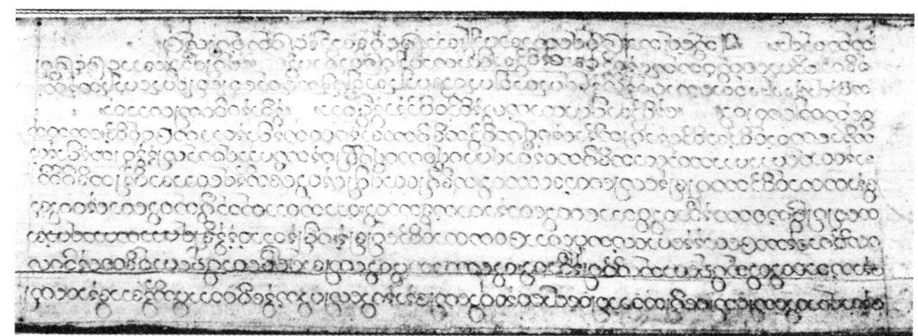

图1 藏于功德林的贝叶经

的法师或居士从海外带回来，已存于寺中多年，一直珍重地保存至今，见证着功德林寺庙的发展。可以说，这批佛教典经是澳门的文化遗产，承载了佛教文化，也承载了文明的进程；同时亦反映了澳门宗教文化在近现代史上的传播与发展，以及澳门与外部世界的交流和联系。

文献作为历史的载体，其存在往往与当地社会发展息息相关。通过功德林所藏的珍贵文献，我们可探讨当时的社会背景，其中尤其反映了澳门作为有识之士活动的平台作用。据郑子健的记载，张寿波（观本法师）办妥功德林事务后，曾游历南洋群岛，并且参礼缅甸大金塔，更曾留居曼德里达半年之久，后回来活跃于港澳之间，继续弘法之路。因此，功德林所藏的贝叶经，与他此行是否有关实在值得我们进一步考究。缅甸作为佛教之国，已有2500多年的历史，而1000多年前，缅甸人就开始把佛经刻写在贝多罗树的叶子上制成贝叶经，缅甸拥有的贝叶经多在仰光和曼德里的寺庙。所以，联合国教科文组织缅甸国家委员会已提交抢救其国贝叶经之计划。观本法师曾在缅甸曼德里的寺庙驻锡半年之久，而功德林所藏之贝叶经初步被认为是以缅甸文所写的大藏经，因而这是我们考证澳门贝叶经来源的方向。

“澳门文献学”探究的是各类型文献的产生和演变及其和学术史之间的相互影响，每个时期澳门文献的产生与变化，都有力地反映当时的社会发展。所以，对贝叶经的研究重点，除了本身版本、年代的考证外，更重要的是掌握其产生背景，洞悉文献的保留与流传变化，认识它的影响，从而探讨其价值。事实上，通过研究澳门文献，有助于我们认识各个时代澳门的面貌。

四 国际社会对贝叶文献的保护

贝叶经发源于印度，已有2000多年的历史。在纸张出现以前，古印度人采集贝多罗树（梵文 Pattra，即棕榈树）的叶子，通过采叶、水煮、晾干、磨光、裁割、烫孔、用坚硬铁笔在叶上刻写、上色及装订等步骤而形成一套经书。经书多为印度的古典语言泰米尔语和梵文，内容涵盖医学、农业、科技等不同知识领域的题材。佛教徒们也用贝叶书写佛教经典和画佛像，记录各种活动并刻上佛教经文，因而出现了“贝叶经”之名。由于贝叶比较耐磨和轻便，千百年后字迹仍可清晰辨认，故当时成为一种甚为流行的文献载体。在印度，早期的贝叶经写本几乎失传，在中国同样已相当稀少。据说唐代高僧玄奘西去取经，从印度带回来657卷贝叶经，在长安翻译佛经，这些贝叶经至今被珍藏在大雁塔中。目前，流传在中国的贝叶经少之又少，在西安大雁塔、峨眉山、普陀山、中国国家博物馆等处存有少量版本，因而贝叶经已被定为国家一级文物①。在东南亚各国，除了印度，尼泊尔、缅甸、泰国、印度尼西亚等国家也拥有用巴利文、缅甸文、泰文等拼写的贝叶经。另外，在西双版纳发现的贝叶经，有巴利文本和傣文本，内容除小乘佛教经典外，还有许多传说、故事、诗歌和历史记载等。

1. 联合国教科文组织的贝叶经保护计划

随着世界文明的步伐，人们对文化遗产的保护意识日益关注。1992年，联合国教科文组织（UNESCO）发起的“世界记忆工程”，关注世界文献的保护与传承，目的是令人类的共同记忆得以保存。因此在世界各地发起了文献保护与数字化的计划以及设立《世界记忆名录》，收录具有珍贵价值的档案及古籍。由于贝叶经具有珍贵价值，而且所存数量有限，世界各地不少国家对其保护及整理极为重视。

1979年，联合国教科文组织缅甸国家委员会提出了对本国贝叶经的维护与目录汇编的详尽计划书，此亦成为其国家文化遗产的一项重大工程。该项目是由缅甸政府提出的针对贝叶经的保护方案，包括建立工作团队，

① 《珍稀〈贝叶经〉将在广东佛山南海宝峰寺展出》，http：//www.mzb.com.cn/html/Home/report/147884-2.htm。

组织专家展开编目、著录、整理等计划。计划书中说明，缅甸全国各地存有千万件贝叶经，主要分布在仰光和曼德里的寺庙、修道院、公共图书馆、博物馆以及热心的收藏家手中。当时 UNESCO 缅甸国家委员会指出，贝叶经传统上被存储于木盒中，当时只有少许寺庙对其保存良好，基本上没有系统地采取保护和管理措施，而损坏的情况正在蔓延[①]。所以，该计划指出了修护的迫切性，并具体说明了详尽方案，包括建立图书馆系统，对贝叶文献进行分类编目；设立手稿文献学研究，开展相关研究课题；采取适当的储存环境，包括温度、湿度、装置等的处理；还有电子化、管理人员培训等。

贝叶经作为东方文明和文化的象征以及文化遗产，在 UNESCO“世界记忆项目”（Memory of the World Project）的一系列计划中，我们可见到贝叶经项目。例如，捷克国家图书馆藏的一批印度贝叶经，已启动了编目整理计划，对其进行著录和修复，并将目录数据上传网上[②]。另外，UNESCO 亦启动了一项名为“亚洲记忆计划之保护亚洲贝叶文献”计划。根据该份计划的调查报告，约 10 万件贝叶手稿文献尚存于南印度的数据库，数千件散落在印度以外的地区。但这些用棕榈树的叶子作为载体的文献，其自然寿命大多已接近尾声，有的正面临潮湿、白蚂蚁、虫蛀等影响而即将损灭。因此，UNESCO 的这项计划具体包括保护和修复原件、翻译贝叶文字为现代文、电子化、出版等相关工作[③]。

2. 澳门功德林贝叶经的保护

澳门功德林贝叶经的保护亦应受到社会的充分关注和重视。这些作为寺庙出家人修佛之用的典籍，无论对佛教人士或是研究文献的学者，皆为重要的文化遗产。而目前澳门这批 2000 多片贝叶经仍保存良好，故有效的保护显得尤为重要，而最基本的储存环境及温湿度等必须具备：

---

① V. Raghavan (Socialist Republic of the Union of Burma), *Preservation of Palm-leaf and parabaik manuscripts and Plan for Compliation of a Union Catalogue of Manuscripts*, Paris: UNESCO, 1979.

② UNESCO Memory of the World Project, http://www.unesco－ci.org/photos/showgallery.php/cat/557.

③ “Memory of Asia” Project to preserve palm-leaf manuscripts of Asia. UNESCO (http://xlweb.com/heritage/asian/palmleaf.htm).

①储存环境。贝叶文献的储存要避免潮湿、过于密封、过暖、透气性差的环境，并避免暴露于阳光下。同时，防虫措施是必要的，但应避免储存柜及贝叶文献直接接触杀虫剂。

②温湿度。典藏空间最好能装置控制温度、湿度之空调设备，因为温度、湿度不当，易使物品变质，如硬化、龟裂、发霉、虫害等。因此，可仿图书、古物维护的方法，将温度控制在 18℃ ~22℃[①]，相对湿度的上下限为 65% 及 40%。或取安全限度的中间值 55%，最多 ±4% 或 ±5%[②]。以空调保持恒湿、恒温的环境，减少温度、湿度对资料的损害。

参考国外的管理方法，我们有必要扩大社会参与的层面，如加强图书馆、档案馆、大学、考古学家、艺术家等与宗教团体的共同合作，使这些珍贵典藏可以更好地传承。基于澳门所藏贝叶经的特殊价值，我们可研究其申报列入联合国教科文组织的《世界记忆名录》，使澳门的文化底蕴进一步得到彰显。

五 结语

澳门自开埠以来，受宗教文化的影响殊深，西方的天主教曾经以澳门作为向东方传教的基地，因此澳门产生了具有世界意义的文献遗产，见证澳门作为东西方文化交流的桥梁角色，因而列入联合国教科文组织亚太区《世界记忆名录》。如果说天主教文化在澳门影响深远，那么佛教文化更是根深蒂固。就本文的研究对象功德林而言，虽组建时间并不算长，始建于民国初年，以净土宗为建庙宗旨。然而，由于此处曾办佛教学社，从民国初年到抗战时期，聚集了不少有识之士、著名佛教大师、文化名人，他们在此进行交流、学习，研究佛学，因而令藏经阁内保存了甚为丰富的佛教文献、儒道学说之典籍。

---

① 林春美等:《古物保存．维护简易手册》，国立历史博物馆，民国八十六年，第 11 页。见释舜惠《佛教特有的非书资料：贝叶经》(http://www.dhamma.net.cn/books/lunwen/fjtydfszlbyj.htm)。

② 罗罗:《西藏现存之梵文贝叶经》，《现代佛教学术丛刊 77：西藏佛教教义论集》(一)，大乘文化，民国六十八年，第 10 页，见释舜惠《佛教特有的非书资料：贝叶经》(http://www.dhamma.net.cn/books/lunwen/fjtydfszlbyj.htm)。

文献的载体经过数千年的发展，如公元前4000年在波斯及地中海一带使用的泥板文献，古埃及人用沼泽植物作材料的纸草文献，中国殷商时代的甲骨文献，还有金铭、石刻、羊皮、竹简等，而刻写在贝多罗树（棕榈树）叶子上的贝叶文献，也是人类文明进程的标记。

澳门学的研究必然以“澳门文献学”为基础[①]，对澳门功德林所藏贝叶经的考证，包括年代、文字、内容、来源以及这批文献的保育与整理，将是我们面对的工作。研究功德林所藏的珍贵文献，不但是一所寺庙中的佛教典籍，更重要的意义是见证着澳门佛学的渊源以及澳门由清末动荡到抗战时期的有识之士、文化学人等在澳门的情况，更见证了澳门在近现代史上的角色和地位。因此，对于澳门功德林以及其所藏贝叶经的研究尚有很大的空间，本文旨在抛砖引玉，希望引起专家学者的关注，展开更深入的研究。

---

① 杨开荆：《澳门特色文献资源研究》，北京大学出版社，2003，第234页。

美国传教士在澳门刊印的几部汉语工具书

顾　钧*

美部会（American Board of Commissioners for Foreign Missions）1810 年成立于马萨诸塞州的布拉福德（Bradford），成立两年后便开始向印度派出了第一批传教士。美部会对中国很早就表现出了兴趣，特别是 1807 年伦敦会第一位（也是新教第一位）来华传教士马礼逊（Robert Morrison）的工作更是吸引了他们的注意。但是由于种种原因美部会直到 1829 年 10 月才派出传教士来华。首位传教士裨治文（E. C. Bridgman）于 1830 年 2 月 19 日抵达珠江口。美国在华传教事业从此开始①。

1829 年，裨治文来华前夕，美部会在给他的指示中提出这样的要求："在你的工作和环境允许的情况下，向我们报告这个民族的性格、习俗、礼仪——特别是他们的宗教如何影响了这些方面。"② 显然，当时的西方人士对于这些方面的情况是了解很少的。裨治文来华后，更加深切地感觉到西方人关于中国知识的贫乏，中西之间的交流基本还是停留在物质层面，"思想道德层面的交流少之又少"，这样的状况不仅让他感到"吃惊"，更使他感到"遗憾"。虽然明清之际的天主教传教士关于中国写过不少报道和文章，但在裨治文看来，它们不仅鱼龙混杂，有不少相互矛盾的地方，而且毕竟是多年前的信息了。他希望对中国进行全面的报道，提供更新和"不带任何

---

* 顾钧，北京外国语大学海外汉学研究中心教授。

① Clifton Phillips, *Protestant America and the Pagan World: The First Half Century of the American Board of Commissioners for Foreign Missions, 1810 - 1860*, Harvard University Press, 1969, pp. 173 - 174.

② *Report of the American Board of Commissioners for Foreign Missions*, Boston, 1829, p. 96.

偏见”的信息[①]。他的想法得到了马礼逊和当时在广州的商人们的支持，特别是奥立芬（D. W. C. Olyphant）尤为积极，正是由于他的努力才使广州传教站得到了所需的印刷设备，印刷机于 1831 年 12 月运抵广州，铅字也在数月后到达，这样就解决了刊物的印刷问题。1832 年 5 月，《中国丛报》（*Chinese Repository*）第一期面世，此后以每月一期的频率出版。裨治文一开始不仅负责《中国丛报》的编辑工作，也负责印刷，1833 年 10 月，卫三畏（Samuel Wells Williams）作为传教士印刷工到达中国后，从裨治文手中接过了印刷工作，此后也参与《中国丛报》的编辑。

美部会印刷所在广州运行了 4 年之后，由于清政府的进一步限制而不得不于 1836 年年初移至澳门，直到鸦片战争后才于 1844 年 10 月先搬至香港，后又于 1845 年 7 月再次搬回广州[②]。在澳门运行的 8 年当中，印刷所的主要任务是印刷《中国丛报》，所以印刷所的名称也被称为“中国丛报社”（Office of the Chinese Repository），此外也刊印了几部重要的中文工具书。

印刷中文工具书首先要解决的是中文活字问题。如果是纯粹的中文印刷，可以采用中国传统的雕版或西方新近发明的石印技术，但印刷中英文夹杂的作品则以活字印刷最为理想和可行。在搬家到澳门之前，广州印刷所还没有中文活字。在需要印刷中文作品的时候，只有请中国刻工帮忙进行雕版印刷。但自 1834 年英国商务监督律劳卑（W. J. Napier）与中国政府发生摩擦以来，这样的中文印刷方式受到了很大的限制，不得不移到新加坡进行，裨治文介绍美国历史的《美理哥合省国志略》一书的初版就是 1838 年在新加坡印刷的[③]。澳门印刷所最初的一套中文活字原先是属于东印度公司的，这套活字是西方人制作的最早的一套中文活字，它是应东印度公司的要求于 1814 年开始制作的，目的是为了印刷马礼逊的《华英字典》（*A Dictionary of the Chinese Language*），该字典也就成为“西人用中文活字印的第一部印本”[④]。马礼逊的《华英字典》是包括《中英字典》《中国语言字典》《华英

① *Chinese Repository*, Vol. 1, pp. 1 – 5.

② *Chinese Repositoy*, Vol. 13, p. 559; Vol. 14, pp. 351 – 352; Vol. 19, p. 680.

③ 详见 Michael C. Lazich, *E. C. Bridgman 1801 – 1861*, *America's First Missionary to China*, The Edwin Mellen Press, 2000, pp. 130 – 154。

④ 张秀民：《中国印刷史》，韩琦增订，浙江古籍出版社，2006，第 445 页。

辞典》三部分的大部头字典，采用编写一部分、印刷一部分的方式进行，印刷过程前后共花费了8年（1815～1823年）的时间。此后马礼逊还利用这套活字刊印了另外一部工具书《广东省土话字汇》（*Vocabulary of the Canton Dialect*, 1828）。1834年，东印度公司解体、马礼逊去世后这套活字开始由卫三畏掌管使用。1842年，英国当局将这套活字正式赠予了卫三畏。“这套活字共有两套，一套字体较大，装在六十个字盘中；另一套字体较小，装在十六个字盘中。此外，还有几百个手写体和草体的铅字。字体较大的一套每个活字一英寸见方，在制成时包括了所有的汉字，共计约四万六千个，其中有一些是重复的，共有两万两千个不同的汉字。由于一些常用字有好几个备用活字，所以这套活字的总数达到了七万多个。”[①] 这7万多个活字是由英国工匠托马斯（P. P. Thomas）和雇佣的中国工匠手工制作而成的，也就是说，先把字写在金属块光滑的一端，然后用凿子雕凿出来，所用的方法与中国原有的木刻方法无异，只是更为费力。虽然马礼逊早在19世纪20年代就呼吁西方人研制用机器来铸造活字，[②] 但这一工作从开始到成熟并大规模地用于印刷还需要30年的时间。

有了东印度公司的这套活字之后，澳门印刷所完成的第一部中文工具书是伦敦会传教士麦都思（W. H. Medhurst）的《福建土话字典》（*A Dictionary of the Hok-keen Dialect of the Chinese Language*），该字典是继马礼逊《广东省土话字汇》后的另一部方言字典，也是最早的福建方言字典，收录汉字12000个，是部头仅次于马礼逊《华英字典》的大著。这样一部大型的工具书不可能一蹴而就，而是多年积累的结果。麦都思在编写这本字典时还没有来过中国，但他在东南亚生活了14年，和当地的福建移民多有接触。他最初学习的是官话，在发现无法和东南亚的中国移民交谈后，于1818年开始学习福建方言，1820年就编写了一本小字典，1823年经过扩写后曾送到新加坡、马六甲、槟榔屿等地谋求刊印，但均未获成功。1829年东印度公司表示同意资助这本字典的出版，于是麦都思又做了大量的增补。印刷工作于1831年开始，但1834年4月，由于东印度公司特许经营权的解除而使这一工作被迫中

① S. W. Williams, "Moving Types for Printing Chinese", in *The Chinese Recorder and Missionary Journal*, Vol. 6 (1875), p. 26.

② Robert Morrison, *The Chinese Miscellany*, London, 1825, p. 52。关于马礼逊的印刷活动，详见苏精的全面研究《马礼逊与中文印刷出版》，台湾学生书局，2000。

断，当时已经印完了 1/3。1835 年 12 月麦都思来到中国寻求印刷资助，得到美国商人奥立芬的帮助，全部印刷工作终于在 1837 年完成[①]。卫三畏在完成后 2/3 的印刷工作之后，还为这部字典写了一个简短的“广告”[②]。

在 19 世纪早期，用于学习汉语的工具书是很有限的。主要的工具书除了上文提到的几部之外大致还有这么一些：小德金（Chrétien Louis Josephe de Guignes）的《汉法拉丁字典》（*Dictionnaire chinois, français et latin*）（拿破仑敕撰，1813）、马士曼（Joshua Marshman）的《中国言法》（*Elements of Chinese Grammar*，1814）、马礼逊的《通用汉言之法》（*A Grammar of the Chinese Language*，1815）、雷慕沙（Abel Rémusat）的《汉文启蒙》（*éléments de la grammaire chinoise*，1822）、公神甫（Joachin Alphonse Goncalves）的《汉葡字典》（*Diccionario China-Portuquez*，1833）[③]。上述皆是欧洲人的作品，所以一个美国人如果不懂法文、葡萄牙文、拉丁文，能够选择的范围就非常有限了，为此澳门印刷所在 19 世纪 40 年代陆续印行了三部由裨治文和卫三畏编写的工具书，不仅增加了汉语学习者的选择范围，而且也打破了欧洲人的作品一统天下的局面。

裨治文主持编写的《广东方言读本》（*Chinese Chrestomathy in the Canton Dialect*）[④] 首先于 1841 年出版（印量为 800 册），这是美国人编写的第一部学习汉语的工具书，也是第一本专门用于练习广东方言的实用手册，具有重要的历史意义。为了表彰裨治文的这一大贡献，纽约大学于 1841 年 7 月 14 日授予他神学博士学位[⑤]。一位研究者指出，19 世纪传教士学者最早得到学界承认的研究业绩是在语言学方面，虽然这一结论主要是通过研究英国传教

---

① 但封面上仍写 1832 年由东印度公司印行，参见 Medhurst, W. H.,“Preface,” in *A Dictionary of the Hok – keen Dialect of the Chinese Language*, pp. 2 – 5；苏精：《马礼逊与中文印刷出版》，台湾学生书局，2000，第 107 页。

② 广告后来还刊登在《中国丛报》上，参见 *Chinese Repository*, Vol. 6, p. 142。

③ 马礼逊对 1824 年前出版的西方汉语工具书按照年代顺序进行了初步的整理，参见 Morrison, Robert, *The Chinese Miscellany*, London, 1825, pp. 44 – 51。

④ 该书没有固定的中文译名，日本学者曾使用《广东语模范文章注释》《广东语句选》等译名，详见 Shen Guowei（沈国威），“The Creation of Technical Terms in English – Chinese Dictionaries from the Nineteenth Century”, in Michael Lackner, et al. eds., *New Terms for New Ideas: Western Knowledge and Lexical Change in Late Imperial China*, Leiden: Brill, 2001, p. 289。

⑤ Alexander Wylie, *Memorials of Protestant Missionaries to the Chinese*, Shanghai: American Presbyterian Mission Press, 1867, p. 68.

士而得出的，但同样适用于美国传教士[①]。

裨治文之所以要编写《广东方言读本》，是因为想学广东方言的外国人日渐增多，但自马礼逊的《广东省土话字汇》1828 年问世以来，“一直没有其他有价值的工具书出版，对这一方言的忽视显然难以适应日益增长的中外交流”[②]。正如书名所标示的那样，该书以简易语句的形式提供练习，每页分三列，分列英文、中文及罗马字母拼音，并附注解。全书共分 17 篇，分别是：①习唐话；②身体；③亲谊；④人品；⑤日用；⑥贸易；⑦工艺；⑧工匠务；⑨耕农；⑩六艺；⑪数学；⑫地理志；⑬石论；⑭草木；⑮生物；⑯医学；⑰王制。可见作者的意图不仅在帮助读者学习广东口语，也在帮助他们获得有关中国的各类信息，将语言的学习和知识的学习结合起来。

马礼逊的《广东省土话字汇》共分三部分，第一部分是英汉字典，第二部分是汉英字典，第三部分是汉语词组和句子，汉英对照，《广东方言读本》可以说是对第三部分的扩大和补充，与前书相比，篇目的设置更贴近日常生活，例句更为丰富和精当，注释的加入也是特色之一。《广东方言读本》的出现无疑为广东方言的学习提供了有力的帮助。但是 693 页的部头使这本工具书使用起来不太方便。简单实用的《拾级大成》（287 页）的适时出版满足了时代和人们的需要。

《拾级大成》（*Easy Lessons in Chinese*，1842）[③] 是卫三畏独立编写的第一部汉语工具书。在此之前他参与了《读本》的编写，但参与了多少已经无法确切知道，裨治文在前言中说，卫三畏负责的是其中“有关自然史的章节，以及其他一些细小的部分和整个的索引”[④]，根据卫三畏本人和他的传记作者的说法，则是一半[⑤]。

---

① 马礼逊 1817 年因其字典被格拉斯哥大学授予神学博士学位是最早的例子，详见 Andrew F. Walls, *The Missionary Movement in Christian History* , Maryknoll, New York: Orbis Books, 1996, 该书第 14 章 “The Nineteenth – Century Missionary as Scholar”。

② E. C. Bridgman, “Introduction”, in *Chinese Chrestomathy in the Canton Dialect*, p. i.

③ 该书中文书名页的内容是：“咪唎坚卫三畏鉴定，《拾级大成》，香山书院梓行，道光辛丑年镌。” 印刷量为 700 册。

④ E. C. Bridgman, “Introduction”, in *Chinese Chrestomathy in the Canton Dialect*, p. i；另外一个参加者罗伯聃（Robert Thom）负责第 5、6 章两章节，而马儒翰（John R. Morrison）则对大部分初稿进行了审阅和修订。

⑤ F. W. Williams, *The Life and Letters of Samuel Wells Williams* , New York: G. P. Putnam's Sons, 1888, p. 105.

在《拾级大成》"前言"中卫三畏说："本书是为刚刚开始学习汉语的人编写的，读者对象不仅包括已经在中国的外国人，也包括还在本国或正在来中国途中的外国人。"① 全书的内容如下：①部首；②字根；③汉语的读写方式介绍；④阅读练习；⑤对话练习（与老师、买办、侍者）；⑥阅读文选；⑦量词；⑧汉译英练习；⑨英译汉练习；⑩阅读和翻译练习。相对于《广东方言读本》偏重于说的练习，《拾级大成》更侧重读、译的练习，显然是为了和《读本》互补。在阅读练习中，作者的编排是先给出中文，然后是拼音，然后是逐字的英译，最后是符合英语习惯的翻译。阅读练习遵循由易而难，逐级提升的编写原则，先是单句练习，然后逐渐过渡到成段的文字。翻译练习的安排也是如此，从字句的翻译到成段的翻译，从提供参考译文到最后不再提供参考译文，作者显然希望通过这些练习能够使学习者比较快地掌握汉语。如果像卫三畏所设想的那样，一个学习者通过前面的操练最终能够完成书末成段的中译英练习（选自《聊斋》《子不语》《玉娇梨》《圣谕广训》《劝世良言》)，那么他确实可以说已经"大成"了。

《中国丛报》上一篇评论该书的文章认为，关于量词的第七章"是全书中最值得称道的一章"，因为"这个问题此前没有受到应有的关注"②。卫三畏认为这类词和英文中的 piece，sail，member，gust，sheet 等词相似，但比这些词用得远为广泛，特别在口语中更是如此，应该熟练掌握。他在书中列出了 28 个重要的汉语量词，并设计了对应的练习。熟悉中国语言学史的人都知道，中国语言学家把量词作为一个专门的词类加以研究是 20 世纪以后的事情，来华传教士可以说是汉语量词研究的开拓者，卫三畏虽然没有对这一问题进行深入的探讨，但从中国近代语言学史的角度来看，他的贡献仍然是很突出的。

《拾级大成》以练习为主，但不包括开头三章，它们是作者关于汉语的论述，卫三畏要求读者认真阅读这三章，因为它们对于整个汉语都是适用的，并不像后面的练习那样只限于广东话。其中第一章"部首"尤其是卫三畏着意的重点，他在这一章中按照笔画顺序详细解说了 214 个部首每一个的发音、意思、在汉字中出现的位置以及由其构成的汉字的特点。卫三畏这

① S. W. Williams, "Preface", in *Easy Lessons in Chinese*, p. i.

② *Chinese Repository*, Vol. 14, p. 346.

里对部首的排列完全根据《康熙字典》而成。《康熙字典》是中国近代影响最大的字书，也是传教士最常利用的工具书，马礼逊编写《华英字典》第一部分以及麦都思编写《福建土话字典》时都曾大量参考《康熙字典》。

卫三畏将部首的详细介绍作为《拾级大成》的第一章，是有他特别考虑的，他认为，作为学习汉字的起步最好的方法是从部首开始，就像学习字母文字必须从字母开始一样。“部首广泛地运用在汉字的构成上，可以帮助对于汉字的记忆”，而一旦汉字的形状知道了，“它的意思和发音也就比较容易记住”，“虽然中国人不采用这种学习汉字的方式，他们似乎是把汉字作为一个整体来记忆，但对外国人来说这可能是最容易的方式”[①]。这一看法显然是非常有道理的。这也是为什么虽然中国已经有了那么多现成的字典，而外国人还必须编写汉语工具书的原因，因为学习母语与学习外语是不同的，需要不同的教材和学习方法。《拾级大成》出版后反响良好[②]。

最后值得一提的是，卫三畏把自己最早的一本书献给了奥立芬。正是奥立芬本人所属的纽约市布立克街（Bleeker Street）长老会赠送的印刷机带来了卫三畏前来中国的契机，而卫三畏也正是免费搭乘奥立芬的商船才于1833年秋来到了中国。

在《拾级大成》出版两年后，卫三畏又推出了另一部工具书《英华韵府历阶》（*An English and Chinese Vocabulary*）[③]。这是一部英汉词汇手册，按照英语字母顺序依次列出单词和词组，并给出中文的解释和官话注音。之所以用官话注音，是为了适应中国内地已经逐渐开放的形势，由于广东、福建仍然是当时传教士和其他外国人活动的主要区域，所以在书后的索引中，除了官话注音，卫三畏还给出了该词汇表中出现的所有汉字（按照214部首排列）的广州话和厦门话注音。《英华韵府历阶》可以看作是马礼逊《广东省土话字汇》第一部分——英汉字典——的扩大和补充。马礼逊的词汇手册出版于1828年，早已绝版，鉴于这一情况卫三畏编写了这本工具书。

---

① S. W. Williams, *Easy Lessons in Chinese*, p. i.

② *Chinese Repository*, Vol. 11, p. 389.

③ 该书中文书名页内容如下：“卫三畏鉴定，《英华韵府历阶》，香山书院梓行，道光癸卯年镌”。印刷量为800册。

卫三畏本来想把这本书献给马儒翰，因为卫三畏自从来到中国之后，马儒翰只要时间允许总是热情地在汉语学习方面给予他帮助，而且马儒翰“也一直在为使汉语更容易掌握而努力着”[①]。作为第一位来华传教士马礼逊的儿子，马儒翰的汉语造诣不在父亲之下，但他英年早逝（1843 年 8 月），使卫三畏失去了一个可以经常请教的朋友。就在出版《英华韵府历阶》的这一年（1844 年），卫三畏还编写了一本《中国商务指南》（*A Chinese Commercial Guide*），它为外国商人提供了中外条约签订后有关贸易和航行的有用信息，但考虑到马儒翰在 10 年前编印过一本类似的指南，所以虽然这本指南的内容是全新的，但卫三畏却以马著第二版的形式出现，并且没有把自己的名字放在封面上，这当然也是卫三畏纪念马儒翰的一种表示。《中国商务指南》第二版也是在澳门印刷的。

鸦片战争后，美国各宗教团体纷纷派遣传教士来华，这些新来的传教士和当年的裨治文、卫三畏一样，必须首先学习汉语，在学习的过程中他们编写了大量的字典、词典以及各种帮助学习汉语方言的小册子[②]。汉语工具书的大量出现成为 19 世纪美国汉学的一大特点，而其源头无疑是澳门印刷所刊行的这几部工具书。在编写汉语工具书方面，最为积极和热情的无疑是卫三畏，他的这一热情在澳门点燃后一直延续了下去，就在印刷所 1856 年因为中英冲突被烧毁之前，他印刷完成了自己的第三部工具书《英华分韵撮要》（*A Tonic Dictionary of the Chinese Language*）。1874 年，他又推出了集大成的《汉英韵府》（*A Syllabic Dictionary of the Chinese Language*），该书由位于上海的美华书馆印行，其时美部会刚刚在北京建立了一个新的印刷所，但各方面的条件都远远不如美华书馆，于是卫三畏将自己编写的字典交给了这家长老会的印刷所刊印。然而无论是《英华分韵撮要》，还是《汉英韵府》，都是建立在他早年在澳门出版的那几部工具书的基础之上。

美部会印刷所自澳门搬回广州后又运行了 10 年，1856 年 12 月 14 日在“亚罗号”事件中被毁，这一变故使卫三畏下定了离开美部会的决心，一年前美国政府就有意任命卫三畏为美国驻华使团参赞兼翻译，虽然美部会对政

---

① S. W. Williams, “Preface”, *An English and Chinese Vocabulary*.

② 详细书目参见 Laurence G. Thompson, “American Sinology 1830 - 1920: A Bibliographical Survey”, in *Tsing Hua Journal of Chinese Studies*, 1961 Vol. 2, No. 2。

府的这一任命并不反对，但卫三畏本人却颇为犹豫，现在既然印刷所被毁，而且也看不到美部会设立新的印刷所的任何前景[①]，于是他决心离开工作了20多年的美部会。从长远的角度来看，美部会对印刷所的工作一直不太满意，主要原因是认为印刷所将过多的资源用于印刷汉语学习和汉学研究的资料上，从上文可以看到，这其中不少正是卫三畏本人的作品，而卫三畏认为这些印刷品对传教有益无害。美部会对于传教工作的理解比较狭隘，认为只有宣讲福音、散发《圣经》和宗教小册子才是有意义的工作，所以也反对伯驾（Peter Parker，1834年来华）开展医务工作，最终导致伯驾离开了美部会[②]。

在澳门8年多的时间中，卫三畏既要帮助裨治文编辑《中国丛报》，又要编写工具书，还要负责印刷，一个人显然应付不了这么多的事情。实际上，在印刷工作中他经常需要雇佣各类帮工。1839年年初，在给父亲的信中他这样描述自己手下的印刷工人的有趣情况："我的印刷所……最奇特的部分还得说我的三位工人。一位葡语排字工，他对英语一无所知，也几乎不认识一个汉字，但却为有这两种文字的书排字，我和他用葡语能够勉强交流；另一位中国小伙子既不懂葡语也不懂英语，他负责排汉字，活干得很好；最后是一位日本人，他不懂英文、葡文、中文（几乎不懂），所以从架子上取铅字时常犯错误。当他们三个人干活时，我必须用他们各自的语言与他们交流，并且指导他们去印一本本他们丝毫不知道其内容的书。尽管如此，我想印刷错误仍然可以控制在可以忍受的范围之内。我们彼此之间努力进行交流的情形常常使我忍俊不禁。"[③] 这种"忍俊不禁"的经历在卫三畏前后23年的印刷工生涯中应该是独一无二的，是只有在澳门印刷所才能体验到的。

① 美部会后来于1869年在北京再次设立印刷所，参见 Harold S. Matthews, *Seventy - Five Years of the North China Mission*, Yenching University Press, 1942, p. 47。

② 详见 Edward V. Gulick, *Peter Parker and the Opening of China*, Harvard University Press, 1973, pp. 140 - 141。

③ "S. W. Williams to Father, 26 January 1839", in *Samuel Wells Williams Family Papers*, Yale University Library Manuscript, Group 547, Series 4, Box 25.

1746 年《箱盖大漆描金澳门全景图》研究

赵新良*

本文所研究之对象是一幅澳门全景地图。该图成书于 18 世纪，具体时间不详，为中国人依照葡萄牙人订单完成，画于木箱板盖上，为中国传统大漆描金木版画，故定其名为《箱盖大漆描金澳门全景图》。

这幅地图最早于 1994 年刊布在《大三巴遗迹：永垂青史的纪念碑》一书中[①]。其后，黄启臣《澳门是 16～18 世纪中西文化交汇的桥梁》一文中亦有收录此图[②]。但除汤开建老师外，迄今为止尚未有人对其展开研究、利用[③]。

此图不仅是关于清中前期澳门城市发展状况的一份珍贵文献资料，而且对于研究清中前期中国政府对澳门的管理亦有非常重要的参考价值。本文拟对《箱盖大漆描金澳门全景图》不同版本、成图年代、绘制特点、相关内容、史料价值及其中几处疑点略作探讨，希望能对清中前期澳门及其附近地区的历史研究有所帮助。

一 关于《箱盖大漆描金澳门全景图》的不同版本

据 1994 年出版的《大三巴遗迹：永垂青史的纪念碑》（下简称《大三

* 赵新良，澳门大学历史系博士研究生。

① 参见 Fernando Antonio Baptista Pereira, *Macau · As Ruinas S. Paulo · Um Monumento para o Futuro*, Instituto Cultural de Macau, Missão de Macau em Lisboa, 1994, p. 54。

② 黄启臣：《澳门是 16～18 世纪中西文化交汇的桥梁》，《文化杂志》1994 年第 21 期。

③ 参见汤开建《以图证史：明代澳门城市建置新考》，《澳门历史研究》2012 年第 11 辑。

巴遗迹》）记载，《箱盖大漆描金澳门全景图》成图于 18 世纪，为 Comandante AlpoimCalvao，Cascais 所有，图大小为 50cm × 87cm，除此之外，该书中并无关于这幅澳门地图的其他信息（见图 1）。

图 1　《澳门·大三巴遗迹·永垂青史的纪念碑》之《箱盖大漆描金澳门全景图》

1996 年出版的《澳门》一书中亦收录有一幅相似地图，名为《17 世纪末期澳门风景图》，该图大小为 55.5cm × 84.2cm，有边框，然而该图缺少右部边框，或为故意裁剪。据图下标注记载，由雷伊斯（Pedro Batalha Reis）捐献给安提瓜国家艺术博物馆，1973 年，弗雷谢斯（José Freches）重新加工该图[①]。

《箱盖大漆描金澳门全景图》与《17 世纪末期澳门风景图》（见图 2）大体相同，然亦有细微差别：其一，在新庙处，《箱盖大漆描金澳门全景图》中新庙处标有“新庙”二字，《17 世纪末期澳门风景图》无；其二，《箱盖大漆描金澳门全景图》中社稷坛临近处有房屋，《17 世纪末期澳门风景图》无；其三，《箱盖大漆描金澳门全景图》与《17 世纪末期澳门风景图》中对面山房屋之形状不同；其四，《箱盖大漆描金澳门全景图》中青洲

① Almerindo Lessa, *Macau*, Lisboa, 1996, p. 304.

有房屋，而《17 世纪末期澳门风景线》中无。据此可以断定，这两幅图尽管存在很多相似的地方，但绝非同一幅图。

图 2　莱萨：《澳门》中之《17 世纪末期澳门风景图》

二　《箱盖大漆描金澳门全景图》的成图年代及作者

费尔南德斯（Fernando Antonio Baptista Pereira）在介绍该图时称，该图成图于 18 世纪，并未给出较为确切的成图时代。我们可以从以下几个建筑物的建筑年代来断定该图成图年代。

我们可以从新庙、南湾税口、县丞衙署三个方面来探讨《箱盖大漆描金澳门全景图》的成图年代之上限。

（一）新庙

新庙，又称莲峰庙、天妃庙、慈护宫。王文达称：

（莲峰庙）不知建自明朝何代，相传该庙址，本属顺德县龙涌杜姓乡人之旅澳废祠，因为当时有一游方僧人寄宿庑下，每日则到龙田村为人治病，以其能擅医术，且均着手成春，故募获颇多，并得祠主施与，遂将破祠改建，辟为一座小小庙宇，是为莲峰庙之始[①]。

据庙中文物，其匾“中外流恩”中所铭“万历壬寅”，即万历三十年，送匾人为创建值事崔吟翰。又据《莲峰庙尝业契券图侧记事册》：溯自澳门之有莲峰古庙，创建于明万历壬寅岁[②]。而科斯塔（Maria de Lourdes Rodrigues Costa）称：“1592 年在望厦山脚下关闸横路一侧建起了莲峰庙。”[③] 不知科斯塔所据何为？雍正元年（1723）扩建，更名为慈护宫[④]。汤开建称：

此次（1723 年）鼎建莲峰山慈护宫应是在拆毁旧庙的基础上重新建的一座庙，故将该庙称为‘新庙’[⑤]。

汤开建这一推论是合理的。据成书于雍正八年（1730）的（雍正）《广东通志·澳门图》记载，该图莲峰庙处并没有标明慈护宫之名，而标为“娘妈新庙”[⑥]。可知，莲峰庙在雍正元年重修后已有“新庙”之称。根据《箱盖大漆描金澳门全景图》（见图 3）中所示，模糊不清的“新庙”二字可以说明，该图应完成于雍正元年（1723）之后。

（二）南湾税口[⑦]

据龙思泰（A. Ljungstedt）记载：

广东总督（作者按：指鄂弥达）于 1732 年命令澳门的葡萄牙人向一位中国地方文职官员报告到达澳门的外国船只的到来，其武装情况、

---

① 王文达：《澳门掌故》，澳门教育出版社，1999，第 47 页。

② 陈炜恒：《莲峰庙史乘》，澳门传媒工作者协会，2008，第 39～40 页。

③ 〔葡〕科斯塔（Maria de Lourdes Rodrigues Costa）：《澳门建筑史》，范维信译，《文化杂志》1998 年第 35 期。

④ 王文达：《澳门掌故》，澳门教育出版社，1999，第 47 页。

⑤ 吴志良、汤开建、金国平主编《澳门编年史》（第 2 卷），广东人民出版社，2010，第 847 页。

⑥ （清）郝玉麟：（雍正）《广东通志》（卷 3）《舆图》，钦定四库全书本。

⑦ 章文钦称该税口为伽思兰税口，参见〔瑞典〕龙思泰（A. Ljungstedt）：《早期澳门史》，吴义雄等译，东方出版社，1997，第 107 页。

图 3 《箱盖大漆描金澳门全景图》之新庙

属于何国，及其使命等等。这个讨厌的任务难以得到执行。……任命了一位较低级别的海关官员驻扎南湾，住在一个兵营中①。

龙思泰所称的这个新任命的海关官员即《箱盖大漆描金澳门全景图》（见图 4）中南湾税口官员。据此可知，该图应成图于 1732 年之后。

（三）县丞衙署

在图中东望洋炮台下有两座建筑物，将其与阮元（道光）《广东通志·澳门图》比较，两座建筑物应为普济禅院（又名观音堂）与县丞衙署。普

① 〔瑞典〕龙思泰（A. Ljungstedt）：《早期澳门史》，吴义雄等译，东方出版社，1997，第 107 页。

图 4　《箱盖大漆描金澳门全景图》之南湾税口

济禅院在（雍正）《广东通志・澳门图》（见图 5）中已经存在，而位于澳门半岛的县丞衙署则建于乾隆九年（1744）[①]。建于乾隆九年的县丞衙署在

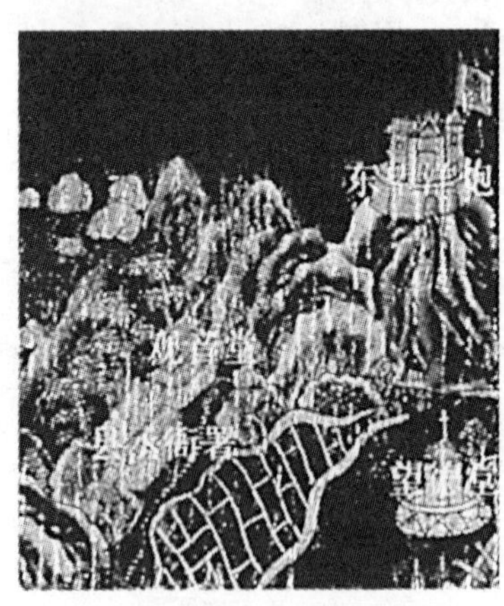

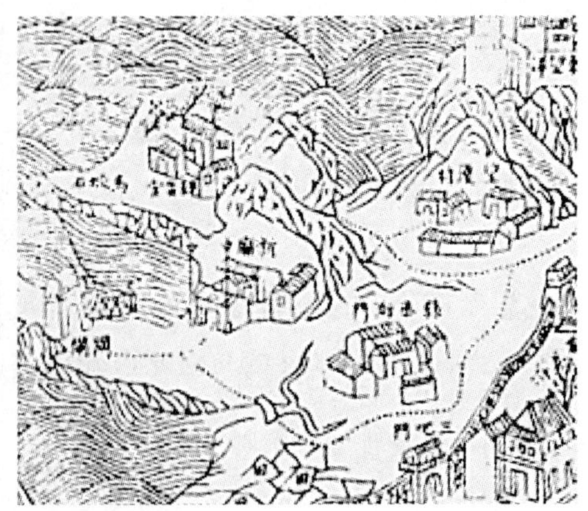

图 5　《箱盖大漆描金澳门全景图》及（道光）《广东通志》之《澳门图》之观音堂与县丞衙署

① （清）印光任、张汝霖：《澳门记略》（上卷）《官守篇》；（清）王廷钤等：《澳门志略》（上卷）《前山纂略》。

《箱盖大漆描金澳门全景图》中有记载，表明《箱盖大漆描金澳门全景图》的成图年代晚于乾隆九年。

关于《箱盖大漆描金澳门全景图》的成图年代之下限，我们可以从以下两方面来寻找证据。

1. 圣若瑟学院

圣若瑟学院创办于1727年至1728年间[①]。该修院是耶稣会为培养中国传教士及向中国输送传教人才而在澳门建立的重要机构。《澳门编年史》载：

> 1728年2月28日，根据省区副主教若奥·德·萨神父——省区总务长塞格依拉命令，中国副教区各神父从圣保禄教堂迁往圣若瑟新堂[②]。

荣振华书第一章《秉多传》载：

> 1728年2月23日成为澳门圣何塞新传教区的第一任会长，中国副省的耶稣会士们于是便离开了澳门圣保禄学院（当时该学院属于日本省）前往该副省的这一住院[③]。

故文德泉神父称："圣若瑟神学院于1728年的建立是一突出事件，它的

① 关于圣若瑟修院创办的时间分歧较大，有1672年说，1732年说，1749年说，1762年说，甚至有1630年说等等不一而足。但较为合理的说法应是1728年，一是有省区副主教若奥·德萨神父的命令称迁往圣若瑟新堂，二是有1728年2月成为澳门圣若瑟新传教区第一任会长的秉多，这应是标志圣若瑟修院的正式成立。林家骏《澳门教区历史掌故》（澳门主教公署打印本，1982年）之《澳门圣若瑟修院简史》第21页称："耶稣会院现存文献记载：1722年乔治先生在岗顶建两所房舍，他死后，把房子送给耶稣会士，改为圣何塞会院，1732年再命名圣何塞修院"。该书之《澳门圣堂史略》第15页又称澳门圣若瑟修院始建于1727年。荣振华书下册第341页《胥孟德传》，称"他于1728年至1731年在澳门为中国副省专设的圣若瑟神学院的创始人"。这就是说圣若瑟修院最早屋舍是1722年建，大约在1728年前乔治死去将房屋送给耶稣会，遂于1728年正式创办修院，到1731年完成，圣若瑟修院的命名则是在1732年。而圣若瑟教堂的兴建则在1746年，落成在1758年（参阅施白蒂之《澳门编年史：16~18世纪》，小雨译，澳门基金会，1995，第135页及郭永亮《澳门香港之早期关系》，台湾中研院近代史研究所，1988，第59~60页）。

② 〔葡〕施白蒂（Beatriz Basto da Silva）：《澳门编年史：16~18世纪》，小雨译，澳门基金会，1995，第114页。

③ 〔法〕荣振华（Joseph Dehergne，S. I）：《在华耶稣会士列传及书目补编》（下册）《秉多传》，耿昇译，中华书局，1995，第510页。

目的是为中国培养传教士。”① 林家骏神父亦称：“圣若瑟修院创办之初，只可算是圣保禄书院的分院，专为培植中国传教士用，因此华人便俗称它为‘三巴仔’，而称前者为‘大三巴’。”② 1746 年耶稣会士开始修建圣若瑟教堂，至 1747 年至 1748 年 12 月，圣若瑟建筑工程继续，建设圣若瑟教堂的正面和塔楼。但是从《箱盖大漆描金澳门全景图》中圣若瑟学院图来看，并没有教堂塔楼，这说明《箱盖大漆描金澳门全景图》的成图应在圣若瑟教堂建成之前，即 1747 年之前。

2. 澳门西南之围墙

澳门西南之围墙，在 17 世纪的澳门史料中就有记载。1635 年，《澳门要塞图》即在西望洋教堂与烧灰炉炮台（南湾炮台）之间绘了一道城墙，还在西望洋炮台和妈阁炮台之间绘了分叉的城墙③；康熙前期的《洋画澳门图》亦在烧灰炉炮台与西望洋教堂之间绘有一道城墙，在西望洋炮台与妈阁炮台之间绘有一道城墙④。《澳门志略》载：

> 夷地东北枕山，高建围墙，西南以水为界，于西炮台上复建有围墙⑤。

在 1756 年 5 月 4 日澳门总督高定玉（Francisco Antonio Pereira Coutinho）给议事会的信件中，又提到中国人在妈阁附近建造了一道城墙⑥。这道城墙应是 18 世纪 50 年代在澳门南部新修建而成。《澳门志略·澳门纂略》中所提

① Manuel Teixeira, "The Church in Macau", in R. D. Cremer, *Macau 1 Origins and History*, Hong Kong, 1987, p. 42.

② 林家骏：《澳门教区历史掌故》之《澳门圣若瑟修院简史》，澳门主教公署，1982，第 19 页。

③ 葡萄牙埃武拉公共图书馆藏：《澳门要塞图》，转引自安东尼奥·博卡罗（António Bocarro）《要塞图册》，《文化杂志》1997 年第 31 期。

④ 中国第一历史档案馆、澳门一国两制研究中心选编《澳门历史地图精选》，华文出版社，2000，第 36～37 页。

⑤（清）王廷钤等：《澳门志略》（上卷）《澳门纂略》，国家图书馆出版社，2010，第 37 页。按：汤开建在《道光七年〈香山县下恭常都十三乡采访册〉的发现及其价值》一文中认为，这部《澳门志略》应正名为《香山县下恭常都十三乡采访册》，并给出四条合理解释，本人亦赞同这一观点。参见汤开建《道光七年〈香山县下恭常都十三乡采访册〉的发现及其价值》，《澳门研究》2011 年第 4 期。出于行文需要，在本文中暂且采纳《澳门志略》之名。

⑥〔葡〕施白蒂（Beatriz Basto da Silva）：《澳门编年史：16～18 世纪》，小雨译，澳门基金会，1995，第 153 页。

及之“小三巴门”当即在这道城墙[1]。1751 年成图的《澳门记略·正面澳门图》中妈阁庙、小三巴附近有围墙，但该围墙在《箱盖大漆描金澳门全景图》（见图 6）中并没有这道城墙，我们有理由认为这是作画者遗漏了这道中国人建造的城墙，但是在大致成图于同一时期的《葡萄牙东方艺术博物馆藏 1740 年代澳门屏风图》中亦没有这道城墙。如果说这道城墙确实在当时已经建好的话，不可能两幅图都会遗漏。所以说我们更有理由相信是在《箱盖大漆描金澳门全景图》成图时，这道城墙还没有建造。说明该图成图应早于 1751 年。

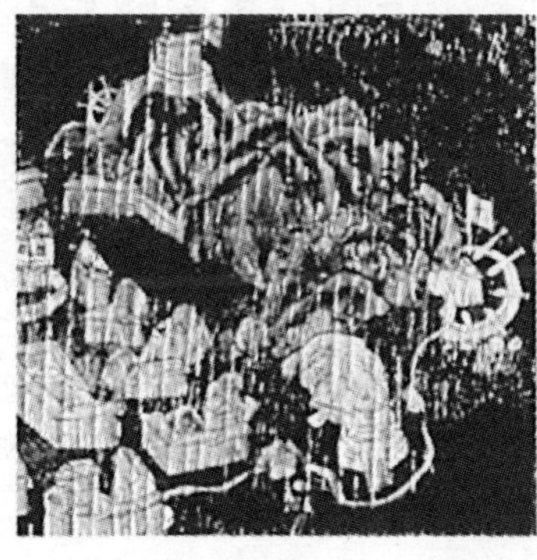

图 6　《澳门记略·正面澳门图》中的澳门南部城墙，而《箱盖图》与《屏风图》中没有这道城墙

莱萨《澳门》中之《17 世纪末期澳门风景图》记载该图成图于 1746 年。

如前所述，尽管《17 世纪末期澳门风景图》与《箱盖大漆描金澳门全景图》并不相同，但是二图应为同一人所作。据称《17 世纪末期澳门风景图》成图于 1746 年，虽然莱萨并未说明理由，但 1746 年亦应符合《箱盖大漆描金澳门全景图》的成图年代。故断定该图的成图年份为 1746 年。

从前述新庙、南湾税馆、县丞衙署、圣若瑟修远与西南部围墙来看，这幅地图当为 18 世纪上半叶澳门全景的再现，莱萨《澳门》中之《17 世纪末期澳门风景图》这一名称有待更正。

关于《箱盖大漆描金澳门全景图》的作者，在几份资料中都没有提及，但是从图本身来看，其作者当属中国人无疑。原因有三：一为“新庙”二

---

① 汤开建：《道光七年〈香山县下恭常都十三乡采访册〉的发现及其史料价值》，《澳门研究》2011 年第 4 期。

字。中国工匠素有在作品中留暗记的习惯，以瓷器中为多。“新庙”二字当即为中国工匠在制作过程中所留记号。二为新庙与观音堂的存在。从现在能看到的古代澳门地图来看，西方人画作中很少有涉及北部莲峰庙与观音堂者，而中国人所作澳门地图中则通常会保留。三为图中标明这是一幅葡萄牙人预定的中国作品。据此虽无法找到该图的具体为何人所绘，但是能知道这是受西方绘画技术影响的中国人的作品。

三 《箱盖大漆描金澳门全景图》的史料价值

该图是以绘画的形式详细绘制了澳门地理及建筑的澳门地图，具有较高的史料价值。

首先，从地图的制作来看，反映了技术的进步。

自明末开始，西方人掀起来华高潮。伴随西方人东来的除了天主教之外，西方艺术也传入中国，如音乐、美术、版画等。先贤方豪对受西方影响的中国版画进行了一定研究①。汤开建亦对西方美术作品对中国的影响进行深入研究②。然而上述研究重在天主教艺术在中国内地的传播，而对于西方绘画技术对中国美术的影响较少谈及。莫小也教授对西方绘画技术对中国美术的影响进行了深入研究③。本文在借鉴莫教授研究成果的基础上，对《箱盖大漆描金澳门全景图》（见图 7）的绘画技术做进一步分析。

16 世纪末，耶稣会士利玛窦携西洋画来中国。此后，传教士源源不断地从西方带来用透视法绘制的绘画作品。崇祯二年（1629），由李之藻作序、毕方济（Francesco Sambiasi）撰写的《睡画二答》刊行，《画答》中解释了绘画透视法和一些透视法则④。不仅传教士传入的西方版画在中国大受欢迎，中国画家还学习模仿西洋版画。在这一过程中，他们开始真正实践这些外来的绘画技巧。通过中国画家的模仿实践，西方绘画技术在中国

① 方豪：《中西交通史》（下册），上海人民出版社，2008，第 645 页。

② 汤开建：《明清之际天主教艺术传入中国内地考略》，《暨南学报》（哲学社会科学）2001 年第 23 卷第 5 期。

③ 莫小也：《十七～十八世纪传教士与西画东渐》，中国美术学院出版社，2002。

④ 〔比〕钟鸣旦（Nicolas Standaert）、杜鼎克（Adrian Dudink）编《耶稣会罗马档案馆明清天主教文献》（第 6 卷），台北辅仁大学神学院，1996，第 389～401 页。

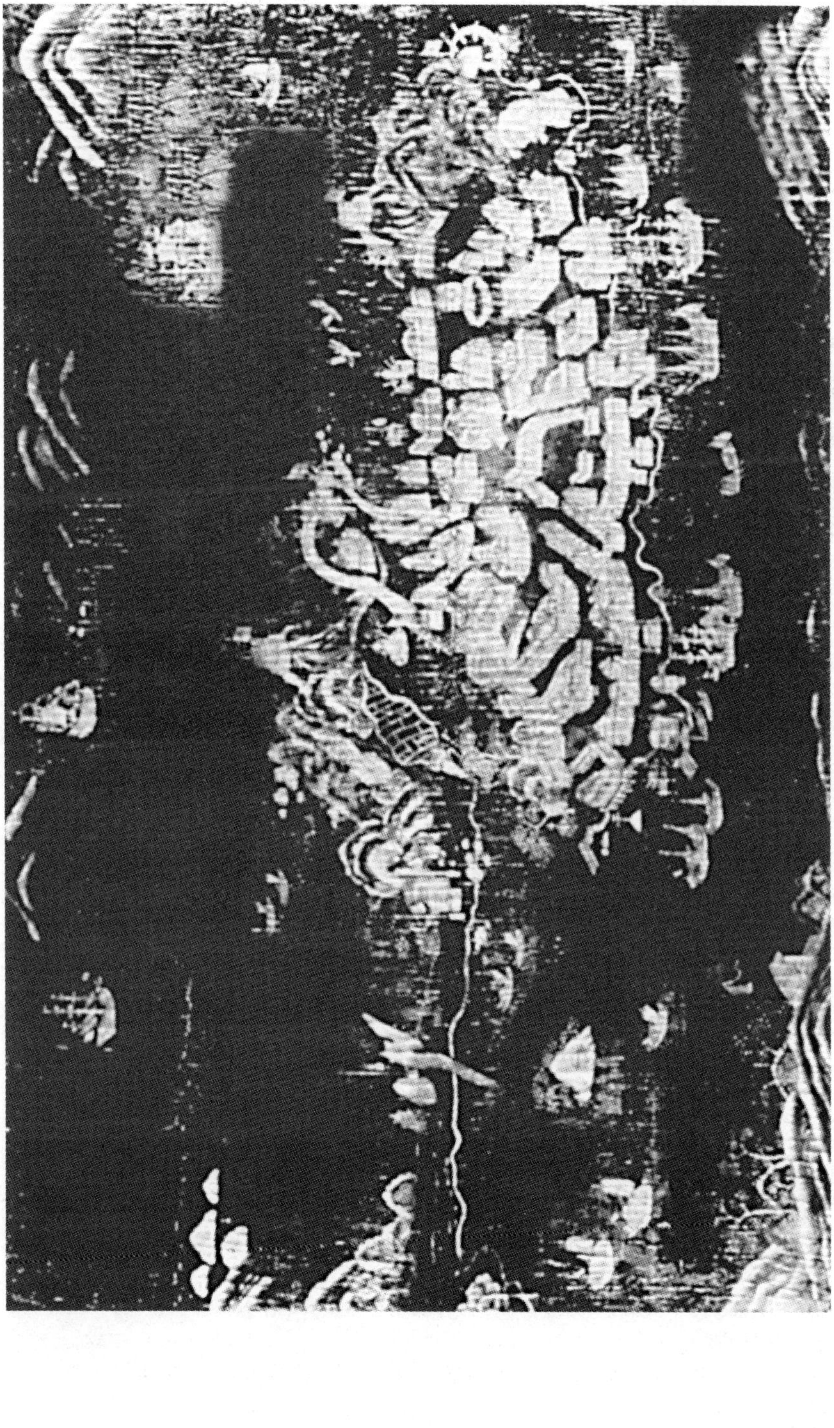

图 7 《箱盖大漆描金澳门全景图》中建筑物辨识

流行开来。苏州画家张宏的《越地十景图》可以看作是受西方绘画技术影响的代表作[①]。本文中《箱盖大漆描金澳门全景图》就是在这一背景下产生的。

从画风来看，《箱盖大漆描金澳门全景图》既能体现中国传统绘画技术的影响，又能体现对西方绘画技术的借鉴。笔者将（雍正）《广东通志·澳门图》《澳门记略·正面澳门图》《澳门记略·侧面澳门图》《新修香山县志·濠镜澳全图》进行比较，可以发现《箱盖大漆描金澳门全景图》中对西方绘画技术的接受。情况第一，对图中明暗关系的把握。莫小也教授称："直至万历年间，中国木版画还是不讲究光源与明暗变化的。画面中偶尔出现些深色，主要是用于表现头发、树杆等物体固有色……到《出像经解》时，除了大面积深色之外，有不少图开始注意光线与图影了。"[②]《箱盖大漆描金澳门全景图》就注意到光线与图影，从山川的层叠到城市建筑的错落均能体现这种变化。另一方面，该图在线条组织方面，亦打破单纯钩线式的白描画法，以一组组平行或交叉线条表现城市建筑，同前述其他几幅图形成鲜明对比。第二，从构图形式来看，该图较为明显地显示出西方绘画技术的特征。从图中所描绘对象来看，呈现出一种远中近三种布局，使得画面层次分明。这种特征以图中远小近大的船只表现最为明显，在澳门建筑中亦有这一方面的体现。第三，对于建筑风格的把握也较前述其他几幅地图精确，明确区分了中式建筑与西式建筑，如观音堂、新庙、妈阁庙与花王堂、望德堂等天主教堂的区分。

尽管这幅地图受西方绘画技术的影响，但是从该图中仍能看到很多中国特色，最为明显的就是作者借鉴中国传统的绘画方式对远近山川、树木进行描绘。从这幅图中我们可以看出清中前期的中国匠人已能较为熟练地将中、西方的绘画技术较好的融合。

其次，《箱盖大漆描金澳门全景图》清晰地描绘了关于18世纪上半期的澳门。从地图内容来看，提供了部分新信息，具有很高的史料价值。

自16世纪中叶开埠以来，澳门迅速发展成为一个葡萄牙在远东的国际贸易中转港口。在澳门华人和葡人的共同经营下，澳门成为一个具有全球化

① 李晓丹、王其亨、吴葱：《西方透视学在中国的传播及其对中国绘画的影响》，《装饰》2006年第5期。

② 莫小也：《十七~十八世纪传教士与西画东渐》，中国美术学院出版社，2002，第122页。

特色的城市。汤开建在《以图证史：明代澳门城市建置新考》一文中对澳门城区的形成与发展、澳门公共建筑的出现于发展进行了详细研究①。汤开建在文中介绍花王堂、仁慈堂、圣保禄学院时三次用到《箱盖大漆描金澳门全景图》中之内容，但是并未对该图进行详细介绍。在汤开建指导下，本人对该图中所显示之澳门主要建筑物进行辨识。

图中可辨识者达 38 处，自北向南依次为：关闸、关闸税口（又称澳门税口）、青洲、新庙、观音堂、县丞衙署、东望洋炮台、旧桥、望德堂、沙梨头社稷坛、十字石、花王堂、三巴门、圣保禄学院、大炮台、水坑尾门、嘉思栏堂、嘉思栏炮台、大码头税馆、唐人庙、仁慈堂、议事亭、南湾税馆、关部行台、大庙、板樟堂、小炮台、司打口、风信庙、龙松庙、圣若瑟修院、烧灰炉炮台、西望洋炮台、西望洋教堂、妈阁庙、妈阁税口、妈阁炮台、对面山税口。

1. 图中第一次明确标出了澳门关部行台与关闸、大码头、妈阁、南湾 4 个税口

关部行台是清代粤海关监督行署，澳门关部行台又称澳门征税总口、澳门总口、大关、大关总口、大关内馆②，乃粤海关 7 个总口之一。据吴志良师、汤开建、金国平先生研究，澳门关部行台设立于 1684 年 12 月（清康熙二十三年）③，行廨馆址位于泗孟街，其职责在于“稽查澳夷船往回贸易，盘诘奸宄出没”④。而学术界多认为澳门分关设立于 1688 年（康熙二十七年），佩雷拉（A. F. Marques Pereira）称：“1688 年，中国官员在澳门建立 Hopu，即中国海关。”⑤ 利安定神父（Agustin A. S. Pascual）1685 年 12 月 19 日写于广州的信中称：“去年 12 月份左右，三位官员从京城来澳门开海贸易并设立海关。一到澳门，他们不仅要求征收货税，而且还要对葡萄牙船只进行丈量。”⑥

① 汤开建：《以图证史：明代澳门城市建置新考》，《澳门对外关系史研究：澳门历史文化研究会 2012 年学术年会论文集》，澳门历史文化研究会，2012。

② 参见金国平、吴志良《Hopo 的词源及其设立年代》，《东西望洋》，澳门成人教育学会，2002，第 342 页。

③ 又有人认为粤海关设立时间在 1685 年（康熙二十四年），钱仪吉：《碑传集》。

④ （清）梁廷枬：《粤海关志》（卷 7）《设官》，台湾文海出版社，1998。

⑤ A. F. Marques Pereira, *As Alfandegas Chinesas de Macau*, Macau, Typographia de J. da Silva, 1870, p. 29.

⑥ Antolin Abad Perez, *Sinica Franciscana*, Vol. 3, p. 579 – 580。转引自吴志良、汤开建、金国平《澳门编年史》（第 1 卷），广东人民出版社，2010，第 668 页，又可见金国平、吴志良《Hopo 的词源及其设立年代》，《东西望洋》，澳门成人教育学会，2002，第 350 页。

中文史料中较少记载关于澳门关部行台及4个分关。最早记录者为张甄陶《澳门图说》，载："澳有关税，一主抽税，曰小税馆；主讥察，曰南环税馆，专稽查民夷登岸及采望蕃舶初入；曰娘妈角税馆，专稽查广东、福建二省寄港商渔船只，防透漏，杜奸匪。舶入港必由十字门折而西经南环，又折而西至娘妈角，又折而东乃入澳。"[①] 其中并未提及关闸税口。《澳门记略》中《正面澳门图》与《侧面澳门图》（见图8）中亦没有关闸税口。

图8 《澳门记略》之《正面澳门图》与《侧面澳门图》缺少关闸税口

《箱盖大漆描金澳门全景图》中除澳门关部行台之外，还绘制了关闸税口、大码头税口、妈阁税口、南湾税口所在，每个税口处均有旗帜作为标志（见图9）。

梁廷枏《粤海关志·澳门税口图》清晰记载了澳门各个税口，并有关于澳门税口的记载："口岸以虎门为最重，濠镜一澳，杂处诸番，百货流通，定则征税，故澳门次之。"又有"澳门系正税总口，在广州府香山县，距大关三百里。大码头距澳门总口一里，南湾距澳门总口二里，关闸距澳门总口一里，并在香山县，系稽查口"[②]。又有关于澳门总口、分口的人员建置记载[③]。但是并没有提及妈阁税口。

图中对面山亦绘有标志中国税口的旗帜，但在文献中从未有对面山税口的记载，有待于进一步查找资料。

① 中国第一历史档案馆、澳门基金会、暨南大学古籍所合编《明清时期澳门问题档案文献汇编》（第6册），人民出版社，1999，第607页。

② （清）梁廷枏：《粤海关志》（卷5）《口岸》。

③ （清）梁廷枏：《粤海关志》（卷7）《设官》。

图 9 《箱盖大漆描金澳门全景图》中的关部行台、关闸税口、大码头税口、妈阁税口与南湾税口

2. 图中明确标示“新庙”

新庙，即莲峰庙，又名天妃庙，关闸庙，慈护宫，供奉观音与天后①。王文达称“（莲峰庙）不知建自明朝何代，相传该庙址，本属顺德县龙涌杜姓乡人之旅澳废祠，因为当时有一游方僧人寄宿庑下，每日则到龙田村为人治病，以其能擅医术，且均着手成春，故募获颇多，并得祠主施与，遂将破祠改建，辟为一座小小庙宇，是为莲峰庙之始”②。据庙中文物，其匾“中外流恩”中所铭“万历壬寅”，即万历三十年，送匾人为创建值事崔吟翰。又据《莲峰庙尝业契券图侧记事册》：溯自澳门之有莲峰古庙，创建于明万历壬寅岁（万历三十年，即 1602 年）③。而科斯塔（Maria de Lourdes Rodrigues Costa）称 1592 年在望厦山脚下关闸横路一侧建起了莲峰庙，不知科斯塔所据何为④？雍正元年（1723）扩建，更名为慈护宫⑤，成书于雍正九年的（雍正）《广东通志·澳门图》并未将莲峰庙标为“慈护宫”，而是标为“娘妈新庙”，这是“新庙”一词的首次出现，印证了汤开建所称：

① 谭世宝：《金石铭刻的澳门史：明清澳门庙宇碑刻钟鸣集录研究》，广东人民出版社，第 120 页。

② 王文达：《澳门掌故》，澳门教育出版社，1999，第 47 页。

③ 陈炜恒：《莲峰庙史乘》，澳门传媒工作者协会，2008，第 39 ~ 40 页。

④ 〔葡〕科斯塔（Maria de Lourdes Rodrigues Costa）：《澳门建筑史》，范维信译，《文化杂志》1998 年第 35 期。

⑤ 王文达：《澳门掌故》，澳门教育出版社，1999，第 47 页。

“1723 年（雍正元年）罗复晋等人鼎建莲峰山慈护宫是在拆毁旧庙基础上重新建的一座庙，故又称该庙为‘新庙’。”① 莲峰庙自创建之始就供奉天后与观音。1739 年 9 月，澳门华商陆益、区源利重建莲峰庙关圣帝君殿竣工。仅以“娘妈新庙”称重修后的莲峰庙与庙中供奉神祇不符；另一方面，1746 年距雍正元年扩建已有 23 年时间。此时，“新庙”应该已经成为澳门华人对莲峰庙之约定俗成的称呼。所以在这一年成图的《箱盖大漆描金澳门全景图》中直接将莲峰庙标为“新庙”。

3. 图中出现旧桥这一澳门古老地标，这是旧桥在文字与地图史料中的第一次出现

汤开建在《祝淮〈新修香山县志〉澳门图研究》一文中对澳门旧桥、新桥进行研究。文中称：“据《澳门记略·正面澳门图》在澳城三巴门外小河绘有小桥一座，则此桥当为旧桥，《澳门记略》成书于乾隆十六年，则可断，旧桥建于乾隆十六年前。”② 成图于 1746 年的《箱盖大漆描金澳门全景图》（见图 10）亦在三巴门外标有小桥一座，据此，旧桥的建造年代应推至乾隆十一年之前。

图 10 《箱盖黑漆大金澳门全景图》之旧桥

① 吴志良、汤开建、金国平：《澳门编年史》（第 2 卷），广东人民出版社，2010，第 847 页。

② 汤开建：《祝淮〈新修香山县志〉澳门图研究》，《暨南学报》（哲学社会科学）2000 年第 22 卷第 3 期。

再次，与其他地图比较，反映了澳门城市发展的进程。

1557 年，广东政府允许东来葡萄牙人寓居澳门，自此葡萄牙人开始在澳门定居。这一年亦为澳门建城之始①。次年，入居澳门的葡萄牙人开始修建房屋。最早的建筑物当为 1558 年至 1560 年间建造的望德堂、老楞佐堂和圣安东尼奥堂。冈萨雷斯（Gregorio Gonzalez）对此事予以记载："第一年，我与七名基督徒留在了当地。我与其他人被捕入狱，直至明年船只到来。翌年，我主照亮了我，我为几个华人施洗，使他们皈依了基督教。我留在当地并建起了一座草棚教堂。"② 据杰瑟斯·马里奥（Jesus Mário）神父称："从 1558 年至 1560 年间，曾有数名耶稣会神父居住（澳门），商谈筹建三座小教堂，即望德堂、老楞佐堂及圣安东尼奥堂。"③ 据冈萨维斯神父的信称："第二年船只返回时才重获自由，我又着手建一教堂。"④ 这三座教堂早期均为草棚板屋之室。1563 年，耶稣会在澳门建起一座以木板和砖盖成的仓房形式的教堂，名为圣保禄堂⑤。澳门开埠初期的建筑基本都是以稻草及木架搭建而成。

初至澳门的葡人与澳门华人之间因风俗习惯、宗教信仰等差异，不可避免地会发生矛盾。这些草木结构的房屋时常被华人放火焚烧。1573 年 1 月，应耶稣会巡视员贡萨洛·阿尔瓦雷斯（Gonçalo Álvares）要求，希望建一座更坚固结实的教堂。澳门葡商安东尼奥·维略纳（D. António de Vilhena）捐资建起了一座更宽敞和更牢固的用黏土建成的教堂，即天主圣母（S. Maria）堂。葡商巴尔塔萨·拉热（Baltasar de Lage）则捐白银 100 两，在教堂和钟楼的侧门之间挖了一口水井。此事遭到守澳明官的制止，最后由培莱思及泰玛诺神父通过行贿而将此事摆平⑥。至 1580 年，耶稣会副省会长佩德罗·戈麦斯（Pedro Gomes）神父下令给教堂加盖瓦片以防止当地华人放火烧房子。16 世纪 90 年代完成的《澳门城市图》（见图 11）反映了这一变化。

该图为荷兰旅行家特奥多雷·布依（Theodore de Bry）所作。从房屋结

① 吴志良、汤开建、金国平：《澳门编年史》（第 1 卷），广东人民出版社，2010，第 112 ~ 113 页。

② 金国平、吴志良：《东西望洋》，澳门成人教育学会，2002，第 83 页。

③ 杰瑟斯·马里奥神父书，转引自郭永亮《澳门香港之早期关系》，台湾中研院近代史研究所，1988，第 67 页。

④ 金国平、吴志良：《东西望洋》，澳门成人教育学会，2002，第 84 页。

⑤ 吴志良、汤开建、金国平：《澳门编年史》（第 1 卷），广东人民出版社，2010，第 130 页。

⑥ 吴志良、汤开建、金国平：《澳门编年史》（第 1 卷），广东人民出版社，2010，第 161 页。

图 11　16 世纪 90 年代布依绘《澳门城市图》中之建筑物

构上看，图中大部分建筑物已不是茅草搭盖的棚寮板屋，应为砖瓦屋或三合土筑成的房屋。这从 1599 年 7 月 28 日袭击澳门的一场台风造成的破坏可以看出。据史料记载，在这场台风中，有 10～12 处房屋被海水和风暴摧毁。房子是用土和生石灰的混合物建造的，到一定的高度是石质墙基，墙壁内外都涂抹着石灰，屋顶上按照西班牙的方式盖着瓦片①。这一变化从俞安性给澳门葡人的手谕及澳门葡人对手谕的答复中亦可看出。俞安性手谕第五条为："五、禁擅自兴作。因本澳临近宫廷，故禁尔等在此居留。尔等获准居住，本应建造矮小草屋，未想到尔等竟然起造高楼大厦。既然落成，本官不予以追究。但为何建造大三巴如此宽宏高大之所，尚建炮台，安放大炮?"葡人对此答复是："五、禁擅自兴作。我等商人初抵此地，仅起草寮茅舍。台风袭来，东倒西歪。我等心情悲痛，无以抵御雨打寒袭。夏日，棚寮常在火灾中化为灰烬，为此我等损失惨重。不仅货物常遭焚毁，丧命者亦不乏其

① Francesco Carletti, *Raginarnenti di Francesco Carletti, Fiorentino Soprale Cose da lui Vedute ne suoi viaggi si dell Indie Occidentali , e Orientali come dáltri paesi*, Frirenze, Seamperia di Giuseppe Manni, 1701, pp. 197－198。转引自吴志良、汤开建、金国平《澳门编年史》（第 1 卷），广东人民出版社，2010，第 274 页。

人。为此，我等向官宪提出请求，恳求允许我等建立瓦屋。”①

自 17 世纪开始，澳门葡人先后于 1618 年重修了老楞佐堂、1622 年新建了主教座堂——圣伯多禄堂（Igreja de S. Pedro）②、1637 年重建望德堂、1638 年重建花王堂。这些重修或新建的教堂全部都一改之前的木质结构为石质结构③。开启了澳门城市建筑由草木结构变为砖石结构的新时期。这种变化在《箱盖大漆描金澳门全景图》中有清晰显示，大致同一时期完成的《葡萄牙东方艺术博物馆藏澳门屏风图》（见图 12）中亦可看出。

图 12 《箱盖大漆描金澳门全景图》与《葡萄牙东方艺术博物馆藏澳门屏风图》中的澳门建筑物

建筑材料的变化带来了采石业的发展，采石业成为 18、19 世纪澳门地区的一个重要产业。东波塔档案载，1820 年（嘉庆二十五年），澳门绅士赵允菁呈香山县丞禀文称：“蒲湾、大环山等处石山，系澳门总关水口，又在

① 金国平：《中葡关系史地考证》，澳门基金会，2000，第 72、76 页。

② 华人称其为大堂或大庙，葡文作 Igreja de Sé。

③ 郭永亮：《澳门香港之早期关系》，台湾中研院近代史研究所，1988，第 44、56～57、62 页；林家骏：《澳门教区历史掌故文摘》，澳门主教公署，1982，第 18 页；Maria Regina Valente, *Igrejas de Macau*, Instituto Cultural de Macau, 1993, pp. 24, 32－35。

南方火位。缘开凿太伤，财帛日即凋耗。年来复凿入内地，山多赤气，易招火灾。恳饬石匠头人，禁止工匠，不得于澳地望见之处开凿，以消火气。”① 新出版的《澳门志略·山川名目》记录了澳门及附近地区的采石区域达8处之多：

> 大横琴山（旧凿石处），过路环（即盐灶湾，奸徒凿石处），鲫鱼湾（奸徒凿石处），九澳（旧凿石处），蒲湾（现凿石处），竹湾（新凿石处），潭仔山（新凿石处），南门头（新凿石处）②。

这表明在澳门周边地区采石业之发达。

四 关于《箱盖大漆描金澳门全景图》之释疑

这幅18世纪中期由中国人完成的《箱盖大漆描金澳门全景图》（见图13）中还存在三处疑点。

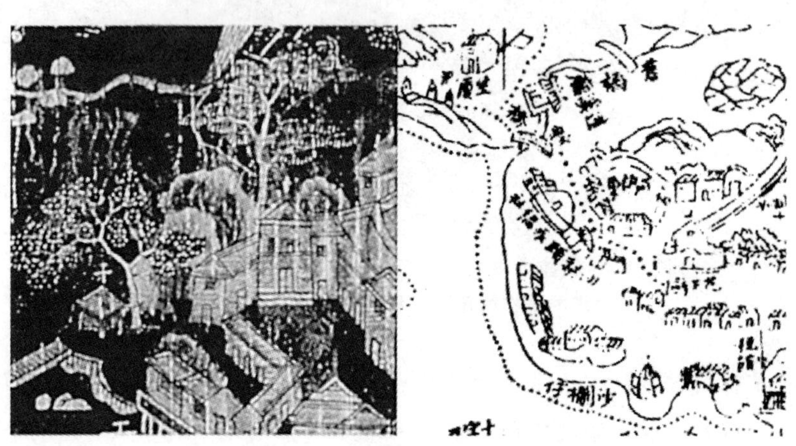

图13 《箱盖大漆描金澳门全景图》与《新修香山县志·濠镜澳全图》中的沙梨头社稷坛

---

① 《澳门绅士赵允菁等为联恳饬禁永防火患事呈香山县丞禀抄件》，载刘芳辑《清代澳清代澳门中文档案汇编》（下册），章文钦校，澳门基金会，1999，第778页。

② （清）王廷钤等：《澳门志略》（上卷），第6~7页。

首先在于沙梨头处之带有十字架建筑物。

从《箱盖大漆描金澳门全景图》中标有十字架的建筑物位置来看，与《新修香山县志·濠镜澳全图》中的沙梨头永福社相近，笔者认为这座标有十字架的建筑物即为沙梨头永福社。

沙梨头永福社即为沙梨头社稷坛，又称为沙梨头土地庙、永福古社。具体创建时间不详。据《新建永福古社亭碑》称：永福古社，由来久已。可见永福古社的创建年代久远，但掌故家及坊间说法均将永福古社的建立与南宋端宗联系，且谓古社谓端宗行宫。此说证据不足，据民国十三年之碑志则称永福古社“曩自明季，以迄于兹”。汪兆镛称：“澳门西偏，土名沙梨头，有永福古社。石栏峻伟，如殿陛剃，石坊题水月宫，大学士何吾驺书，年月漫灭，当在明季永历之时。”据此大致可以判断，永福古社的建立时间为南明永历时期。故碑文称：“沙梨头，永福古社，由来久矣。”[①] 乾隆五十四年（1789），由两广总督、粤海关澳门总口以及各分关领衔捐银新建“永福古社亭”，并立有“新建永福古社亭碑”于亭前。

从国家层面来讲，明清王朝中央与地方各级政府十分重视社稷坛的修建。社稷坛为明清两代祭祀社、稷神祇的祭坛，其位置是依《周礼》“左祖右社”[②] 的规定，置于皇宫之右（西）。祖与社都是封建政权的象征。社稷是“太社”和“太稷”的合称，社是土地神，稷是五谷神，两者是农业社会最重要的根基。不仅在京城有国家的社稷坛，地方政府也都有祭祀社稷的场所。

据此可知，沙梨头社稷坛乃按照中国传统建造的祭祀神祇之所。而在《箱盖大漆描金澳门全景图》中，沙梨头社稷坛上被标以十字架的标志。沙梨头社稷坛从未在之前澳门地图出现过，作者或许是为了刻意突出这一中国建筑而作，又有可能是作者混淆了中国祭祀之所与西方教堂的笔误。

其次在于大庙之所在位置。

《箱盖大漆描金澳门全景图》中议事亭、仁慈堂与板樟堂之间有一个圆形建筑物，我怀疑这座建筑物为大庙。

---

① 谭世宝：《金石铭刻的澳门史——明清澳门庙宇碑刻钟铭集录研究》，广东人民出版社，2006，第 277 页。

② 沈凤笙前言，陈戍国点校《周礼·以礼·礼记》之《周礼·冬官考工记》（第六），岳麓书社，1989，第 129 页。

大庙，即主教座堂。该堂奉祀圣伯多禄，故葡人称其为圣伯多禄堂（Igreja de S. Pedro），而华人称为大堂（lgreja de Sé）或“大庙”。大庙为澳门教区主教办公之地，故陆希言称：“圣安多尼、圣老楞佐，皆统于圣伯多禄。”[①] 大庙位于今之大庙顶，其与议事亭、仁慈堂、板樟堂相对位置在18世纪之后没有发生变化，所以我们可以比较今日地图和《箱盖大漆描金澳门全景图》中的大庙与其他三者的位置显示（见图14）。

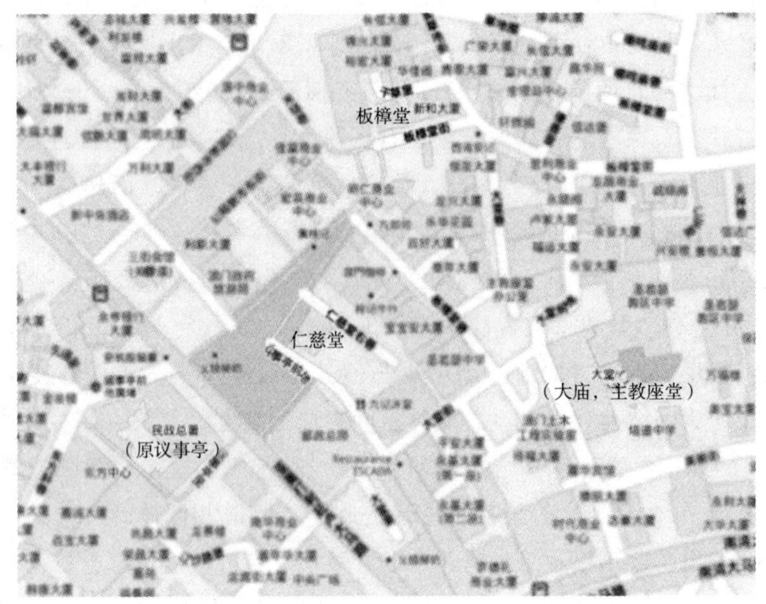

图14　清晰字体为议事亭、仁慈堂、板樟堂与大庙位置显示

资料来源：原图来自谷歌地图，经作者加工而成。

通过今日之地图不难看出，仁慈堂、大庙与板樟堂并不在一条直线之上，而是呈三角坐标。我认为是《箱盖大漆描金澳门全景图》的作者将大庙误标于议事亭、仁慈堂与板樟堂之间。

再次，在于十字石。

《箱盖大漆描金澳门全景图》中澳门半岛西北部海中有一标有十字架之物。查《新修香山县志・濠镜澳全图》澳门半岛西北部沙栏仔外海中有

① Maria Regina Valente, *Igrejas de Macau*, p. 24；第一历史档案馆、澳门基金会、暨南大学古籍所合编《明清时期澳门问题档案文献汇编》（第6册）之陆希言《澳门记》，1999，第595页。

图 15　《箱盖大漆描金澳门全景图》中的议事亭、仁慈堂、板樟堂与大庙

“十字石”，我怀疑这个标有十字架之物即为十字石。查《澳门记略 · 正面澳门图》《澳门记略 · 侧面澳门图》及历代《广东通志》之澳门图均无十字石。成图于 18 世纪中前期的《箱盖大漆描金澳门全景图》与《葡萄牙东方艺术博物馆藏澳门屏风图》均在十字石上绘制有十字架。《濠镜澳全图》则绘制十字石为一普通石头（见图 16）。

图 16　《箱盖大漆描金澳门全景图》《葡萄牙东方艺术博物馆藏澳门屏风图》与《新修香山县志 · 濠镜澳全图》中的十字石

这或许是《箱盖大漆描金澳门全景图》与《葡萄牙东方艺术博物馆藏澳门屏风图》两图作者都想借“十字”表明十字石这一地理坐标之名。

五　结语

《箱盖大漆描金澳门全景图》（见图 15）是一幅由中国人按照葡萄牙人订单完成的一幅艺术品。该图完成于 18 世纪中期。该地图显示的内容，具有多方面的史料价值。从艺术史发展的角度来看，它显示出中西文化在澳门的交汇融合；从澳门史研究角度来看，它又提供了部分关于澳门地理的新信息，补充了文字史料的不足。

这幅地图不是18世纪中期完成的唯一的一幅澳门地图，与它同时期完成的还有《葡萄牙东方艺术博物馆藏澳门屏风图》。除此之外还有16世纪90年代澳门城市图、1632年澳门城市图、1635年澳门要塞图、康熙初年西洋澳门图、(雍正)《广东通志·澳门图》《澳门记略·澳门正面图》《澳门记略·澳门侧面图》《新修香山县志·濠镜澳全图》等澳门整体图。比较这些地图，可以发现作为一个系列它们能完整地反映澳门城市的发展轨迹①。从而反映出地图在澳门历史研究中的重要价值。

① 关于通过地图看澳门城市发展轨迹问题，将在另文进行专门探讨。

康熙三十一年容教细节研究

陈玉芳*

康熙初年，由杨光先掀起的“历狱”案得到平息，传教士们沉冤昭雪，奉旨归堂，而宫廷的传教士们则重新开始培养与新皇帝的感情。从南怀仁到利类思、安文思，再到后来的徐日昇、闵明我和安多，这些传教士各尽所能，为康熙皇帝鞍前马后，为的只有一个目的：为天主教在全中国的生根发芽谋求最大利益，即自由传教。然而，虽然能为康熙所用者来到北京宫廷，地方传教士也返回各堂，但是直至 1687 年南怀仁尽其最后之力争取传教自由时也未能成功：除了西洋人可崇奉天主耶稣之外，禁止华人入教。然而，1691 年浙江反天主教事件却意外地扭转了整个局面。

一　康熙三十一年“容教令”的颁布

1691 年，浙江巡抚张鹏翮在全省掀起了反基督教的浪潮，杭州传教士殷铎泽只好向北京神父们求助。索额图亲王写信给张鹏翮，令他停止对传教士和教徒们的迫害，但似乎效果不大。看到索额图的努力没有成效时，徐日昇决定禀奏皇帝。索额图表示同意，而且告诉徐日昇不要让皇帝知道他之前也参与了这件事。1691 年 12 月 21 日，徐日昇、安多、白晋和张诚来到宫中，请求面见皇上，呈请此事。其间，内臣赵昌充当了他们和皇帝之间的传话人。皇帝知晓杭州情况后，告诉传教士有两种解决办法可供选择，一是私

* 陈玉芳，澳门大学 2010 级博士研究生。

下解决，二是御前听政时上奏章公开解决。宫廷传教士们在以何种方式处理杭州教难的问题上产生了分歧：张诚和白晋希望皇帝私下解决，而安多则希望公开解决以获得更大的保障，徐日昇和安多意见一致，并决定公开上奏此事。之后，徐日昇等人开始草拟题本，并有通晓奏章文体的官员帮助他们。在公开上奏之前，传教士们把拟好的题本给皇帝过目。2 月 2 日，皇帝御门听政，徐日昇和安多递上奏折，皇帝佯装事先并不知情，2 月 4 日把折子移交礼部决议。此题本为：

礼科抄出钦天监治理历法臣徐日昇、安多谨题：为陈始末缘由，仰祈睿鉴事。本年九月内，杭州府天主堂住居臣殷铎泽差人来说，该巡抚交予地方官，欲将堂拆毁，书板损坏，以为邪教，逐出境外等语。此时不将臣等数万里奔投苦衷于君父前控诉，异日难免报仇陷害之祸。伏见我皇上统驭万国，临莅天下，内外一体，不分荒服，惟恐一人有不得其所者，虽古帝王亦所莫及，即非正教亦得容于覆载之中。且皇上南巡，凡遇西洋之人，俱颁温旨教训，容留之处，众咸闻知。今以为邪教，抚臣一心何忍。且先臣汤若望蒙世祖章皇帝隆恩，特知尽心，将旧法不可用之处以直治理，惟上合天时，方可仰报知遇之恩，而不知为旧法枉罹不忠之愆，后来杨光先等屈陷以不应得之罪。皇上洞鉴，敕下议政王贝勒大臣九卿詹事科道质明，而是非自白。先臣汤若望虽经已故，奉旨召南怀仁，加恩赐予官爵，命治理历法，承恩愈隆，故知无不言，言无不尽，西洋所习各项书籍，历法本源、算法律吕之本，格物等书，在内廷纂修二十余年，至今尚未告竣。皇上每项既已详明，无庸烦渎，若以为邪教，不足以取信，何以自顺治初年以至今日，命先臣制造军器，臣闵明我持兵部印文，泛海差往俄罗斯，臣徐日昇、张诚赐参领职衔，差往俄罗斯二次乎？由是观之，得罪于人者，不在为朝廷效力，而在怀私不忠。若忠而无私，无不心服者；若私而不忠，不惟人心不服，而亦不合于理。先臣跋涉数万里者，非慕名利，非慕富贵而来，倘有遇合，将以阐明道教，自来至中国，随蒙圣眷，于顺治十年特敕命治理历法，十四年，又赐建堂立碑之地。康熙二十七年，臣南怀仁病故，以侍郎品级赐谥号，谕祭之处，案内可查。以臣等语音，易习满书，特令学习满书，凡俄罗斯等处行文，俱在内阁翻译。臣等何幸，蒙圣主任用不疑，若以

> 臣等非中国族类，皇上统一天下，用人无方，何特使殷铎泽无容身之地乎？实不能不向隅之泣。臣等孤子无可倚之人，亦不能与人争论是非，惟愿皇上睿鉴，将臣等无私可矜之处察明施行，为此具本谨题，臣等无任战栗待命之至。康熙三十年十二月十六日具题，本月十八日奉旨：该部议奏①。

在尚未下达决议之前，徐日昇在礼部四处活动送礼，希望能得到一个有利于天主教的判决。他给礼部尚书送去了礼物，尚书的态度十分友好，也表明会支持传教士，然而1692年3月7日礼部决议勒令张鹏翮停止对传教士的迫害，但仍然不准华人信教。神父们感到十分沮丧，皇帝通过赵昌知道传教士的情绪后，安慰了他们。在这期间，皇帝曾希望派徐日昇举荐的医生卢依道进京，由前段时间不久刚和苏霖、罗历山一起来的李国正神父前去接应。赵昌把此事告诉了徐日昇，并让他趁机促进天主教之事。而赵昌也向皇帝转达了徐日昇的意见，即在这一禁教的痛苦时刻，派神父前往澳门似乎不合时宜。康熙没有再在此事上勉强宫廷传教士们，而针对之前礼部的决议，康熙也有了新的态度。他让索额图重新处理这件事，并再次把传教士的题本和皇帝的指示一同传达给了礼部。具体过程如下：3月17日（康熙三十一年正月三十），皇帝命令礼部满官和内满大臣重议此事，意味着废除了前一条决议。

> 康熙三十一年正月三十日，大学士伊、阿奉上谕：西洋人治理历法，用兵之际修造兵器，效力勤劳，且天主教并无为恶乱行之处，其进香之人，应仍照常行走，前部议奏疏着掣回销毁，尔等与礼部满堂官满学士会议具奏②。

3月19日（康熙三十一年二月初二），礼部满官重议此事，索额图直接代表康熙干预进来。

---

① 韩琦、吴旻：《熙朝崇正集 熙朝定案（外三种）》之《熙朝定案》，中华书局，2006，第181~183页。

② 韩琦、吴旻：《熙朝崇正集 熙朝定案（外三种）》之《熙朝定案》，中华书局，2006，第184页。

康熙三十一年二月初二日，大学士伊等奉上谕：前部议将各处天主堂照旧存留，止令西洋人供奉，已经准行，现在西洋人治理历法，前用兵之际制造军器，效力勤劳，近随征阿罗素，亦有劳绩，并无为恶乱行之处，将伊等之教目为邪教禁止，殊属无辜，尔内阁会同礼部议奏。钦此。该臣会议得，查得西洋人仰慕圣化，由万里航海而来云云①。

索额图在这次会议上表达了君主的意思，补充说皇帝和他都很惊讶，因为传教士的请愿是公平正当的，但却没有得到一个仁慈的决议。他和礼部大臣一起做了一个新决议，完成一份传教士期望的决议。皇帝尽可能快地批准了并签署了它，后由礼部传行各省，在全国执行。这即形成了明清中国天主教史上著名的“容教令”：

礼部等衙门尚书降一级臣顾八代谨题，为钦奉上谕事。该臣等会议得，查得西洋人仰慕圣化，由万里航海而来。现今治理历法，永兵之际，力造军器火炮，差往阿罗素，诚心效力，克成其事，劳绩甚多。各省居住西洋人并无为恶乱行之处，又并非左道惑众，异端生事。喇嘛僧道等寺庙尚容人烧香行走，西洋人并无违法之事情，反行禁止，似属不宜。相应将各处天主堂俱照旧存留，凡进香供奉之人，仍许照常行走，不必禁止矣。名下之日通行直隶各省可也②。

这一消息在全国各省引起了轰动，4 月 23 日这一消息传至澳门时，澳门葡人和传教士们极为振奋，并于 5 月 4 日举行了一场盛大仪式③。此外，有关康熙皇帝容教的消息多随传教士的信件抵达欧洲，甚至传言康熙皇帝也信教了。容教令颁布时期是康熙对天主教最为宽容的阶段，然而容教令颁布的整个过程并非一蹴而就，而是几经波折。康熙甚至曾经一度批准了礼部禁止华人信教的决议，不过后来又转变了态度，促成了礼部有利天主教的复

① 韩琦、吴旻：《熙朝崇正集 熙朝定案（外三种）》之《熙朝定案》，中华书局，2006，第 184 页。

② 吴相湘主编《天主教东传文献续编》，台湾学生书局，1986，第 1789 ~ 1790 页。

③ *Da Solemnidade*, Biblioteca Ajuda, 49 – V – 22: 103.

议。传教士是如何请求皇帝容教的？康熙皇帝对天主教的态度究竟如何？礼部又是如何一反常态允许华人自由行走教堂的呢？而这其中的关键因素又是什么？对容教令颁布细节的追究有多方面的价值与意义。钟鸣旦先生已经对“容教令”这一文本的各种版本进行了追本溯源，而本文有意阐述有关容教令报道的版本信息和在欧洲的传播。

二 传送至欧洲的“容教令”报告

当时在宫廷直接参与整个事件的传教士有徐日昇（Thomas Pereira）、安多（Antoine Tomas）、苏霖（Jose Soares）、张诚（Jean-Francois Gerbillon）和白晋（Joachim Bouvet）。时任中国副省会长的徐日昇神父在1692年6月26日就容教令事件致函给耶稣会总会长冈萨雷斯（Thyrsus Gonzalez），这应该是最早寄往欧洲的报道容教令事件的信函。容教令的颁布在入华传教士中引起了极大的轰动，他们几乎都有意向欧洲汇报这样一件盛事。然而徐日昇的观点是，不应该在欧洲大肆宣传，因为如果在欧洲传播的消息传回中国之后，康熙皇帝会很不高兴①。徐日昇在1692年7月20日致总会长的信件末尾提到安多向欧洲汇报容教令的事情。安多告诉徐日昇此信只寄给总会长一人，徐日昇作为当时的副省会长，并没有阻止安多写这封信，尽管他并不相信安多只会寄给一个人。事实是，安多1692年10月31日于Can Cheu写给总会长②，他还写信给了传信部枢机主教Altieri③。苏霖神父时任耶稣会北京神学院院长，负责记录教区情况，汇报给欧洲。他有关容教令的报告分为了两部分，第一部分总述了天主教自利玛窦时期以来的情况，第二部分涉及杭州教案和康熙颁布容教令的详细过程。苏霖的报告类似于年度报告（Annual Letters），宣传和教化意味较为浓重。他的这份报告至少于1693年完成，1694年由金弥格神父带回欧洲，寄给了明斯特主教顾问科亨海姆

① Tomas Pereira, Luis Filipe Barreto (ed.), *Tomas Pereira Obras*, Vol. 1, Lisboa: Centro Cientifico e Cultural de Macau, 2011, carta117, p. 507.

② Paul Rule, “Kangxi and the Jesuits: Missed Opportunity of Future Hope?”, in *Chine/Europe/Amerique: rencontres et echangesde Marco Polo a nos jours, sous la direction de Shenwen Li*, Quebec: Les Presses de l' Universite Laval, 2009.

③ 鲁保禄（Paul Rule）将版新书中有关容教令一节的注释中。在此感谢鲁保禄教授慷慨赠阅。

(Ernst von Cochenheim)，1697 年明斯特耶稣会士克雷夫（Johannes Cleff）受科亨海姆之托寄给了布莱尼茨，而正是这篇报告促使了《中国近事》第二版（1699 年）的编辑和出版[①]。苏霖神父还把容教令报告译成拉丁文，随后又相继被译成了西班牙文（1696 年）、法文（1696 年）和意大利文（1699 年）[②]。1695 年 1 月一份葡文和拉丁文版的容教令送抵罗马教廷和传信部，并且还有一份当时巡察员 Francisco Nogueira 于 1692 年 12 月 5 日写给教皇英诺森十二世（Innocent Ⅻ）的解释性的信函[③]，这份葡文容教令和拉丁文容教令很有可能即是苏霖寄送的版本。此外，张诚和白晋曾在 1691 年 12 月 14 日写信给在广州传教的路易·德·西塞（Luis de Cice），告诉他杭州教案以及索额图会出面干预此事的情况[④]，这些信息以及之后发生的事情被寄往欧洲，由当时法国郭弼恩（Charles le Gobien）神父以及之后的杜赫德（Jean Baptiste Du Halde）神父负责统一汇编，其中郭弼恩神父的《中国皇帝的诏令史》[⑤]（*Histoire de l'Edit de la Chine*, *en foveur de la Religion Chrestienne*, Paris, 1696）以及杜赫德神父的《中华帝国志》（*Description Geographique*, *Historique*, *Chronologique*, *Politique*, *et Physique de l'empire de la Chine et de la Tartarie*, 4 vols, Paris, 1735）都对容教令颁布的过程有详细的记录。经过杜赫德修饰、加工和整理过的《耶稣会士中国书简集》里，有一封洪若翰的信，其中提到容教令事件，但由于其信件是公开性质的，带有宣传和教化的意义，而且本身遭到杜赫德的修饰和加工，其记录之可靠程度大大削弱。李明神父的情况有所不同，他的一些信件是在 1692 年回欧洲之后写的，并且在法国出版了他的信件集《中国近事报道》（1696 年），其中写给让松主教的信详细记录了杭州教难和容教令的细节。由于安多和徐日昇的记述不属于公开信函，没有出版，因而当时在欧洲引起了巨大影响的基本上

---

① 〔德〕莱布尼茨：《中国近事：为了照亮我们这个时代》，梅谦立、杨保筠译，郑州大象出版社，2005，第 3 页。

② Liam Brockey, *Journey to the East*: *The Jesuit Mission to China*: 1579 – 1724, London: The Belknap Press of Harvard University Press, 2007, p. 449.

③ 鲁保禄（Paul Rule）将版新书中有关容教令一节的注释中。

④ 博西耶尔夫人：《耶稣会士张诚》，辛岩译，大象出版社，第 89 页。

⑤ 莱布尼茨《中国近事》中提到，郭弼恩神父完全是依靠刘应神父提供的材料，然而刘应并不是当时事件的亲身经历者，因为依《在华耶稣会士列表》可知，刘应神父 1692 年在广州，在 1693 年时才到北京。见〔法〕费赖之《在华耶稣会士列传及书目》（上），冯承钧译，中华书局，1995，第 453 页。

是李明神父的《中国近事报道》(1696 年)、郭弼恩神父的《中国皇帝的诏令史》(1696 年)、莱布尼茨的《中国近事》(1699 年第二版)和杜赫德的《中华帝国全志》(1735 年)。鲁保禄教授认为多年后杜赫德神父的《中华帝国全志》仍然是已出版的记录中最好的版本。

以上是容教令消息在欧洲传播的情况①,中文史料也留下一些有关容教令颁布过程的记录②,相对西文记载较为简略,但在某些内容上仍可补充或印证西文之记载。简言之,有关宫廷传教士如何促动康熙皇帝颁布了这一对中国天主教有利的诏令的详细过程仍载于上述传教士的文本中。不过,由于历史记录往往带有强烈的主观性,其描述之客观程度会受到多种因素影响,如参与程度、理解能力、写作意图、侧重不同等,而传教士有关容教令事件的文本记录也出现了很大的不同。这些不同的记述会影响到现代学者对整个事件的客观认识,偏重于任何一种记述展开的研究都必然会在理解和认识上出现偏差,因而,指出并分析这些不同的记述成为进一步对容教令事件展开研究的基础。

三 三份"容教令"报告

在对不同的容教令报告进行分析之前,首先要对与成书相关的历史背景有一个清楚的认识。①1691 年杭州教案爆发至 1692 年 3 月 22 日容教令在全国颁布之日,亲身参与整个事件的有苏霖神父、徐日昇神父、安多神父、张诚神父和白晋神父,因而他们的记录相较刘应 (Claude de Visdelou)、洪若

① 拙文论题仅限于容教令颁布过程的不同的历史记述,有关容教令文本版本的分析,请参见 Nicolas Standaert, The 'Edict of Tolerance' (1692): A Textual History and Reading, in *In the Light and Shadow of an Emperor: Tomas Pereira, SJ, the Kangxi Emperor and the Jesuit Mission in China*, edited by Artur K. Wardega, SJ and Antonio Vasconcelos de Saldanha, UK: Cambridge Scholars Publishing, 2012. 梅立谦《清初的满人、汉人和西方人》一文综合李明、苏霖和徐日昇的报告简述了容教令颁布的过程,但是并没有分析这三份文档在记述上不同,此外,梅立谦参考的徐日昇的报告为徐日昇就整个副省的情况汇报,而非徐日昇写给总会长之信,参见梅立谦《清初的满人、汉人和西方人:1692 年容教诏令和文化多元化》,《神州交流》2009 年 4 月刊。张先清综合中西材料细致探讨了容教令颁布的整个过程,但并未涉及本文关注的记述版本不同等研究内容。

② 如《正教奉褒》《熙朝定案》《昭代钦崇天教至华叙略》《徐家汇藏书楼明清天主教图书》《天主教东传文献续编》《燕京开教略》《圣教史略》等里存有相关记录,但是相对简略。

翰（Jean de Fontaney）、李明等人的记录更为准确和翔实。②当时宫中耶稣会士出现冲突，一派是以徐日昇为首的处于葡萄牙保教权下的耶稣会士，另一派则为从法国而来的以张诚为首的法机耶稣会士，其中以徐日昇和张诚的矛盾最为明显和激烈。因而他们在记录容教令的颁布过程时，出于各自不同的意图，再加上考虑到传教士信件中更多的教化和宣传目的，必然会在细节描述上刻意隐瞒或放大一些内容。③针对非亲身参与者的记录，要从多方面进行权衡。既要考虑其信息的来源，又要考虑其在华耶稣会士内部的葡法教团之分裂（姑且这样称），对事件理解上是否有偏差或者是否带有某些偏见。

（一）三份报告

目前中国学者可接触到的有关容教令较为详细的记录的有李明神父的《中国近事报道》、莱布尼茨（Gottfried Wilhelm Leibniz）《中国近事》中收录的苏霖神父的容教令报告以及杜赫德《中国书简集》中洪若翰所提到的一些内容。中国学者可以通过这些信件的译本对容教令颁布的详细过程有一大致了解。然而，尽可能多地接触到不同的容教令版本和有关此事件记录的版本，是诸如笔者之类的中国研究者在对容教令展开进一步研究时必须要做的。2011 年《徐日昇书信全集》出版，其中收录了徐日昇 1692 年 6 月 26 日致总会长冈萨雷斯（Thyrsus Gonzalez）的信，信中详细记录了整个容教令的颁布过程[①]。徐日昇这一信件至少从两层意义上丰富了容教令研究。①丰富了容教令颁布的细节内容，这些细节内容揭露了传教士与清王朝中央权力机构之间的互动；②对在欧洲流行的诸如李明等法籍耶稣会士的报告内容有一定的修正作用。

下面本文以徐日昇、苏霖和李明的三份有关容教令颁布过程的记录版本为中心对容教令细节展开分析，主要从两方面展开：一是介绍这三份报告的版本信息；二是指出这些记录中一些关键的不同点和互补之处，辅以中文史料进行考证。这样一来，可以更清楚地了解这三份记录的形成背景，性质和

---

① Tomas Pereira, Luis Filipe Barreto（ed.）, *Tomas Pereira Obras*, Vol. 1 and 2, Lisboa: Centro Cientifico e Cultural de Macau, 2011。2011 年《徐日昇书信全集》（Tomas Pereira Obras）（2 卷）由葡萄牙澳门科学文化中心（Centro Cientifico e Cultural de Macau）出版，从欧洲各个档案馆搜集了徐日昇的书信原件，并转写成打印体，整理出版。

报告的可靠程度；同时通过考证这三份记录的不同之处并辅以已有研究以还原容教令颁布的历史真相。

第一份记录是当时副省巡察员兼会长徐日昇1692年6月26日致总会长冈萨雷斯（Thyrsus Gonzalez）的信[①]。徐日昇，字寅公，葡萄牙人，1673年入京，时27岁，后以音乐和历监为皇帝效劳，在17世纪80年代，他和南怀仁、闵明我是康熙皇帝最宠爱的传教士。1708年，徐日昇神父歿于北京。他自从进入中国之后至其去世，一直在北京生活，共36年。其间曾担任过中国副省会长、巡察员和北京神学院院长等职位，但是由于他和法籍耶稣会士之间由于权力和宣誓问题产生了不可调和的矛盾，因而不可避免地在其信中会有他对法籍耶稣会士的个人偏见。耶稣会士寄往欧洲的信件大抵可以分为两类，一类是公开信件，由于带有宣传和教化意味而往往会隐瞒或故意夸大某些事实；另一类则是寄给会长的信件，这类信件一般会真实可靠地汇报情况。徐日昇神父是促使康熙皇帝颁布容教令的关键人物之一，又是当时中国副省会长，而其信件又是写给总会长之信，而非像年信（Annual Letters）之类的用于宣传和教化的报告，因而其真实程度相对较高，但徐日昇对张诚之偏见态度可能还会存在，所以对待涉及他对张诚的记录时，要始终考虑到其个人感情因素。《徐日昇书信集》里共收录了这一信件的三个版本，一个是葡文，另外两个是拉丁文。在这三份信函位于耶稣会档案馆“日本－中国卷”，第一份位于“日本－中国卷199号”，为葡文，署有徐日昇亲笔签名；第二份位于“日本－中国卷128号”为拉丁文，由Jose de Roux译成的拉丁文，没有签名，主要是为了存档；第三份位于“日本－中国卷128号”也是拉丁文，后有徐日昇签名。第二封和第三封拉丁文都由编者对照成了葡文，方便阅读。第二封拉丁文书信末尾提到是Jose de Roux神父把徐日昇的葡文信翻译成了这份拉丁文文本。这三封信中都提到还附带有一份皇帝下达的诏令，即“容教令”译本，但限于篇幅过长，徐日昇并没有附上他和安多神父的奏章译本，而是由方济各神父经由马尼拉送抵总会长。《徐日昇书信集》编者注明，第一封信和第二封信内容一样，而第三封信较第二封信则不太完整。对这三封信函内容记录的不同进行比较也是十分有意思的。首先，这三封信中对之前皇帝

① Tomas Pereira, Luis Filipe Barreto (ed.), *Tomas Pereira Obras*, Vol. 1, Lisboa: Centro Cientifico e Cultural de Macau, 2011, fols. 465－473, 474－515, 516－537.

曾经秘密解决某地教案的地点没有记录清楚，第一封葡文信中记录的是山东，而第二封和第三封拉丁文信中则变成山东，或许是由于笔误，但或许也是其他原因。其次，第二封和第三封信中都提到了张诚在把杭州事件告诉索额图之后，张诚有写信给张鹏翮，但并没有得到任何回复和反应，而在第一封信中却没有提到此事。再次，第三封信相对于第一、第二封信的内容并不完整，其不完整之处体现在这封信里删掉了第二封拉丁文信中提到的在此过程中由于张诚和白晋神父的干预而引起的一系列麻烦事件以及对这两位神父可能略带偏见的描述。至于其原因，则须进一步研究。

第二份记录是苏霖神父“容教诏令”的报告，当时苏霖任北京神学院院长。苏霖字沛苍，葡萄牙人，1684 年入华，先在江南、广东传教，后于 1688 年入京，直至 1736 年去世。其间曾任北京神学院院长、副省会长。苏霖有关容教令的报告有多个语言版本，Don Juan de Espinola 曾把他的葡文版容教令报告译成西班牙文（La Libertad de la Ley de Dios，en el Imperio de la China，Lisboa，1696），并于 1696 年出版。据莱布尼茨《中国近事》介绍可知苏霖的报告最晚于 1693 年完成（1697 年 4 月《中国近事》问世，1699 年第二版问世时收录出版了苏霖的容教令报告）。苏霖的报告被译成了多种文字出版，受众不仅限于罗马耶稣会的高级耶稣会士，而是属于公开性质的。他的报告是为了在欧洲宣传中国教区取得的成就，以赢得各方在人员和资金上的支持，因而其在撰写过程中会刻意避免对宣传和教化不利的内容而夸大一些有利的内容。此外，根据分析可知，苏霖神父并没有完全参与整个事件过程。1690 年，康熙皇帝曾派苏霖“前往广东探寻闵明我”，他于 1692 年携罗历山和李国正回京，他抵京的时间是在安多和徐日昇正式上呈题本不久前，并没有参与徐日昇和安多正式上呈题本之前的活动。然而苏霖具体出现在什么时间呢？他又参与了这其中的哪些活动呢？根据徐日昇的书信记录可知，徐日昇等决定将殷铎泽一事告诉皇帝是在 1691 年 12 月 21 日，当时在宫中的耶稣会士除了徐日昇之外，只有“张诚、白晋和安多”[①]，因而苏霖没有参与他们上报皇帝和上报之前的整个过程；皇帝后来答应帮助传教士，并让他们商议是秘密解决还是公开请奏解决时，这些传教士之间出现

① Tomas Pereira，Luis Filipe Barreto（ed.），*Tomas Pereira Obras*，Vol. 1，Lisboa：Centro Cientifico e Cultural de Macau，2011，carta117，p. 485.

了不同意见，这时也没有提到苏霖；而是在皇帝把他们的奏章交给礼部决议，徐日昇给礼部官员送礼时他提到神学院院长苏霖是在他们上奏章之前不久携礼物与罗历山和李国正一同抵京的，而他们送给礼部的礼物正是苏霖带回来的。所以，苏霖并没有完全参与容教令颁布的整个过程，或者说至少没有参与皇帝把他们的奏疏移交礼部商议之前的过程。

第三份记录则是李明《中国近事报道》中致让松红衣主教的信件内容。李明是与其他 5 位耶稣会士（塔夏尔、洪若翰、张诚、李明、白晋）奉太阳王路易四世之命于 1685 年 3 月踏上前往远东的传教士之一。1688 年 2 月 8 日他和洪若翰、张诚、李明以及白晋进入中国北京。随后，李明先后前往山西和陕西传教。1690 年，李明和洪若翰到广州与葡人理论物资被截留之事，而在理论无果的情况下，洪若翰派李明作为司库（Procurador）返回欧洲。李明 1692 年抵欧之后与诸位要员“单独交谈”，并把这些交谈内容汇集成信件于 1696 年出版，即著名的《中国近事报道》。其中，第十三封信是与让松主教的谈话内容，主要涉及了浙江教案和 1692 年的容教令。由于李明 1691 年已经离开中国，1692 年更是身居欧洲，而且这些信件都是在欧洲与诸位要员交谈之后又记录完成的，由此可以判定，李明有关容教令的信息来自在华法籍耶稣会士寄往欧洲的信件，而消息的最初源头自然是当时在宫中的两名法籍耶稣会士张诚和白晋。

（二）三份报告的不同和互补记述①

上述三篇文献都是记录当时事件的真实文本而非造假，这一点毋庸置疑，而对于其中细节记录的详略问题以及可信程度，由于参与程度不一、理解程度不一和撰写目的之不同而出现一定的偏差，下面本文综合这三者的记

① 本文有关容教令报告的分析分别来自：徐日昇第二封拉丁葡语对照信［Tomas Pereira, Luis Filipe Barreto (ed.), *Tomas Pereira Obras*, Vol. 1, , carta117, pp. 474 - 515］，之所以选择这封信是综合考虑了徐日昇三封信的详略，相关分析见正文；莱布尼茨《中国近事》中文版中苏霖有关容教令的报告，见〔德〕莱布尼茨《中国近事：为了照亮我们这个时代》，梅谦立、杨保筠译，郑州大象出版社，2005，第 1 ~ 36 页；李明《中国近事报道》中文版里致让松主教之信，见李明《中国近事报道》，郭强译，大象出版社，2004，第 339 ~ 365 页。由于本文主要是对三份记录的详情进行对比，而在对比过程中涉及这三份报告的次数繁多，并且多数时需要总结记录者的陈述，因而为了保持叙述上的连贯和行文方便，本文在阐述时不再一一列明具体的书本和页码出处，而仅标记作者名。

录，对其中比较重要的不同之处和互补之处进行阐释，有些内容的记录可能已经无从考证，本文只将记录不同之处一一列出，并对于其中有争议之处既列出三者之不同也尽笔者之全力做一些分析和讨论。

1. 宫廷传教士如何知道杭州教案一事

苏霖称张诚陪皇上外出打猎时，听闻此事后请索额图帮忙平息此事。郭弼恩神父的记录为：张诚在回京途中收到了毕嘉的信[①]。李明信件则记录殷铎泽的信是给张诚的，张诚认为不应该对皇帝谈论此事，而是向索额图求助[②]。徐日昇书信里则提到，当第一位信使把消息带到宫中时，张诚正陪同皇帝外出打猎；安多神父一开始想告诉张诚神父，通过张诚神父告诉皇帝，以较快速度平息教难；而徐日昇认为这样做不妥，结果是白晋悄悄把情况告诉了张诚，张诚没有直接告诉皇上，而是告诉了索额图[③]。除此之外，《在华耶稣会士列表》“毕嘉传”的观点是，毕嘉（Jean Dominique Gabiani）神父借着到京城进献仪器之机，展开营救[④]，似乎与郭弼恩神父的记录有些关联。不过，笔者对费赖之和郭弼恩的观点有些疑问，下面详析之。苏霖记录，康熙三十年（1691）七月十六日，张鹏翮在全省发布禁教令，之后，杭州传教士才决定把消息告诉北京。徐日昇记录，当时有第一位信使把消息带到了宫中。据《正教奉褒》记，康熙二十八年（1689）南巡江宁时，曾遇毕嘉和洪若翰神父，康熙对验气管十分感兴趣，命毕嘉带至京师。毕嘉于康熙二十九年（1690）四月十五日送仪器抵京，十七日则得到皇帝召见。可见，毕嘉进宫时间远在宫廷传教士收到殷铎泽请求帮忙的信件之前，毕嘉借进京之机展开营救一说似乎有些牵强。而郭弼恩所说张诚在回京途中收到了毕嘉的信，也值得进一步核实。

2. 张诚是否写信给张鹏翮

徐日昇的第一封葡文信和第二封拉丁文信里提到除了索额图写信给张鹏翮之外，张诚也在索额图的指示下写信给巡抚，但没有收到任何回应。张诚和李明的记录中都没有提及此事，徐日昇这么写是否有意贬低张诚，则需进

---

① 李明著《中国近事报道》，郭强译，大象出版社，2004，第 24 页注释。

② 李明著《中国近事报道》，郭强译，大象出版社，2004，第 344 页。

③ Tomas Pereira, Luis Filipe Barreto （ed.）, *Tomas Pereira Obras*, Vol. 1, Lisboa: Centro Cientifico e Cultural de Macau, 2011 , carta117, p. 483.

④ 费赖之：《在华耶稣会士列传及书目》（上），冯承钧译，中华书局，1995，第 324 页。

一步分析。

3. 皇帝知晓杭州教案后的反应

皇帝知晓后答应帮助传教士，徐日昇和苏霖神父的报告中都记录了皇帝提出两种解决办法供选择，而传教士们在采取何种办法上出现了分歧。李明《中国近事报道》提到了皇帝应允相助之前对他们的试探：为了考验传教士，先给了他们一个不利的回复，而最后神父们感动了皇帝，才有了之后皇帝提到的两种解决办法。此外洪若翰在其信中提到是皇帝提出私下解决，而神父们都不同意，希望公开处理。可见洪若翰的记录在这一点上有些偏差。《圣教史略》中则记："皇上密嘱上书求弛传教之禁，则浙江之事不禁自息。神父遵嘱，退而上书。"①《圣教史略》可能是参考了西书之载而记，但意为皇帝让传教士上书弛禁天主教。无论如何，综合这些文献，仍可得出当时皇帝至少有意帮助传教士们平息杭州事件。

4. 起草题本的过程

有人协助传教士草拟题本。苏霖提到赵昌命令一些有文采的官员起草了奏折，而徐日昇则提到是他和一位擅长写此类奏章的官员一同起草了奏疏，而且他在奏疏中没有提到对这个国家和皇帝的贡献，因为他了解在这样的奏疏中是不能提到这些内容的。若是据徐日昇所载自己对中国宫廷奏疏的了解程度，则有可能是徐日昇也参与了起草，而非苏霖所说是由几位中国官员起草的。

5. 如何让皇帝过目拟本

在公开上奏之前，传教士们先把拟好的奏疏给皇帝过目。徐日昇提到他们来到宫中，通过赵昌把奏疏转交给皇帝，而苏霖记录他们来到皇帝所在的郊外行宫，在那里徐日昇私下把奏疏交给了皇帝，让皇帝决定如何公开呈递。李明则简单提到他们偷偷地向皇帝呈上了这份奏疏。

6. 皇帝对拟本的反应

苏霖提到皇帝对奏疏的一些地方进行了修改，1 月 1 日，赵昌来到住院，并带来了皇帝写的一封信，然而之后一直到月末皇帝都没有提起此事。而后来徐日昇修好了一个工艺品，之后不久赵昌转告说皇帝要他们把奏书呈递上来。徐日昇的记录则要更详细一些：皇帝认为他们绝对不能用这个题本，因为他们需要一个有效的理据，而须提到他们对中国的贡献。皇帝亲自

---

① 《圣教史略》，河北献县天主堂印，1932，第 169 页。

写这份奏疏，在完成一半时，即交给神父们问他们是否高兴；然而后来张诚和白晋希望皇帝能在第二部分中赐予他们一处住宅，这有可能惹怒了皇帝，他迟迟不肯把第二部分奏疏给传教士。皇帝恰巧让徐日昇修理一个送给荷兰使团的钟表，徐日昇的表现让皇帝十分高兴，皇帝把第二部分交给了传教士。李明提到皇帝亲自用满文起草了另一份奏疏，派人送给神父。《圣教史略》则简记："神父遵嘱上书，书中词意多是皇上亲自指授。"[①] 综上可见，康熙皇帝的确参与了奏疏内容的修订。

7. 奏疏的内容与递呈方式

徐日昇和安多在早朝时递交了他们的折子，苏霖提到他们这种呈递奏章的方式遭到了科道官员的指责，因为他们是以钦天监修治历法的身份亲自上奏，内容必须是和钦天监有关才行，否则则须通过礼部或通政使司递交奏折。然而这种方式得到了皇帝的默许，可见皇帝是支持传教士的。徐日昇也提到皇帝接受了这样一份在内容和递呈方式上都与常规不符的折子，可见皇帝对他们的偏爱。

8. 皇帝对礼部第一次决议的态度

3月7日（康熙三十一年正月二十日）礼部决议并不准许华人信教，徐日昇书信里提到皇帝在没有告知他们的情况下批准了礼部的决议，而他在其他传教士都放弃的情况下仍然坚信皇帝会有所改变。苏霖讲到，皇帝批准礼部决议是个谣传，并且以之后礼部尚书派人来恭贺他们案子通过（即颁布容教令）来证明皇帝批准决议是假的。李明提到，皇帝看到礼部决议后搁置几天没有公布，但礼部仍无重新考虑之意，所以就批准了决议。观中文史料《熙朝定案》中可知皇帝的确批准了礼部这一决议："礼部为恭陈始末，仰祈睿鉴事……已经行文浙江等省，其杭州天主堂应照旧存留，止令西洋人供奉，俟命下之日，行文该抚知照可也。康熙三十一年正月二十日题，本月二十三日奉旨：依议。"[②]

9. 召庐依道进京之事和掌掴阁老之子

在康熙想召庐依道进京而传教士们消极回应后，徐日昇记录道，皇帝不

① 《圣教史略》，河北献县天主堂印，1932，第169页。

② 韩琦、吴旻：《熙朝崇正集 熙朝定案（外三种）》之《熙朝定案》，中华书局，2006，第183～184页。

再派神父前往澳门，而是由广东巡抚和另一位大员照应卢依道神父一路至北京的需求。徐日昇再次代表全体神父向皇帝诉说了他们的痛苦并提出了一个改变礼部第一次决议的方法。皇上没有接受他们提出的办法，而是决定用皇权来帮助他们。同时告诫神父们将来不要大肆宣扬他们获得的传教自由。康熙让神父们再一次递呈奏疏。他先和礼部尚书就此事谈论了很长时间，而后掌掴了一位阁老大臣之子。皇帝禁止这位阁老踏入他的衙厅，禁止他执行他最高职位的权力（实际上是皇帝的首辅大臣）。作为一名罪人，或者说迫于皇帝命令，这位阁老整日在宫殿门前，乞求皇帝宽恕。苏霖的报告中也记录了康熙想要把庐依道神父召进宫以及对内阁官员大发雷霆之事，但是和徐日昇叙述的事件顺序不一样，先是提到在礼部做出决议奉行之日，即 1692 年 3 月 10 日（康熙三十一年正月二十三），皇帝惩罚了内阁大学士和他的儿子，而后 3 月 12 日（康熙三十一年正月二十五），皇帝决定召庐依道进京，才有了之后传教士借机促进天主教自由之事。李明《中国近事报道》里也提到了皇上召卢依道进京之事，并解释是索额图请求皇帝利用其权力来帮助传教士。但是并没有提到皇帝惩罚内阁大臣之事。

本文认为，就整个事情发展的逻辑来看，徐日昇的描述似乎更合情理。苏霖之所以会颠倒顺序可能是因为他极力想证明皇帝并没有批准之前礼部的决议，因而刻意用掌掴阁老之子之事表达皇帝对此决议的不满情绪。然而据耶稣会传教士的记录，一直以来康熙皇帝是不会因为传教士之事而惩罚他的官员们的，更不会将他们撤职。而这次礼部做出的否定决议其实和之前的决议差不多，康熙皇帝不可能因此事而有过激的情绪。所以，如徐日昇所言，康熙皇帝先是批准了之前礼部的决议，而由于传教士不断的哀求以及庐依道进京事件的影响，才出现康熙皇帝决定利用皇权干预此事。他与礼部尚书的谈话以及掌掴首辅之子之事都是为了礼部能重议天主教之事而扫清障碍的。后来事件的发展证明，康熙皇帝此举十分有效。

10. 礼部决议的颁布

苏霖报告称，3 月 19 日，大学士伊阿桑等奉上谕，同礼部奏议。苏霖写道，索额图那天亲临礼部，说服了礼部官员，并按他的意思写成一份判决。索额图当天把决议转给内阁大臣，最后到皇帝那里，皇帝修改了其中的一些内容，而又缮写了另一个抄本。3 月 20 日（康熙三十一年二月初三），这一判决被内阁大臣和礼部收到了“容教令”里。3 月 22 日，皇帝批转的

“容教令”转到内阁，公布于天下。值得注意的是，康熙3月17日撤销前部决议的谕里，是令“礼部满堂官员和满学士复议”，而没有提到汉官。李明的报告中也提到了这一点，并且提到在满官复议之后，又召开了汉族国务大臣和礼部官员的全体会议，而索额图也参加了此次审议，并促成了一个有利的判决。《圣教史略》也提到：“皇上不以礼部所议为然，然又不敢遽与反对，乃命内大臣与满官再议。内大臣与满官多与神父相善，国舅佟国纲尤称莫逆。”[①] 由此可见，康熙皇帝先是授意满族官员复议，而后才有内阁与礼部全体的决议。

容教令的颁布在中国和欧洲引起了巨大的影响，尽管如徐日昇所言，康熙皇帝并不希望在欧洲宣扬此事，然而这一消息却通过苏霖、李明、郭弼恩、杜赫德等人的传播在欧洲引起了巨大的反响。然而，欧洲读者接收到的信息在多大程度上是真实的呢？这个问题值得深究。通过以上梳理和分析，我们可以看出三份信件对同一事件在细节记录上的偏差之大，而这些细节上的偏差会影响到当时人和研究者对整个历史事实的理解和认识。就本文而言，通过对比记录这些文本，研究者可以对容教令的颁布细节有一个更为客观的认识，而非单一地依赖于某一份记录以致研究上的偏颇和失衡。

① 《圣教史略》，河北献县天主堂印，1932，第169页。

“The Selden Map of China”中“化人”略析

——兼考“佛郎机”与“佛郎机国”

金国平*

庋藏于英国牛津大学鲍德林图书馆（Bodleian Libray）的古地图“The Selden Map of China”①，钱江先生将其定名为《明代东西洋航海图》②，郭育生、刘义杰先生称其为《东西洋航海图》③，朱鉴秋先生也赞同《明代东西洋航海图》的称法④，陈佳荣先生初拟定名为《明末疆里及漳泉航海通交图》⑤，后亦称《明代东西洋航海图》⑥ 或《东西洋航海图》⑦，龚缨晏先生

* 金国平，北京外国语大学海外汉学研究中心客座教授。本文写作过程中，作者得到了福建省社会科学院历史研究所徐晓望先生、北京外国语大学张西平先生、台湾清华大学李毓中先生、海洋出版社刘义杰先生和中国科学院自然科学史研究所汪前进先生的鼎力协助，在此深致谢意。

① 牛津大学有一专门网站：seldenmap. bodleian. ox. ac. uk/。最近的国外研究可见 Robert Batchelor，“The Selden Map Rediscovered：A Chinese Map of East Asian Shipping Routes”，c. 1619，in Imago Mundi，*The International Journal for the History of Cartography*，65：1，37 - 63 及其 2014 年 1 月将出版的 *London——The Selden Map and the Making of a Global City*，*1549 - 1689* 和 Timothy Brook（卜正民）即将出版的 *Mr. Selden's Map of China*：*Decoding the Secrets of a Vanished Cartographer*。

② 钱江：《一幅新现的明朝中叶彩绘航海图》，《海交史研究》2011 年第 1 期。

③ 郭育生、刘义杰：《〈东西洋航海图〉成图时间初探》，《海交史研究》2011 年第 2 期。

④ 朱鉴秋：《略论〈明代东西洋航海图〉》，载林立群主编《跨越海洋一“海上丝绸之路与世界文明进程”国际学术论坛文选（2011·中国·宁波）》，宁波博物馆、浙江大学出版社，2012，第 359 ~ 366 页。

⑤ 陈佳荣：《〈明末疆里及漳泉航海通交图〉编绘时间、特色及海外交通地名略析》，《海交史研究》2011 年第 2 期。

⑥ 钱江、陈佳荣：《牛津藏〈明代东西洋航海图〉姐妹作一 耶鲁藏〈清代东南洋航海图〉推介》，《海交史研究》2013 年第 2 期。

⑦ 陈佳荣：《〈二十八宿分野皇明各省地舆全图〉可定“The Selden Map China”（〈东西洋航海图〉）绘画年代的上限》，《海交史研究》2013 年第 2 期。

则使用《明代航海图》[①]。原图无标题，因此国外学术界只称“The Selden Map of China”（雪尔登中国图），因而孙光圻、苏作靖先生的近文称之为《雪尔登中国地图》[②]。最近林梅村先生提出了一个值得重视的新看法[③]。他在另一篇文中，称之为《大明东西洋海道图》[④]。至 2013 年年底，国外有数种专题研究[⑤]。

在今印度尼西亚的马鲁古群岛处，标有“万老高［红毛住　化人住］”的注文。还有一处标有“化人番在此港往来吕宋”。目前学术界一般认为：“化人”或“化人番”系指葡萄牙人或/和西班牙人。根据史实和上下文，将“化人”和“化人番”分别考为葡萄牙人和西班牙人是对的，但需要进一步求证的是，为何同时称葡萄牙人和西班牙人为“化人”或“化人番”？两种称谓之间有何种关系？通过西班牙传教士撰写的汉语书籍中新资料的引入，我们发现，大量史料证明，“化人”实际上是“佛郎”或“化郎”的转音。本文拟对此问题进行一较为详细的考证与辨证。

（清）江日升的《台湾外记》载：“八月，吕宋国王遣巴礼[⑥]僧[⑦]至台贡

---

① 龚缨晏：《一幅明末航海图的未解之谜》，《地图》2012 年第 1 期；龚缨晏：《国外新近发现的一幅明代航海图》，《历史研究》2012 年第 3 期；龚缨晏：《试论国外新近发现的一幅明代航海图》，《跨越海洋——“海上丝绸之路与世界文明进程”国际学术论坛文选（2011·中国·宁波）》，第 377～381 页。

② 孙光圻、苏作靖：《中国古代航海总图首例：牛津大学藏〈雪尔登中国地图〉研究之一》，《中国航海》2012 年第 2 期；孙光圻、苏作靖：《明代〈雪尔登中国地图〉之图类定位及其在海上丝绸之路研究中的学术价值》，《水运管理》2012 年第 8 期；孙光圻、苏作靖：《明代〈雪尔登中国地图〉图类定位及其在海上丝绸之路研究中的学术价值》，载《跨越海洋——“海上丝绸之路与世界文明进程”国际学术论坛文选（2011·中国·宁波）》，第 367～376 页。

③ 林梅村：《郑芝龙航海图考——牛津大学博德利图书馆藏〈雪尔登中国地图〉名实辩》，《文物》2013 年第 9 期。

④ 林梅村：《大航海时代泉州至波斯湾——兼论 16——17 世纪中国、葡萄牙、伊斯兰世界之文化交流》，《澳门研究》2013 年第 3 期。

⑤ Robert K. Batchelor, *The Selden Map Rediscovered: A Chinese Map of East Asian Shipping Routes, c. 1619*, Imago Mundi: The International Journal for the History of Cartography, 2013, 65: 1, pp. 37 - 63; Stephen Davies, *The Construction of the Selden Map: Some Conjectures*, Imago Mundi: The International Journal for the History of Cartography, 2013, 65: 1, pp. 97 - 105; Robert K. Batchelor, *The Selden Map and the Making of a Global City, 1549 - 1689*, Chicago : The University of Chicago Press, 2013; Timothy J. Brook, Mr. Selden, *Map of China: Decoding the Secrets of a Vanished Cartographer*, New York: Bloomsbury Press, 2013, etc.

⑥ 西班牙语“padre”（神父）之音译。——引者注

⑦ 意大利传教士利胜（Victorio Ricci）。——引者注

问。经令宾客司礼待之，以置柔远人。巴礼僧求就台起院设教（即天主教）。陈永华曰：‘巴礼原名化人，全用诈术阴谋人国，决不可许之设教。’经笑曰：‘彼能化人[①]，本藩独能化彼。’赐以衣冠，令巴礼僧去本俗服饰，穿戴进见，如违枭首。’巴礼僧更衣入，行臣礼。经谕：‘凡洋船到尔地交易，不许生端勒扰。年当纳船进贡，或舵或桅一。苟背约，立遣师问罪。’巴礼僧叩首唯唯，不敢提设教事，遣之归。”[②]

（清）徐继畬的《瀛寰志略》谓：“前明时，干丝蚋[③]据其国，设巴礼院[④]即洋教，行礼拜之教。巴礼者，番僧也洋教师，以濂水为令，不祀先祖，所奉之神惟教祖[⑤]而已。濂水者[⑥]，以巴礼王[⑦]即洋教王之尸煎为脂膏，将奉教之时，令人自誓其身为教祖所出，巴礼将脂水滴其头，故曰濂水。……又黄毅轩《吕宋纪略》云：乾隆年间，西北海之英黎即英吉利猝造夹板船[⑧]十余，直溯吕宋，欲踞其地，化人巴礼纳币请解，英黎乃返。余按：化人巴礼即洋教之师。泰西人皆奉洋教，每用其人以解纷。”[⑨]

查《吕宋纪略》的原文为：

---

① 这是“化人”的另一组词义：（1）指有幻术之人，指有道术之人。（2）作动词，指劝化人、教化人。承蒙刘义杰先生见示清人郁永河《采硫日记》：“西洋在西海外，去中国极远，……中国人士多归其教者，谓之化人。”参见道光二十三年《舟车所至》，载沈云龙《近代中国史料丛刊编辑 512》，文海出版社，第 774 页。详见刘义杰先生近期之《刘义杰君来函论化人》（http：//www.world10k.com/blog/？p=2294）。——引者注

② （清）江日升：《台湾外记》，福建人民出版社，1983，第 192～193 页。

③ 西班牙语“Castilla”（卡斯蒂利亚）之音译。西班牙之古称。——引者注

④ 教堂。——引者注

⑤ 耶稣。——引者注

⑥ 亦称“濂水人”，意即“基督徒”（天主教徒）。“liām chùi lāng 濂水人 cristianos”，参见 Henning Klöter, *The Language of the Sangleys: A Chinese Vernacular in Missionary Sources of the Seventeenth Century*, Leiden: Brill, 2011, p. 204。——引者注

⑦ 主教。——引者注

⑧ “高拱乾《台湾府志》云：‘荷兰船最大，用板两层，斲而不削，制极坚厚，中国谓之夹板船。其实圆木为之，非板也。又多巧思，为帆如蛛网旋盘，八面受风，无往不顺。海洋相遇，常遭其劫。’”（清）俞正燮撰、安徽古籍丛书编审委员会编纂《俞正燮全集》，黄山书社（第 2 集），2005，第 418 页。夹板船亦称“戈船”。此名为一外来语：“kapal（泰、马）甲板：远洋帆船”，参见〔法〕克劳婷·苏尔梦（Claudine Salmon）《附录 18—19 世纪印尼华文中的外来语初探》，载〔荷〕包乐史主编《公案簿》，厦门大学出版社（第 2 辑）2004，第 437 页。——引者注

⑨ （清）徐继畬：《瀛寰志略》，上海书店出版社，2001，第 33、34 页。

二三附刻黄毅轩先生《吕宋纪略》

吕宋为干丝蚋属国。干丝蚋者，化人番国名也，在海西北隅。

其国不知分封所自始，地多产金银财宝，舆和蔺、勃蔺西[①]、红毛相鼎峙，俗呼为宋仔[②]，又曰宝斑牛[③]。……土风重番僧，设巴礼院，行礼拜之教。巴礼者，番僧也。以濂水为令，将昼作夜，院各击钟以定时，子午为中天初点，未亥各十二点。重高聿[④]，不祀先祖，所奉之神惟氏[⑤]而已。尤可怪者，巴礼为人改罪，人俱以为荣。濂水者，以巴礼王之尸煎为膏脂；有教父掌之，将奉教之时，令人自誓其身为氏所出，誓毕巴礼将脂水滴其头，故日濂水。……巴礼王见院主礼，必以鼻味其手，常人见之味其足，此礼[⑥]之不可解也[⑦]。

《瀛寰志略》释曰：

其人猫眼鹰准，鬈发赤须，诸国中之最桀黠者。四海行贾，不至则已，至则图谋人国，吕宋亦为其阴谋并夺焉。

按：佛郎机人互市得利，遂奉黄金为吕宋王寿，向王乞地[⑧]，得一牛皮大。王许之，佛郎机酋阴截牛皮细条，相连圈围，已逾百丈。王有难色，但业许之。佛郎机酋立将其地筑城，城内置楼台，城上列大炮以自固。后杀王兄弟，并其众。

---

① 法国。——引者注

② 即“小吕宋”。——引者注

③ 西班牙。——引者注

④ 即十字架。“高聿”为“cruz”之音译。——引者注

⑤ 西班牙语“Dios”（上帝）之音译。最近台湾大学历史系的古伟瀛教授在罗明坚《天主圣教实录》的初版中，发现“Deus”也被译成了“了无私”，参见《历史研究新发现430年前，天主的另一名称》，《天主教周报》2013年1月20日。“了无私”“■氏”“寥氏”和“僚氏”中的“了”“僚”“寥”和“僚”均为拉丁语“De（us）”和西班牙语Di（os）的闽南发音“Dī”的汉字拼写，请见“Dīo sǐ 僚氏 Dios”，in Henning Klöter，*The Language of the Sangleys：A Chinese Vernacular in Missionary Sources of the Seventeenth Century*，Leiden：Brill，2011，第234页。——引者注

⑥ 吻手礼与吻足礼。——引者注

⑦ （清）王大海：《海岛逸志》，姚楠、吴琅璿校注，学津书店，1992，第166、167页。——引者注

⑧ 龚缨晏：《“牛皮得地”故事的流传》，《求知集》，商务印书馆，2006，第254～271页。——引者注

用巴礼僧天主教，称天曰"寥氏"[①] 用其术鼓煽四方，名为化人(化人者，佛郎机之音误也)。日本国曾受其害，至今国人深恶绝之。漳、泉逐利之夫多往焉[②]。

"化人者，佛郎机之音误也"一语十分明确地解释了两种称谓之间的关系。"化人"即为"佛郎"的谐音。这是解决问题的关键。

承蒙徐晓望先生惠告，所凡普通话中的"F"会念成"H"，闽南人的"佛"，应念"HO"，与普通话的"化"很近了，因为"……在闽方言中，一般只有 15 个声母，声母没有［f］"[③]。

陈佳荣先生解释道："按：'佛'字，闽南语有二读，读佛陀时，音为'bue'二声（近"勃"）；读人名时，经常作'fue'三声（近'忽'），与'化'字读音很接近（闽人常 f 、h 混淆）。至于闽南语的'人'字，则读 lang 二声，与国语'郎''朗''狼'同，只此一读。因此，闽南人之读'化人'甚近于'佛郎'矣！"[④]

据麦都思的《福建方言字典》：

"化人"的音值是"hwà"[⑤]"lang"[⑥]。

"佛郎"的音值是"hwut"[⑦]"lông"[⑧]。

---

① 西班牙语"Dios"的又一音译。——引者注

② （清）江日升：《台湾外记》，福建人民出版社，1983，第 347 页。

③ 索燕华、纪秀生：《传播语言学》，北京师范大学出版社，2010，第 116 页。

④ 陈佳荣：《拂菻、佛郎机和化人》，"南溟网"（http：//www. world10k. com）学术资讯，http：//www. world10k. com/blog/？p = 2206，最后访问时间：2012 年 9 月 18 日。

⑤ Walter Henry Medhurst（麦都思）, *A dictionary of the Hok-kèqn dialect of the Chinese language, according to the reading and colloquial idioms: containing about 12000 characters. Accompanied by a short historical and statistical account of Hok-kèn*, Macao: Honorable East India Co. 's Press, 1832, pp. 260 – 261。

⑥ Walter Henry Medhurst（麦都思）, *A dictionary of the Hok-kèn dialect of the Chinese language, according to the reading and colloquial idioms: containing about 12000 characters. Accompanied by a short historical and statistical account of Hok-kèn*, Macao: Honorable East India Co. 's Press, 1832, p. 429。

⑦ Walter Henry Medhurst（麦都思）, *A dictionary of the Hok-kèn dialect of the Chinese language, according to the reading and colloquial idioms: containing about 12000 characters. Accompanied by a short historical and statistical account of Hok – kèn*, Macao: Honorable East India Co. 's Press, 1832, pp. 276 – 277。

⑧ Walter Henry Medhurst（麦都思）, *A dictionary of the Hok – kèn dialect of the Chinese language, according to the reading and colloquial idioms: containing about 12000 characters. Accompanied by a short historical and statistical account of Hok – kèn*, Macao: Honorable East India Co. 's Press, 1832, p. 469。

"朗"的音值是"láng"[①]。

我们可以看到,"hwà lang"的音值是十分接近"hwut lông("láng")"的发音。

"化人"为菲律宾主要种族之一。"番人、化人、唐人无亲戚、无医药资者,皆听入,病痊则出,而外证入者十有九生,内证入者百无一生焉。"[②]"番人"即菲律宾人,"化人"即西班牙人[③],"唐人"即华人。

"化人"亦称"化郎",女性"化人"则称"化婆"。

> 高丽菜,形类扁叶芥,色淡青,味如中国之笋,鲜稍逊,乃美品也。至竹笋,味劣薄,不登食品。此菜先时化郎所种,极贵重,一株斤余售洋钱一元,后种者多,价亦稍杀,每株洋钱一,二[④]。
>
> 有丁税,土番人每年税洋钱六叐,闽人税六元六叐。闽广人在彼娶妻,必皈依天主教,先纳洋钱六元,后非大赢余不能还乡,如只身谋归,亦须预纳三年税银,同乡人保结,方许归;如不欲再至,须保人申死状,才免税。化郎俱蓄发,发黄而拳,白面、碧眼、高鼻,白布衫无纽,前后无缝,惟开大领,从头套下,长齐腰,袂连袜,间有另者,衫袂俱紧贴着身,长衣或黑色、杂色,俱小袖狭腰,下如袍式。黑冠,织蒲为之,顶平而圆,高五、六寸,有狭边、有阔边捧顶者。履尖头,革为之。化婆短衣齐腰,亦紧贴着身,其薄如蝉壳,亦无钮,颈下开方孔,穿裙二袭,无袂,亦有穿袜者,裙或绫或布,腰如袂,不开马门,亦从头套下,间有衣裙俱白者,兜头用番绸,色亦白。发挽髻,坠项后,项围番绸一方,或披番绸一块,无簪饰,惟耳悬环。履革,或绣花,或金线织成,多艳色可观。土番凹眼,而皮黑甚,有黑如漆者,与另一种乌鬼番其黑同。发留中,四边剪令短,

① Walter Henry Medhurst(麦都思), *A dictionary of the Hok - kèn dialect of the Chinese language, according to the reading and colloquial idioms: containing about 12000 characters. Accompanied by a short historical and statistical account of Hok - kèn*, Macao: Honorable East India Co. 's Press, 1832, p. 429。

② 中山大学东南亚历史研究所编《中国古籍中有关菲律宾资料汇编》,中华书局,1980,第150~151页。

③ "化人—西班牙人",参见庄善裕主编《东南亚地区华文教育文集》,暨南大学出版社,1996,第226页。"huālāng pìt 化人笔 con pluma español",参见 Henning Klöter, *The Language of the Sangleys: A Chinese Vernacular in Missionary Sources of the Seventeenth Century*, Leiden: Brill, 2011, p. 282。

④ 中山大学东南亚历史研究所编《中国古籍中有关菲律宾资料汇编》,中华书局,1980,第152页。

亦挽结。短衣略长，袂大管，富者用乌绫，车绣花，绣工费七、八番银之多。冠如化郎，间有佳纹席为之。无袜，履革，有后跟。番婆短衣如化婆，亦穿裙二袭，无袂，贫者番布围于裙外[①]。

土番称镇臣曰新尤礼[②]，称闽人为唐人或厦郎[③]，称江南人为郎金[④]。唐人称镇臣曰番王，通称曰化郎。其后，红毛争其地，化郎不能敌，退归故国，红毛得之；又因其地所入寡不足用，复还化郎，故至今仍为英吉利地。以故国为祖家，祖家或称甘细腊[⑤]。

别素[⑥]（化郎呼洋钱），列里[⑦]（化郎呼八开头[⑧]洋钱）。闽人呼洋钱为佛银[⑨]，一元为一双，若干元则呼若干双[⑩]。

值得注意的是："称闽人为唐人或厦郎，……唐人称镇臣曰番王，通称曰化郎。"此语告诉我们，闽南人还有"厦郎"一称。更重要的是，它明确说明"化郎"是西班牙人的通称。至此，我们看到，"化人"与"化郎"是完全的同义词。

① 中山大学东南亚历史研究所编《中国古籍中有关菲律宾资料汇编》，中华书局，1980，第149页。

② "新尤礼或拜礼"（尊敬不相识者）。中山大学东南亚历史研究所编《中国古籍中有关菲律宾资料汇编》，中华书局，1980，第153页。据李毓中先生惠告，"新尤礼"为西班牙语"Señor"（先生）之音译。——引者注

③ "厦郎"（称闽人）。中山大学东南亚历史研究所编《中国古籍中有关菲律宾资料汇编》，中华书局，1980，第153页。——引者注

④ "郎金"（称上海人）。中山大学东南亚历史研究所编《中国古籍中有关菲律宾资料汇编》，中华书局，1980，第153页。据李毓中先生惠告，"郎金"为"南京"之谐音。这是一个"L"和"N"互换的例子。——引者注

⑤ 同"干丝蚋"。中山大学东南亚历史研究所编《中国古籍中有关菲律宾资料汇编》，中华书局，1980，第148页。——引者注

⑥ 西班牙语"peso"之音译。——引者注

⑦ 西班牙语"real"之音译。——引者注

⑧ 西班牙语作"real de a ocho"（八雷阿尔）。——引者注

⑨ 亦称"佛头银""番头银""佛银""番银""佛番银""鬼脸钱""佛面银""吕宋银""宋银""宋番银""本洋""番银""老板"等。有"头"字的系列是因为其正面都铸有当时西班牙国王的头像，而不是像有人所说的"由于这三种银元的正面都印有当时西班牙国王的头像，福建人觉得其形如佛头，故取此名"。可见刘秋根、〔英〕马德斌主编《中国工商业、金融史的传统与变迁》，河北大学出版社，2009，第98页。有"佛"字的系列是"佛郎"和"佛郎机"的简称，与"佛头"无关。——引者注

⑩ 中山大学东南亚历史研究所编《中国古籍中有关菲律宾资料汇编》，中华书局，1980，第154页。

西班牙从菲律宾撤退后，仍以“化人婆”称具有西班牙血统的女性混血儿[①]。

混血子女称“出世仔”[②]。其中“特指有菲律宾血统的混血儿。使用时省略菲方，标出另一方。如‘化人（西班牙）出世仔’……”[③]

接着我们来探讨“化人”与“佛郎机”[④]和“佛郎”之间的关系。

首先我们来看“佛郎机”的词源。

在葡萄牙语中，该词[⑤]最早出现的时间为1516年，作“葡萄牙人”解[⑥]。它起源于阿拉伯语的“franj”[⑦]。在土耳其语、波斯语及其他亚洲语言中，阿拉伯语的“-j（e）”变成了“-gue，-que”[⑧]。在土耳其语中，作“frenk”或“firenk”，意即“欧洲人”[⑨]。“Frenguí”为一形容词，意即“欧洲人的；欧洲的”[⑩]。

“佛郎机斯坦”（Frenquistán或Firangistan）为一专有名词，意即“法兰

---

① “讨一个番婆或‘化人婆’（西班牙混血种），……”参见陈烈甫《菲游观感记》，南侨通讯社，1948，第53页。

② “出世仔—混血儿”，参见庄善裕主编《东南亚地区华文教育文集》，暨南大学出版社，1996，第226页。

③ 庄炎林、伍杰主编《华侨华人侨务大辞典》，山东友谊出版社，1997，第47页。

④ 较好的论文，可见庄申《佛郎机考》，《大陆杂志》1954年第8卷第5期［后收入大陆杂志社编辑委员会《传记及外国史研究论集》（大陆杂志史学丛书），大陆杂志社，1967，第284~286页。］；庞乃明《明人佛郎机观初探》，载田澍、王玉祥、杜常顺主编《第十一届明史国际学术讨论会论文集》，天津古籍出版社，2007，第612~618页及桐藤薰《明末耶稣会传教士与佛郎机：传教士是侵略者观念的形成》，王明伟译，《史学集刊》2011年第3期。作者之前的研究，可见金国平编译《西方澳门史料选萃15~16世纪》，广东人民出版社，2005，第2~3页，“佛郎机条”；吴志良，杨允中主编《澳门百科全书（修订版）》，澳门基金会，2005，第163页，“佛郎机条”。

⑤ 出现的年代，可参见Sebastião Rodolfo，*Dalgado Glossário Luso-Asiático*，Coimbra：Imprensa da Universidade，vol. 1，1919，pp. 406-407及Sir. Henry Yule，Arthur Coke Burnell，Hobson-Jobson，*A glossary of colloquial Anglo-Indian words and phrases，and of kindred terms，etymological，historical，geographical and discursive*，edited by William Crooke，London：J. Murray，1903，pp. 352-354。

⑥ Miguel Nimer，Carlos Augusto Calil，*Influências orientais na lingua portuguesa：os vocábulos árabes，arabizados，persas e turcos*，São Paulo：EDUSP，2005，p. 465.

⑦ Miguel Nimer，Carlos Augusto Calil，*Influências orientais na lingua portuguesa：os vocábulos árabes，arabizados，persas e turcos*，São Paulo：EDUSP，2005，p. 465.

⑧ Miguel Nimer，Carlos Augusto Calil，*Influências orientais na lingua portuguesa：os vocábulos árabes，arabizados，persas e turcos*，São Paulo：EDUSP，2005，p. 465.

⑨ Miguel Nimer，Carlos Augusto Calil，*Influências orientais na lingua portuguesa：os vocábulos árabes，arabizados，persas e turcos*，São Paulo：EDUSP，2005，p. 465.

⑩ Miguel Nimer，Carlos Augusto Calil，*Influências orientais na lingua portuguesa：os vocábulos árabes，arabizados，persas e turcos*，São Paulo：EDUSP，2005，p. 465.

克人国家，欧洲人国家：欧洲"①。"佛郎机斯坦"（Firangistan）② 的阿拉伯名称是 "ifrangia"③，泛指天主教欧洲。"斯坦" 为 "……的国家" "……之地" 之意，因此 "佛郎机斯坦"（Frenquistán 或 Firangistan）正对顾应祥《静虚斋惜阴录》中的 "佛郎机国"。本意上，"佛郎机斯坦" 不是具体指葡萄牙一国，而是天主教欧洲的泛称，但在汉语文献中，因尚无天主教欧洲的概念，则更多的是指一个未知的 "佛郎机国"，即葡萄牙人与西班牙人的国家——葡萄牙与西班牙。"ifrangia" 在欧洲语言中作 "Franguia"，如："……佛郎机（Frangues）[即欧洲（Europa）人] 从海上来。……他们前来攻打开罗，夺取了它。佛郎机（Frangues）或称欧洲人（Europeos）。至于归谁，大家有分歧：但是阿比西尼人还是自愿回去了，欧洲人（Europeos）成为了（开罗的）主人，然后开辟了一条大道，从佛郎机国（Franguia）或欧洲（Europa）来阿比西尼人的地界很方便。"④ 亦作 "Franquia"，如："汗的国家有王公三万余，称为阿速人，统辖整个东方帝国。他们在事实上或名义上皆为基督教徒，自称教皇之奴仆，愿为佛郎机人（Franks）而死。他们不称我们为法兰克国，而是佛郎机国（non a Francia sed a Franquia）。"⑤ 元人称 "佛郎机国" 为 "拂郎国"。《元史》："拂郎国贡异马，长一丈一尺三寸，高六尺四寸，身纯黑，后二蹄皆白。"⑥ 周伯琦《近光集》内《天马行空制作监序》载："至正二年，岁壬午，七月十有八，西域拂郎国遣使献马一匹。"⑦ 张星烺释 "拂郎" 曰："拂郎为 Farang 之音译。波斯阿拉伯人称欧洲以是名。中世纪时，日耳曼系

① Miguel Nimer, Carlos Augusto Calil, *Influências orientais na lingua portuguesa : os vocábulos árabes, arabizados, persas e turcos*, São Paulo: EDUSP, 2005, p. 465.

② Flores, Jorge, "*Firangistan*" *e* "*Hindustan*" . *O estado da índia e os confins meridionais do império mogol* (*1572 – 1636*), unpublished PhD dissertation, Lisbon: New University of Lisbon, 2004.

③ 参见 M. E. Yapp, "Europe in the turkish mirror", *Past and Present*, 1992。

④ Ioam de Castro, Gonçalo Anes Bandarra, *Paraphrase et concordancia de alguas propheçias de Bandarra, Capateiro de Trancoso*, 1603, edição fac – similes, Porto: J. Lopes da Silva, 1901, p. 80.

⑤ Sir Henry Yule, *Cathay and the way thither*; *being a collection of medieval notices of China translated and edited by Colonel Henry Yule... with a preliminary essay on the intercourse between China and the western nation previous to the discovery of the Cape route*, London: Printed for the Hakluyt society, n°. 37, 1866, p. 336.

⑥ （明）宋濂：《元史》，新疆青少年出版社，1999，第 139 页。

⑦ 张星烺：《中国史书上关于马黎诺里使节之记载》，载厦门大学国学研究院编《国学研究院集刊》（第 1 辑），中华书局，2008，第 5 页。

人种中，有法兰克族（Franks）者，自莱因河北侵入河南，估领其地，建设王国。至唐德宗时，有沙理曼大帝者，几统一欧洲西部。时值阿拉伯之回教徒侵入欧洲。法兰克族领袖欧洲击退回人，由是族名大显。阿拉伯人及他回教徒皆称西欧为法兰克，而称对东罗马曰鲁迷（Rum）。鲁迷亦罗马（Rome）之讹音也。蒙古人西征，先与回教徒接触。次乃及欧洲。其称欧洲以回教徒之名稻，必军中舌人，为回教徒也。马黎诺里东来，先至钦察后至中亚细亚察合台汗国。是时二汗国，皆奉回教。随徒舌人，亦回教徒。故中国书中称为拂郎也。”① 另外一位阿拉伯作家纳赫拉瓦利（Kuyh al - Din na - Nahrawali，1511 - 1582），在其约作于1573年的《奥托曼人征服也门史》（*Historia da Conquista do Yaman pelos Othmanos*）一书中说：“在10世纪（阿拉伯历）初发生的不幸事情中，值得一提的是属于佛郎机（Franges）族的可恶的葡萄牙人的到来到印度。这些可恶的人！一小批人在休达（Ceuta）登船，驶向大海，深入了暗洋（Mar Tenebroso）。他们绕过了尼罗河发源的白山，来到了东方。他们经过一海峡，靠近海岸的一个地方。这里一侧是座山，另外一侧是暗洋。此地风大浪高，以致佛郎机人不敢靠近，害怕粉身碎骨，无一逃生。”②

葡萄牙人奥尔塔在1576年于果阿出版的《印度香药谈》内解释说：“若阿诺问：为何在本地称葡萄牙人为佛郎机人（Franques）？奥尔塔答：我跟你说，不仅仅这样称葡萄牙人，还这样称所有的西方天主教徒。原因是在

① 张星烺：《中国史书上关于马黎诺里使节之记载》，载厦门大学国学研究院编《国学研究院集刊》（第1辑），中华书局，2008，第5页注释2。关于“佛郎机”来自伊斯兰世界的叫法，戴裔煊有一类似的解释：“‘佛郎机’这个名词在明代著作中，往往也写作‘佛朗机’，是土耳其人、阿拉伯人以及其他东方民族泛指欧洲人所用的名称。印度斯坦语作Farangi，波斯语作Firangi，阿拉伯语作Frangi或Afrangi。这个名称的语源出自对‘法兰克’（Frank）的不正确的读法。法兰克是在公元六世纪征服法兰西地方的一个日耳曼民族部落集团，伊斯兰教徒同他们很早就有接触，因此称欧洲人、同时也称西方的基督教徒为‘佛郎机’。中国人称葡萄牙人为‘佛郎机’，是从东南亚南海的伊斯兰教徒口中传过来的，有明显的迹象表明是从满剌加人的口中转译来的。”参见《〈明史·佛郎机传〉笺正》，中国社会科学出版社，1984，第1页。需要指出的是：（1）张星烺《中国史书上关于马黎诺里使节之记载》初刊于1928年。（2）印度斯坦语的“Farangi”、波斯语的“Firangi”、阿拉伯语作的“Frangi”或“Afrangi”是这些语言对“法兰克”（Frank）的正确罗马化拼读法。

② 纳赫拉瓦利：《奥托曼人征服也门史》（Historia da Conquista do Yaman pelos Othmanos），官印局，1892，第39页。

亚洲的最早天主教徒是佛郎机人（Francezes），称天主教世界（Cristandade）为佛郎机国（Franquia）；在霍尔木兹，在所有的这一代这样称呼他们，也这样称呼住在他们那里的人。我从葡萄牙来时，问过一个以前是犹太教徒的天主教徒，他是西班牙人，住在开罗。我问他开罗在苏丹时代有多少天主教徒，多少犹太人。他告诉我说有几千天主教徒，多少阿拉伯人，多少佛郎机人（Francos）和犹太人。还说有很多佛郎机人。我问他佛郎机人是什么意思，他回答说佛郎机人的意思是欧洲天主教徒，称天主教世界为佛郎机国……"①

作为明朝接待葡萄牙使团的当事人之一的广东按察司佥事顾应祥（1483－1565）试图解释"佛郎机国"："……禀称此乃佛郎机国遣使臣进贡，其使臣名加必丹。"②"……考历代史传并无佛郎机国之名，止有拂林国，元世祖至正闻有佛郎国进异马，或者是其国也。又唐世西域传，开元中大食国献马不拜，有司将劾之，中书令张说谓殊俗慕义不可置之罪，玄宗赦之。……由此观之，则佛郎机亦大食之邻境也。"③顾应祥的这一论述或许是离实际情况最近的推断了。既称"禀称此乃佛郎机国遣使臣进贡"也就是说，禀文中的自称是"佛郎机国"。记载此次出使的葡萄牙官方编年史所用的字眼是"佛郎机国王"。"信中说，他是佛郎机国王（o Rey dos Frangues）（东方人以此名称呼我们）的甲必丹末，陪同一大使抵达广州城，来晋见天子和世界之主，为佛郎机国王（o Rey dos Frangues）请印，因为他想称臣，将优质、丰富的商品带去他的王国。"④著名的《广州葡囚信》也说："受佛郎机国王（o Rey dos Frangues）之命，甲必丹末及大使来到中国，按中国风俗习惯，呈礼请印，愿为顺臣。"⑤

"佛郎机国"（Franguia）、"佛郎机国"（Franquia）或"佛郎机国"

① 奥尔塔（Garcia da Orta）：《印度香药谈》（第2卷），官印局—铸币局，1987，第108页。

② 顾应祥：《静虚斋惜阴录》，载四库全书存目丛书编纂委员会编四库全书存目丛书（子部，第84册），齐鲁书社，1995，第156页（原书第19页）。

③ 顾应祥：《静虚斋惜阴录》，载四库全书存目丛书编纂委员会编四库全书存目丛书（子部，第84册），齐鲁书社，1995，第157页（原书第21页）。

④ João de Barros, *Decada terceira da Asia de Ioao de Barros: dos feitos que os Portugueses fezerão no descobrimento & conquista dos mares & terras do Oriente*, Lisboa: impressa per Iorge Rodriguez: a custa de Antonio Goncaluez, 1628, fols. 149－150.

⑤ 金国平：《中葡关系史地考证》，澳门基金会，2000，第151页。

(Franquia)，在明代汉语文献中作“佛郎机牙”[①]。

何乔远《闽书》曰：“胡琏 琏字重器，沭阳人。弘治十八年进士。以南刑部郎中出为闽广二藩兵宪，职剿贼。以不杀为旨功。岛寇佛郎机牙肆海上，琏选锋猝入，夺其火器，俘之。其器猛烈，盖夷所常恃者，得之，遂为中国利，因号佛郎机。迁藩臬长，晋中丞巡抚，遍历两京，户部右侍郎致仕。遇征安南，荐起督饷，卒。”[②]

崇祯四年八月（1631 年 9 月）的《兵部尚书熊明遇等为敬陈闽省开海禁及海外佛郎机等国通洋事题稿》言：“海外有东西二洋，则（西）洋则占城最大，次暹罗，次爪哇，今为下港，其属咬嚁吧，即红夷。次其真腊．次浡泥，次三佛齐、满剌加、苏门答剌、彭亨等国。东洋则吕宋，今为狒狼机，次苏禄等圆。贩西洋者，利其珍也，贩东洋者，利其矿也，若于倭何利哉？”

“佛郎机牙”，从勘音的角度来看，它是“Franguia”、“Franquia”或“Franquia”的对音。“佛郎机”来自“Frangui”或“Franqui”。这似无疑问。末尾的“牙”是“a”的音译。我们知道“a”一般来说音译为“阿”。在人名中，“阿”通“亚”。因此，“佛郎机牙”中的“牙”实际上是“亚”的同音代用词。至此，可以说是比较圆满地解决了“佛郎机牙”的词源问题。

利玛窦绘《坤舆万国全图》中，同时使用“波尔杜瓦尔”、“拂郎机国”、“佛郎几”和“佛郎几国”，均指葡萄牙（见图 1）。这一点在明末泉州人李光缙的《景璧集》（卷九）《却西番记》中是很清楚的：“大西洋之

① 关于“佛郎机牙”的涉及，最早见于蒋祖缘《试谈明清时期佛山的军器生产》（载广东历史学会编《明清广东社会经济形态研究》，广东人民出版社，1985，第 133 页）。蒋文引用的是乾隆《江南通志》（卷 145，胡琏传）。1999 年，有杨士采《抗葡将领胡琏》（载江苏省政协文史资料委员会、宿迁市政协学习文史资料委员会编《宿迁名人》，1999，第 47～48 页）及朱炳旭《胡琏与佛郎机史事考》（《江苏地方志》1999 年第 4 期，第 32～34 页），及朱炳旭《胡琏引进佛郎机史事发微》（载朱炳旭《明海州史小录》，新疆青少年出版社，2003，第 95～100 页）。二人均据（嘉庆）《海州直隶州志》（卷 23，胡琏传）。2006 年，有金国平《“佛郎机牙”及“里海牙”考源》，《澳门研究》第 37 期，第 140～143 页。金文主要考证了“佛郎机牙”的葡语对应词源。2007 年，有汤开建、张中鹏《胡琏其人与西草湾之战》，《澳门研究》第 38 期，第 157～166 页。汤、张文对胡琏生平、几个生僻人名与地名及西草湾战役的时间考辨较详。

② （明）何乔远编撰《闽书》（第 2 册），福建人民出版社，1994，第 1243～1244 页。

图 1　利玛窦绘《坤舆万国全图》

资料来源：美国明尼苏达大学图书馆版本，1602。

番，其种有红毛者，译以为和兰国，疑是也。负西海而居，地方数千余里，舆佛郎机、干丝蜡两国并大，而各自君长，不相臣畜。……佛郎机、干丝蜡两国所用钱，率类此矣。……先是，吕宋澳开，华人始船海，涉境上贸易。吕宋第佛郎机之旁小邑，土著贫，亡可通中国市。其出银钱市海物，大抵皆佛郎机之属，而和兰国岁至焉。……和兰居佛郎机国外，取道其国，经年始至吕宋，至亡所得贾。译者诒之曰：'漳、泉可贾也。'先，漳民潘秀贾大泥国，舆和兰酋韦麻郎贾相善，阴舆谋，援东粤市佛郎机故事，请开市闽海上。"①

"木岛条"载："木岛去波尔杜瓦尔半月程。树木茂翳，地肥美，波尔杜瓦尔人至此焚之，八年始尽。"（见图 2）②

"吴中明跋"语："利山人自欧逻巴入中国，著《山海舆地全图》，荐绅多传之。余访其所为图，皆彼国中镂有旧本，盖其国人及拂郎机国人皆好远游。时经绝域，则相傅而志之，积渐年久，稍得其形之大全。"（见图 3）③

① （明）李光缙撰、曾祥波点校《景壁集》（上册），福建人民出版社，2012，第 414 ~ 415 页。

② ［意］利玛窦著、朱维铮主编《利玛窦中文著译集》，复旦大学出版社，2001，第 214 页。

③ ［意］利玛窦著、朱维铮主编《利玛窦中文著译集》，复旦大学出版社，2001，第 223 页

图 2　利玛窦绘《坤舆万国全图》（木岛条）

资料来源：美国明尼苏达大学图书馆版本，1602。

好望角南注曰："佛郎几商曾驾船过此海，望见鹦鹉地而未就舶。"（见图 4）①

"墨瓦蜡泥条"称："墨瓦蜡泥②系佛郎几国人姓名，前六十年始遇此峡，并至此地。故欧逻巴士以其姓名，名海，名峡，名地。"（见图 5）③

"佛郎机"这个词流传极广，甚至从印度进入了藏语。藏语中的"p^{C}e－rań"、"p^{C}a－rań"、"p^{C}i－liń"或"p^{C}o－rań"等形式便是来自"Feringhi"讹音。它是指"英属印度"、"英国人"、"欧洲"或"欧洲人④"⑤。

在葡属印度，通用三个词"Frangues"（佛郎机）、"Fringuins"（佛郎机）和"Reinões"（王国人）来指在欧洲或巴西出生的葡萄牙人⑥。

中国史料中，有"香山澳佛郎机"与"吕宋佛郎机"之称。如"一、日本长岐地方，广东香山澳佛郎机番，每年至长岐买卖，装载禁铅、白丝、扣线、红木、金物等货。进见关白，透报大明虚实消息；仍夹带

---

① 〔意〕利玛窦著、朱维铮主编《利玛窦中文著译集》，复旦大学出版社，2001，第 213 页。

② 麦哲伦。

③ 〔意〕利玛窦著、朱维铮主编《利玛窦中文著译集》，复旦大学出版社，2001，第 204 页。

④ 〔意〕G. M. 托斯卡诺（Giuseppe M. Toscano）：《魂牵雪域——西藏最早的天主教传教会》，伍昆明、区易柄译，中国藏学出版社，1998，第 109～110 页注释 90。

⑤ 参见 Berthold Laufer，"Loan－Words in Tibetan"，*T'oung Pao*，Second Series，Vol. 17，No. 4/5（Oct.－Dec.，1916），pp. 482－483；Hobson-Jobson，*A glossary of colloquial Anglo－Indian words and phrases*，*and of kindred terms*，*etymological*，*historical*，*geographical and discursive*，p. 354。

⑥ 参见 Gonçalo de Magalhães Teixeira Pinto，Joaquim Heliodoro da Cunha Rivara，*Memorias sobre as possessões portuguezas na Asia*，Nova-Goa：Na Imprensa Nacional，1859，p. 168；*Portuguese Vocables in Asiatic Languages*：*from the Portuguese Original of Monsignor Sebastião Rodolfo Dalgado*，Translated into English with Notes，Additions and Comments by Anthony Xavier Soares，Baroda：Oriental Institute，1936，p. 85。

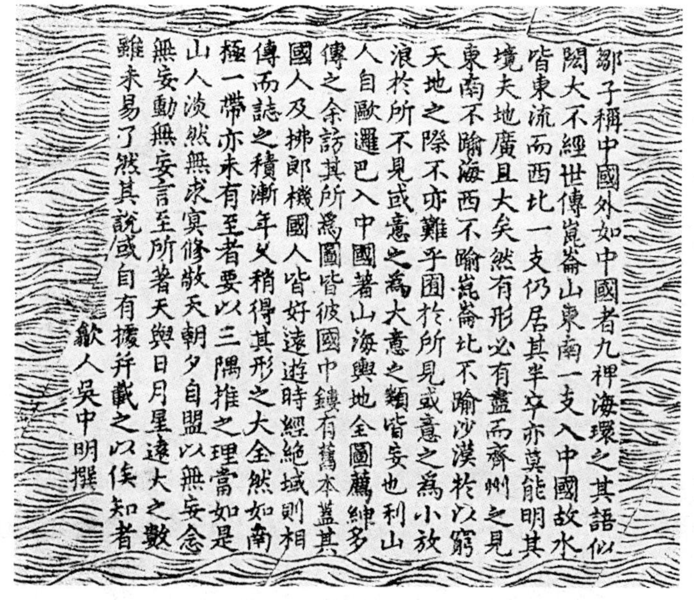

图 3　利玛窦绘《坤舆万国全图》（吴中明跋）

资料来源：美国明尼苏达大学图书馆版本，1602。

图 4　利玛窦绘《坤舆万国全图》（好望角南注）

资料来源：美国明尼苏达大学图书馆版本，1602。

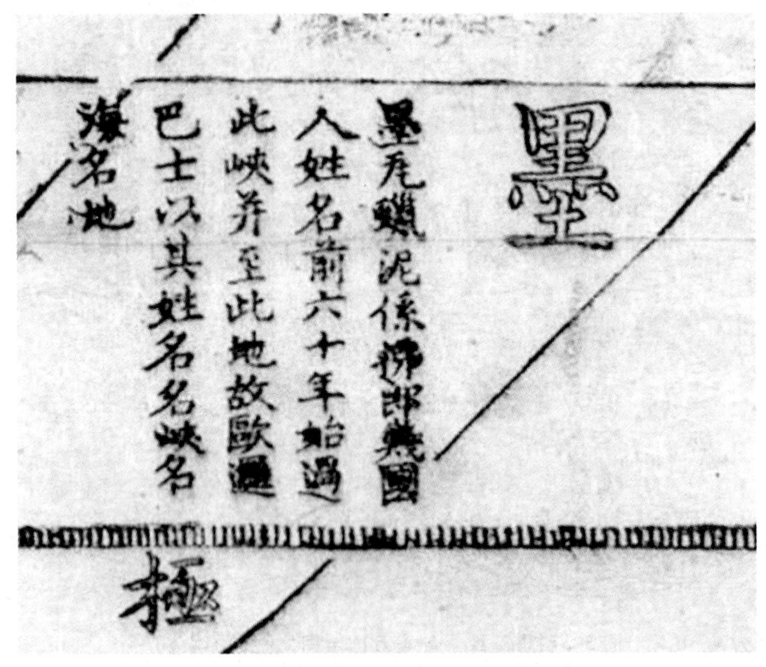

图 5　利玛窦绘《坤舆万国全图》（墨瓦蜡泥条）

资料来源：美国明尼苏达大学图书馆版本，1602。

倭奴，假作佛郎机番人，潜入广东省城，觇伺动静”①。再如“而吕宋佛郎机见我禁海，亦时时私至鸡笼、澹水②之地，与奸民阑出者市货”③。“其中有文。大者七钱五分，夷名黄币峙④；次三钱六分，夷名突唇⑤；又次一钱八分，名罗料厘⑥；小者九分，名黄料厘⑦；又小者四分有奇。俱自⑧吕宋佛郎机携来，今漳人通用之。”⑨ 嘉靖年间游澳的叶权已经知道“澳夷”是

---

① （明）陈子龙等：《明经世文编》（第 5 册），中华书局，1962，第 4336 页。

② 淡水。

③ 黄叔璥：《台海使槎录》，台湾银行经济研究室，1957，第 46 页。

④ 西班牙语“um peso”（壹比索）之音译。

⑤ 西班牙语“duro”（杜罗）之音译。

⑥ 西班牙语“dos reales”（贰雷阿尔）之音译。——引者注

⑦ 西班牙语“um real”（壹雷阿尔）之音译。——引者注

⑧ “俱自吕宋佛郎机携来”句改为“俱由吕宋佛郎机携来”才符合事实。——引者注

⑨ 梁兆阳修、蔡国桢、张燮、谢宗泽纂（崇祯）《海澄县志》（卷十一），第 11 页。张燮《东西洋考》（卷五），《吕宋物产》的有关文字去掉了“吕宋”二字。

"佛郎机"。"岛中夷屋居者，皆佛郎机人，乃大西洋之一国。"[①] 崇祯四年八月（1631 年 9 月）《兵部尚书熊明遇等为敬陈闽省开海禁及海外佛郎机等国通洋事题稿》称："东洋则吕宋，今为狒狼机，次苏禄等国。"[②] 因此，著名天主教史学者裴化行的《天主教十六世纪在华传教志》一书的上编即名"佛郎机"。第二章题为"佛郎机商人初次来华的经过"[③]，第八章题为"吕宋之佛郎机"[④]。这充分说明"佛郎机"为欧洲人之泛称，不具贬义。

大概华人为了要把两种欧洲人加以分别，称前者为"香山澳佛郎机"，称后者为"吕宋佛郎机"。无论从国别上而言，还是从种族上而论，他们都可以被称为"佛郎机"。

"佛郎机"亦称"佛郎"或"佛郎番"[⑤]。

在原藏于同一图书馆的针路资料《顺风相送》[⑥] 中出现了此二称谓。

一 《万丹往池汶精妙针路》

"……前去见云螺[⑦]二大小山，用乙卯针八更见苏律门[⑧]，乃是佛郎所住

① （明）叶权：《贤博编》，中华书局，1987，第 44 页。

② 中国第一历史档案馆、澳门基金会、暨南大学古籍研究所合编《明清时期澳门问题档案文献汇编》（第 1 卷），人民出版社，1999，第 16 页。

③ 〔法〕裴化行：《天主教十六世纪在华传教志》，商务印书馆，1937 年，第 43 ~ 60 页。此章初刊于 1934 年。参见裴司铎（Henri Bernard）《佛郎机商人初次来华的经过》，萧鲁意译，《工商学志》1934 年《北辰》特刊。

④ 〔法〕裴化行：《天主教十六世纪在华传教志》，上海商务印书馆，1936，第 159 ~ 168 页。

⑤ 详见金国平、吴志良《〈两种海道针经〉中佛郎机及珠江口资料补考》，载《镜海飘渺》，澳门成人教育学会，2001，第 264 ~ 271 页。

⑥ 向达：《两种海道针经》，中华书局，1961。主要研究论文有陈国灿《明初航向东西洋的一部海道针经——对〈顺风相送〉的成书年代及其作者的考察》，载武汉大学历史系编《史学论文集》（第 1 集），1978 年，第 172 ~ 174 页；张崇根《关于〈两种海道针经〉的著作年代》，载中外关系史学会编《中外关系史论丛》（第 1 辑），世界知识出版社，1985 年，第 188 ~ 189 页。最新的研究可见陈佳荣《（顺风相送）作者及完成年代新考》，《跨越海洋—— "海上丝绸之路与世界文明进程" 国际学术论坛文选（2011 · 中国 · 宁波）》，第 343 ~ 358 页。

⑦ 待考。

⑧ 据刘义杰先生惠告，手稿作"苏律"。陈佳荣先生考证苏律在今印度尼西亚的索洛尔（Solor）群岛，指索洛尔岛和佛罗勒斯（Flores）岛或龙布陵（Lomblen）岛间的水道。大部分地名的考证取自陈佳荣先生的《南溟网》无私为学术界提供的《古代南海地名》（电子版），特此说明并致谢。——引者注

之处，在左边，右边是池汶山[①]。……美誉港[②]门亦有淡水，港头陇是湾，两边是老古[③]，佛郎亦居此港。”[④]

向注：“此处之佛郎疑指葡萄牙人，葡萄牙人于十六世纪初至香料群岛一带，当即此所云佛郎住处也。”[⑤]

金案：向注未确实。葡萄牙人在1515年至1516年间开发了帝汶。西班牙人在1522年麦哲伦环球航行时亦抵达此地，但未久留，因此住居者为葡萄牙人无疑。

二　《松浦往吕宋》

“丙巳五更取覆鼎安山[⑥]，上是大小藤绑山[⑦]，下是吕宋港[⑧]，有鸡屿[⑨]，内外俱可过船，无沉礁，有流水，进从东北边。南边是佳逸，抛佛郎船，取铳城，妙矣。”[⑩]

向注：“此处之佛郎当指西班牙人。”[⑪]

---

① 即今帝汶岛西北部的木提斯（Mutis）山。——引者注

② 美誉港又作美罗港，参见《东西洋考》（卷九）“印屿〔用单卯针，二更，至美罗港，即是池闷〕”。一说其在今帝汶岛北岸，或指欧库西（Ocussi）；一说为帝汶岛东部旧称 Belo 的音译，指东帝汶的帝力（Dili）。——引者注

③ 据刘义杰先生惠告，应作“卤股石”。“老古石——又作卤股石，老古、卤股均为马来语 rongkol 音译，译意则是‘簇聚’。是簇聚状岩石，似指珊瑚所成的一种岩石。”参见席龙飞、杨熹、唐锡仁主编《中国科学技术史 交通卷》，科学出版社，2004，第353页。——引者注

④ 向达：《两种海道针经》，中华书局，1961，第67页。

⑤ 向达：《两种海道针经》，中华书局，1961，第67页注释1。

⑥ 即当今菲律宾马尼拉湾附近的巴丹（Bataan）山。——引者注

⑦ 在今菲律宾马尼拉湾口一带，疑指巴丹（Bataan）半岛上的马里韦莱斯（Mariveles）山。——引者注

⑧ 或主要指马尼拉（Manila）及其附近一带，又称吕宋港、双口港。——引者注

⑨ “鸡屿山在吕宋海口，平夷绵互约十余里，东西有雨复鼎，山高出云表，林木四季青葱可爱，有东西两口，东口建船进口，西口广船及英吉利诸夷船进口，海中石观音一尊（在鸡屿山北脚水中，块石结成宝相，宛如菩萨端坐莲台，面北而望，舟人至此，鸣金焚香），公司斋供，众客焚金纸。返棹亦如之。舟泊口外，即有汛兵到，及进口泊，即有番官到，二、三次俱点人数，谓之验疤痣。以后，船主人城见番王，亦用抬手举帽礼，遵其俗也。”参见中山大学东南亚历史研究所编《中国古籍中有关菲律宾资料汇编》，中华书局，1980，第154~155页。——引者注

⑩ 向达：《两种海道针经》，中华书局，1961，第91页。

⑪ 向达：《两种海道针经》，中华书局，1961，第91页注释6。

金案：向语是。西班牙人自称为"佛郎"或"佛郎机"，自然可以用作他称。

三 《女澳内浦港》

"船见日屿即五岛头[①]，美甚焉。直陇用单寅收人长岐港，即笼仔沙机，佛郎番在此。"[②]

向注："此处之佛郎番当指荷兰人。"[③]

金案：向案非是，"佛郎番"应为葡萄牙人。"笼仔沙机"的对音是"Nagasaki"。葡萄牙人于1541年抵达日本[④]，始在数地通商。1571年，葡萄牙耶稣会开辟长崎港，后为葡萄牙人在日主要商埠。后西、荷、英人纷纷而至。

我们看到，在《顺风相送》中，一律使用"佛郎"或"佛郎番"。仔细分析之下，《雪尔登中国图》和《顺风相送》虽然使用了不同的称谓，但所指的地点基本上是相同的。

《雪尔登中国图》：

> "万老高［红毛住 化人住］"
> "化人番在此港往来吕宋"

---

① 疑为"五岛山"（五岛列岛）第一岛屿。"向闻有五岛山者，与长琦岛仅差一日程。凡到此，便知去日本不远"。参见张麟白《浮海记》（载沈云龙主编、孙承泽等著《台湾关系文献集零 诸家》，近代中国史料丛刊续编（第51辑），文海出版社，1972，第22页。）"……五岛山与长琦相距一程"。另可参见（清）黄宗羲《行朝录》，越中徐氏刻本，录八，页三。——引者注

② 向达：《两种海道针经》，中华书局，1961，第99页。

③ 向达：《两种海道针经》，中华书局，1961，第99页注释6。

④ 据中国史料，葡萄牙人于1541年抵达了日本丰后。"鸟铳原出西番波罗多伽儿国，佛来释古者传于丰州铁匠，近来本州铁匠造鸟铳一门，价值二十余两，用之奇中为上，其别州虽造，无此所制之妙，其价所值不多。火药亦得真传，用梧桐烧炭为领，次取焰硝滚水煮过三次，硫黄择其明净者和匀。每铳用药二钱，多弹远中，四季各有加减之方，一铳总按三弹横直分发，皆火药之秘法也。"［（明）李言恭、郝杰编，严大中、汪向荣校注《日本考》，中华书局，1983，第94页。］又见侯继高《全浙兵制考》，附《日本风土记》（卷二），万历二十年刊本，东洋文库藏本，第34页。详见 Jin Guo Ping e Wu Zhiliang, "Nova tradução de 'Teppoki'（crónica da espingarda）: uma nova perspectiva sobre as datas do descobrimento do Japão", *Revista de Cultura*, n°. 27（Julho 2008）, pp. 7 – 24。

而《顺风相送》则作：

> “……两边是老古，佛郎亦居此港。”
>
> “……下是吕宋港，……南边是佳逸，抛佛郎船，……”

由此可以判断，“化人”与“佛郎”系指同一民族。

下面我们再引入三种新见菲律宾西班牙传教士撰写的汉语书籍，以做进一步的分析。

《无极天主正教真传实录》[①] 内多次使用“佛郎机”一词（见图6）：

“我佛郎机之僧众，……”[②]

“我佛郎机等，……”[③]

“因此有感于佛郎机僧师，……”[④]

“……佛郎机之医药，……”[⑤]

“……佛郎机因此知明……”[⑥]

《辨正教真传实录》的西班牙语译文均作“españoles”，意即“西班牙人”。

---

① 作者为高母羡（Juan Cobo，1546 - 1592）。有关研究可见蒋薇《高母羡出使日本再议1592》，北京外国语大学中文学院比较文学与世界文学专业硕士论文，2008；张西平《菲律宾早期的中文刻本再研究——以〈新编格物穷理便览〉为中心》，北京外国语大学亚非学院编《亚非研究》（第4辑），时事出版社，2010，第437页。

② Juan Cobo，O. P.，Fidel Villaroel，O. P.，*Pien cheng-chiao chen-ch'uan Shih-lu*，*Apologia de la verdadera religion. Primer libro impreso en Filipinas? Testimony of the true religion First book printed in the Philippines?*，edited by Fidel Villaroel，O. P.，Manila：UST Press，1986，4b（p. 114）.

③ Juan Cobo，O. P.，Fidel Villaroel，O. P.，*Pien cheng-chiao chen-ch'uan Shih-lu*，*Apologia de la verdadera religion. Primer libro impreso en Filipinas?*，*Testimony of the true religion First book printed in the Philippines?*，edited by Fidel Villaroel，O. P.，Manila：UST Press，1986，5b（p. 118）.

④ Juan Cobo，O. P.，Fidel Villaroel，O. P.，*Pien cheng-chiao chen-ch'uan Shih-lu*，*Apologia de la verdadera religion. Primer libro impreso en Filipinas? Testimony of the true religion First book printed in the Philippines?*，edited by Fidel Villaroel，O. P.，Manila：UST Press，1986，18a（p. 169）.

⑤ Juan Cobo，O. P.，Fidel Villaroel，O. P.，*Pien cheng-chiao chen-ch'uan Shih-lu*，*Apologia de la verdadera religion. Primer libro impreso en Filipinas? Testimony of the true religion First book printed in the Philippines?*，edited by Fidel Villaroel，O. P.，Manila：UST Press，1986，59b（p. 368）.

⑥ Juan Cobo，O. P.，Fidel Villaroel，O. P.，*Pien cheng-chiao chen-ch'uan Shih-lu*，*Apologia de la verdadera religion. Primer libro impreso en Filipinas? Testimony of the true religion First book printed in the Philippines?* edited by Fidel Villaroel，O. P.，Manila：UST Press，1986，60a（p. 371）.

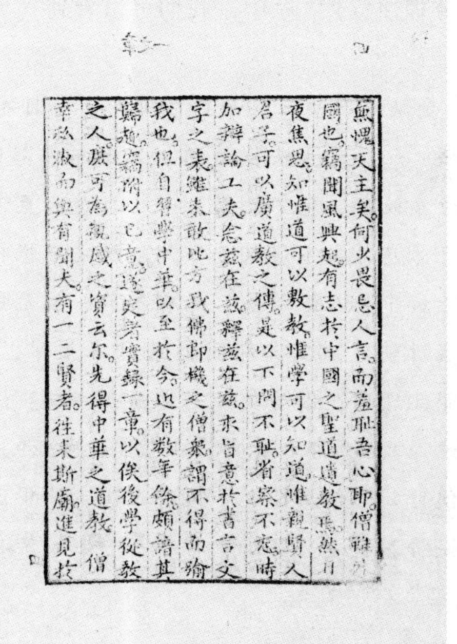
無愧天主矣何必畏忌人言而羞恥吾心耶僧雖外
國也竊聞風興起有志於中國之聖道道教焉然日
夜焦思知惟道可以數教惟學可以知道惟親賢人
君子可以廣道教之傳是以不問不恥省察不忘時
加辯論工夫念茲在茲釋茲在茲求旨意於書言文
字之表雖未敢比方我佛郎機之僧衆謂不得而喻
我也但自習學中華以至於今迄有數年餘頗諳其
歸趣竊附以己意遂定著實錄一章以俟後學從教
之人庶可為觀感之資云爾先得中華之道教 僧
幸茲淑而與有聞夫有一二賢者往來斯廟進見於

图 6 《无极天主正教真传实录》引文

其英语译文中均作"Spaniards"，意即"西班牙人"。

作者是西班牙籍传教士，既然他自称"我佛郎机等"，那么再次证明此名无任何贬义。

《新刊僚氏①正教便览》的作者自称"干系蜡人"②。

---

① "僚氏"，即"天主"。"Dīo sī̈ (僚氏) Dios"，参见 Henning Klöter, *The Language of the Sangleys: A Chinese Vernacular in Missionary Sources of the Seventeenth Century*, Leiden: Brill, 2011, p. 234。

② 巴礼（原文如此）罗明敖·黎尼妈《新刊僚氏正教便览》，马尼拉八连，1606 年，第 149 页。第 47 页上作"干施蜡"，第 147、213 页上作"干施耶"。书的扉页西班牙文题目为："MEMORIAL DE-LA VIDA CHRISTIANA-EN LENGVA CHINA-compue*ſ*to Por el Padre Fr. Domin-go denieba Prior del-conuento de S. -Domingo. -- * - com liçençia en Binondoc en ca*ſ*a de Pedro de vera *ſ*ãgley Impre*ſ*or de Libros Año de 1606."潘吉星提出："上述原文排印时一些词的拼法和词头大小写，我们引用时已做了规范处理，且将其译成汉文如下：天主教义便览。由多明我会十多明戈·瓦神父以汉文编成。由佩德罗·维拉（龚容之弟）刊于宾诺多克的萨格莱书铺。时在 1606 年。"参见潘吉星《中国古代四大发明：源流、外传及世界影响》，中国科学技术大学出版社，2002，第 421 页。潘译多有不确，因此我们重译如下："汉语天主教教义便览。道明会修道院院长罗明敖·黎尼妈神父撰。生理人印书商佩德罗·德·维拉获准刊于岷伦洛自家书铺。时在 1606 年。""岷伦洛"亦称"宾南杜"。为马尼拉市内华裔人口最众多的市辖区，初建于 1594 年。

在《新刊格物穷理便览》[①] 序中，我们可以看到（见图7）：

> 僧自我国[②]受风波沥涉三载始到吕宋东夷，目击诸类人品，各循之见，以聚集此域。……予于去岁始到，此土与佛郎国遗[③]界甚远，眼见诸众类人品同致集此邦，岂不感动。……自盘古至万历，历代守君之国永承相继，未尝休息，岂不堪叹呼！此堪叹之事惟将寡我心，心俾予劳神殚思，欲以验汝中华人继夙愿，始曾知此一位无极天主之理否？
>
> 予初看汝鑑断暨览，我佛郎国鑑录读多上事，曾了然明白道路可疑，汝中华更闻此理耶？因为我读一本册，有曰：汝中国有一妇人之形像手抱其子，此乃我伕[④]郎人称曰：山礁[⑤]妈厄哑[⑥]，甚尊敬他。汝等若读此一本册，便可知乃何形像也。又有人道，汝中国一形像三个头脑合为一头，此情诚将寡我心。疑汝中华于[⑦]昔者亦有掇遗。此佛郎人之主宰极理否[⑧]？

这是三本菲律宾出版的早期中文刻本，均刊于马尼拉，作者系西班牙传教士。分别出版于1593、1606和1607年，时间跨度仅为15年。因此，可以推断，“佛郎机”、“干系蜡人”与“佛郎人”为同义词。西班牙传教士自称“佛郎机”或“佛郎人”，这再次说明它们不是贬义词。张燮《东西洋考》卷五云：“有佛郎机者，自称干系蜡国，从大西来，亦与吕宋互市。酋私相语曰：‘彼可取而代也。’因上黄金为吕宋王寿，乞地如牛皮大，盖屋。王信而

① 详细研究可见张西平《菲律宾早期的中文刻本再研究——以〈新编格物穷理便览〉为中心》，北京外国语大学亚非学院编《亚非研究》（第4辑），时事出版社，2010年，第437～452页。全文另见《南洋问题研究》2010年第3期。

② 原文如此。从《新刊格物穷理便览》这个刊本来判断，当时流行的写法就是“国”。“The Selden Map of China”（《雪尔登中国图》）中亦作“国”。看来二者之间文字背景是相近的，是否说明其作者为福建人呢？

③ 原文如此。

④ 古同“佛”。

⑤ 西班牙语“santa”（神圣的；圣人）之音译。

⑥ 西班牙语“Maria”（玛利亚）之音译。

⑦ 原文如此。

⑧ 山厨罗明教院巴礼（原文如此）多麻氏《新刊格物穷理便览》，西士一千六百单七年七月日立，第2页。感谢张西平教授提供刊本复印件。本文多俗体，如“国”“遗”“礼”等，与今简化字相同。“于”时作“于”，未有统一。

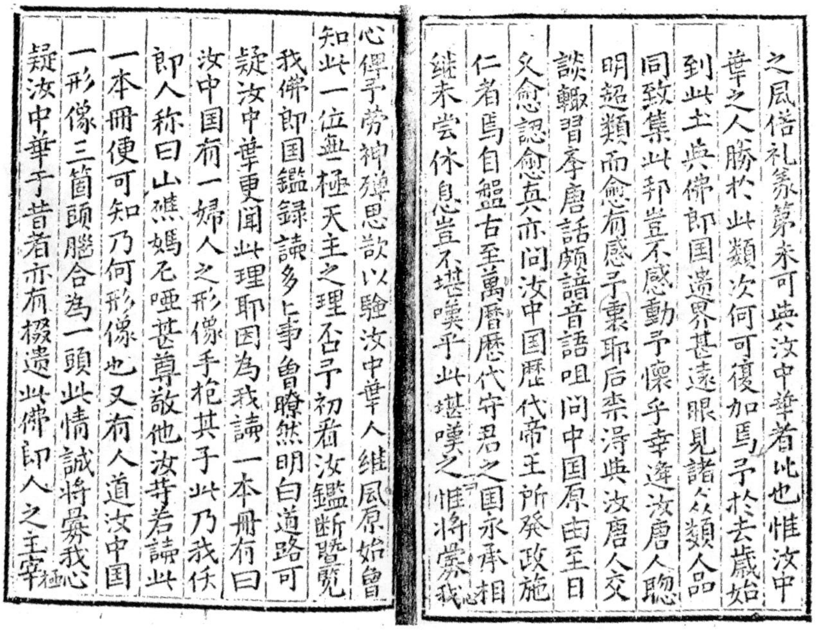

图 7 《新刊格物穷理便览》序

许之。佛郎机乃取牛皮剪而相续之，以为四围，乞地称是。王难之，然重失信远夷，竟予地。月微税如所部法。佛郎机既得地，筑城营室，列铳置刀盾甚具。久之，围吕宋，杀其王，逐其民入山，而吕宋遂为佛郎机有矣。干系蜡国王遣酋来镇，数岁一更易。今华人之贩吕宋者，乃贩佛郎机者也。"①"佛郎机身长七尺，眼如猫，嘴如莺，面如白灰，须密卷如乌纱，而发近赤。"②"银钱（大者七钱五分，夷名黄币峙。次三钱六分，夷名突唇。又次一钱八分，名罗料厘③。小者九分，名黄料厘。俱自佛郎机携来。）"④

仔细研读这段话，我们喜有新体会。"有佛郎机者，自称干系蜡国，从大西来，亦与吕宋互市。"这句话说明，其国称"干系蜡国"，便是《新刊格物穷理便览》的"佛郎国"；其人称"佛郎机"便是《无极天主

① 张燮著、谢方点校《东西洋考》，中华书局，2000，第 89 页。

② 张燮著、谢方点校《东西洋考》，中华书局，2000，第 9 页。

③ 有关考证，参见金国平、吴志良著《美洲白银与澳门币》，《早期澳门史论》，广东人民出版社，2007，第 445 页，注释 2、3、4 和 5。

④ 有关考证，参见金国平、吴志良著《美洲白银与澳门币》，《早期澳门史论》，广东人民出版社，2007，第 94 页。

正教真传实录》的“佛郎机”，即《新刊格物穷理便览》的“仸郎人/佛郎人”；“干系蜡国”人自然便是《新刊僚氏正教便览》中的“干系蜡人”了。

从魏源开始，一般认为《明史·吕宋传》以“佛郎机”一名混称西班牙及葡萄牙为一错误。“考佛郎机在明时，既袭据吕宋，今干丝腊亦分守吕宋，盖旧国已空，岛夷互踞，难以实稽也。（源案：干丝腊即大吕宋之属国，明时佛郎机亦无袭取吕宋岛之事，此沿《明史》之误）”①

张星烺评曰：“魏源《海国图志》卷四〇《荷兰国沿革》引《明史·和兰传》，源注云：‘佛夷惟市香山，未尝据吕宋。据吕宋者乃西洋之大吕宋。以其国名名此岛，至今尚然，未尝为佛郎机所据也。’又卷四一《佛兰西国沿革》，引《明史·佛郎机传》，源注云：‘佛兰机旋去澳不居，非今之澳夷也。今称澳夷，实名葡萄亚也。’魏氏盖不知佛郎机名字之由来，故有是误也。”②

张维华也指出此说为误：“魏源以佛郎机为即今法兰西，不知其为明人对葡萄牙与西班之混称，遂以《明史》所载佛郎机占据吕宋之说为误，其说已不足据；……”③ 不过认为“佛郎机”“为明人对葡萄牙与西班之混称”也值得商榷。实际上“佛郎机”是伊斯兰教徒对欧洲和西方天主教教徒的泛称，因为伊比利亚半岛两个民族葡萄牙人与西班牙人最早来到亚洲，遂成为了对他们的称呼。“查旧日耳曼民族法兰克人之名，于公元二四六年至二五三年间（蜀汉后主延熙九年至十六年），罗马皇帝瓦娄亮（Valerianus）在位时，即发见于罗马史。初居莱因河下流，第五世纪初叶（东晋末年）东罗马之历史，屡称拉丁及日耳曼诸国为法兰克。其酋哥鲁威（Clovis）于齐武帝永明四年（公元四八六年）独立，建国称王，奉基督教。是为梅罗因（Merovingian）朝代始祖，兵威甚盛。隋唐时更盛，统一西欧。至德宗贞元时，沙立曼大帝（Charlemagne）广拓疆宇，包有今法国、德国、奥国、意大利、瑞士及西班牙北部。贞元十六年（即公元八〇〇年）受罗马教皇加冕，为罗马皇帝。神圣罗马帝国创始于此。德法二国之历史，亦由

① （清）魏源：《海国图志》，李巨澜评注，中州古籍出版社，1999，第152页。
② 张星烺编注、朱杰勤校订《中国交通史料汇编》（第1册），中华书局，2003，第446页。
③ 张维华：《明史欧洲四国传注释》，上海古籍出版社，1982，第58页。

此起。阿拉伯人、阿比西尼人，缘此称欧洲为法兰克。波斯人至今仍称欧洲各国为法兰格（Farang）[①]。回教著作家称除欧洲东罗马以外，悉为法兰（Farange）[②] 或阿法兰（Afrange）[③]。"[④]

传教士艾儒略明确地解释了"佛郎机"："中古有一圣王名类斯者，恶回回占据如德亚地，兴兵伐之，始制大铳，因其国在欧逻巴内，回回遂概称西土人为佛郎机，而铳亦沿袭此名。"[⑤] 在明代中国，尤指葡萄牙人和西班牙人，但也偶指荷兰人。

【红毛番战】欧逻巴西洋海中，有红毛番，曰红毛岛夷。明万历间，同和兰拂郎机并达中国。地方数千里，少耕多贾，甚富。红发长身，深目蓝睛，高鼻赤足，性狠鳖，骁勇好战，往来抄掠。恒佩剑，善者值百金，舟上跳一跃如飞，登岸则不能疾。船长二十丈，四桅皆三接，以布为帆，上建大斗，可容四五十人，系绳若阶，上下嘹望，可掷打镖石。水工有黑鬼，善没，能行水中数里。船旁设墙，列铜铳，大数围者一二十具，铁弹重数斤，舟触之成粉。器械多精巧，以其强入香山澳互市，遣西洋寄居商客御之，得其铳制。今所造红夷铳，是也[⑥]。

郑大郁《经国雄略·武备考》（卷8）有"佛狼机氏甲板大船式"图一幅（见图8），并有文字介绍：

红夷所造巨舰，大如山而固如铁。桶坚不可破。上可容千人。用板木合造，可数十万重。中复以竹板、铅板，重重铺塞，用大铁钉，长可七八尺，穿钉如走袜线然。其厚可六七尺许，复以脂油沸涂于外。滋所不能入。复用牛皮、木板铺钉于内，净光如磨。以白布结帆，上树帆竿数十，连接而上。中间帆索勾引，绊杂颇繁，宛若虫丝蛛网。夷人多嘹

---

① 应译为"佛郎机国"。——引者注

② 应译为"佛郎机"。——引者注

③ 应译为"佛郎机"。"Afrange"中，"A（l）"为定冠词。——引者注

④ 张星烺：《拂菻原音考》，《中西交通史料汇编》（第1册），中华书局，2003，第184页。还可参考张绪山《"拂菻"名称语源研究述评》，《历史研究》2009年第5期。

⑤ 〔意〕艾儒略：《职方外纪校释》，谢方校释，中华书局，1996，第82页。

⑥ （明）揭暄：《揭子战法》，军事科学出版社，2009，第161～162页。

> 望牵风其上。中置巨铳两层，层各置二十四口，虽有飞越之巨筏，终莫能当之者。纵横海外，不患破损，只怕淹没。后舵去船头可二十丈许，话语莫能闻迭，凡举事以鸣钟为度。安坐如履平地，风浪不惊。此西夷伎俩，置设战舰之大概也①。

当时我们推测："此处郑大郁所名之'佛狼机氏'其实并非葡萄牙或西班牙，实应为'红夷所造'。红夷者，有'英机呢'（英吉利）与'乌喃呢'（荷兰）二种，此处当为荷兰船。"②

"佛狼机氏甲板大船式"中的"佛狼机氏"一语是欧洲人的泛称。

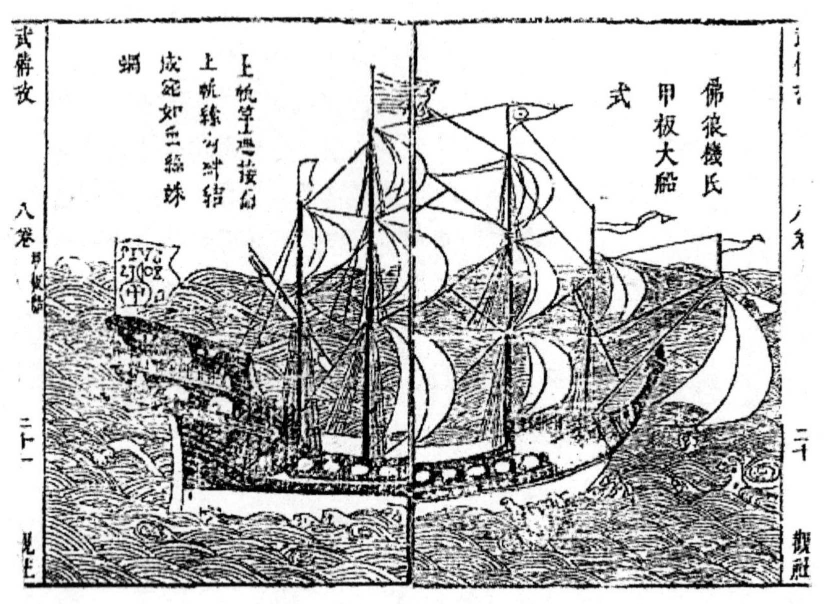

图 8　佛狼机氏甲板大船式

以往我们认为，用在葡萄牙人身上的"佛郎机"具有某种贬义，看来此种观点需要修正了。总观以上诸说，"佛郎机"无论是用于葡萄牙人，还

① 郑大郁：《经国雄略》，美国哈佛大学哈佛燕京图书馆编美国哈佛大学哈佛燕京图书馆藏中文善本汇刊 20（中国古籍海外珍本丛刊），商务印书馆、广西师范大学出版社，2003，第 419 页。

② 吴志良、汤开建、金国平主编《澳门编年史》（第 2 卷，清前期 1644～1759 年），广东人民出版社，2009，第 521 页。

是用于西班牙人，均是他们的自称。概言之，穆斯林以"佛郎机"来称呼欧洲及西方天主教徒具有贬义，但葡萄牙人和西班牙人自称时则无贬义。在写于1550年12月6日的"埃塞俄比亚国王关于唐克里斯托万之死函"中多次使用"佛郎机"（frangues）一词[①]。这是一位非洲天主教国王写给葡萄牙唐若昂三世国王的信件。这说明"佛郎机"除了用于自称外，同教人也用它。葡萄牙地理大发现时期的主要编年史家也大量使用该词[②]。

葡萄牙人最早来华，遂称其为"佛郎机"，实际上是取其"欧洲人"之意。万历年间，西班牙人占领了吕宋岛。由于他们也是欧洲天主教徒，于是国人亦称其为"佛郎机"，甚至对信仰新教的荷兰人也以"和兰拂郎机"相称。这样，"佛郎机"从欧洲西方天主教徒扩展到了"欧洲人"的含义，成为当时华人对欧洲人的通称。作为"欧洲人"的意义，在明末的文献中，俯拾可见，如《参远夷三疏》："臣近又细询闽海士民，识彼原籍者云，的系佛狼机人，其王丰肃原名巴里狼当。当年同其党类，诈称行为主教，欺吕宋国主，而夺其地……"[③] 乾隆年间的《澳门记略》有："若弗郎西、若吕宋、皆佛郎机也。"[④]

最后我们再来分析一下《明史·佛郎机传》的有关段落。该传中多次出现的"佛郎机"主要指葡萄牙人，但下述句子造成了混淆，如"万历中[⑤]，破灭吕宋[⑥]，尽擅闽、粤海上之利，势益炽。……其时，大西洋人来中国，亦居

① Luís de Sousa, *Annaes de Elrei D. João III*, Lisboa, 1844, pp. 427 - 429.

② Fernão Lopez de Castanheda, *Historia da descubrimiento e conquista de India pelos Portuguezes*, 1833, Livro I, p. 206; Livro III, p. 374 e Livros IV - VI, p. 96；金国平：《西方澳门史料选萃15～16世纪》，广东人民出版社，2005，第3页注释2。

③ 夏瑰琦编《圣朝破邪集》，建道神学院，1996，第66页。

④ （清）印光任、（清）张汝霖著《澳门记略》，赵春晨点校，广东高等教育出版社，1988，第43页。

⑤ "灭吕宋的是干系蜡（腊）国，不是蒲丽都家。……在伊斯兰教徒看来，西班牙人同样是佛郎机。西班牙殖民者破灭吕宋的年代是一五七一年，即明穆宗隆庆六年。传文说万历中破灭吕宋，又《明史》卷三二三《吕宋传》敘述破灭吕宋事决于万历四年（一五七六年）之后，俱误。"参见《〈明史·佛郎机传〉笺正》，中国社会科学出版社，1984，第89页。

⑥ "案，破灭吕宋者西班牙，非葡萄牙也。而明史归之佛郎机，则以万历八年（一五八〇年）西班牙国王菲律二世（Philip II）已夺葡国王位而身并之也。（身合Personal Union国万历初）西班牙已攻克吕宋全境，八年并合葡萄牙，尽擅海上之利，而国威因以日盛。"参见梁嘉彬《明史佛郎机传考证》，《文史学研究所月刊》1934年第1、2卷第3、4期，后以《明史稿佛郎机传考证》为题，收入王锡昌编《明代国际关系》，学生书局，1968，第7～60页。

此澳。……其人长身高鼻，猫睛鹰嘴，拳发赤须，好经商，恃强陵轹诸国，无所不往。后又称干系腊国[①]。……自灭满刺加、巴西、吕宋三国，海外诸蕃无敢与抗者”[②]。“佛郎机为明人对于葡萄牙人舆西班牙人之称呼。《明史·吕宋传》为记载西班牙人之事迹，其呼西班牙人皆曰佛郎机；《佛郎机传》为记载葡萄牙人之事迹，（按《传》内亦有言及西班牙人之事者，盖因时人分辨不清，而混记之耳；然就大体言，则皆属葡萄牙人事）。其呼葡萄牙人，亦曰佛郎机；其后虽渐有葡都丽家及干系蜡等之异称，然在初时则无别也。”[③]

这是因为对“佛郎机”的地理方位、历史沿革、人种属性的认识诸多不足，有所致。总而言之，《明史·佛郎机传》在史实上多有出入，张冠李戴。此传为唯一涉及澳门的“正史”，虽有前贤的数种考证，似乎有必要集合澳门学研究的最新成果，展开一项新的笺正工作。

① “本传言‘后又称干系腊’，盖误以葡萄牙人为西班牙也。明季葡萄牙与西班牙相继东来，时人不辨，相混为一，此处所言，即此种情形。”参见张维华《明史欧洲四国传注释》，上海古籍出版社，1982，第55～56页。

② 张廷玉：《明史》，中华书局，1974，第8434页。

③ 张维华：《明史欧洲四国传注释》，上海古籍出版社，1982，第1页。

简论罗明坚和利玛窦对近代汉语术语的贡献

——以汉语神学与哲学外来词研究为中心

张西平*

基督宗教传入中国始于唐代景教入华，公元845年，唐僖宗灭佛后景教也受到极大的影响，一般认为“元亡而景教亦与之亡”。景教创立了最早的汉语基督宗教术语，但这些术语大都没有流传下来①，而真正奠基了汉语基督宗教术语的是明清之际的来华传教士和信教文人。

利玛窦为代表的来华耶稣会士极重文字之功，他们对文学流传在文明史的作用有着十分清醒的认识，体现了文艺复兴后对文学理解的精神。利玛窦在谈到文字的作用时说:“广哉，文字之功于宇内耶！世无文，何任其愦悱，何堪期暗汶乎？百步之远，声不相闻，而寓书以通，即两人者睽居几万里之外，且相问答谈论如对坐焉；百世之后人未生，吾未能知其何人，而以此文也令万世之后可达己意，如同世而在百世之前。先正已没，后人因其遗书，犹闻其法言，视其丰容，知其时之治乱，于生彼时者无己也。”在这样一种文明观的基础上，文字传教就成为他的传教策略的重要手段，如

* 张西平，北京外国语大学中国海外汉学研究中心主任。

① 关于唐代景教研究参阅李之藻《读景教碑书后》，后收入阳玛诺《唐景教碑颂正诠》，上海土山湾印书馆，1927；罗香林：《唐元二代之景教》，中国学社，1966；伯希和：《唐元时代中亚及东亚之基督教徒》，载冯承钧《西域南海史地考证译丛》（第一卷），商务印书馆，1995；冯承钧：《景教碑考》，商务印书馆，1931；林悟殊：《唐代景教再研究》，中国社会科学出版社，2003；荣新江：《 一个入仕唐朝的波斯景教家族》，《中古中国与外来文明》，三联书店，2001；翁绍军：《汉语景教文典诠释》，三联书店，1996。关于元代景教在中国流传参阅牛汝极《十字莲花：中国元代叙利亚文景教碑铭文献研究》，上海古籍出版社，2008。

他所说："圣教之业，百家之工，六艺之巧，无书，何令今至盛若是与？故国逾尚文逾易治。何者？言之传，莫纪之以书，不广也，不稳也。一人之言，或万人听之，多声不暨已；书者能令无量数人同闻之，其远也，且异方无碍也。"[①]

两种文化相遇，以文字为桥梁，以翻译为手段，由此开始文化间的容受与理解，排斥与争论。这些来华传教士在中国传播西学时，在文字翻译上有两个领域较为重要，一是科技方面[②]，一是宗教方面。对于来华传教士在科技方面的翻译研究较为深入[③]，但对传教士在宗教哲学方面的翻译至今没有较为满意的成果[④]。明清之际的汉语基督宗教文献是一个亟待研究的广阔领域[⑤]，本文仅仅限制在明清之际最早入华的耶稣会士罗明坚和利玛窦两人的中文著作和文献来考察汉语基督宗教哲学术语的创立，试图从语言学的角度，揭示出两种文化相遇的真实境遇。

一 罗明坚所创立的汉语基督宗教哲学术语

罗明坚（Michel Ruggieri，1543－1607）是最早来华的耶稣会士[⑥]，根据目前本人所掌握的材料，他留下的汉文文献和著作有：

（1）无标题汉语天主教短文。这篇短文是汉语手稿，无标题，藏于罗马耶稣会档案馆的 Jap. Sina 1～198 散页文献中，在这批文献中既有罗明坚打官司的告示状，也有他与明代文人士大夫唱和的诗歌，同时也有他学习汉语的手稿和词表，其中在第 015v～016v 页是一篇用中文写成的关于阐述天

① 利玛窦：《西字奇迹》，载朱维铮主编《利玛窦中文著译集》，复旦大学出版社，2001，第 268 页。

② 利玛窦在谈到翻译《几何原本》之难时说："且东西文理，又自绝殊，字义相求，仍多阙略，了然于口，尚可勉图，肆笔为文，便成艰涩矣。"载朱维铮主编《利玛窦中文著译集》，复旦大学出版社，2001，第 301 页。

③ 黎南秋：《中国科学翻译史》，中国科学技术大学出版社，2006；〔荷兰〕安国风：《欧几里得在中国：汉译〈几何原本〉的源流与影响》，凤凰出版传媒集团，2008。

④ 马祖毅等著《中国翻译通史》一书基本上对明清天主教传入中国的翻译鲜有突破性展开性。任东升的《圣经汉译文化研究》，在明清之际的《圣经》汉译上基本上停留在二手文献，对一手翻译文献所知甚少，从而直接影响了研究的深度。

⑤ 张西平：《明末清初天主教入华史中文文献研究的回顾与展望》，载张西平《传教士汉学研究》，大象出版社，2005。

⑥ 关于罗明坚的研究参阅张西平《西方汉学的奠基人：罗明坚》，《历史研究》2001 年第 3 期；张西平《传教士汉学研究》，大象出版社，2005。

主教教理的短文。关于这篇短文，我在《欧洲早期汉学史》一书中已经抄录出来，但尚未做学理上的分析[①]。

（2）《解释圣水除前罪》。这也是罗明坚的手稿，藏点和所藏位置与上面所谈的“无标题汉语天主教短文”相同[②]。

（3）《祖传天主十诫》[③]。

（4）《圣教天主实录》[④]。

（5）汉诗三十四首。

根据罗明坚以上的中文文献，我们经过筛选和分析，由罗明坚首次使用的天主教宗教哲学词汇有50个，具体如下：

亚当（1 - Adam）[⑤]，也物（1 - Eva），妈利亚（里呀）（1 - Maria），𡃤𠰒（耶稣作者注 1 - Iesus），圣水（2 - aqua benedica），前罪（2 - peccatum），天主（2 - Deus），天堂（2 - caelum），净首（2 - puritas originalis），魂灵（2 - anima），地狱（2 - paradisus），十诫（3 - decalogus）、礼拜（3 - ritus），灵魂（4 - 4 - anima）[⑥]，圣教（4 - Ecclesia），根因（causa prima 4 - 4 - ），人魂（anima 4 - 7 - ），净水（aqua pura 4 - 8 - ），天主经（4 - 9 - oratio Dominica），普世（universalis 4 - 10 - ），了无私（4 - 10）[⑦] 知觉（intellectus 4 - 16 - ），世界（mundus 4 - 20 - ），真理（veritas 4 - 20 - ），祖公（progenitores 4 - 29 - ），哑当（4 - 29 - Adam）也★（4 - 30 - Eva）），噜只咈啰（4 - 33），下品之魂（anima vegetalis 4 - 39 - ），中品之魂（anima sensibilis 4 - 39），上品之魂（anima rationalis 4 - 39），五觉（quinque sensus 4 - 40），目司（visus 4 - 40），耳司（auditus 4 - 40），咽咈诺（4 - 47），嗞膜（4 - 47），布革多略（4 - 47），巴喇以（4 - 47），赎罪（penitentia 4 - 48 - ），诺耶（Noe 4 - 54），啰哆（4 - 55），

① 参阅张西平《欧洲早期汉学史》，中华书局，2009，第55～56页。

② 此文全文笔者已经在《欧洲早期汉学史》一书中公布，参见张西平《欧洲早期汉学史》，中华书局，2009，第55页。

③ 原文参阅张西平《中国与欧洲早期宗教和哲学交流史》，东方出版社，2001，第151～152页。

④ 关于罗明坚《圣教天主实录》的版本变迁参阅张西平《罗明坚：西方汉学的奠基人》，《历史研究》2001年第3期；张西平：《传教士汉学研究》，大象出版社，2005，第20～23页。

⑤ 括号的的数字表示罗明坚的五篇文献序号。

⑥ 括号中第一个数字表示罗明坚文献五篇文献的序号，第二个数字表示这一词汇出现在《耶稣会罗马档案馆明清天主教文献》第一册的页码。

⑦ 参见古伟赢的研究，见澳门《罗明坚地图国际研讨会论文集》。

梅瑟（Moysis 4 - 56），吵嘩响（4 - 57），喼所（4 - 58，耶稣 - Iesus），妈利亚（4 - 59 - Maria），十字架（4 - 63 - crux Christi），呼嘿嚩 4 - 78），亜明（4 - 84 - amen），妈利呀（4 - 84 - Maria），圣图 sacra imago 5 - 6 - ）[①]。

二 利玛窦所创立的汉语基督宗教哲学术语

利玛窦的中文著作有 13 部，这 13 部中文著作分别是：

（1）《交友论》（1595 年）；

（2）《西国记法》（1595 年）；

（3）《二十五言》（1599 年）；

（4）《上大明皇帝贡献土物奏》（1601 年）；

（5）《坤舆万国全图》（1602 年）；

（6）《天主实义》（1603 年）；

（7）《西字奇迹》（1606 年）；

（8）《几何原本》（1607 年）（此书是与徐光启合译的）；

（9）《浑盖通宪图说》（1607 年）；

（10）《畸人十篇》（1608 年）；

（11）《乾坤体义》（1610 年）[②]；

（12）《天主约要》[③]；

（13）《斋旨》[④]。

对利玛窦的中文著作的词汇学界也有研究，最重要的论文是黄和清先生的《利玛窦对汉语的贡献》一文，但黄先生在研究利玛窦词汇时所用的原

---

① 括号中的 5 表示罗明坚文献序号，6 表示是第六首诗。

② 朱维铮先生主编的《利玛窦中文著译集》（复旦大学出版社，2001），将《理法器撮要》（1610 年）收入其中，此文不属于利玛窦著，学术界已经有定论。“有些学者认为这本书题为‘泰西利玛窦撰’的抄本乃是一本伪作，虽然它对于我们理清明清时期西式日晷制作技术在中国的传承关系具有重要意义，但从版本学上看应不是利玛窦的著作。”见许洁，石云里《抄本〈理法器撮要〉作者献疑》，〔日〕《或问》2006 年第 11 期；笔者论文《百年利玛窦研究》，《世界宗教研究》2010 年第 3 期。

③ 钟鸣旦、杜鼎克主编《耶稣会罗马档案馆明清天主教文献》（第一册），这是近年来所公布的为数不多的几篇利玛窦本人的重要文献。

④ 钟鸣旦、杜鼎克、黄一农、祝平一等编《徐家汇藏书楼明清天主教文献》（第一册），台湾辅仁大学神学院，1996。这是近年来所公布的为数不多的几篇利玛窦本人的重要文献。

则是“作者对利玛窦的一些中文着译进行了考察。对利氏使用过的一些词语进行了挑选，选出了利玛窦创造的，现在仍在使用的汉语词语”①，本文这里对利玛窦中文著作的词汇选择与黄先生略有区别，一是，只要利玛窦使用过的属于外来宗教哲学词汇的，不管其是否流传下来，本文一概收录；二是，这里主要侧重利玛窦所使用的中文西方宗教哲学词汇，对于他所创立的科技等新词语不在讨论之列。

黄和清先生在他的论文中所确定由利玛窦所创造，至今仍在使用的天主教新词有 8 个：

·上帝（1 - Deus），圣经（6 - Scriptura），圣母（4 - mater Dei），审判（10 - iudicium），十字架（4 - crux Christi），耶稣（6 - Iesus），造物主（2 - ），枕骨（2 - os occipitale）。

本文按照上面所说的原则，在利玛窦中文著作中择录出来的中文西方宗教哲学外来词汇有 149，具体如下：

天主（6 - 7—Deus）②，公教（6 - 8—pater ），真教（6 - 8—），知觉（intellectus 6 - 9—），固然（6 - 9—necessitas），所以然（6 - 9—causa，见 44 页的解释），徒斯（6 - 9 - Deus），造物（6 - 10—creatio），诸宗（6 - 12—origines），作者（6 - 120—causa efficiens），模者（6 - 12—causa formalis s），质者（6 - 12—causa materialis），为者（6 - 12 - causa finalis），物之内（6 - 12 - in re），物之外（6 - 12 - extra rem），物之私根（6 - 13），物之公本主（6 - 13），★梧斯悌诺（6 - 14），类之属（6 - 15），本体（6 - 18 参阅 72 页 - essentia），宗品（6 - 18），本品（6 - 18 - principium），自立者（6 - 18 - substantia），依赖者（6 - 18—accidentia），总名（6 - 19 - nomen collectivum），上物（6 - 20），下物（6 - 20），语法（6 - 22 grammatica - ），黑蜡（6 - 25），德牧（6 - 25），三品（6 - 26，参阅 51 页 - tres partes animae），下品（6 - 26），生魂（6 - 26—anima vegetativa），中品（6 - 26—），觉魂（6 - 26—anima sensitiva），上品（6 - 26），灵魂（6 - 26 - anima ），推论（6 - 26—discurrere），目司（6 - 27—visus），耳司（6 - 27 - auditus），鼻司（6 - 27 - odoratus），口司（6 - 27 - gustus），四行

① 黄和清：《利玛窦对汉语的贡献》，《语文建设通讯》2009 年第 10 期。

② 括号中的第一个数字是利玛窦的中文著作序号，第二个是《利玛窦中文著译集》的页码。

(6 - 27 参阅 5 - 216—elementa), 自检 (6 - 27 - examen conscientiae), 公理 (6 - 27 - evidentia), 形性 (natura corporalis 6 - 28), 神性 (natura spiritualis 6 - 28), 性之性 (natura 6 - 28), 超性之性 (supernaturalis 6 - 28), 司欲 (voluntas 6 - 29), 司悟 (intellectus 6 - 29), 无形之性 (natura spiritualis 6 - 29), 隐体 (secreta 6 - 29), 良觉 (conscientia 6 - 31), 外现 (6 - 35 参阅 51 页, 73 页), 内隐 (6 - 35), 然 (6 - 35), 别类 (6 - 38 distinctio), 同类 (similitudo/similis categoria 6 - 38 参阅 72 页), 内分 (6 - 39, 见 45 页的内分, 外分解释), 辂齐拂尔 (6 - 40), 本分 (6 - 43) 同宗 (6 - 45), 同类 (similitudo/similis categoria 6 - 45), 同体 (6 - 46), 同宗异类 (6 - 46), 同类异体 (6 - 46), 同体异用 (6 - 46), 闭他卧剌 (6 - 48), 欧罗巴 (Europa 6 - 49), 外人 (6 - 53), 内人 (6 - 53), 拂郎祭斯克 (Francescus 6 - 65), 泥伯陆 (6 - 65), 厄袜 (Eva 6 - 69), 生觉 (6 - 73), 良善 (virtus a natura 6 - 74), 习善 (virtus acquisita 6 - 74), 公学 (6 - 76), 西痒学 (6 - 76), 五司 (6 - 76), 记含司 (6 - 76 - memoria), 明悟司 (6 - 76 - ratio), 爱欲司 (6 - 76 - voluntas), 教化王 (6 - 86 - Summus Pontifex), 罢市 (6 - 86), 四圣录 (quattuor evangelia 6 - 94), 九重天 (novem astra 5 - 216), 月天 (dies lunae 5 - 177), 水星天 (dies Mercurii 5 - 177), 金星天 (dies Veneris 5 - 177), 日轮天 (5 - 177), 火星天 (dies Martis 5 - 177), 木星天 (dies Iovis 5 - 177), 土星天 (dies Saturni 5 - 177), 列宿天 (sabbatum 5 - 177), 宗动天 (dies dominica 5 - 177), 十二圣徒 (7 - 251 - apostolus), 元徒 (discipuli 7 - 251), 伯多落 (Petrus 7 - 251), 圣经 (7 - 256 - sacra scriptura), 外文 (lingua 7 - 269 -), 界说 (8 - 301 参阅 325 页), 公论 (opinio communis 8 - 301), 所据 (8 - 301 参阅安国风书), 保禄 (10 - 452 - Paulus), 形体 (10 - 453 - corpus), 若翰 (Johannes 10 - 456), 万物之本 (11 - 525), 元行 (11 - 526 - elementa), 亚物 (12 - 91), 海星 (12 - 91), 额辣济亚 - 圣母 (12 - 91 - mater Dei), 亚玻斯多罗 - 使徒 (12 - 95 - apostolus), 性薄禄 - 共具 (symbolum 12 - 95), 罢德肋 - 父 (12 - 96 - pater), 费略 - 子 (filius 12 - 96 -), 利斯督 (基利斯督 christus 12 - 97 -), 宗撒责耳铎德 - 圣油 (12 - 97 - chrisma), 斯彼利多三多 - 圣灵 (Spiritus Sanctus 12 - 97 -), 厄格勒西亚 - 教会 (12 - 99 - Ecclesia), 真福 (12 - 104 - beatus), 司视 (12 - 110), 司德

(12-110)，司唉（12-110），司臭（12-110），体司觉（12-110），撒格辣孟多-圣迹（12-111-sacramentum），拔第斯摩-洗（12-111-ablutio），共斐儿玛藏-振也（12-112-confirmatio），共蒙仰-相取（communio 12-112），白尼登济亚-悔痛（paenitentia 12-113-），厄斯得肋麻翁藏-圣油终傅（extrema unctio 12-114）阿儿等-品级（ordo 12-114），本世（13-5），超性（13-9）。

三 《葡华词典》中汉语基督宗教哲学术语

《葡华词典》是利玛窦和罗明坚共同创作的作品①，笔者找出15个西方宗教哲学外来词汇，具体是：

誓愿（Ajurametarse），爱欲（Contentamento），天主生万物（Criador），生物（Criar），十字（Crux），教书（Dar lição），造化（Dita），无形 神魂（Esprito），爱欲（Gostar delectar），爱爱欲（Gosto），西洋（India），西番（Indiano），地狱 阴府（Inferno），无尽 无边无穷（Infinido），儒者 书生（Letrado），解教（Meter na cabeça persuadere），西方（Occidente），念经 诵经（Orar），经布（Ordir），本（Original de liuro），源初（Origem），七政（Pranetas sette），许愿（Prometer fazer voto），历书历本历日新书（Pronostico），电（Relampago），电光（Relampagar），日经日晷定时辰牌（Relogio do sol），时辰钟（Relogio di fero），闹钟（Repriccar），回生 复苏（Reuerdeçer），进香的（Romeiro），神（Siso Juiço），罪（Viço），有罪（Viçoso），

四 罗明坚、利玛窦汉语西方宗教哲学外来词汇的语言学分析

外来词研究是近来学术界关注的一个研究领域，我认为学术界对外来词研究的重视，除了纯粹的语言学原因外，主要是在中国学术日益融进世界学术的今天，对中外文化交流的研究日益加深，而外来词是文化间交流的产物，

① 董少新的《形神之间：早期西洋医学入华史稿》（上海古籍出版社，2008）对《葡华词典》医学词汇做了研究。陈辉的《论早期东亚与欧洲语言接触》对《葡华词典》的语音系统做了研究。

如史有为所说："外来词是语言接触的一种结果，而语言接触又以文化交流、文化接触为前提、为共生物。因此外来词也是异文化的一种存留。就此而言，它也许可称为'异文化的使者'。"[①] 另一个原因是在中国近100年的西学东渐过程中，整个中国文化和学术的表述发生了巨大的变化，按照有的学者说是西方文化对中国文化的"反向格义"，这样如果要重建中国文化和学术，如果要说清楚近百年来中国学术的变迁，就必须对近代概念史的形成和变迁做深入研究，而展开概念史研究的基础是在语言学上对外来词的梳理。

按照沈国威先生的研究，中国近代学术史上胡以鲁在1914年的《论译名》一文中最早提出了如何把握译词的问题。"传四裔之语者曰译。故称译必从其义。若袭用其音，则为借用语。音译两字不可通也。"[②]

王力先生也对外来词的研究做了原则的界定，他说："借词和译词都是受别的语言的影响而产生的词；它们所表示的是一些新的概念。当我们把别的语言中的词连音带义都接受过来的时候，就把这种词叫作借词，也就是一般所谓意译；当我们利用汉语原来的构词方式把别的语言中的词所代表的概念介绍到汉语中来的时候，就把这种词叫作译词。有人认为：音译和意译都应称为外来语。我们认为只有借词才是外来语，而译词不应该算作外来语。"[③]

罗常培先生通常将外来词称为"借词"，他认为近代汉语里的外国借词有四种："（甲）声音的替代（phonetic substitution），就是把外国语词的声音转写下来，或混合外国音和本地的意义造成的新词。……（乙）新谐声字（new phonetic-compound）外国语词借到中国后，本国的文人想把他们汉化，于是就着原来的音译再应用传统的'飞禽安鸟，水族着鱼'的办法硬把他们写成谐声字。……自从科学输入以后，像化学名词的铝（aluminum）、钙（calcium）、氨（ammonia）、氦（helium）之类，更是多得不可胜数……（丙）借译词（loan-translation）当许多中国旧来没有的观念从外国借来时，翻译的人不能把他们和旧观念印证，只好把原来的语词逐字直译下来，这就是所谓的借译。……近代借词的许多哲学名词，像葛林

① 史有为：《外来词：异文化的使者》，上海辞书数版社，2004。

② 转引自沈国威《近代中日词汇交流研究：汉字新词的创制、容受与共享》，中华书局，2010，第30页。

③ 王力：《汉语史稿》（修订稿，下册6），中华书局，1980，第516页。

(Thomas H. Green) 的'自我实现' (self - realization),尼采 (Friedrich W. Nietzsche) 的'超人' (übermensch),也就是所谓的借译词。描写词 (descriptive form) 有些外来词找不出相等的本地名词,于是就造一个新词来描写它,或者在多少可以比较的本地对象上加上'胡''洋''番''西'一类的字样,这就是所谓的描写词。"①

史有为先生对外来词做了比较全面的概括,他说:"外来词,从字节来源的'发明权'来看,他们是外来词,是由外民族首先发明并凝聚了词的概念,更重要的是,是由外民族赋予了特殊的形式,或者是语音形式,或者是文字形式,而借入汉语之后却又经过不同程度的再创造,在语音形式和文字形式、语义内容上进行适合汉语的再创造,更重要的是他们多次使用于汉语中,从而融入汉语词汇,成为汉语的词。这就是我们对外来词的'定格'。"②

近年来在如何对待意译词上有了新的提法,因为这类词完全是中文本身具有的,但在含义上赋予了外来的新的含义,有的学者将其成为外来概念词,并试图将外来概念词作为整个外来词的总称③。

王力先生认为:"现代汉语新词的产生,比任何时期都多得多。佛教词汇的输入中国,在历史上算是一件大事,但是,比起西洋词汇的输入,那就要差千百倍。"④ 目前,对晚清以后的西洋外来词汇和东洋的外来词汇研究有了许多重要的成果⑤,但对明末清初的来华天主教传教士在中国近代词汇学上的贡献研究明显不足。

本文结合以上的讨论,从三个方面将罗明坚和利玛窦的汉语西方宗教哲

---

① 罗常培:《语言与文化》,语文出版社,1996,第 27 ~ 29 页。

② 史有为:《外来词:异文化的使者》,上海辞书数版社,2004,第 6 页。

③ "因此,我们给汉语中的'外来概念词'所下的定义是:汉语中表示本位外族语词的那种概念。"《词库建设通讯》1993 年第 1 期。

④ 王力:《汉语史稿》(修订稿,下册6),中华书局,1980,第 525 页。

⑤ 参阅马西尼《现代汉语词汇的形成:十九世纪汉语外来词研究》,汉语大词典出版社,1997;沈国威:《近代中日词汇交流研究:汉字新词的创制、容受与共享》,中华书局,2010;刘禾:《跨语际实践:文学民族文化与被译介的现代性中国——1900 ~ 1937》,三联书店,2002;钟少华:《中国近代新词语谈薮》,外研社,2006;《近现代汉语新词词源词典》,香港中国语文学会,2001;姚小平主编《海外汉语探索四百年管窥》,外研社,2008;陈辉:《论早期东亚与欧洲的语言接触》,中国社会科学出版社,2007;姚小平:《罗马读书记》,外研社,2009。

学外来词汇的角度做一个类型分析。由于论文的篇幅有限，本文无法对所罗列出来的全部外来词做外来词的类型学分析，同时，上面所罗列出来的外来词，相当一部分的拉丁词源尚未确定，这也为我的分析带来困难。因此，下面我仅对所罗列出的外来词中挑选出的代表性词汇做一个外来此的类型分析，尚不能做对所有词汇的分析。

第一，罗明坚和利玛窦的汉语神学词汇中的音译词和混合词。

在汉语和外来文化交流之中，最早出现的新词是音译词，因为在最初的语言接触中外来语在汉语中尚找不到理想的汉语词汇，这样一般都采取音译的方法。“音译词是向读者表示外来单词语音的唯一方法。”①

混合词则是外来的音译词合本族词相结合而成，一般来讲，本族词表示音译词部分的意义。

这两个方面其实都是上面所说的“借词”。

（1）亚当（1 – Adam）②，哑当（4 – 29 – Adam）：亚当是《圣经》旧约中的人物，希伯来文为 Adham，罗明坚和利玛窦都是从拉丁文音译而来，这是中文文献中首次使用这个词。以后，在了《老残游记》中开始使用这个词，鲁迅在《坟·摩罗诗力说》中也使用了这个词③。

（2）也物（1 – Eva），也★（4 – 30 – Eva），厄袜（6 – 69）：夏娃也是《圣经》旧约中的人物，希伯来文是 Hawwah，罗明坚和利玛窦都是从拉丁文音译而来，这是中文文献中首次使用这个词。罗明坚使用“也物”，利玛窦使用“厄袜”。这个词后来也被称为“厄娃”，在鲁迅的《坟·摩罗诗力说》中采用的是“夏娃”④。

（3）妈利亚（里呀）（1 – Maria）：马利亚是《圣经》中人物，耶稣的母亲，罗明坚这里从拉丁文音译而来，这个词也在以后的中文中流传下来，冰心在《南归》中就描写了马利亚。

（4）徒斯（6 – 9 – Deus）：利玛窦在对天主教唯一神 Deus 的翻译上有一个变化的过程，在《天主实义》中他即使用了“徒斯”，也使用了“天

① 马西尼：《现代汉语词汇的形成：十九世纪汉语外来词研究》，汉语大词典出版社，1997，第 164 页。

② 括号的的数字表示罗明坚的五篇文献序号。

③ 《汉语大词典》（上卷），汉语大词典出版社，1986，第 230 页。

④ 《汉语大词典》（上卷），汉语大词典出版社，1986，第 1950 页。

主”。但他的主要用法是“天主”，这点从《天主实义》的书名可以看出。由于利玛窦在世时“礼仪之争”尚未发生，利玛窦这样混同使用是没有任何问题的。但在利玛窦去世后，关于如何翻译“Deus”成了一个大问题，由此形成了近400年的“礼仪之争”，并对中西双方的历史都发生了重要的影响。尽管这个词汇没有在中文近代传统中保存下来，但确是近代以来对中西文化交流发生影响最大的外来词。

第二，罗明坚和利玛窦的汉语神学词汇中的意译词和仿译词。

马西尼指出，在意译词和仿译词中很难看出外来词的痕迹，因为意译词和仿译词与汉语本族词有两个共同的特征，一是词的音和形有着语义的联系，二是“语义单位的连接体是根据词素组合规则决定的”[①]。因此，用意译和仿译的方法来创造新词是汉语外来词的主要方法。意译词是指给原来的汉语词汇增加了新的含义，它采用的通常都是汉语本族词。仿译词是指根据外语词汇来创造的词，但却和原来的汉语词汇有着某种程度上的相互对应，汉语提供了仿译词的意义和句法结构。

这就是上面所说的“译词”，如学者所说“意译则要求译者对原词融会贯通，然后在目的语中找出一个最大近似值”[②]。

（1）上帝（1 - Deus）：《易经·豫》中“先王以作乐崇德，殷焉之上帝，以配祖考。”利玛窦在《天主实义》中说：“吾国天主，即华言上帝。”“吾天主，乃古经书所称上帝。”这是一个典型的意译词，充分反映了利玛窦的传教策略。

（2）圣经（6 - Scriptura）：这是一个意译词，《圣经》在中文文献中即指儒家的经典，也可以指佛教或其他宗教的经典，也可以特指犹太教的经典，如《律法书》《先知书》《圣录》。自从利玛窦采用这个词特指天主教的经典以来，就赋予了《圣经》新的含义，这个特指也在以后的中文术语中流传了下来[③]。

（3）圣母（4 - mater Dei）：如果说马利亚是个音译词，那么，圣母就是一个意译词，在中国古代是皇太后的尊称。这个词也流传至今。

---

① 马西尼：《现代汉语词汇的形成：十九世纪汉语外来词研究》，汉语大词典出版社，1997，第169～170页。

② 沈国威：《近代中日词汇交流研究：汉字新词的创制、容受与共享》，中华书局，2010，第31页。

③ 参阅《汉语大词典》（上卷），汉语大词典出版社，1986，第5006～5009页。

（4）公教（6－8－pater）：在汉语中指官办教育，宋叶适曾说："臣闻朝廷开学校，建儒管，公教育于上……"[①] 现在中国教会认为天主教是"基督教的三大派别之一。音译加特力教，意译公教，也称罗马正教。中国人根据明末耶稣会传教士的翻译，称之为天主教、罗马天主教"。但至今没有人明确指出这个意译词是利玛窦所创[②]。

（5）撒格辣孟多－圣迹（12－111－miraculum）：汉语中的"圣迹"一词有两层含义：其一是古圣人的遗迹，《汉书》中有："往者秦为无道，残贼天下，杀术士，燔诗书，灭圣迹。"其二是有关某宗教或其传说的遗迹[③]。这里利玛窦利用了中文"圣迹"表达了天主教的神学思想，显然这是一个意译词。"撒格辣孟多"是"注释词"。

（6）罢德肋－父（12－96－pater）：利玛窦在《圣教约言》中说："天主，罢德肋，译言父也。乃天主三位之第一位也。"显然，译言"父"就是"圣父"。在中文中"圣父"是指太上皇的尊称，《宋史》中有"既尊圣父，亦燕寿母"[④]。用"父"或"圣父"来指称天主教中的三位一体中的第一格，显然，这是一个意译词，罢德肋是个"注译词"。

（7）斯彼利多三多－圣灵（12－97－）：在中文文献中"圣灵"有多层含义，《汉语大词典》将基督教含义上的"圣灵"的出现说成在太平天国时代，显然是晚了[⑤]。利玛窦这里所使用的基督教含义上的"圣灵"应为第一次。"斯彼利多三多"是个注译词。

第三，罗明坚和利玛窦的汉语神学词汇中的汉语新词。

马西尼认为汉语新词产生的传统方法是将外来语的新意归并到原有的汉语词汇中，或者将这种新意和已有词汇综合形成，在这种情况下创造的新词是语义新词。但"如果用汉字的重新组合来创造的新词，那么这种新词就是组合新词。在语义新词中，只是在词义或功能方面有一种变化。在组合新

① 《汉语大词典》（上卷），汉语大词典出版社，1986，第768页。

② 百度百科中关于公教的解释还有另一种说法："公教会"的"公"原文起源自拉丁语的catholicus，意思是"普遍的"，翻译作中文"公"是取自"天下为公"的"公"，因为天主教徒认为只有天主教会才是"全世界的""一般的""大众的"教会。他们选择这个名字，是由于他们认为最初的教会是开放给全部的人，而不是特定的种族、阶级，或者特定宗派的。

③ 《汉语大词典》（中卷），汉语大词典出版社，1986，第5010页。

④ 《汉语大词典》（中卷），汉语大词典出版社，1986，第5007页。

⑤ 《汉语大词典》（中卷），汉语大词典出版社，1986，第5012页。

词中，新词的新意义和新功能全是创新的”[1]。沈国威也说：“明末清初来华的耶稣会士们，为了有效地推进在中国的传教，翻译出版了大量的介绍西方知识的书籍。在他们的译书过程中，创造了为数众多的新词和译词。”[2]

（1）十字架（4 - crux Christi），这是一个新词。十字架是基督教的精神象征，耶稣在首次预告苦难后即对门徒说：“谁若愿跟随我，该弃绝自己，背着自己的十字架，跟随我。”（谷八 34）从利玛窦后来华传教士普遍采用这个词[3]，新教入华后也采用这个词，马礼逊在《英华词典》中收录。这个词在晚清后逐步流传下来，在清俞正燮的《癸巳类稿·天主教》中，在巴金和郁达夫的作品中都使用了这个词[4]。

（2）耶稣（6 - Iesus），这是一个由罗明坚和利玛窦开创的新词。朱谦之先生《中国景教》一书，认为唐代传入中国的“景教”徒，在他们翻译为中文的“经文”中，把“耶稣基督”叫做“移鼠迷师诃”。据朱谦之先生分析，这个“译音”，来自窣利语（中古波斯语）yiso msiha[5]。《汉语大词典》认为耶稣是希腊文 Iesous 的音译词，岑麟祥在《汉语外来语词典》中认为拉丁文 Jesus 源于希伯来语 Yeshua[6]。黄遵宪认为“耶稣”是音译兼译词，他说：“假视天如父，七日复苏义为‘耶稣’，此假借之法也。”王闿运说“竟符金桂谶，共唱耶稣妖”，他在文下注释说：“‘耶稣’非夷言，乃隐语也。‘耶’即‘父‘也，’稣‘，死而复生也，谓天父能生人也。”钱钟书在评价黄遵宪和王闿运的看法时说：“王望‘稣’之文而生议小异于黄耳。”[7]

（3）别类（6 - 38distinctio），利玛窦在《天主实义》中说：“夫正偏大小，不足以别类，谨别同类之等耳。正山。偏山，大山，小山，并为山类

---

① 马西尼：《现代汉语词汇的形成：十九世纪汉语外来词研究》，汉语大词典出版社，1997，第 182 ~ 183 页。

② 沈国威：《近代中日词汇交流研究：汉字新词的创制、容受与共享》，中华书局，2010，第 111 页。

③ 参阅 W. South Coblin ，*Francisco Varo's Glossary of the Mandarin Language*，p. 62，Monumenta Serica Institute 2006。

④ 参阅《汉语大词典》（上卷），汉语大词典出版社，1986，第 347 ~ 348 页。

⑤ 参阅朱谦子《中国景教》，人民出版社，1998。

⑥ 岑麟祥：《汉语外来语词典》，商务印书馆，1990，第 418 页。

⑦ 参阅钱钟书《管锥篇》（第 4 册），中华书局，1986，第 114、1461 ~ 1462 页；钱钟书《管锥篇》（第 5 册），中华书局，1986。

也。"[①]拉丁语 distinctio 是区别的意思，用别类表示中文的区别这是一个新的外来词。

（4）拔第斯摩 - 洗（12 - 111 - ablutio），这里的"洗"就是"洗礼"。利玛窦在《圣教约要》中说："耶稣在世，将升天之前，谕命十二宗徒及以后主教者，凡世人初从圣教当依定礼用清水，祝咏经言，以洗确之。"拉丁文 ablutio 就是"洗礼"之意。《汉语大词典》认为此词出现在中文是在民国期间，显然时间上有误。这个词应为新的外来词，拔第斯摩是"注译词"。

"洗礼"在中文有另一个表达：付洗、领洗（Baptise, by the Romanisits, in Chinese Called）来华的基督新教传教士最早在《英华词典》中使用了这个词，后来清代的严如熤（1759 - 1826）清地理学家《三省边防备览·策略》一文中在介绍基督教时讲到"进教者无论男女必要领洗"。马礼逊认为这两个词来自天主教的概念，"领洗"被明末清初的来华天主教采用[②]，"付洗"未被采用，当时天主教用"付圣洗"[③]。应该说，最早使用这个词的是利玛窦，以后逐步从"洗"发展到"洗礼""付洗"和"领洗"，这两个词都属于意译词。

（5）亚玻斯多罗 - 使徒（12 - 95 - apostolus），使徒，耶稣的使徒。这是利玛窦首先使用的一个重要概念，后来马礼逊在《英华词典》第 6 册 I，第 30 页用（Apostle，Apostle of Jesus），在基督教意义上，使徒指被基督派往全球传播福音的人。瓦罗词典没有这个词。汉语没有这个词，这是一个汉语组合新词。"亚玻斯多罗"是注译词。

（6）宗撒责耳铎德 - 圣油（12 - 97 - chrisma），这个词出现在《圣经》出埃及记 30 章 22 ~ 25 节，天主教在圣周（星期四）由主教祝圣的橄榄油有三种：用于慕道者候洗期，用于圣洗、坚振及圣秩（神品）圣事等，用于病人傅油圣事；"圣油"需要经过主教祝圣之后才能被使用。涂圣油是表示"圣灵恩赐的印记"。这是在刚受洗后的施行的，为的是使

① 朱维铮：《利玛窦中文著译集》，复旦大学出版社，2001，第 38 页。

② 参阅 W. South Coblin，*Francisco Varo's Glossary of the Mandarin Language*，Monumenta Serica Institute，2006，p. 31，186。

③ 参阅 W. South Coblin，*Francisco Varo's Glossary of the Mandarin Language*，Monumenta Serica Institute，2006，p. 31。

新入教者坚定对三位一体真神的信仰。这是一个新词，“宗撒责耳铎德”是个注译词。

五 总结

对西学东渐的研究在历史学范围内已经比较深入，在对明清之际的西方语言学传入的研究上，在语法、语音、方言等方面也都取得了较大进展，但唯独对外来词的研究较为薄弱。有三个方面的原因推动笔者开始注意这方面的研究：

第一，学术界对近代以来从日本传来的外来词研究有了较大的进展，例如沈国威先生的《近代中日词汇交流研究：汉字新词的创制、容受与共享》一书，系统地梳理了近代以来中日之间在汉语新词的交流和影响，但是在近代从日语所传来的外来词中有两类，一类是直接从日语所创造的词汇传入的，一类是日本在吸收了中国的新词后又返回中国的，即马西尼教授认为的“回归借词”，他说：“这样一类词：它们原来自汉语中某一很特殊的场合里使用，后来在日本得到了广发的传播，最后又回到了中国。”对于“回归借词”，马西尼认为有两种，一种是中国语言中原有的词汇，另一类是明清来华传教士所使用的词汇传入日本，又返回中国语言中的。他认为，对于“明清时期创造的回归借词，旁证材料极少”①。

从历史看明清来华传教士的中文著作传入日本，应该在日本产生影响。日本学术界为对国内所藏的明清之际来华的耶稣会相关书籍做一个全面了解，在昭和六十年至六十二年（1985～1987年）对全国的国立大学图书馆和都道府县立图书馆进行全部调查，这个调查所指的耶稣会士是16世纪到18世纪到中国的天主教系传教士，并非仅限于所谓的耶稣会的成员，也包含隶属于其他会派的人。因此，鸦片战争以后的新教徒系的传教士不在研究对象之内。但是，徐光启和李之藻例外，包含在研究对象之内。这次调查最终调查图书馆数是包括私立大学图书馆和市立大学图书馆等在内的100家，其中找出现存相关书目的图书馆37家，总件数866件，他们最后出版了

① 马西尼：《现代汉语词汇的形成：十九世纪汉语外来词研究》，汉语大词典出版社，1997，第178页。

《耶稣会士相关著书译作所在地调查报告》[①]。

本次调查中已确认的相关书目，有189种，866件，现在从内容大致分为历算科学技术类、宗教格言类、地理地志类3个领域，从刊本、抄本的角度分为原刻（17世纪）、后刻（翻刻、丛书收录的书目）、抄本3类，总结如下表（但是，其他的11件除外）（见表1）。

表1 耶稣会士相关著书译作所在地调查中书目总结

单位：件

	种数	原刻	后刻	抄本	合计
历算科学技术类	79	127	120	184	431
宗教格言类	93	66	225	45	336
地理地志类	17	9	42	37	88
合　计	189	202	387	266	855

从日本学术界的这个不完全的调查可以看出，目前在日本藏有明清之际的来华传教士的西学汉籍有189种，886件，如果对日本个图书馆展开全面调查，实际的数量会超过这个数量。

这样，通过历史和现状两个方面我们可以初步看到西学汉籍在日本的流布。这些中文书籍传入日本后对日本的新词有何影响？哪些在晚清时又传回中国，成为马西尼所说的“回归借词”？至今在我的阅读范围内尚未见到研究。

第二，明末清初汉译西学的特点。

明末清初的西学著作翻译主要是三种形式，第一类是传教士口述，中国文人笔录，或是传教士直接写作。这类汉译西书的典型代表就是《几何原本》，利玛窦在序言中说得很清楚，他早有翻译此书的想法，但“才既菲薄，且东西文理又自绝殊，字义相求仍多阙略，了然于口尚可勉图，肆笔为文便成艰涩矣”。当徐光启提出让其口述，他来笔录的办法后，利玛窦十分

① 这次调查的机构“其中国立大学及附设研究所31，私立大学9，都道府县立图书馆28，市町立图书馆、机构18，国立机构（内阁文库、日本学士院）2，私立图书馆、机构（东洋文库、静嘉堂文库、蓬左文库等）12。原本旨在调查主要国立大学、各都道府县立图书馆的全部，但是很遗憾，能够对两者都进行调查的都道府县只有27个，占全体的不到6成。另外，此次对国会图书馆、东京天文台、早稻田大学图书馆、伊能忠敬纪念馆（千叶县、佐原市）也就相关书籍进行了确认，但是没有完成全部的调查，不作为此次调查报告范围。”择自《耶稣会士相关著书译作所在地调查报告》，以上内容是有北京外国语学院研究生周娜帮助我翻译的，在此表示感谢。

高兴地说："先生就功，命余口述，自以笔受焉，反复辗转，求和本书之意，以中夏之文重复订政，凡三易稿。"

第二类是署名传教士所写，但实际上文人润笔。例如利玛窦的《天主实义》。《天主实义》写于万历三十一年（1603），《几何原本》写于万历三十五年，即1608年。他在《几何原本》中清楚的说他写作有困难，五年后就能完全自己写作？这实际上不太符合实际。他在《天主实义》序言中说："承二三友见示，谓虽不识正音，见偷不声，固为不可；或傍有仁恻矫毅，闻声与起攻之。窦乃述答中士下问吾侪之意，以成一帙。"这里没有明说，实际上是他口述，也写了初稿，后面文人加以修改。

第三类是传教士自己所写，其间文人也可能帮助，但基本是传教士所写。例如，利类思（Louis Baglio，1606－1682）所写的《超性学要》，这本书实际上是托马斯·阿奎那（Thomas Aquinas，约1225～1274年3月7日）的《神学大全》（Summa Theologica）的翻译，这是一本很艰辛的西学著作，从目前的译本看，主要应由利类思完成。

这样，将明末清初汉籍西学著作的翻译形式仅仅归结为传教士口述、文人笔录尚不能概括明末清初西学翻译的全貌。同时，也增加了研究明末清初西学译本的复杂性。上面我所列出的罗明坚和利玛窦的这些中文著作署名都是他们自己，但肯定有中国文人帮助。明末清初期间中国人懂拉丁文的人少之又少。罗文藻，又名火沼，字汝鼎，号我存，拉丁名Gregorioiopez，他是第一位中国人的主教，也到菲律宾去传教，懂西班牙文，但至今尚不知他留下关于西学的中文著作[①]。另一位从罗马培养出来的中国神父郑玛诺，回国后不久就病逝，也没有留下西学的翻译著作[②]。

对中国学术界来说，首先应该对明清之际的外来词做一个系统的研究，这方面的工作已经开始有一定的研究，如上面提到的黄和清对利玛窦词汇的研究，但对西方宗教哲学词汇的研究论文极少[③]，正是从这样的角度，笔者感到系统梳理明清之际的西学宗教哲学外来词汇是一项重要的工作。

第三，近年来关于汉语神学的讨论成为中国基督教学术界一个重要的问

① 方豪：《中国天主教人物传》（中册），中华书局，1988，第144～161页。

② 方豪：《中国天主教人物传》（中册），中华书局，1988，第187～199页。

③ 徐光台：《明末西方'范畴论'重要语词的传入与翻译：从〈天主实义〉到〈名理探〉》，载姚小平《海外汉语探索四百年管窥》，外语教学与研究出版社，2008。

题，刘小枫在《现代语境中的汉语基督神学》提出："汉语基督神学在明代已经出现，中国士大夫中第一批基督徒（徐光启、李之藻、杨廷筠）在汉语思想的织体中承纳了基督信理，并与儒、佛思想展开辨难。"[①] 在如何看待汉语神学的问题上学术界有较大的争议，何光沪认为："汉语历史神学应该把从景教到也可温教（元代传入中国的基督教），从利玛窦到赵紫宸，以至后来用中文著述的神学思想纳入自己的视野，列为历史神学的研究对象。"[②] 实际上刘小枫做自己所理解的汉语基督教神学主要在近15年，对在建立汉语基督教神学时是否回到明清之际的汉语基督教思想与概念，他并不明确[③]。实际上，在我看来，汉语神学的建立主要在明清之际，不了解这段历史就无法说明基督教进入中国后汉语化的实际历史过程，但由于目前明清之际的汉语神学文献没有得到系统的整理，从而学者忽略了这段历史的价值。从上面的分析可以看到汉语基督神学的许多基本概念在罗明坚和利玛窦时期就已经确立了。因此，系统地梳理明清之际的汉语神学概念演变史是学术界必须展开的一项工作，本文就是这样一个初步的尝试。

第四，西人汉语学习的历史和近代汉语变迁的历史的重合性。通过上面的分析我们可以看到，罗明坚和利玛窦在创立汉语神学和哲学词汇时，是一个学习摸索的过程。罗明坚的部分中文材料我们甚至可以说成他汉语学习过程中的"中介语"，例如，他对马利亚的译名就有：妈利亚（里呀）、妈利亚、妈利呀，对耶稣的译名就有两个，这说明了他是一边学习汉语，一边发展汉语，创造汉语神学词汇。这揭示了汉语作为第二语言习得学习的过程和汉语本身的发展变迁过程不是分离的，而是一体两面的一个历史过程。

笔者在《世界汉语教育史》一书中认为，世界汉语教育史的研究有三个方面的重要学术意义，其中第二点就是谈的这个，引用如下，以为结束。

> 世界汉语教育史的研究将直接推进对汉语本体的研究。文化间的交

---

① 刘小枫：《现代语境中汉语基督神学》，载李秋零、杨熙南主编《现代性、传统变迁与汉语神学》（上编），华东师范大学出版社，2010。

② 何光沪：《汉语神学的方法与进路》，载李秋零、杨熙南主编《现代性、传统变迁与汉语神学》（上编），华东师范大学出版社，2010，第160页。

③ "明代至清初的基督教与中国文化的冲突位置，在人类学方面（礼仪之争）和理念方面（耶儒之争）。当今的汉语神学是否值得重新回到这一位置，并重新起步？"载李秋零、杨熙南主编《现代性、传统变迁与汉语神学》（上编），华东师范大学出版社，2010，第9页。

往必然带来语言间的交往，当汉语作为外语在世界各地被学习时，学习者会不自觉地受到来自母语的影响，从第二语言习得的角度来看，母语的作用会直接影响到学习者的汉语学习。但很少注意到，学习者的这种习惯力量也同时推动着语言间的融合。

王力先生说："中国语言学曾经受过两次外来的影响：第一次是印度的影响，第二次是西洋的影响。前者是局部的，只影响到音韵学方面；后者是全面的，影响到语言学的各个方面。"① 这两次影响的发端都是从汉语作为外语学习开始的，佛教的传入，印度的僧侣们要学习汉语，要通过学习汉语来翻译佛经，结果是直接产生了反切。王力先生说，反切的产生是中国语言学史上值得大书特书的一件大事，是汉族人民善于吸收外来文化的表现。西方语言学对中国的影响表现得更为突出，来华的传教士正是为了学习汉语，他们编写了汉语语法书，如卫匡国（Martin Martini，1614－1661），为了读中国的书，写下了《汉语文法》；传教士们为了阅读中国典籍，他们发明了用罗马字母拼写汉字，传教士们为了以中国人听懂的语言来布道以及翻译《圣经》等宗教书籍，他们创造了一系列的近代新的词汇，包括至今我们仍在使用的大量的词汇。这说明，当一种语言作为外语来被学习时，它并不是凝固的，它也会随着学习的需求而不断发生变化；反之，学习者虽然将汉语作为第二语言来学习的，但学习者并不是完全被动的，学习者也会对自己的目的语产生影响。语言间的融合与变迁就是这样发生的。直到今天，现代汉语形成的历史并未完全的说清，而世界汉语教育史的研究则可以直接推动汉语本体的研究，可以直接推动近代汉语史的研究。一个最明显的例子就是，关于明清之际中国官话问题的讨论，长期以来一直认为明清之际的官话是北京话，但最近在传教士的很多汉语学习文献中发现，他们的注音系统是南京话，这些传教士在文献和他们的著作中也明确地说他们学习的官话是南京话。不仅仅是西方的传教士的汉语学习材料证明了这一点，同时在日本的汉语学习材料也证明了这一点。如日本江户时期冈岛冠山所编写的《唐话纂要》《唐译便览》《唐话便用》《唐音雅俗语类》《经学字海便览》等书，六角恒广研究了冈岛冠山的片假名

① 王力：《中国语言学史》，复旦大学出版社，2006。

发音后，明确地说："这里所谓的官音是指官话的南京话。"[①] 这说明作为汉语学习的文献直接动摇了长期以来中国语言学史研究的结论。张卫东通过研究《老乞大》和《语言自迩集》这两本汉语学习教材，对中国语言学史的语音问题的研究结论都有很大的启发性。

至于在语法和词汇两个方面就有更多的文献和材料说明只有在搞清世界汉语教育史的情况下，才能更清楚地研究好近代中国语言学史，甚至可以说，随着世界汉语教育史研究的深入，原有的中国语言学史的结论有可能将被重新改写[②]。

① 〔日〕六角恒广：《日本中国语教育史研究》，王顺洪译，北京语言学院，1992。

② 张西平主编《世界汉语教育史》，商务印书馆，2010，第12~13页。

Macau as a Linguistic Center: The Chinese Interpreters and Literati in the "Regimento" of 1627

Tereza Sena *

I　Introduction

As a maritime port-city, Macau has been since the mid 16th century a multi-ethnic and multi-linguistic space that is a common situation to commercial *entrepôts*, as trade brings along different people and different languages. So interpretation and translation are not exclusive to Macau, although by well known demographic, historical, political-diplomatic, but also geographic, economic, social and religious circumstances, it acquired in there a quite special nature of probably unique characteristics. Such circumstances generated the development of language and linguistic skills and, eventually, led to the officialization in 1627 of Macau oldest linguistic institution①, the body of official interpreters, by the *Câmara*② [urban council], founded in 1583. It was a Macau specialty, not found in any Portuguese

* Tereza Sena (冼丽莎), Centre of Sino – Western Cultural Studies, Macao Polytechnic Institute.

① See *infra*.

② From the 17th century onwards also called *Senado da Câmara* or simply *Senado*. It ruled the entire city life dealing with a variety of issues: from its inhabitants' daily supply of goods, to political, administrative, financial, and even judicial and diplomatic issues, since its creation until the mid 19th century.

overseas possession①, and probably inspired by the Chinese *Siyiguan*（四译馆）and the Japanese *To tsuji* and *Oranda tsuji* models of similar institutions, as already suggested by Jorge Flores②.

Focusing in a Portuguese historical perspective, it is to be noted that departing from trading, shipping and basic living needs, the access and use of other languages, and namely the Chinese (Cantonese, Mandarin and others) was progressively enlarged, in the Macau network's case, to different spheres such as political-diplomatic, religious and cultural.

From the satisfaction of requirements beyond informal and occasional contacts to be able to petition at the Peking Court; to translate Euclid's into Chinese or to read and comment the Chinese classics was, indeed, a relevant progress, enlightening the difference between needs of occasional visits and those of a permanent settlement. In this concern, I'd like to purpose the adoption of an enlarged vision of Macau, not physically confined to the peninsula, but including the different sights of interaction with China and the Chinese where the men somehow related to the *entrepôt* could learn, experiment and collect information on China and on "Chinese matters" . This Macau's network —as I'll call it— includes all sort of individuals, from the celebrated Jesuit, and later the Protestant missionaries, to the common merchant, sailor and adventurer, Westerners and Asians, which contributed to turn Macau in a vital point of Western interaction with China at the same time they produced, developed or collected a multi-ethnic, multi-linguistic and multi-cultural secular legacy.

Accordingly, and after some early years of tirocinium, one may distinguish between different levels of translation and mediation provided by Macau's network

---

① See, Dejanirah Couto, "The Role of Interpreters, or *Linguas*, in the Portuguese Empire During the 16th Century", e-JPH, Vol. 1, No. 2, Winter 2003, especially pp. 7 - 8 (http://www.brown.edu/Departments/Portuguese_Brazilian_Studies/ejph/html/issue2/pdf/couto.pdf), access on 18/04/08.

② See, among others, Jorge Flores, "The Portuguese Chromosome. Reflections on the Formation of Macao's Identity in the Sixteenth and Seventeenth Centuries", in *Revista de Cultura/Review of Culture* (hereafter *RC*), Macau, 3rd S., International Edition, No. 3, July 2002, p. 91 (http://www.icm.gov.mo/RC/TextPE.asp? No=3&ID=257) access on 27/07/08.

coexisting since the late 16th century:

(1) The informal and occasional translation;

(2) The official translation;

(3) The erudite translation.

In short, since the middle 16th century that Macau is accumulating a repository of knowledge, scholarship and linguistic skills, contributing to Western knowledge on China and is networked to other centers of Chinese expertise, the reason why it deserves recognition in world's sinology.

Macau is a place to provide language training, language services and cultural mediation. It happened in the past when, for example, Westerners were fighting one another to compose Chinese dictionaries and grammars, or to translate the Bible into Chinese; when they hired the services of the Macau born Portuguese offspring to become their translators and mediators in "Chinese matters", and so on.

Nowadays, fully integrated in the PRC, the city keeps a similar role when bridging China with the Portuguese speaking Africa.

Ⅱ Topic and Sources

Despite its relevance and vast scope, a global approach to the history of the translation in Macau has been neglected until quite recently①. Fortunately, a partnership established in 2010 between the Macao Polytechnic Institute of the Macao SAR and the Centro Científico e Cultural de Macau, I. P., of Portugal, set the ground to the development of studies on the field and is carrying on the project "A Tradução em Macau (História, Teoria e Prática)", [Translation in Macau (History, Theory and Praxis)], where I'm conducting research that I will make use of for this presentation.

① To my knowledge the first attempt was made by Maria Manuela Gomes Paiva, *Traduzir em Macau. Ler o outro — para uma história da mediação linguística e cultural.* PhD dissertation in Portuguese Studies, Lisboa, Universidade Aberta, 2008 (https://repositorioaberto.univ-ab.pt/...2/.../1/traduzir%20em%20macau.pdf), access on April 2010.

In a former work[①], I've discussed how the evolution of the profile of the Macau's official translator—from the Chinese convert of the early times to the Macau born Portuguese, the Macanese—, is directly linked to the evolution of the Macau political status. In fact, the Macau traditional *jurubaças*[②], i. e. the Chinese translators, usually described as Christians, locally married or and settled in the city and recruited within the commercial partnerships, and the city space, being a profile that had always served the *Senado*, become increasingly questioned mainly by the agents of the Portuguese metropolitan power that progressively implemented a policy of "nationalization" and professionalization of such competence transferring it into the group of Portuguese descendants, turned to be ruled by the central power and bureaucracy.

In this article, I'll focus on the Portuguese-Chinese (and vice-versa) official translation, and will concentrate in two main aspects:

(1) The genesis of the "Regimento do Língua da Cidade, e dos Jurubaças menores, e Escrivães" [Standing Instructions governing the services of the Main Interpreter of the City, and of the Assistant Interpreters and Scribes][③] of 1627, regulating the eventual firstly organized body of translators in the city, under the *Senado*;

(2) The profile of the Macau's official interpreter and, mainly, that of the Chinese *Escrivão* [Scribe], with a brief reference to the early and to the erudite translation, the latter concentrated in the hands of the missionary linguists.

My aim is to contribute to the study of the Interpreter as a "frontier group"[④] being aware that these men have a dual story and probably a double individuality when analyzed from the Chinese or from the Portuguese historical perspective and

---

① Tereza Sena, "Contributos para um Perfil do Intérprete-Tradutor na Macau de Meados do Século XIX aos Inícios do Século XX", *in Para a Historia da Tradução em Macau*, ed. by Li Changsen e Luís Filipe Barreto, Lisboa, Instituto Politécnico de Macau/Centro Científico e Cultural de Macau, I. P., 2013, pp. 115 - 148.

② Meaningfully the term *jurubaça* might other refer to a mestizo or to a native/Asian Catholic.

③ See *infra*.

④ The expression is borrowed from Jorge Manuel Flores, "The 'Jurubaças' of Macao, a frontier group: the case of Simão Coelho (1620s)", unpublished paper presented to the *International Colloquium on the Portuguese Discoveries in the Pacific*, University of California, Santa Barbara, October 1993 (*non vidi*).

sources. Future research, requiring the cooperation of Chinese scholars, will help to better identify them and to draw a historical prosopography of the group, contributing, on the other hand, to the almost forgotten history of Macau's society.

Though it still deserves a good critique of the source —not to be accomplished here—, my main source is the aforementioned "Regimento do Língua da Cidade, e dos Jurubaças menores, e Escrivães", a fascinating document already sufficiently known, and even studied ①, to enable me to seek a partial approach isolating aspects such as the profile of the interpreter and of the Chinese *escrivão*, as well as the *Senado*'s attitude and policy towards the *Cartório* [Registry] of the Chinese documents, in relation with Macau's political context of the late 1620s.

For the time being, it would be enough to stress that there is no material proof of the "Regimento" 's officialization. What we have in real are merely two different manuscript versions (neither of which authenticated) of the text, so it is impossible either to determine which version prevailed, or if, when and for how long did it remain in use. In any case, it seems that some of the recommended instructions were in practice, and that some of the interpreters were already hired by the *Senado* at the time of the codification while few details and latter references to individuals, posts and situations seem to indicate that it was implemented at least partially.

No matter being almost coincident in their content, the two known versions of the "Regimento" present a different structure specially in what respects to the responsibility over the *Cartório*, deserving a comparative critic② edition of the

① Jorge Manuel Flores, "Comunicação, Informação e Propaganda: os 'Jurubaças' e o uso do português em Macau na primeira metade do Século XVII", in *Encontro Português —Língua de Cultura. Actas*, Macau, Instituto Português do Oriente, 1995, pp. 107 – 121; Maria Manuela Gomes Paiva, *Traduzir em Macau. Ler o outro — para uma história da mediação linguística e cultural.* PhD dissertation in Portuguese Studies, Lisboa, Universidade Aberta, 2008, pp. 111 – 118, and Luís Filipe Barreto, *Macau: Poder e Saber. Séculos XVI e XVII*, Lisboa, Editorial Presença, 2006, pp. 212 – 214.

② I've compared the two different versions for publication. For more on that, see my article "Archives of the *Senado's Procuratura* and the Codification and Translation of Chinese Documents", in the press.

available different transcriptions, specially those undertaken by Tereza Sena[①] and by Elsa Penalva together with Miguel Rodrigues Lourenço[②]. The first used the undated copy of the "Regimento" found in the Biblioteca da Ajuda, *Colecção Jesuítas na Ásia* (hereafter *BAJA*), Códice 49 – V – 6, fols. 457v – 463v and the second the copy dated 1627 found in the same *BAJA*, Códice 49 – V – 8, fols. 245r – 251v. It shall also be taken into account the annotations made by J. M. Braga[③] in his partial unpublished English translation of the document and by me, to the entire Portuguese version, both using the same copy (*BAJA*, Códice 49 – V – 6).

Ⅲ The First Steps

There were always translators in Macau, including those on the service of the all powerful *Senado*, and such interpreters were at first recruited among the circles of relationships generated around commercial partnerships, what constitutes, in fact, a universal and dateless model in contacts between different people. Some of them arose even prior to Macau's establishment as a port of call in the Japan route[④] during the early 16th century Portuguese seafaring activities in South China seas,

---

① "Regimento do Lingua da Cidade, e dos Jurubaças menores, e Escrivaens", [Macau, 1627], transcript and diplomatic edition by Tereza Sena, in Maria Manuela Gomes Paiva, *Traduzir em Macau. Ler o outro — para uma história da mediação linguística e cultural*. PhD dissertation in Portuguese Studies, Lisboa, Universidade Aberta, 2008, Anexo I, pp. 221 – 239, which I will not however follow in this article, preferring a transcription with more acessibe and updated orthography.

② *In Fontes para a História de Macau no Séc. XVII*, (hereafter *FHM*), ed. by Elsa Penalva and Miguel Rodrigues Lourenço, Lisboa, Centro Científico e Cultural de Macau, I. P., 2009, pp. 378 – 386.

③ J. M. Braga, "Interpreters and translators in Old Macao", paper presented to the International Conference on Asian History, University of Hong Kong, August 30-September 5, 1964, pp. 4 – 11, a rare and precious pioneer work that only now come into my hands thanks to the competent assistance of Macao Polytechnic Institute's Librarian Aster Chan to whom I am profoundly grateful.

④ Luís Filipe Barreto, *Macau: Poder e Saber. Séculos XVI e XVII*, Lisboa, Editorial Presença, 2006. A relevant excerpt of this book for this issue was published under the title, "1555: Macau's Birth Certificate" (1555 年：澳门的出生证), *Chinese Cross Currents* (《神州交流》), Macau, Vol. 4, No. 4, October 2007, pp. 78 – 99。

resulting from direct contacts① between Portuguese and overseas Chinese found in Southeast Asia maritime port cities, and namely at Malacca fallen into the Portuguese in 1511.

The early interpreters assured the informal and occasional translation and developed the basis of the first Portuguese/Chinese lexicons to be fixed with the help of the Jesuits② in the course of their process of specialization and hegemonization in the linguistic sphere. Language and diplomacy match an evangelizing strategy by which the Roman Catholic religious orders③—and later also the Christian missionary societies and congregations④—asserted themselves in

① J. M. Braga, "Interpreters and translators in Old Macao", paper presented to the International Conference on Asian History, University of Hong Kong, August 30-September 5, 1964, pp. 1 – 2 and Denise, Wong Ngan Hong (黄雁鸿), "Tong Shi: The Interpreters in the Late Ming and early Qing Period", in *Para a História da Tradução em Macau*, ed. by and Luís Filipe Barreto, Lisboa, Instituto Politécnico de Macau/Centro Científico e Cultural de Macau, I. P. 2013, pp. 49 – 59.

② Not entering the polemics about its authorship, see *Dicionário Português-Chinês* (葡汉辞典、*Portuguese-Chinese Dictionary*), ed. by John W. Witek, S. J. 魏若望, Lisboa/Macau/San Francisco, CA, Biblioteca Nacional Portugal/Instituto Português do Oriente/Ricci Institute for Chinese-Western Cultural History, University of San Francisco, 2001. For a different opinion see, Luís Filipe Barreto, "Reseña de 'Dicionário Português-Chinês' de John W. Witek (ed.)", in *Bulletin of Portuguese/Japanese Studies*, Lisbon, No. 5, December 2002, pp. 117 – 126 and quoted bibliography, both found on line. For a preview of the first refer to (http://books.google.com.au/books?id=A7h5YbM5M60C&pg=PA9&hl=pt-PT&source=gbs_selected_pages&cad=3#v=onepage&q&f=false) and for the latter to (http://www.redalyc.org/articulo.oa?id=36100507) access on January 2013.

③ In relation to the knowledge of China, consider also the pioneering case of Manila where the Mendicants play a key role, despite their connection to Macau's network. See, *Through Spanish Eyes. Five accounts of a missionary experience in sixteenth-century China*, ed. Gregory James, Hong Kong, Language Centre, Hong Kong University of Science & Technology, 2003 and Rui Manuel Loureiro, "Primórdios da Sinologia Europeia entre Macau e Manila em Finais do Século XVI", in *RC*, Macau, 3rd S., No. 2, April 2002, pp. 7 – 23 (http://www.icm.gov.mo/deippub/rcMagP.asp), access on 11/11/12.

④ For a brief introduction to the similarity of Catholic and early Protestant missionary strategies and models of approach to China, see Tereza Sena, "Reflections on Robert Morrison's Life in Macao and Literary Works. Towards a contextualized approach", in *RC*, Macau, 3rd S., No. 25, January 2009, pp. 111 – 130 (http://www.icm.gov.mo/deippub/rcMagE.asp), access on 26/06/09, and "Macau as a Center and Support for Linguistic Training: — Some notes on a comparative overview on missionary work" (PowerPoint) presented to the 2nd International Conference on English, Discourse and Intercultural Communication, org. Macao Polytechnic Institute, Macau, 18 – 20 June 2009 and to the Workshop "Early Modern Mission in a Global Perspective", org. Department of History and Civilization, European University Institute, Firenze, EUI, 2 February, 2009.

the context of European expansion[①].

In the case of Macau, it is known how the Jesuits—which concentrated the majority of Europeans able to master and to write the Chinese language being often assisted by Chinese/Macanese Brothers[②]—, have promoted intercultural knowledge[③] and expertise in the language and lexicographical fields. But also how they served as mediators of the city's affairs with the Chinese authorities—local and regional—and even at the imperial court.

So erudite translation remained somehow in the hands of the missionaries, what influenced the history of the Western linguistic approach to the Chinese idioms which only quite recently started to ride off certain monopolization by the religious historiography. The latter is marked by a strong hagiographic tradition inherited from the Eurocentric missionary sources that support it, in which I include both the Catholic and the Protestant, pass a hasty generalization of such classifications.

Good examples are undoubtedly those of Matteo Ricci, S. J. (1552 – 1610) or Robert Morrison D. D. (1782 – 1834), L. M. S. [④]. Although both have been recently revisited all over the world, and without denying their merit, it did not result, according to my knowledge, in the clear perception that both progressed linguistically as a result of their insertion in a group, and through a collective work where the Chinese element was a keystone, but often overlooked or omitted[⑤].

---

① *Portuguese Oceanic Expansion, 1400 – 1800*, ed. by Francisco Bethencourt & Diogo Ramada Curto, Cambridge, Cambridge University Press, 2007, mainly pp. 262 – 265.

② Isabel Pina, *Jesuítas Chineses e Mestiços da Missão da China (1589 – 1689)*, Lisboa, Centro Científico e Cultural de Macau, I. P., 2011.

③ For a dynamic and dialectic vision on the production of this intercultural knowledge including the characterization and identification of its agents within the space of insertion of Macau as an international port city in the sixteenth and seventeenth centuries, see the fundamental work by Luís Filipe Barreto, *Macau: Poder e Saber. Séculos XVI e XVII*, Lisboa, Editorial Presença, 2006.

④ Cf. Tereza Sena, "Reflections on Robert Morrison's Life in Macao and Literary Works. Towards a contextualized approach", in *RC*, Macau, 3rd S., No. 25, January 2009, pp. 111 – 130 (http://www.icm.gov.mo/deippub/rcMagE.asp), access on 26/06/09.

⑤ In a former article I have discussed Morrison's Chinese language learning with emphasis on the role developed by his Chinese teachers and assistants and the Catholic contributions to his achievements. See Tereza Sena, "Robert Morrison: a Man with a *Body of Iron* and the *Eyes of an Eagle*" (马礼逊:《铁身鹰眼之人》), translated by Shi Yinhong, *Chinese Cross Currents* (《神州交流》), Macau, Ⅳ, 4, October-December 2007, pp. 152 – 173.

The Chinese assistants were crucial sources of knowledge for the pioneering settlers, missionaries or not. After all, despite the fact that they might have good wages, as frequently mentioned by the sources, those Chinese assistants were, according to the laws of the Empire, threatened by death penalty, or at least by persecutions, in providing the foreigners such a service, even if there were times of some relaxation on the application of this and other rules.

Several circumstances led to the anonymity and lack of information on these people. Sometimes they were recruited among groups of lower social extraction, or even quite marginal groups—or so regarded by the Chinese ruling classes—hiring their services under menaces of persecution or embracing a prohibited faith.

Whilst reporting their activities to an European public—from whom they expected to gain support and funding—the missionaries made use of a justification and apologetic tone valuing their achievements and progress, even if they sacrificed native names central to their work. There was also a prevalent ethnocentric mentality and it was a common practice for these projects to assume a character of an open collective work in continuous construction and re-evaluation. However, the cultural mediators involved in the construction of Sinology—itself a Western-centered concept—deserve acknowledgment and a place in History.

But my aim is to pay more attention to Macau's official translation policy and strategies and to those which could perform such a vital role for the city's survival and wealth.

Ⅳ The Official Translation

"[...]a City that have so much dealing with all these courts, and does not know how, nor the language, nor has a *Jurubaça* which helps." (*tr. auct.*)①

① "[...]*uma* Cidade, que tem tanto trato com todos estes tribuna*is*, e não sabe o modo, nem língua, nem tem Jurubaça que preste." "Regimento do Língua da Cidade, e dos Jurubaças menores, e Escriv*ães*", *BAJA*, Códice 4 – Ⅴ –6, fol. 461r.

The management of the need for translators, the profiles of the interpreters and the strategies and behavior of those which performed the city's official translation over time, is undoubtedly one of the most interesting and characteristic aspects of Macau as a multi linguistic space, a topic for which this article only provides some clues raised by a research that is now taking its first steps.

Fidelity and trust were naturally the Portuguese keen requirements for the Macau's official translator and the main concerns that led to the evolution of his profile over the centuries.

The probable institutionalization of the body of Macau *Jurubaças* in 1627, when the standing instructions, duties, organization and training of official translation and translators were settled, corresponds to a moment the city was losing its spontaneous nature and organizing its political-administrative bureaucratic civil structure. But Macau was also reacting to the increasing need for good interpreters able to deal with the increasing Chinese population and to negotiate with the Chinese authorities that came to be felt more acutely after the proclamation of the so-called Wanli's code① in 1612 - 1617, a first moment of integration of Macau in the Chinese Empire during the Ming②. It resulted, on the other hand, in a progressive independence from the ecclesiastical element, and namely from the Jesuits, often found deeply involved in local affairs thought they should not be considered as a monolithic group, immune to divergences, different opinions and, even, strategies③.

---

① See, K. C. Fok (霍启昌), "The Ming Debate on How to Accommodate the Portuguese and the Emergence of the Macao Formula. The Portuguese Settlement and Early Chinese Reactions," in *RC*, Macau, 1st S., Nos. 13/14, January - June 1991, pp. 328 - 344; Wu Zhiliang (吴志良), *Segredos da Sobrevivência. História política de Macau* (生存之道), Macau, Associação de Educação de Adultos de Macau, 1999, pp. 76 *et seq.* (originaly published in Chinese in 1998).

② António Vasconcelos de Saldanha, "Autoridade Imperial e Simbolística da sua Contradição —A Propósito dos Códigos de Wan Li e de Qianlong em Macau", in *RC*, Macau, 3rd S., No. 1, Janeiro de 2002, pp. 106 - 115 (http://www.icm.gov.mo/deippub/rcMagP.asp), access on 11/11/12.

③ In what referes to the Macau of this period see, Jorge dos Santos Alves, "A 'Contenda da Ilha Verde', Primeira Discussão sobre a Legitimidade da Presença Portuguesa em Macau (1621)", in *Um Porto entre Dois Impérios. Estudos Sobre Macau e as Relações Luso-Chinesas*, Macau, Instituto Português do Oriente, 1999, pp. 125 - 162 and Elsa Penalva, *A Companhia de Jesus em Macau (1515 ~ 1626)*, Lisboa, Universidade de Lisboa, 2000 (multicopied Master's dissertation) (*non vidi*).

As seen in the above quotation, even if those (or some) invested in the municipal power could at least understand the spoken Cantonese or a medley pidgin adjusted to the daily needs and to their business—what is not mentioned in our source—, they assume either their total ignorance of the language used in the Chinese courts, the Mandarin dialects, or the appropriated demanding/petitioning style.

This is the reason why I think that the linguistic competences of the *Senado* and their possible bilingualism are questions still open to discussion and deserving additional research. According to my reading, the passage of the "Regimento" quoted by Luis Filipe Barreto ① on its defense is primarily referring to the styled answers and other texts drafted by the *escrivães*, mostly written in a language that the same *Senado* admits not having even a *Jurubaça* which could deal with.

Even acknowledging that a relevant part of this excerpt is missing in the copy of the "Regimento" I've transcribed, the other available version reads:

"[...] and the answer prepared by the city's *escrivães* will be given there-through him [the Head of the *Jurubaças*] but not before it is shown to the city, for being aware of what is written.

[He] will do the same with all the required petitions, letters, and any other reports wrote in Chinese characters [made] by the same *escrivães* according to the city's instructions, and shall not be answered without knowledge of the city, and once it agrees with the answer." (*tr. auct.*) ②

How could the *Senado* exercise such control—establishing eventually a hierarchy of trust as a mechanism of control—is another question, not to be discussed here,

---

① Luís Filipe Barreto, *Macau: Poder e Saber. Séculos XVI e XVII*, Lisboa, Editorial Presença, 2006, p. 214.

② "[...] e por sua via se farà a resposta pelos Escrivaens da Cidade, e antes de a dar mostre primeiro a cidade para saber o que se escreve.

Assim mesmo farà todas as peticoens, cartas, relações e outros quaesquer papeis em letra china, que forem necessarios pelos mesmos escrivaens, conforme ao que ordenar a cidade, e não responder sem a cidade saber; e se contentar da resposta." "Anno de 1627/Regimento da Lingua da Cidade/e, dos Jurbaças menores e Escrevaens.", *BAJA*, Códice 49 – V – 8, fol. 245v, *apud FHM*, *op. cit.*, p. 379. The underline shows the excerpt omitted in the other copy of *BAJA*, Códice 49 – V – 6, fol. 458r.

but, once again, it needed to trust those which could perform such services, hoping to get their fidelity through a good money and social recognition, as to be seen later.

Generally speaking, the city required the *Língua Principal* [Head of the interpreters] to ensure the:

- Peace and security of the city;
- Benevolence of the Mandarins;
- Provisions;
- Supplies;
- Control of the prices.

In what relates to the institution's functions, apart from being expected to provide accurate and appropriate translations, according to the ritual canons and bureaucratic style, the official translators had to keep Macau informed of all relevant matters concerning the relationship with the Chinese and, of course, on China's situation, a mission that they were only able to perform through a complex network of information and espionage. Awaiting their loyalty, the interpreters were invested in the post under oath.

Simão Coelho①, which have proved capable of meddling in the Chinese political circuits to the point of seeing officially recognized his title of translator by the Chinese competent court: "a rank of the same King as his interpreter of the Portuguese, with dignity of Mandarin" ②—as he stated some years later—, was

① On Simão Coelho, see the "Regimento" in general and for the role of the interpreter in the seventeenth century Macau, Jorge Manuel Flores, "Comunicação, Informação e Propaganda: os 'Jurubaças' e o uso do português em Macau na primeira metade do Século XⅦ", in *Encontro Português —Língua de Cultura. Actas*, Macau, Instituto Português do Oriente, 1995, pp. 107 – 121, further developed in Jorge Manuel Flores, "The 'Jurubaças' of Macao, a frontier group: the case of Simão Coelho (1620s)", unpublished paper presented to the *International Colloquium on the Portuguese Discoveries in the Pacific*, University of California, Santa Barbara, October 1993 (*non vidi*).

② A "patente do mesmo Rey, com dignidade de Mandarim Língua sua dos Portugueses", "Couzas principaes, que no discurso desta jornada acontecerão entre a gente que nella vai, e o Capitam Gonsalo Teixeira Correa" [Major events happening amongst those in this journey, and the Captain Gonçalo Teixeira Correa], a Simão Coelho's account of the embassy/military expedition of Gonçalo Teixeira Correia, ca. 1630, *BAJA*, Códice 49 – V – 6, fol. 522r, translated by the author. See the following note.

eventually the first to be appointed to the post of Head of Macau's *Jurubaças*, accordingly to the "Regimento" rules and with the title he was entrusted in China. At the time of his probable appointment, the Macau *Senado* pointed out the relevance of Simão Coelho's, and his family, former services to the city, showing his deepest involvement in the military expedition to China in 1621 ①, and how that occasion helped to obtain a new status for Macau. It was in fact a successful approach to the Court of Beijing (led by the Jesuits), to limit the excessive pressure of the Guangdong authorities:

"[...] thought for trusting him due to the experience [the city] has from his former services, and to the prudence that he will use in this post, with all the allegiance that he deserves to his City as a Christian; as well as for considering how he served it well, and faithfully, with satisfaction of the Lords of the Court, in the journey he made by order of the same City to Peking with the artillerymen, in such a way that the Supreme Court of War granted him the grade of official of the King, which entrusts him with authority before the Mandarins. And that he negotiated at the Court, with the other Portuguese, a Royal Provision for this City, in which the King granted their [inhabitants] the privileges of naturals of China, according to what they must be regarded and favored in their services by the Magistrates." (*tr. auct.*) ②

---

① And surely not 1627 as pretended by J. M. Braga, "Interpreters and translators in Old Macao", paper presented to the International Conference on Asian History, University of Hong Kong, August 30-September 5, 1964, p. 3. Contextualization is provided in the classic work by Michael Cooper, *Rodrigues the Interpreter. An early Jesuit in Japan and China*, New York/Tokyo, Weatherhill, 1974, while some insights are found in Tereza Sena, "Powerful Weapons in the Service of Trade and God: Macau and Jesuit Support for the Ming Cause (1620 - 1650)", *Daxiyangguo*: *Revista Portuguesa de Estudos Asiáticos*, Lisboa, No. 15, 2010, especially pp. 192 *et seq.*

② "[...] assim por confiar de*le* pela ex*periência* q*ue* tem de seus serviços, e prudência, q*ue* fará este serviço, c*om* toda a fidelidade, q*ue* deve à sua Cidade como Cr*istão*; e membro, q*ue* dela é, como também por na jornada q*ue* fez por ordem da mesma Cid*ade* ao Pekim c*om* os artilheiros, serviu à dita Cid*ade*, bem, e fielmente c*om* satisfação dos Senhores da Corte, de mod*o*, q*ue* o Conselho Real de Guerra lhe de*u* gra*u* de *o*ficial del Re*i*, com q*ue* tem autoridade diante dos Mandarins, e na Corte c*om* os mais Portugueses negociou uma Provisão Real para esta Cidade, em que o Rei lhe dá privilégios de naturais da China; e como ta*i*s devem ser favorecidos, e tratados por se*us* serviços dos Magistrados; [...]". "Regimento do L*í*ngua da Cidade, e dos Jurubaças menores, e Escriv*ães*", *BAJA*, Códice 49 - V - 6, fol. 457v.

The *Língua Principal*, among more duties, should assist the *Procurador* of the *Senado* [Municipal Attorney] in other vital matters. The *Procurador* was the Macau's official accredited by the Chinese to deal with their authorities and the sole vehicle of official relationship between Macau's Portuguese institutions and China until the mid 19th century. He was eventually granted the grade of a junior mandarin in 1584 and, as such, regarded as a subject of the Viceroy of Canton detaining basic judicial powers over the Macau's Chinese population①. Leading the group of the *Jurubaças*, the *Procurador* much depended on them to control the shipping taxes; to deal with the growing number of Chinese leaving at the Macau peninsula and to feed and provide the city with all its material needs from rice (controlling its price) to shipping and construction materials, manpower as artisans and servants, and so on.

The "Regimento" determined that the *Língua Principal* should be assisted by one or two *Jurubaças menores* [Assistant interpreter (s)] and by two *Escrivães* [Scribes], one of them, principal.

Politically speaking, even more important than the *Língua Principal*, was the *Escrivão China Principal* [Main Chinese Scribe], a literate able to deal with the various courts and to ensure the respect of Chinese officials and Mandarins. The importance of this post is at once recognized in the "Regimento" as the "most important of all those existing among us and the Chinese"② or, in other words, as "the feet and hands of the town between us and the Chinese"③. His

---

① On that, the *Procurador* in general and the Chinese imperial authorities he dealt with see, António Vasconcelos de Saldanha, Wu Zhiliang and Jin Guo Ping, "Introduction. The 'Chapas Sínicas', the History of Macau and the Old Sino-Portuguese Relations", in 普天之下－葡萄牙国家档案馆藏清朝澳门中葡关系文献展 *Sob o Olhar de Reis e de Imperadores. Documentos do Arquivo Nacional da Torre do Tombo Relativos à Administração Luso-Chinesa de Macau durante a Dinastia Qing/Under the Eyes of Kings and Emperors. Documents on Sino-Portuguese Administration of Macao during the Qing from the National Archive of Torre do Tombo*, ed. by Henry Ma Kam Keong and Rui Manuel G. Penedo, Macau, Instituto Para os Assuntos Cívicos e Municipais/Civic and Municipal Affairs Bureau and Instituto Português do Oriente/Portuguese Institute of the Orient, 2004, pp. 41－52.

② "*é* o de mais importância de quantos *há* entre nós, e os Chinas;" *BAJA*, Códice 49－V－6, fol. 460v, translated by the author.

③ "e *ele* é os pés; e mãos da Cidade entre nós, e os Chinas", "Regimento do Lingua da Cidade, e dos Jurubaças menores, e Escrivães", *BAJA*, Códice 49－V－6, fol. 461r, translated by the author.

preeminence arises from the fact that the *Escrivão* was the sole answerable to all Chinese courts, major and minor, from what depended the maintenance of the city and the conservation of trade—including food supply for the inhabitants of the peninsula with no alimentary autonomy—, i. e. , the ability to negotiate the political and the trading status as well as the subsistence of Macau.

Being ultimately the one responsible for drafting the entire city's official documents in the Chinese language, form and style, he was requested to defend condignly the demands of the city in order to ensure Macau's authority and prerogatives①.

Knowledgeable of the bureaucratic network, the procedure and ceremonial of the Chinese empire, it is in the hands of the *Escrivão Principal* that the city puts the development of a "combat bureaucracy", to use a fortunate expression of Jorge Flores②, who also involved a careful organization and encoding of information, including the setting and passage of the oral text to the written text.

For this reason the scribe was also the one in charge of the *Cartório* of the Chinese documents of the *Senado*, including, among others:

a) the Chinese *chapas*③ [chops] and their translations; the drafts, official letters and answers produced by the *Senado* that, once translated into Chinese, would be sent to the imperial authorities;

b) the documentation in Chinese or Portuguese, produced by the *Procuratura* about all sorts of matters relating to the Chinese population of Macau; and to the commercial, political and diplomatic relations with the Chinese. It comprehended as well the encoding of the experience, learning and knowledge in "*assuntos sínicos*" [Chinese matters]④ .

---

① "Regimento do Lingua da Cidade, e dos Jurubaças menores, e Escrivães", *BAJA* Códice 49 – V – 6, fols. 461r – v, translated by the author.

② Jorge Manuel Flores, "Comunicação, Informação e Propaganda: os 'Jurubaças' e o uso do português em Macau na primeira metade do Século XVII", in *Encontro Português —Língua de Cultura. Actas*, Macau, Instituto Português do Oriente, 1995, pp. 107 – 121, 114.

③ *Ditema: Dicionário Temático de Macau*, dir. Rui Martins *et al.* , Vol. I, Macau, Universidade de Macau, Faculdade de Ciências Sociais e Humanas, 2010, pp. 304 – 307.

④ For more on that see Tereza Sena, Archives of the *Senado's Procuratura* and the Codification and Translation of Chinese Documents", in the press.

Regarding the *Cartório* of the *Procuratura* of the *Senado*, what interests us to emphasize here is that the "Regimento" is instructive about the functions of compiling, recording and codification of Macau's Chinese regulating texts to ensure the:

· Access to information for future use, i. e.: capacity of response, negotiation, claim and propaganda;

· Intellectual and material effectiveness in the production of response;

· Recording of "Chinese matters", as well as codification of conventions and diplomatic ceremonial.

The text under analysis is excellent to exemplify the use of such information for that "combat bureaucracy." For more than once, the "Regimento" emphasizes the need of keeping the Chinese official records of Macau and the effort to be made in obtaining those missing in the *Cartório* of the city, stressing also the importance of encoding all knowledge, experience, occasional or not. It even requests the *Escrivão* "to obtain and keep a sample of the stick with which the Requici[①] measures the vessels, and a memory of what is paid by each of them according to the said measure of length and width." (*tr. auct.*)[②]

① This word doesn't offer a clear reading neither a uniform spelling resulting in different paleographical transcriptions from "Requivi" in my first transcription, to "Requici" in Penalva and Lourenço's one, which seems me the most correct. J. M. Braga, "Interpreters and translators in Old Macao", paper presented to the International Conference on Asian History, University of Hong Kong, August 30 – September 5, 1964, transcription oscillates between "Requisi" (p. 6) and "Riquici" (p. 7), though the latter is certainly a typing error. As for the meaning, it refers to the individual tasked by the *Haidao* or Mandarin of Xiangshan to measure the ships on which was estimated the corresponding tax to be paid to the Chinese customs. The term "Requici" is probably a corruption of Chinese word "Keji" (official broker of the visiting dealers), in the opinion of Jin Guo Ping to whom I thank the suggestion. In fact, the *Keji* and the *Kegang* (official agent of the visiting dealers) were the mediators appointed by the Chinese authorities to negotiate with the merchants of Macau, being often identified as the representatives of the Chinese merchant's interests. For more on those officials, refer to António Vasconcelos de Saldanha, Wu Zhiliang and Jin Guo Ping, "Introduction. The 'Chapas Sínicas', the History of Macau and the Old Sino-Portuguese Relations", in 普天之下 - 葡萄牙国家档案馆藏清朝澳门中葡关系文献展, p. 46。See *infra*。

② "E procurará haver, e guardar uma Vara com que o Requici mede os Navios, e lembrança do que se pagar conforme a dita medida de cada um conforme ao comprimento, e largura." "Regimento do Lingua da Cidade, e dos Jurubaças menores, e Escrivães", *BAJA*, Códice 49 – V – 6, fol. 462v.

More, the perception of the weight of written culture and proceeding in the logic of the Chinese bureaucracy means that the weapons that the men of Macau bear to the Canton fairs① were precisely the documents ensuring them previous access to it, the *seguros* [warranties], to be updated in case of any change or alteration. Thus, "once finished the trade fair, the mentioned *seguro* shall be retrieve to be kept at the *Cartório*. All of them, referring to the different years, shall be tied together and taken by the Captain to the fair for clarifying any doubts that may arose, serving as a proof on the manner it shall be issued. This is because the *Aitaos*② are often replaced and not being knowledgeable about what occurred in the past they sometimes doubt in issuing them the *seguros*". (*tr. auct.*)③

The same is true with regard to the aforementioned measuring of the vessels, their dispatch and other taxes, fees, practices and "other obligations that in this exist. The Captain of the fair, or the elected [for Canton]④, shall carry a book relating to the fairs to instruct themselves by it, because the [regulations] are

① For more details on the so-called *feira de Cantão* see, *Ditema: Dicionário Temático de Macau*, dir. Rui Martins *et al.*, Vol. Ⅰ, Macau, Universidade de Macau, Faculdade de Ciências Sociais e Humanas, 2010, Vol. Ⅱ, 2011, pp. 573 - 575.

② Referring to the *Haidao*, an abbreviation of *Haidaofushi*, the Sub-commissar of the Judicial Administration for the Circuit of the Maritime Inspection with costumes, defense and jurisdiction functions over the sea people in delimited coastal areas also responsible for contacts with and control of the foreigners, appearing with different designations in the Portuguese sources such as "Aitau", "Aitão", "Aitan", "Haitao" e "Haitão", among others. For more refer to António Vasconcelos de Saldanha, Wu Zhiliang and Jin Guo Ping, "Introduction. The 'Chapas Sínicas', the History of Macau and the Old Sino-Portuguese Relations", in 普天之下－葡萄牙国家档案馆藏清朝澳门中葡关系文献展, pp. 46 - 47。

③ "E acabada a feira se recolherá o dito seguro, e se guardará no Cart*ó*rio, andando todos os de todos os a*n*os cozidos juntos para quando se vai *à* feira o Capitão de*l*a os levar para as d*ú*vidas que ocorrerem, e para testemunho de ser passados naque*l*a forma, por os Aitaos se trocarem; e não saberem o que passou, e duvidarem *à*s vezes em passar o seguro." "Regimento do L*i*ngua da Cidade, e dos Jurubaças menores, e Escriv*ã*es", *BAJA*, Códice 49 - Ⅴ - 6, fol. 462v.

④ Mention to the so called "elected for Canton," referring to about thirty residents chosen from the local oligarchy to visit the Canton fairs negotiating on behalf of all other residents of Macau, a practice that began to be controlled by the *Senado* in the late sixteenth century. For more see, Jorge Flores, "The Portuguese Chromosome. Reflections on the Formation of Macao's Identity in the Sixteenth and Seventeenth Centuries", in *Revista de Cultura/Review of Culture* (hereafter *RC*), Macau, 3rd S., International Edition, No. 3, July 2002, pp. 89 - 90.

always changing, and new habits are added." (*tr. auct.*)①

The "Regimento" presents a perfect system of codification and control of the information in service of the defense and consolidation of the status of Macau so hardly garnered from the Ming Court, furthermore when the residents were to deal with their new condition of *filhos* [sons] and *naturaes da China* [China born] obtained in 1623② and were preparing a new military expedition on succour of the falling Ming.

So perfect, almost ideal, and denoting an archivist culture probably hardly found among the *Senado*'s members, that allows me to wonder not only about its complete implementation but also to admit the hypothesis of the collaboration of the Jesuits, perhaps of Father João Rodrigues, *Tçuzu*, S. J. (ca. 1561 - 1633) ③ in the drafting of the "Regimento". By one side, we know④ of Rodrigues' involvement in the affairs of the city at the time; his trading experience as a Jesuit *Procurador* (ca. 1622 - 1627) and his frequent presence in the Canton fairs. On the other hand, Rodrigues should have at least deeper knowledge of the Japanese aforementioned probable inspiring models of the Macau's translation office due to his large experience as interpreter and commercial agent to some Japanese daimyôs (princes). In what relates to the China's system, the priest could have gathered information during his extensive study trip in the empire in 1613 - 1615, but the Chinese system was surely well-known of Simão Coelho.

The partnership Simão Coelho/João Rodrigues that posterior evidences prove to

① "e as *demais* obrigaçães que nisso há, para o Capitão da feira, ou Eleitos levarem um livro disto para se regerem por ele, porque cada dia vão alterando; e metendo costumes novos." "Regimento do Lingua da Cidade, e dos Jurubaças menores, e Escrivães", *BAJA*, Códice 49 - V - 6, fol. 462v.

② "Anno de 1623. Treslado de *uma* provisão do Supremo Tribunal da guerra da Corte de Pekim, para o Tutão de Cantão de alcunha Hu a qual se despachou aos 20 de Novembro de 1623" [Year of 1623. Transcript from a Provision of the Supreme Court of War of the Peking Court to the *Tutão* of Canton known as Hu, issue in November 20th 1623], translated from the Chinese into Portuguese by the Jesuit Niccolò de Longobardo, *BAJA*, Códice 49 - V - 3, fols. 73r - 74r.

③ For a brief English on-line bio-bibliography of the missionary, refer to Claudia von Collani, *Stochastikon Gmbh* (http://encyclopedia.stochastikon.com), access on October 2012.

④ Michael Cooper, *Rodrigues the Interpreter. An early Jesuit in Japan and China*, New York/Tokyo, Weatherhill, 1974, *passim* and Tereza Sena, "Powerful Weapons in the Service of Trade and God: Macau and Jesuit Support for the Ming Cause (1620 - 1650)", *Daxiyangguo: Revista Portuguesa de Estudos Asiáticos*, Lisboa, No. 15, 2010, pp. 228 - 237. For some first hand sources to the years 1620 and especially 1625 refer to *FHM*.

have been very active in the management of information, propaganda and memorial texts in defense of Macau's status might have dealt a relevant part in the drafting of the "Regimento" for the *Senado*. Apart from the needs resulting from the local experience on dealing with Macau's daily, commercial and political life, the city was equipping itself for a "combat bureaucracy" preventing what could arise during the course of a new step on Macau's approach to the imperial Court, i. e., the military/diplomatic expedition of Gonçalo Teixeira Correia① of 1628 – 1632, on request since at least 1627②.

Further research is to be done on that but I keep my opinion that what we have on hands might eventually not be either a final document③ or an official one. Unfortunately, the *Senado*'s original records for that period are lost and, as far as I know, no authentic copy was found, or even, a reference to that "Regimento" exists in the coeval assents of the *Senado*④.

In any case, I'll introduce here the ideal profile of those who could serve the Macau's *Senado* in all this mediation process according to the "Regimento".

V The Profiles of the *Língua Principal* and of the *Escrivão Principal*

But who where those city's translators, namely the *Língua Principal* and the

① Tereza Sena, "Powerful Weapons in the Service of Trade and God: Macau and Jesuit Support for the Ming Cause (1620 – 1650)", *Daxiyangguo: Revista Portuguesa de Estudos Asiáticos*, Lisboa, No. 15, 2010, pp. 200 – 6, 228 – 237.

② Huang Yi-Long, "Sun Yuanhua (1581 – 1632): A Christian Convert Who Put Xu Guangqi's Military Reform Policy into Practice", in *Statecraft and Intellectual Renewal in Late Ming China: the cross – cultural synthesis of Xu Guangqi (1562 – 1633)*, ed. by Catherine Jami, Peter M. Engelfriet, Gregory Blue, Leiden/Boston/Köln, Brill, 2001, p. 237. Translated by Peter Engelfriet. There is an electronic version of the full article found at (http: //ylh. theweb. org. tw/uploadfiles/paper 77_ 2. pdf), access on 18/07/10.

③ It omits for example the amount of the salary of the Head of the *Jurubaças*, what may imply that the issue was still under negotiation although Simão Coelho's appointment as *Língua Principal* has been made previously. Independently of not being determinant for this issue, no one was also appointed for the two posts of Assistant Scribe and for one of the two Assistant Interpreters. Further research is required in this regard.

④ J. M. Braga, "Interpreters and translators in Old Macao", paper presented to the International Conference on Asian History, University of Hong Kong, August 30-September 5, 1964, p. 2, statement that the copy of the "Regimento" "was transcribed by the Jesuits from the original then to be seen in the Municipal Senate at Macao" and that "the original in the Senate has disappeared", being plausible, is abusive because there is no evidence proving that.

Escrivão Principal?

The "Regimento" deserves them to be faithful, competent and able of honoring Macau, and requires the *Língua Principal* to be a Christian, honest and "respectable, like a person of standing"①, avoiding "the company of persons of law degree or those who misbehave"②. That source is most useful in drawing a bit of the personal history of Simão Coelho, a Chinese Catholic from China, married and living in the city, from a family of *jurubaças* which father and brother died in Canton when serving Macau③, what brings some light to the background of those individuals that we may accept as a probable paradigm of the first generations of official translators in Macau. I'll not develop it in detail as Jorge Flores④ has already comprehensively drafted the main characteristics of the group, but I'd like to add something about the *Escrivão*'s profile.

To be faithful and literate were understandably two mandatory requirements of

---

① "Regimento do Lingua da Cidade, e dos Jurubaças menores, e Escrivães", *BAJA*, Códice 49 – V – 6, fol. 459r. Here, I've followed J. M. Braga's translation, "Interpreters and translators in Old Macao", paper presented to the International Conference on Asian History, University of Hong Kong, August 30-September 5, 1964, p. 6.

② "Regimento do Lingua da Cidade, e dos Jurubaças menores, e Escrivães", *BAJA*, Códice 49 – V – 6, fol. 459r. Here, I've followed J. M. Braga's translation, "Interpreters and translators in Old Macao", paper presented to the International Conference on Asian History, University of Hong Kong, August 30-September 5, 1964, p. 6.

③ Miguel Monteiro, the father, was a Christian and honorable *Escrivão* of the *Senado* and the brother, Jerónimo Monteiro, probably an interpreter, but there are others such as Inácio and João Coelho that may be related to the same family. Vd. "Regimento do Lingua da Cidade, e dos Jurubaças menores, e Escrivães", *BAJA*, Códice 49 – V – 6, fol. 457v and Jorge Flores, "Comunicação, Informação e Propaganda: os 'Jurubaças' e o uso do português em Macau na primeira metade do Século XVII", in *Encontro Português —Língua de Cultura. Actas*, Macau, Instituto Português do Oriente, 1995, pp. 111 – 113, among others.

④ Jorge Manuel Flores, "The 'Jurubaças' of Macao, a frontier group: the case of Simão Coelho (1620s)", unpublished paper presented to the *International Colloquium on the Portuguese Discoveries in the Pacific*, University of California, Santa Barbara, October 1993 (*non vidi*), and Jorge Manuel Flores, "Comunicação, Informação e Propaganda: os 'Jurubaças' e o uso do português em Macau na primeira metade do Século XVII", in *Encontro Português —Língua de Cultura. Actas*, Macau, Instituto Português do Oriente, 1995, pp. 111 – 113. Elsa Penalva also developed the issue in her paper, "Mercadores, Jesuítas e Jurubaças em Macau (c. 1600 – c. 1650) presented to the Colóquio Internacional "MACAU – Passado e Presente", held in Lisbon, Centro Científico e Cultural de Macau, 15 – 17 October 2012, but I'm not aware of the details.

a candidate to the post but, in what concerns religion, the text oscillates between saying that the *Escrivão* must be a Christian and pointing it as a condition of preference while admitting the possibility of hiring a non-Christian thought the first was, naturally, the most desirable situation. The "Regimento" of the *Língua* of the city reads: " [He] will have under him two Escrivães of this City, faithful people, and, wherever possible, Christians,"① but in the "Regimento" of the *Escrivão* it is said: "This office of the Chinese *Escrivão*, literati, Christian, and faithful, is the most important of those existing among us, and the Chinese"②.

Other sources confirm that it was not easy to find a literate in the city, or at least a man with such profile available to perform such a dangerous task, "what it can not be done by everyone,"③ as explained in the "Regimento". The text presents the advantages of having a good *escrivão*, the menaces they faced to make an earning as such, the care that the city should have to protect them and, naturally, how they must be generously paid and honored.

"For the City, to have such a *Escrivão*, paying him very well, and dealing with him with honor and favor on the trips, for having him thankful, and faithful, because the City saves much if he does what he should regarding that [the *Escrivão*] is much hated by the Mandarins, and his *Escrivães* and Ministers, to whom he often touches in the petitions, as well as the Queves④. In fact, they do

① "Terá dous Escrivães da Cidade pessoas fiéis, e quanto fôr possível Cristãos;" "Regimento do Lingua da Cidade, e dos Jurubaças menores, e Escrivães", *BAJA*, Códice 49 - V - 6, 2008, fol. 458r. Translated by the author.

② "Este ofício de Escrivão China letrado, Cristão, e fiel, é o de mais importância de quantos há entre nós, e os Chinas;" "Regimento do Lingua da Cidade, e dos Jurubaças menores, e Escrivães", *BAJA*, Códice 49 - V - 6, fol. 460v. Translated by the author.

③ "o que não pode fazer qualquer," "Regimento do Lingua da Cidade, e dos Jurubaças menores, e Escrivães", *BAJA*, Códice 49 - V - 6, fol. 461r. Translated by the author.

④ Word apparently derived from the Malay *kiwi*, with the Chinese etymology *Kuai*, meaning broker, and commercial partner. The "queve", which also appears in the Portuguese documents in the form of "quene" was the main trading partner of the Macau merchants, which often provided them credit and transport in their vessels. I am grateful for Jin Guo Ping's help on this. See also J. M. Braga, "Interpreters and translators in Old Macao", paper presented to the International Conference on Asian History, University of Hong Kong, August 30-September 5, 1964, n. 8, p. 3.

not wish the Portuguese to have anyone who could guide them, and so they wish to finish with the *Escrivão* if they can, as they did with the others, father, and son, who died in prison. And there is no one to take on this post, unless he will do the will of the Mandarins, and his Ministers and that of the Queves, betraying the City; as those in office so far have done." (*tr. auct.*) ①

Regarding the difficulties found in their recruitment—and it shall be noted that at least in that period they were almost all China-born and educated individuals—, the city had to hire, from time to time, non-Christian *escrivães*. Particularly interesting is one situation occurred in 1751 when the Catholic General Vicar, against all the rules, allowed the Chinese *Escrivão*, non-Christian, to live in the same house of the *Jurubaça* of the *Senado*, presumably a Christian, with the strict condition that the first must abstain of doing *pagodices*, i. e., to practice his own cults, "or any public act of idolatry which causes scandal". (*tr. auct.*) ②

On the other hand, to be a Christian or to belong to a Christian family was not mandatory for the choice of four or five lads to be bought by the *Senado*, almost probably in China, and trained by the *Escrivães* as future *jurubaças*:

"Try to have four or five featured boys, of good parts, initiated in the Chinese letters, that their own and true Parents want to sell to the City for having them. The *Escrivães* will teach them the Chinese letters and books, and their laws and customs, to become obliged to be *Jurubaças* of the City, and they will start by

① "Para a Cidade ter *um* tal Escrivão, *pagando-lhe* muito bem, e *tratando-o* com honra, e favor, nas viagens, para com isso o terem obrigado, e ser fiel porque *forra-se* muito por sua via se faz o que deve, por que o tal [*Escrivão*] *é* muito odiado dos Mandarins, e de se*u*s Escrivães, e Ministros, em que toca muitas vezes nas petições, e dos Queves, porque dezej*am* que os Portugue*s*es não tenh*am* quem os encaminhe, e assim dezej*am* acabar o tal Escrivão se p*u*dessem, como j*á* fizer*am a* outro [,] pai e filho, que morrer*am* no tronco; e não se acha quem queira servir este of*í*cio, salvo se fizer a vontade aos Mandarins, e aos se*u*s Ministros, e aos Queves, vendendo a Cidade; como o fazem de ordin*á*rio os que até agora houve", "Regimento do Lingua da Cidade, e dos Jurubaças menores, e Escriv*ã*es", *BAJA*, Códice 49 – V – 6, fol. 461r.

② "acto de Idolatria publico, q' cauze escandalo", "Resposta do Vigr. ° G. al a Carta assima", Macau, March 1, 1751, *apud AM*, 3rd S., Macau, Vol. Ⅶ, No. 1, Janeiro de 1967, p. 33.

serving in minor issues, etc. " (*tr. auct.*)①

One may argue that those boys could be Christianized later and would to enter Macau's Portuguese society, however what is praised in the "Regimento" is their Chineseness, not their acculturation.

More could be said on the *Escrivão's* duties comprehending the evaluation of the practical results of such system of training and their reproduction②; the *Escrivão's* relations with the city and with the Chinese authorities found in abundant historical episodes but space and time limitations prevent us to go further.

Ⅵ Conclusion

The Chinese *Escrivão* is the keen person in the official translation linking Macau to the Chinese authorities and institutions and, most probably also of great relevance to the opening (and, eventually, to the closing) of channels of information and influence within the Chinese bureaucratic and political circles, with all the advantages and dangers that it could carry to him and to the city.

That figure of the literate and advisor would remain until our own time inside Macau public administration as the *letrado*, the true expert of the language and the ceremonial, if not the key binding element. In the civil, legal and political sphere we also find the Chinese *conselheiros* [advisors], a body of Chinese residents, holders of economic power, but also emerged from the clan, corporative and associative structure characteristic of the local Chinese community, acting in

① "Procure haver quatro, ou cinco meninos de feição, e boas partes, que tenham princípios das letras Chinas, que seus próprios, e verdadeiros Pais queiram vender, para a Cidade os ter, e os Escrivães os vão ensinando as letras, e livros dos Chinas, e suas Leis, e costumes, para serem Jurubaças da Cidade com obrigação, e irem começando a servir em couzas pequenas etc. ", "Regimento do Lingua da Cidade, e dos Jurubaças menores, e Escrivães", *BAJA*, Códice 49 - V - 6, fol. 459r.

② This corporative model would to subsist in Macau until the 20th century. See Tereza Sena, "Contributos para um Perfil do Intérprete-Tradutor na Macau de Meados do Século XIX aos Inícios do Século XX", in *Para a Historia da Tradução em Macau*, ed. by Li Changsen e Luís Filipe Barreto, Lisboa, Instituto Politécnico de Macau/Centro Científico e Cultural de Macau, I. P., 2013, pp. 115 - 148.

Macau, representing another group of mediators that Western historiography has paid little attention.

Ultimately reflecting the ambivalent status of the city, all this men, literati and *conselheiros*, were always present in Macau's circles of power and influence and did not necessarily had *to pass the frontier*. They could keep their Chinese identity, scholarly status and dignity, assuring their local representation, having been probably much more influent and powerful that what is shown by the Western historical narrative. How they were envisaged from the Chinese side, which individuality they assumed when dealing with the imperial bureaucratic circles and the Chinese networks, are other relevant points for future discussion.

Aiming to have somehow shown that Macau's Chinese official interpreters and scribes deserve to be identified and better studied, exploring their eventual dual identity and discussing some historigraphical stereotypes, I challenge our Chinese colleagues devoted to the Macau studies to share with us their indispensable contribute to the topic.

澳门外来军人婚姻研究

晏雪莲[*]

一　澳门外来军人概况

澳门开埠初期，在葡萄牙东方帝国的建制中，地位仅仅是一个商站(feltona)："商站职能主要是商业性的，目的是保障王室的利益，创造必要的条件和机会来促进贸易。商站同时具有或强或弱的军事职能，但注重尊重当地的风俗习惯，维持与当地人的睦邻友好关系，并与其他商站在同一贸易网中共同运作、相互补充。"[①] 作为商站，驻军情况的资料并不完全，"自1557年至第一任澳门总督马士加路也就职的1623年，这个城市的港务工作总是与日本航线联系在一起，因此，军事防务由派驻的士兵担任。澳门极少有没有军人的时候。由于来往的船只不断，因此，尽管这只是一支小型部队，但是其人数的还是常常变化的"[②]。早在葡人在南洋香料群岛一带活动的时候，就会在一些主要岛屿派驻军队，尽管人数并不是很多。"大部分王国军人是在欧洲招募的志愿兵，他们必须在东方服役若干年，参加某些远征军三年，其他行动七年或八年。"[③] 1564年，在同清朝政府共同清剿海盗的战斗中，参战的葡萄牙人共300名[④]。1568年，亦有50个葡萄牙人和当地

---

* 晏雪莲，澳门大学历史系博士候选人。

① 吴志良：《生存之道》，澳门成人教育学会，1999，第50页。

② Manuel A. Ribeiro Rodrigues：《澳门的军事组织和军服四百年》，澳门文化司署，1999，第177页。

③ Manuel A. Ribeiro Rodrigues：《澳门的军事组织和军服四百年》，澳门文化司署，1999，第199页。

④ 罗理路（R. M. Loureiro）：《澳门寻根》附录文献之九若奥·德·埃斯科巴尔《评述》，第116页；俞大猷：《正气堂集》（卷15）《集兵船以攻叛兵》。

基督教徒及他们的奴隶助清廷灭海盗曾一本[①]。1609 年 4 月，葡印总督再次任命费尔南多·梅内塞斯为中国及日本巡航首领，该船队有 6 艘大黑船，2 艘桨帆船，1 艘双桅船及 750 名士兵[②]。

1601 年 9 月 27 日，三艘荷兰武装商船进攻澳门，这让葡人意识到在澳门建立军事防御体系的重要性。1615 年（万历四十三年）3 月 21 日，菲利浦三世致信葡印总督称："朕决定，派王室贵族罗伯斯·卡拉斯科（Francisco Lopes Carrasco）前往澳门出任兵头兼王室大法官，他的任职与中国及日本巡航首领是否在澳门无关，也不隶属于他们当中任何人；他将完全按照朕的意志行事，其首要任务是负责澳门的防御工事。"[③] 1623 年 3 月 13 日，葡属印度海外殖民地委员会决定，应该为澳门任命总督，令其负责军事防务，使澳门建立起良好的秩序，以便对付敌人在那里可能发动的任何进攻[④]。阿曼多·安东尼奥的《澳门军事组织》一书称："委派有 200 士兵的步兵连用以抵御敌人。这个城市建立了第一个军事组织：要塞。"[⑤] 根据其他材料可知，澳门首任总督弗兰西斯科·马士加路抵达澳门时带来 100 名士兵[⑥]。据《澳门的军事组织和军服四百年》称："当时葡萄牙人的连队由 125 名士兵组成，分成 5 个排，其中有 6 名滑膛枪手、40 名长矛手和 25 名火枪手。"[⑦] 与此同时，菲律宾总督也派往澳门两连步兵，其中有上尉和其他军官，由唐·费尔南多·达席尔瓦率领[⑧]。由是可见，澳门第一次建立正式的军事组织时，士兵人数为 325 名左右，其中有近 300 名士兵为外来士兵。1634 年前后，澳门要塞有了城市附近的 2 座炮台和 4 个兵营，驻军可征用的居民有 150 名欧洲士兵、850 名已婚的欧洲人和他们的子女、大约

---

① 吴志良、汤开建、金国平《澳门编年史》（第 1 册），广东人民出版社，2010，第 146 页。

② Manuel Teixeira, *Macau no Séc. XVI*, Macau: Direcção dos Serviços de Educação e Cultura, 1982, p. 16.

③ *Documentos Remetidos da índia ou Livros das Monções*, Vol. 3, p. 332；转引自吴志良、汤开建、金国平《澳门编年史》（第 1 册），广东人民出版社，2010，第 338 页。

④ C. R. Boxer, *Fidalgos in the Far East (1550 - 1770)*, Netherlands: MARTINUS NIJHOFF, 1948, pp. 93 - 94.

⑤ Armando António Azenha Cação, *Unidades Militares de Macau*, Imprensa Oficial de Macau, 1999, p. 15.

⑥ Manuel Teixeira, *Macau no Séc XVI*, Macau: Direcção dos Serviços de Educação e Cultura, 1981, p. 39.

⑦ Manuel A. Ribeiro Rodrigues：《澳门的军事组织和军服四百年》，澳门文化司署，1999，第 201 页。

⑧ 雷戈：《澳门的建立与强大记事》，《16 和 17 世纪伊比利亚文学视野里的中国景观》，大象出版社，2003，第 200 ~ 201 页。

800名本地基督徒和约5000名武装的奴隶。1638年，澳门有许多贵族、1名少校、1名炮兵上尉和3名步兵上尉。每一名士兵的月薪是6个雷依斯，按时支付的军饷使他们可以体面地生活[①]。1642年，澳门有5000名奴隶，有2000名火枪手[②]。1648年，根据果阿的记录，这个城市有100~120名士兵，在这苦难的两年里，是由富人供给军需的[③]。1667年，果阿派遣了50多名（印度）兵和出使清廷的使节。军事组织包括120名步兵，1名上尉、1名陆军中尉，1名中士[④]。1681年巴达维亚称澳门有150名士兵驻防[⑤]。1683年，果阿派遣更多的士兵，以补充澳门缺乏葡裔的人口[⑥]。

1707年11月15日，若奥五世颁布新的军规，用团的建制取代古代的步兵团和骑兵队。澳门确立了步兵建制：每个团由12个连组成，其中包括1个投弹手连。每个连有1名上尉、1名中尉、1名少尉、2名军士、4名上等兵、2名鼓手和44名士兵，每一个团还增加了3名高级军官：1名上校、1名中校和1名少校[⑦]。1735年，设立了作为步兵作战单位共有600名士兵的营级建制[⑧]。

虽然从建制来看，此时澳门驻军人数较多，但实际上由于清初的海禁及同菲律宾和马六甲贸易的切断，澳门社会经济每况愈下，澳门军人数量亦越来越少，且士兵的处境悲苦。雍正十一年（1733），澳门主教贾修利回复澳督阿马拉尔·梅内塞斯的咨询时说：

> 这样做有悖于为我主国王效劳，因为任何一个商业国家一旦与葡萄

---

① Manuel A. Ribeiro Rodrigues：《澳门的军事组织和军服四百年》，澳门文化司署，1999，第179页。

② Manuel Teixeira, *Macau no Séc XⅥ*, Macau: Direcção dos Serviços de Educação e Cultura, 1981, p. 76.

③ Armando António Azenha Cação, *Unidades Militares de Macau*, Imprensa Oficial de Macau, 1999, p. 16.

④ Armando António Azenha Cação, *Unidades Militares de Macau*, Imprensa Oficial de Macau, 1999, p. 16.

⑤ Armando António Azenha Cação, *Unidades Militares de Macau*, Imprensa Oficial de Macau, 1999, p. 203.

⑥ Armando António Azenha Cação, *Unidades Militares de Macau*, Imprensa Oficial de Macau, 1999, p. 16.

⑦ Manuel A. Ribeiro Rodrigues：《澳门的军事组织和军服四百年》，澳门文化司署，1999，第190页。

⑧ Manuel A. Ribeiro Rodrigues：《澳门的军事组织和军服四百年》，澳门文化司署，1999，第192页。

牙开战，都会轻而易举地占领澳门；该市大部分市界敞开，防卫人员太少，仅有80多名士兵守卫着三座大炮台、两座小炮台和一个堡垒；所有来这里贸易的国家都渴望占有澳门，为此，他们不惜送给中国人数以千计的钱；把这里作为坏人的巢穴，把奴隶们带走，不会反对保留澳门[①]。

1741年4月15日，葡萄牙海外管理委员会命令葡印总督提供有关澳门各炮台的情况。葡印总督在复信中称：

澳门市的炮台、防卫、军火和卫队均处于再糟不过的地步，因为这座无遮拦的城市靠的是四座炮台、二座堡垒和三座称为要塞的房子。任何一座都没有水源；圣保禄炮台是最大的一座，多少年前它曾经有一个积水池，但早已成为废墟，均因无人修缮而落到今天的地步。所有这些建筑由七名兵头、四名少尉、七名军曹守卫。在这些人中，必须抽出一小部分人兼管总督官邸，以应付急需，负责夜间巡逻，防止任何突发事件。每座炮台只有十六名士兵、一位兵头和一名少尉军官及一名军曹[②]。

《澳门的军事组织和军服四百年》一书称当年的兵力为："炮台防务、装备和守军的状况极端恶劣，因为城市是开放的，其防务依靠的……所有这些军事设施的守军是七名上尉、四名少尉、七名军士和一百多名士兵。"[③]

1769，英国人威廉·希基（William Hickey）抵达澳门时在日记中生动地描写了当时士兵的悲惨生活：

岸上有一座造得很糟糕的葡人炮台，我看见上面有几个脸色灰暗，衣不蔽体，明显半饥不饱的人，身穿蓝色的破旧上衣，肩上扛着滑膛枪，这些可怜虫竟有"兵士"的美称？不仅人，四周的一切都显出极

① 施白蒂：《澳门编年史：16～18世纪》，澳门基金会，1995，第120页。

② 施白蒂：《澳门编年史：16～18世纪》，澳门基金会，1995，第129页。

③ Manuel A. Ribeiro Rodrigues：《澳门的军事组织和军服四百年》，澳门文化司署，1999，第195页。

端贫穷和凄凉的景象[①]。

1783 年，葡萄牙海事暨海外部部长玛律丁略·卡斯特罗（Martinho de Melo e Castro）在澳门推行政府改革计划时，澳门的兵力仍十分薄弱："79 名士兵，8 名中士，2 名鼓手。"[②] 1784 年，澳门的驻军和警察被来自印度的一个有 150 列兵的正规营代替，他们接替了当时由 80 名澳门土生人组成的驻军。这个营就是后来的澳门警察部队，同时担负着澳门的防务[③]。1794 年，马戛尔尼使团副使老乔治·斯当东抵达澳门后称："在澳门有 300 名黑人或黑白混血儿的士兵。同士兵数目比起来，军官的比例数非常大。"[④] 1809 年，为了抗击海盗张保仔，葡印总督派遣 180 名葡人士兵来澳，当时澳门有 120 个土生的葡人士兵[⑤]。

1810 年，葡萄牙颁布了成立摄政王营保卫澳门城的敕令。400 多名士兵入营，作为澳门驻军。同时法令还明确规定：摄政王营不但有王国的士兵，同样也有澳门土生人。该营设 4 个连，2 个连驻扎在红窗门税馆，2 个连驻扎在大炮台[⑥]。道光十四年（1834）《广州将军哈丰阿等奏报查明澳门炮台各情形折》称："其炮兵原设 480 名，嗣因经费不足，裁汰 240 名。又头目兵总 50～60 人，炮兵分守炮台，每日早晨或鸣鼓换班，或开放鸟枪，并非终年训练。"[⑦] 龙思泰所记与卢坤所查情况一致："澳门葡国驻军人数为 240 人及相应数目的军官。士兵月薪 6 元，每两年发一次新军服。军官依其资历发薪。他们担负着守卫 5 座炮台、总督府对面附近 1 座炮台的任务。防御设施包括 130 门口径不一、由不同金属铸造的大炮。"[⑧] 次年，据当时的人口

① 詹姆士·奥朗奇（James Orange）编著《中国通商图：17～19 世纪西方人眼中的中国》（第 7 节）《澳门》，北京理工大学出版，2008，第 197 页。

② 吴志良：《生存之道——论澳门政治制度与政治发展》，澳门成人教育学会，1998，第 99 页。

③ Manuel A. Ribeiro Rodrigues：《澳门的军事组织和军服四百年》，澳门文化司署，1999，第 195 页。

④ 〔英〕斯当东：《英使谒见乾隆纪实》，叶笃仪译，商务印书馆，1963，第 521～525 页。

⑤ 参见高美士《张保仔船队的毁灭》，《文化杂志》1987 年第 3 期。

⑥ Eduardo A. Veloso e Matos, *de Macau*, Macau, 1999, pp. 39－40.

⑦ 中国第一历史档案馆、暨南大学古籍所编《明清时期澳门问题档案文献汇编》（第 2 册）《广州将军哈丰阿等奏报查明澳门炮台各情形折》，人民出版社，1999，第 267 页。

⑧ 〔瑞典〕龙思泰：《早期澳门史》，吴义雄等译，东方出版社，1997，第 79 页。

统计，兵力没有变化，总数为 300 人[①]。

为了实现管治澳门的目的，1845 年 11 月 13 日，葡萄牙王室颁布法令，重组澳门驻防部队，正式命名为“澳门炮兵营”，原有的“摄政王炮兵营”及“炮兵中队”撤销。新成立的澳门炮兵营，由 4 个炮兵中队、参谋部和管理委员会组成。参谋部由 1 名中校（营指挥官）、1 名少校（副指挥官）、1 名副官、1 名参谋、1 名随军教士及 1 名外科医生组成；管理委员会由 1 名中士副官、1 名中士参谋及 1 名司号长组成；4 个中队共有 317 名军人。在炮兵营中还开办了 1 所初级学校，由随军教士负责管理。还设立 1 所由部队指挥官任领导的实习学校以便进行炮兵训练。澳门炮兵营营部设在大炮台，娘妈阁炮台由 1 名高级军官指挥，嘉思栏炮台、南湾炮台及东望洋炮台没有正式的指挥官[②]。1849 年 12 月，为了应付亚马留总督遇刺、葡军士兵攻占北山岭炮台后出现的复杂局面，由 5 名军官、100 名士兵组成的葡萄牙远征军抵达澳门，负责全城防务[③]。1857 年，澳门城防的一线守备队由“澳门营”组成，包括 1 个参谋部，1 个炮兵连，3 个步兵连；8 月 30 日，一队 300 名葡萄牙士兵到达澳门[④]。此时，澳门的兵力已增至 700 人。1863 年，巴蒂斯塔·塔萨拉（António Baptista Tassara）少尉率领一支由 3 名少尉、188 名士兵组成的团队搭乘“炫目”（Deslumbrante）号船从里斯本出发驶往澳门，以增加澳门的驻军力量[⑤]。1870 年3 月，澳门重组海外部队，由三个步兵营组成[⑥]。

1876 年 4 月 18 日，澳门政府颁布训令撤销澳门营。该营被称为澳门步兵第一防线营，由海外步兵团第一营取代之。澳门营的官兵于 1876 年 12 月 31 日归属海外步兵第一营。多年来，海外步兵团向澳门派出多个营建制单位，直到 1893 年 8 月 3 日为止[⑦]。据《澳门政府宪报》载，1877 年，澳门的军警机构有：“西洋战船营（Vasos de Guerra Portugueses），步

① 参见 *Chinese Repository*, Vol. 4, No. 6, pp. 292 - 293。

② Manuel A. Ribeiro Rodrigues:《澳门的军事组织和军服四百年》，澳门文化司署，1999，第 135 ~ 136 页。

③ Eduardo A. Veloso e Matos, *Forças de Segurança de Macau*, Macau, 1999, p. 12.

④ 施白蒂:《澳门编年史：19 世纪》，澳门基金会，1998，第 130 ~ 131 页。

⑤ 施白蒂:《澳门编年史：19 世纪》，澳门基金会，1998，第 151、153 页。

⑥ Eduardo A. Veloso e Matos, *Forãas de Segurança de Macau*, Macau, 1999, p. 13.

⑦ 施白蒂:《澳门编年史：19 世纪》，澳门基金会，1998，第 204 页。

兵营（Batalhão de Infantaria do Regimento do Ultramar），民兵营（Batalhão Nacional），水师巡捕所（Polícia do Porto），巡捕兵营（Guarda Polícia de Macau）。”[①]1895年，澳门城防部队进行了新的改革，取消炮兵连和巡捕队建制，二者组成两个战斗连，即澳门第1步兵连和第2步兵连，同时组建一个军乐队[②]。

1900年8月12日，葡萄牙远征军团抵达澳门，预防中国形势变化。共14名军官、368名士兵，构成一个三等阻击连，一个二等炮兵中队。还有医务及行政人员[③]。据第113/1901号省训令，葡萄牙颁布一项法规对海外军事组织进行新的调整，澳门军队有如下编制：一总兵营、一欧洲卫戍炮兵连、一欧洲步兵连、一巡捕营（包括两个步兵连及一马队）、一土著军乐队、一军器局、一澳门及帝汶卫生连（尽管帝汶已从澳门分离，此称谓一直保留至1919年）、大炮台军事监狱、一退役连，大炮台为军事要塞[④]。但是据《澳门的军事组织和军服四百年》一书称，当时澳门有两个连组成步兵加强连，共496人，其中军官14名，士官22名；此外还有海外省军官编制，军官12名；国王部队内聘任军官8名；军事法庭3名军官；澳门炮台2名军官，2名士兵；三巴炮台2名军官；氹仔和路环3名军官，46名士兵；军人医院2名军官，6名士官，11名士兵；卫生连2名军官，6名士官，12名士兵[⑤]。据此，1900年澳门军人共611名，军官和士官共82人。

辛亥革命后，为了应对中国发生的巨变，1912年2月3日，澳门新近调来葡兵约500名，其中葡人土生兵不过百余人，其余为非洲黑人。据澳门葡人向华人介绍，这支军队为葡国革命军，能征擅战，黑人则最矫捷，上山如飞，下水如獭等[⑥]。1914年8月25日，澳门民兵营正式成立。由镇区行政官、华民政务司兼警务司长达尼埃尔·费雷拉（Daniel Ferreira）组织，

① 《澳门政府宪报》1877年5月12日第19号。

② 施白蒂：《澳门的军人及文化》，《文化杂志》1989年第5期。

③ 施白蒂：《澳门编年史：20世纪（1900～1949）》，澳门基金会，1999，第2页。

④ 施白蒂：《澳门编年史：20世纪（1900～1949）》，澳门基金会，1999，第7～8页。

⑤ Manuel A. Ribeiro Rodrigues：《澳门的军事组织和军服四百年》，澳门文化司署，1999，第247～250页。

⑥ 《铁城报》1912年2月3日，转自郑勉刚《澳门界务录》（第7卷）。

人数为300人[①]。1921年2月26、27日，取消巡捕营（Corpo de Polícia）并设立3个连，其中两连为步兵连，其中一连为欧籍人连（时称西籍步营），另一连为土著（时称地方步营），还有一连为机枪连（时称机关枪营）[②]。1940年10月4日，180名土著士兵由帝汶抵达澳门，以代替第60莫桑比克土著远征军连[③]。1942年，澳门的驻军包括：炮兵连，195个欧洲人；机枪连，143个欧洲人；印度步兵连，153个莫桑比克人和152个帝汶人[④]。1945为加强澳门地区军事力量，总督戴思乐同时兼任军事司令，统管包括军队总部、机枪连队、炮兵连队、本地步兵第一连、本地步兵第二连、军事物资仓库、氹仔军事支队、氹仔射击场、大三巴驻军与监牢、青洲支队及地区军事法院等机构[⑤]。1949年，为应对中国国内动荡局势，葡国派遣由葡萄牙、安哥拉、几内亚部队构成的远征军团前往澳门，第一批于4月9日抵达的远征军部队为：工程连、7.5厘米口径防空独立炮兵连、几内亚土著阻击连、安哥拉轻型第一炮兵连；于8月24日抵达的有：工程连、4厘米口径防空独立炮兵连、8.8厘米口径防空独立炮兵连、澳门特遣混合小分队（后成为炮兵营）、器材修理小分队、卫生小分队、军需小分队、2个反装甲车连[⑥]。至1950年下半年，驻澳葡军骤增至6500人，为驻军人数最多的一年。其后，葡萄牙在澳门驻军逐年减少。1952年，葡中关闸冲突后，澳葡政府招募新兵后的军事组织只包括：司令部、两个步兵连、炮兵连、器材修理小分队、卫生小分队、军需小分队、军事法庭[⑦]。到1974年葡萄牙发动四·二五不流血的康乃馨革命政变后，葡萄牙开始从澳门撤军。至1975年年底，驻澳葡军全部撤离，葡国在澳门的驻军制度正式终结（见表1）。

---

① 施白蒂：《澳门编年史：20世纪（1900～1949）》，澳门基金会，1999，第96页

② Eduardo A. Veloso e Matos, *Forças de Segurança de Macau*, Macau, 1999, p. 14.

③ 施白蒂：《澳门编年史：20世纪（1900～1949）》，澳门基金会，1999，第283页。

④ Armando António Azenha Cação, *Unidades Militares de Macau*, Imprensa Oficial de Macau, 1999, p. 25.

⑤ Manuel Teixeira, *Os Militares em Macau*, pp. 521－522.

⑥ Armando António Azenha Cação, *Unidades Militares de Macau*, Imprensa Oficial de Macau, 1999, p. 26.

⑦ Armando António Azenha Cação, *Unidades Militares de Macau*, Imprensa Oficial de Macau, 1999, p. 26.

表 1 澳门历史上的驻军及外来军人情况

时间（年）	驻军情况	外来军人	军官和士官人数（名）
1564	有 300 名葡人士兵参加清剿海盗战争		
1623	325 名士兵左右	首任总督弗兰西斯科·马士加路抵达澳时带来 100 名士兵，菲律宾总督亦派来 2 个步兵连，共约 300 人	
1634	2 座炮台和 4 个兵营，5000 名武装奴隶	150 名欧洲士兵	
1648	100～200 名士兵	100～200 名士兵	
1667	120 名步兵，1 名上尉、1 名陆军中尉，1 名中士	是年，果阿派遣了 50 多名印度兵抵澳	
1681	150 名士兵	150 名士兵	
1717	不详	葡国海外委员会派遣 50 名士兵抵澳	
1733	80 名士兵		
1741	7 名上尉、4 名少尉、7 名军士和 100 多名士兵	100 多名士兵	18
1773	不详	果阿方面派来 50 名印度叙跛兵（Sepoys）和 50 名欧洲兵	
1779	葡萄牙军营 150 名士兵	150 名士兵为葡萄牙人	
1783	79 名士兵，8 中士，2 名鼓手		8
1794	300 名士兵		
1809	300 名士兵	180 名葡人士兵	
1810	成立摄政王子炮兵营，该营设 4 个连，480 名士兵		
1834	240 名士兵，50～60 军官		50～60
1845	重组澳门驻防部队，正式命名为“澳门炮兵营”，317 名军人		7
1849	不详	5 名军官、100 名士兵组成的葡萄牙远征军抵达澳门，负责全城防务	
1857	700 名士兵	一队 300 名葡萄牙士兵到达澳门	

续表

时间（年）	驻军情况	外来军人	军官和士官人数（名）
1900	1总兵营、1欧洲卫戍炮兵连、1欧洲步兵连、1巡捕营（包括2个步兵连及1马队）、1土著军乐队、1军器局、1澳门及帝汶卫生连、大炮台军事监狱、1退役连	共14名军官、368名士兵，构成1个三等阻击连，1个二等炮兵中队的葡萄牙远征军团抵达澳门	82
1912		调来葡兵约500名	
1921	3个连：1连为欧籍人，另1连为土著，还有1连为机枪连	欧籍人100名士兵以上	
1940		180名土著士兵由帝汶抵达澳门，以代替第60莫桑比克土著远征军连	
1941	3个步兵连：1个葡萄牙人的，1个华人的，1个非洲人的。补充部队有：1个机关枪班，防空炮，2辆装甲车，1个野战炮连和1个要塞连；511名军士*		21
1942	炮兵连、机枪连、印度步兵连，共643人	338名欧洲人，153名莫桑比克人和152名帝汶人	
1949		由葡萄牙、安哥拉、几内亚部队构成的远征军团	
1950	5000～6000名士兵		
1952	司令部、2个步兵连、炮兵连、器材修理小分队、卫生小分队、军需小分队、军事法庭		

资料来源：柳泽武：《帝汶岛与澳门》，《当代日本》1941年第10期，第1297页。转自〔澳大利亚〕杰佛瑞·C. 冈恩《澳门史：1557～1999》（第6章），秦传安译，中央编译出版社，2009，第169页。

17～18世纪，澳门的驻军主要由王室派遣，到1810年摄政王子营组建时才明文规定“摄政王子营不但有王国的士兵，同样也有澳门土生人”。从上表也可以看出，自开埠以来，不断有士兵前来澳门，主要包括欧洲葡萄牙、印度葡萄牙人、非洲人，其中以欧洲军人为主。这些军人远离家乡来到澳门，很多人选择了在澳门成家立业：“他们中有人结婚，这些欧洲军人一般便会失去薪饷和士兵的名分（欧洲血统的居民本身分为两个阶层：士兵阶层和已婚阶层)，除非是其自愿，否则，他们将不再被强迫参加远征军，他们的义务仅仅在于必须在地方和地区的防卫中与他们的奴隶一起给予合作。”[①] 在澳门历史上，军人始终是形成澳门土生族群的主要血缘来源之一。正如李长森教授所言：“在《澳门土生家族》一书中记录的440个土生葡人家族中，有91个是由葡国来的军人在澳门落地生根后形成的，约占该书所列土生族群家庭总数的20.7%。这再一次证明了军人在澳门土生族群形成过程中的重要作用。”[②] 不过李长森教授称此91人都是来自于葡萄牙还有些不严密，因为还有出生于印度果阿、巴西、秘鲁的葡裔，他们或为纯葡萄牙血统，或为葡裔混血，此外还有来自英国和法国血统的外来军人。

二 军官和士官的婚姻

军官、士官、士兵在澳门婚姻市场中所处的地位是完全不同的，虽然军官和士官在驻军中所占的比例较少，但是由于他们的社会地位较高，经济能力好，常常成为土生族群争相联姻的对象，所以在91个军人土生葡人家族创始人中有75个是军官或士官，占总数的82.42%。

无论在葡萄牙本土还是葡萄牙的东方帝国，门第观一直左右着葡裔贵族的婚姻选择。自开埠以来，就有不少葡萄牙贵族冒险者前来澳门，或者因战功或用金钱购买的新贵族也落户澳门。随着明末一代的发展，清代澳门土生葡人社会组建形成一些名门望族，有从葡萄牙来的王室贵族后裔，有从葡萄牙东方帝国来的新葡裔贵族，还有澳门葡裔富商或凭功勋或花重金而形成的新贵族阶层。门第和血统越来越为澳门葡裔人口所看重。军官在澳门的社会中处于金字塔的中上层，他们的社会地位和较好的经济收入，使他们在长期以女人居多的澳门城里一直是婚姻市场中的香饽饽。但是澳门社会长期存在的门第观决定了这些抢手的香饽饽只能是有名望或者富裕的土生葡人家族女儿才可与之匹配。

从由达席维拉制定的1842年市民选择的市民资料中可以看出，当时葡

① Manuel A. Ribeiro Rodrigues：《澳门的军事组织和军服四百年》，澳门文化司署，1999，第178页。

② 李长森：《明清时期澳门土生族群的形成发展与变迁》，中华书局，2007，第287页。

裔人口通婚的门第现象非常明显，而且姻亲关系是衡量一个人的社会地位的重要标志之一。

市民资料报告如下：

澳门政府成员：

市政委员：

罗伦索·马贵斯（Lourenço Marques），商人，已婚，市政厅委员，弗郎西斯科·安东尼·佩雷拉·达席维拉和果阿斯基纽·德米兰达的表兄弟。

果阿斯基纽·德米兰达（Agostinho de Miranda），独身，一家英国公司文书。

亚列山德里·安东尼·德梅洛（Alexandre António de Mello），独身，市政厅委员，雅努阿留·约瑟·洛佩斯的表兄。

曼努埃尔·佩雷拉（Manuel Pereira），商人，市政厅委员，总督阿德良·阿卡修·达席维拉·平托的女婿。

约瑟·托马斯·阿基诺（Jozé Thomaz d'Aquino），商人，已婚，市政厅初级法官，马西米安诺·约瑟·阿基诺的兄弟。

马西米安诺·约瑟·阿基诺（Maximiano Jozé d'Aquino），商人，已婚，维森特·维埃拉·里贝洛，卡洛斯·维森特·达罗沙和曼努埃尔·安东尼·德索查（以上均为商人并在澳门成婚）的姻亲。

曼努埃尔·乔治·巴波沙（Manuel Jorge Barbosa），商人，已婚，公钞局司库，弗朗西斯科·德阿西斯·费尔南德的岳父，后者为律师，果阿人，已婚，一级文员主管约瑟·米格尔·奥维斯的表亲。这个约瑟·米格尔·奥维斯是曼努埃尔·约瑟·巴波沙。他由于从未在政府中任职而无表决权。

安东尼·弗莱德里科·穆尔（António Frederico Moor），商人，已婚，亚列山德里·格兰特的表亲，原为一家英国公司文书，无表决权。

西普良诺·安东尼·巴谢果（Cipriano António Pacheco），商人，已婚，大堂区治安判事，船主罗伦索·多斯桑托斯的姐夫，其亦已婚，无表决权。

治安判事：

约瑟·西蒙·多斯雷梅久斯（José Simão dos Remédios），商人，已婚，风顺堂区治安判事，马西米安诺·F. 多斯雷梅久斯的兄弟 F. 多斯梅久斯也是一位商人，已婚，无投票权，约瑟·若阿金·戈麦斯的女婿。戈麦斯已婚，是海关督察，无投票权，他又是已婚同样无投票权的商人菲利普·维埃拉的姻亲。

其他无投票权者：

若阿金·佩雷拉·依米兰达（Joaquim Pereirae Miranda）神父，圣约瑟修道院主管。因在其教会中不是教长。

普拉西多·达科斯塔·坎坡斯（Plácido da Costa Campos），步兵营一级中尉，已婚，因是军人，无投票权。

约瑟·曼努埃尔·德卡瓦略·依索查（José Manuel de Cavalhoe Sousa），军队营长，已婚，是已经成婚担任一家外国公司发货员职务的约瑟·德莱莫斯的表兄弟，而后者又是一级文员主管约瑟·米格尔·奥维斯的表兄弟。由于上述缘由，其亦无投票权。

布拉斯·德梅洛（Braz de Mello），商行发货员，独身，若昂·安东尼·巴莱多之表兄。后者未婚，是一家英国公司的文书。

拉菲尔·约维它·里贝罗（Rafael Jovita Ribeiro），音乐家，独身。

约瑟·贝尔纳吉诺（José Bemardino），已婚，收发。曼努埃尔·杜阿特·贝尔纳吉诺的兄弟。后者为商人，已婚，无投票权，其连襟是若阿金·布拉加，显而易见其亦无投票权。

约瑟·德布里托（José de Brito），文书，独身，约瑟·德布里托（原文如此）的兄弟。后者亦独身，一家外国公司文员。两人均无投票权。

菲利斯·依拉柳·德阿泽维多（Felix Hiario de Azevedo），已婚，一家英国公司文员。其表兄弟佩德罗·诺拉斯科·达席尔瓦是驾驶员，已婚，后者又是已婚市政厅记录员若昂·达席尔瓦的兄弟。以上均无投票权。

尼古劳·若阿金·德索查（Nicolau Joaquim de Souza），已婚，中国式帆船驾驶员，无投票权。阿果斯吉纽·德米兰达（Agostinho de

Miranda)，独身，一家英国公司文员，无投票权。是罗伦索·马责斯（市政厅委员）的表亲，亦无投票权。

卡洛斯·维森特·达罗沙（Carlos Vicente da Rocha），商人，已婚，无投票权。其连襟约瑟·托马斯·德阿基诺是初级法官。约瑟·若阿金·戈麦斯（José Joaquim Gomes），已婚，海关督察守卫，无投票权，风顺堂区治安判事约瑟·西蒙·莱梅久斯的岳父。

雅努阿柳·约瑟·洛佩斯（Janufirio José Lopes），商人，独身，亚列山德里努·A. 德梅洛的表兄弟。后者为商人和市政厅委员。

约瑟·安东尼·苏亚雷斯（José António Soares），已婚，若阿金·佩雷拉·坎波斯的舅父。后者为一家英国公司文员，两人均无投票权。

若昂·因特曼（João Hyndman），一家英国公司文员，亚列山德里.格兰特的姻亲。后者独身，为同一家公司文员，两人均无投票权。

若昂·达克鲁斯（João da Cruz），已婚，书籍装订员。菲利斯·克鲁斯的兄弟。后者已婚，印刷者。两人均无投票权。

约瑟·米格尔·桑切斯·德阿责拉（José Miguel Sanchez del Agu1la），阿美利加号船西班牙籍驾驶员，已婚，因属外籍，无投票权。

弗邓西斯科·德阿西斯·费尔南德斯（Francisco de Assis Femandes），律师，已婚。其表兄弟约瑟·米格尔·奥维斯是一级文员主管，已婚。两人均无投票权。他曾是公钞局当选司库曼努埃尔·奥维斯的女婿。

曼努埃尔·杜阿尔特·贝尔纳吉诺（Manuel Duarte Bemardino），商人，已婚，约瑟·贝尔纳吉诺的兄弟和若阿金·布拉加的姻亲。以上全无投票权。其中后者为无业者。

路特也罗·J. F. 内维斯（ludgero J. F. Neves），已婚，大炮台驻军少校副营长，若昂·弗罗林修·马尔绍的姻亲。以上两人因是军人而无投票权。

约瑟·弗郎西斯科·德马谢多（José Francisco de Macedo），公物保管员，已婚。无投票权。翻译员若昂·罗德里洛斯·贡萨维斯的表兄弟，后者有投票权。

费利斯·罗伦索·德皮纳（Félix Lourenço de Pina），已婚，中国式船驾驶员，其兄弟是安東尼·弗郎西斯科·德皮纳，已婚，公物保管处书记官。两人均无投票权。

若昂·瓦连丁·舒冒（João Valetim Chumal），独身，东望洋炮台少校指挥官。因是军人无投票权。

费利普·维埃拉（Fillipe Valentim），商人，已婚，风顺堂区治安判事约瑟·西蒙·多斯莱梅久斯的姻亲。

约瑟·维森特·维埃拉（José Vicentes Vieira），已婚，船主，弗郎西斯科·沙维尔·施立革神父外甥。后者是圣安东尼教堂（花王堂）牧师，无投票权。

卡多·德梅洛·桑巴约（Ricardo de Mello Sampaio），中尉，已婚，治安判事书记官曼努埃尔·马丁斯·多莱戈的外甥，而后者又是海关记录托马斯·德阿基诺·马丁斯·多莱戈的兄弟。以上全无投票权。

贝尔纳多·曼努埃尔·德阿拉乌如·罗沙（Bemardo Manuel de Araújo Rosa），已婚，陆军上尉，因是军人无投票权。

约瑟·卡洛斯·巴洛斯（José Carlos Barros），已婚，市政厅公物保管，无投票权。若阿金·维森特·巴拉达斯（Joaquim Vicente Barradas），陆军少尉，已婚，民政官秘书马西米安诺·费利克斯·达罗沙的姻亲。两人均无投票权。

若阿金·弗列德里科·吉尔（Joaquim Frederico Gil），船舶驾驶员，已婚，无投票权

辛普里西·安东尼·塔瓦列希（Simplício Antó nio Tavares），无业，独身，市政厅文书若阿金·佩德罗·达柯斯达的姻亲。后者已婚并且是军队二级中尉弗郎西斯科·沙维尔·浪萨（已婚）的表亲。浪萨无投票权。

弗郎西斯科·德包拉·施立华（Francisco de Paula Silva），仁慈堂公物保管，治安判事文书米格尔·亚列山德里诺·费雷拉的侄亲。两人均无投票权。

曼努埃尔·马利亚·迪亚斯·贝加多（Manuel Maria Dias Pegado），刊物《葡萄牙人在中国》出版人，已婚，陆军上尉约瑟·曼努埃尔·德卡尔瓦略·依索查的表兄弟。两人均无投票权。约瑟·德布里杜（José de Brim），独身，外国商杜文员，若昂·德布里杜的兄弟。两人均无投票权。

马西米诺·多斯桑托斯·维莱拉（Maximino dos Santos Vilela），船舶驾驶员，已婚，与已婚文员若昂·卡洛斯·佩雷拉是表兄弟。两人均

无投票权。

奥古斯都·德阿尔梅达·多列曾（Augusto de AimeidaTorrezgo），已婚，中国式帆船船东。安东尼·依纳修·佩尔倍多（António Inficio Perpdtuo），酒馆老板，已婚，无投票权。

曼努埃尔·阿果斯基诺·德欧里维依拉·马托斯（Manuel Agostinho de Oliveira Matos），已婚，无业游民，无投票权。

托马斯·阿基诺·马丁斯·多莱戈（Tomás d'Aquino Martins do Rego），已婚，海关公物保管，已婚治安判事秘书曼努埃尔·马丁斯·多莱戈的兄弟。

米格尔·亚列山德里诺·费雷拉（Miguel Alexandrino Ferreira），已婚，治安判事文书，弗郎西斯科·包拄·达席维拄的舅父。后者是仁慈堂公物保管。两人均无投票权

安东尼·费雷拉·巴达利亚（António Ferreira Batalha），已婚，中国式帆船船东。路德维诺·佩雷拉·西马斯（Ludovino Pereira Simas），市政厅三级文员，独身，市政委员会书记员的儿子。

若昂·罗德里格斯·达科斯达·加米尼亚（João Rodrigues da Costa Caminha），已婚，见习中尉。

弗罗林吉诺·安东尼·多斯梅莱久斯（Florentino António dos Remédios），已婚，汉语初级译员。约瑟·马尔吉纽·马责斯（José Martinho Marques），已婚，译员助理。

约瑟·若阿金·德阿泽维多（José Joaquim de Azevedo），已婚，市政厅二级文员，和市政厅文员若昂·V. 达施利华是表兄弟。

若阿金·费雷拉（Joaquim Ferreira），已婚，市政厅书记员的女婿，海关高级警卫。路易斯·贝尔纳多·多种特（Luis Bemardo do Couto），已婚，中国式三船桅船东。依纳修·巴吉斯塔·戈麦斯（Inácio Baptista Gomes），已婚，市政厅听差或侍应约瑟·德耶稣斯·多斯桑托斯·欧里维依拉（José de Jesus dos Santos Oliveira），市政厅门卫差役，独身。

阿瑟·弗朗西斯科·多罗萨里奥（Artur Francisco do Rosário），已婚，市政厅差役。

米格尔·德索查（Miguel de Sonsa），已婚，市政厅银库看守。

罗伦索·多斯桑托斯（Lourenço dos Santos），已婚，中国式三桅船

船东西普良诺·安东尼·巴谢果（大堂区治安判事）的姻亲[①]。

这份报告的简略分析非常明确地突出了那些无投票权者所担任的不同职务以及其中某些人和市民之间的亲属关系。从这份报告亦可看出当时澳门门第的层次，澳门通婚基本恪守了门当户对的原则。可以看出4层明显的通婚金字塔：①金字塔顶端：高级官员、军官及大富商互为姻亲。②金字塔中上部：治安判事、二级文员等中级官员、较为富裕的商人、中级军官、海关公务保管，仁慈堂公务保管等葡裔人口之间的通婚。③金字塔中下部：低级文员、低级军官、船舶驾驶员、印刷匠、外国公司文员等互为姻亲。④金字塔底端：银库看守、译员、士兵、差役、侍应、无业游民等社会底层人员，姻亲不明，可能娶华人女子为妻。正如阿马罗所称："葡萄牙血统家族的女儿一般优先嫁给欧洲人，儿子则娶欧亚混血女子为妻，财富较少的人则娶中国姑娘为妻，而不要那些没有嫁妆的欧亚混血姑娘，因为中国姑娘的美德更为人称道。"[②]

除了门第观外，陪嫁财产的多寡也是这些军官择偶的重要标准。富裕的土生葡人家庭一般会给女儿准备丰厚的嫁妆，他们的女儿往往是这些军官们争相追求的对象。在18世纪初，最富有的猎物是一名女孤儿继承人，名叫玛利亚·德·毛拉（Maria de Moura），她9岁的低龄也未打消两位热心的军官求婚者：果阿皇家海军步兵上尉安东尼奥·德·阿尔布克尔克·科埃略和中卫唐·恩里克·德·诺罗尼亚（Dom Henrique de Noronha），他们都是贵族。前者取得了指挥官、嘉沙尔主教以及耶稣会士的支持。唐·恩里克·德·诺罗尼亚一方有毛拉祖母的默默支持，她可能认为这个女孩年纪太小，没有自己的想法。1709年6月，事情发展到高潮，玛利亚·德·毛拉差不多是被强行诱拐出她祖母的房间，于圣·劳伦斯教区教堂在代理主教洛兰索·戈麦斯（Lourenco Gomes）的主持下，庄严地与阿尔布克尔克订下了婚约。数周后，当阿尔布克尔克骑马前往方济各女修道院时，他在街上被诺罗尼亚的一名黑奴用铳射击。黑奴并未击中，阿尔布克尔克极其勇敢地试图策马将攻击者撞倒，不过攻击者逃脱掉了。追击未果后，他从台湾街（今濠

① 〔葡〕阿马罗：《1842年澳门市政厅选举和当地"长老"》，李长森译，《文化杂志》（中文版）1994年第19期。

② 〔葡〕阿马罗：《大地之子》，金国平译，澳门文化协会，1993，第26页。

濠酒店）返回的路上，唐·恩里克·从街旁一间房的窗内，向阿尔布克尔克射击，这一击准确度较高，击中了阿尔布克尔克胳膊肘。尽管受伤，阿尔布克尔克仍策马前往方济各修道院，在修道院他遭到了第三次袭击，这次仍是一个黑奴，其瞄准技术同他的黑奴同胞一样差劲。在修院门口，这位“预期的受害人”不得不靠别人帮助才能下马，托钵修士热情地给他提供了庇护。招来的市外科医生和船上的医生，没把受伤情况当回事，不过两星期后一位乘坐东印度船只经过这里的英国外科医生给他做了诊断，认为胳膊已经开始产生坏疽了，建议立即截肢否则性命难保。听到这样的消息，阿尔布克尔克给他的心爱人传信，询问如果右臂没了，她是否还会嫁给自己。玛利亚·德·毛拉做出了经典的回答，称即使是他没了两条腿，只要活着，她仍会嫁给他。那些陈旧的编年史家自然是称赞两人相互忠诚，准备为爱献出彼此的所有。因此事造就的轰动效应，经民谣传唱了很多年：

> Não he tão fermosa
> Nem tão bem parecida,
> Que, por seu dinheiro,
> Maria arma tanta briga.

可译为：

> 伊虽非落雁，
> 亦非羞花，
> 仅赖其资，
> 玛丽亚仍能引发此番轰动[①]。

门第和财富是澳门军官婚姻选择的主要因素，军衔的高低决定了他们所能联姻家族的门第和财富。《土生葡人家族》一书所记载的75个军官或士官创始人的婚姻情况也正是反映了这种社会现象（见表2）。

从表2中可以看出，中高级军官妻子的家族都比较显赫，属于土生葡人世家。而士官的妻子家族一般都是地位较低的土生葡人，或是土生葡人家族

① C. R. Boxer, *Fidalgos in the Far East (1550 – 1770)*, Netherlands: Martius Nijhoff, 1948, pp. 203 – 204.

表 2　土生葡人家族创始人为军官和士官的婚姻情况

家族姓氏	姓名	生卒情况	概况	结婚时间地点（初婚年龄）	妻子及其家族概况（初婚年龄）
阿伊罗扎（Airosa）	亚历山德列（Alexandre José）	生于葡萄牙布拉加，殁于澳门	澳门步兵二级军士长	1904 年 11 月 24 日于澳门大堂区	Aureliana Beatriz Ângelo，土生葡人，步兵 António Ângelo 之女，1885.6.16－1921.8.20（19）
奥马达（Almada e Castro）	若阿金（Joaquim Teles）	1782 年生于葡萄牙里斯本，1842 年殁于马六甲	1809 年建立的摄政王子营中尉军官	1815 年前于果阿	D. Ana Antónia de Aguiar，1825 年殁于澳门
阿尔梅达（Almeida）	若瑟（José Almeida Carvalho e Silva）	1784 年生于葡萄牙维塞乌，1850 年殁于新加坡	澳门海军军医，同时经商	1810 年 5 月 25 日在澳门大堂结婚（26）	D. Rosália Vieira de Sousa，土生葡人，海关书记员 Joaquim Vieira Ribeiro 之女
阿芒特（Amante）	曼努埃尔（Manuel）	1860 年生于葡萄牙桑塔林，殁于澳门	1882 年加入葡军第 16 步兵团，1884 年抵澳门	1897 年 11 月 27 日于澳门大堂（37）	Pofíria Maria Fernandes，土生葡人，Vitorino Basílio Fernandes 之女，1879 年生于澳门大堂区
阿马劳（Amaral）	雅梅·阿杜（Jaime Artur Pinto do）	1878 年生于葡萄牙阿维罗省，1932 年殁于澳门	科英布拉大学医学系毕业，军医上校，澳门卫生司司长	1909 年 7 月 28 日于澳门风顺堂（31）	D. Maria Ricardina da Assunção Osório，土生葡人，José Maria da Assunção osório 之女，1892－1969（17）
阿马兰特（Amarante）	西蒙（Simão）	1891 年生于葡萄牙瓜尔达，殁于澳门	澳门消防队区长	1916 年 6 月 10 日于澳门大堂（25）	D. Heriqueta Maria Rodrigues，土生葡人，议事会物价监测员 António Joaquim Rodrigues 之女，1894 年出生于马尼拉（22）

续表

家族姓氏	姓名	生卒情况	概况	结婚时间地点（初婚年龄）	妻子及其家族概况（初婚年龄）
阿莫林（Amorim）	若瑟（José da Cunha）	1891年生于葡萄牙，1942年殁于澳门	中尉，澳门消防队队长	1919年9月20日于澳门（28）	D. Coleta Amália de Barros，二级军士长 Francisco José Xavier de Barros 之女，1902年出生于澳门大堂（17）
安德拉德（Andrade）	阿卡希奥（Acácio Soares de）	1891年生于葡萄牙维塞乌省，1962年殁于澳门	步兵中尉	第一次结婚在澳门大堂区，时间不详；第二次为1925年5月10日澳门大堂	1. D. Maria de Lourdes dos Remédios Silva，土生葡人，1896 - 1919；2. D. Alice Mercedes Rocha da Graça，土生葡人，1906年生于广东，1988年殁于葡萄牙（19）
安东内斯（Antunes）	安东尼奥（António）	1861年生于葡萄牙桑塔林，1924年殁于澳门	1883年加入里斯本皇家轻步兵营，1884年抵澳门，以上尉军衔退役	1892年2月3日于澳门大堂（31）	D. Epifania da Luz Barros，Barros 家族，公共监狱狱警 Francisco de Paula Barros 之女，1869 - 1955（23）
阿则多（Azedo）	加艾塔诺（Caetano Maria Dias）	1843年生于葡萄牙尼撒，1914年11月29日殁于澳门	1861年10月28日加入步兵团，1863年5月10日抵澳门，1896年以中校军衔退役	1872年1月24日于澳门大堂（29）	D. Emília Carolina da Cunha Fonseca de Almeida，Almeida 家族，澳门炮兵营中尉之女，1854 - 1925（18）
伯杰斯（Borges）	曼努埃尔·若瑟（Manuel José）	1834年生于亚速尔群岛，1889年殁于澳门	海外步兵团军士长	1856年8月17日于澳门（22）	Filomena Francisca Batalha，Batalha 家族，《新希望号》轮船船东 António Ferreira Batalha 之女，1838 - 1915（18）

续表

家族姓氏	姓名	生卒情况	概况	结婚时间地点（初婚年龄）	妻子及其家族概况（初婚年龄）
迦纳瓦罗（Canavarro）	若昂·卡内罗（João de Sousa Carneiro）	1857 年生于葡萄牙，1914 年殁于澳门	海外步兵营上尉军官，海岛市行政长官，军人之家主任	第一次结婚时间地点不详；第二次为 1882 年 1 月 14 日于澳门大堂	1. D. Vitoriana Augusta da Silva; 2. D. Saturnina Isabel da Costa，Costa 家族，澳门警卫队步兵军官 Mateus Mendes da Costa 之女，1860 – 1931（22）
卡洛斯（Carlos）	戴维·奥伯特（Devied Albert）	1860 年生于葡萄牙科英布拉，殁于帝汶	陆军上尉	澳门	Maria das Dôres Coneceição，1862 – 1901
科斯塔（Costa）	马特乌斯·门德斯（Mateus Mendes da）	1825 年生于葡萄牙里斯本，1893 年殁于	澳门警队军官	1855 年 7 月 5 日于澳门大堂（30）	Arnalda Florência da Costa，土生葡人，出生于澳门
科·安德拉德（Costa e Andrade）	希礼罗（Cirilo Leopoldo da）	1852 年生于印葡果阿，1992 年殁于里斯本	陆军上校	1878 年 9 月 8 日于澳门大堂（26）	D. Antónia Maria Georgina de Arriaga Brum da Silveira，Arriaga 家族，公务员 António joaé de Arriaga Brum da Silveira 之女，1862 年生于澳门，1941 年死于里斯本（16）
科·坎波斯（Costa Campos）	弗朗西斯科（Francisco da）	1686 年 10 月 2 日生于葡萄牙里斯本	该家族后代多为军人，从 18 世纪起在远东活动者尤多，其后代和澳门土生 Adiante 家族联姻者甚多	第一次为 1711 年 6 月 3 日于里斯本；第二次亦于里斯本，时间不详（25）	两位妻子均为葡萄牙里斯本人

续表

家族姓氏	姓名	生卒情况	概况	结婚时间地点（初婚年龄）	妻子及其家族概况（初婚年龄）
克列斯特约（Crestejo）	曼努埃尔（Manuel Lourenço Peres）	1840年生于葡萄牙维安纳多卡斯泰罗，殁于澳门	1863年抵澳门在前线营服役，1867年转至警队，1874年以上士军衔退伍	1871年1月15日于澳门大堂(31)	Odília Maria dos Remédios，Remédios家族，议事厅及华政衙门翻译官Florentino António dos Remédios之女，1854－1931(17)
古尼亚（Cunha）	安东尼奥（António da）	1764年生于葡萄牙维安纳多卡斯泰罗，殁于澳门	炮兵少尉	1790年5月9日于澳门大堂(26)	Ana Maria Rita da Fonseca，议事会督察员João da Fonseca Campos之女，出生于澳门
埃斯皮里托（Espírito Santo）	米格尔（Miguel do）	1858年生于葡萄牙布拉甘萨，1905年殁于澳门	1873年加入第三轻步兵营，后派往海外步兵团，1874年抵澳门任班长	1889年11月6日于澳门风顺堂(31)	D. Carolia Vicência de Sousa，Sousa家族之女，1858年出生于澳门，其母亲为华人(31)
埃·桑托斯（Espírito Santo）	若瑟·安东尼奥（José António do）	1866年生于葡萄牙马德拉群岛	澳门港务局局长	第一次结婚在澳门，时间不详；第二次为1905年2月3日于澳门风顺堂区	1. Andreza Caetana Gomes，Gomes家族之女，1879年生于澳门，殁于澳门；2. Ângela das Dôres，华人女子，1861年出生于香港(44)
埃斯托利尼奥（Estorninho）	若瑟·贡萨维斯	1879年生于葡萄牙欧加维省，1941年殁于澳门	卫生连士兵，1927年退役时为一等军士长护士	1905年1月9日于澳门大堂(26)	Palmira Maria Auguest Teixeira，土生葡人，1886－1924(19)

续表

家族姓氏	姓名	生卒情况	概况	结婚时间地点（初婚年龄）	妻子及其家族概况（初婚年龄）
埃斯托利尼奥（Estorninho）	若昂（João Luís da Costa）	1934 年生于葡萄牙里斯本	陆军军官	1961 年 12 月 19 日于澳门大堂（27）	D. Noémia Maria Ferreira do Rosário，教师，1937 年出生于澳门花王堂（24）
法利亚·内维斯（Faria Neves）	鲁杰罗（Ludgero Joaquim）	1796 年生于巴西里约，1861 年殁于澳门	1821 年抵澳门任摄政王子营中尉军官，1840 年晋升为少校并任大炮台司令，中校时退役	1823 年 9 月 30 日于澳门大堂（27）	Clara Maria Angélica Marçal，Marçal 家族，仁慈堂兄弟 Florêncio José Marçal 之女，
菲雷拉（Ferreira）	若瑟·罗伦索（José Lourenço）	生于葡萄牙里斯本，殁于澳门	澳门警队第 4 连连长上尉	1869 年 7 月 10 日于澳门大堂	D. Tercília Maria da Silva Teles，Teles 家族之女，1850 – 1924（19）
菲雷拉·格尔多（Ferreira Gordo）	若昂·维森特（João Vicente）	生于葡萄牙里斯本地区，1835 年殁于澳门	少校军官	澳门，时间不详	Ana Maria dos Remédios，1879 年去世
加西亚（Garcia）	安东尼奥（António Joaquim Freire）	1835 年生于葡萄牙里斯本，1919 年殁于澳门	1850 年加入第 15 步兵团，升为军士长后作为第一支特遣队成员于 1857 年被派往澳门*。	第一次结婚可能在里斯本；第二次为 1877 年 11 月 11 日于澳门大堂；第三次为 1879 年 11 月 29 日于澳门大堂	1. D. F ... Carvalho；2. D. Júlia Maria Gracias，Gracias 家族，药房主 Miguel Querubim Gracias 之女，1823 – 1877，她此次婚姻亦为第二次婚姻；3. D. Amélia Maria álvares，álvares 家族，军医 João Jacques álvares 之女，1859 – 1952（20）

续表

家族姓氏	姓名	生卒情况	概况	结婚时间地点（初婚年龄）	妻子及其家族概况（初婚年龄）
贡萨维斯（Gonçalves）	若阿金（Joaquim Manuel）	葡萄牙（?）	少校	1862年3月25日于澳门大堂	Rufina Maria Xavier ，Xavier家族之女，此次婚姻为她的第二次婚姻，1815年出生于澳门
贡塞圣（Conceição）	罗伦索（Gaudêncio）	1886年生于葡萄牙阿维罗，1951年殁于果阿	1908年作为欧洲炮兵连二级军士长抵澳服役，后任消防队长	1909年4月27日于澳门大堂第一次结婚，第二次结婚为1926年1月10日（23）	1. D. Luísa Zemira da Conceição de Noronha，Noronha家族，港务监督员Minervino Francisco de Noronha之女，1892－1921（17）； 2. D. Leopoldina Augusta d ´ E? a Pacheco，Pacheco家族，美国法学学士、律师、澳门政府官员Albino António Pacheco之女，1893年生于澳门大堂，殁于果阿（33）
戈萨诺（Gosano）	莱奥纳多（Leonardo José）	1841年生于葡萄牙，1904年殁于澳门	在澳门服役，1869年澳门警队二等军士，1878年任军士长，1883年任少尉军官，以少校军衔退役	第一次结婚为1869年2月2日于澳门风顺堂；第二次为1894年10月10日于澳门风顺堂（28）	1. Ana Francisca Cordeiro，Cordeiro家族之女，1852年出生于澳门（17）； 2. Maria da Esperan? a da Cruz，土生葡人，出生于香港
戈朗德普列（Grandpré）	亚历山德列（Alexandre Joaquim）	1798年	摄政王子炮兵营上尉，1825年任总督副官	第一次结婚为1823年11月12日于澳门；第二次结婚时间地点不详（25）	1. Antónia Alves，出生于澳门； 2. Maria Vitónia Moor，Moor家族之女，出生于澳门

续表

家族姓氏	姓名	生卒情况	概况	结婚时间地点（初婚年龄）	妻子及其家族概况（初婚年龄）
因德曼（Hyndman）	亨利（Henry）	苏格兰人	英国陆军将军	终身未娶，但有非婚生子女	其子 Henrique Hyndman 同土生 Gamboa 之女 1814 年在澳门风顺堂结婚
杰苏（Jesus）	卡洛斯（Carlos de）	生于葡萄牙维塞乌	澳门警察二级军士	澳门大堂，时间不详	Carolina Rosa da Silva，1888 年出生于澳门，其母为中国人，父亲亦有中国血统
若尔热（乔治）（Jorge）	安东尼奥（António）	1856 年生于葡萄牙雷利亚，1930 年歿于澳门	海外步兵团一级军士	1890 年 7 月 5 日于澳门大堂（34）	D. Isbel Maria de Jesus Conceição Henriques，土生葡人，1878 – 1953（12）
莱昂（Leão）	若阿金（Joaquim António Feliciano de）	生于葡萄牙里斯本，1821 年歿于澳门	海军中尉，后经商	1806 年 9 月 9 日于主教堂，登记于大堂	Maria Ana Ros de Miranda，Miranda 家族，仁慈堂供给者 José de miranda e Sousa 之女，出生于澳门
罗·法利亚（Lobato de Faria）	Francisco Xavier）	生于果阿，歿于澳门	曼努埃尔·罗·法利亚后代，1841 年为摄政王子营少校，1851 年为中校	澳门	Maria Luisa Vieira Ribeiro，Vieira Ribeiro 家族之女，1833 – 1919
罗博（Lobo）	贝尔纳多（Arcanjo Bernardo）	1828 年生于印葡果阿，1881 年歿于澳门	澳门卫戍区老兵，一级军士长	1857 年 9 月 8 日于澳门大堂（29）	Joana Genoveva da Silva，Silva 家族之女，出生于澳门，此次为她的第二次婚姻

续表

家族姓氏	姓名	生卒情况	概况	结婚时间地点（初婚年龄）	妻子及其家族概况（初婚年龄）
洛佩斯（Lopes）	阿纳斯塔西奥（Anastácio Silvestre）	1826 年生于葡萄牙北部，殁于澳门	澳警卫队军需官	1854 年 7 月 1 日于澳门大堂（28）	Maria Amélia Martins do Rego，Rego 家族，风顺堂区法院书记员 Manuel Martins do Rego 之女，1831 – 1884（24）
洛佩斯（Lopes）	若昂（João Casimiro）	生于葡萄牙北部	炮兵二级军士长	时间、地点不详	Maria Rosa da Conceição José，出生于莫桑比克
洛·施利华（Lopes da Silva）	安东尼奥（António）	1888 年生于葡萄牙戈维良，殁于澳门	澳门卫戍步兵机枪连混成小队助理军士长	1919 年 2 月 2 日于澳门大堂（31）	D. Maria Isabel Jesus Henriques Jorge，Jorge 家族，海外步兵团一级军士 António Jorge 之女，1891 – 1965（28）
路易斯（Luiz）	安东尼奥（António）	生于葡萄牙，1961 年殁于澳门	澳门警卫队少尉军官	澳门，时间不详，约在 1904 年前	Sedaliza da Silva，出生于澳门，到结婚时她是一名孤儿，居住在嘉诺撒（Insituto Canossiano）
马沙多（Machado）	佩德罗（Pedro Estevão Rebelo）	1859 年生于葡萄牙塔林圣，1935 年殁于澳门风顺堂区	1884 年 2 月抵澳任澳门城防陆军上士	1889 年 9 月 7 日于澳门（30）	D. Emília Maria da Luz Furtado，出生于澳门，父亲出生于莫桑比克，母亲出生于澳门
马·门东萨（Machado de Mendonça）	乔治·弗朗西斯科（D. Jorge Francisco）	1726 年生于葡萄牙里斯本	贵族，波尔图步兵团上校，后代不少为军人	时间、地点不详	D. Luisa Antónia de Saldanha

续表

家族姓氏	姓名	生卒情况	概况	结婚时间地点（初婚年龄）	妻子及其家族概况（初婚年龄）
马·门东萨（Machado de Mendonça）	若阿金（Joaquim Maria）	1746 年生于葡萄牙里斯本，1808 年殁于澳门	贵族军人，乔治·弗朗西斯科·马·门东萨之子	第一次为 1771 年于澳门；第二次亦在澳门，时间不详(25)	1. D. Joana Maria Correia de Lacerda，Correia de Lacerda 家族，议事厅督察员（Almotacé da Camara）Henrique Correia de Lacerda 之女，1751 年出生于澳门(20)；2Ana Gonçalves，Manuel Botelho 遗孀，这次婚姻遭到了来自澳门总督的反对，因为很多人认为这场婚姻太不门当户对了
马德拉（Madeira de Carvalho）	安东尼奥（António Henrique de Almeida）	1858 年生于葡萄牙洛里萨尔，1929 年殁于澳门	第 2 步兵团，1877 年抵澳任二级军士长	1903 年 1 月 28 日于澳门大堂(45)	D. Olímpia Maria de Aquino，此次为她的第二次婚姻，她第一任丈夫为士兵 Joaquim dos Santos Carneiro，他 1890 年将妻儿留在澳门独自返乡，详情见上
马尼昂（Manhão）	阿格斯蒂诺（Agostinho Guilherme）	1873 年生于葡萄牙	埃乌拉第 17 步兵团士兵，1893 年抵澳门任警队司号员	第一次就结婚为 1899 年 5 月 25 日于帝汶；第二次为 1909 年 4 月 21 日澳门大堂(26)	1. Inês Soares Soriano Pereir，出生于帝汶，1908 年 11 月 20 日殁于澳门；2. Alice Eustroja dos Santos Rosário，1888－1932（21）
马利尼奥（Marinho）	安东尼奥（António da Silva Jardim）	1889 年生于葡萄牙维安纳多卡斯泰罗，1917 年 6 月 11 日殁于澳门	澳门警队第一连二级军士长	1911 年 6 月 18 日于澳门风顺堂(22)	D. Eulália Maria Xavier，1889－1974，安东尼奥去世后又嫁给 Aníbal Augusto Marques(22)

续表

家族姓氏	姓名	生卒情况	概况	结婚时间地点（初婚年龄）	妻子及其家族概况（初婚年龄）
马贵斯（Marques）	若瑟·路易斯（José Luís）	1862年生于葡萄牙布拉加，1934年殁于澳门	1883年作为海外步兵团第3营二级军士长被派往澳门，曾任澳门市政厅主席	1884年10月18日于澳门大堂（22）	D. Almira Marta de Barros，Barros家族，澳门议事会普通法官、仁慈堂兄弟Vicente Caetano de Paulo Barros之孙女，1866－1931（18）
马·佩雷拉（Marques Pereira）	费列西安诺（Feliciano António）	1803年生于葡萄牙里斯本，1864年去世	1821年2月加入海军为准尉，至1859年任舰长	时间地点不详	D. Maria Catarina Damásio Ferreira
梅洛·桑巴约（Melo Sampaio）	里卡多·佩雷拉（Ricardo Pereira Pinto de）	世袭贵族，1809年生于印葡新果阿，1863年殁于澳门	摄政王子营中尉，后为该营炮兵上尉，1849年阿马留遇刺时任关闸守军少校司令	1839年1月30日于澳门主教山教堂（注册于澳门大堂）（30）	D. Maria da Luz da Silva Teles，Teles家族，医生、商人、仁慈堂兄弟及供给者José Severo da Silva Teles之女1823年出生于澳门大堂
莫拉斯（Moraes）	文塞斯劳·若瑟（Wenceslau José de Sousa）	1854年生于葡萄牙里斯本，1929年殁于日本德岛	海军舰长，1891年曾任“特茹河号”炮舰舰长	日本，时间不详	O. Yone Fukumato，1912年去世，无子女；Wenceslau还有一个中国情妇Wong Yuk Chen，1873年出生于澳门，殁于香港，育有二子
莫塔（Mota）	若瑟·维托里诺（José Vitorino da）	1831年生于葡萄牙山后省，1903年殁于澳门	澳门警队中尉军官，至步兵少校退役	1882年2月4日于澳门花王堂（51）	D. Almira Maira de Almeida Marques，Marques家族，英国领事代理Domingos Pio Marques之女，1860年生于澳门，1948年殁于香港

续表

家族姓氏	姓名	生卒情况	概况	结婚时间地点（初婚年龄）	妻子及其家族概况（初婚年龄）
内维斯·索查（Neves e Sousa）	若阿金（Joaquim das）	1837年生于葡萄牙科英布拉，殁于澳门	澳门国民营军队中尉药剂师	时间地点不详	Felismina Páscoa de Cunha，土生葡人，出生与澳门，父亲来自果阿，母亲为土生葡人
奥利维拉（Oliveira）	阿尔曼多·卡洛斯（Armando Carlos de）	1863年生于葡萄牙波尔图，1909年殁于澳门	澳门警队少尉军官，少校退役	1892年1月24于澳门大堂（29）	D. Ana Catarina de Amleida Azedo，中校 Caetano Maria Dlas Azedo 之女，1876－1940（16）
奥索里奥（Osório）	曼努埃尔（Manllel da Fonseca）	1891年生于葡萄牙，1955年殁于澳门	莫桑比克远征军印度连二级军士长	1921年5月7日于澳门大堂（30）	D. ɑ́urea Maria dos Remédios，Remédios家族，彩票商人 Anselmo Maria dos Remédios之女，1902年出生于澳门（19）
佩卡多（Pegado）	佩德罗（Pedro de Gouveia）	葡萄牙贵族，1690年生于里斯本，殁于澳门	1717年任第2连上尉连长率军救援印度，后转商人	澳门，时间不详	D. Catarina Maria Correia de Morais，出生于澳门，土生葡人，其外婆据说是中国人，也有人说是日本人
佩·拉谢达（Pereira de Lacerda）	普鲁登特（Prudente Pereira da Silvae Lacerda）	1780年生于葡萄牙亚速尔群岛，1821年殁于澳门	中尉	1812年11月15日于澳门大堂（32）	D. Maria Micaela da Silva，Silva家族，父亲为商人，出生于澳门，1934年再嫁
佩雷拉·莱特（Pereira Leite）	热罗尼（Jerónimo）	1812年生于葡萄牙里斯本，1882年殁于里斯本	1848年晋升为中尉后从印度果阿调往澳门炮兵营	澳门，时间不详	D. Firmina Carlota Serva，土生葡人，1821年出生于澳门
平托·莫拉斯（Pinto de Morais）	若瑟（José Pinto de Morais Correia）	1880年生于葡萄牙，1921年殁于澳门	帝汶步兵二级军士长，后在澳门定居	澳门，时间不详	Filomena Celeste Colaço，Colaço家族，父亲为蒸汽船雇员；另有一中国情人Marta Leong。

续表

家族姓氏	姓名	生卒情况	概况	结婚时间地点（初婚年龄）	妻子及其家族概况（初婚年龄）
拉马略（Ramalho）	若瑟（Rosé）	1882 年出生于葡萄牙	步兵少尉	1905 年 6 月 8 日于澳门大堂(23)	D. Avelina Amélia Alves，土生葡人，军人 Cāndido Augusto Alves 之女，1889 – 1984(16)
莱戈（Rego）	曼努埃尔（Manuel Martins do）	1764 年生于葡萄牙，1019 年殁于澳门	外科军医	1792 年于澳门(28)	Maria Quitéria Nunes de Aguiar，土生葡人，1775 – 1836(17)
雷梅吉奥斯（Remédios）	若瑟（José Félix）	澳门(1780 – 1831)	清剿海盗时为“印第安纳号”商船少尉舰长，以少校退役	澳门，时间不详	Ana Maria Correia，1849 年殁于澳门，父母不详
里·施利华（Ribas da Silva）	奥比诺（Albino）	1868 年生于葡萄牙，1934 年殁于澳门	官阶至中校退役	第一次为1892 年4 月30 日于澳门风顺堂；第二次为 1931 年 5 月 10 日于澳门花王堂(24)	1. D. Domicília Maria Marques，Marques 家族之女，1863 – 1929(19) 2. Margarida Cleófa Casanova，1902 年出生于厄瓜多尔(29)
里贝罗（Ribeiro）	戈里高利（Gregório José）	19 世纪初抵澳	职业军人，海军舰长，总督秘书	1860 年 4 月 11 日于澳门大堂	D. Carolina Lília Gonzaga，土生葡人，父亲为商人，1843 年出生于澳门(17)
里贝罗（Ribeiro）	奥伯特（Alberto Teófilo Picard）	1985 年出生于里斯本，1924 年殁于葡萄牙卡拉穆鲁	海军军官	1911 年 9 月 3 日于澳门大堂(26)	D. Maria Celeste de Senna de Menezes，Menezes 家族，军人 Fernando Celle de Menezes 之女，1900 年出生于澳门(11)
罗里斯（Roliz）	若瑟·贡萨维斯（José Gonçalves）	1842 年生于葡萄牙北部瓜尔达，殁于瓜尔达	1866 年加入第 10 步兵团，1867 年抵澳门服役，军衔为少尉	1871 年 6 月 28 日于澳门大堂(19)	Maria da Esperança，1883 – 1919，父母为中国异教徒，Mariana da Luz 之养女(12)

续表

家族姓氏	姓名	生卒情况	概况	结婚时间地点（初婚年龄）	妻子及其家族概况（初婚年龄）
桑托斯（Santos）	若瑟·若阿金（José Joaquim dos）	1848 年 12 月 4 日生于葡萄牙白堡，1918 年 5 月 4 日殁于澳门	加入欧洲步兵连来澳门，退役时为上士	澳门，时间不详	Maria José da Luz，1876 – 1945
施利华（Silva）	加埃塔诺（Caetano Gomes da）	19 世纪初生于印葡果阿，1873 年 11 月 20 日殁于澳门	澳门炮兵营副官，后为步兵营上尉	第一次为 1842 年 8 月 23 日于澳门风顺堂；第二次为 1858 年	1. D. Ana Antónia de Eça e Silva，1823 – 1858，中尉 D. Joaquim José de Eça lobo de Amanda e Castro 之女（19）； 2. Antónia Luciana da Costa，澳门炮兵营中尉 António Fidélis da Costa 之女，她的祖母为华人异教徒之女
施利华（Silva）	埃利亚斯（Elias José da）	19 世纪初生于葡萄牙北部布拉加的威尔德镇	1856 年抵澳门任海岛军事长官，退伍时为步兵少校，并返葡国	第一次于葡萄牙；第二次于澳门，第三次为 1873 年 7 月 28 日于澳门	1. Viana do Castelo，葡萄牙人； 2. D. Francisca Paula Marques，Marques 家族之女，父亲为大船主，1827 – 1868；3. Maria Madalena Trolho
施利华（Silva）	路易斯·罗伦索（Luís Lourenço da）	生于葡萄牙波尔图，殁于澳门	澳门水警下士	澳门，时间不详	Senhorinha Josefa Braz，1869 年出生于香港，殁于澳门，父亲为维德角葡人，母亲出生于澳门

续表

家族姓氏	姓名	生卒情况	概况	结婚时间地点（初婚年龄）	妻子及其家族概况（初婚年龄）
施利华（Silva）	安东尼奥（António Joaquim da）	生于葡萄牙维安纳多卡斯泰罗，殁于澳门	澳门警队下士	第一次时间地点不详；第二次为1880年7月24日于澳门大堂	1. Luzia Maria Madalena; 2. Maria Beliza do Carmo，出生于澳门，父母为华人异教徒
西尔维拉（Silveira）	若阿金·若瑟（Joaquim José da）	生于葡萄牙里斯本，殁于澳门	印葡果阿皇家海军司令	1760年1月10日于澳门大堂	Maria Pereira de Miranda e Sousa，Miranda家族女子，父亲为议事会法院司库，出生于澳门
瓦斯（Vaz）	若阿金（Joaquim José）	生于葡萄牙北部维安纳多卡斯泰罗，殁于澳门	军士长	1870年8月4日于澳门大堂	Antónia Francisca Gomes，Gomes家族之女，1884年出生于澳门
维安纳（Viana）	曼努埃尔（Manuel Rodrigues）	1830年生于印葡果阿，殁于澳门	澳门驻军少校军官		有情妇Garolinção da Luz
维基高（Vidigal）	安东尼奥（António José da Silva）	1876年生于印葡果阿，1936年殁于澳门	步兵上尉	1907年11月24日(31)	D. Glafira Maria da Silva，Silva家族之女，父亲为广东俱乐部秘书，出生于日本，1966年殁于里斯本
沙维尔（Xavier）	若阿金·佩德罗（Joaquim Pedro）	生于葡萄牙	澳门陆军医院护理军士长	澳门风顺堂，时间不详	Juliana Maria das Dôres，生于澳门

中的养女，亦有两次结婚娶华人女子者，或以华人女子为情妇者，但为极个别的现象。

在门第观和婚嫁论财的主流社会观下，也有军官打破这种局面，但是都遭到严厉的反对，甚至中伤。

罗伯·萨尔门托·德·卡瓦略（Lopo Sarmento de Carvalho）来自一个古老家族，任澳门大船长多年。在1622年抗击荷兰人的战争中，卡瓦略在事实和名义上都是该伟大胜利的主导人物。菲利普国王（或以其名义的国会）在1629年3月授予卡瓦略基督骑士团爵士爵位。但是他在澳门门不当户不对的婚姻成为他的竞争对手用来诟病他的主要方面，为他带来很多麻烦。卡瓦略的竞争对手之一维瓦斯在里斯本宗教法庭裁判所作证，提出了反对罗波·萨尔门托家族的激烈言辞，关于卡瓦略澳门妻子的母亲，他说道："澳门市公众无论贫穷或富裕皆知道，她是一个摩尔人，黑色摩尔人和一个秘密犹太人[①]的女儿，她就是这样的一个人，一个公众皆轻蔑的人。"无论维瓦斯所言真实与否，唐娜·玛利亚·塞凯拉（Dona Maria Sequeira，婚前的姓）的祖先虽然卑微，她还是生育了三个魁梧的儿子，其中两个在锡兰反抗荷兰人的战争中丧生，老大伊纳西奥·萨尔门托·德·卡瓦略（Inacio Sarmento de Carbalho）在1659年到1663年间，英勇地守护科钦，留名青史[②]。

马·门东萨·若阿金（Machado de Mendonça Joaquim Maria）是贵族军人，乔治·弗朗西斯科·马·门东萨之子，1746年生于葡萄牙里斯本，1808年殁于澳门。当他的首任妻子逝世后，他在澳门迎娶了Manuel Botelho的遗孀安娜（Ana Gonçalves）。但是这次婚姻非常不顺利，遭到了来自澳门总督的反对，因为很多人认为这桩婚姻太门不当户不对了。

这些反对和中伤亦可证明澳门军官婚姻中的门第观枷锁之严苛。

三 士兵的婚姻

士兵是澳门外来军人的主流，但是由于他们地位低下，经济能力亦较差，在澳门结婚成家对他们来说并非人人都能实现的梦想。91个军人土生

---

① 表面称信仰其他宗教而背地里仍信奉犹太教的人。

② C. R. Boxer, *Fidalgos in the Far East (1550 - 1770)*, Netherlands: Martinus Nijhoff, 1948, p. 89.

葡人家族创始人为士兵者只有 16 个，所占比例只有 17.58%，这说明外来士兵们想要在澳门开枝散叶不是一件容易的事情。

表 2 中 76 个军官或士官的土生葡人家族创始人中，可知初婚年龄者为 41 人，平均初婚年龄为 28.5 岁；他们的妻子中可知初婚年龄者为 36 人，平均初婚年龄为 20.4 岁；表 3 中 16 个士兵土生葡人家族创始人中，可知初婚年龄者为 9 人，平均初婚年龄为 34.1 岁，他们的妻子中可知初婚年龄者为 10 人，平均初婚年龄为 22.2 岁。士兵的平均初婚年龄比军官大 5.6 岁，亦可证明他们结婚之不易；他们妻子的初婚年龄也比军官们妻子的结婚年龄大 1.8 岁，亦说明他们在澳门婚姻市场中不那么受欢迎。

从这些士兵创始人的婚姻情况来看，与他们结婚的对象一般为普通土生葡人家庭，或者土生葡人的养女、私生女以及华人女子。其中可以确知的华人妻子有 8 人，几乎占了总数的一半，还有只知姓名不知家庭背景的妻子也有可能是华人女子，可见在士兵的婚姻中，华人女子成了重要的选择。由于士兵社会地位较低，一般服役后在澳门也找不到很好的工作，所以几乎没有土生葡人女子愿意嫁给他们，正如葡国学者 Rosa Serrano 所言，“主要是文化水平比较低的士兵与社会地位比较低的华人女孩结婚”（见表 3）。

> 中国女孩与入伍的、或退役后进入治安警察局或水警稽查队的葡萄牙士兵之间因为交往频繁，最后结婚。这种结合有很多的例子，他们组成一个稳固的家庭，各自带来的子女为父母双方所接受，对于父亲来说，通过子女可能提高社会地位，为澳门土生社会所接纳，并获得受教育的机会。澳门土生葡人，即他们结合所生子女从葡萄牙的大学或者国外大学毕业后，回到澳门就业[①]。

除了这些能在澳门开枝散叶，形成土生葡人家族的士兵外，还有很多颠沛流离的士兵家庭，如 20 世纪初来澳的葡萄牙驻澳部队的护理队长曼努埃尔·莱唐（Manuel Leitão），19 世纪末生于 Castelo Branco，1910 年，与一个华人天主教女孩阿马利亚·玛丽亚（Amália Maria Hi）在澳门结婚。葡国学

① Rosa Serrano：《葡亚通婚》，《澳门》杂志 1999 年第 3 期。

表 3　土生葡人家族创始人为士兵者婚姻情况一览

家族姓氏	姓名	生卒情况	概况	结婚时间地点（初婚年龄）	妻子及其家族概况（初婚年龄）
阿尔梅达（Almeida）	若瑟·卡多索（José Cordoso de）	1862 年生于葡萄牙里斯本，1896 年殁于澳门	1881 年加入第 5 步兵团，任见习乐手，1884 年抵澳为警察银乐队演奏员	1887 年 5 月 10 日于澳门（25）	Filomena Maria da Silva，1867 年生于澳门大堂区，父母不详，为 José Garcia de Aguiar e Silva 之养女（20）
安罗杰（Ângelo）	安东尼奥（António）	1847 年生于葡国欧加维，1901 年殁于澳门	1869 年加入步兵团，1874 年抵澳	1882 年 5 月 30 日于澳门大堂（35）	Ana Francisca Moreira，1862 年生于澳门圣拉匝禄附近，1906 年殁于澳门，父母不详（20）
欧维斯（Alves）	（Cãndido Augusto）	1860 年生于葡萄牙，1925 年殁于澳门	1879 年加入布拉加第 8 步兵团，后加入海外步兵团派往印度，回国后又于 1886 年被派往澳门	1888 年 7 月 2 日于澳门大堂（28）	D. Maria da Natividade de Jesus，父母为华人，Justo Rufino Vieira Ribeiro 之养女，1871 – 1929（17）
阿齐尼亚（Azinheira）	若阿金·门东萨（Joaquim Mendonça）	生于葡萄牙南方欧加维省，殁于澳门	澳门警队狙击手	1891 年 2 月 5 日于澳门顺风堂	Revogata Pia dos Remédios，土生 Remédios 家族，Serafino dos Remédios 之女，1865 年生于澳门顺风堂（26）
卡内罗（Carneiro）	若阿金（Joaquim dos Santos）	1851 年生于葡萄牙科英布拉，1901 年殁于故乡	1873 年加入第 8 轻步兵营，1874 年抵澳。1890 年将妻儿留在澳门独自返乡。子女多赴上海侨居	1880 年 7 月 11 日于澳门大堂（31）	D. Olímpia Maria de Aquino，Aquino 家族，公共工程部门翻译员 Atanásio António de Aquino 之女，1859 – 1943（21）

续表

家族姓氏	姓名	生卒情况	概况	结婚时间地点（初婚年龄）	妻子及其家族概况（初婚年龄）
贡塞圣（Conceição）	安东尼奥·路易斯（António Luís da ）	1827年生于葡萄牙雷利亚，1890年殁于澳门	皇家陆军，1855－1863年在澳门过民营服役，后转为警队及水警	第一次婚姻时间地点不详；第二次为1864年6月14日于澳门大堂	1. Antónia Baptista 2. Rosa Maria de Jesus，华人女子，父母不详
戈德伊罗（Cordeiro）	曼努埃尔（Manuel Godinho）	生于印葡果阿	军人	1846年5月5日于澳门大堂	Clara Isbel de Pina，土生葡人，出生于澳门
科斯塔（Costa）	安东尼奥·戈麦斯（António Gomes da）	1810年生于印葡果阿，1867年殁于澳门		两次婚姻时间地点皆不详	1. Filomena Maria，华人女子 2. Isménia Maria，华人女子
麦克道尔（McDougall）	亚历山大（Alexander Francis）	生于苏格兰，移居香港	从苏格兰赴香港任狱警	1877年4月11日于香港	Tomásia Sequeira，出生于1860年
佩德卢古（Pedruco）	若阿金（Joaquim da SilVa）	1864年生于葡萄牙	1883年入伍，海外步兵团第3营士兵	1889年11月5日于澳门大堂（35）	D. Guilhermina Maria Xavier de Sousa，土生葡人，1869－1942（30）
皮纳（Pina）	奥古斯托（Augusto da Costa）	1901年生于葡萄牙，1965年殁于家乡	1924年入伍，1926年抵澳服役，1960年回国	1948年4月10日于澳门花王堂（47）	Maria Alzira da Conceição（Tchan Miu Len），华人女子，1924年出生于澳门（24）
平托·马贵斯（Pinto Marques）	利诺（Lino）	1870年生于波尔图，1918年殁于澳门	1891年加入第18步兵团，从军12年，抵澳服役	澳门，时间不详	Maria Ana Jorge，父母为华人异教徒

续表

家族姓氏	姓名	生卒情况	概况	结婚时间地点（初婚年龄）	妻子及其家族概况（初婚年龄）
罗德里格斯（Rodrigues）	费尔南多（Fernando José）	1863 年出生于葡萄牙丰沙尔，1926 年殁于澳门	1882 年加入第 2 步兵团，1887 年到澳门服役	1894 年 6 月 16 日于澳门大堂（31）	D. Alina Clarissa de Sanna Fernandes，Senna Fernandes 家族，Senna Fernandes 男爵之女，1868 – 1941（26）
萨尔瓦多（Salvado）	安东尼奥（António Manuel）	1879 年 5 月 9 日生于葡萄牙白堡，1932 年殁于澳门	1896 年加入第 21 步兵团，1899 年抵澳门任职警队	第一次为 1904 年 12 月 10 日于澳门大堂；第二次为 1910 年 4 月 21 日于澳门大堂（25）	1. D. Isabel Maria Rodrigues 土生葡人，1883 年出生于澳门（21）； 2. D. áurea Angelina da Cunha，Cunha 家族，军人 Francisco Manuel Da Cunha 非婚生女儿，1887 – 1919（17）
桑·费雷拉（Santos Ferreira）	弗朗西斯科（Francisco dos）	1864 年生于葡国北部瓜尔达，1924 年殁于帝汶	1888 年来澳任澳门警队阻击手，退役从商并同华人结婚。其子 José Inocência 是著名澳门土生作家	1914 年 5 月 4 日于澳门大堂（50）	Florentia Maria dos Passos，父母为华人异教徒
施利华（Silva）	亚力三大（Alexandre Quevedo）	生于秘鲁，1954 年殁于澳门	澳门水警并负责管理灯塔，曾任 Salecianos 乐队指挥	Igreja da Missão de Siac – ki	Júlia Leong（华人女子），1901 年出生于上海

资料来源：根据 Jorge Forjaz，*Famílias Macaenses*，Vol. Ⅰ，Vol. Ⅱ，Vol. Ⅲ 相关资料整理。

者 Isabel Correia Pinto 设法找到了 20 世纪初阿马利亚的母亲和姐姐一张珍贵而古老的合照：

> 照片反映了当时照相馆的室内背景，两个女人衣着朴素，形态拘谨。从历史学和社会学的角度来看，家境不富有的葡萄牙人在澳门不太可能与显赫家庭的女子结婚。当时，只有一些贫穷的华人与外国人通婚。照片显示，阿马利亚的母亲和姐姐都没有缠足，这可能反映出她们社会地位低下。中国清朝末期，有一定经济实力的家庭都会从三四岁开始给女儿缠足，防止脚变大：小脚是女性性感和美丽的标志，代表身份和审美观，是获得一门好姻缘的基本条件。相反，出身贫穷的华人女孩很少缠足，因为缠足限制了她们的活动，无法干农活、做家务，甚至必须依赖拐杖或其他支撑物才能移动①。

到 1926 年，曼努埃尔·莱唐和阿马利亚共养育着四个孩子，一个华人养女和三个亲生子女，分别是 11 岁、9 岁、7 岁和 4 岁，但是曼努埃尔·莱唐是个酒鬼，除了严重的家庭问题外，工作甚至在本城的活动也混乱不堪。澳门的葡萄牙人圈子很小，任何冲突和道德败坏的消息传播很快，曼努埃尔·莱唐不可避免地遭到批评和处罚，被流放帝汶。当时帝汶的东部是个政治流放地，是葡萄牙殖民政府发配政敌和罪犯的地方。然而，正是这些流放犯开发了这个遥远、不卫生而又难以忍受的殖民地。因此，澳门的罪犯和不受欢迎的人也被流放到这里。曼努埃尔·莱唐流放帝汶时带走两个儿子，而两个女儿则留给孤苦的阿马利亚。

曼努埃尔·莱唐和阿马利亚的华人养女若安娜·莱唐在 1946 年与澳门的葡萄牙志愿军人若瑟·佩雷拉结婚，此时若安娜·莱唐已经 31 岁，而她的混血妹妹里吉达·莱唐（Brígida Leitão）早在 16 岁便已嫁人。可知华人女子嫁给士兵也并非一件容易的事，可能是当时澳门管治区政府规定士兵必须有 400pataca 的积蓄才允许在澳门结婚的原因所致②。

---

① Isabel Correia Pinto，“Histórias de vida de mulheres e famílias entre Macau e Timor na primeira metade do século XX”，in *Revista de cultura : edição internacional.* – 3a série，no 22（Abr. 2007），Instituto Cultural de Macau，pp. 52 – 62.

② 澳门历史档案馆藏，档案号：MO/AH/AC/SA/01/15853。

贾渊、陆凌梭在分析跨族繁殖婚姻脉络时将葡人士兵和华人女子的结合列为首位：

> 假如我们分析跨族繁殖婚姻脉络就会发现，在殖民时代可以透过三种途径去繁殖土生人。第一个典型例子就是葡国来澳的军人或水手很多时兴与低下阶层的华人女子交往生下子女，再通过结婚或个人医院给予她们合法地位。……事实上这类结合，根据我们观察家族史所得，这类结合（不论是正式在教堂结婚还是同居）很多时候都成家庭。而且，这类结合很多时给予男方葡人和女方华人一个凭子女改善社会地位的机会。他们的子女被吸纳入土生圈子后，就可以分享到土生的族群专利，获得一些在澳华人和在葡国的贫穷人家子女一般缺少的好处。
>
> 一位当地被访者说："单在海关警察当中就有六人左右在来到澳门后与华人女子结婚，他们的子女还在。其中一些有大学文凭，一些没有，经历各有不同。不过，我觉得有一点值得留意，就是这些人都是出身寒微，以士兵卑下身份来到澳门，后来再进入军方机构……很多时娶的都是华人女下人……但大部分却很多让子女受到合理教育。"①

可见，无论对于地位低下的华人女子还是葡人士兵来说，他们的结合都是能在澳门获得更好的社会地位和融入土生社会圈获得土生特权的良方，故而，通婚在当时比较流行。但是毕竟能在澳门结婚的士兵属于少数，大多数澳门外来士兵选择与女仆（大多数是华人妹仔）非法同居，这不仅能满足士兵们的生理需求，甚至还能从中获利。林旭登的《旅行记谈》（*Discours of Voyages*）中引用的16世纪关于澳门的材料中提到：

> 同样女奴隶也是这样，因为她们从来不到海外。主人去海外时，或节日跟随主人去教堂时，她们便告知情人，然后离开教堂里的女主人，或者偷跑到某个商店或角落，这是她们现成的不假思索的去处，她们的

① 贾渊、陆凌梭：《台风之乡——澳门土生族群动态》，澳门文化司署，1995，第44~45页。

情人在那里等着，然而他们就匆匆地进行了一项运动，事完后就分开。如果她拥有葡萄牙人或白人作为情人，就尤为自豪，认为没有任何女人比得上自己，并在奴隶中间吹嘘，她们还会从男主人和女主人那里偷取东西送给情人，许多士兵凭此和兵饷，过上了更好的生活。如果这些女奴怀上了孩子，孩子就是男主人的，男主人对此十分满意，因为这些孩子又是他的奴隶。但是如果孩子出生时，他的生父是一个葡人或某个自由人，这个父亲也可在八天之内为此询问，向男主人支付小额金钱领走，法律就是这样规定的，这个孩子自此就是自由人了，但孩子母亲仍是奴隶。如果主人等待了八到十天，没有任何人来询问，虽然孩子是自由人的，即使是父亲过了日子再来询问，孩子仍是母亲的奴隶，男主人可以将其以高价出售。（他们）可以出售孩子，但很少会发生或说从未发生。母亲亦从未因为贫困、自由或被迷惑杀死，或丢弃孩子，或将孩子送到其父亲那里的情况，因为主人十分喜欢这些孩子，特别当其是白人的后代，主人乐于将他们带到海外，到世界上富裕的地区去，而且绝不把孩子交给其父亲，除非从母亲那里偷偷地被转移①。

这段珍贵的材料记载了澳门开埠初期士兵和女仆的生活状态，士兵们不仅可以从这些可怜的女仆这里得到生理上的满足，而且还可以得到物质上的利益。至于因此而产生的孩子也并不需要他们负责，葡人士兵的孩子甚至可以得到主人的优待，如果是印度士兵或者非洲士兵的孩子就只能沦为奴仆了。

到了管治时代，由于外来士兵人数的增加，再加上当时澳门管治区政府的政策规定，士兵必须有400pataca的积蓄才允许在澳门结婚，非法同居大量存在，以至形成了严重的社会问题，澳门主教、军方和政府都不得不将解决这一问题提上日程：

去年5月5日，我在寄给殖民地政府的第90号公函中提到一个由

① 参见 *The Voyage of John Huyghen Van Linschoten to the East Indies.* Vol. 1，pp. 215 - 216。转引自 C. R. Boxer, *Fidalgos in the Far East*（*1550 - 1770*），Netherlands：Martinus Nijhoff，1948，pp. 228 - 229。

于当地政府政策造成的严重不便，即强迫想要结婚的士兵必须有400pataca的存款。

澳门主教堂，1937年2月17日，澳门主教若瑟·达·科斯塔·努内斯（José da Costa Nunes）。

这样做的目的是他们以后有路费带他们的妻子儿女回到葡萄牙。但是这种限制给当时的葡人士兵和华人女子的结合带来了严重的阻碍，他们通常采取非婚同居的方式。澳门主教若瑟·达·科斯塔·努内斯（José da Costa Nunes）在1936年5月5日给澳门总督的致信中说：

致澳门殖民地总督：

澳门教区神父们多次向我谈及在他们教区经常发生的一个情况，我向您转述如下。

澳门有许多士兵，他们都希望能够组建一个正常的家庭，但是却不能，因为根据政府的规定，他们必须拥有400pataca的存款，作为妻子儿女的路费，以便将来返回葡萄牙本土。事实上，这一大笔存款成为他们结婚的障碍，因为没有一个士兵能够存有如此大笔数额的款项。

其结果是：士兵们不顾道德和宗教的影响，与其妻子儿女非法同居，使我们葡萄牙人名誉扫地，还造成其他一些显而易见的不良影响。对此，我认为，市政机关能够向您提供一些事实依据。

然而，我坚信地方当局会采取措施妥善处理400pataca的存款问题，使士兵既摆脱道德的困扰，又不被剥夺拥有正常家庭的权利。

我对这项措施的理解是，如果所有士兵无一例外地在澳门服役两三年后不得不返回葡萄牙本土，那么几乎没有妇女愿意与他们结婚，因为她们知道自己很快就要被抛弃。通常，她们都希望这种结合是长久性的。

然而，澳门士兵通常会在此居留许多年，禁止他们结婚，只会大大助长姘居现象，违背了法律，违背了道德，违背了民事和军政当局的希望，甚至违背了新政权的精神。

不仅如此，这种姘居现象有时会造成严重的意识冲突，有些士兵想以宗教仪式结婚，但是因为这个原因而无法实现；另外一些士兵碰上身体严重不适，想要忏悔和举行圣事，也因同样的原因而不能进行，而且如果他们不先结婚的话，神父不能为他们举行这样的仪式。

这种状况为士兵和教区神父带来极大的困扰，对神父来说，不允许他们违反民法的规定为私人主持婚礼。

对此，我恳求您采取措施消除或者至少减少这种不良现象。

如果400pataca的数额能够降低，并且政府如果同意每月从想要或准备结婚的士兵的薪金中抽取一小部分数额，我认为这个问题就能够得以解决，或多多少少达到令人满意的程度。一切全凭您的决定。

澳门主教堂，1936年5月5日，澳门主教若瑟·达·科斯塔·努内斯（José da Costa Nunes）①。

但是主教的一番好意却首先遭到军队的反感，因为每月扣除佣金对本来收入就微薄的士兵来说更难以接受。

还有另一些文件如下（文件5）：

致 Chefe do Estado Maior,

欧洲的带薪士兵在殖民地的服役期限通常是4年。

自从打算废除想要结婚的士兵必须有一定积蓄这一规定（1930年第4号海军条令第4条命令），并代之以每月从士兵的薪金中扣除一定的金额，设成一个货币存储基金，作为将来他及他在殖民地新组建的家庭一起返回葡萄牙的路费，不得不考虑的是，这笔金额只是一个人的路费，因为根据大多数的例子，4年的服役结束之后，士兵通常孤身一人返回葡萄牙。

到葡萄牙的三等路费是30镑或450pataca，镑与pataca的兑换通常是1:15。

为了能够攒够路费，士兵服役期限内每月的扣除不能少于10pataca，这样服役结束后才可以达到480pataca。

每个士兵的薪金情况分配如下（在服役的前几个月）：

日薪4pataca，海外服役奖金10pataca，奖金4pataca，津贴10pataca，军装补偿6.67pataca，共计34.67pataca。

其中扣除5pataca的置装费，还剩下29.67pataca。

① 澳门历史档案馆藏，档案号：MO/AH/AC/SA/01/15853。

如果每月再扣除10pataca作为存储基金，那么每个士兵最终只剩下19.67pataca。

如果决定执行每月10pataca的扣除，那么每个士兵被扣除的资金应该存放在邮政储蓄所，还可以获得一些利息。

澳门，1936年4月3日，o chefe da repartição，瓦斯科·共撒尔维斯·布兰科（Vasco Gonçalves Branco）中尉。

文件6：

我认为，关于士兵的婚姻，完全可以找到足够的法律资料来维护双方的权利和义务，除非澳门殖民地政府愿意支付士兵的妻子和孩子的路费。

澳门兵营，1936年7月31日，连长安东尼奥·马尔克斯（António Marques）[①]。

也有军官认为，阻止士兵采取宗教仪式的并不仅仅是因为这400pataca限制，更主要的是士兵对婚姻的不在意。他们主要的目的是寻找一个专属他们的情妇：

我认为关键在于士兵们并不在意婚姻。我们知道，他们某天将会返回葡萄牙，根据经验，华人妇女从心理上已经习惯了简单的生活，如果不能适应我们西方的习惯和乡间生活，那么对士兵来说，她们是他们为了避免性病或有时仅仅是为了满足他们完全独自拥有一个女人的幻想而在澳门找的情妇。

这并不意味着没有士兵想要结婚，所以这个结婚问题只是对那些结束兵役后可能继续留在澳门工作的士兵而言。

而对于和情妇结合产生的子女，士兵们是乐于接受的，因为可以领到更

① 澳门历史档案馆藏：档案号：MO/AH/AC/SA/01/15853。

多的补助和暂居澳门的权利。为了这些，有些士兵和他们的情妇甚至愿意领养孩子：

> 情妇有了孩子？在我看来足以证明这是士兵希望的结果，但不是结婚的目的（对于那些不确定将来是否留在澳门的士兵来说，这种情况并不普遍），而仅仅是士兵为了暂居澳门或获得生活费的手段。而且我怀疑是否真的是他们自己的孩子，有时他们可以领养孩子。

所以，军官曼努埃尔·卡塞洛·马尔克斯·阿尔维斯（Manuel Caseiro Marques Alves）认为士兵和华人女子的非婚同居并不一定要从法律上给予制止，否则，会造成更坏的社会影响：

> 情妇的引诱？但是我们都知道对此存在各种偏见，尽管许多人关注情妇与士兵结合引起的道德伦理问题，我认为不会产生什么有建设性的结果。而且，这种情况只能导致一种结局，即结婚，而且不是处于士兵自愿的而是法律干预的结果。
>
> 不治之症？这是唯一值得注意的情况，而且一旦出现这种情况，已经没有必要考虑积攒路费的问题。
>
> 众所周知，在这里很容易欠下一身债，而且一旦欠债很难还清。
>
> 一种就是一个赌博机构，在里面士兵们几乎毫无例外地消费大笔的金钱，远远超过他们的薪金，为此他们常常受到纪律处分。
>
> 如果每月再从他们的薪金中扣除10pataca，那么其结果，我认为只能是：
>
> a）根据法律规定，士兵们在其服役期间仍然很难结婚。
>
> b）士兵们只能在服役结束找到工作后才能结婚，根据民政司规定第4部分，每月从月薪中扣除部分金额。
>
> c）军事长官们难以判断所谓特殊情况，即使面对具体事实时能够采取适当的措施。
>
> d）将来士兵在殖民地服兵役的期限不可超过法律规定的时间，这样不仅不会造成主教大人指出的那些困扰，而且可以避免产生我在1935年12月31日的报告中提到的卫生问题。

> 不这样做，我相信只会使事态恶化，因此我们必须立即直面困难。实际上，幸亏我们看到许多士兵将妻子抛弃在澳门，而他们自己返回了葡萄牙，这比包养情妇（在东方这好像是一种习俗）更加不道德、更加堕落。

最后，若瑟主教的提议在重重的反对声中被否决了，澳门民政司代理司长若瑟·费雷拉·德·卡斯特罗（José Ferreira de Castro）最后决定：

> 根据长官们的意见和我自己的看法，现有法律不应改变，根据长官们的意见，"只有特殊情况"可以批准结婚；对此我有不同意见，因为我认为法律可以解释为，只要西方道德允许，可以批准士兵结婚。
>
> 对于按月扣除资金的做法，所有意见一致认为不符合法律规定的做法不能批准。

亦即，澳门士兵的婚姻规定还是维持原来规定，澳门士兵的婚姻状况还是维持从前状态，法律和宗教都无权干涉。由此可以看出，澳门士兵和华人女子的通婚是合法婚姻和非法同居共存的现象，而且非法同居是占据主流的。但是士兵对于同居所生子女抱有承认和负责态度。

四　小结

自澳门开埠以来，澳门外来军人一直是澳门外来血缘的重要组成部分，向澳门派遣军队除了军事防务作用外，还有一个重要作用——补充澳门葡裔人口的不足。澳门外来军人在澳门的婚姻市场及澳门土生葡人血缘形成中均扮演了重要的角色。

在管治时期，葡人官员和军官及土生葡人世家占据着澳门社会金字塔的上层，为了获得"葡人特质"而享有更多的社会优势，成为土生葡人家族争相联姻的对象。由于长久以来门第观和婚嫁论财一直占据澳门社会婚姻观的主流，澳门军官的婚姻基本恪守了门当户对的原则：高级官员、军官及大富商互为姻亲；中级军官同治安判事、二级文员等中级官员、较为富裕的商人等葡裔女子结婚；低级军官及士官同士兵、普通土生葡人家族互为姻亲。此外，他们娶华人女子者甚少，除了低级军官有娶土生葡人家华人养女，或娶华人女子为二婚者之个别案例外，华人女子为情妇者亦屈指可数。在澳门历史上，军人始终是形成澳门土生族群的主要血缘来源之一，而军官更是其中的主力军，在《澳门土生家族》一书中记录的440个土生葡人家族中，有91个是由葡国来的军人在澳门落地生根后形成的，而在这91个军人土生葡人家族创始人中有75个是军官或士官，占总数的82.42%。来澳的葡人军官和士官是澳门土生葡人保持“葡人特质”、加强血缘回归的重要来源。其中支配澳门军官和士官择偶的重要社会原因包括门第观和婚嫁论财观。所以与他们联姻的通常是澳门的土生葡人世家，除了少数士官的二婚妻子为华人女子外，在他们的婚姻中很少见到华人女子的身影，就算为情妇者亦是极为罕见的。

作为来澳军人的主力军——士兵一直以来被学者认为是葡华通婚的主流，如贾渊、陆凌梭在分析跨族繁殖婚姻脉络时将葡人士兵和华人女子的结合列为首位：“假如我们分析跨族繁殖婚姻脉络就会发现在殖民时代可以透过三种途径去繁殖土生人。第一个典型例子就是葡国来澳的军人或水手很多时兴与地下阶层的华人女人交往生下子女，再通过结婚或个人医院给予她们合法地位。……事实上这类结合，根据我们观察家族史所得，这类结合（不论是正式在教堂结婚还是同居）很多时候都成家庭。”① Rosa Serrano 亦称：“中国女孩与入伍的、或退役后进入治安警察局或水警稽查队的葡萄牙士兵之间因为交往频繁，最后结婚。这种结合有很多的例子，他们组成一个稳固的家庭。”② 这种看法大体上是正确的，来澳士兵确实是澳门葡华通婚的重要来源，但是值得注意的是，无论在明清管治时期，还是在葡萄牙管治时期，来澳士兵同华人女子之间的关系是情人或非法同居者为主流，真正能走进婚姻殿堂者属于少数。在明清管治时期主要是因为这些华人女仆并没有婚姻自由的权利；葡萄牙管治期主要原因是因为澳葡政府对士兵在澳门结婚有一定的经济限制，再加上士兵不一定愿意同这些女子结婚，而非法同居不仅能满足士兵们的生理需求，还能从中获利，故而非法同居成为主流。由于士兵和华人妹仔的同居、生子等问题严重影响了当时的社会风气和治安，澳门政府和宗教的相关部门不得不颁布专门的法令以规范他们的行为。

---

① 贾渊、陆凌梭：《台风之乡——澳门土生族群动态》，澳门文化司署，1995，第44~45页。

② Rosa Serrano：《葡亚通婚》，《澳门》杂志1999年第3期。

世界首部全本汉译《圣经》之成书背景考辨

康太一*

一 引言

《圣经》作为西方基督宗教之经典，奠定了西方精神文化的基石，同时也开启了西方文学与文化的涓涓溪流。因此，在中西方文化交汇中，《圣经》的汉译无疑是最初的也是最重要的跨文化交流实践。有据可考的汉译《圣经》最早可以追溯至唐朝，东方基督教聂斯托利派（Nestorian Christianity）传教士阿罗本（Bishop Alopen）从波斯入中土西安（当时的长安）传教，并于“翻经书殿”（Imperial Library）中译经（以1625年在西安出土的《大秦景教流行中国碑》所记为证），但并未全译，且译本亦已失传。后至明末清初，天主教传教士来华，其间成就最高的利玛窦（Matteo Ricci，1552－1610）和罗明坚（Michele Ruggieri，1543－1607）于1584年著译出版了《祖传天主十诫》，将《圣经》十诫译成中文，但亦非《圣经》全本之汉译，且其译经原本之根据，尚难界定①。

而后，约1700年，法国巴黎外方传教会士白日昇（Jean Basset，约1662－1707）翻译了四福音书、使徒行传和保罗书信，虽未出版，但却对后来的《圣经》汉译影响颇著②。时至18世纪末，法国耶稣会士贺清泰（Louis de Poirot，1735－1814）开始陆续根据《武加大译本》将《圣经》从

---

* 康太一，博士，对外经济贸易大学中国语言文学学院讲师。

① 陈少兰编著《中国圣经翻译史》，环球圣经公会，2005，第11～12页。

② 陈少兰编著《中国圣经翻译史》，环球圣经公会，2005，第14～15页。

拉丁文译为官话，包含大部分旧约新约，但终未能出版流传[①]。至此，汉译《圣经》尚停留于未出版的手稿阶段。

直到 1822 年，世界首部全本汉译《圣经》才在印度塞兰坡（Serampore）出版，其译者为英国驻印度浸信会士马士曼（Joshua Marshman，1768 - 1837）和其来自澳门的助手拉萨尔（Joannes Lassar，1781 - 1853?）。不过，因为马士曼从未踏足中国，之前学界对他的关注并不多，偶有提及，也常是在研究中因为“二马争论”的议题而作为马礼逊的注脚[②]，或为汉译《圣经》史上的插曲，鲜有多言。而关于“二马圣经”译本的论述，德国汉学家尤思德（Jost Oliver Zetzsche）[③] 与国内学者马敏、赵晓阳虽均有涉猎，但并未以马士曼与拉萨尔的汉译《圣经》之成书过程为中心，对其译经缘起、实际操作、转折契机等予以历史性考辨与分析。故本文旨在跨文化研究视域下，依托一手档案资料，浅析其译经成书之历史背景，试探究其间天时地利与人和之因素，以期还原 19 世纪初驻印新教传教士汉译《圣经》之历史样貌，评估其对早期“汉语神学”之语境建立与中西交流的贡献与影响，希冀于今日之中西跨文化交流有所裨益与借鉴。

二　汉译《圣经》之前奏

1867 年，英国汉学家伟烈亚力（Alexander Wylie，1815 - 1887）在上海出版了《在华新教传教士纪念录》[④]，综述 19 世纪初期的来华新教传教士及其著作并予以评介。其中，马士曼名列单首，居于首位来华新教传教士马礼

---

① 陈少兰编著《中国圣经翻译史》，环球圣经公会，2005，第 16 页。

② 有关“二马争论”详情可见苏精《马礼逊与中文印刷出版》，学生书局，2000 或 Jost Oliver Zetzsche's，*The Bible in China: the History of the Union Version or the Culmination of Protestant Missionary Bible Translation in China*，Sankt Augustin：Monumenta Serica Institute，1999，pp. 51 - 53。

③ Jost Oliver Zetzsche，*The Bible in China: the History of the Union Version or the Culmination of Protestant Missionary Bible Translation in China*，Sankt Augustin：Monumenta Serica Institute，1999。此书已于 2000 年由蔡锦图翻译，国际圣经协会在香港出版，中文题名为《和合本与中文圣经翻译》。

④ Alexander Wylie，*Memorials of Protestant Missionaries to the Chinese: Giving a List of Their Publications and Obituary Notices of the Deceased*，Shanghai，1867.

逊之前，且所获评价不低[①]。然而，究竟是怎样的契机使得马士曼及其团队，在缺乏语言环境和对话语境的印度塞兰坡，将目光转向了中国并承接起汉译《圣经》的艰巨任务呢？此间的企图与机缘让我们来逐一析述。

（一）潜在的企图

虽说在塞兰坡传道出版社（Serampore Mission Press）建立之初，马士曼及其团队就已表示出要将《圣经》翻译成所有主要南亚语言并予以刊印之雄大野心，但汉译《圣经》仍非他们当时在印度传教的必要首选。直到1805年至1806年间[②]，中文学习与工作突然出现在加尔各答和塞兰坡两地浸信会士的日程表上，塞兰坡汉译《圣经》之前奏才初现端倪。尽管，埃尔默H. 卡茨教授（Elmer H. Cutts）在他1942年发表的文章中表示，没有明显证据可证明“孟加拉地区对中文的学习是为英国继1792年马嘎尔尼使团失败之后，对中国采取的新一轮外交攻势做准备”[③]。我们仍不可完全排除马士曼及塞兰坡浸信会士对于中文事业的关注存在其潜在的政治需要和宗教企图。

加尔各答福特威廉学院[④]的教务长布坎南（Claudius Buchanan，1766－1815）是马士曼的中文老师兼助手拉萨尔的引荐人。他本人也因此伯乐之举而为后人所知。在他1811年出版的《剑桥大学前的两次演说》中，首次明确提出了推动孟加拉地区中文学习与工作的宗教企图：

“每当谈论到颁布基督教的问题，一些作者就会将他们的眼光局限

---

① Alexander Wylie, *Memorials of Protestant Missionaries to the Chinese: Giving a List of Their Publications and Obituary Notices of the Deceased*, Shanghai, 1867, p5.

② 当马士曼向浸信总会（*BMS*）秘书长瑞兰德（Dr. Ryland）解释在塞兰坡学习中文的必要性时，表示这是一项在1803年便定好的工作：“……在我们1803年一月的译经备忘录上写明：同意凯瑞负责马拉塔语（Mahratt）的学习，沃德负责波斯语（Persian），马士曼负责中文，并以将《圣经》译成以上语言为己任。”（笔者转写翻译自：Joshua Marshman's Letter to Dr. Ryland（*BMS*），25 May，1806。）

③ 笔者译自Elmer H. Cutts，“Chinese Studies in Bengal”，*Journal of the American Oriental Society*，62. 3（Sep. 1942），p. 172。

④ Fort William College 始建于1800年，旨在为东印度公司培养未来骨干力量。（Abhijit Gupta，“Note on the Chinese Printing in Serampore”，in Swapan Chakravorty and Abhijit Gupta ed.，*New World Order: Translational Themes in Book History*，Delhi：Worldview Publications，2011.）

在印度。印度仅仅是等待神的启示之国度中的一小部分……中国拥有更为广阔的领土和众多的人口，在某些方面，要重要得多。罗马教廷曾经与这个帝国进行了长久而无效的抗争，归其原因，他们没有给那里的人民带去'美善而完备的赏赐'——《圣经》……完成一本中文的《圣经》是福特威廉学院多年来的夙愿，如果能有一本这样的《圣经》传至中国，福音就可能传至这个庞大帝国的每个角落……"[①]

此外，他还暗示出了在印度学习中文的政治与外交需要：

"另外一个可见的目标是向我们内部的人员介绍中文。中国的堡垒可在西藏边境俯瞰我公司在孟加拉的领土，而我公司在印度任职的人员中竟没有一个能够读懂普通的中文信件。"[②]

由此可见，孟加拉地区的浸信会士将中文学习和工作提到日程上，是出于对宗教企图和政治需要的综合考虑，同时为汉译《圣经》作铺垫。

此外，马士曼也在寄往浸信总会的多封信件中，从各个方面陈述了在塞兰坡开展中文事业的必要性。在他看来，在马嘎尔尼使团失败后，清政府对于英国传教士的态度很难预测：

"此时的帝国（中国）会否允许我们进入还很难说；更不用说在华传教，办报出版或者建立教会学校了……"[③]

而塞兰坡距离中国不远，当地亦有中国人居住，是便于沟通交流的大城市；就当地教会条件而言，在得到拉萨尔的协助之后，亦可谓天时地利人和皆具[④]。当获知伦敦会将派两名教友（马礼逊等人）前往中国的消息之后，

---

① 笔者译自 Claudius Buchanan, *Two Discourses Preached before the University of Cambridge*, Cambridge: University Press, 1811, p. 96。

② Claudius Buchanan, *Two Discourses Preached before the University of Cambridge*, Cambridge: University Press, 1811, p. 96.

③ 笔者转写翻译自手稿信件：Marshman's Letter to Dr. Ryland (*BMS*), 20 Aug 1806。

④ Claudius Buchanan, *Two Discourses Preached before the University of Cambridge*, Cambridge: University Press, 1811, p. 96.

马士曼在表示祝福的同时依旧坚持捍卫塞兰坡中文事业的优势：

> "……（塞兰坡）这样一个便宜之所，远离烦扰，却不至荒凉以限制了语言本身的传播与影响。在这里，可以汉译并出版《圣经》，同时教友们也可以研习语言，为有一天（中国的）传教之门完全打开而做准备……"[①]

此间已隐约可察马士曼与马礼逊之间的"硝烟味"，或者说是两个教会为了各自对于中国或明或隐的宗教企图与野心所形成的竞争态势。这也为之后"二马"在汉译《圣经》上的竞争埋下了伏笔[②]。

综上所述，作为英国浸信会日后进入中国传教的铺垫，在塞兰坡开展中文学习与工作，并为将来汉译并出版《圣经》做准备，可谓顺理成章之举措。

（二）来自澳门的得力助手

在塞兰坡汉译《圣经》与中文事业的蓝图上，有一个人起着不亚于马士曼的重要作用——来自澳门的得力助手：拉萨尔。最初布坎南雇用他或许出于偶然[③]，但最终他却以自己杰出的能力和贡献成就了塞兰坡汉译《圣经》之必然。不过，尽管他是马士曼唯一[④]公开承认的中文老师兼得力助手（合作译者），浸信会档案中对于他个人的生平介绍依旧寥寥无几[⑤]，甚至无

① 笔者转写翻译自手稿信件：Marshman's Letter to Dr. Ryland（*BMS*），25 May 1806。

② 有关两个教会及"二马"之间的竞争原委，可见 Jost Oliver Zetzsche's，*The Bible in China：the History of the Union Version or the Culmination of Protestant Missionary Bible Translation in China*，Sankt Augustin：Monumenta Serica Institute，1999，pp. 51 - 53。

③ 在布坎南发现拉萨尔之前，马士曼一直向加尔各答寻求一名可以助其阅读中文书籍的帮手，却始终无果。[Marshman's Letter to Dr. Ryland（*BMS*），25 May 1806.]

④ 事实上，马士曼身边至少还有两名中国助手，但均无清晰介绍。我们仅可从马士曼的信件内容中寻得只言片语，证明他们曾最多雇用过八名中国人，其间大多是参加过科考的读书人。[Marshman's Letter to Dr. Ryland（*BMS*），20 Aug 1806.]

⑤ 笔者在牛津大学 Angus Library 的英国浸信会档案馆查阅了所有同时期相关的档案资料，包括塞兰坡三杰的个人档，塞兰坡分会档，加尔各答的差会报告与记录等，均无有关拉萨尔的专题记录，除了马士曼的信件和个别提到《圣经》翻译的差会报告中有零散涉及。期间偶遇来自印度加尔各答的学者 Abhijit Gupta 教授，得知在印度的相关档案也是类似的情况。

法确认他离世的具体年份[①]。现有据可查的信息大致如下：

> 乔安尼斯·拉萨尔（Joannes Lassar），1781年出生于澳门一个信奉基督教的亚美尼亚家庭（Armenian Christian），家中有一男一女两名中国佣人，且均为基督徒，故其对于中文最初的了解和学习来自于他们。后来其父从广州请来一位中文老师[②]，教他中文阅读与写作。13岁时，其父将其送往广州，盼其中文更有精进。此七年间，他师从不同的老师，读书四十卷有余，且粤语与官话流利。此后，拉萨尔曾被在澳门的葡萄牙人雇佣，负责翻译处理与京廷之间的信件[③]。1804年他乘着一艘满载茶叶的货轮离开澳门，并于1805年到达印度加尔各答，却恰逢茶叶大跌价，陷入窘境，直至他遇到布坎南[④]。

在布坎南的资助下，拉萨尔从1806年年初开始教授马士曼中文，后来一同上课的还有马士曼之子约翰（John Clark Marshman）及英国新教传教士之先驱凯瑞（William Carey，1761－1834）[⑤] 之子雅比斯（Jabez Carey）[⑥]。最初，马士曼对其水平与能力尚存疑虑，然8个月的教学之后，拉萨尔的勤奋与认真使马士曼的疑虑转为对其能力与资质的肯定，他在写给浸信会总会的信中这样说道：

---

① 拉萨尔应该死于1835年之前，因那一年的《中国丛报》上记录到，“我们不知在某处看到了拉萨尔先生的讣告，但记不起确切发生的地点和时间了。”（*The Chinese Repository*，1835，p. 252.）

② 拉萨尔有过两名导师，一位教其中文，另一位授其官话，薪金分别为每个月30和35银圆。“四天之内，拉萨尔就解雇了他的中文老师，因其总是强迫他记忆大量汉字，却不区分释义。在其官话老师的教导下，拉萨尔夜以继日的学习，在幼年时便已读过40卷中文书籍。（笔者转写翻译自手稿信件：Marshman's Letter to Dr. Ryland（*BMS*），20 Aug. 1806；*Elmer H. Cutts*，*Quoting the Baptist Periodical Accounts*，3. 461－2.）
此处无法确定是外来洋钱还是仿制银圆，推测是西班牙银圆的可能性为大。——笔者注

③ Marshman's Letter to John Ryland（BMS），20 Aug. 1806；Claudius Buchanan，*Two Discourses Preached before the University of Cambridge*，Cambridge：University Press，1811，p. 96.

④ Marshman's Letter to Dr. Ryland（*BMS*），25 May 1806；Jost Oliver Zetzsche，*The Bible in China*，Sankt Augustin：Monumenta Serica Institute，1999，p. 45.

⑤ William Carey与Joshua Marshman，William Ward并称“塞兰坡三杰”，且为三人中声誉成就最卓著的一位。他是英国浸信会创办人直译，且最先来到印度加尔各答传教，是英国新教传教士中最早宣扬海外传教之人，故亦被称作“近代传教士之父”。

⑥ 笔者转写翻译自手稿信件：Marshman's Letter to Dr. Ryland（*BMS*），25 May 1806。

"对于拉萨尔的才智我非常敬佩。与其相处的8个月中，作为老师的他每一天都让我更加相信他的能力以及他作为一个中文学者的杰出。我不能否认，在我实际检验他之前，曾经有些怀疑他的知识程度。而他孜孜不倦的专注，为人师表的严谨，对于学生的完美发音的不懈要求，无一不向（他的学生）我证明他比一般合格的老师还要优秀。"①

当然，仍有些人对于拉萨尔的语言水平有所非议，并以此质疑塞兰坡整个翻译团队的中文水平和马士曼译著的原创性与真实性，这其中就包括马礼逊②。而事实上，除了通过塞兰坡出版的中文译著来推测以外，我们亦很难从以上的只言片语中精确判断拉萨尔的中文水平。但不可否认的是，拉萨尔确实是塞兰坡浸信会士们的中文老师，且为汉译《圣经》团队中的核心人物，马士曼的得力助手。因其不仅亲身参与译经，担任马士曼的中文老师，还培养了塞兰坡浸信会年轻一代的中文人才。因此，无论拉萨尔的中文水平或高或低，他在塞兰坡中文学习与汉译《圣经》事业中都起了至关重要的作用，为塞兰坡之中文事业开启了新的一页。

三　汉译《圣经》之准备

汉译《圣经》无疑是一项艰苦卓绝的任务，更何况是对于身处印度，缺乏语言环境与出版先例的马士曼及其团队而言。因此，在正式进入汉译《圣经》出版流程之前，有两项要素是马士曼等人所必要准备的：中文能力与中文出版。以下，让我们来步步分析他们在前8年（1806～1814年）的准备阶段中所做出的成绩。

（一）中文能力之准备

马士曼曾说，是神的眷顾让他有机会接触中文并学习中文，而他个人对于中文的学习也确实充满热情，认真勤勉③。也正因如此，在学习中文

① 笔者转写翻译自手稿信件：Marshman's Letter to Dr. Ryland (*BMS*), 20 Aug. 1806。

② Elizabeth Morrison, *Memoir of the Life and Labours of Robert Morrison, D. D., Compiled by his Wife*, London, 1839, p. 168.

③ 笔者转写翻译自手稿信件：Marshman's Letter to Dr. Ryland (*BMS*), 25 May 1806。

的过程中，马士曼才在英译儒典与著述中文语法书两方面留有令人惊喜的贡献：

1. 译儒典以学中文：《孔子的著作》

自从耶稣会士来华，第一次为学习中文而准备翻译“四书”开始[①]，“译儒典以学中文”便好似儒学与基督教相遇的“传统”桥段[②]。而1806年拉萨尔在教授马士曼中文时，也不谋而合地选择了类似的教学方式，以《论语》为教材，朱熹的《论语集注》为教辅，由此引发了19世纪初世界上首部英译《论语》直译本的诞生。为了向西方世界介绍中文之性质，汉字之结构，马氏解读的《论语》特意采用了直译的方法，同时保留了中文原文，以便中英字字对照释义。

马士曼于1809年正式出版了这部英译《论语》（上半卷，第一章第十章）——《孔子的著作》（*The Works of Confucius*[③]）。鉴于其与塞兰坡浸信会士的实际情境，本文将此译本所经历程大致分为以下三个阶段：

> 第一阶段，此译本为马士曼自身学习中文的笔记和手册：他通过《论语》学习中文，英译其篇章作为范例，再对照朱熹的《论语集注》检验译本质量[④]。
>
> 第二阶段，此译本为塞兰坡中文教育系统中的双语教材，适用对象为下一代的传教士，包括马士曼等人之子[⑤]。

---

① 学界对于最早翻译“四书”之耶稣会士尚无统一定论：德礼贤（Pasquale D'Elia, S. J.）与孟德卫（David E. Mungello）均推论利玛窦的“四书”翻译是耶稣会士后来译作的最初底本，而伦贝克（Knud Lundbaek）则指出，“四书”的翻译可能始于罗明坚（罗莹：《十七、十八世纪‘四书’在欧洲的译介与出版》，《中国翻译》2012年第3期）；梅谦立（Thierry Meynard S. J.）以及业师张西平教授的研究均与伦贝克的结论吻合。［Thierry Meynard S. J., *Confucius Sinarum Philosophus* (1687): *The First Translation of the Confucian Classics*, Rome: Institutum Historicum Societatis Iesu, 2011, p. 4；张西平：《西方汉学的奠基人罗明坚》，《历史研究》2001年第3期。］

② Thierry Meynard S. J., ed., *Confucius Sinarum Philosophus* (1687): *The First Translation of the Confucian Classics*, Rome: Institutum Historicum Societatis Iesu, 2011, p. 4.

③ Joshua Marshman, *The Works of Confucius: Contained the Original Text, with a Translation, Vol. I*, Serampore: Mission Press, 1809.

④ 笔者转写翻译自手稿信件：Marshman's Letter to BMS of Oct. 23, 1807。

⑤ 马士曼之子约翰（John Clark Marshman），凯瑞之子雅比斯（Jabez Carey）以及后来加入的，马士曼的小儿子本杰明（Benjamin Marshman）。

第三阶段，当此译本的语境转至欧洲乃至美国[①]，其被视为《论语》的第一个英译本，并向西方其他新教修会以及知识阶层介绍了中国这个庞大帝国的语言、文学以及哲学。

值得注意的是，《论语》的哲学层面从始至终都不是这个译本的重点。基于马士曼自己的判断及其翻译计划，他仅从文学方面将《论语》在中国的重要性与《伊索寓言》在英国的普及性做以比较[②]，未明确涉及对于《论语》哲学层面的理解。不过，对于朱熹之《论语集注》的编译为此译本在形而上学层面做了一定的补充，包括马士曼自创于每节译文之后的"汉字备注"（Remarks on the Characters）亦受其影响，使其解读不致太过字面和浅显，隐含了一定的儒家视角。而若仅就学习中文这一目的而言，英译《论语》对于马士曼及其团队的中文能力之准备贡献颇著，换言之，其为后来的汉译《圣经》做了有效的语言铺垫。

2. 学有小成：《中国言法》

如果说《孔子的著作》是马士曼学习中文之初的阶段性成果，那么1814年他在塞兰坡出版的《中国言法》（*Clavis Sinica*[③]）一书可谓其学有小成的汇报之作。而此书的出版也正是其与马礼逊后来公开针锋相对的导火线[④]。书中容含他早年书写的一篇关于中文汉字和发音的论文[⑤]，以及由其子约翰英译之《大学》译本。内文自成系统地从"汉字"（Characters）"口语""语法"（包括对于中国诗歌韵律的分析）几个方面对中文汉字的本质进行剖析描述，并且还将中文与英文、梵文、孟加拉国文等及其他印度语言

---

① 十九世纪中期，《孔子的著作》传至美国，为美国超验主义运动带去了最初的中国风：从爱默生（Ralph Waldo Emerson's，1803 - 1882）的阅读笔记，到梭罗（Henry David Thoreau，1817 - 1862）的书桌，《孔子的著作》最终被选出17句，登于1843年的《日晷》，题为"孔子的话语"（Sayings of Confucius）。（*The Dial*：*A Magazine for Literature*，*Philosophy*，*and Religion*. *Vol III*，Boston：E. P. Peabody；London：J. Green，1843，pp. 493 - 494.）

② 笔者转写翻译自：Marshman's Letter to BMS of Oct. 23，1807。

③ Joshua Marshman，*Clavis Sinica*：*Elements of Chinese Grammar*，*with a Preliminary Dissertation on the Characters and the Colloquial Medium of the Chinese*，*and an Appendix Containing the TA - HYOH of Confucius with a Translation*，Serampore：Mission Press，1814.

④ 苏精：《马礼逊与中文印刷出版》，学生书局，2000，第140页。

⑤ Joshua Marshman，*Dissertation on the Characters and Sounds of the Chinese Language*，Serampore. Nov.，1809. Angus Library，Regent's Park College，Oxford.

文字做了文化和结构上的模拟对比，可谓马士曼 8 年中文学习体悟之归纳小结。

值得一提的是，马士曼引用了大量的中文典籍原句作为例句，涉及的语料有：四书（《论语》《大学》《中庸》《孟子》）、五经（《易经》《书经》《礼记》《春秋》）、朱熹之《四书章句集注》、陈文子注说，《古文》《古诗词源》《二十四史》，以及当时对于《四书》的一些评注。他认为中文汉语的各个部分与语法，通过这些时间跨度 3000 多年的著述中的 500 个例子展现出来，更能够解释出其语言的本质，即使不能，也为未来的工作打好了基础，而相较之下，口语的例子具有其偶然性，必须依赖说话人的喜好，不如著作中的例子禁得起考验，不可取[①]。

相较于马礼逊的《通用汉言之法》，马士曼此书更偏重于典籍著述的运用和书面语方面的分析，这很符合他在中国境外，缺乏语言环境下学习中文的特点，由此或可澄清“抄袭”一论，回应马礼逊的控诉。至于马士曼是否参照过其他人的语法书，他在前言中也做了解释：傅尔蒙（S. Fourmont，1638－1745）的《中国官话》（*Linguæ Sinarum*，1742）他是在《中国言法》印制到一半时才看到的；而巴耶（T. S. Bayer，1694－1738）的《中文博览》（Musaem Sinicum. Vol. 2，1730）则是在那之后几个月才看到的。从这两本著作中他“偶尔能够得到一点线索，但却均不能满足他的计划”[②]，仔细考查中文的本质，且欠缺中文典籍著述中的例子。因此，这两本汉语语法论著都没有对马士曼的《中国言法》起到太大的影响。

需要指出的是，约翰·马士曼[③]（John C. Marshman）英译《大学》之时，学习中文已逾 7 年，其父很赞赏并信任他的中文水准，因此只参与了终订。而约翰英译之《大学》基本沿袭了之前其父英译《论语》的传统，中英分段对照，部分朱注解读，最后附有汉字的对照解释以及 23 页的《练习》（Praxis）。整体来看，马士曼父子的译本仍是以教辅材料为目的的翻译，直译为一贯翻译策略，虽然文字意义上的错译较少，但仍缺少对儒家思想的进一步探究。不过，这一《大学》英译本的出现，让我们看到了塞兰

① Joshua Marshman, *Elements of Chinese Grammar*, Serampore: 1814, p. vii.

② Joshua Marshman, *Elements of Chinese Grammar*, Serampore: 1814, p. xiii.

③ Joshua Marshman, *Elements of Chinese Grammar*, Serampore: 1814, p. xv.

坡下一代青年传教士的中文水平，以及之后《圣经》汉译的又一新生力量的存在。至此，马士曼及其塞兰坡译经团队之中文准备工作基本完成。

（二）中文出版之准备

在印度塞兰坡开展中文出版并非易事，除了基本印刷条件的具备，马士曼等人还需要解决中文字模的问题。当时在离塞兰坡分会两英里的地方就有一家棉布印花厂（calico - printing factory），是欧洲人 20 年前建在当地的。马士曼从这家工厂雇佣的雕版工人中选了两个技术纯熟的当地人，由一个叫 Kung - Lee（孔理?）的中国人辅助监察[①]，帮他们刻制汉字木雕版；经过反复的试验与失败，最终成功刻出了汉字木雕版[②]。也就是这些雕版完成了《孔子的著作》[③] 中所有中文原文的印刷，缔造了塞兰坡出版的首部带有汉字的书籍，也实现了塞兰坡中文木雕版印刷的第一次。尽管这种木雕版印刷技术对于塞兰坡的印刷业并不是什么新鲜事，但是在印度塞兰坡刻印中文汉字却无疑是一种创新。这种印刷不仅服务了马士曼的《论语》英译本，同时亦为之后汉译《圣经》的印刷出版铺好了前路。1808 年，塞兰坡浸信会的《译经备忘录》中这样写道：

> "印刷这种语言（中文汉字）对我们来说已经不再是不切实际的妄想了，而它的花费也并非如想象般庞大。特别是我们正在期待一位来自英国的教友，他对于木刻雕版非常在行，这会为我们进一步降低花费。我们的排版和字模准确，所用的孟加拉国当地劳力便宜，以此看来，假以时日，在塞兰坡印刷中文版《圣经》与在广州或北京印刷将具备同

---

① 马士曼曾在日记中提到，Kung - Lee（孔理?）曾为他们监管汉字刻板。一般由 Kung - Lee 将字写好，倒贴于版，而后由当地工人刻版。值得注意的是，Kung - Lee 是马士曼唯一提及姓名的中国助手，虽然他仅参与了塞兰坡前期中文印刷出版的工作。（笔者转写翻译自：Marshman's Letter to BMS of Oct. 23, 1807.）

② John Clark Marshman, *The Story of Carey, Ward and Marshman: the Serampore Missionaries, Embracing the History of the Serampore Mission, in Two Volumes*. Vol. 1, London: 1859, pp. 388 - 89.

③ 经笔者对 Oxford University, Angus Library 所藏版本的实地考察，此译本全书共计 387 页（774 面），每面有页码，单张正反印刷，开本偏方，约为 20.8cm * 26.5cm，纸质微黄偏厚。其中，英文使用横版印刷，中文则为自左及右竖版印刷，每个汉字大小约为 1.5cm * 1.5cm。

样巨大的优势。”①

由此看来，中文木雕版的完成给予了塞兰坡浸信会士们极大的信心。

三年之后，1811年年初，塞兰坡的中文印刷出版迎来了他们期盼已久的帮手——伦敦著名刻板印刷家约翰·劳森（John Lawson，1787－1825）。劳森到来之前，塞兰坡一直采用上文所提的木雕版印刷中文，所刻的字模相对粗糙，且需要整版连续刻印，消耗较大，而劳森带来了更加经济便捷的铅活字印刷术。铅活字比木雕版刻字更加美观小巧、清晰准确，并且其使用率要高出五倍。同时活字印刷使译者在最后修订时有更大的自由度和连续性，可以随时根据需要增补或删减却不至于浪费整版，且可进行多次大量的印刷②。相对于传统的木雕版印刷，其成本降低约2/3③。劳森的改良无疑使塞兰坡中文印刷成为那个时代的先驱，甚至早于近代中国对铅活字印刷术的使用。后文将会涉及的1813年出版的《若翰所书之福音》就使用了这种技术，实现了近代应用铅活字印刷中文书籍的第一次。这项技术后来才被其他传教修会采用，而在那之前塞兰坡的中文铅活字印刷始终独立鳌头，甚至还“造福”了其他区域传教士的中文译本及著作的印刷，这其中也包括马士曼远在中国广州的竞争者，马礼逊④。至此，塞兰坡的中文印刷出版技术几近完备，可以说已为之后的全本汉译《圣经》出版打好了前站。

四 汉译《圣经》之历程

（一）塞兰坡早期汉译《圣经》与出版（1807～1810年）

在《孔子的著作》出版之前，马士曼和拉萨尔便已开始陆续汉译《圣

① *Memoir Relative to the Translations of the Sacred Scriptures*, Dunstable, 1808, p. 15.

② John Clark Marshman, *The Life and Times of Carey, Marshman, and Ward, Embracing the History of the Serampore Mission Vol. II*, London, 1859, pp. 63－64.

③ Joshua Marshman, *Extract of a Letter from Dr. Marshman to Dr. Ryland*, December, 1813.

④ 马礼逊鉴于塞兰坡铅字活字印刷的风头太盛，对于马士曼方面颇有微词，几次表达认为传统木刻雕版印刷要好于西式铅字活字印刷云云。而马礼逊的《通用汉言之法》几经辗转之后也是于1815年在塞兰坡印刷出版的。（苏精：《马礼逊与中文印刷出版》，学生书局，2000，第144～146页）

经》章节了。1807年，拉萨尔曾独立翻译过《马太福音》和《创世纪》当中的部分章节①，但由于其所掌握的外语有限②，这些译本均翻自亚美尼亚文的《圣经》（Armenian Bible），不甚成熟。随后马士曼的中文水平逐渐提高，才开始与拉萨尔协同开展汉译《圣经》的工作③。据塞兰坡浸信会1808年的《译经备忘录》④ 记述，当时他们汉译《圣经》的中文辅助书有将近300卷，其中包括两个版本的论语（一为裸本，一为朱熹的《四书章句集注》本）；同时还有三本汉语字典：一本四卷小字典，一本十四卷的字典和《康熙字典》。但是即使如此，翻译工作还是困难重重，基本上还是用中文学习中文，用汉语字典辅助汉译《圣经》，直到柔瑞国神父（Pater Rodrigues）的来访，才给他们的翻译工作带来推进和改善。

柔瑞国是一名巴西裔的天主教神父。他曾在中国生活20年，并于北京传教10年，后于1809年至1810年期间来访塞兰坡8个月。他对于马士曼和拉萨尔等人当时所进行的《新约》部分之汉译给出了不少意见并解答了很多疑问⑤。尽管他没能将一份福音书的汉译副本⑥留在塞兰坡，但终还是把一份拉汉字典的副本赠予了马士曼等人⑦，而这本字典对于马士曼的翻译团队帮助颇大，要知道在最初的三年半中，马士曼他们没有任何一本这样的

---

① *BFBS* Report 1807，p. 154。拉萨尔当时的翻译并没有出版，只是以手稿的形式发回到英国圣经公会（BFBS）手中。

② 马士曼在多数信件中都是称赞拉萨尔的语言能力的，如他说拉萨尔除了中文之外，还会“四国外语，他的亚美尼亚语，葡萄牙语，印度语和英语都非常流利。”（Joshua Marshman，Letter to the BMS of Aug. 20，1806，笔者转写自手稿并翻译）。但是在另一封信中，他却表示，至少拉萨尔的英文不是非常流利，“我们不得不和我们的导师［Lassar］摸索前行，因为生长于中国的他对于英语的理解比我们对中文的了解多不了多少。”（Joshua Marshman，Letter to BMS of Apr. 3，1817. 笔者并未在 Angus Library 见到这封手稿信件，故转译自 Jost Oliver Zetzsche 的书，p. 46。）

③ 马士曼于1813年致信浸信总会时，这样描述其与拉萨尔早期的合作模式：“首先，如我和你所讲过的一般，拉萨尔坐在我的身畔（一如既往，年复一年，日复一日），在亚美尼亚文《圣经》的辅助下，将英文《圣经》译成中文。很长一段时间里，他和我都会一起反复阅读译出的部分；起初是他提出如此的，后来他渐渐发现没有必要了。所以，现在他仅向我咨询个别字词的译法。然后在一定的时间内，我会手执希腊文的《圣经》，逐字斟酌修改汉译出的章节。”（*BFBS Report* 1815，164ff. 笔者自译）

④ *Memoir Relative to the Translations of the Sacred Scriptures*，Dunstable，1808，pp. 14 - 15.

⑤ Joshua Marshman，*Elements of Chinese Grammar*，Serampore，1814，p. iii.

⑥ Joshua Marshman，Letter to BMS of March 30，1810。信中马士曼转述了柔瑞国所说的，不能给他们福音书的翻译版，是因为他将那个版本留在了澳门。

⑦ Joshua Marshman，Letter to BMS of March 30，1810.

字典[①]。1810 年，马士曼在一封致浸信会总会的信中这样写道：

> “当我打开这本字典时，拉萨尔的《新约》翻译已经进行了 2/3。而这本字典给了我们一个绝好的机会去检验我们费尽辛苦汉译出的部分，其准确度和价值所在。除非是奇迹，一个在北京住过的人，和一个在澳门住过很久的人，对于几千个汉字的意义能给出完全一样的答案；最近我才发觉，有十个字的意义，拉萨尔先生和我们的中国助手给出的意思和柔瑞国神父留下的这本字典所示不同，而字典所释的意义才是正确的。”[②]

同年，塞兰坡便使用中文木雕版印行出版了马士曼与其团队汉译的第一个《新约》单行本——《马太福音》，中文译名为《此嘉语由呼口孖口挑所著》[③]，随后不久，《马可福音》也被印行出版，中文译名为《此嘉音由口孖嘞所著》[④]。这便是马士曼与其塞兰坡团队最早独立汉译印行的两本福音书。不过，从题名已不难看出，受译者语言程度和非汉语环境所限，加之其手边亦无其他汉译本《圣经》可以参照，故文间人名、地名、神学名称等多为生搬硬造，且大多使用口子旁的字来表示外来语音。如题名中的“口孖口挑”和“口孖嘞”便是英语“Matthew”和“Mark”的音译，且应为粤语非正宗发音，略有偏差。也正因如此，尽管这两本福音书是最早出版的汉译福音书单行本，却因其内容艰涩而难以流传。

（二）白日昇译本的介入与译经分水岭之形成（1810～1813 年）

1811 年，马士曼和拉萨尔已经完成了《圣经》新约部分的汉译工作，

---

① Joshua Marshman, Letter to BMS of Apr. 3, 1817; Jost Oliver Zetzsche, *The Bible in China: the History of the Union Version or the Culmination of Protestant Missionary Bible Translation in China*, Sankt Augustin: Monumenta Serica Institute, 1999, p. 49.

② Joshua Marshman, Letter to BMS of March 30, 1810。笔者转写自手稿并翻译。

③ 剑桥大学圣经公会图书馆藏有一孤本，其内封有传教士签名，并注明 1810 年出版，木板雕版印刷，线装一册，开本约为 13.5cm * 23.7cm，双折页，包背装，共 95 面，无页码，仅标‘章’与‘节’（第十三章后标‘篇’），封面纸张呈红色，未注出版地、时间和译者姓名。

④ 经笔者实地考察，牛津大学 Angus Library 有此书最早版本两本。均为木板雕版印刷，线装一册，开本约为 13.5cm * 23.7cm，双折页，包背装，108 面，无页码，文间有句读。封皮略呈红色，未着明出版地、时间和译者名字（Alexander Wylie 的书中记述其为 1811 年出版，剑桥大学圣经公会记录则为 1810 年）。

但并没有马上付印出版，因为他们于 1810 年收到了马礼逊寄来的一份对塞兰坡译经事业影响巨大的手稿抄本——白日昇（Jean Basset，1645 - 1715）之《四史攸编耶稣基利斯督福音之会编》誊本。这份誊本是马礼逊来华传教前在大英博物馆抄录的，当时他并不知道译者是谁，因为手稿上没有注明，仅知道此本应为天主教传教士之译作。后人验明，这份《圣经》译稿最初是在 1738 年左右，由在荷兰东印度公司工作的英国人霍治逊（John Hodgson，1672 - 1755）在广州发现的，而后精心抄录，带回英国，并于 1739 年 9 月，将此手稿赠予英国皇家历史学会会长汉斯·斯隆爵士（Sir Hans Sloane，1660 - 1753），后统一编入现藏于英国大英图书馆的斯隆收藏手稿部分（Sloane Manuscript）中[①]。而正是这份誊本影响了 19 世纪初新教最早的两部汉译《圣经》的诞生，同时也使"二马圣经"从此有了不可割裂的联系。

1813 年，塞兰坡印行出版了汉译《新约》的又一单行本——《约翰福音》，中文题名《若翰所书之福音》[②]。与之前两本福音书不同的是，其语言修辞明显提高，行文更加顺畅，且文内人名、地名和神学名称也对照白日升译本做了很大调整，例如：

Gospel ——→嘉音（1810）——→福音（1813）
Jesus ——→意苏（1810）——→耶稣（1813）
Christ ——→口记唎口时嘜（1810）——→记利斯督（1813）
Jerusalem ——→噫口路吵唻（1810）——→柔撒冷（1813）

这一改变不仅体现了塞兰坡译经质量的逐渐提高，同时也预示出塞兰坡汉译《圣经》事业正在趋于成熟。故亦可将 1813 年视为塞兰坡译经的分水岭：其前为独立译经成果，不甚完善；其后为获得外助之修正阶段，走向成熟。

① 笔者在大英图书馆所看到的原手稿信息如下：手稿汉语题名为《四史攸编耶稣基利斯督福音之会编》，拉丁语题名为 Evangelia quatuor Sinice MSS。其空白首页上用英语手写"手抄本由霍治逊先生授命于 1737 年和 1738 年在广州誊抄，有人说它已经仔细校勘，经我检验，毫无错漏。1739 年 9 月呈赠予斯隆爵士。"全书共 377 面，以毛笔竖版工整眷写，每页两面，每面十六行，每行二十四个字，版面颇大，约 24cm * 27cm，纸质薄细；内容根据《武加大译本》译成，包括《四福音书》《使徒行传》《保罗书信》和《希伯来书》中的一章。

② 经笔者实地考察，牛津大学 Angus Library 所藏此书，中文铅活字印刷，硬皮洋装一册，开本约为 18.7cm * 26cm，双折页，共计 40 页，竖版正反印刷，80 面，有页码，每页 10 列，每列 25 个字，文间有句读。

（三）世界首部全本汉译《圣经》之完成（1815～1822年）

随着塞兰坡译经团队的逐渐成熟与壮大，其后期之译经流程已不仅是马士曼与拉萨尔的合作翻译，更于修订环节增加了成员与流程：先由马士曼英文诵读，拉萨尔中文核对更正，再将录好的译本交给一个中国助译者，就修辞文法修改润色，使其内容明晰，行文流畅，而后交予约翰审阅（其父认为他对中文修辞有独到见解）；最后再由马士曼本人终订①。整个译经过程辛苦且烦琐，而马士曼在其中起到的作用更多的像是统筹和精神指导。不过，这样的译经成果却是优质的。1815～1822年，塞兰坡传道出版社使用中文铅活字印刷，陆续印行了马士曼及其团队汉译的全部《圣经》篇章，并于1822年终订合集为第一部新教汉译之《圣经》全本，其依次出版年表如下：

1816年——*Genesis*《创世记》——《神造万物书》

1816年——*Gospel of Matthew*《马太福音》——《马窦传福音书》

Gospel of Mark《马可福音》——《马耳可传福音书》

Gospel of John《约翰福音》——《若翰传福音之书》

Romans《罗马书》——《使徒保罗与罗马辈书》
至
Revelation《启示录》——《使徒若翰显示之书》

1817年——*The Pentateuch*《律法书》（摩西五经）——《摩西复示律书》

1818年——*Job*《约伯记》——《若百书》
至
Song of Solomon《雅歌》——《所罗门之诗歌》

1819年——*Isaiah*《以赛亚书》——《先知以赛亚之书》
至
Malachi《玛拉基书》——《先知者马拉记之书》

1821年——（1822年）*Joshua*《约书亚记》——《若书亚之书》
至
Esther《以斯帖记》——《依士得耳之书》

1822年——*The New Testament*《新约》

① Letter from Dr. Marshman to Dr. Ryland, Dec. 1813, quoted in *BFBS Report* 1815.

值得注意的是，前后15年的译经历程中，马士曼从不孤独，因为远在广州的马礼逊也在紧锣密鼓的汉译《圣经》并陆续印行出版。1814年，马礼逊率先完成了汉译《新约》全本并于广州以木雕版印刷出版。这部汉译《新约》于1816年辗转而至马士曼手上，对其与拉萨尔1811年已经完成却未出版的汉译《新约》全本之修订起了不小的影响。相较之下，马士曼与拉萨尔对汉译《新约》部分的终订，对马礼逊版本的参照甚或多于对白日昇抄本的参照，所以相似度更高。尤其是文间一些人名、地名、神学名称的译法，甚至一模一样（见表1）。

表1 《约翰福音》中人名、地名、神学名译法

白日昇抄本	马士曼（1813年）	马礼逊（1814年）	马士曼（1815~1822年）	和合本
无	若翰所书之福音	圣若翰传福音之书	若翰传福音之书	约翰福音
耶稣	耶稣	耶稣	耶稣	耶稣
依腊尔	依腊尔	以色耳以勒	以色耳勒	以色列
加里辣	加里辣	加利利	加利利	加利利
柔撒冷	柔撒冷	耶路撒冷	耶路撒冷	耶路撒冷
如达	如达	如大	如大	犹太

因此，就汉译《新约》而言，参照白日昇抄本的“二马圣经”均非独立译作，而马士曼自1816年后，对《新约》译稿的修订则更多的参照了马礼逊的《新约》汉译。1815年，“二马”因语法书而起的公开争论中，对于《新约》的翻译也被牵扯其中。马礼逊指责马士曼故意拖延自己语法书的出版，同时抄袭自己作品并出版《中国言法》；而马士曼则在写给瑞兰德的信中批评马礼逊所出版的《使行徒传》是别人的作品，但却未注明，又如何能够指责自己抄袭了他的作品云云①。双方的公开争论一度成为中国基督教史上的一段公案，而即使是在两人停止公开争吵之后，彼此心中之芥蒂与隔阂仍旧影响了他们就译经事宜的交流。

故而，之后汉译《旧约》的工作，两方再无沟通，均独立完成，仅以马士曼的《旧约》译本与马礼逊的《旧遗诏书》比对，差异较大，确无彼此参考之痕迹。相较之下，马士曼的译文相对更加通达顺畅，语句文言但不刻板，

① Joshua Marshman, Letter to Dr, Ryland, 13 Dec. 1816.

偶有诗韵，这或可为他及其塞兰坡团队的中文水平与翻译成就作一佐证。至于“二马”争论与竞争的影响，本文则同意马礼逊研究的专家——苏精先生的看法：“双方因为竞争历史地位而产生的争论，有其积极的意义。”① 1813年，马士曼在其致英国圣经公会的信函中表示，他和马礼逊两人身处异地却不约而同的致力于汉译《圣经》，实属天意，而借助彼此攻错的动力，原本需要50年才能译成完善的中文《圣经》，或许在20年内就能完成②。另一方面，马礼逊也在1815年说过，“彼此所作所为都让对方不得不更为小心谨慎，此种唯恐有误的感觉终会产生良好的结果”③。而事实也确实如此。

五 结语

由于马士曼和拉萨尔远在印度，因此尽管他们早先马礼逊一年完成并出版了全本汉译《圣经》，其于后世，尤其是中国《圣经》汉译的影响仍难敌马礼逊的译本。当然，马士曼与拉萨尔的译本对汉译《圣经》史的影响还是卓著的。1843年，英美新教各派在香港召开译经会议，商讨合作翻译一本比较权威的《圣经》汉译本（代表本，Delegates Version）时，马士曼的译本与马礼逊的译本同被列为重要参考译本。而关于“baptism”一词的翻译，依照浸信会的不同传统，会议决定保留马士曼和马礼逊的两种不同的译法，“蘸”和“洗礼”。但最终由于浸信会一方没有同意，而脱离了会议的《圣经》翻译，并决定依照马士曼与拉萨尔的译本修订出专属于浸信会的汉译本《圣经》，此为后话④。

而在此之后，由美国浸信会高德牧师（Rev. Josiah Goddard）和罗德博士（Dr. Edward C. Lord）修订并陆续出版于1851年至1868年期间的《圣经》汉译本，则选以马士曼和拉萨尔的译本为基础。同时，另一位来华英国浸信会士胡德迈牧师（Rev. Thomas Hall Hudson）在1866年出版的《新约全书》亦是依据马士曼与拉萨尔的译本修订的。可见在新教传教士中，

---

① 苏精：《马礼逊与中文印刷出版》，学生书局，2000，第151页。

② Joshua Marshman，“Letter from Marshman，Serampore，Dec 1813”，*The Eleventh Report of the British and Foreign Bible Society*，1815.

③ 苏精：《马礼逊与中文印刷出版》，学生书局，2000，第151页。

④ 马敏：《马希曼、拉沙与早期的〈圣经〉中译》，《历史研究》1998年第四期。

浸信会士们还是更加偏好马士曼与拉萨尔的译本，选择它作为后来译经的蓝本并加以修订，从而使马士曼的译本在中国得以流传下去。同时，捍卫和褒扬的马士曼译本的也多是后来的浸信会士们；相对的，非浸信会士们则更多的选择和看重马礼逊的译本[①]。如美国浸信会士麦克高宛（D. J. Macgowan, 1815 - 1893）在写给英国浸信会（BMS）的信中所说："虽然马礼逊是最早到华传教的新教传教士，但也不能因为马士曼的译作有可能超过他的，就将浸信会士们的长期努力视为一种冒犯和掠夺。有关'God'一词的翻译（马士曼译作'神'），确实是受到马士曼译本的影响，甚至从某些方面说，马士曼的译本可以说是最好的，至少他所译的《创世纪》和《出埃及记》在学者眼中超越了已出现的任何版本的翻译。"[②]

但是，无论马士曼与拉萨尔的汉译本《圣经》是否为基督新教主流的选择，不可否认的是，他们的译本确实是世界首部汉译本《圣经》，且与马礼逊的译本共同开创了此后的《圣经》汉译事业，缔造了"汉语神学"之语境源头。他们的冒险与努力开启了东西交流，特别是中西交流的大门。马士曼的敏而好学，勤奋执着或许并不足以令他独树一帜，但是他地处印度，身处困境时，对比邻的中国及其语言文化仍存有好奇与热情，并用自己的一生之中15年的光阴，坚持与拉萨尔合作完成了汉译《圣经》的艰巨工作，这便不能不说是一份执着的传奇。

① 美国基督教长老会传教士丁韪良（W. A. P. Martin）对于马士曼与拉萨尔的译本更为赞赏与推崇，是其中的例外。详情参见 W. A. P. Martin, Letter to APM (American Presbyterian Mission). Apr. 12 1864; Aug. 8 1864。(Jost Oliver Zetzsche, *The Bible in China: the History of the Union Version or the Culmination of Protestant Missionary Bible Translation in China*, Sankt Augustin: Monumenta Serica Institute, 1999, p. 44。)

② *Baptist Missionary Magazine* 1844, p. 36.

米怜与《察世俗每月统记传》对《圣经》的译介和传播

刘美华*

一 主要编者米怜

米怜（William Milne），伦敦会传教士，1785 年 4 月 27 日出生于苏格兰北部阿伯丁郡（Aberdeenshire）的轩尼斯邦（Hennethmont）教区①，自幼家贫，6 岁丧父，由母抚养，自 13 岁起，开始喜爱阅读宗教图书，1804 年，成为汉特利镇（Huntly）的公理会成员，1809 年决定申请加入伦敦会，经由莫理森牧师（Rev. D. Morrison）和约翰菲利普牧师（Rev. John Philip）介绍到阿伯丁传教会（Aberdeen Missionary Society），经选拔后进入高斯波特神学院（Theological Seminary at Gosport）学习，受教于博格博士（Dr. David Bogue）②。完成学业后，经导师认可，于 1812 年 7 月受牧师职③，同年 8 月被

* 刘美华，北京外国语大学海外汉学研究中心博士研究生。

① 关于米怜的故乡，Robert Morrison, *Memoirs of the Rev. William Milne D. D.*, Malacca: The Mission Press, 1824 ，其记载是 Hennethmont; Alexander Wylie, *Memorials of Protestant Missionaries to the Chinese*, American Presbyterian Mission Press, 1867, p. 12，其记载的是康利特门（Kennethmont）; Robert Philip ed., *The Life and Opinion of the Rev, William Milne*, Missionary to China, 1840, p. 1，其记载为康利特门（Kennethmont）；但据学者苏精先生考证，1809 年米怜申请进入伦敦会的亲笔函，写为 Hennethmont。参阅苏精《中国，开门!》，基督教中国宗教文化研究社，2005，第 130 页。

② William Milne, *A Retrospect of the First Ten Years of Protestant Mission to China*, Malacca: The Anglo-Chinese Press, 1820, p. 101.

③ 据 William Milne, *A Retrospect of the First Ten Years of Protestant Mission to China*, Malacca: The Anglo – Chinese Press, 1820, p. 102，其记载是 1812 年 7 月 12 日；据 Robert Morrison, *Memoirs of the Rev. William Milne D. D.*, Malacca: The Mission Press, p. 1，其记载是 1812 年 7 月 16 日；（转下页注）

伦敦会选拔，11 月 26 日，格拉斯哥大学（University of Glasgow）通过对其各方面修养和工作的考核，授予其神学博士荣誉学位[①]。

1812 年 9 月 4 日（嘉庆十七年八月二十九日）米怜携妻子柯氏（Rachel Cowie，1783－1819）（见图 1）在朴茨茅斯（Portsmouth）启程，经好望角（Cape of Good Hope）、法国岛（Island of France），于次年 7 月 4 日（嘉庆十八年六月初七）安全抵达澳门[②]。由于米怜不能像马礼逊那样以传译员身份在广州立足，加上受当时天主教势力的排挤[③]和英属东印度公司的反对，在抵达澳门并开始学习汉语的第二天便接到葡萄牙总督的"口谕"——米怜须在 8 天之内离开澳门，于是 7 月 20 日只身乘船转往广州。在广州米怜开始自学汉语，直到马礼逊到广州后，跟随马礼逊学习汉语大概 3 个月[④]。

1814 年 2 月 14 日，米怜从广州启程向爪哇进发。经过实地考察，米怜与马礼逊商定，在马六甲建立新的传教基地。于是，1815 年 4 月 17 日，米怜举家迁往马六甲，随行的还有一名助手——华人刻工梁发和一名中文教师，梁发是印刷方面的熟练技工。自此米怜定居马六甲，其间只有两次再次回到中国，呕心沥血 7 个春秋，不幸于 1822 年 6 月 2 日因患肺结核加上疲劳过度和妻儿相继病故的打击，在马六甲英华书院英年早逝，年仅 37 岁。

其间，米怜于 1815 年 8 月开办历史上第一份中文月刊《察世俗每月统记传》，并一直担任主编和撰稿人；创刊当天，米怜在马六甲开办了免费的中文男童学校"立义馆"[⑤]；同年年底，经米怜的努力，"恒河外方传道团图

（接上页注③）据 Alexander Wylie, *Memorials of Protestant Missionaries to the Chinese*, American Preshyterian Mission Press, 1867, p. 13，其记载是 7 月。

① Alexander Wylie, *Memorials of Protestant Missionaries to the Chinese*, American Presbyterian Mission Press, 1867, p. 13.

② William Milne, *A Retrospect of the First Ten Years of Protestant Mission to China*, Malacca: The Anglo－Chinese Press, 1820, pp. 102－103.

③ Eliza Morrison, *Memoirs of the Life and Labours of Robert Morrison*, London: Orme, Brown, Green and Longmans, 1839, p. 365.

④ William Milne, *A Retrospect of the First Ten Years of Protestant Mission to China* , Malacca: The Anglo－Chinese Press, 1820, pp. 103－105.

⑤ Robert Philip ed. , *The Life and Opinion of the Rev. William Milne, D. D.* , Missionary to China, 1840, p. 196.

图1 米怜夫妇

书馆”在马六甲建成并开放[①]；1816年，开办广东话学校；1817年5月创办英文季刊《印中搜闻》（Indo - Chinese Gleaner，1817 - 1822）；1818年11月创立著名的英华书院（Anglo - Chinese College，后迁往香港），并担任首任校长（1818 ~ 1822年）；1819年，米怜还在马六甲的华人中组织成立一个慈善互助团“呷地中华济困疾会”（The Malacca Chinese Samaritan Society）。

米怜一边在马六甲华人中传教宣道，一边刻苦学习中文。他编写的《张远两友相论》被广泛传播，成为传教士小说的代表，同时协助马礼逊翻译了《旧约》39篇中的13篇[②]。有其他主要中文作品20余篇，英文著作2篇[③]，相对于其短暂的一生，其著述颇丰。

米怜是个虔诚的传教士，虽然在马六甲布道站的管理方式上和同工们出

① Robert Philip ed., *The Life and Opinion of the Rev. William Milne, D. D.*, Missionary to China, p. 215.

② William Milne, *A Retrospect of the First Ten Years of Protestant Mission to China*, Malacca: The Anglo - Chinese Press, 1820, pp. 267 - 268; Elijah C. Bridgman, *A Brief Sketch of the Life and Labors of the Late Rev. William Milne, D. D.* Chinese Repository (second edition), Vol. 1 (Decenber, 1832), Canton: Printed for the Proprietors, 1833, p. 323; Alexander Wylie, *Memorials of Protestant Missionaries to the Chinese*, American Presbyterian Mission Press, 1867, Kessinger Publishing, 2008, p. 21.

③ Alexander Wylie, *Memorials of Protestant Missionaries to the Chinese*, American Presbyterian Mission Press, 1867, Kessinger Publishing, 2008, pp. 13 - 21.

现些许纷争[①]，但是瑕不掩瑜，米怜在生活和学习中也有为人和善、谦卑的一面，他在马六甲和他的马来语老师 Munshi Abdullah（1796 - 1854）建立了良好的师友关系，米怜过世，Munshi Abdullah 如痛失父亲一般伤痛[②]。米怜逝世 12 年后，马礼逊始终怀念着米怜，也为再也没有遇到米怜一般的同工而遗憾不已，马礼逊在广州给伦敦的朋友费雪（Thomas Fisher）诉苦，说自米怜死后，他再也没有衷心（hearty）的同工了，虽然有些人不乏倏然耀眼的热情（flashes of zeal），却不见坚定不移的火焰（steady flame）[③]。

二　主要内容——引用《圣经》篇章

就其内容而言，7 卷《察世俗每月统记传》（以下简称《察世俗》）前后一贯，虽然在内容上有所拓展、方法上有所改进，办报前 3 年，刊载直接传教文章较多，从第四年开始，通过寓言、比喻等间接传教的文章有所增加，但是“以阐发基督教义为根本要务”这一点始终没有改变。

纵观现有的 247 篇文章，其内容大致分为三类：宗教伦理、西学知识和文学连载。其中有关宗教伦理方面的文章高达 177 篇，占全刊的 72%，这占有了整个期刊的主体地位。其中西学知识部分主要介绍一些通俗易懂的天文知识、地理概况、历史和语言常识以及西方社会状况，连载的这些文章，为读者搭建一个接触世界历史和地理知识的平台。虽然这部分文章仅 33 篇，在全刊所占比重仅 13.4%，但是其信息量相当丰富，其意义比较重大。除此之外，《察世俗》还刊载寓言、诗文、歌谣、报告、章程、告帖以及广告、总结、释疑、评论、言论、新闻、笔记和信件等，使得这份报刊的内容

---

① 关于马六甲布道站的传教士们向伦敦会抱怨米怜的管理方式和伦敦会的处理，参阅苏精《中国，开门！》，基督教中国宗教文化研究社，2005，第 167 ~ 168 页。

② A. H. Hill, “Hikayat Abdullah”, *Journal of the Malaysian Branch of the Royal Asiatic Society*, 28 (3), 1955, pp. 103, 119 - 122。*Hikayat Abdullah* 中 Munshi Abdullah 记述了米怜等传教士们以及他们的活动。Munshi Abdullah 为马来学者，他自称为马来人，事实上他是阿拉伯和印度的后代。参阅 W. John Roxborogh, “Early Nineteenth-century Foundations of Christianity in Malaya: Churches and Missions in Penang, Melaka and Singapore from 1786 - 1842”, in *Asia Journal of Theology*, 6 (1) April 1992, pp. 4, 7。

③ LSM/CH/PE, Box 2, *A Correspondence between the Rev. Robert Morrison of Canton in China and Mr. Thomas Fisher*, R. Morrison to T. Fisher, Canton, 30 January 1834。参阅苏精《中国，开门！》，基督教中国宗教文化研究社，2005，第 129 页。

与形式新鲜活泼。事实上，通览全刊文章，读者不难发现，宣教影子无所不在，世俗的内容甚是单薄，很多文章都是外“俗”内“教”，在用自然科学等方面的知识破除异教迷信的同时，不忘“科学是宗教的侍女”，再进行神学的解释，“日月之食，乃神主预定之如此”①；即便是在介绍各国概况和办学校、办济困会等告白及章程的篇幅，甚至在一则介绍1789年法国大革命的国际新闻中，也不乏其宣传宗教的踪影。在文章结尾往往会说“乃耶稣之福音所致也”“敬天之人则国有太平”②。

《察世俗》中直接引用《圣经》语句的文章共91篇，占全七卷中35%以上的篇幅。涉及《圣经》32篇共165处，其中含《旧约》13篇68处，《新约》19篇97处（见表1）。

表1 《察世俗》中涉及的《圣经》篇章

	旧约	数量(处)	新约	数量(处)
	《谚语之书》	8	《若翰之福音书》	16
	《厄拉太亚书》	2	《使徒行书》	7
	《诗书》	11	《玛窦福音书》	9
	《以赛亚之书》	5	《罗马辈书》	9
	《耶利米亚之书》	1	《王者之第一书》	1
	《希比亚之书》	1	《马耳可之书》	3
	《创世历代之书》	32	《以弗所之书》	5
	《复讲法律传》	2	《弟撒罗尼亚书》	5
	《亚历》	1	《(若翰)现示之书》	8
	《列王传第二书》	1	《可林多第二书》	6
	《撒母以勒下卷》	1	《希比留书》	9
	《以所多之书》	2	《如大之书》	2
	《算民数之书》	1	《彼多罗第二公书》	3
			《弟多书》	1
			《弟摩氏第一书》	6
			《腓利比书》	1
			《路加福音》	1
			《者米士书》	1
			《若翰第一公书》	4
共计	13篇	68	19篇	97

① 《察世俗每月统记传》（卷五），1819，正月《论日食》。

② 《察世俗每月统记传》（卷六），1820，七月《法兰西国作变复平略传》。

从表1我们不难看出，《察世俗》引用最多的是《旧约》的《创世历代之书》[①]，高达32处，其次为《若翰之福音书》[②]，有16处，再次为《诗书》[③]，有11处，其他引用较多的如：《玛窦福音书》[④]《罗马辈书》[⑤]《希比留书》[⑥]《谚语之书》[⑦]《（若翰）现示之书》[⑧]《使徒行书》[⑨] 等。

虽然1814年马礼逊的《新约圣经》已经在广州出版，而且办刊期间，米怜也在进行《圣经旧约》的翻译任务，1819年之前，米怜已经有部分《旧约》译文在手，用来做《察世俗》文章的素材[⑩]。然而米怜深知，只读《圣经》是无法理解基督教原理的，或许是因为编者要照顾读者的教育程度，保证文章的“易读性”，《察世俗》编者采用“叙事体宣教文”的文学方式来传播《圣经》，而非刊载长篇的《圣经》译文。同时，为了增加刊物的兴趣，他通过“对话体宣教文”来达到宣传基督教义的目的；《张远两友两论》就是最典型的例子，小说通过张远和两位邻居之间的对话来传播和解释基督教教义。为了更清楚地说明“叙事体宣教文”和“对话体宣教文”与《圣经》译文在“易读性”方面的区别，这里不妨以引用次数最多的《新约》的《若翰之福音书》第三章十六节的文本为例，来分析说明。

《解信耶稣之论》（卷一），1815年9月：

> 夫真活神怜时间罪人，遣耶稣降世救人，不致落地狱、受永祸，乃

① 《创世历代之书》英文 Genesis，和合本译作《创世记》。

② 《若翰之福音书》英文 John，马礼逊《新遗诏书》译作《圣若翰传福音书》，和合本译作《约翰福音》。

③ 《诗书》英文 Psalms，和合本译作《诗篇》。

④ 《玛窦福音书》英文 Matthew，马礼逊《新遗诏书》译作《圣马窦传福音书》，和合本译作《马太福音》。

⑤ 《罗马辈书》英文 Romans，马礼逊《新遗诏书》译作《圣保罗使徒和罗马辈书》，和合本译作《罗马书》。

⑥ 《希比留书》英文 Hebrews，马礼逊《新遗诏书》译作《圣保罗与希比留辈书》，和合本译作《希伯来书》。

⑦ 《谚语之书》英文 Proverbs，和合本译作《箴言》。

⑧ 《（若翰）现示之书》英文 Revelation，马礼逊《新遗诏书》译作《圣若翰现示之书》，和合本译作《启示录》。

⑨ 《使徒行书》英文 Acts，马礼逊《新遗诏书》译作《使徒行传》，和合本译作《使徒行传》。

⑩ Robert Philip ed., *The Life and Opinion of the Rev. William Milne, D. D., Missionary to China*, 1840, p. 200.

致死后得天上永福。所以经云，神爱世、赐己独子，使凡信之者不致沉亡，乃得永常生也。可见信之，独可得永福。爱求永福者，必须信。弱人不信，则耶稣救世之恩，不能益他。

《论神主之爱怜世人》(卷四)，1818 年 10 月：

盖神爱世。盖神者造化天地万物、督理世间之主神也。爱者、慈怜之意也。世者、宇宙也。神见世间上万国之人、上至君、下及民、富贵、贫贱等、日日行各事。善的少、恶的多因此罪恶、以致获罪于神天依理本当受神天之罚世间人的罪恶……言世人不知怎么样救脱自己宝贝灵魂之意、所以神天大发慈悲、可怜世上的人、自天上降下一位救世者来世间、救世间万国人、代赎世间人之罪。指示世上痴迷的人知道自己之罪恶、教化世间人悔罪、改恶、行善者、可能救脱自己宝贝灵魂之罪也。致赐其独子……即是救世者耶稣也、神赐他来世间三十余年、把真理而周行教化世人。使凡信之者，不致沉亡，乃得永常生也。使者令也、又以至如此也。凡信之者，凡在世间上的人、信从救世者、依靠他赎罪功劳、得救出诸罪之污、日日全心全灵、敬畏神而奉事之、不拜世间人手所做之菩萨偶像等物。又用心、用力遵神之诫、孝顺父母、守本分、行好与人、改恶从善、在世间上日日得神恩赐福与他、而到生命终之日、其宝贝灵魂、不止沉忘、乃得永常生也。

《张远两友相论》(第十二回卷五)，1819 年 9 月：

张乃自书架上取下一部八本书……书云、神爱此世、致赐己独子、使凡信之者不致沉忘、乃得常生也。……远遂问曰、神字是鬼神之神还是怎么说。对曰、不是鬼神、乃指造成天地万物之神主也。远曰、世字是世代之世否。对曰、这里不讲世代、乃言世间之人也。爱字、汝知其意否。远曰、是亲爱之意吗。对曰、略不同、是恤怜之意、言神天大发其恤怜与世间之人也。问曰、怎么样发其恤怜呢。张曰、底下之字语是其解、即所云、致赐其独子。远曰、其独子何解。对曰、其神主也、独子、神主之子、耶稣就是我前几日同汝说的救世者也。远乃恍然有记、又说道、致字呢。对曰、致者、至极也。言神主所发之此恤怜、真为无限、无量、在天、在地、在人间、总无可比。远曰、赎字是神主赐好与其子么、对曰、不是、不是、这赐字、言神天大施其无限之恩与世上人、而赐其子耶稣降地受难苦死。远曰、为何死。曰、其欲代我人类赎罪而使万人中凡信从之者、不致死后沉沦于地狱、乃得永福于天上、此其受难之意。远曰、我之罪太过重、恐怕神天不肯赦我、又不肯赐我得此永福。对曰、汝要依靠救世者勿疑、勿违神天之令、则必得救也。

上述两段“叙事体宣教文”和一段“对话体宣教文”，反反复复解释说明《若翰福音书》第三章十六节一句话：“盖神爱世致赐己独子、使凡信之者、不致沉忘、乃得永常生也。”[①]《圣经》中的一句话，《察世俗》的“叙事体宣教文”却要用百余字甚至四五百字、五六百字来表述，编者无非是想降低文章的难度和牺牲语言的简洁性来换取清晰度，以及通过对话的方式启发读者思考，同时也方便观点的表述。

事实上，即便是“叙事体宣教文”，因为需要从一种语言转换到另外一种语言，避免不了“翻译”这道程序。关于拉丁语“Deus”一词的翻译，在中文中如何表达，是一个长久争议的话题也是最为棘手的问题，最初，传教士们将“Deus”音译成“徒斯”，罗明坚意译为“天主”，利玛窦译为“天”和“上帝”，众所周知的“礼仪之争”内容之一就包括了“译名问题”。虽然马礼逊依照佛教的“格义”，以“神”和“神主”为译名，但是米怜编撰《察世俗》时，新教传教士并未完全统一“Deus”和“God”的中文译名。《察世俗》中也出现了几个关于“God”和“Bible”不同的汉语译名：

God 译为：“神”“主神”“真神”“神主”“真主”“神天”“天老爷”“主”“天地之大主”“天”“上帝”等。

Bible 译为：“经”“圣书”“圣经”。

---

① 《若翰福音书》即《约翰福音》，此句为马礼逊译《我等救世主耶稣新遗诏书》（澳大利亚国家图书馆扫描文件）原文。

据庄钦永、周清海的考察《察世俗》中“神天”一词的出现，要早于《近现代汉语新词词源词典》中关于“神天”出现时间 34 年[①]。事实上，米怜后期主张用“上帝”来代替“神”等其他译名，他曾于 1821 年在《印中搜闻》发表“*on* 上帝 *as the fittest Chinese term for Deity*”一文，列举了以“上帝”为译名的理由，他认为“上帝”一词具备至上神的意蕴[②]。

“对话体宣教文”中，最值得关注的是米怜的《张远两友相论》，这一小说颇具价值。《张远两友相论》的故事背景在中国，讲述一个虔诚基督徒——张和他邻居——远的 12 次会面，两人在会面中针对人的信仰问题进行探讨，内容包括：罪、忏悔、灵魂、永生、天堂、地狱、轮回和复活等。通过两个朋友之间的对话和辩论，赋予了那些枯燥的基督教教义以生活气息。米怜笔下身为基督教徒的张能言善辩，而远则懵懂讷言，即便对张的说法存有异议，也很快就被说服，最后远终于被说服，成为一名信徒。故事中张和远的对话实际上是中西文化之间的碰撞与交锋。

值得注意的是，《察世俗》1815 年 10 月第一卷的《古王审明论》是一篇中西方世界妇孺皆知的故事：

> 有两个邪妇人来龙案之前、告状、求审明一件事。原告谓王曰、我主也。斯妇人与小妇俱住一间屋内。我与他在屋之时、而我产生儿子出来。我生子之后第三日、此妇亦产生儿子出来。我们共在一屋居住、除了我们两人没有何客同我也。在夜间、此妇之子死了、因其错以被蒙覆子首、故也。夜里我睡着之时、其起身、拿我子离我身边、放在他肘腋之间去、反拿他之死子、放在我肘腋里。天明我起身要给我子食奶之时、却是死的。惟我于早上细察之、却非我所生之子也。被告就对曰、

① 《近现代汉语新词词源词典》认为“神天”最早出自魏源的《海国图志》（1852 年）。参阅庄钦永、周海清《基督教传教士与近现代汉语新词》，新加坡青年书局出版社，2010，第 188 页。

② William Milne. *The Indo-Chinese Gleaner*. 3: 16 (April, 1821), Malacca: The Anglo-Chinese Press, 1817 - 1822, pp. 97 - 105。参阅〔新加坡〕龚道运《近世基督教和儒教在十九世纪的接触》，上海人民出版社，2009，第 53 页。

不然也。活者属我之子、乃死者属你之子也。……王就令曰、把斯活子破开两半来、给各人一半。而原稿实是活子之母、疼爱其子、肝肠似断、遂谓王曰、我主也、敢请给他以活子、而万不可杀之。那一妇人说破开之、致非我的亦非你的也。王就令曰、不可杀子、乃给与原告、盖实在是其母也。

这则故事，根据编者注来自《圣经旧约》《王者之第一书》第三章16节（事实上为16～27节），名为《所罗门审断疑案》，《王者之第一书》即《列王纪上》为米怜翻译的《旧约》其中一篇，此文撰稿人基本上可以确定为米怜。事实上此文与《塔木德》[①] 中《两个妈妈与孩子》以及中国的《折狱龟鉴》[②] 有异曲同工之妙，只是《折狱龟鉴》的人物和背景不同。

三　关于《圣经》篇章的栏目设置

严格来讲，《察世俗》的“栏目设置”并不成熟，它在不同时期栏目设置也有所不同。通览7卷，设置了6个主要栏目：“神理”专题、“古今圣史纪”“天文”栏目、小说连载、“圣书节注”和“全地万国纪略”专栏，而其中3个栏目是关于《圣经》的。

“神理”专题：《察世俗》从第一卷第二期开始刊载关于“神理”的专题文章，第一卷连续刊载5期，至第二卷仅有第一期和第四期2篇，发表7期之后就取消了。后期的“圣书节注”栏目和此专题性质相似。其中引用了《圣经》章节（见表2）。

“古今圣史纪”栏目：《察世俗》自第一卷第五期推出“古今圣史纪”[③]，文章皆出自《圣经》故事，至第六卷第十二期结束，为《察世俗》

① 《塔木德》*Talmūdh* 是流传3300百多年的羊皮卷，一本犹太人至死研读的书籍。仅次于《圣经》的典籍。为公元前2世纪～公元5世纪间犹太教有关律法条例、传统习俗、祭祀礼仪的论著和注疏的汇集。

② 又名《决狱龟鉴》，是南宋郑克所著。关于郑克的生平，《宋史》无传。

③ 根据伦敦本第一卷十一月刊行本来看，“古今圣史纪”栏目第一回并未明确标出，而在合订本中，明确指出“古今圣史纪，第一回论天地万物之受造”。且，在合订本第二卷的“古今圣史纪”中提及“续上年十二月”实为“十一月”。

表 2 “神理”专题《圣经》章节

《察世俗》卷期		篇名	《圣经》章节
第一卷	九月	神理	《谚语之书》十五章三节 《诗书》九十四章九节、一百三十九章三三节
	十月	神理	《使徒行书》十四章十六节 《玛窦福音书》五章四十五节 《诗书》一百四章 《罗马辈书》五章八节
	十一月	神理	《马耳可之书》十二章二十九、三十节 《以弗所之书》四章六节 《以赛亚之书》四十五章五节、七节 《耶利米亚之书》十四章二十二节
第二卷	二月	神理	《若翰之福音书》十七章三节
	五月	神理	《若翰之福音书》四章二十四节

连载文章中最为卷帙浩繁的一个栏目，共 27 回，分十二卷，卷一计 20 回，卷二计 7 回。此栏目文章可以确定作者为米怜，并于 1819 年在马六甲出版单行本[①]。具体篇章如表 3 所示。

表 3 “古今圣史纪”栏目《圣经》章节

《察世俗》卷期		篇名	《圣经》章节
第一卷	十一月	古今圣史纪 （论天地万物之受造）	《诗书》三十三章九节 《希比亚之书》十一章三节
第二卷	二月	古今圣史纪 （第二回论万物受造之次序）	《创世历代之书》二章七节 《创世历代之书》二章二十一节
	三月	古今圣史纪 （第三回论世间万人之二祖）	《创世历代之书》一章二十八节 《创世历代之书》二章三节
	六月	古今圣史纪 （第四回论人初先得罪神主）	《创世历代书》三章
	七月	古今圣史纪 （第五回论人初先得罪神关系）	《罗马辈书》五章十二节

① Alexander Wylie, *Memorials of Protestant Missionaries to the Chinese*, American Presbyterian Mission Press, 1867, p. 17.

续表

《察世俗》卷期		篇名	《圣经》章节
第三卷	正月	古今圣史纪（论神主之初先遣救世者）	《创世历代之书》三章十五节 《若翰之第一公书》三章八节
	二月	古今圣史纪（第七回论始初设祭神之礼）	《创世历代之书》三章二十一节 《现示之书》十三章八节
	五月	古今圣史纪（第八回论始祖妣初生之二子）	《创世历代之书》四章一二节、三四节、六七节、九节 《希比留书》十一章四节 《若翰之第一公书》三章十八节
		古今圣史纪（第九回论在洪水先之列祖）	《如大之书》十四节 《希比留书》十一章五节 《创世历代之书》五章二十九节
	六月	古今圣史纪（第十回论洪水）	《希比留之书》十一章七节
	十一月	古今圣史纪（第十二回论挪亚与三子）	《彼多罗第二公书》三章
	十二月	古今圣史纪（论建大塔及混世人之言语）	《创世历代之书》十章八九十节
第四卷	二月	古今圣史纪（第十四回论亚百拉罕）	《创世历代之书》十二章一二三节 《希比留书》二章十六节
		古今圣史纪（论亚百拉罕游行于加南）	《创世历代之书》十二章七节 《使徒行书》七章五节
	六月	古今圣史纪（第十八回论米勒其西得）	《希比留书》七章三节 《创世历代之书》四章十七至二十四节
	七月	古今圣史纪（第十九回论撒利及夏厄耳）	《创世历代之书》十五章一节、十四节、十六章一至十六节、十七章九至十五节 《罗马辈书》五章三节、四章十一节
	八月	古今圣史纪（第二十回论所多马及我摩拉）	《彼多罗第二公书》二章七节 《创世历代之书》十九章
	九月	古今圣史纪（论以撒革及以实马以勒）	《创世历代之书》十七章、十六章十二节 《厄拉氏亚书》四章二十二节至终
	十月	古今圣史纪（卷二第二回论亚百拉罕之献以色革）	《创世历代之书》二十二章
第五卷	四月	古今圣史纪（卷二第六回论牙可百游下栏）	《希比留书》十二章十七节

"圣书节注"栏目：此栏目和前两卷中"神理"专题性文章性质相似。"圣书节注"顾名思义就是给《圣经》做节注，即摘引《圣经》一段话，进行诠释和说明。此栏目文章的作者可以确定为米怜。《察世俗》自第四卷正月至第五卷十一月共刊出"圣书节注"十二训，这十二训是《察世俗》在阐发基督教教义中理论性较强的文章，后于1825年在马六甲出版为单行本[①]。具体篇章如表4所示。

表4 "圣书节注"栏目的《圣经》章节

《察世俗》卷期		篇名	《圣经》章节
第四卷	正月	圣书节注（训四论神恩显著）	《弟多书》二章十一节十二节
	二月	圣书节注（训八论人死）	《希比留书》九章二十七节
	三月	圣书节注（训九论善恶在死不同）	《谚语之书》十四章三十二节
	四月	圣书节注（训九论死者之复活）	《若翰书》五章二十八、二十九节
	五月	圣书节注（训十一论审判）	《可林多第二书》五章十节
	六月	圣书节注（训十二论永福永祸）	《马窦书》二十五章四十六节
	七月	圣书节注（训二论信有神）	《希比留书》十一章六节
	八月	圣书节注（训五论信者得救）	《马耳可传福音之书》十六章十六节
第五卷	三月	圣书节注（训一论只耶稣为救世者）	《使徒姓》四章十二节

四 结语

与其他宗教相比，基督教可能是最热衷于将译本作为传教手段的宗教。欧洲宗教信仰，自"因信称义"主张提出以后，《圣经》的阅读和传播在宗教信仰中地位得到了强化，《圣经》的翻译和传播与基督教的流播紧密相随。《察世俗每月统记传》是19世纪来华传教士所创办并发行的第一份中文期刊，其根本要务为"阐发基督教教义"，七卷文章世俗色彩相对淡薄，由始至终充满了神学色彩，作为一部宗教报刊，它大量刊登传教布道的内容、充当传播《圣经》的媒介，是很自然的事。虽然如此，我们后人不能

① Alexander Wylie, *Memorials of Protestant Missionaries to the Chinese*, American Presbyterian Mission Press, 1867, p. 19.

简单地在《察世俗》的主观目的上来寻求答案或加以评介。

《察世俗》出版时期，基督教传教士开始来华不久，中英关系也相对陌生而平静，英国伦敦会派马礼逊到中国的目标之一便是要完成《圣经》的中译，米怜在其《新教在华传教前十年回顾》[①] 中评价新教在华前 10 年的工作重点便是《圣经》的中译，而这一时期创办的《察世俗》对《圣经》的译介和传播是顺理成章的，米怜等人把创刊宗旨定位为“阐发教义”是适宜的。如果今天我们仅仅从当代报纸、期刊的视角去评定它，难免会忽视或低估它在中西文化交流史上的历史地位，它是研究中国基督新教在中国传播的化石，为我们提供了中西文化再次相遇后一个可以展开研究的典型文本。

---

① William Milne, *A Retrospect of the First Ten Years of Protestant Mission to China*, Malacca: The Anglo – Chinese Press, 1820.

Zhang Zhidong and Macau

Antonio Vasconcelos de Saldanha *

Zhang Zhidong (张之洞) is without doubt one of the major names in late Qing history and still one of main characters of that period that understandably attracts the attention of historians of reform and the perennial Confucian tradition in Chinese administration.

Less known is his involvement in the Macau question, reason why this paper will approach the circumstances that explain that involvement—his term of office as viceroy of Liang Guang in 1884/1888 — stressing also the importance for Macau Studies to develop a coherent and systematic study of the policies of the viceroys of Liang Guang in handling the Macau question along the last half of the XIXth century.

Actually, there is still not a complete or comprehensive understanding of the major lines of governance of the Late Qing official regarding the Macau question. We are aware of the specific attitudes of Governors of Liang Guang, but seldom we approach them in terms of understanding them in the context of a coherent central policy. We don't even know if there was coherent central policy!

As an example I bring here today the case of one of the most famous late Qing officials, the illustrious scholar and reformer Zhang Zhidong, Governor General of Liang Guang (1884 - 1889).

For those who are familiar with imperial politics of the late Qing, regarding the question of Macau, it is easy to understand that for Zhang Zhidong the question begins to be the question raised by the Sino- Portuguese treaty of 1887. But for

---

* Antonio Vasconcelos de Saldanha (萨安东), Department of History - Center for Macau Studies-University of Macau。

him, the treaty is little more than a flag that leads the conservative in a struggle against the more moderate sectors of imperial administration in Beijing. We could say, that is a very much a personal struggle between Zhang Zhidong and Li Hongzhang.

Only in the end of 1887, all Zhang Zhidong's hopes lost to block the sino-portuguese treaty and push to disgrace its negotiators, the Macau question is inscribed in the priorities of his government in Guangzhou.

He conceives a strategy. And the first line of the strategy seems to have been the commercial and economic asphyxiation of Macau with the creation of a concurrent lottery of *weixing* in Guangzhou. Or the dislocation of part of the Chinese population of Macau to inland through the creation of more attractive commercial and fiscal benefits. Or the transfer of the foreigners at the service of Chinese Imperial Maritime Customs from Macau to other neighboring territory and the creation of a more competitive port.

The second line of action had as a scope to fight directly the Portuguese strategy of consolidation of territorial occupations inaugurated in the middle of the XIXth century, that was supposed to fill the requirements of territorial delimitation as defined in the Chinese-Portuguese treaty of 1887.

For that, Zhang Zhidong fought fiercely to assert formally China's sovereignty in Macau's waters and land. As examples: the incidents regarding the "neutral land" between the Northern border of Macau and the first Chinese control posts; the disputes over the right to tax the Macau old village of Mongha; the tentative re-creation of a Chinese administrative bureau headed by a magistrate inside the town of Macau; the incidents over the sea of the Inner Harbor or the occupation of the opposite territory or Haojing island. All these actions reflect directly the "revivalist" but active style of Zhang Zhidong in that time in Guangzhou.

Because that is one of the most striking aspects of Zhang Zhidong's style of ruling: his reformation style is not defined by innovation of mentalities or methodologies, but deserves more exactly the name of "revivalism" by appealing to classic solutions that the pragmatism of his predecessors had mitigated or in a way put in oblivion.

That "revivalism" is nothing more than "Chinese conservatism", in the sense that is given to the term to define the efforts of huge sectors among the literati and the administration to preserve the political and social order, as well as Confucian ethics, along the XIX and XX centuries. What is to say, to preserve a time-honored of order when its fundamental propositions were no more accepted as evident.

In dealing with Macau question, that appeal to the traditional order is made trough the invocation of no less traditional preoccupations. Thus, it is interesting to note that in Zhang Zhidong's rethorics the justification of his actions in Macau are presented as a "return" to the classic formulas of controlling non-Chinese minorities and populations living in the Qing frontiers.

As a matter of fact, the association of contemporary problematic issues to the value of classic solutions is very clear on the non-direct criticisms of Zhang Zhidong to all his predecessors, guilty since the days of Qi Ying of letting to fall in oblivion the traditional methodology of controlling the foreigners of Macau.

That is why Zhang Zhidong wrote bluntly one day to the Portuguese Governor of Macau that "being trusted with the responsibility of looking over the frontiers, he had assumed the mission of reviving many things used or practiced no more".

One should remark that, besides stressing the advantages of "muscled style" of relation with Portuguese of Macau, Zhang Zhidong's actions had another result, perhaps even more relevant:

For the first time in the History of China, the Macau question, taken out of the secrecy of imperial departments, is presented publically as question of national honor, a problem of international prestige, a major instrument of agitation used by the more conservative sectors in their fight for the renewal of a China oppressed by Western expansionism.

Perhaps for the first time, and with pure "nationalistic" scopes, a doctrine was formulated in terms of the meaning of Macau and the role of the Portuguese in China. A doctrine that was fated to a very special success whit the publication of the writings of such politically and intellectually acclaimed author as Zhang Zhidong.

By the hand of Zhang Zhidong and by many clear personal and political motivations, the question of Macau grew without an effective proportion to its true value in Portuguese-Chinese relations. Since then, the Macau question will be no more a problem of the provincial administration of Guangdong. Transformed by Zhang Zhidong, it will become a powerful and efficient weapon of inflammation of peoples' minds in the last years of the Qing until the two first decades of the Republic.

Actually, in many of the crisis during which the diplomacy or the Chinese administration had to define a line of analysis and action re. the Macau question, we can perceive the argumentation of Zhang Zhidong. Quite understandably, if we recall that the patriotic or nationalistic radicalism of his thesis met the requirements to manage successfully those crisis by such groups as the patriotic societies of Guangdong during the last days of the Qing dynasty, in the republican convulsion of the two first decades of the century, or even in anti-Portuguese propaganda immediately after World War Ⅱ.

To conclude, there is a vast field still opened to new research and new conclusions. But a research that clearly falls in the domain of Macaulogy.

Macau:
the Contact Zone of Civilizations

V. S. Myasnikov *

Macaology is a part of Sinology. In Chinese Studies Macao played the same role as Dunhuang. Dunhuang in 4 – 14 ceturies was the point where different civilizations contacted①. Historically, the unique geographical location of Macao② (Ao-men) first made this city the East-West trade centre, converting it later into a

---

* V. S. Myasnikov (米亚尼斯科夫), Academiciam of Russian Academy of Sciences.

① *Dunhuang Studies: Prospects and Problems for the Coming Second Century of Research*, ed. by Irina Popova and Lin Yi, St. Petersburg, "Slavia", 2012.

② "The Portuguese Colony of Macao consists of the peninsula of Macao in the delta of the Canton River and the islands of Taipa and Colowan. The area of the whole is about forty-four square miles. The Portuguese also make certain claims to the possession of the island of Macarira or St. John, of the eastern coast of Lappa facing Macao, and of the Northern part of Wongkan. The Chinese admit no claims to the possession of anything but Macao itself. The peninsula of Macao is about three miles in length. Its greatest breadth is about two thousand yards and the perimeter is about eight miles. The most recent estimate gives the total population of the colony as 190, 306. The occupation of the peninsula by the Portuguese dates from 1557, but there were constant disputes regarding the extent of Portuguese jurisdiction, and it was only in 1887 that Portugal's sovereign rights were formally recognized by China. There has, however, been incessant friction between the Chinese and the Portuguese since that date and the delimitation of the boundaries of the Colony still remain unsettled. Serious trouble occurred in 1922 in connection with an alleged outrage by a Portuguese soldier. Troops had to be called out, and fired with fatal results.

The revenue of the Colony is derived mainly from gambling and opium monopolies. The harbor has fast silted up and the question of dredging it has been another cause of friction between the Chinese and Portuguese authorities. An agreement for harbor works was, however, reached in 1921, and the work is now well in hand". (The China Year Book. 1926 – 7, ed. by H. G. W. Woodhead, The Tientsin Press Ltd., p. 603.)

contact zone of the two civilizations. Coming into existence of the contact zone of civilizations signifies the proximal, spontaneous dialog between the major world cultures. Macao was populated by representatives of many different nations. It means that cross cultural relations could be actualized in the form of dialogue only. How was this contact zone established?

"On 21 November 1560, Baltasar Gago, S.J. (1515 – 1583), on his return trip from Japan, was forced, because of severe weather, to seek refuge on Hainan island until May 1561, whence after a trip of thirty days he reached Macao and remained there until 1 January 1562.

"On 24 August 1562, the Italian Jesuit, Giovanni Battista de Monte (1528 – 1587), together with his Portuguese companion, Luis Fróes, stopped in Macao and remained there until the middle of 1563.

On 29 July 1563, the Jesuits Francisco Pérez (1514 – 1583), Manuel Teixeira (1536 – 1590), and André Pinto (1538 – 1588) arrived in Macao in the entourage of Diogo Pereira, the ambassador of the king of Portugal to the emperor of China. As indicated, this embassy failed.

On 15 November 1565, the Spanish Jesuits Juan de Escobar and the above-mentioned Pérez came to Canton, and on 23 November, Pérez asked for permission from the authorities to remain in China, but was refused.

In 1565, Perez and Teixeira established a residence of the Society of Jesus in Macao.

On 15 August 1567, the Spanish Jesuit Juan Bautista de Ribera (1525 – 1594) went to Macao with two companions and from there proceeded to Canton, and arrived on 9 May 1568. He planned to move on to Nanking but was forced to return to Macao shortly after.

Sometime before October 1568, Pedro Bonaventura Riera, S.J. (1526 – 1573) went to Canton with some Portuguese merchants"①.

"This is the story of missionary persistence with China, a country that

① *East meets West*, *The Jesuits in China*, ed. by Charles E. Ronan, S.J. and Bonnie B.C. Oh, Loyola University Press, Chicago, 1988, pp. 28 – 29.

remained hostile to the Western world. However, in return for Portuguese help in ridding the South China coast of an exceptionally troublesome pirate chief①, Chinese authorities in 1557 had permitted Portugal to establish a trading post called Macao on the tiny tip of a peninsula in Kuangtung province. At first, a barrier was built across the neck of the peninsula, and no one could cross it except twice a year by the carefully guarded gate in the middle, but after a time the gate became wider and means of getting around the wall more easily devised. As a result, more regular contact grew between the Portuguese and the Chinese authorities in Canton."②

When speaking about interaction of civilizations, we introduce the term Contact Zones. For example, vast territories of Russian Far East have historically been contact zones with the civilizations of China, Japan, Korea, as well as sites of contact between Russian and the natives: the Chukchi, Kamchadals, Ainu, Evenkis, Evens, Nivkhs, Udeghei, and others.

In addition to contact zones, there also exist the so called *Contact domains*. For example, 2006 was announced as Year of Russia in China, followed by 2007 as Year of China in Russia. This year is Year of Russian Tourism in China. These present tremendous opportunities for active and positive contacts between the two

---

① The sea voyage from Europe to Macao was rough and dangerous. The threat came not only from storms in the ocean, but also from numerous pirates of the South China Sea. The evidence of this we can find in one episode of the life of Yuan Mei, a Chinese poet.

When Yuan was at Chao-ch'ing near Canton, staying with his brother in 1784, he made the acquaintance of a frail bookish person called P'eng Chu, who asked to be enrolled as his pupil. P'eng Chu was at the time Prefect of Hsiang-shan, the island on which lies the Portuguese colony of Macao. In the autumn of 1789 there suddenly appeared at Yuan Mei's door a man with a peacock feather in his hat and very smart clothes. It turned out to be P'eng Chu, who was on his way to Peking to receive a decoration from the Emperor. The story he told was a surprising one. In 1789 the Kwangtung coast was ravaged by a pirate-king named the Wave-leveller. The authorities at Hsiang-shan got into trouble for failing to deal with him. At this point P'eng Chu startled them by offering to resign his Prefectship and deal with the pirate himself. Accompanied by two hundred marines he performed prodigies of organization and valour in routing the pirate flotilla, and captured seven hundred. (Arthur Walley, *Yuan Mei: Eighteenth Century Chinese Poet*, Stanford University Press, 1956, p. 176.)

② *East meets West. The Jesuits in China*, ed. by Charles E. Ronan, S. J. and Bonnie B. C. Oh, Loyola University Press, Chicago, 1988, p. 31; *Plans of Lisbon and Macao in the late 16th century* published in Nigel Cameron, *Barbarians and Mandarins. A Weatherhill Book*, Walker/Weatherhill, New York and Tokyo, 1970, p. 128.

nations, at all levels and in numerous areas. What makes the difference between a contact zone and a contact domain?

First of all, the location. Contact zones lie along the borders of civilization complexes, while contact domains can exist at a substantial distance from these borders. For example, at the turn of the 20th century Chinese students were receiving education in different higher education institutions of St. Petersburg①. At the same period a great number of Chinese workers were engaged in the construction of the Trans-Siberian Railway and other Russian railroads.

Secondly, there is the time factor. Having stayed for a few years in Russia, the Chinese mentioned above returned to their country after the October revolution of 1917. Contact domains function when delegations meet, or when people go on tours, academic or business trips, or to study in another country, as well as when the population migrates.

Thirdly and finally, it is possible for contact domains to be dispersed. For example, Algerians in France, Turks in Germany and in other countries – all these new residents of European countries live anywhere within them. The population equilibrium of Europe is maintained only due to the inflow of Africans and Asians, and now also of residents of Russia. All these are examples of contact domains, which are the target of research for ethnopsychology. The importance of this science and its potentials in the modern world are increasing steadily. The last decade has seen the tendency of the approaches of culture experts, anthropologists and psychologists to draw together. However, if we talk about the future of ethnopsychology, its specific aim may be named as studying systematic links between psychological and cultural variables while comparing ethnic groups and their members.

The task of ethnopsychology is to enquire into the reasons of misunderstandings so common in communication between representatives of different nations; whether there are culturally determined peculiarities of psyche which force people of one nation to ignore, underrate or discriminate against other nations; whether

① A. M. Reshetov, *The Chinese in St. – Petersburg (episodes of history) // St. – Petersburg-China. The three centuries of cultural contacts*, S. Petersburg, 2006, p. 17.

there exist psychological phenomena that contribute to the growth of interethnic tensions and conflicts.

"National culture determines the specific character and style of communication between people in the process of initiating connections and negotiating, the details of decision-making while entering into agreements and many other aspects of international activity" —this is the observation made by contemporary researchers①. Those who worked out this definition of culture explain its meaning through specific contexts of ethnopsychology, such as "the system of values and norms adopted by a group of people, which shape their life goals. The values form the basis of culture and the environment where social standards are established" —so, here we mean behavioral values and motivation for conscious activity.

Finally, considering various strata of culture, the authors of the definition come to the conclusion: "However, every nation has certain social, demographic and behavioral peculiarities which shape its national identity (this popular term is, in this context, the synonym of 'ethnopsychology' —V. M.) and have an effect on the process of international activity of the country."②

N. Y. Bichurin, the founder of science-based sinology in Russia, was the first to pay attention to the discrepancy between Russian and Chinese cultures, eliciting the idividualities of Chinese philology and psychological set of the country's people. In the preface to the first edition of his work "*The Civilians and Moral Standards of China*" (published in 1848). He said: "In our time of incessant changes in the life of peoples, both in Europe and West Asia, in East Asia there is a country which in its complete antithesis to others presents a rare and mysterious phenomenon in the political world. This is China, where we see all the things we have, and at the same time done in a totally different way. There, people communicate using not words, but groups of sounds which mean nothing, if taken separately. Their written language is not in the form of consecutive letters, but of

① "Political Culture and Business Ethics of Eastern Countries", Moscow, 2006, p. 7.

② "Political Culture and Business Ethics of Eastern Countries", Moscow, 2006, p. 8.

conventional signs, each of which does not present the sound of the word, but the notion of the thing; the direction of writing is from the right to left, the left, as well as not across, but down the page, and the books begin with the page which would be the last one in Russia. In a word, there are a good many things we also have and do, but in a different form and way. "①

75 years after his work was published, in 1923, Y. N. Roerich, another outstanding Russian expert on Central Asia, Mongolia, India and China, including Tibet addressed the problem of intercivilizational convergence of East and West. "It is generally accepted that there is a wide gap between East and West," he wrote, allegedly challenging the famous statement of Ridyard Kipling. "And this stereotype is so well established, that mentioning "countries of the East" brings to the mind of a contemporary man a whole set of conventional images. You just need to clear your mind of these prejudices in order to find a completely different solution to the problem.

The difference between East and West lies, obviously, not in the distinction of the races, but, more likely, in different approaches that formed as a result of dissimilarity of living conditions, as well as numerous biased judgements. At first sight this wall of prejudice and stereotypes seems impossible to overcome, but if you make an attempt, it turns out to be even less difficult than sticking to old beliefs. During the last fifty years philosophical and religious teachings of the East have slowly, but steadily found their way to Western countries.

Many great Western minds give credit to the works of ancient Eastern thinkers. And, despite numerous misinterpretations, the "Eastern flow" has become an integral part of European life. This way, mutual understanding is on the rise, and the gap, which yesterday seemed impossible to bridge, is gradually narrowing②.

This opinion of Y. N. Roerich is to a large extent confirmed by the course of human events in politics, economy and culture we see today. In the era of

① F. Hiakinf, *The Civilians and Moral Standards of China*, St. Petersburg, 1848, p. 12; N. Y. Bichurin, *The Civilians and Moral Standards of China*, Moscow, 2002, p. 28.

② Roerich, "The Noon of Orientalism", in *Tibet and Central Asia. Articles, Lectures, Translations*, Samara, 1999, pp. 13 - 14.

globalization we go from studying differences between nations to intercivilizational dialogue as a new form of international relations. The principal challenges are overcoming the intercivilizational barriers and finding the ways to mutual understanding that lead to cooperation. In this respect the historical experience of Macao is extremely important.

In 1577 Alessandro Valignano became the head of Eastern mission. He came to Macao as the Jesuit Visitor and initiated a new policy of cultural accommodation. When Valignano reached Macao he learnt enough about China to realize that intensive language preparation would be essential before any progress could be made.

His new policy took into consideration the high level of civilization in Asian countries, recognized the futility of trying to make Westerners out of Asians, and demonstrated willingness to accommodate to the native culture. The Jesuit missionaries in accordance with their ideology were more receptive and more willing to accommodate to different ideas and cultures①. The model among them in the matter of cultural accommodation was Matteo Ricci.

Michele Ruggieri, S. J. (1543 - 1607) arrived in Macao from Cochin in 1579. He, in turn, asked that Ricci (with whom he had originally traveled to India and been stationed in Cochin) be ordered to join him. Ricci left Goa in the spring of 1582 and arrived in Macao on 7 August 1582. Ricci arrived in Macao but did not set foot on mainland China until the summer of 1583, although many curios, including his watch, preceded him to Canton and aroused considerable curiosity about the Jesuits②.

Studying of the Chinese language introduced one to the notions of the country's culture, at the same time highlighting its peculiarities. Ricci's letter from Macao, dated 13 February 1583 resembles the observation of N. Y. Bichurin regarding the Chinese language, cited above:

---

① Nigel Cameron, *Barbarians and Mandarins. A Weatherhill Book. Walker/Weatherhill*, New York and Tokyo, 1970, pp. 153 - 154.

② *East Meets West*, *The Jesuits in China*, ed. by Charles E. Ronan, S. J. and Bonnie B. C. Oh, Loyola University Press, Chicago, 1988, p. 29.

"I have recently given myself to the study of the Chinese language and I promise you that it is something quite different from either Greek or German. In speaking it, there is so much ambiguity that there are many words that can signify more than a thousand things, and at times the only difference between one word and another is the way you pitch them high or low in four different tones. Thus when the Chinese are speaking to each other they can be sure to understand — for all the written letters are different from each other. As for these written letters you would not be able to believe them had you not both seen and used them, as I have done. They have as many letters as there are words and things, so that there are more than seventy thousands of them, every one quite different and complex. If you would like to see examples I can send you one of their books with an explanation appended."①

I would like again to quote from "East meets West. The Jesuits in China": "For the first several years, Ricci and his fellow Jesuits preached to the common people, much like the Buddhist monks. They dressed like them, shaved their heads, and cut off their beards. At the same time, they attracted the attention of the learned sector of the population with maps, clocks, prisms, and other items from Europe as well as by exhibiting their knowledge of the Chinese Classics. By 1597, when Ricci became head of the China mission, he had established a reputation among Chinese intellectuals as a scholar of considerable depth. Also by this time he and his Jesuit colleagues, advised by one of the earliest Chinese converts, had changed their attire and taken on the dress and appearance of Confucian scholars and begun their work primarily among the literati."② When you read these lines you reminisce the great Camões and his poem "Luziady".

In conclusion, I won't to mention, that with time, other cities in China also became contact zones. Namely, Kyakhta and Maimaichen in Transbaikalia preformed the function in the course of 18th and 19th centuries. Harbin was a

① *East meets West*, *The Jesuits in China*, ed. by Charles E. Ronan, S. J. and Bonnie B. C. Oh, Loyola University Press, Chicago, 1988, p. 11.

② *East meets West*, *The Jesuits in China*, ed. by Charles E. Ronan, S. J. and Bonnie B. C. Oh, Loyola University Press, Chicago, 1988, p. XX.

contact zone for a long period of time; Dalian and Liuyshunkou also saw the period of close contact between people from China and Russia. To a certain degree this also applies to Tianjin and Shanghai, although along with Russians there also was a considerable number of representatives of other European nations.

Today CPR pursues the policy of openness. There are thousands of foreign companies operating in the country, so contacts with foreigners have become usual practice in many provinces and districts. The development of cross-cultural links is enhanced by means of performing arts, cinema and television. Sport also has its own important role. Peking hosting the Olympics, tennis championships in Shanghai, motor vehicle contests and other events create contact domains. The Internet has also become a vast contact domain.

Against this background, Macao remains shape one of the most attractive cities for foreigners visiting China. This is because quite soon it will be 500 years since the time when, owing to persistence and effort of Portuguese missionaries, a small peninsula of 18 square kilometres became home to a porcelain melting pot that produced the wonderful alloy of Chinese and Portuguese cultures. Thinking about Macao, we should not forget that it was in South Asia that using melting pots to produce metals and liquid alloys started still in the Bronze Age. In Europe it was rediscovered only in the 18th century.

有往无来：明中后期闽商在澳门的开拓

王日根[*]

澳门科技大学谭世宝先生撰成《金石铭刻的澳门史——明清澳门庙宇碑刻钟铭集录研究》①，特别强调："马角天妃宫（后改名为妈祖阁）、莲蓬山天妃新庙（后改名为莲峰庙）、三街会馆（后改名为关帝庙）、三街会馆阖澳公所（后改名为营地街市鲜鱼福利会）、沙梨头的社稷坛（后改名为永福古社）等由明清官方主建、阖澳乃至广东和全国各地商人、民众出钱出力参建的庙宇社坛，本来都是属于中国官府拥有和掌控的国家物产。例如，莲峰庙的清雍正元年（1723）《鼎建纪事碑》《鼎建题名碑》等清楚证明，其自始即为官庙，发起和参与捐资献物以鼎建该官庙之盛举的广州府、香山县与澳门地区有关的官员以及澳门地区、本省各县等与莲峰庙有关的绅耆商士、商号已有二百多家。清嘉庆六年辛酉季冬（1802 年 1 月）的《重修莲峰庙题名碑记》《重修莲峰庙喜认碑记》等表明，发起和参与捐资献物以重修官庙之盛举的府、县官员以及本澳、本省各县等与澳门和莲峰庙有关的绅耆商士、商号已有六百多名。而在澳葡侵占和管治澳门时期，有关庙宇才开始脱离中国官府的控制，蜕变为阖澳的全民拥有和共同推选值理掌控的公产。"②

对于上述论说，笔者有诸多疑问：一是何以证明那些庙宇是中国官府拥

* 王日根，历史学博士，厦门大学历史系教授。

① 谭世宝：《金石铭刻的澳门史——明清澳门庙宇碑刻钟铭集录研究》，广东人民出版社，2006。

② 谭世宝：《金石铭刻的澳门史——明清澳门庙宇碑刻钟铭集录研究》，广东人民出版社，2006。

有和掌控的国家财产？二是官员参与捐助庙宇是否就能证明其官方性？三是客民是否可以转化为土著？四是土著与客民之间的关系到底怎么样？

一

从道光六年（1826）的《为偿妈祖阁房产诉讼债务捐签芳名碑》看："澳门妈祖阁为阖澳供奉大庙，地杰神灵，二百余年，土著于斯者固皆涵濡厚泽，引养引恬，而凡闽省潮州及外地经商作客航海而来者，靡不仰邀慈佑，而鲸浪无惊，风帆利涉，故人皆思有以报神之德而事之惟谨。每遇神功，辄踊跃捐输，乐成其事。庙向无香火物业，自周赞侯莅澳，始拨有公祠阿鸡寮铺壹间。甲申冬（道光四年，1824），有豪贵生觊觎，几被霸去。经年涉讼，始得原物归来，计赔补豪贵及一切杂用共费去银壹百柒拾余两，皆僧人向别处揭出支销。事完妥而债未偿，僧人苦之。爰念与众，各愿解囊捐签，不逾时已满其数。与此可见，神之功德之及人者深，而人皆思有以报之也，用志颠末，勒之贞珉，以垂永久。"碑文显示，妈祖阁作为闽人的聚集之所起初规模甚小，连香火、物业都没有。这么弱小的存在却并不见容于当地豪贵，他们对仅有一间的"公祠阿鸡寮"均怀有觊觎之心，几乎就要将之霸占了，这表明要想在客地谋得承认是多么不容易的事情。好在官府还能主持公道，将"原物归来"，不过用了170余两银子作为赔补，才终于摆平了这件事。这些钱是僧人借债支付的，后来有人倡捐，才筹集来这笔钱。

妈祖阁之建于澳门是福建人开拓生存空间到达澳门的基本表现，由于他们的足迹到达了澳门，也不可避免地会出现土著化的现象，已土著化了的人们继续供奉妈祖是正常的。据学界共识，这座庙建于200年前，因而可以判定至少是在明万历年间，那时福建商人往海内外移动已形成很大声势。他们相信妈祖是他们的保护神，反复祈求均得到护佑，对经商者而言无疑能带来巨大的经济利益，也便于产生报答的心理需求。商人成为捐资建造或者拓宽的重要经济力量。从捐助者的名单中我们看到，漳州澄海三都龙山社众信捐银30大员倡始，有50人紧随其后，分别捐助了20大员、10大员直到2中元的数额，这表明捐助者往往竭其所能，呼应倡导者的提议。倡捐的过程本身也是在澳闽人相互凝聚的过程，闽人通过倡修妈祖阁亦将自己在澳门的团体力量展示出来。

道光九年（1829）《重修妈祖阁碑志》中出现了这样的表述："相传自昔闽客来游，圣母化身登舟，一夜行数千里，抵澳陟岸，至建阁之地而一光倏灭，因立庙祀焉。"谭世宝先生说：这其中可能包含有杜撰的成分，目的在于强调妈祖阁属于闽人公产。捐助名单中出现了"钦命广东陆路提督、特调水师提督节制各镇军"的李增阶为首的28名中国管治和防卫香山县澳门地区的文武官员，这些官员是闽籍官员，应该说这更可以看作是福建人倚势自雄的表现。经查证：李增阶是福建灭盗英雄李长庚的从子，时任广东水陆提督。军官的背景显然能给在澳的福建人很强的政治依恃。

这一碑记的篇幅较前有了很多的增加，譬如开篇先歌颂清王朝的国策："圣母之德泽声灵遍于天下。其俎豆馨香，亦遍于天下。自我皇朝定鼎，神圣相继，屡昭护国之勋，徽号叠崇，与天无极，而澳门之妈祖阁，神灵之尤着。土著于斯者，固皆涵濡厚泽，引养引恬。而凡闽省、潮州及外地之经商作客航海而来者，靡不仰邀慈佑。"该庙对福建来澳经商者的护佑最多，无论是定居闽商还是流动着的闽商皆然。清政府实行以礼治天下的国策，"以神道设教"成为社会控制中经常采用的手段。民间社会呼应了政府的这一要求，并勒诸碑铭。

接着讲述妈祖阁之维持延续的内在机制，澳门妈祖阁是福建人对乡土灵响的移植。祖庙是湄洲妈祖庙。因为澳门地处中央政权之极南，政治影响力较难实际达到，负载着神道教化之责的妈祖阁恰可发挥作用。作为祀神的处所，保持庙貌庄严，时常对损坏之处加以修葺显得十分重要。碑刻中说：

> 而鲸浪无惊，风帆利涉。测水而至，辇赆而归。至省会之巨室大家，岁资洋船通商，货殖如泉，世沾渥润。此湄洲庙之建，所以来澳虔请香火，崇奉湮祀，永永无穷者也。盖扶舆磅礴之气，至澳门而中州南尽。此阁枕山面海，又南尽之尽。精英郁结，故地杰而神益灵。相传自昔闽客来游，圣母化身登舟，一夜行数千里，抵澳陟岸，至建阁之地，灵光倏灭，因立庙祀焉。盖圣迹起于宋而大显于今，发于莆田而流光于镜海，普天同戴，此地弥亲。每当雨晦阴霾，风马云旗，蜿蜒隐约。居民梦寐见之而饮食思之也，固已久矣。阁之重修亦屡，向无碑志。今复历久蠹蚀，栋宇敝坏，堂房疱湢，俱日就霉腐。又石殿前余地浅隘，瞻

拜杂沓，迹不能容。其由殿侧登观音阁之石径，百尺迂回，层级崎岖，攀陟喘息。非葺修而增广垫筑焉，无以妥神灵而肃观瞻也。爰集议兴工，远近醵金协力，而感恩好义之士，复出厚资襄助。敝坏霉腐者易之，隘者拓之，崎岖曲折者平之。天光水影，瑞石交辉，栋壁坚牢，美轮美奂。经始于道光戊子年仲夏，迄季冬告成，己丑复增修客堂僧舍，规模式焕，旁为之翼盖。至是而朝晖夕阴，气象一新矣！夫饮水而美者，必思其源；食果而甘者，必询其本。今之帡幪宇下，食德饮和以丰享豫乐者，固已二百余年，而殿阁重新，恩光益着，从此振兴地运，边隅永靖，乐利蒙庥，宝货充盈，方州丛集，而乌弋、黄支魋结左衽之国，验风受吏，互市来归，于以道扬。圣天子之泽遍海濡，德威及远，而歌舞于光天化日中者，皆圣母之保护无疆，永绥多福者也。菁世家澳地，被渥尤深，乐与四方嘉客暨都人士相颂祷焉。并列其捐助之数，垂之久远，为敬恭明神者劝也。

这是“覃恩敕授修职郎、例授文林郎辛酉科乡进士南雄州始兴县儒学教谕衔管训道事截铨知县加一级里人赵允菁”撰写的碑文。捐资人员大量增加，这既表明清王朝对妈祖有更多的敕封，在民间形成了对官方意志的积极响应，也说明福建同乡往澳门发展人数的大量增加。赵允菁作为当地的显赫之家对闽人也表达了支持，显示福建商人与当地居民特别是像赵允菁这样的大族已经建立起良好的互动关系。赵允菁时任南雄州始兴县学教谕，他为妈祖阁撰写碑文，充分肯定了该阁在促进澳门商业兴盛、经济进步乃至社会整合方面的积极作用，将天子之泽广溥海疆，由此我们当能读到闽商与当地世家大族之间已建立起良好的互动关系，即实现了与当地人的和谐相处。

《香山濠镜澳妈祖阁温陵泉敬堂碑记》有这样的记载：

古者名山大川之祀，五岳视三公，四渎视诸侯，非遗海也。盖以海为百谷之王，于天地间为最大。故宁缺之而不敢亵耳！唐祀南海，尊之为王矣，犹未以之配天也。天之外，海环之。中国之在海内。犹太仓之稊米。是海之德广大配天地，故海之神亦当与后土、雷媪配享皇天上帝而不愧。司马温公谓：水德阴柔，其神当为女子。此海神所以称天后也。

这段文字追溯了海神之由来，强调了海神之伟大当超越天地。接着说明了天后之神的成神过程。

> 吾闽莆田梅花屿英烈林夫人，禀曹娥之纯孝，矢帝女之精诚，应化东南溟渤之间。风涛惊险，惨痛呼救，灵之所感，若响应声。十闽之人，家尸而户祝之，若赤子之慕慈母焉。俗呼之曰娘妈，亲之也。神之在天，犹水之在地，无远弗届，无微弗通，其御灾捍患，有功于民，洵所谓抚我则后者。故“妃”之不足，而复“后”之，尊之至也。国初平定台湾，神之功在社稷，如九天元女之助黄帝。重洋绝域，祷之立应，岂仅若湘妃之于湘，洛妃之于洛而已哉！濠镜天后庙者，相传明时，有一老妪自闽驾舟，一夜至澳，化身于此。闽潮之人商于澳者，为之塑像立庙，并绘船形，勒石纪事。迄今闽之泉漳，粤之潮州飘海市舶，相与祷祈，报赛为会于此。道光辛丑，吾泉同人捐题洋银壹千贰百余圆，买置澳门芦石塘铺屋一所，岁收租息以供值年祀事而答神庥。丁未，余任雷琼兵备道摄按察使事，航海过此，知神之降福无疆而海舶之祭必受福也。因记之以垂不朽。

该碑记是赐进士出身，诰授中宪大夫署理广东提刑按察使司按察使督粮道，调任雷琼兵备道，前工部掌印给事中乙未翰林，加三级纪录10次晋江黄宗汉撰写的。黄宗汉是泉州当地著名的大商人。他出面撰写该碑记表明泉州商人已经在澳门形成了较大的势力。他们扩建妈祖阁是其商业发展到较大规模的反映。黄宗汉在广东是官品较高的官员，其撰写碑文很明显表现了其对闽商的佑护①。

---

① 黄宗汉（？－1864），字寿臣，福建泉州晋江县人，晚清官员、封疆大吏。道光十五年（1835）进士，大学士穆彰阿门生，“穆门十子”之一。自道光二十八年（1848）起，历任山东按察使、浙江按察使、甘肃布政使、云南巡抚、浙江巡抚、四川总督、内阁学士。咸丰年间，黄宗汉与载垣、端华、肃顺等交结。咸丰七年，奉旨接替叶名琛担任两广总督，兼通商大臣。同治帝即位，载垣等获罪。少詹事许彭寿疏劾黄宗汉与陈孚恩、刘昆并党肃顺等，踪迹最密。诏曰：“黄宗汉本年春赴热河，危词力阻回銮。迨皇考梓宫将回京，又以京城可虑，遍告于人，希冀阻止。其意存迎合载垣等，众所共知。声名品行如此，若任其滥厕卿贰，何以表率属僚？革职永不叙用，以为大僚媚者戒。”同治三年卒，死前遭追夺前赐御书“忠勤正直”匾额。

正文中还说道："凡吾泉郡之贸易于澳者，前后共叼惠泽，彼此均沐恩波。今泉敬堂既置案立尝，为春秋祀典，统计共捐洋银二千三百一十八员，非足以答神灵而酬圣德也，亦各尽其诚敬之微枕而已……"这是同治七年（1869）立的一通碑。泉州人主持泉敬堂已有30年了。

另一通《香山濠镜澳妈祖阁温陵泉敬堂碑记》是同乡黄光周[①]所撰，内容如下：

盖闻天地生百才女易，生一神女难；古今得百贤女易，得一圣女难。吾闽莆田梅花屿之有天后圣母也，女中之圣者也，女中之圣而神者也。天亶聪明，生而灵异，诞降之夕，异香绕室，瑞霭满门，邻里远近，罔不望神光之显灿，而庆圣瑞之昭彰焉。当其幼通文义，长嗜佛经，岁甫十三，即得真人之元缺；年方二八，更受古井之灵符。圣德自此日益高，神功自此日益妙，而千百年山川钟毓之奇，泄于湄洲之一岛；数十世祖宗留贻之泽，萃在我后之一身矣。试观滴油成菜，资民食以无穷；化木为杉，拯商舟于不测；演法投绳，晏公归部，书符焚发，高里输诚。而又澄神克金水之精，力降二将；奉诏止雨霪之祸，手锁双龙，净涤魔心，二嘉伏罪，剪除怪族，三宝酬金。触念通神，炉火随潮而暴涌；示形显圣，湖堤拒水而立成。以及琉球稳渡，护册使于重洋，干结无虞，佑王臣以一梦。阴兵树帜，匪船翻浪而冲礁；神将麾旗，贼众望风而败仗。米舟赴急，救兴泉二郡之奇荒；天乐浮空，出郑和一身于至险。凡诸有感皆通，无求不应；罔非传祸为福，化险为夷。是天后之生于林氏，非独林氏之天后，吾闽之天后也，四海九州岛之天后也。天后之生于宋室，非独宋室之天后，我朝廷之天后也，千秋万世之天后也。彼庆都启唐，女娇造夏，商开简狄，周肇姜嫄，自古闺门令范，非无神圣之叠兴，然而往事之遥，仅存经史。要不若我天后之白日飞升，超然尘俗，精神不敝，灵爽长存，如日月之经天，亘古今而不疲于照；如江河之行地，统昼夜而不滞于流。一切祈晴祷雨，救旱赈荒以及疗病祛瘟，护漕杀贼，凡有裨于国计民生者，无而深廑圣怀，而仰叨神庇，

① 黄光周（1801－1878），闽侯县甘蔗镇昙石村人。清道光二十三年（1842）举人，二十五年进士，任广东兴安、增城、番禺等县的知县，升罗定州知川补用府知府，有政声。

岂区区为功海上已哉！持海上之势危，望救事急求全，尤见其捷如影响矣！澳门濠镜，向有天后庙，自前明以迄今兹，多历年所。凡吾泉郡之贸易于澳者，前后共叨惠泽，彼此均沐恩波。今泉敬堂既置业立尝，为春秋祀典，统计共捐洋银二千三百一十八员，非足以答神灵而酬圣德也，亦各尽其诚敬之微忱而已。予自宦游东粤，被任郡之新安，去澳门只争一水，同里商人往来较密，所得诸称述者，亦较详而确。爰盥手敬陈，以昭垂不朽。

这是赐进士出身候补知县衔罗定直隶州知州前番禺新安县各县知县壬子广东同考试官黄光周撰写的一通碑记，竭尽华美辞藻，表达了无限的提升与夸张。不过，这些表述已将天后对于福建沿海贸易商人的重要意义揭示得淋漓尽致。无论是合法的海商，还是犯禁的海商，都希望得到妈祖的庇护。

再有光绪三年《重修妈祖阁碑记》立于漳泉义学，碑文如下：

兹我澳门之有妈祖阁者，其来旧矣。毓秀名区，灵钟福地。英名素着，惠泽覃敷。我圣朝叠锡龙章，重膺凤诰。凡属梯山航海，悉庇帡幪，坐贾行商，均沾提挈。即欲歌功颂德，溯本追源，正如戴天履地，而莫名其高厚者也。溯自道光戊子重修，迄今已四十余年矣。榱题业已凋残，垣墙因而朽败，幸犹不至倒塌，勉强尚可支持。迨至同治甲戌十三年八月，忽遭风飓为灾，海水泛滥，头门既已倾跌，牌坊亦复摧残，瓦石飘零，旗杆断折。斯时正拟修葺，事犹未举，复于光绪乙亥元年四月，叠罹风患，以至圣殿摧颓，禅堂零落。若不亟行兴复，何以答神庥而明禋祀！爰集同人，共襄厥事。用是开捐，重修神殿，采买外地，增建客堂，筑石栏于平台，砌石墙于阁上。复旗杆则规模壮丽，修祀坛而灵爽式凭。余则花园僧舍，厨灶厅房，或创新模，或仍旧贯，靡不精详措置，广狭适宜。从乙亥而经始，迄丁丑而落成焉。今者庙貌维新，人心允协，翚飞鸟革，何殊太液琳宫；画栋雕梁，不啻琼林玉宇。将见凰阙辉煌，妥神灵而崇祀事；螭廷焕彩，縠士女而惠群黎。岂徒以博观瞻，正欲垂诸永久。爰弁数语，告厥成功。是为序。

这次题名捐银的商会、商号、个人更多，原来有泉敬堂，此次则出现了漳兴堂。大体账目如下：

- 进收澳门众信捐工金银贰千叁百陆拾伍两伍钱贰分
- 进收泉州泉敬堂众信捐工金银壹千壹百六十壹两八钱六分
- 进收香港众信捐工金银贰百伍拾肆两八钱八分正
- 进收潮州和敬堂众信捐工金银壹千两正
- 进收孟加锡埠众信捐工金银贰百叁拾陆两壹钱六分
- 进收漳州漳兴堂众信捐工金交来银壹千两正

由上可见，泉州商人在捐助中显示出较强的实力，漳州和潮州并列其次，由于他们均操闽南方言，形成了基本的联系纽带，三堂相互联合，共同祭祀妈祖，形成了一支集团力量。

二

在明中后期的广东海域，闽商庙宇的构建是闽商势力发展到一定规模的反映，但这一发展其实经历了长期的积累，其中也屡遭挫折。不过怀揣着“有往无来”的不屈韧劲，闽商硬是在连接琉球—中国—马六甲的航线上发挥了积极的作用，为大航海时代的来临铺就着道路。

葡萄牙人在浙江双屿遇挫后，退回到广东沿海，他们在嘉靖三十二年（1553）托言“水湿贡物，愿暂借地晾晒”，并“愿输岁饷，求于近处泊船”[①]。据郑永常教授研究：葡萄牙商人所谓的贡物即为龙涎香，是信奉道教的嘉靖皇帝喜好的物品，本来濠镜澳“向为诸夷贸易之所，来则寮，去则卸，无虞也”。但到了嘉靖时期，因为“海道利其饷，自浪白外洋议移入内，历年来渐成雄窟，列廛市贩，不下十余国”[②]。澳门开埠的端倪渐渐显示出来。这其中，葡萄牙商人独擅其利，他们甚至利用官府严控沿海走私贸

① 张海鹏：《中葡关系史资料集》，四川人民出版社，1999，第320页。

② 中国第一历史档案案、暨南大学古籍所编《明清时期澳门问题档案文献汇编》，人民出版社，1999，第135页。

易、华商均被定义为“倭寇”之机，充当起中日贸易的中介人角色。郑舜功《日本一鉴》中说：“今年（1559）佛郎机号称海王者，官市广东龙崖门，得闻三洲有船私市，谓减己利而乃牵入龙崖，与之伢市而去。称海王者，盖屋居止龙崖门，民厌其祸，官怀隐忧，遣官驱逐，恬然不惧，此患积至十年矣。”① 龙崖门在香山海滨，即是澳门地方。到嘉靖四十年（1561），葡萄牙商人在澳门的势力日渐壮大，时任浙江监察御史的庞尚鹏说：“（番商）近数年始入濠镜，筑室以便交易，不逾年多至数百区，今殆千区以上。……使之撤屋而随舶往来，其湾泊各有定所，悉将来隐忧……臣揆诸事势如此，若复有所顾忌，缄口待时，是徒计一身之利害，而忍忘全省之安危。视天下为一家者，恐不忍若是忍也。”②

葡萄牙之所以能在澳门站稳脚跟，是与其长期以来获得福建海商的牵引、帮助分不开的。徐晓望先生认为：严启盛对澳门的最大贡献是将对外贸易带到濠镜澳一带，严启盛在广东沿海招引“蕃商”，最初也并非在香山沿海。他曾凭借当时新会与阳江二县境内大股农民起义队伍的掩护，主要在阳江与新会开展贸易。而此时的香山县驻扎着守御千户所，且拥有颇具战斗力的大船，严启盛不便在此活动。直到天顺二年（1458），阳江、新会等地的农民军被镇压，严启盛在失去掩护的情况下只好另寻根据地，天顺二年（1458）二月，他突袭广东西部的宁川千户所，将明军的注意力转向西部，而后突转向东，攻击香山千户所，烧毁官军的大船，暂时取得了控制香山水域的权利，但8个月之后。他据此招引“蕃商”、进行贸易的生计便被叶盛指令下的张通部官军用计斩断，严启盛在仓促与张通交战中失利被俘。但严启盛在“香山沙尾外洋”的这8个月活动，已奠定了澳门港兴起的雏形。嘉靖《广东通志》记载：“布政司案：查得递年暹罗国并该国管下甘菁汛、六坤州，与满剌加、顺搭、占城各国夷船，或湾泊新宁广海、望峒；或新会奇潭，香山浪白、蚝镜、十字门；或东莞鸡栖、屯门、虎头门等处海澳，湾泊不一。”③ 来自东南亚的海船纷纷到澳门一带停泊贸易，带动了澳门的经济起步。

其实，在澳门沿海一带活动的福建商人不止严启盛一支，他们来到澳门

① 郑舜功：《日本一鉴 穷河话海》（卷6），第6页。

② 庞尚鹏：《百可亭摘稿》，《四库全书存目丛书》集部（第129册），第130~132页。

③ 黄佐：嘉靖《广东通志》（卷六六，外志三），广东省地方志办公室1997年影印明嘉靖刊本。

一带，一面要与官军周旋，有时是相互串通，有时则是兵戎相见；另外一方面即与东南亚番船贸易。当葡萄牙商人来到这里时，如林弘仲等一批漳州商人便一直伴随。俞大猷说："香山澳船，猷取其旧熟，用林弘仲者数船，功成重赏，其夷目贡事已明谕。"当时在澳门的漳州人因为熟悉东南亚的语言，也在实际与葡萄牙人的接触中掌握了葡萄牙语，因而他们的合作相当深入。明代隆庆年间（1567～1572 年）的名臣广东人庞尚鹏说澳门："其通事多漳、泉、宁、绍及东莞、新会人为之，椎髻环耳，效番衣服声音。"这一史料表明，在澳门开港之初，福建的漳州人、泉州人，浙江的宁波人、绍兴人，都在澳门十分活跃，他们穿上有异于内地的奇装异服，且能用"番语"与葡萄牙人经商。李光缙说："安平人多行贾，周流四方。兄伯十二，遂从人入粤。甚少，有诚壹辐辏之术。粤人贾者附之。纤赢薄贷，用是致资。时为下贾。已，徙南澳与夷人市，能夷言，收息倍于他氏，以致饶为中贾。吕宋澳开，募中国人市，鲜应者，兄伯遂身之大海外而趋利，其后安平效之，为上贾。"泉州晋江安平的这位李氏商人，从小就跟随别人来到澳门贸易，年纪小便利其很快便学会了葡萄牙语，因而在与葡萄牙商人的中间贸易中发了大财。福建南安人郑芝龙，早年也是在澳门给葡萄牙人做翻译的。最近发现的史料说明，郑芝龙家族至少有四代人在澳门经商，这也反映了泉州人在澳门商界的地位。据葡萄牙人的记载，郑芝龙在澳门还入了天主教，取教名为尼古拉，这多重的名字也成为其进行贸易的便利工具。由于澳门闽商有语言之利，在从事中葡中介贸易时大占优势，因而，明代澳门有不少成功的福建商人。郑芝龙的母舅黄程即为其中之一。江日升的《台湾外志》第一回云：黄程寓居澳门经商，"至天启三年癸亥夏五月，（黄）程有白糖、奇楠、麝香，欲附李旭船往日本，遣一官押去"。可见，黄程至少拥有大船一艘，并从事对日本贸易。泉州人以自己的集团势力不断拓宽着自己的贸易之路，而势单力薄的福清县施作岐之父，在澳门经商数十年不归，最后却"在粤亡其赀，死于澳中"。

福建商人在澳门所起作用是帮助葡萄牙人翻译，并从事澳门与内地的贸易。在《盟水斋存牍》中有"走澳奸徒王怀东等"一案，文中点明"王怀东以闽棍通夷，为粤东之祸"。结果，王怀东等 6 人中，2 人受杖，4 人被判徒刑。尽管如此，漳泉商人仍自由往来于福建与澳门之间。因为广东沿岸澳湾能够保护船舶，很适合停泊船只，使其不受风暴侵害；岛上森林可以被充分利用来修补船只；岛上拥有可供应淡水的泉源；位于岩石和山丘之间的隐藏地可用于存放货物；位处偏僻的山谷则适用于建造小房子①。“广海卫地名乌峒，在广州府西南海滋四百余里，原隶新会县。宋置巡简司于此，是乃古潺洲地。一面枕山，三方濒海。铜鼓大牌海面，汪洋无际，上、下二川矗立于前。上川之左曰大金门，右曰小金门。诸夷入贡，遇逆风则从此进，然而倭奴红夷乘风煽祸，最为险要。”② 漳州商人严启盛则将自己的活动区域定位于香山外洋水域，十字门、鸡公头、翁鞋、大溪山等均为珠江口的岛屿，一直有通番下洋传统。例如明初都指挥同知花茂曾上言：“广州地方若东莞、香山等县逋逃蛋户附居海岛，遇官军即称捕鱼，遇番贼即同为恶，不时出没劫掠，殊难管辖。”香山“南二百里曰三灶山，乌沙海在其东，……洪武中，居民通番。……大洋中山最多，皆岛夷所居”③。从福建到广东的海商往往直接进入这些地段，“盖广州大洋千里，盗贼渊薮。如东路柘林有备，贼必入于屯门、鸡栖、佛堂门、冷水涌、老万山、虎头门等澳，或泊以寄潮，或据为巢穴，而南头为甚。……必历峡门、望门、大小横琴山、零丁洋、仙女澳、九灶山、九星洋而西，而浪白澳为甚，乃番舶等候接济之所也”④。在东亚区域，各国海商往往均汇聚此地。比如：“（正统）十年（1445），流球国陪臣蔡璇等数人以方物贸迁于邻国，漂至广东香山港被获。守备军官当以海寇，欲尽戮之。巡视海道副使章格不可，为之辩奏，还其赀而遣之。”⑤ 可见，澳门已成为琉球商人进行贸易的场所，景泰三年（1451），严启盛船队从新宁洋面进入到了香山县的十字门一带，“随潮上下行使”而加入了这个贸易行列。光绪《香山县志》描述的：

十字门泊船处暨澳门港内，朔望曰潮涨，于十一时大潮，高七尺。

① 〔德〕普塔克：《15 世纪香山地区的海外贸易》，载珠海市委宣传部、澳门基金会、中山大学近代中国研究中心主编《珠海、澳门与中西文化交流》，社会科学文献出版社，2010。

② （清）顾炎武：《肇域志》，《续修四库全书》，上海古籍出版社，2002，第 116～117 页。

③ （明）黄佐：《广东通志》（卷 13，舆地志一，山川），广东省地方办公室，1997 年滕印，第 298 页。

④ （明）谢杰：《虔台倭纂》（下卷，倭议），《北京图书馆古籍珍本藏刊》（10），书目文献出版社，2002，第 280 页。

⑤ （明）严从简：《殊域周咨录》（第 4 卷），余思黎点校，中华书局，1993，第 130 页。

十字门内潮性当无风时，一小时流行一里半至二里，潮自十字门内直退。及出十字门外，则成横流。凡船出入十字门，皆应俟潮半涨时开行。

景泰三年（1451）六月十三日，正值近“望”之日，船只出现在此时此处，应是利用潮汐进入澳门①。

广州的外贸市场对葡萄牙人关闭之后，葡萄牙人雇佣福建商人为代理人，前往广州购货，这些人被称之为“闽揽”。广东文献记载这些“闽揽”的活动颇为出格：“其闽船四只突入里海者，据番禺报，水客船户，各有姓名，并无违禁货物，已经海道发市舶照例输饷。”“审看得郭玉兴、高廷芳、陈仰昆、包徐良四船，满载番货，排列刀铳，聚集千人，突入省地，通国惊惶。询之父老，此粤中从来未有之创见也。”“蒙察院梁批：郭玉兴等，借闽引以通番，贩番货以闯粤，此走死如鹜之巨奸也。”“总之，闽揽之不利于粤，自有大缘因，而非其目前之谓也。粤之欲去闽揽，自有大主持，而非其数人之谓也。”这都表明：在葡萄牙人租借澳门之后，闽人长袖善舞，在澳门的事业更有发展，并形成了一定规模的闽商集团。明末福建人旅居澳门的数量可观，《崇祯长编》记载：崇祯三年（1630），礼科给事中卢兆龙言，“闽之奸徒聚食于澳，教诱生事者不下二三万人”。此处对闽人颇有贬语，但也说明当时寓居澳门的闽人不少。

严启盛在粤海活动，势力逐渐壮大，他逐渐地把经营的区域从闽海转到粤海。

叛贼通番，置货往回，俱在沿海，东抵福建，西抵广西。方数十里之内海面山澳地方，不常出没。其贼首号称“喇嗒”，专一交构无借不法官员军民及诱引客商之辈，招集壮健恶党名为“散仔快马”，同谋为恶，衣食资本，全凭劫掠沿海一带居民村分，名曰“打村”。行劫去处，老弱尽皆杀死，妇女多被掳辱。又掳壮健之人，始则拘锁

① （清）陈澧纂：（光绪）《香山县志》（卷8，海防），上海古籍出版社，2002，第184页下~185页上。

在船，听其役使，终则逼胁化诱，相从为盗。连年以来，扰害地方，杀掳军民①。

广东地方官员对闽商在此的活动多有担忧，因为他们不仅有商业活动，时常还会剽掠、抢劫，对地方社会危害也不小，广东地方官员们对这些“亦商亦盗”者往往采取或驱赶，或剿灭的策略，以呼应明朝廷对海疆的严防之策②。

应该说推进广东地方官员剿灭严启盛进程的因素还有天顺二年发生的事件。严启盛率领“四百余徒犯香山守御千户所，烧毁备边大船”，天顺二年二月神电卫的宁川守御千户所被海寇所破后，主管海防的翁信、张通等人被弹劾③，广东地方政府为此加快建设海防，开始大规模建造“千料大船”。严启盛试图先下手为强，欲打垮这支官方武装，以确保自己能安稳地盘踞这一海域。但叶盛是个想谋取军功的官员，在摸清了严启盛势力雄厚，且船只坚固的情况后，他派张通采突袭的办法，终于俘获了严启盛。

《粤大记》记载：

天顺二年（1458），海贼严启盛寇香山、东莞等处，巡抚右佥都御史叶盛讨平之。先是，启盛坐死囚漳州府。越狱聚徒，下海为患，敌杀官军，拘留都指挥王雄。至广东，复杀总督备倭都指挥杜信。至是，招引番船，驾至香山沙尾外洋。盛廉其实，会同镇守广东左少监阮能、巡御史吕益，命官军驾大船冲之，遂生擒启盛，余党悉平④。

嘉靖《广东通志》记载：

天顺二年三月，广东副总兵都督同知翁信奏，海贼四百余徒犯香山

① （明）叶盛：《叶文庄公奏议》（《两广奏草》，卷2），《续修四库全书》，上海古籍出版社，2002，第390页。

② 徐晓望：《明代前期的漳潮海盗》，《早期台湾海峡史研究》，海风出版社，2006，第69页。

③ 《英宗实录》（卷287，天顺二年二月乙未），台湾中研院，1962，第6143页。

④ （明）郭棐：《粤大记》（卷三，海岛澄波），《日本藏中国罕见地方志丛刊》，书目文献出版社，1990，第42页下。

千户所，烧毁备边大船，其都指挥张通总督不严，是致失机。……七月，海寇严启盛寇香山、东莞等处，巡抚右佥都御史叶盛讨平之[1]。

天顺二年八月初六卯时，叶盛部署南海、香山、东莞等卫所将士和东莞等县民壮严阵以待，严启盛船队出现之后，就发动了攻击。叶盛这样记录当时的情形：

见双桅白船一只使近洋来，就刻督令官军人等船只追捕。有在船贼人挥旗招报洋边三桅大船一只、双桅白船一只使帮一处分布贼徒，桅船上下俱各摆执军器镖枪，竖立旗号，鸣锣擂鼓，张打红罗销金凉伞，烧放大小火器，齐声哨指呐喊，前来与官军对敌，贼势猖獗。……官军、敢勇余丁、民快人等坐驾大船直捣贼船相泊处所交锋对敌。自辰至午，有军人蔡税受等一十三名首先挺身过船，与贼敌杀，官军民快人等齐声呐喊，奋勇过船。其贼首严启盛轮刀舞牌，卒众向前对敌，被都指挥张通将本贼两边腮颊一箭射透。本贼拔箭，仍复舞牌前拒，又被张通将本贼左手臂射讫一箭。本贼抵敌不过，就时奔溃落水逃命，被军人何亚达等捞获。官军人等乘胜将贼众杀败，生擒番贼二名，杀获贼级一百一十三颗余，贼落水淹死难以记数，连船只凶具赃仗家属男妇全获。当即收军回船，随将生擒前贼三名，责据俘获被虏男妇冯七仔、郑三女等认称数内被伤一名系贼首王喇嗒即严启盛正身，为从番贼二名，妇女一口梁三女系王喇嗒妻[2]。

正统年间，诸多罢水寨之举说明海防重心已从“海洋”转到了“海岸”，从船只配置上也改为机动性强的“快船”。此时海上集团所使用的商船却均为千石以上，卫所战船不如商船体积大，而且商船一旦武装起来之后，其主舰战斗力强于卫所战船，而附属的单桅帆船与卫所战船的战斗力不相上下。景泰三年的海上对抗中，严启盛主舰占到了一定的优势，才得以逃

① （明）黄佐：（嘉靖）《广东通志》（卷66，外志三，夷情上，海寇），广东省地方办公室，1997年縢印，第1727页下。

② （明）叶盛：《叶文庄公奏议》（卷2），《两广奏草》，《续修四库全书》，上海古籍出版社，2002，第389页下～390页上。

脱，广东军方只俘虏了附属的单桅船只。此时卫所要打造千料大船，此种船只配备了四桅，直接增强广东军方的海上军事能力。严启盛的白船最大的只有三桅杆，鉴于当时千料大船可能已经造完，面对着官府的海上势力壮大，严启盛等人放火烧了这些千料大船，以保全自己。叶盛利用原来出使占城的六百料大船为战船，冲击严启盛主舰并登船作战，让都指挥张通盯住严启盛，使其中箭落水被俘，群龙无首，最终战败。

应该说严启盛是一支“亦商亦盗”的海上集团，当时因朝贡贸易体制的建构，在东亚海域，已逐渐形成了联结琉球、中国、爪哇、暹罗等国的贸易流通圈。琉球、爪哇等国的王公、贵族、商人均因投身于朝贡贸易而获利。尽管明正统年间对朝贡贸易一所限制，但严启盛等中国沿海商人却力求冲破禁令，下海通番，谋求超额的海洋贸易利润。严启盛虽然被俘，但其他福建商人依然再树高樯：

> 天顺四年九月十五日申时，据广海卫指挥周旻呈该缉事旗军烽堠民夫郑宽等走报，本月初六日了有三桅大船一只、双桅白船二只、单桅槽船四只，从济洲洋行使至境地名上川山小屯澳抛泊。纵使快马船只往来在海劫杀乡村，抢掳新会、香山二县过往民人余显保等人口船只等因。……会调南海等卫所备倭官军民壮人等整搠军火器械坐驾战槽船只公同兼程，至闰十一月初八日卯时到于小屯澳，果见三桅大贼船一只、白船六只帮作一处，摆执军器，竖立旗号，烧放铳炮，齐声呐喊，来与官军对敌。……官军人等与贼交锋对敌，夺得双桅快马贼船大小三只，生擒番贼七名，杀获贼级四十五颗余，贼淹死难以计数。各贼对敌不过，就驾原来三桅单桅大小船四只乘风奔使，出洋逃遁去讫，缘系无边大洋，又兼风迅不便，当即收军回船①。

广东沿海因其与世界贸易网络的连接吸引着闽商们前赴后继地进行着有来无回式的海上贸易活动。

回应谭世宝教授的论断，我们觉得闽商早在明中叶即已经在澳门开拓自

① （明）叶盛：《叶文庄公奏议》（《两广奏草》，卷一〇），《续修四库全书》，上海古籍出版社，2002，第448页。

己的商业活动，并依侍乡土神妈祖作为自己的保护神，建立了自己的会馆组织。一部分闽商即定居下来，慢慢土著化，因此妈祖阁的信众既包括了定居于当地的闽人，亦包括流动于这条贸易线上的闽商。闽商要在当地立足，其实也遭遇到各种自然的、社会的阻力，岁月可能令实力不强情况下建立的妈祖阁面临倾颓的风险，人为的因素则可能是当地豪贵的霸占，于是闽商可能通过编造妈祖的神话来壮大自己，也同时借助于在广东任职的福建同乡进行庇护。清朝给予妈祖的若干敕封无疑给闽商巨大的支持，使闽商在澳门发展的步伐进一步加快。扩建、增建妈祖阁的周期在缩短，规模在不断地扩大，当闽商势力发展到一定规模时，他们甚至宣称妈祖不仅是福建人的妈祖，而且是全体国人的妈祖；不仅是宋代的妈祖，而且更是清朝的妈祖。显然妈祖的形象在不断发生着变化，显得越来越高大，越来越受到信众的推崇。福建商人在开拓澳门事业中走的这条有往无来的道路无疑对澳门的发展意义重大。

澳门麻疯病医疗史钩沉*

郑炜明　陈德好**

澳门的麻疯病医疗史起源甚早，可追溯至16世纪中期，随着澳门天主教教区的成立而开始，直至20世纪末才结束，计有400多年的历史。澳门天主教会和政府先后共建设了三所专门的麻疯病院，分别是拉匝禄、横琴白沙栏及路环九澳麻疯病院。拉匝禄麻疯病院是一所17世纪已存在的病院，附属于仁慈堂的贫民医院，经费由仁慈堂承担；横琴白沙栏及路环九澳麻疯病院则是19世纪末建于离岛的院舍，由澳门政府兴建和管理。目前已有不少论著述及澳门麻疯病院的建置历史，可惜的是，这些论著一般都较少地运用历史档案，这是一个可以补白的地方。

近年澳门历史档案馆建立了网络搜寻系统，通过输入关键词便可从目录中检索，部分档案更数码化，可上载到网络系统，为从事澳门史研究的学者带来更大的便利。从澳门历史档案馆目录中，可检索到的与19世纪末至20世纪中期澳门麻疯病医疗机构相关的档案文献至少有65份，其中包括麻疯病院的建设、重建、管理等事宜。从这些档案中，我们可窥探澳门政府参与建造的九澳和白沙栏麻疯病院的建造背景、遇到之困难等问题，以及其时澳门政府和天主教会之间在麻疯病医疗上所承担的角色和任务。

因此，本文尝试利用部分检索到的档案文献，结合前人的研究，探

---

* 该文中所用"麻疯"一词，应为"麻风"，但是鉴于文中多处提及含有"麻疯"一词的机构名称，为保留上述机构名称原貌，且出于全文统一原则，该文中所有"麻疯"一词保留不变。——编者注

** 郑炜明，文学博士，香港大学饶宗颐学术馆学术部主任、高级研究员；陈德好，香港大学饶宗颐学术馆助理研究主任。

讨拉匝禄、白沙栏和九澳两所麻疯病院的历史问题，以补充澳门麻疯病医疗史研究中的一些缺漏。

一 离岛麻疯病院的兴建

澳门公务局曾于1883年9月29日至1884年6月2日间计划在氹仔岛兴建麻疯病院，并提交了一份男女混合使用的病院兴建计划和一份只为女性服务的病院兴建计划①。该档案是组合文件，由两份兴建计划书和相关公函组成，而整理后的该文件时间顺序出现混乱，以下则按文件的时间顺序来叙述，借而说明兴建离岛麻疯病院的筹建过程。

1883年9月29日提交的计划书中，开首便解释由于横琴白沙栏麻疯病院的简陋茅庐被1883年7月12日的台风吹毁，因此澳门政府急需另建麻疯病院。考虑此前之院舍男女患者混合居住，为管理带来很多不便，重建计划拟在氹仔岛兴建男女混合使用的病院，但在男女宿舍之间建一堵高墙以阻隔，这样既可改善管理，也可避免浪费资金兴建两座病院。新建的院舍中，男宿舍可容纳55人，女宿舍可容纳25人，设有卫生间和厨房，两宿舍中间有一空间作守卫当值室和储存室。建筑物墙身为石结构，门框和窗框为砖结构，窗户加上固定的铁栏，地面铺砖，屋顶盖瓦，屋梁以优质松木组成。整个建筑造价为澳门币6000元，施工期为180天，计划书中附有经费预算表和建筑设计图。文件中夹了两张设计图，而根据计划书的描述，只有一张是属于这份计划书的（见图1），另一张是下面提及的女麻疯病院设计图。可惜的是，最后由于没有建筑商愿意承担这个项目，兴建计划被搁置。

1884年1月15日的氹仔女麻疯病院兴建计划书中，病院占地90平方米，设两个宿舍、一厨所、一卫生间、一警卫房和一澡堂，建筑物为砖木结构，木材采用上等松木，院舍四周以壕沟和土墙包围。整个建筑造价预算减至澳门币1700元，施工期约120天。计划书中有提及附有经费预算表和一建筑设计图，但我们只见预算表，而不见建筑设计图。根据计划书的内容，我们把档案中夹在1883年9月29日计划书中的其中一张设计图（见图2）还原到这份计划书中。因为这份历史档案是归类整理后的组合文

① 参考澳门历史档案馆藏民政厅档案MO/AH/AC/SA/01/00521。

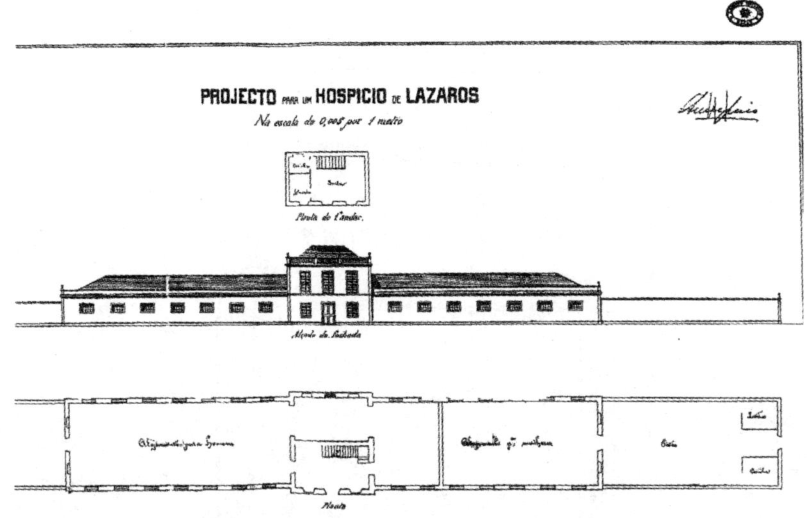

图 1　1883 年 9 月 29 日兴建氹仔麻疯病院计划书中的设计

资料来源：引自历史档案 MO/AH/AC/SA/01/00521。

件，造成这种错误的原因，可能是整理档案之时已造成，又或者是我们要求历史档案馆人员复印档案时的不慎所造成，待日后重新检阅微缩资料才能确定。

放在该档案最后的是一份 1884 年 4 月 21 日（甲申年三月十四日）撰写、中葡文对照的招标书。标书内容与计划书内容相符，其中列明了对建筑物规格、建材之要求，以及经费使用细则等资料。

档案中时间最晚的文件是 1884 年 6 月 2 日澳门公务局致澳门地扪联合政府的公函，结合上述同年 1 月的计划书，我们可知其时公务局已决定分别兴建男、女独立的两座病院，并开始为女病院拣选合适的地点。函中提到该部门的主管曾于 5 月视察路环岛九澳，认为该处适合兴建麻疯病院，但需要因应地理环境而修订原来的计划以及削减经费。而另一个合适的地点是在氹仔岛，是一个距离兴建中的嘉模教堂较远的地方，那个地方距离村落也有一些距离，符合环境卫生的考虑，但同时又方便为病院提供医疗和补给服务，所以这个地方比路环岛九澳更为适合，但这仍需要等待卫生署来评估院舍和村落间的距离。

关于氹仔麻疯病院，原先计划是兴建男女混合型病院，后来却改为单独

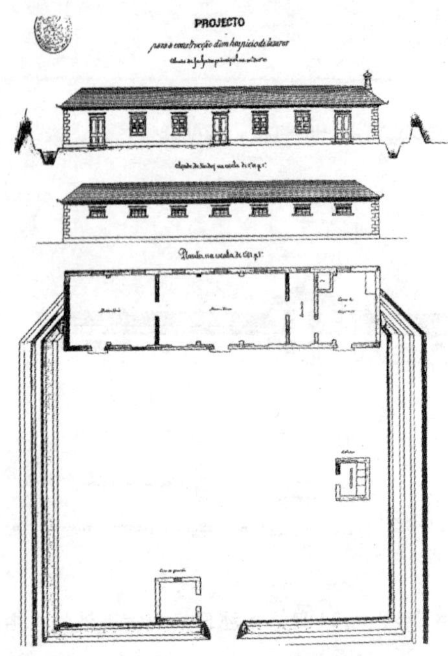

图 2　1884 年 1 月 15 日兴建氹仔麻疯病院计划书中的设计

资料来源：引自历史档案 MO/AH/AC/SA/01/00521。

的女病院。从文件推测，这可能是由于经费原因，是否另有其他原因，则需要更多的材料论证。女麻疯病院的选址方面，虽然文件中并没有显示最后的结果，但根据历史事实，政府最后还是选择了九澳。在 1884 年 1 月的兴建计划中，计划说明是在“氹仔”兴建女麻疯病院，但据目前所得资料显示，在氹仔并没有兴建过麻疯病院，而在路环九澳则有一专门收容女麻疯病人的院舍，九澳麻疯病院是在 1925 年以后才改为男女混合使用的院舍。对于最终选择九澳的原因，相信是因为九澳地处更偏远，远离小区和村落，适合隔离麻疯病患者，更是符合当时的卫生防疫考虑。九澳女麻疯病院的选址是在路环岛北部九澳湾东侧的山嘴上，地处偏僻、人迹罕至、交通不便，但环境优美（见图 3）。从九澳村村落口述史访问中，受访者吴三提及，九澳村张家曾在九澳麻疯病院所在的九澳湾种植松树，捡松枝当柴卖，后来因为政府要建院舍，所以张家才搬到九澳三圣滩营生①。

① 郑炜明编著《氹仔、路环口述史：村落卷》，澳门民政总署，2012，第 194～195 页。

图 3　20 世纪 70 年代的九澳麻疯病院

资料来源：九澳七苦圣母小堂藏照片。

此档案集中讨论在氹仔、路环兴建新的麻疯病院，但对于白沙栏病院的灾后重建却完全没有提及，我们暂时在历史档案馆的目录中还没有找到相关的档案。白沙栏院舍被台风吹毁后，患者如何处理？政府为什么不在原址重建，而是计划在氹仔另建？白沙栏病院的原始建筑十分简陋，其始建年份，目前有不同的说法。《澳门卫生史试编》引施白蒂《澳门编年史》记为1878 年[①]，摩拉《澳门之麻疯》记为 1880 年[②]，林韵薇和董少新都认同文德泉神父和《澳门仁慈堂四百年：1569 ~ 1969》记为 1882 年[③]。唯我们仍未找到明确的资料证明孰是孰非，有待日后更深入的研究。我们目前推测白沙栏院舍被吹毁后，政府马上重建了临时房屋，因为没有任何档案和资料显示政府把患者转移到其他地方；其后于 1916 年 6 月 19 日的档案则是请示改建现有茅庐为石建筑的文件[④]，因此白沙栏院舍是一直被使用的，直至 1965 年才关闭。

① José da Conceição Aonso：《澳门卫生史试编》，《行政：澳门公共行政杂志》2005 年第 4 期。

② 摩拉：《澳门之麻疯》，《麻疯季刊》1936 年第 10 卷第 3 期。

③ 林韵薇：《澳门麻风病院历史初探》，《澳门理工学报》2006 年第 3 期；董少新：《明清时期澳门麻风病院》，《澳门杂志》2005 年第 45 期。

④ 参考澳门历史档案馆藏民政厅档案 MO/AH/AC/SA/01/05391。

在这里值得注意的是，横琴白沙栏病院和九澳病院的建立，正好印证了葡萄牙当局意欲侵占十字门水域附近岛屿的动机。葡人从1847年开始以各种借口和手段把势力和领地延伸至原属于中国的氹仔、路环两岛，并设立军事和行政机关①。葡萄牙正式占领路环岛是在1910年，但九澳麻疯病院却是在1885年已建立。虽然葡萄牙自始至终都没能在大小横琴两岛建立军事或行政机关，但澳门政府为什么能在横琴岛上兴建由澳葡政府管理之麻疯病院？估计这是以模糊化手段掩人耳目地踏足横琴岛，从而逐步占领横琴岛；庆幸的是，这个意图并没有成功。既然如此，为什么白沙栏病院仍能继续运作至1965年？这中间的问题涉及较多的外交关系，需要深入分析。

二 澳门拉匝禄麻疯病院登记册

澳门拉匝禄麻疯病院原是坐落于城墙以外的一所麻疯病院，由澳门仁慈堂属下的白马行医院（即拉斐尔医院，S. Rafael Hospital）负责管理。澳门仁慈堂档案中，有一份1876～1891年白马行医院和拉匝禄麻疯病院患者的出入院记录册，其中两项是拉匝禄麻疯病院的出入院登记册及葬于圣味基坟场的麻疯病患者登记表②。

拉匝禄麻疯病院的出入院登记表（见表1）记录了4名男患者和18名女患者，共22名麻疯病患者，其中8名生于中国、12名生于澳门、1名生于香港、1名出生地不明；当中有10名死亡，2名男患者移往横琴白沙栏麻疯病院。

从这份登记表中，我们知道，澳门的麻疯病院除了接收澳门患者以外，还会接收来自中国和香港的患者。来自香港的患者，部分是由香港政府转介而来的，因为在澳门历史档案馆目录中有4份关于香港政府转介麻疯病患者到澳门麻疯病院的文件，说明澳门政府会因应院舍空间而考虑接收由邻近地区政府转介的患者③。

而来自中国的患者，推测是当时生活于澳门的粤省人。据1936年卫生

① 郑炜明：《氹仔、路环历史论集》，民政总署文化康体部，2007，第8～45页。

② 参考澳门历史档案馆藏仁慈堂档案 MO/AH/SCM/292。

③ 参考澳门历史档案馆藏民政厅档案 MO/AH/AC/SA/01/02129、MO/AH/AC/SA/01/02916、MO/AH/AC/SA/01/03120、MO/AH/AC/SA/01/21864。

署长的报导，澳门经检验之麻疯病例，“大多来自邻近之中国领土”，检验结果“属于阳性者，如系移民，遣送回籍，如系土著，或已住居澳门有年，女性隔离于喀河病院，男性送至白沙栏病院”①。

历史档案馆目录中有1934～1943年麻疯病患者的登记文件，本文仅以1935年的档案为例，以此证明摩拉所言属实，并且在执行。文件包含7名患者的登记文件，文件原件由海岛市管理委员会发致澳门民政厅，再由民政厅抄送至卫生署和财务部门。文件中列出了日期、患者姓名、性别、婚姻状况、父母姓名、送往的病院及登记编号等资料②。其中男患者的登记由港务局负责，送往白沙栏病院；女患者的登记由民政厅负责，都送往九澳病院。可惜的是，文件中并没有显示出卫生署在麻疯病防疫中的工作内容。

1895年至1910年期间，澳门及珠江三角洲地区大规模爆发鼠疫，造成大量的伤亡③。澳门政府从而关注城市卫生情况，决定把位于市区内望德堂区的拉匝禄麻疯病院内的麻疯病患者，逐步迁往横琴白沙栏麻疯病院，至1896年关闭拉匝禄麻疯病院。白沙栏麻疯病院早在1880年或以前已建成并使用，但仍有患者被送往拉匝禄病院，不过数量已较从前减少，这可能是为了减轻白沙栏病院的压力；另一个原因可能是圣拉匝禄麻疯病院接收的患者是由白马行医行转介的，而非警署、港务局或卫生署发现之个案。

表1　1888年3月1日拉匝禄麻疯病院登记册

性别		入院日期（年/月/日）	姓名	出生地	原因	年龄（岁）	出院日期（年/月/日）	备注
男	女							
		Exist in this date						
1			Francisco	中国		35	1888 / 8 / 31	死亡
2			João Ly	中国		40	1891 / 6 / 30	移往白沙栏
3			José Maria da Roza	澳门		23	1888 / 2 / 11	死亡

① 摩拉：《澳门之麻疯》，《麻疯季刊》1936年第10卷第3期。

② 澳门历史档案馆藏民政厅档案MO/AH/AC/SA/01/15287。

③ José da Conceição Aonso：《澳门卫生史试编》，《行政：澳门公共行政杂志》2005年第4期。

续表

性别		入院日期（年/月/日）	姓名	出生地	原因	年龄（岁）	出院日期（年/月/日）	备注
男	女							
	1		Antonia	澳门		40	1887 / 11/13	死亡
	2		Magarida	中国		32	1887 / 6 / 1	死亡
	3		Francisca Ly	澳门		45		
	4		Anna da Lua	中国		50		
	5		Anna Maria	中国		33		
	6		Mathilda Goi	香港		35		
	7		Maria Esperanca	中国		34	1887 / 5 / 10	死亡
	8		Maria Roza	澳门		30		
	9		Maria Luiza	澳门		22	1890 /11 /10	死亡
	10		Filomena Simões	澳门		43		
	11		Virginia Marques	澳门		33	1891/ 1 / 5	死亡
	12		Inacio Chang, alias Luiza Liu	中国		17		
	13		Maria Roza	澳门		21		
	14		Emilia Liu	澳门		20	1891 / 3 / 14	死亡
	15		Maria de Naturidade	澳门		17		
	16	1887 / 5 / 15	?? Luiza Chang	澳门	??	15 / 85	1887 / 6 / 10	死亡
	17	1888/ 6 / 22		澳门	??	17/ 77	18?? / 9 / 27	死亡
4		1890 / 8 / 15	Cheang Sou	中国	??		1891 / 6 / 20	移往白沙栏
	18	1890/10/ 15	Maria		??			

葬于圣味基坟场的麻疯病患者登记表（见表2）记录了6名于1887年3月1日至1888年12月1日期间葬于圣味基坟场的麻疯病患者。这6名患者的资料与表1的出入院登记表基本能对应，只是年龄一栏个别有出入。其中3名生于澳门，3名生于中国，年龄介于20岁至40岁之间。

表2 1887年3月1日至1888年12月1日葬于圣味基坟场的麻疯病患者

姓名	出生地	下葬日期（年/月/日）	年龄（岁）	
Maria Esperanca	Loi-Kio	1887/5/10	34	单身
Magarida	Hoi-pen	1887/6/1	22/32*	单身
?? Luisa Chang	澳门	1887/6/4	85	单身
Antonia	澳门	1887/11/13	40	单身
José *Maria da Roza*	澳门	1888/2/11	23	单身
Francisco	Lau-?? hang	1888/8/31	35	单身

*本表显示为22，而登记册中该患者的年龄显示为32。

圣味基坟场[①]是澳门早期的天主教坟场之一，可见葬于此的麻疯病患者已皈依天主教。从17世纪开始，圣保禄学院和天主教修会都会有神职人员和学生定期自愿到麻疯病院探望患者、照顾患者、赠送生活用品等[②]。神职人员同时还会布道传教，并为自愿入教患者施行洗礼。1910～1911年，澳门天主教教区与政府之往来公函中，提及教区会定期安排神父和修女到九澳麻疯病院提供宗教服务，包括举行弥撒、告解和施行洗礼等，请求政府作出交通安排，详见下文[③]。1933年颜俨若神父亦曾参与这项服务，并撰文报导，文中道出他的一天紧迫行程中，曾为6名患者进行洗礼和弥撒[④]。这些都证明，澳门天主教教会一直十分重视麻疯病院的服务，定期地为患者提供医疗、慈善和宗教的服务。再者，从九澳圣母村的口述历史中得知，九澳麻疯病院的大部分患者都已受洗成为天主教徒，而且是病院内唯一的宗教信仰[⑤]。

仁慈堂的贫民医院、圣拉斐尔医院和拉匝禄麻疯病院都附设有小教堂，后来的九澳麻疯病院也附设有小教堂，这都是教区在院舍内为长期服务病人而建的宗教设施。只是目前在白沙栏麻疯病院的相关资料中，并没有发现小教堂这一设施。

三 关于澳门葡籍麻疯病患者的隔离处理

澳门民政厅一份1897年8月下旬的文件，是仁慈堂和澳门省政府总秘书处的往来公函，内容谈及一名澳门葡籍麻疯病少女的隔离处理[⑥]。

1897年8月20日仁慈堂致澳门省政府总秘书处的公函中，提及仁慈堂早在1896年11月25日已致函澳门政府，提出审批一个空间为葡籍麻疯病

---

① 圣味基坟场（俗称旧西洋坟场；葡萄牙语：Cemitério São Miguel Arcanjo）位于澳门西坟马路，设于1854年，当时位于澳门城外。

② 参见董少新《明清时期澳门麻风病院》，《澳门杂志》2005年第4期。

③ 参见澳门历史档案馆藏民政厅档案 MO/AH/AC/SA/01/02974。

④ Pe. António Ngan, "Visita às Lázaras", *in Boletim Eclesiástico da Diocese de Macau*, Vol. XXX No. 346, 1933, p. 563.

⑤ 参见陈德好《口述历史中的澳门九澳圣母村》，《"众声平等：华人社会口述历史的理论与实务"国际学术研讨会论文集》，澳门理工学院，2012年10月16～17日。

⑥ 参见澳门历史档案馆藏民政厅档案 MO/AH/AC/SA/01/01796。

患者建造院舍的请求，但其时澳门省政府似乎并没有任何回复。但不幸地，1897 年 8 月之时，便发现一名染有麻疯病的葡籍少女，其时已被隔离于望德堂区，但没有得到适当的照料，所以仁慈堂请求澳门政府关注这个土块分配审批程序的迫切性，并提出要马上安置该名患者。

总秘书处把上述病例转介至卫生部门，卫生部门于 8 月 21 日致总秘书处的复函，虽字体潦草，字迹甚为难辨，仍大致可辨出是直接命令总秘书处移送该名患病少女到路氹地区的麻疯病院，不能再逗留在望德堂区，即使是临时性的也是不允许的。

1896 年关闭拉匝禄麻疯病院，澳门半岛再没有麻疯病隔离院舍。而横琴白沙栏病院及九澳麻疯病院，主要接收的是澳门及邻近的华人，因此 1896 年至 1897 年期间，澳门并没有为居澳之葡籍人士提供隔离治疗的场所。

同年 8 月 24 日仁慈堂致澳门省政府总秘书处的公函，述及澳门政府 8 月 21 日的回函，函中氹仔行政长官以九澳麻疯病院没有多余空间为由，不能立即转移患者。因此，仁慈堂请求在九澳麻疯病院旁边另建一座砖屋安置该名患者，并强调过去 20 年间只有 5 个葡籍麻疯病例，这名患者只是个别病例，故重申无须在九澳专门为葡籍人士建造麻疯病院。鉴于政府不允许麻疯病人居于市内，加上仁慈堂推测患者家人会反对政府将患者移至离岛，所以希望市议会能根据目前情况而尽快移送患者。

同年 8 月 24 日路氹管理委员会致澳门政府总秘书处的公函，提出如果按仁慈堂的请求而接收该名患者，需要建造一间茅庐，其费用将由仁慈堂承担，同时该名患者的日常生活费用也将由仁慈堂负担。信中解释道，当时九澳麻疯病院内的一座砖屋和两座茅庐，已收纳了 28 名患者，住宿空间逼仄，所以需要另外建造一间茅庐安置该名少女。由于施工需时，院舍不能立即接收该名患者。信中最后指出，其时所有麻疯病患者的开销皆由澳门政府负担，而这是首例，所以委会员需要请示政府，是否允许仁慈堂承担这笔费用。

同年 8 月 28 日的公函，字体潦草，字迹甚为难辨，推测是卫生部门致总秘书处的信函。信中部门主管认同另辟空间是正确的，而且认为施工过程并不会为原有住院者带来卫生的影响，因此他不再就此事给任何意见。

同年 8 月 30 日仁慈堂致澳门政府总秘书处的公函得知，仁慈堂已收到氹仔行政长官的通知，那座茅庐已准备好，他们并采取一切必要措施，最快的在当天下午三时把该名患者送至海事处，并请求秘书处命令海事处处长安排一艘船运送患者到九澳。

从这一系列关于一位葡籍麻疯者少女的来往公函中，一些饶有深义的问题浮现出来。首先，为什么仁慈堂会在拉匝禄麻疯病院关闭之初即请求澳门政府辟地专门为葡籍麻疯病患者建造医院？可惜目前还没有找到任何相关资料解释这一疑问，但这是否暗示，仁慈堂属下的拉匝禄麻疯病院会为葡籍患者设有独立的隔离空间，而澳门政府管理的九澳和白沙栏麻疯病院中并没有这个设计和考虑，所以仁慈堂需要为他们争取一个独立的隔离空间。可是澳门政府已在横琴和九澳兴建了两座院舍分别接收男、女患者，加上葡籍患者病例十分稀少，相关部门可能因此而认为无须再斥资兴建为少数个别患者服务的医疗所。纵然无法兴建独立的院舍，但在信中不难看出，仁慈堂也极力地为该少女争取这样一个独立的隔离空间，即便是一间简陋的茅庐（能在 10 天之内搭建完成的房屋，相信不会坚固和耐用，只能是临时性和简陋的）。

1935 年葡萄牙里斯本殖民地总局给澳门财务部门和民政厅的公函，函中有两点值得注意。第一是基于麻疯病患者不断增加，将会导致未来数年治疗经费的增加，所以建议澳门政府经营的两麻疯病院只接收生于澳门或长期居于澳门的患者；第二是希望澳门政府下一财政年度能为两院中国患者增加治疗经费澳门币 100 元。关于第一点的响应，海岛市政委员会表示港务局已执行相关规定，但要确定患者居澳时间的长短，有一定的难度；而警务局则表示已严格执行相关规定，并附上 1934 年在澳门发现的患者名单档案（文件中找不到这份名单）。至于增加经费的要求，财务部门则表示数月来两院患者人数并没有增加，所以他们正准备限制这方面的开销[①]。由此可见，离岛两所麻疯病院的主要服务对象是华人患者，经费皆由澳门政府负担。

其次，葡籍人士本身也不愿意把患病的家人送到离岛疗养，因此信中仁慈堂希望政府能尽快处理这个病例，为免夜长梦多，引起其家人的不满或反对，甚至要让其家人措手不及，不能作任何的反抗措施。这可能因为当时两个麻疯病院都十分偏远，交通十分不便，亲友无法前往探访，甚至连医护人员都无法经常去照料病人。因此，被送往离岛麻疯病院的患者，难免会产生

① 参考澳门历史档案馆藏民政厅档案 MO/AH/AC/SA/01/15282。

被遗弃的感觉。

再次，信中路氹行政长官就于九澳院舍另建茅庐和该患者的所有支出由仁慈堂负责这一决定，祈请澳门政府的允许。也就是说，这项决定事先并未得到澳门政府的同意，看来澳门政府并不知情；很可能是仁慈堂向路氹行政长官做出的承诺，以换取政府尽快接收患者，所以路氹行政长官最后还得向澳门政府请示。从最后结果来看，澳门政府应该是批准了。既然当时九澳和横琴两院舍的所有开销都是由澳门政府承担，多一个患者也不会增加太多的负担，但为什么偏偏这位葡籍患者的费用却要由仁慈堂支付呢？这极有可能是仁慈堂为争取一个独立的隔离空间及特别待遇而做出的承诺。

最后，虽然我们在整份文件中并没有发现仁慈堂与路氹行政长官的直接来往公函，但从信的内容推敲，仁慈堂在等待澳门政府总秘书处回复的期间，曾直接与路氹行政长官联络，寻求帮助，并做出承诺，似乎因而取得了路氹行政长官的同意，才能10天之内把事情解决了。显然，还是直接与路氹行政长官联络比较奏效。

可是，为什么澳门政府只愿接收和照顾华人患者，而对葡籍患者却不愿承担责任？这个问题可能涉及澳门教区与澳门政府之间的关系，但目前还没有任何资料能说明。

四 澳门天主教教区对麻疯病院的宗教服务

一份1910年12月22日至1911年1月14日澳门教区与澳门政府的来往公函中，虽然其中1910年12月22日的保密文件之字迹较难辨，但不影响我们了解整份文件的内容，内容主要是围绕澳门教区神职人员前往九澳麻疯病院的交通安排。

1911年1月7日澳门政府总秘书处分别向路氹管理委员会和澳门教区发出了两封信函。澳门政府总秘书处要求路氹管理委员会配合教区前往九澳麻疯病院探望的神职人员，为他们安排从路环到九澳的船只。同时，澳门政府总秘书处要求澳门教区提供那些神职人员的姓名，以便澳门政府为他们准备从澳门半岛到路环的轮船船票。

由此推测，应该是澳门教区要求澳门政府为他们的神职人员做出便利的交通安排，政府便为他们准备由澳门半岛到路环岛的轮船船票，然后由路氹管理委员会为他们安排小船只送他们来往九澳。

可是，教区认为此安排并不符合人道主义，原因在同年 1 月 10 日致澳门政府总秘书处的回函中有所解释。首先，神职人员前往九澳麻疯病院要为病人提供大量的宗教服务，例如举行弥撒、告解、洗礼等，这些都是需要很多时间的，如此一来，神职人员们很可能赶不及回到路环乘坐最后一班回澳门半岛的轮船。其次，如遇到大风浪，坐小舢板从路环到九澳，是不太可行的方法。再次，这种宗教和慈善服务每两个月进行 1 次，即一年才 6 次，每次 8 名人员，只有在特别日子才会多于 8 名人员。因此，教区希望政府能直接安排船只，从澳门半岛港务局出发直达九澳。

虽然教区向政府表达了这样强烈的意愿，但澳门政府在 1 月 14 日的回函中仍坚持原定安排。理由是神职人员有足够的时间在九澳进行他们所预定的宗教和慈善工作，然后回到路环乘坐轮船回澳门半岛，而且小舢板是绝对能安全地运送他们到达目的地的。故此，澳门政府并不认为上述的交通安排是不人性化的。

澳门教区对麻疯病人的慈善和宗教服务工作并未因澳门政府接管病院而停止，但明显地这些服务相对于拉匝禄麻疯病院时期，是有所减少的，推测其中一个主要原因是交通不便之故。历史档案馆目录中另有一份关于1908～1909 年嘉诺撒仁爱会修女探访白沙栏和九澳麻疯病院的文件，可惜暂未有机会查阅该档案文件，待日后查阅再作深入研究①。

五　结语

本文尝试利用部分历史档案文献，结合前人研究成果，去探讨一些澳门麻疯病医疗史的问题。虽然本文的很多疑问还没有完全解决，但在查阅档案文献时，仍可透过档案寻找一些历史琐事，从而更了解澳门麻疯病院的管理和运作。

离岛麻疯病院的兴建计划，涉及设计、经费、选址等的考虑，最终在九澳兴建了女麻疯病院。此外，白沙栏病院和九澳病院的兴建，也都包藏了葡

① 澳门历史档案馆藏民政厅档案 MO/AH/AC/SA/01/00042。

萄牙占领离岛的政治意图。

澳门政府与澳门天主教教区对麻疯病医疗机构的管理和服务，至迟在1880年前后便开始产生变化。拉匝禄病院是由仁慈堂管理和营运的麻疯病院，而白沙栏和九澳病院则是由澳门政府兴建、管理和营运的麻疯病院。但奇怪的是，澳门的葡籍麻疯病患者却不在澳门政府的服务范围内，虽然政府可以把患者隔离在病院内，但所有费用却是由仁慈堂承担。

笔者对澳门麻疯病医疗史档案的检索、搜集、分析和研究工作仍在继续进行，希望借本文抛砖引玉，以深化这一题目的研究，敬希各位专家学者不吝赐教。

对从事历史研究的人士来说，档案文献无疑是一种十分重要的参考资料，二十四史的编撰所依据的正是国家档案文件。但目前从事澳门研究中的华人学者，尤其年轻的研究者，对档案文献的运用还是比较缺乏。现在的数码技术和网络系统，使我们在检索历史档案目录时比以前方便得多了，因此应鼓励年轻研究者更多地运用历史档案文献。

一个传统中国乡村的飘摇与解体

——明清时期澳门望厦村地域与空间之变迁

林广志　张中鹏*

无论澳门学还是澳门史研究，厘清“澳门”的概念所指和范围界定都是至为关键的问题。从历史上看，所谓“澳门”，是一个动态概念，基于不同时期、不同视角或不同立场，对其范围所指的认识也各不相同。已有的众多研究将历史时期的澳门空间与当代澳门特区区划直接等同或混为一谈，造成资料解读、田野考察上的混淆，亟待历史地、动态地予以廓清，而确定以望厦为中心的澳门城北部区域的范围及变迁，是澄清这一问题的关键。此前王文达、赵利峰、曾金莲等学者对此问题已有关注，并形成了初步的共识，即在鸦片战争以前的所谓“澳门”，其范围有两种视角：一是关闸以内，即澳门半岛；一是城墙以内，即所谓的澳城、澳门市。中方官员士绅的认识，皆以澳城为澳门。至清道光七年，香山县仍将葡居“澳门城”视为该县恭常都属下之“乡”①；葡人的概念与记述，则一般将关闸视为中葡界限②。然而，澳门概念与认识的流变牵涉广泛，仍有不少问题亟待阐释与拓展。本文

* 林广志，历史学博士，澳门大学澳门研究中心访问学者；张中鹏，历史学博士，广东工业大学政法学院讲师，澳门大学澳门研究中心博士后研究员。本文为“清代澳门士绅阶层与乡村政治”专题研究的第一部分，系澳门大学重点资助项目“全球化视野下的澳门华人社会研究（从开埠到1911年）”〔编号：MYRG199（Y1－L4）－FSH11－HYF〕的阶段性成果。

① 参阅汤开建《道光七年〈香山县下恭常都十三乡采访册〉的发现及其史料价值》，《澳门研究》2011年第4期。

② 王文达：《澳门掌故》之《澳城记》，澳门教育出版社，1999，第2页；赵利峰、郑爽：《明清时期澳门人口问题札记三则》，《华南师范大学学报》2009年第6期；曾金莲：《地界之争与城界扩张：澳门近代城市的开端（1864～1874）》，《澳门研究》2012年第1期。

拟以明清档案文献为中心，试图清晰描摹澳门城北部乡村的变迁轨迹，在统合区划、行政与观念以及中葡关系变动基础上整体把握这一问题，为解剖中国传统乡村在殖民化与城市化的挤破下逐步走向解体的过程提供一个观察样本。

一 葡人建城与城乡之别

明嘉靖三十六年（1557），葡萄牙商民正式大规模入居澳门。据时任广东监察御史庞尚鹏的观察，“近数年来，（葡人）始入濠镜澳筑室，以便交易，不逾年多至数百区，今殆千区以上。日与华人相接济，岁规厚利，所获不赀，故举国而来，负老携幼，更相接踵，今筑室又不知其几许，而夷众殆万人矣”[①]。葡萄牙人的持续进入，改变了澳门原有的自然与社会格局。明人俞大猷称“商夷用强梗法，盖屋成村”[②]，叶权所见澳门“今数千夷团聚一澳，雄然巨镇”[③]，王士性甚至惊叹澳门“高居大厦，不减城市”[④]。澳门夷人势力的不断膨胀，引起广东地方乃至中央政府的关注，统治阶层内部逐渐形成武力驱逐、迁移聚点和就地管制的三种不同意见。其中，南海人霍与瑕“建城设官而县治之”的主张得到明政府的认同[⑤]，但霍与瑕的建议并没有得到彻底贯彻。霍与瑕建议“设城池，置官吏，以柔道治之，不动而安”[⑥]，但明政府却将重心集中于修筑关闸和设置官吏上，并没有进行大规模地修筑城池。而葡萄牙人自从进入澳门以来，即注重加强军事防御，不断修建城墙。隆庆二年（1568），葡人基于抵御海盗突袭的考虑，在靠近西湾的烧灰炉（Chunambo）地修筑一道土坯围墙，这是葡人首次筑城修墙[⑦]。至崇祯六年（1632），澳城北部城墙已经全部完成，“整个澳门

① （明）庞尚鹏：《百可亭摘稿》（卷一）《抚处濠镜澳夷疏》，广东文献丛书本。

② （明）俞大猷：《正气堂全集》（卷十五）《论商夷不得恃功恣横》，道光福建味古书室重刊本。

③ （明）叶权：《贤博编》（附《游岭南记》），中华书局，1987，第44页。

④ （明）王士性：《广志译》（卷四）《江南诸省》，上海古籍出版社，1993，第100页。

⑤ （明）霍与暇：《勉斋集》（卷十九）《处濠镜澳议》，光绪丙戌重刻本。

⑥ （明）霍与暇：《勉斋集》（卷十九）《处濠镜澳议》，光绪丙戌重刻本。

⑦ 〔葡〕罗里路（Rui Manuel Loureiro）编《16和17世纪伊比利亚文学视野里的中国景观》，范维信等译，大象出版社，2003，第162～163页；吴志良、汤开建、金国平主编《澳门编年史》（第一卷）《明中后期（1494～1644）》，广东人民出版社，2009，第147页。

城除西部内港外，北部、东部及南部均建有城墙，并于诸要塞处建置炮台，使澳门城成为一座在军事上防范甚为严密的城堡"①。葡萄牙商民与明政府的双向行为，实际上造成澳门半岛地理和社会空间的新形态，即葡萄牙商民聚集的澳门城，澳门城以南和澳门城以北、关闸以南的华人居住区。

诚如澳门史家王文达所言，历史时期"澳门"的概念所指至少有三层含义，即澳门街、澳城和澳门半岛。澳门街，即"旧日之澳门原址"，"本属濠镜澳中之一小部分地区耳"，"尚离青洲甚远，而濠镜澳中之南台北台二山，殆即指现在澳中之市山与岗顶而言，故相对如门，其两山谷间之隙地，便为昔年互市之场所，建立商户，旧称澳门街，亦称大街，是即现在之营地街，即原来之澳门地址也。查当年关前街之李家围内，其墙壁上书有澳门二字，巨大逾寻，盖所以标示此处方为澳门耳"②。澳门城则为葡人修筑的城墙范围之内，至于澳门半岛，即文献中的"濠镜澳"，"包括澳门，及望厦、龙田、龙环、沙冈、塔石、新桥、沙梨头、芦兜城等村在内"③。至此，澳门半岛地理空间和社会景观的改变，尤其是葡人澳门城的修筑，造成关闸以南社会的"夷城"与"华乡"之别。澳门城充满异域风情，俨然一个新世界。据屈大均《广东新语》记载，澳门城"其居率为三层楼，依山高下，楼有方者、圆者、三角者、六角、八角者、肖诸花果形者。一一不同，争以巧丽相尚"④。乾隆间香山知县张甄陶《澳门图说》开宗明义指出："由望厦而两三里为澳门，其地周一千三百八十余丈，因山势高下筑屋如蜂房蚁蛭者，澳夷之局也。"⑤ 葡萄牙商民主要从事海上转口贸易，汤显祖诗文集有"不住田园不树桑，珴珂衣锦下云樯"一句⑥，表明早于明代中期澳门葡萄牙人不事农业生产，游历澳门多年的吴渔山记录康熙年间澳门"地土

---

① 汤开建：《明代澳门城市建置考》，《文史》1999年第3期，此处参见汤开建《明代澳门史论稿》（未刊稿），第273页。

② 王文达：《澳门掌故》之《澳门城》，澳门教育出版社，1999，第10页。

③ 王文达：《澳门掌故》之《澳门城》，澳门教育出版社，1999，第10页。

④ （清）屈大均：《广东新语》（卷二）《澳门》，中华书局，1985，第36页。

⑤ （清）张甄陶：《澳门图说》，载王锡祺辑《小方壶斋舆地丛钞》（第九帙），杭州古籍书店，1985。

⑥ （明）汤显祖：《玉茗堂诗集》（卷六）《香嶴逢贾胡》，《汤显祖诗文集》（上册），徐朔方笺注，上海古籍出版社，1982，第427页；参见章文钦笺注《澳门诗词笺注》（全四册），珠海出版社、澳门特别行政区政府文化局，2003。

纵横五六里，隔水濠田甚瘠，居人不谙春耕，海上为商"，其日常生活用品当由周边地域供给，城北乡村的农业生产无疑是城内生活用品的重要来源①。

二　澳门北部乡村的地域空间

晚明时期葡人建城的同时，城乡分野下的澳门北部乡村图景渐趋清晰。入清以来，澳门城内外差别更加明显，已经发展为拥有不同功能的区域分布。青洲，为城内华葡居民"纳凉休沐"之所。早在1603年范礼安就因圣保禄学院空间狭窄，无法为患病神父和学院学生提供休养娱乐之所，遂登陆青洲，兴建小屋，种植果树②，辟为一片"草木蓊翳，有亭榭廊宇"的新天地，广东士人后称之为"鬼子园囿"③。吴渔山有咏青洲诗云："一发青洲断海中，四围巷翠有凉风。昨晚休沐归来晚，夜渡波涛似火红。"④ 望厦与龙田、龙环，则构成城外的一片华人村落，按照中国传统乡村治理模式维持乡村秩序，其中，望厦则是关闸以南、澳门城以北华人居住区的中心与象征。

望厦开村的确切时间已不可考⑤。澳门民间流传"未有望厦村，先有何家祠"的说法，郭永亮依据何氏后裔口述以及宗祠内所见神位牌推测，何氏家族约于正德年间（1506～1521年）自福建迁居望厦，同乡沈姓、林姓亦陆续进入⑥。但福建移民的迁入，当时只是形成澳门半岛北部的华人聚居点，还没有正式的村名记载。嘉靖二十六年（1547）成书的《香山县志》(卷一)《建置》详细记载了长安乡恭常都的22个村庄，没有望厦之名，甚至在今澳门半岛内连一个村庄名称都没有。郭棐《粤大记》所附万历四年(1576)《广东沿海图》第十六幅图显示，濠镜澳与陆地相连部分标有"望下村"三字⑦，显然，"望下村"即望厦村。1607年刊行的荷兰旅行家布利

① （清）吴历：《墨井集》（卷三）《三巴集》，李杕编刻，宣统元年刊本。

② 阿儒达宫图书馆《耶稣会会士在亚洲》抄件49-v-5v，转引自金国平、吴志良《东西望洋》，澳门成人教育学会，2002，第310～311页。

③ （清）郝玉麟：（雍正）《广东通志》（卷六十二）《艺文四》，文渊阁四库全书本。

④ （清）吴历：《三巴集》之《岙中杂咏》，小石山房丛书本。

⑤ 关于望厦开村时间考证，参见汤开建《澳门望厦村的开村及其释名》，《岭南文史》1994年第4期；谭世宝：《关于开埠前澳门半岛上的"村"的传说探真》，《学术研究》1996年第7期。

⑥ 郭永亮：《澳门香港之早期关系》，台湾中研院近代史研究所，1990，第4页。

⑦ （明）郭棐：（万历）《粤大记》（卷三二附）《广东沿海图》，中山大学出版社，1996。

(Theodore de Bry)《澳门城市图》清晰地显示出早期澳门城的基本面貌，澳门城内议事会、教堂、住院、街市清晰可见，稍北有一片城墙，城墙外乃农耕地，耕地之旁为一片村落，应为望下村[①]。康熙《香山县志》(卷首)《香山县志图》第五幅图《濠镜澳图》在关闸南一小山麓标有“原望厦村”四字[②]。成书于清前期的《广东图说》介绍恭常都时也称：“恭都城东南120里内，有小村三十九，曰前山、曰白石、曰北岑、曰澳门、曰龙田、曰龙环、曰望厦……”[③] 值得注意的是，隆庆三年（1569），工科给事中陈吾德上疏针对澳门葡人“严饬保甲之法以稽之”，“获准实行”[④]。及至万历二十年（1592），两广总督陈蕖在澳门进一步推行保甲法，“将其聚庐，中有大街，中贯四维，各树高栅，榜以‘畏威怀德’四字，分左右定其门籍”[⑤]。保甲法的推行，进一步深化了广东地方政府对澳门社会的认知，故而望厦（下）首次出现于明人文献之中，受到晚明地方政府与士人的关注。也就是说，澳城北部乡村至迟于万历年间在明人文献内拥有正式村名，初名“望下”，后易名为“望厦”。同时，万历年间澳门半岛北部只标有“望下”一处村名，表明其时华人聚居区统称为“望下”，随着人口增长，尤其是明清之际移民的持续进入，至清前期澳门半岛北部华人居住处已分化或递增为龙田、龙环和望厦等几处村落，明中叶以来澳门内部城乡之别的地域景观由此逐渐清晰。

明清时期，城北乡村隶属广东地方政府管辖，望厦乃至澳门城北华人居住区与传统中国乡村并无差异。具体表现在以下几个方面。①军队驻扎。澳门“原有香山协把总一员，带兵五十名防守”，兼有前山寨都司、守备率兵驻防[⑥]。乾隆九年（1744），清政府又设立澳门同知，驻扎前山寨，香山县丞则移驻望厦村[⑦]。可惜的是，望厦村县丞衙署不久被台风吹塌，乾隆三十

---

① 纪念葡萄牙发现事业澳门地区委员会主编《澳门：从地图绘制看东西方交汇》，姚京明译，澳门，第139页。

② （清）申良翰：（康熙）《香山县志》，中山图书馆藏抄本。

③ 转引自汤开建《澳门望厦村的开村及其释名》，《岭南文史》1994年第4期。

④ 《明穆宗实录》卷三十八隆庆三年十月辛酉条。

⑤ （明）郭棐：（万历）《广东通志》（卷六十九）《番夷》，稀见中国地方志丛刊本。

⑥ 《两广总督孔毓珣奏陈梁文科所奏不许夷人久留澳门限定夷船数目折》，《明清时期澳门问题档案文献汇编》（第一册）《通政使司右通政梁文科奏请洋人不得久住澳门折》，人民出版社，1999，第140~142页。

⑦ （清）印光任、张汝霖：《澳门记略》（卷上）《官守篇》，澳门文化司署，1992。

二年（1767）后改迁至香山翠微书院，至嘉庆十七年（1812）第三次进驻望厦。②钱粮征收与行政管辖。康熙初年，清政府施行迁界令，东南沿海军民内迁50里，澳门城北望厦、龙田、龙环、青洲以及氹仔、路环甚至澳门葡人均属迁界范围之内[①]，后澳门葡人在多方斡旋下免予内迁。雍正四年（1726），麦德乐来澳进京恭贺圣主，澳门民庶讹传进贡，但“西洋国原无进贡之例”，香山县特此颁布告示，“凡有讹传极西大人麦系进京进贡贡官者，许地保人等扭禀赴本厅，以凭解赴本府重究，各宜禀遵毋违”[②]。这是澳门地保在清代文献中的首次出现。地保是清代州县政府为控制乡村而设立的行政代理人，充当政府最下层的吏役[③]。地保的设立，显示在行政管辖模式上澳门城北乡村与香山县其他乡村无异。③官员巡视驻节。广东地方官员巡视澳门，往往选择驻节望厦村，或在莲峰庙，或在普济禅院。④传统文化与庠序科考。望厦村一带华人保持着固有文化传统风俗，仅被奉为民间典范的“节妇”，从乾隆十五年至道光七年，以望厦、龙田、龙环等村为主的“澳门”便有34位[④]；同时，此处华人热衷于传统文化的弘扬与传承。赵氏移居望厦后，世事儒业，颇有功名。赵氏第二代赵履亨临终时，执其孙的手诫曰：“吾家虽寒，必读书，毋自馁，毋忘尔祖之志。”其后代以此为励，坚持不辍[⑤]。其中，赵元辂为乾隆四十二年（1777）丁酉科“中式广东乡试第十八名举人”；其子赵允菁为嘉庆六年（1801）辛酉科“中式广东乡试第四名举人”，初为香山凤山书院主讲，后任始兴县教谕、连平学正等[⑥]；赵允菁长子赵勋于道光三年取郡庠，道光二十二年为贡生，敕赠征仕郎[⑦]。据统计，道光七年香山县下恭常都采访册内文进士1人，乡举3人，贡生5人[⑧]，澳门举人、贡生各2人，近统计总数的一半。

---

① （清）杜臻：《粤闽巡视纪略》（卷二），康熙二十三年一月丙申条。

② 《1726年香山县捕厅禁讹传进贡示谕》，载普塔克（Roderich Ptak）编《葡萄牙图书馆档案馆藏中文文献（1726～1855）》（第二册），东方基金会，2002，第38页。

③ 参见瞿同祖《清代地方政府》，法律出版社，2003。

④ 汤开建：《道光七年〈香山县下恭常都十三乡采访册〉的发现及其史料价值》，《澳门研究》2011年第4期。

⑤ 参见林广志《清代澳门望厦赵氏家族事迹考述》，《澳门历史研究》2003年第2期。

⑥ 《赵书译堂家谱》之《浦江赵氏家谱》，第47、57页。

⑦ 《家乘略钞》之《赵氏家庙碑记》，第18页；《赵书泽堂家谱》之《浦江赵氏家谱》。

⑧ （清）印光任、张汝霖《澳门记略》之《选举门》，澳门文化司署，1992。

三 中葡政治变化与澳门北部乡村的空间迁移

澳门城与北部乡村的融合，是一个渐变的过程。从空间上看，乾隆年间，城外的华人不能随便进入澳内，“凡贸易民人，悉在澳夷墙外空地搭篷市卖，毋使私入澳内，并不许携带妻室入澳”①，但至嘉庆初年，居于望厦的沈天爵“令二弟在澳买卖生果”，“年甫十七，幸得朋友抚恤提携，信些洋布各式货物，拈往澳内夷妇贩卖”，至嘉庆十七年（1812），沈氏兄弟终于“进城”，“在澳门红窗门街，始开仁茂洋货一店”②。沈氏兄弟的经历，说明嘉庆年间，望厦村一带的华人可以早晚进出甚至居于城内从事贸易了。但是，城内外空间的实质性的变迁则始于鸦片战争之后。

道光二十四年（1844），中美《望厦条约》在望厦村签订。清钦差大臣耆英入澳驻节普济禅院，通过即时观察与明察暗访，耆英明确了澳门半岛主权和治权的范畴与边界，总体上说“澳门乃民夷错杂之区，非徒夷人托足之地也”，“关闸以内、三巴门以外，多系民庄，计有天成、龙田、龙环、望厦、石墙、新桥、蒲鱼、沙冈等8村，共居民819户，田庐坟墓，鳞次栉比。其夷人所建炮台名东望洋，踞山临海，并不占碍民基。三巴门以内，虽尽系夷楼，西洋聚族而处，而其间如芦石塘、赋梅里、沙梨头等21处，俱有民房交错其中，共计466户，均系世守祖业，并不输纳夷租，相传300余年，由来已久”，且澳门城内葡人“上年应交地租银五百两，已按数完缴，并无延欠”③。然而，事实上，鸦片战争后，澳门葡萄牙人便趁机尝试打破既有格局，开始冲破城墙界限向北部拓展。道光二十三年（1843），澳葡政府在城界以北地区编号竖界、勒收地租，企图抢占澳门半岛北部地区，以赵勋为首的24名望厦乡绅联名禀请广东政府，“事始寝息”。道光二十七年（1847）开始，澳葡政府启动修建水坑尾门和关闸门之间的三条马路，又连续三年在界墙以北地区对华人商铺进行编号登

① （清）印光任：《管理澳葡章程》，载（清）印光任、张汝霖《澳门记略》（卷上）《官守篇》，澳门文化司署校注本，1992。

② 《沈氏族谱》（同治七年，残本），澳门历史档案馆藏影印件。

③ 《明清时期澳门问题档案文献汇编》（第二册）《两广总督耆英等奏覆体察澳夷实在情形折》，人民出版社，1999，第531~533页。

记，勒收地租[①]，1848 年 4 月 1 日，澳葡政府颁布新规，三巴门至关闸之间华人必须向政府办理土地登记，否则予以没收。15 日起，望厦村、龙田村等处村民开始申办土地所有权证登记，申报纳税田亩。计有沈遐龄堂、何积善堂、胡徐亮及普济禅院等数十人户申报地产，其中，普济禅院拥有田亩最多，共计 29 处，189.36 亩[②]。当时，澳督亚马留（João Maria Ferreira do Amaral）不无骄傲地向里斯本汇报，“尽管华人、华官和议事公局竭力反对，华人仍以团体或个人的名义缴纳向他们摊派的税收”[③]，同时宣布三巴门至关闸间土地统归葡萄牙人所有。亚马留的强硬态度，立刻引起城北诸村华人乃至广东政府的激烈不满，最终亚马留被村民沈志亮、赵勋等人刺杀。

亚马留遇刺一定程度上遏制了澳葡政府的强势北拓，迫使其调整以往的华人政策，但中葡政府在澳门北部的力量对比已悄然发生转变，北拓依然得到推进。具体表现在：①修建炮台与防御体系。1849 年亚马留总督下令在莲峰庙侧山顶上修建望厦炮台，与关闸直线相对，亚马留遇刺后第二年完成，1864 年加固重建[④]。1865 年，澳督阿穆恩（José Rodrigues Coelho do Amaral）主持修建青洲炮台竣工。望厦炮台与青洲炮台遥遥相望，互为犄角，还与马蛟炮台适成前后呼应之态势，构成澳门北面军事攻守的防御体系[⑤]。②向北开辟道路。澳葡政府推进修建从三巴门北上望厦、关闸的道路。1853 年 6 月 15 日，据《华友西报》报道，香港按察司休姆（John Walter Hulme）9 年后重游澳门，发现澳门城市有不小的新筑街道，特别是澳门北部郊区有许多进步，“一条重要的从荷兰园出发，围绕望厦庙的大车道（它环绕内港和穿过大三巴后的墓地，然后越过大炮台后的小山回荷兰园）是一项策划者们值得信赖的工程”[⑥]。

① 苑书义等编《张之洞全集》（卷九十三）《公牍八》之《照会驻澳西洋罗大臣勿越界收税》，河北人民出版社，1998。

② 刘芳辑《葡萄牙东坡塔档案馆藏清代澳门中文档案汇编》（上册），章文钦校，澳门基金会，1999，第 77～87 页。

③ Lia Arez Ferreira do Amaral, *O Significado do Governo de Fereira do Amaral em Macau*（*1846－1849*），p. 13。转引自吴志良、汤开建、金国平《澳门编年史》（卷四）《清后期（1845～1911）》，广东人民出版社，2009，第 1631 页。

④ 郭永亮：《澳门香港之早期关系》，台湾中研院近代史研究所，1990，第 34～35 页。

⑤ Jorge Graça, *The Fortifications of Macau*, Direção dos Sevvicos de Turism de Macau, 1984, pp. 97－98, 108.

⑥ *The Friend of China*, June 15th, 1853, Vol. 12, NO. 48, p. 190。吴志良、汤开建、金国平：《澳门编年史》（卷四）《清后期（1845～1911）》，广东人民出版社，2009，第 1691 页。

1861年，澳葡政府在龙田村修路，平毁金钟山，“路成，山之旧形不复存”[①]。1863年，拆毁原有界墙以及三巴门、水坑尾、沙梨头城门，澳葡政府所辖地界拓展到塔石、新桥、沙冈、沙梨头、石墙街诸村，村内开辟马路，订立门牌，村民必须接受澳葡政府的行政管制[②]。③向城北村民征税收租。1851年，新一届澳葡政府规定关闸以内在澳华人必须缴纳公钞，不接受任何形式、任何借口的豁免[③]，以致“澳中居民有地税，商贩有公钞，其往来贩运日用所需，若牛羊猪鱼咸鱼之属均有税”[④]。通过编户登记、征收地租、收缴公钞等一系列举措，澳葡政府一方面将城界以北地区纳入其管辖权限范围之内，另一方面将之置入澳门近代城市发展的框架之内，或者说以城市发展的直接方式实现对城界以北地区的“殖民扩张”。1865年1月19日，广东巡抚郭嵩焘派人赴澳查明澳门各项事宜，并以驿传迅速报告总理衙门，葡萄牙人“视澳门全地均其所属矣”。“国朝建县丞署于望厦村，道光二十九年夷酋为澳民所毙，遂毁县丞署，旋又胁海关税馆不得征课，于是澳地全属之。”“至三巴门外居夷人收纳地租，大约起自道光二十九年县丞署被毁以后，从前地归官辖，又各村居民多数百年籍贯，无纳洋人地租之理。迨县丞署被毁，以次毁及关闸，今关闸旁官厅洋人改建绿衣馆，置兵戍守，一切颠倒失遂，视澳门全地均其所属矣。”“莲花茎尽处为莲花山，山北为莲峰寺，有北山岭村，山南迤东即望厦村，居民300余家，何、赵、沈三姓为大族，皆自明以来世居澳中者也。再南为龙环村、龙田村，居民百数十家。澳西沙梨头稍东为新桥街，居民数十家，蛋户为多。此皆澳城外之村民，夷人按户抽收地税。”[⑤] 连氹仔、路环两地，也须依照常规输钞纳税[⑥]。虽然中葡澳门观念和范围所指差异很大，但至此葡萄牙人已占据澳门城内外、北部乡村世界的主动权和“主宰权”。《清季外交史料》光绪十三年《粤抚吴大澄奏查明澳门占界及将占界拟即清厘折》：“沙岗、新桥、沙梨头

---

① 厉式金：《香山县志续编》（卷一）《舆地·山川》，中山文献丛刊本。

② 厉式金：《香山县志续编》（卷十六）《纪事》，中山文献丛刊本。

③ 《澳门政府现报》1851年8月16日第39号。

④ 《明清时期澳门问题档案文献汇编》（第二册）《广东巡抚郭嵩焘为委员赴澳查明各项事宜并由驿附呈事致总理衙门函》，人民出版社，1999，第755页。

⑤ 《明清时期澳门问题档案文献汇编》（第二册）《广东巡抚郭嵩焘为委员赴澳查明各项事宜并由驿附呈事致总理衙门函》，人民出版社，1999，第753~757页。

⑥ 《澳门政府宪报》1879年5月3日第18号。

及旺厦、龙环、龙田、塔石等七村，皆系中国民人聚居村落，所耕田地，历年在香山县完纳钱粮，本非葡人所能受理。统计该数村铺户居民约有万余人，自葡官按户收租，或缴或不缴，众情汹汹，各怀愤懑。”至光绪五年（1879）、九年（1883），望厦、龙田村民编入西洋户籍，葡人正式“管治”北部乡村①。虽然勘界时期，清政府经调查访闻获悉1891、1903年龙田、望厦部分村民仍向香山县缴纳钱粮，香山县还存有光绪十七年（1891）龙田、望厦等乡户口册一本②，但澳门地界以关闸为标志，已然成为势不可逆的现实。

值得一提的是，晚清香山县与澳葡政府对城北诸村的态度及其管治的松紧，导致诸村村民在行政举措上颇为“错乱”。一个典型例子是，1851年8月，新一届澳葡政府颁布居然“豁免”农历六月初五日前澳门城外华人公钞，望厦、沙梨头及龙田三村村民得以免除纳税，村民竟然呈递禀文向澳葡政府“致谢”：“具禀人望厦村地保翁元、许廷上，耆老林朝玑、赵宗日、郑成才、沈振辉、王文衍、梁法长、黄义敬、何慈惠、梁可珍、唐焕方、何光明、沈廷珍暨合村人等，禀为望厦村向无输纳公钞之例，前贵司打（议事公局）张挂告示，要创收屋宇租银，经具禀，乞恩豁免。嗣后并未有人到望厦收租之事，可见恩典出自大人，而大人视民等一如赤子，民等当奉大人一如天神。各皆感激下忱。特此具禀，亲到贵衙叩谢鸿恩，鼎视公侯万代沾恩。切赴总督大人台前电照。咸丰元年七月二十四日。”③伴随这种行政上的“错位”，村民在价值取向上也逐渐发生变化，村民往来于城内外从事商贸活动，不少人渐渐居于城内，甚至加入葡国国籍④；此外，一个值得关注的群体——华人基督徒持续增长。据统计，1833年，澳门半岛华人基督徒总数达7000余人⑤；1867年2月11日，在澳游览的法国王室贵族卢德维

---

① 厉式金：《香山县志续编》（卷十六）《纪事》，中山文献丛刊本。

② 《澳门专档》（第四册）《外交部收驻墨西哥公使陈箓函》，台湾中研院近代史研究所，1992～1996，第111～114页；《香山县知事殷绍章发驻墨西哥公使陈箓函》，台湾中研院近代史研究所，1992～1996，第97～99页。

③ 《望厦、沙梨头、龙田村民等致澳门总督的禀》，载普塔克（Roderich Ptak）编《葡萄牙图书馆档案馆藏中文文献（1668～1871）》（第一册），东方基金会，2002，第138～142页。

④ 参见陈文源《晚清澳门华人加入葡籍的现象及原因分析》，《澳门历史研究》2003年第2期。

⑤ 〔瑞典〕龙思泰（Anders Ljungstedt）：《早期澳门史》，吴义雄等译，东方出版社，1997，第189页。

奇·德·波瓦（Ludovic de Beauvoir）公爵发现，以望厦为中心的城北地区“中国人已相当地葡化”，比如这些和尚口中的菩萨，如今已用的是我们那些圣人的名字。因此在那些三头六臂、膀大腰圆的菩萨中，叫“圣弗朗西斯科”（Sãos Francisco）或“圣奥古斯丁”（Santos Agostinhos）者比比皆是①。澳葡政府则有意割裂华人社会与文化传统的关系。1909 年 3 月，澳葡政府为修筑道路，下令望厦村口金谷山一带的华人坟墓必须在一个月内全部迁徙②。这一做法，某种程度上造成村民对乡村社会历史记忆的淡化甚至缺失。除官方注重开发望厦地区外，民间社会与教会组织也参与其中，客观上促进了乡村社会向城市生活的融入。特别是各类工厂的开设，1882 年 5 月，华商梁亚乔获准在望厦帽围第 11 并 13 号屋开设爆竹厂③，1911 年 3 月 9 日，澳葡政府批准在望厦设立东兴火柴厂，且在香港设立办事处，分销火柴④。而天主教会在清末已于望厦创设义学，招收华人学童入读⑤。在殖民化和城市化的挤迫下，城北的乡村社会日益萎缩。以望厦村为例，1867 年 6 月 14 日，据澳门统计厅报告，澳门共有华人 71842 人，望厦村（华人区）8182 人⑥；1871 年，澳门总人口为 71730 人，望厦村减至 4785 人，龙田村仅有 735 人⑦。入民国后，以望厦为中心的乡村社会融入澳门城市规划的步伐加快。1918 年 8 月 9 日，澳门西政务厅出示晓谕，将望厦田街第 2、4、6、8、10、12、14、16、18、20、22、24 号及第 5、7、9、11、13、15、17、19 号等房屋买收拆毁，以待进一步总体规划⑧。同年，澳葡政府将普济

① 〔葡〕德立·龙巴（Denys Lombara）：《德·波瓦公爵在澳门：1867 年 2 月》，李长森译，《文化杂志》1995 年第 23 期。

② 厉式金：《香山县志续编》（卷十六）《纪事》，中山文献丛刊本。

③ 《澳门政府宪报》1882 年 5 月 6 日第 18 号。

④ 〔葡〕施白蒂（Beatriz Basto da Silva）：《澳门编年史：20 世纪（1900～1949）》，金国平译，澳门基金会，1999，第 52 页；陈大同：《香港商业录》，转引自李龙潜《关于影火镜和火柴的历史》，《华南研究资料中心通讯》1977 年第 8 期，第 1～3 页。

⑤ 《澳门政府宪报》1911 年 1 月 28 日第 4 号。

⑥ 澳门统计厅报告，关于管治区的中国籍人口，转引自古万年、戴敏丽《澳门及其人口演变 500 年（1500～2000）：人口、社会及经济探讨》（附表），澳门统计暨普查局，1998，第 45 页。

⑦ 1873 年政府宪报，总办公厅，省宪报第 76 页，转引自古万年、戴敏丽《澳门及其人口演变 500 年（1500～2000）：人口、社会及经济探讨》（附表），澳门统计暨普查局，1998，第 45 页。

⑧ 《澳门政府宪报》1918 年第 33 号，第 613 页。

禅院前新辟马路命名为美副将大马路[①]。1926年6月，因修建关闸附近的兵房，澳葡政府将附近龙田、望厦村民3000余人迁往青州[②]。1926年及1928年，澳葡政府两次在望厦举办工业展览会和慈善商业赛会[③]，以往的传统乡村一跃成为现代西式工商业展销中心。

四　结语

晚明时期，葡萄牙人筑城人为地造成澳门半岛内部的城乡之别，内外区别构成城界之分。然而，经济社会生活上的频繁接触，在澳葡人与华人逐渐冲破城界，相互交叉，为此后澳葡政府北拓提供了基础。广东政府纵容妥协，尤其是鸦片战争后，对外形势与中外力量对比陡转急下，澳葡政府转而强硬地向北拓展，打破城界隔阂，将北部乡村纳入城市化的总体框架之内。与此同时，与城市相匹配的社会组织、现代工厂、生活方式、思想观念悄然移植，乡村世界顷刻间发生翻天覆地的变化。与传统乡村解体不一样，澳门北部乡村自明中期以来已开始与澳城互动，较早地接触近现代西方文明，思想观念、宗教信仰、经济生活早已暗潮涌动，构成后来城市化进程的早期推力和思想基础。诚如澳门史家王文达慨叹："当年之望厦龙田，难辨雪泥鸿爪。今日之新桥塔石，只留风土雏形。"[④] 澳门城北乡村的治理形态及其变迁过程，是观察近代中国在殖民化、城市化背景下乡村解体并走向城乡融合的独特案例，唯需厘清不同时期的澳门概念与范围所指，方能进一步描摹城北乃至氹仔、路环等村落的行政治理形态及村民生活状况与文化取向，并提取在殖民化、城市化的背景下传统中国乡村的演变样态。

---

① 李鹏翥：《澳门古今》，三联书店，2001，第10、77～78页。

② 《（广州）民国日报》1926年6月22、29日。

③ 《拱北关民国十五年华洋贸易统计报告书》（1926年12月31日），载莫世祥等编译《近代拱北海关报告汇编（1887～1946）》，澳门基金会，1998，第362页。

④ 王文达：《澳门掌故·引言》，澳门教育出版社，1999，第1页。

The Salesian Educative Work in Macau 1906 – 1926: the "Escola de Artes e Oficios"

Michele Ferrero, Carlo Socol *

I Introduction

Three elements make the educative experience of the religious school in Macau called *Escola de Artes e Oficios*① significant for a contribution to the history of the city: 1) A successful mediation between races and cultures; 2) A creative and original pedagogical method; 3) The formation of honest Macau citizens willing to contribute to a harmonious urban setting.

The school was established and run by the *Salesians*, who are the members of a religious congregation within the Catholic Church. Founded by the Italian Saint John Bosco② in 1859, the Salesians③ (so called because their official name is "Society of Saint Francis de *Sales*") are devoted to the care and education of young people, especially the poor and those of the working class. Since 1860 Saint John Bosco expressed the desire to send his missionaries to China. His successor, Father Michele Rua, received an invitation to work in Macau and accepted as a

---

* Michele Fferrero（麦克雷）, professor of natinal Research Centre of Overseas Sinology, Beijing Foreign Studies University; Carlo Socol（苏国怡）, historian, specialized in the history of the Salesian activity in China.

① "无原罪工艺学校", 现时"澳门慈幼中学"。

② 圣若望·鲍思高。

③ "天主教慈幼会"。

practical realization of Saint John Bosco's dream to have Salesians working in China.

This article, based on the extensive researches of Carlo Socol, shows how the original educative method of the Salesians offered a limited but significant contribution to the history of Macau during the years 1906 – 1926. During these two decades both China and Portugal went through momentous social changes and the three elements I present deserve special attention, because today are perhaps taken for granted but during the first two decades of the XX century were innovative and courageous.

Ⅱ A mediation between races and cultures

The *Escola de Artes e Oficios* was born not as a school but as an orphanage. The Jesuit father Francesco Saverio Rondina (1827 – 1897), who was headmaster at the S. José Seminary in Macao from 1861 until his expulsion in 1871 for his role in denouncing the "coolie trade"①, is generally credited with being the person who first contacted the Salesians to enter the China mission ②. On 25 May 1899 the Apostolic Nuntio to Lisbon wrote to the then superior of the Salesians, Father Rua, on behalf of the bishop of Macao, D. José Manuel de Carvalho, requesting two or three "brothers" to run an orphanage and help boost conversions. The bishop had been appointed in 1897 and had taken possession of his see on 1st March 1898. The Salesians at the time did not have personnel for this enterprise and had to postpone accepting the invitation. D. João Paulino de Azevedo e Castro became bishop of Macau in 1904. He repeated the invitation to the Salesians. This time they accepted and arrived in Macau in 1906, led by Father

① Teixira M., *Macau e a sua Diocese*, 8, *Padres da Diocese de Macau*, Macau, 1972, pp. 262 – 8.

② Mellinato G., "Le prime missioni dei Salesiani e la 'Civiltà Cattolica'", in *Civiltà Cattolica*, 1992, Ⅳ, pp. 60 – 65. Rondina's obituary in *Civiltà Cattolica*, 1897, XⅥ/Ⅸ, pp. 46 – 47. Kirschner C. A., *Dom Bosco e a China*, *Macau*, 1970, pp. 86ff. Rassiga M., *Breve cenno storico sull' Opera Salesiana in Cina*, mimeogr., Aberdeen (HK), 1971, pp. 11ff.

Luigi Versiglia①. In 1910 Bishop de Azevedo e Castro decided to give them the former *Colégio da Perseverança*, situated in front of the church of *S. Lourenço* which the Canossian Sisters had occupied since 1904. The Canossians sisters moved to other premises and on September 1st, 1910 the Salesians entered the premises, which were known as *Casa das Dezasseis Colunas* because of the sixteen pillars that once adorned the front porch.

Figure 1 Casa das Dezasseis Colunas

The orphanage had a short life. In 1910 in Portugal a revolution took place, which deposed the monarchy and established the Portuguese Republic. Republican leaders began a strict anticlerical policy, to the point of openly persecuting the Catholic Church. As a consequence on October 8th, 1910 the revolutionary government in Lisbon decreed the dissolution of all Religious Orders and the expulsion of foreign religious from the national territories②.

① Luigi Versiglia (1873 – 1930) led the first group of Salesians into China. In 1920 became bishop of Shaozhou (韶州). Bishop Versiglia was killed in 1930 by a group of bandits, together with Fr Callisto Caravario. He was canonized by Pope John Paul Ⅱ in the year 2000.

② Text of the decree in A. H. De Oliveira Marques, *Afonso Costa*, Editora Arcadia, 1972, pp. 302 – 303.

The decree was published in Macau on November 19th, although public opinion in Macau was generally in favour of retaining Religious Orders engaged in education. Later a clarification from the government explained that in the colonies only the Jesuits would be affected. However a revolt of the naval troops triggered off an uprising by the armed forces, that among other things endangered the lives of the religious, whose expulsion the armed forces had demanded. On 29th November tension reached its peak. At the advice of the bishop and after having sent to some private homes the majority of the orphans and transferred the few remaining ones to the seminary, the Salesians left and sought refuge in Hong Kong, where they were fraternally received by the Milan Fathers.

From there they were planning to move to Mainland China rather than returning to Macau, but in 1911 the Republican Revolution took place in China. As they were waiting for the situation to stabilize, in 1912 the Salesians returned to Macau.

At the time the Salesians realized that there was a growing appreciation for trade and professional institutes, which the Chinese education system did not provide, while for the Salesians were part of their traditional activity. So they decided to re-open the orphanage as a school where they could teach a trade to the young Chinese people of Macau. The Salesians took over their former house on 14 September 1912. The *Boletim Eclesiástico* announced the opening of the *Orfanato* describing the re-opening and the new developments: "Após uns dois mezes de ferias reabriu em principios de dezembro este prestimoso instituto. Grande transformação ali se tem operado graças ao zelo intelligente dos seus habeis directores. O pessoal dirigente e ensinante é todo novo. Os mestres d'artes e officios são competentissimos, diplomados para o ensino, tendo um d' elles obtido medalhas de reconhecido merito em algumas exposições. Temos visto já algumas peças de trabalho d'alfaiataria e sapataria que nada deixam a desejar na perfeição e solidez. Alem das officinas d'alfaitaria, sapataria e typographia, funccionan as aulas de china, portuguez e inglez. A escola de S. Francisco Xavier, d'inglez para chinas externos, fica fazendo d'or'avante parte do

Orphanato. [...]"①

To support the enterprise Father Versiglia, the first superior of the school, solicited the departure of the Salesians assigned to Macao from Italy: there was a danger that seeing the empty premises the government might decide to convert them into army barracks. Among those sent were father Ignazio Canazei, 36; p. José Lucas da Silva, 24; lay brother Ottavio Fantini, 20, shoemaker and teacher of music and gymnastics; lay brother Luigi Viola, 28, tailor; and lay brother Josef Sturm, 20. Gaudenzio Rota was not among them: notwithstanding Versiglia's insistence, he had opted out. The group reached Macao on 6 December. 1912, almost unannounced②. One year later, on 3 December 1913, reinforcements arrived in the persons of father Giovanni Guarona, 24, lay brother Giuseppe Del Corno, 20, bookbinder, and lay brother Vincenzo Guglielmino, 19, printer.

One of the superiors of the Salesian work in China described the years 1906 – 1910 of the *Orfanato* as "the beginnings", the years 1912 – 1918 as a period of "growth", and the years 1918 – 1924 as a period of "development"③. That the period 1912 – 1918 was one of growth is evident from statistics. Larger new premises, a contract that allowed the Salesians to accept pupils in increasing numbers, substantial reinforcements of personnel from Europe, a new role for the reborn *Orfanato*-now part of a mission territory that extended beyond Macao-new attitudes and demands of the local population in tune with the social changes ushered in by the republican revolution, all these factors contributed to a rapid increase in pupils, who from 65 in 1912 steadily climbed to 170 in 1918 and to

① *Boletim do Governo Eclesiástico da Diocese de Macau*, 113 – 114 (November. – December. 1912) 94 – 95. Text quoted as in original.

② Letter of Versiglia to Gusmano Central Salesian Archive (ASC) A352, 09. 12. 1912. *Boletim do Governo Eclesiástico da Diocese de Macau*, 113 – 114 (November. – December. 1912) 94 – 95.

③ Canazei I., *Orfanotrofio Immacolata Concezione di Macau (China)*, *Monografia Storica*, in Archives of the Province, Hong Kong – Cina, 1925. Father Ignazio Canazei (1883 – 1946) arrived in 1912 and was assigned to Heung Shan. In 1923 he became the first Superior of the Visitatoria and in 1926 the first Provincial. The essay was printed-partly edited and minus some interesting statistics-in the series *Missioni Salesiane* edited by S. E. I. in 1925 under the title: *L'orfanotrofio di Macau etc.*, p. 24 footnote n. 109 above.

220 in 1924.

We have to keep in mind that after the Chinese revolution of 1911 also the population of Macau grew at an impressive speed, from 70000 of 1900 to 150000 of 1927, with all the problems connected with a rapid urbanization. Macau was still mainly a fishermen port, but the increase of factories was visible①. New buildings and new roads were built, the financial system changed with the introduction of the *pataca* in 1906, and from 1927 there was a greater economical development②.

Figure 2 The Old Building of the School

The *Boletim Eclesiástico* gave 70 boarders and 30 day boys as the number of pupils attending classes in the first few years. On 18th December. 1912 father Versiglia wrote to father Manassero, in Italy, thanking him for the confreres he had sent and announcing that the workshops were already functioning. The pupils had reached the number of 70. For the following year he was waiting for a typographer

① FEI Chengkang, *Macao 400 Years*, Shanghai, 1996, pp. 315 – 332.

② FEI Chengkang, *Macao 400 Years*, Shanghai, 1996, pp. 331 – 335.

and a bookbinder to give impulse to the printing department, which was already equipped with machines and types worth 20000 francs.

The new house could accommodate all these 70 – 80 boarders. With the help of an outstanding benefactor, Dr. António Simplicio Gomes, a new block was completed in 1916 to a typical "salesian"① design, with dormitories, workshops and a portico, thus increasing capacity to 130②. Two new Salesians arrived in 1911, both destined to the missions in inland China: father Bernardini and father Giovanni Pedrazzini. Both, however, would work extensively in Macao, especially Bernardini, who first was vice rector and later succeeded Versiglia as principal. In 1912 five more Salesians were sent, four of whom were destined to the newly reopened *Orfanato*. Three more arrived in 1913, thus bringing to eleven the number of confreres assigned to China. With four nominally attached to the Heung Shan (香山) mission, but two actually retaining jobs in Macao, the personnel working in the *Orfanato* reached a total of 9, of whom 4 were priests and 5 lay brothers③.

The bulk of the students were initially from Macao and 50 of them were assigned by the bishop. The majority of students were Catholic. A further increase was fuelled by poor children, mostly Catholics or catechumens, sent by the missionaries from the adjacent territory of Heung Shan (香山) and other missions under the jurisdiction of the bishop of Macao④.

The Salesian teachers were part of a group of missionaries who saw Macau as part of much bigger territory of work: China. Their vision urged them to a continual difficult mediation between the requirement of the Portuguese administration, that insisted for a "Westernization" of the curricula, and the Salesians' ideal of working for Chinese young people in China, fully immersed in Chinese culture. In those twenty years the school

---

① The style can be found in Salesian schools all over the world.

② Father Versiglia to Albera, 10. 01. 1915. ASC A351 Versiglia. On Gomes cfr. Kirschner C. A., *Dom Bosco e a China*, Macau, 1970, pp. 217, 222 – 223.

③ Father G. Pedrazzini (1884 – 1939) worked in Heung Shan (香山), in Macao-as assistant to the Economer (1926 – 28), Rector (28 – 31) and Catechist (31 – 32) – the USA and Hong Kong。

④ Versiglia L., *L'Orfanotrofio dell' Immacolata in Macao. Suo rifiorimento e suoi frutti*, (letter of Versiglia to Albera, 24. 10. 1914) in BS 38 (1914) 366.

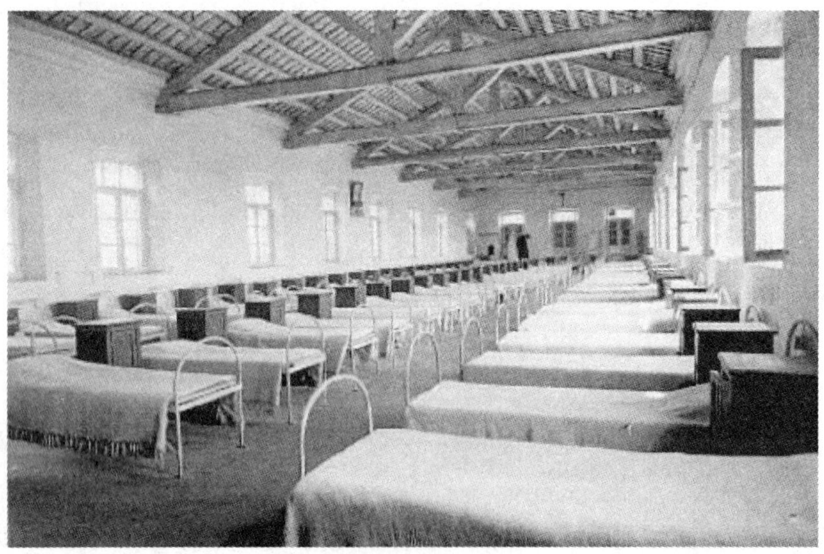

Figure 3 The Dormitory

strove to keep a balance between the mentality of the " superiority of the Western world " , still alive in Europe at the time , and the long historical awareness of all missionaries that China is an advanced civilization to be studied rather than to be taught .

Yet, like all missionaries before, the main challenge they met was the Chinese language. This was possibly the single most important element that conditioned the performance of individuals and system alike. In 1910 father Cogliolo noticed that religious instruction of the pupils was entrusted to two lay teachers instead of priests "due to the great difficulty of the Chinese language" . He further observed that the on-going formation of the priests was neglected, since their entire attention was absorbed by the study of the language, to which they still applied themselves, even four years after their arrival, for several hours a day under the guidance of a teacher, this being the sole means of rendering oneself useful to the mission.

Ⅲ A creative and original pedagogical methodology

The school promoted education as an instrument for mediation between races and cultures (Italian, Portuguese, Chinese) . The personnel in charge of the school were mostly from Italy, although the Portuguese government required to have some Portuguese among the staff①.

The *Orfanato/Escola de Artes e Oficios* offered an improved Chinese primary school curriculum and supplementary classes of a rudimentary level (*aulas*) in Portuguese language, history and geography, technical drawing with some notions of arithmetic and geometry, instrumental and vocal music and the type of choreographic gymnastics that was practiced in numerous Salesian colleges and oratories worldwide. A boy could be accepted between the age of 8 to 13. No previous formal education was required, but to access the courses to learn a trade the student should have attended at least two years of primary school②. Approximately half of the students were enrolled in the lower primary section: (9 – 12 year olds) and the other half in the higher primary section (12 year olds and above), reserved for those learning a trade③. In 1924 the students were 220.

Professional training included tailoring, shoemaking, printing and book binding, with carpentry being added in 1917. Each trade introduced Western design and technology, and made use of Western machinery, thus meeting market demands. Father Versiglia believed this was a small but significant

---

① The third principal was a Portuguese.

② *Resoconto Annuale delle Scuole Parofessionali Salesiane*, *Orfanato da Imaculada Conceição*, *Macau* (*China*), *dell' Ispettoria Subalpina*, *Anno scolastico 1918 – 1919 e Anno scolastico 1920 – 1921*, from the archives of the school Orfanato da Imaculada Conceição, Macau.

③ Macao not yet having an approved Chinese primary curriculum of its own, the system adopted at the *Orfanato* likely followed the one that had been introduced in China in 1903 – 1904. This was based on the Japanese model: five-year lower primary schools leading to four-year higher primary schools. Marbett I. W. , *Modern China. The Mirage of Modernity*, London, 1985, p. 170. In 1920 there were 125 pupils in the trade section, 5 in the commercial section, 75 in the (lower) primary section. By 1926 100 were in the lower primary, 90 in the trade section (30 printers, 3 bookbinders, 11 carpenters, 23 tailors, 23 shoemakers) . 40 were enrolled in the catechetical school. ASC F478 Macau. The commercial section opened in 1917. (See: *Orfanato da Imaculada Conceição. Relatório. Ano de 1919*, p. 5) . Versiglia mentions a weaving section and a small commercial school in 1914. See BS 38, footnote n. 141 above. What was previously called *Escola de S. Francisco Xavier*, i. e. English classes (*aulas*) for Chinese day boys, was appended to the *Orfanato* in 1912. *Boletim Do Governo Eclesiástico Da Diocese De Macau* 113 – 114 (November-December 1912) 95.

contribution to the "civilization of the country"①, a theme congenial to Portuguese Macao. Generally the programmes, even though not geared to the needs of an industrial society, did play an ancillary and mediating role in the gradual passage of local society from a culture totally based on traditional principles to one that was opening up to outside ideas and trends. More concretely, perhaps, to the extent that the trades were taught by qualified instructors, the classes did make an impact both on the pupils and on the market, as evidenced by the steadily growing turnover of the work handled by the main departments in those years.

Figure 4 The Workshops (in later years)

From 1924 a better organization was put in place. A student would attend a basic primary level until the age of 12, then was considered "ready to learn a trade"② .

① Versiglia L., *L'Orfanotrofio dell' Immacolata in Macao. Suo rifiorimento e suoi frutti*, in BS 38 (1914), p. 366.

② *Orfando da Imaculada Conceição. Cronaca (1912 – 1927)*, in Archive Salesian Province, Scatola Cronache, ISM, p. 185. Pedrazzini, G., Brevi Cenni Sull'origine, fime, vita dell'Orfanotrofio, typescript, Macao, 1929. 3. 31. To bring to 12 years of age the beginning of learning a job was according indications coming from the headquarter of, the Salesians in Torino. See *Le Scuole Professionali: programmi didattici e professionali*, Torino, 1910, p. 6.

The basic level followed the structure of education proposed by the Chinese government, although the contents of the lessons were different①. Between 1912 and 1922 the Republic of China had launched a reform of the school system, in order to offer to the students 6 years of primary education, divided into two periods of 3 years, and later on, of 4 and 2 years. Academic standards were further improved. The teaching of Portuguese was entrusted to "authentic Portuguese". Students' drop-out, which had always been a major problem and was ascribed to the inconstancy of Chinese students who often sought jobs before completing the required courses, was tackled.

A 10 step, 5 year system was introduced that required students to achieve a pass in 10 courses before receiving a skilled worker's Diploma. Theory and practice were more equally distributed: out of 9 daily classes 4 were given to academic subjects and 5 to the trade (2 of theory and 3 of practice). The system of financial incentives enabled graduates to accumulate a capital of 70, 80 or even 100 *patacas*. By 1924 the following had graduated and received a Diploma: 15 tailors, 14 shoemakers, 2 bookbinders, 7 typesetters, 7 printers and 1 carpenter②.

Better equipment was provided and the content of the trade syllabuses was broadened. A 12 horse power generator provided electricity to both the house and the workshops. The tailoring, shoemaking and printing departments churned out sophisticated products. Gross income reached an all-time high, with the printing department leading the way when it took on the printing of the eight page Catholic daily, *A Pátria*③. The carpentry department, which was set up in 1917 became fully operative by 1924. With the acceptance of the Vicariate of Shiu Chow the number of non-Christian students also tended to increase④. On 12 May 1925 the *Orfanato* received the visit of a delegation led by Hong Kong's Secretary for Chinese

① *Dati statistici e cronologici*, Macau 15. 2. 1930. ASC F478 Macau.

② Canazei I., *Orfanotrofio Immacolata Concezione di Macau (China)*, *Monografia Storica*, in Archives of the Province, Hong Kong – Cina, 1925. p. 14.

③ The first issue was *Cronistoria*, *1. 7. 1923*, p. 34.

④ Available statistics for Catholics/pagans: 125/126 for 1918, 155/40 for 1919, 170/50 for 1920, 150/170 for 1922. Mapas Estatisticos da Diocese de Macau 1917 – 1923. Arq. Dioc. Macau.

Affairs. One month earlier father Canazei had visited Hong Kong to start discussions on the project of setting up an Industrial School in the British colony. The visitors inspected the institution systematically, were quite impressed by what they saw and left convinced that they had gained the knowledge they needed to assist them in the establishment of an Industrial School in Stanley Bay, Hong Kong. The news was carried by seven Chinese and English language newspapers①.

Figure 5 A School Picture (1947)

Each six months was considered a level. After ten degrees (five years) the student received a diploma of "skilled worker" . Every day there were 9 hours of classes: 3 for languages, sciences and religious topics; and 3 for practical training, technical design and theory of work. The timetable was as follows: 06:00 rising, 06:30 church, 07:00 school, 09:00 breakfast, 09:30 school or workshop, 12:00 lunch and rest, 13:30 school or laboratory, 16:30 bread and tea, 17:00

① . *Orfando da Imaculada Conceição. Cronaca (1912 - 1927)*, pp. 19 - 20; *Cronistoria*, p. 37 in Archive Salesian Provice, Scatola Cronache, ISM. Both carry transcriptions of an article published by the *Daily Press* of Hong Kong on 16. 5. 1925. The Salesians entered Hong Kong in 1927. The Industrial School was eventually set up in Aberdeen in 1934.

study, 19:00 supper and rest, 20:00 prayers and study, 21:00 rest①.

A larger student body and increased personnel gave the Salesians the opportunity for a more profitable application of the educative system of Don Bosco, including sacred functions, altar boys association, daily catechism explained by the older missionaries who better mastered the language, excursions and pilgrimages, celebrations and entertainments, a brass band known far and wide and a gymnastics team unrivalled in the region. The *Escola de Artes e Oficios* offered a special style of teaching, with an original educative program and a creative pedagogical methodology. In fact the personnel involved in the enterprise spontaneously used an original method of education called "Preventive System" . They all knew it, from the principal to the workshop assistant, not because of particular academic studies, but because they had learned it by personal experience.

The *Preventive System* was a successful educative system based on a relation between teachers and students centered on something very important in the life of young people but also often completely absent in school's programs: "love" . This was the originality of the work of the Salesians, in Macau as all over the world.

Figure 6 Saint John Bosco

① *Resoconto Annuale 1920 – 1921.*

In 1884 someone asked father John Bosco to write down his "secret" in education. He replied: "On a number of occasions I been have asked to express, verbally or in writing, a few thoughts concerning the so - called *Preventive System* which we are accustomed to use in our houses. Until now I have not been able to comply with this wish for lack of time, but since at the present moment we are preparing to print the regulations which now have been observed as it were by tradition, I have thought fit to give here an outline of it, which however will serve as a sketch for a small work which I am preparing, if God will give me life enough to be able to complete it. I do this solely to help in the difficult art of the education of the young. Therefore I will say: in what the Preventive System consists, and why it should be preferred; its practical application, and its advantages. [...]

Through the ages there have been two systems used in the education of the young: preventive and repressive. The repressive approach consists in making the law known to the students and then supervising them in order to detect transgressions, inflicting, wherever necessary, the merited punishment. Using this system the words and the appearance of the Superior must always be severe, and somewhat menacing, and he himself must avoid all friendly relationships with his dependants. To give greater weight to his authority, the Director would need to be seen but rarely among his subjects, and generally speaking only when it was a question of punishing or threatening. This system is easy, less demanding and is especially useful in the army and among adult and sensible people who ought of themselves to know and remember what is according to the law and other regulations. Quite otherwise, I would say its very opposite, is the *preventive system*. It consists in making known the rules and regulations of an Institute, and then supervising in such a way that the students are always under the vigilant eye of the Director and the assistants, who like loving fathers will converse with them, act as guides in every event, counsel them and lovingly correct them, which is as much as to say, will put the students into a situation where they cannot do wrong. This system is all based on reason, religion and loving - kindness. Because of this it excludes every violent punishment, and tries to do without even mild punishments"①. This text summarizes the style and the method of all Salesians all over the world, including Macau.

Ⅳ The formation of honest citizens willing to contribute to a harmonious urban setting

It is difficult to find specific statistics, but according to some research by mid 20's Macau had a significant number of shoemakers, tailors, printers and type-setters who had been students of the *Escola de Artes e Oficios.* The school was involved also in social initiatives aimed at finding employment for their students and at forming them to serve the good of the society. Catholic schools traditionally are institutions that promote respect for the authorities, service to the society, hard-work and moral correctness.

Records and statistics of students who graduated from the *Escola de Artes e Oficios* and eventually found employment were not properly kept, and whatever figures have come down to us are not always reliable. In 1911 the *Boletim Eclesiástico*, referring to a report submitted by Versiglia, mentioned 17 students who by 1911 had found employment - 6 printers, 6 tailors, 5 shoemakers, not all of whom had completed the course and only a few of whom had obtained a "diploma d'habilitação para mestres dos respectivos oficios", a record no other institution in the colony could match. Besides, requests for qualified printers kept coming from Hong Kong newspapers②.

The 1919 *Relatório* mentions 42 pupils who had achieved sufficient proficiency in the Portuguese language to be employed by the Macao government with a monthly salary averaging 35 *patacas.* Others had found employment as musicians, teachers of gymnastics and draughtsmen in Macao and in other colonies, including

① Critical edition: p. BRAIDO - TRANSLATION & NOTES: p. LAWS. The translation is based on Braido's "Document R", which contains later refinements to the text, and which was printed together with the *Regulations for The Houses of the society of St Francis of Sales*, in 1877. For a comparison between the Preventive System and the Confucian tradition see also Michele Ferrero, "Education, virtue and the city. Aristotle, Confucius, Don Bosco. Alternatives to repressive systems", in Ferrero M. - Spataro R. ed., *Tuo padre ed io ti cercavamo*, Latin Patriarchate Printing Press, Jerusalem, 2007.

② *Boletim Do Governo Eclesiástico Da Diocese De Macau* 101 - 102 (November. - December. 1911) 111.

Hong Kong①. In 1924 the Past Pupils Association already had 60 members, the majority of whom had found employment in two shops (shoemaking and tailoring) set up by two of the more enterprising among them. As one Salesian said: "it is a pleasure going to Macau to enter into workshops and see how many former students are there. "②

The Salesians working in the school saw their mission as part of the "China" mission. Yet some section of the Macau society was worried that the school might create a body of young Chinese students ready to take the arms against the Portuguese control. There were a few episodes of tension with some representative of a more pro – Portuguese stance in education.

Between May and June 1922 there was a strike of the typographers at the newspaper *O Liberal*, followed by a general strike in the city of Chinese workers caused by racial discrimination. In the newspaper the promoter of the strike has been a student of the Salesians, recommended by Father Lucas. On the occasion of the general strike, however, the former students were forced to join the boycott against Portuguese. Behind these social conflicts there were racial and anti – colonial tensions③.

① *Orfanato da Imaculada Conceição. Relatório. Anode 1919*, p. 6. The same information is repeated in Canazei, I. , *Orfanotrofio Immacolata Concezione di Macau* (*China*) . *Monografia Storica*, in Archive Salesian Province, 1925, p. 11. The figure given for government employees, however, is 50: same source updated to 1924.

② "Fa veramente piacere, andando per Macau, entrare in queste botteghe e vederle popolate di exallievi salesiani" . *Orfanato da Imaculada Conceição. Relatório. Anode 1919*, p. 14.

③ During the protests of May 1st, 1922 some typographers, led by Agostinho Choi Si – va, former student pf the *Orfanato* and recommended by father Lucas, asked the director of the newspaper for a raise in salary, threatening a strike. The newspaper did not yield and employed two new typographers. *O Liberal*, a. IV, ser. 3, n. 36 (7. 5. 1922) p. 3; O Liberal, a. IV, ser. 3, n. 40 (6. 6. 1922) p. 1. L' azione sindacale fu limitata, ma la situazione rimase instabile. Vi furono minaccie di scioperia Hong Kong. O Liberal, a. IV, ser. 3, n. 38 (21. 5. 1922) p. 3. On May 28 there were more violence, perhaps caused by a soldier from Mozambique and the reaction of the Chinese population. There were 40 dead, a general strike, a large movement of Chinese population out of Macau and the call to arms of the Portuguese. All associations were dismantled. O Liberal, a. IV, ser. 3, e suppl. 02. 06 al n. 39 (28. 05. 1922); n. 41 (11. 6. 1922) p. 3. *Orfando da Zmaculada Conceição. Cronaca* (*1912 – 1927*), *in* Archive Salesian Province, Scatola Cronache, Ism, pp. 134 – 135. One of the former students of the Salesians, Leonardo Ku Va, was dismissed by *Imprensa Nacional* because he had joined the strike. He was then re – employed once was acknowledged that he had received threats from other strikers. AHM/AC, pp. 08703, 08704, 08873.

In 1924 a team of students from the Salesians school went for a visit into Mainland China, to Shekki, for a competition between musical bands. They had especially trained to march and to perform with a coordination that resembled a military style. On January 4, 1924, the newspaper *O Liberal* published an article by the title " *Os novos soldados chineses*" . In the article it is lamented that the students were doing gymnastics exercises that look like military maneuvers, holding a flag that was not Portuguese and had Chinese characters on it. The newspaper said: "Ha dias sairam para a rua os reverendos salesianos com a sua numerosa garotada, levando na sua frente uma bandeira, que, comquanto não seja a bandeira nacional chinesa, poderá todavia servir de pretexto para os alunos desses muitos colegios chineses que ahi ha e onde se ministra aos alunos instrução militar, continuarem a exibir – se pelas ruas da cidade, fardados e levando tambem na frente as respectivas bandeiras com dizeres alusivos em caracteres sinicos. "

Figure 7 Gymnastics in the Salesian School of Macau

The newspaper saw in the Salesian school the danger that the Chinese students might learn to handle weapons and receive a military training, together with a brain-washing of anti-Portuguese ideas. In case of a revolution, these young people would stand with China or with Portugal? This was unacceptable in a school supported by the Portuguese government. Would have been better, the newspapaer said, to give the money to the school of the *Seminario de S. José*, the school run by the Catholic diocese, where at least the students were Portuguese "onde, pelo menos, se educam e se instruem portugueses"① .

On the diary of the school the principal described the article as "silly, empty, full of calumnies" ("stupido e insulso... pieno di calunnie"②) . The same principal, father Bernardini, wrote to the newspaper explaining that the marching was part of the performance of the band, made up of 22 students, and the "Chinese flag" they were holding was simply the pennant they had won as a price for their music. The Chinese characters were not an invitation to revolution but said: "to the best music." He also explained that the school was teaching gymnastics and marching and these were different things than military training. He added that the school taught its students to love the country from which they receive so many benefits

The director of the newspaper Constancio José da Silva, replied that the training was very similar to the one of the Central Military school; that the country mentioned by father Bernardini was actually Italy and that out of four type - setting workers of the newspaper who last year went on strike, two were former students of the Salesian school③. Da Silva quoted the witness of A-Kit, a typographer from the newspaper who studied in the school to say they have proof that the school was using fake shotguns during the classes of physical education④.

On January 14th *O Liberal* had another article with the title "Ainda os revdos. salesianos" in which the newspaper insisted that not only the Salesians did not stop their "military training" ("evoluções propriamente militares"), forgetting that some of the Chinese population was hostile to the Portuguese, but also that as religious they should cherish the truth and not deny it ⑤. The

---

① "Ha dias sairam para a rua os reverendos salesianos com a sua numerosa garotada, levando na sua frente uma bandeira, que, comquanto não seja a bandeira nacional chinesa, poderá todavia servir de pretexto para os alunos desses muitos colegios chineses que ahi ha e onde se ministra aos alunos instrução militar, continuarem a exibir - se pelas ruas da cidade, fardados e levando tambem na frente as respectivas bandeiras com dizeres alusivos em caracteres sinicos" . *O Liberal*, a. Ⅳ, ser. 3, n. 97 (4. 1. 1923), p. 2.

② *Orfanato da Imaculada Conceição. Cronaca* 1912 - 1927 AIC, Macao 1, p. 149.

③ *Uma resposta curiosa*, in *O Liberal*, a. Ⅳ, ser. 3, n. 98 (7. 1. 1923), p. 3.

④ *O Liberal*, a. Ⅳ, ser. 3, n. 100 (14. 1. 1923), p. 2. AHM/AC P - 8857.

⑤ *O Liberal*, a. Ⅳ, ser. 3, n. 100 (14. 1. 1923), p. 2. AHM/AC P - 8857.

newspaper added one more article, with the title "Quem falseia verdade?" in which four more former students confirmed that during the gymnastic classes they were using fake shotguns and were doing military-style exercises①. Father Bernardini did not reply further.

In defense of the Salesians, in 1924 the Catholic weekly *A Patria*, in an article to celebrate 50 years of Salesian missions in the world, spoke very favorable of their work, stressing that although they were mostly Italian the education was surely "Portuguese" ("acentuadamente portuguesa") . Mentioning again the 1922 strike the article noticed that on that occasion only one of the former students of the Salesians had joined the strike②.

To promote strikes is not part of the Salesian tradition, but to promote associations of young workers is. The mission of the Salesians, since the time of his founder John Bosco, has been to educate the working class according to the ideal of "good Christian and honest citizen" . One of the traditional ways employed by the Salesians to help the former students enter peacefully into society was the "Association of the past - pupils of the Salesians" . The branch of Macau was called *Sociedade Anonima Cooperativa Ex-Alunos Salesianos*, (S. A. C. E. A. S.) and was started by Father Bernardini. The legal centre was at n. 32 of Rua Central, 200 meters from the *Orfanato*, in a house known later as "Casa Saceas", where various workshops of past pupils were housed③.

These kinds of associations were new in Macau and did not require a formal registration nor a licence④. First president was the association was an Italian, Mr Elisio Gualdi, from Torino, music teacher at the *Orfanato*. Among the members

---

① *O. Liberal*, a. Ⅳ, ser. 3, n. 103 (25. 1. 1923), p. 2.

② Aliquis [José da Costa Nunes], *Impressões da minha recente visita a Macau*, in *A Patria*, a. 2, n. 71 (8. 11. 1924), p. 5. The article was reprinted in the Salesian Bulletin of Portugal in March - April 1925, pp. 42 - 44. About Costa Nunes and his other name see also: T. Bettencourt Cardoso, *Textos do Cardeal Costa Nunes: I, Estudiante Jornalista*, cur. Macau, 1999, p. 203.

③ Oral testimony of father Mario Acquistapace (1906 - 2002) . He was a teacher in Macau in 1926 and 1927. Returned to Macau as teacher in 1931 and from 1936 to 1946 was the principal of the school.

④ In 1924 some government officials of Macau had began to organize a cooperative. *A Patria*, a. Ⅲ, n. 144 (23. 12. 1925), p. 1.

was another Italian, Carlo Resio, teacher of tailoring[①]. According to three witnesses[②]. many shops of tailors in Macau were run by former students of the Salesians[③].

As a conclusion can be said that in those 20 years (1906 – 1926) one of the great contributions of the school to society was not only to instruct the students in an atmosphere of love, racial tolerance but also to accompany them after graduation, once they were workers, inspiring them to the Salesians ideals of social harmony, acceptance of differences, non – violence, honesty and respect for the authorities.

Appendix 1

Figure 1 The First Three Principals

① Carlo Vincenzo Resio arrived in Macau in 1923 as head teacher of tailors. Elisio Gualdi arrived in October 1923 as teacher of music. *Cronaca* pp. 167, 171.

② Mr Marco Ho Man – shang, student of 1927; Mr. Mathias Ng Chi – ming (1910 –), student from 1922 to 1928; Mr. Domingos Cheong, student from 1941 to 1946, worked many years at the *Alfaiataria João* of Mr. Tse Po – lam, former student in the ' 20s.

③ See *Appendix*.

Appendix 2

Table 1 Tailor shop run by former students of the Salesians:

Name of the shop	*Address*	*Name of the owner*
1. Sang Chong Vo	Rua Central 32	U Chi
2. Tak Hing	Rua Central 55	Fong Seng
3. Veng Li	Rua Central 15	Ip T'ong
4. Ambrosio	Rua Central 65	Ambrosio Ung
5. Mak Hon	Av. da Almeida Ribeiro 5	Mak Hon
6. Hue Heng	Rua de S. Lourenço 48	Lau Pui
7. Veng Seng	Av. da Almeida Ribeiro 72	Ah Kam
8. Ue Heng	Rua Central 32	Lam Ue
9. Tak Long	Rua de S. Domingos 14	Fan Long Va
10. Hap Heng	Travessa dos Anjos 27	Ip Chong

Table 2 Tailor shop perhaps run by former students of the Salesians:

1. Cheong Ki	Rua Central 67	Iu Hing
2. Cheong Seng	Rua Central 21	Ah Ho
3. Si Heng	Rua Central 69	Tang Fong
4. Sang Hi Hang Ki	Rua Central 43	Si Hông

Table 3 Tailor shops not run by former students of the Salesians but that employed former students

1. Kau Ki	Av. da Almeida Ribeiro 5	Chan Kau

Mister Chan Kau was an overseas Chinese from Vietnam. He used to employ only personnel who had studied in the laboratories of the *Orfanato*.

Table 4 Others

1. Lei Chong	Rua da Palha 14	Lei Chong
2. Vong Ki	Rua da Palha 17	Choi Lin Fong
3. Yuen Hang	Rua Central 27	Yuen Hang
4. Tak Lei	Rua da Palha 9	Cheang Pou Ki

1862～1885年澳门公共卫生建设研究

吴玉娴*

1847年亚马留政府上台以后开始在澳门强行推行管治统治，当时的澳门社会两极分化严重，瘟疫频发，这一切使澳葡政府不得不将城市公共卫生建设提上日程。近代以前，西方认为疾病代表了最深重的罪，为社会所唾弃与不容。细菌这个词最初由德国科学家艾伦伯格（Christian Gottfried Ehrenberg）于1828年提出。此后，人类才逐渐将疾病与细菌相联系。麻风病在1874年杆菌被发现之前，一直被欧洲主流医学认为是遗传病而非传染病[①]。19世纪中期，英国连续多次爆发霍乱，每次都有成千上万人死亡，引起人们极度恐惧，政府的调查指出：污秽肮脏的环境，污水、瘴气臭气、排泄物、垃圾等是造成疾病蔓延的主因。英国于1848年通过了《公共卫生法》，这是第一个以公共卫生为名制定的法规[②]。自此，英国社会的公共卫生运动进行得如火如荼。

一　公共卫生论、疾病酵素论与瘟疫

疾病与卫生产生关系，是近代才开始的。在此之前，西方认为疾病代表深重的罪，是上帝对人类的惩罚。英国《公共卫生法》颁布后，“环境卫生

* 吴玉娴，澳门大学历史系博士候选人。

① M. Worboys, *Spreading Germs Disease Theories and Medical Practice in Britain, 1865 - 1900*, Cambridge University Press, 2000, p. 42.

② Pelling Maegaret, *Cholera, Fever, and English Medicine*, Oxford: Oxford University Press, 1978, pp. 113 - 145.

造成瘟疫的产生”这种公共卫生思想才成为当时世界医疗卫生的主流思想。

在19世纪还没有发明抗生素和补液疗法以前，当时欧洲的医生习惯用两大传统疗法，即放血术和清泻疗法。在霍乱第三次大流行时，英国医生约翰·斯诺（John Snow，1813－1858），以著名的“斯诺调查”确认了霍乱的传染与水源污染有关系。霍乱期间的一系列病原流行病学的调查，使欧洲国家，特别是在英国，在饮水的供应和污水处理等有关问题非常重视，在英国开展了清洁水源运动，并由此开创了“公共卫生学”这一医学门类。英国的公共卫生思想在当时席卷欧洲，传播至世界，澳门的公共卫生建设也在葡萄牙殖民宗主国的影响下接受了英国公共卫生思想，以其为指导思想。

“19世纪英国公共卫生运动认为，腐败的物质会散发出毒素，人类吸入漂浮空气中的毒素就会罹患热病。19世纪中叶，德国化学家莱比（Justus von Leibig）进一步发展这套疾病理论，宣称发酵和腐败其实是类似的化学过程，吸入能够触发腐败过程的微小粒子会引起热病。英国重要的公共卫生运动推动者与统计学家威廉·法尔（William Farr）接受莱比的疾病理论并加以推衍，认为热病就是体内发生类似发酵的反应（Zymosis），每种疾病都是特定‘酵原’引发的特定反应（Zymosis）。因此公共卫生就需要着重废物清运，建立污水下水道系统和粪便处理设施，不要让污水粪便在人群附近堆积、腐败、散发酵原。”① 这种理论对澳门的公共卫生建设有非常大的影响力，1883年澳门城市物质改善委员会撰写的《城市物质改善报告》中提出：

> 众所周知，非常多疾病的传播是由呼吸无数的微生物而引起的，这些微生物在人类粪便及其周围的空气中繁殖和扩散。更有甚者，粪便在通风处进行发酵，吸收氧气后几乎无需发生氧化现象直接形成有机物，

① 李尚仁：《健康的道德经济——德贞论中国人的生活习惯和卫生》，载李尚仁主编《帝国与现代医学》，中华书局，2012，第242页。关于莱比、法尔以及疾病酵素说，参见 John M. Eyler, *Victorian Social Medicine: The Ideas and Methods of William Darr*, Baltimore: John Hopkins University Press, 1979, pp. 97－122; Margrate Pelling, *Cholera, Fever and English Medicine*, 1825－1826, Oxford : Oxford University Press, 1978, pp. 81－145。关于疾病酵素说和水肥处理方式的公共卫生争议，参见 Christopher Hamlin, “Providence and Putrefaction : Victorian Sanitarians and the Natural Theology of Health and Disease”, *Victorian Studies*, 28.3, 1985, pp. 381－411。

> 最终的生成物是水和碳酸。相反，如果氧气缺乏或者不足，他就和碳、氢反应形成碳氢化合物，这些碳氢化合物几乎都是有毒物质①。

澳门卫生局局长卢西奥（Lucio Augusto da Silva）还发挥了这种疾病酵素理论，认为中国长期生活在臭气环境中却不致生病是因为烟花具有杀菌作用，能够减缓疾病的产生。

> 经证实，中国人的节俭，盛夏季节每日清洁自身的习惯，节庆、结算以及婚庆时昼夜燃放烟花而产生长时间的杀菌效果，等等，这些都能有效减缓导致疾病产生的原因。在这种环境下，又有了这些习俗，中国人皮肤的感受性变低，缓解并减弱了对脏污流动空气和腐败瘴气的吸收；因此，中国人在这种导致污物沉积的污瘴环境下出生生长，已经习惯并适应了这个环境②。

这种疾病酵素理论就可以理解为什么葡人对华人的市场、屠宰场等场所如此厌恶，并将其作为整治重点，最主要的原因就是认为臭味会导致疾病。但是“疾病酵素理论”又不能解释街市大部分的中国人在这样的环境下仍能健康地成长，因此澳门卫生局局长将该理论发挥成了“烟花杀菌论”。

澳门自明代开埠以来作为中西文化交流的窗口，一直都是疾病频发地。麻风、鼠疫、霍乱、结核、麻疹、天花层出不穷。1650 年，华人鼠疫蔓延至澳门，导致数千人死亡③。根据耶稣会年报记录，由于广州大屠杀④的影响，1652 年广东地区多处发生瘟疫，澳门城也被波及，约有 2 万人死于这场瘟疫⑤。1847 年，亚马留在澳门开始强行推行管治统治，将原来澳门半岛

---

① “Relatório A commissao encarregadade estudar os melhoramentos materiaes da cidade de Macau”, *Boletim da Provincia de Macan e Timer*, No. 1, 5 de Janeiro de Anno 1884，田渝译，《澳门近代城市法规条例汇编》，未刊稿。

② “Dr. Lucio Augusto Da Silva, Repartição de Saúde Série de 1883”（《1883 年公共卫生报告》），*Boletim da Provincia de Macan e Timer*, No. 20, 19 de Maio de Anno 1883。

③ Manuel Teixeira, *Macau no Séc* XⅦ, p. 90.

④ 1646 年，隆武帝之弟唐王在广州成立南明政权，这里所指的广州大屠杀应该于清军南下消灭绍武政权有关。

⑤ 阿马罗（Ana Maria Amaro）：《澳门医学：名医、药房、流行病及医务治疗》，《澳门史新编》（第 3 册），第 1004 页。

北部的华人居住区强行纳入统治。澳门的公共卫生问题就成为横在澳葡政府面前的一大难题。

1850 年，澳门爆发了一次小型的霍乱，但这次霍乱使得澳葡政府再一次意识到要解决瘟疫问题就必须首先解决公共卫生的问题。1850 年 5 月 2 日，官也总督乘坐葡萄牙战舰“若奥一世”来澳，7 月 5 日，官也总督感染霍乱，8 小时后逝世，在位仅 2 个月①。当时在澳门负责记录肠胃炎疾病的海外省医生详细记录了官也总督感染霍乱的症状。这次澳葡政府的巨大变故使得居澳葡人再一次意识到了澳门的公共卫生问题已经影响到了澳门社会的安定，推行管治统治的第一步就是要促使中国人改掉这个“根深蒂固的不卫生的习惯”。

1844 年，澳门卫生局成立，开始的十几年工作成效并不明显，直到 1857 年，卢西奥·施利华（Lúcio Augusto da Silva）被任命为澳门卫生局局长，澳门的公共卫生工作才开始风生水起。卢西奥局长上任以后，与葡萄牙的卫生局总部联系密切，先后向上呈报了多份关于澳门卫生的报告，汇报澳门的卫生状况，其中最为著名的就是《关于 1862 年澳门流行性霍乱的报告》《1870 年澳门公共卫生报告》这两份报告。

以《关于 1862 年澳门流行性霍乱的报告》为例，可以看到作者花费了大量的篇幅（第一部分、第二部分）描述澳门地理、社会卫生环境，并且提出“根据上述情况我们可以总结出，澳门不仅由很多很多人都认识到的不卫生的元素，还有许多早应该被销毁的元素，就是因为这样，这里才经常爆发各种流行病”②。这样的字眼并不罕见，在其他的报告、条例中屡有出现。“这两个地方是城市内已经形成的传染病发源地、道路狭窄、房屋破败，其卫生和治安完全无法达标，……拆除陋舍，清楚成对的垃圾，消除永久传染源，除此之外别无他法。”③ “华人街区的小街巷有传染源。”④ 从这份澳门最早的瘟疫报告中可以看到，作者认为，环境的不卫生是发生瘟疫的

① *Chinese Repository*, Vol. 19, No. 7, p. 404.

② Dr. Lucio Augusto Da Silva, *Relatorio sobre a Epodemia de Cholera Morbus em Macau no anno de 1862*, Macau: Typographia Mercantil, 1883, p. 6.

③ “Secretaria geral do governo da provincial de Macau e Timor”, *Secratariaqeral do Governo da Provincia de Macan e Timer*, No. 28, 15 de Julho de Anno 1882.

④ Dr. Lucio Augusto Da Silva, “Relatorio acerca do saude de Macau respectivo ao anno de 1870”, *Boletins Oficiais de Tomor*, 1875, No. 14, pp. 64－65.

主要原因，而公共卫生是解决瘟疫问题之根本。

因此，在英国公共卫生思想、疾病酵素论的等进步科学思潮的影响下，澳门瘟疫频发的促动下，澳门也掀起了轰轰烈烈的公共卫生建设。

二 澳门社会的“不卫生”因素

西方人来到澳门，对于澳门华人的不卫生向来是不吝词句的。一位法国攻读历史和地理的师范大学的学生维沃勒尔斯（G. Weulersse）获旅行奖学金来到澳门，并在他的著作《古老中国及其资料》当中记录了当时他所见到的澳门情况：“由于葡萄牙人的管理不善，这座遗迹被中国人的肮脏糟蹋了。”[①]在澳门政府的官方报告当中，也存在大量描写华人不卫生状况的字句。总体看来，澳葡政府记录下来的“华人的不卫生”主要分为四个方面：

（1）房屋的不卫生。“中国城区的街道很狭窄，房屋矮小，黑暗，潮湿，很多还很肮脏，人和家畜同住，他们和动物感情还很好。但是葡萄牙人以及其他欧洲人住的地区路面会更宽阔一些，有面积更大的别墅，干净而整洁，很多还伴有花园和菜园。”[②]根据1862年的报告，华人的居住环境与当地葡萄牙人及欧洲人的有天壤之别，华人居住区的街道狭窄，房屋黑暗潮湿狭小，在同一个社会，葡萄牙人和欧洲人的住所则好得多，不仅干净整洁，而且还伴有花园和菜园。这种两极分化的居住环境使得华人的居住卫生问题也显得格外突出。

（2）街道的不卫生。“城市内也和外面一样有很多污秽，很多烂木头在腐烂，以及其他老旧而被广泛接受并计划合法化的习俗导致的不卫生。”[③]“1870年澳门没有有利于公共卫生的因素。广场和主要街道没有定期的冲洗，每当干燥季节是尘土飞扬，影响非常不好。”[④]总体看来，华人街道、

① 布朗科（Fernando Castelo Branco）：《19世纪最后一年的澳门》，《文化杂志》1997年第32期。

② Dr. Lucio Augusto Da Silva, *Relatorio sobre a Epodemia de Cholera Morbus em Macau no anno de 1862*, Macau: Typographia Mercantil, 1883, p. 12.

③ Dr. Lucio Augusto Da Silva, *Relatorio sobre a Epodemia de Cholera Morbus em Macau no anno de 1862*, Macau: Typographia Mercantil, 1883, p. 32.

④ Dr. Lucio Augusto Da Silva, “Relatorio acerca do saude de Macau respectivo ao anno de 1870”, *Boletins Oficiais de Tomor*, 1875, No. 14, pp. 64-65.

华人的居住区街道狭窄，公共场所垃圾乱堆，同时由于部分街道是土质的，天气潮湿就泥泞不堪，天气干燥就尘土飞扬。其实这些不卫生因素都是因为缺乏合理的规划和管理。澳门统计司司长曼努埃尔·桑帕约（Manuel Sapas）在 1867 年做澳门街道统计时，惊诧的发现："不得不提的是，我征得居民的同意进入他们的房屋，考察他们的后门，结果发现一些公共街巷的唯一入口竟然在一些私人房屋里面。"这说明当时的澳门城市街道完全没有规划可言。

（3）市场的不卫生。"有一小段大海的支流流入岛内，穿过筷子基居民区，那里正在卫生情况最差的地区。类似的情况同样发生在整个西环，尤其是柴船尾地区（桔仔）。牲畜屠宰场，肉铺、水产铺，蔬菜店以及集市区，都是情况很差的地区。"[①]"卖蔬菜、鱼、水果等物品的小贩在禁止时间内仍在许多街道摆摊。肮脏的水坑随处可见。运送人类粪便的车辆每天穿运于大街小巷。"[②]"由黑暗狭小的房子围起来的瓦棚，就是卖鱼卖肉的场所，这里也是养猪和杀猪的场所，每天 30～35 头猪在这里被宰杀。这里散发出令人难以忍受的臭味，散落在地上的动物和家禽的皮毛多日不清理。"[③]"圣母玫瑰堂对面的入口旁边添加了一个肮脏的厕所。市场里原来有一个就屠宰场，因为卫生条件不合格，1864 年被迁到河边的沙栏仔，现在仍然存在。我不知道为什么。但事实是城市的消费在这里，而没有屠宰场是不行的。"[④]市场问题是在各份报告中最为突出的，居澳葡人既需要华人为其提供生存资料，但是又难以接受肮脏的市场环境。因此，市场问题也成了城市公共卫生治理的重中之重。

（4）食品的不卫生。"澳门的贸易活动很丰富，粮食来自于临近岛屿，因为澳门半岛这块土地很小，仅产出一些蔬菜和很少的可供食用的家禽。猪肉很差，说到牛肉，距离澳门 76 英里的黄埔和 88 英里的广东以及香港的牛肉都

---

① Dr. Lucio Augusto Da Silva, *Relatorio sobre a Epodemia de Cholera Morbus em Macau no anno de 1862*, Macau: Typographia Mercantil, 1883, p. 16.

② *Dr. Lucio Augusto Da Silva*, "Relatorio acerca do saude de Macau respectivo ao anno de 1870", *Boletins Oficiais de Tomor*, 1875, No. 14, pp. 64－65.

③ *Dr. Lucio Augusto Da Silva*, "Relatorio acerca do saude de Macau respectivo ao anno de 1870", *Boletins Oficiais de Tomor*, 1875, No. 14, pp. 64－65.

④ *Dr. Lucio Augusto Da Silva*, "Relatorio acerca do saude de Macau respectivo ao anno de 1870", *Boletins Oficiais de Tomor*, 1875, No. 14, pp. 64－65.

还不错，只有澳门的极差，以上的情况，因为澳门的肉类中国商贩只注重自己的利益，这里也没有相关的监督系统。”① 因为市场缺乏监管，并且唯利是图，供应的食品存在问题。原来食品安全问问题100多年前就在澳门出现了。

（5）下水道的不卫生。“在筷子基、新桥和沙冈居民区对面的海岸在落潮时会露出一大片泥泞肮脏泛着恶臭的低地。在这种情况下，通达 Sakong 湿地的 Sankiu 运河全程都暴露在外部，往河床里流出大量上游居民和停驻附近的渔民制造的垃圾和污物。这三处的居民区的一部分被这两处巨大的病灶包围着。”② “在澳门半岛的另一边的南湾，公共公园对面，也有同样的情况，退潮时大片的海底地暴露在空气里，而且同时还从收集管道中流出污秽物。这些海水带下去的污物和残渣在阳光下发酵腐烂，使整块地区都变得极不卫生。”③

（6）监狱的不卫生。“公共监狱恶劣的卫生条件甚少有人关注，但长期被人提及。犯人的住宿条件很差，衣服也很糟糕，在这种潮湿阴暗痛风补偿的地方生活易于患病。1869 年就曾发生多起高烧致死的例子，因此应当将犯人迁往卫生条件较好的地方。如果某种传染病从这里蔓延到整个城市，不要感到惊讶，首先是隔壁的居民和军人医院的病人。因此公共监狱的状况非常糟糕，会产生致命的后果。”④

（7）公墓的不卫生。“另一个非常不卫生且完全被遗忘的地方是穷人收容所的公墓，这里没有围栏，直接处在住宅区的后面，埋葬的是新教徒、圣拉匝禄教区受洗的华人儿童和澳门其他地方受洗的华人儿童。这里坟墓累累，晚上经常有人将小孩的尸体扔在这里，收容所的工作人员随后将其掩埋。这些死亡人数无法列入死亡统计册，也没有市政厅的死亡证明，不属于公墓，因此必须迅速采取有力措施。此外，收容所和圣味基坟场现在已经被附近的房屋掩盖。”

① Dr. Lucio Augusto Da Silva, *Relatorio sobre a Epodemia de Cholera Morbus em Macau no anno de 1862*, Macau: Typographia Mercantil, 1883, p. 16.

② “Relatório A commissao encarregadade estudar os melhoramentos materiaes da cidade de Macau”, *Boletim da Provincia de Macan e Timer*, No. 1, 5 de Janeiro de Anno 1884，田渝译，《澳门近代城市法规条例汇编》，未刊稿。

③ “Relatório A commissao encarregadade estudar os melhoramentos materiaes da cidade de Macau”, *Boletim da Provincia de Macan e Timer*, No. 1, 5 de Janeiro de Anno 1884，田渝译，《澳门近代城市法规条例汇编》，未刊稿。

④ Dr. Lucio Augusto Da Silva, “Relatorio acerca do saude de Macau respectivo ao anno de 1870”, *Boletins Oficiais de Tomor*, 1875, No. 14, pp. 64 – 65.

三 公共卫生建设之法规制度建设

建设法律法规，是社会公共卫生建设的重要环节。通过制度建设，可以规范行为，改变华人固有的不良生活习惯，为公众树立行为标准和准则。

1862 年，澳门卫生局局长卢西奥向葡萄牙卫生总局提交了一份《1862 年澳门流行性霍乱的报告》。报告是 1864 年完成的，呈交给葡萄牙海事及海外卫生局。这份报告受到了葡萄牙卫生总局的高度评价："毫无疑问，这是一份我们读过的最具科学性的关于海外省流行病的报告之一。"这份报告被刊登在 1864 年《里斯本医学报》上，后又分多期刊登在《澳门宪报》上。正文部分分为四个部分，第一部分主要从地理地形角度介绍了澳门及其临近岛屿，第二部分主要通过对降雨量等资料分析了 1862 年的天气状况，第三部分介绍了 1862 年主要的疾病、流行病以及卫生状况，第四部分列出 1862 年霍乱流行的历史时间表。

其实从严格意义上来说，这份报告并不是一份制度，但是这份报告在澳门今后的制度建设、公共卫生事业发展有着方向性的指导作用。这份报告对澳门地理环境和社会环境的详细描述与分析，明确澳门存在的不卫生因素主要来自于华人小区，并且指出炎热的气候导致霍乱产生，这份报告在葡萄牙卫生总部收到了嘉奖，并且对于影响葡萄牙政府的决策也起到了一定的作用。正如特谢拉在前言中所说："卢西奥先生的报告是谨慎认真的实用医学报告，为公共卫生部门的领导者在管理澳门地区中国人之陋习带来便利；方便公开公布各项情况，为了中国民众和葡萄牙民众的共同健康和礼仪，这些远居海外的葡萄牙人们以自己祖国的名字而感到骄傲，当然要保护他们。"这份报告是澳葡政府进行公共卫生建设之前的调研报告。

1864 年 12 月 31 日葡萄牙王室发布了《王国城镇修葺总规划》[①]，该法令由葡萄牙公共工程与工商业事务部共同拟定，刊登在 1865 年 1 月 13 日的《葡国宪报》。法令内容主要是里斯本城市的建设问题，内容非常详细，甚至涵盖了街道的尺寸、房屋工程的要求等。虽然法规中只有一小部分内容谈

---

① *Peereto*, *Repar ticão Central*, *D. de L. No. 10*, *de 13 de Jan de 1865*（《1864 年 12 月 31 日国王法令》），田渝翻译，《葡国宪报》1865 年 1 月 13 日第 10 期，未刊稿。

及“除里斯本外的城镇村落”的内容，但是对于葡萄牙的海外殖民地来说却有非常重要的指导意义，这为澳门公共卫生建设指明了方向。法规中说：“对于其他城镇以及村落的改善，政府将任命一个委员会负责，由一位工程师、议事公局厅推荐一位成员和一位卫生代表组成。”1883 年，澳门城市就成立了“澳门城市物质改善委员会”，这个委员会就是根据这份葡萄牙法规的规定，由一名工程师、一名政府代表、一名卫生局工作人员等组成的，目的在于改善澳门的公共卫生环境。

1871 年 11 月 21 日，澳门议事公局颁布《澳门议事公局市政法典》，法典共分为 11 章，分别从绿化、人行道、宠物、出租车及轿子、车辆交通、城市清洁、垃圾清除、流动商贩、公共花园等方面对澳门城市做了 78 条规定。在法例法典的最后提到分别“以葡文和中文刊印，免费发送给有需要人的人，在《政府宪报》上公布 30 天后开始正式执行”①。这份法典是澳门关于公共卫生建设的第一份完整的法典，具有里程碑式的意义。自这份法典以后，澳门的公共卫生建设就有法可依。法典中规定，损害或者砍伐树木将给予相应的罚款；禁止流动商贩在街道上摆摊，否则罚款一元；对于违反交通、垃圾处理、街道卫生、宠物管理等方面都会给予相应的处罚。法典中针对华人的各种不卫生习惯，都给予了相应的处罚条例，比如随地大小便、流动商贩、乱搭棚屋等都提出了一定的要求和整改规定，并且给予罚款的处罚。值得注意的是，这份法典是完全站在一个管理的立场上，并非针对华人，这其中对于葡萄牙人居住时出现的不良习惯都同样给予处罚，例如禁止在阳台摆放花瓶、人力车可以拒载醉酒乘客等。这条管理规定说明澳门城市管理在 1871 年已经达到了世界先进水平，甚至对于现在的城市管理都具有借鉴意义。

从 1880 年开始，澳葡政府中的部分人员组成“澳门城市物质条件改善的委员会”，并提交了《澳门城市物质改善报告》。该委员会充分体现出澳葡政府在“城市公共卫生建设”这个问题上行政管理上的先进性。因为公共卫生不仅是卫生问题，而且是一个城市建设问题，因此委员会是从工务局、卫生局、议事公局等部门各抽调人员组成的，目的就是为了更好地推进公共卫生建设。这个委员会主要是接替并且完善公务局和卫生局工作。这份

① Codigo de Posturas do Leal Senado da Camara de Macau.

报告主要分为 12 个方面：①街道的宽度和建筑物的高度；②清除粪便、铺设管道、建造厕所；③供水；④不卫生的街区；⑤市场；⑥屠宰场；⑦监狱；⑧其他不卫生的场所；⑨清除垃圾；⑩居住条件的拥挤及房屋内部的卫生；⑪城外地区的卫生条件；⑫绿化。相较于上一份市政法典的“规范”作用来说，这一份报告更加注重于整改与建设。“澳门未来重要改善的第一步，即根据现在的澳门城市详细平面图，刻不容缓地制定未来城市的总体规划。……委员会认为，不容置疑，一切出发点都是对澳门城市的改善。首先制定城市的总体规划，这是以后一切行动的基础。”[①] 这说明这份法令是澳门城的总体规划，为澳门下一阶段的公共卫生及城市建设指明了方向，明确了工作方法，甚至敲定了工作内容。这份规划既是对澳门前一阶段公共卫生工作的总结，说明澳门的公共卫生脱离了盲目抱怨以及“被动受牵制”的局面，上升到了“全面规划、主动出击”的新局面。

1881 年 1 月 1 日，《澳门宪报》用中文刊登了澳门总督、辅政司、大法官等人的会议内容。主要关于墓地、坟场的管理问题。共 3 条，主要规定了在同一坟墓内，如果想要埋葬两人，必须满足先葬之人已经被葬超过 4 年，并且交银 25 元。这一份简单的会议通报，涵盖的内容非常丰富，首先针对合葬的风俗习惯，因华人风俗及天主教当中都有合葬的例子。丧葬习俗问题是文化方面的重要问题。

1881 年 2 月 27 日，《澳门宪报》用中文刊登《食品牛肉之管理规定》[②]，规定牛的宰杀及牛肉的售卖必须有医生监管，出现食品安全问题必须受到处罚等等，8 月 20 日又对牛肉承充制度作了更为详尽的补充规定。

1885 年 8 月 20 日，《澳门政府宪报》刊登了一则条例《澳门防疫卫生条例》，该条例涵盖了 6 个方面，论水、论饮食、论洁净、论住所、论厕所沟渠、论病势并治法。论水，主要提醒民众注意饮水安全，宜饮滚水，不可直接饮用生水；论饮食，主要提请注意饮食安全，注意营养均衡；论洁净，条例提出不洁净乃是疫病之源头，因此一定要注意身体和衣服清洁；论厕所沟渠，主要是要求每日用药水冲洗；论病势并治法，这一条篇幅最长，主要

---

① “Relatório A commissao encarregadade estudar os melhoramentos materiaes da cidade de Macau”, *Boletim da Provincia de Macan e Timer*, No. 1, 5 de Janeiro de Anno 1884，田渝译，《澳门近代城市法规条例汇编》，未刊稿。

② 笔者拟名。该规定本身只是以总督谕令的形式刊登。

就是讲解一旦出现了呕吐、腹痛、胃痛等症状的时候应该如何治疗，包括用酒精擦拭手脚、服用西医医生所配置的药水以及药水的配方等等。此条例的颁布，并不是因为澳门有疫症发生，而是“防患于未然”。这是澳门历史上的第一份正式的中文的关于疫病卫生的条例，对于澳门现代医疗卫生事业的发展具有重要意义。这则条例是对1862年以来澳门近代医疗卫生工作的一个总结，是澳葡政府根据澳门的实际情况总结出来的防疫注意事项，是澳门近20年来的公共卫生及防疫工作的总结。条例中对华人的生活习惯做出了比较细致并且周到考虑，而且对于华人的生活习惯没有一味地否定，其中“饮水”这一条，就说“凡饮之水，须煲至10个边呢（minutos分钟）之久乃滚”，华人一直有烧水的习惯，但是欧洲人开始却没有，这条规定恰好说明了烧开水是符合卫生习惯的。

四 澳门公共卫生建设

澳门的公共卫生建设不是一蹴而就的，首先需要解决的问题就是弄清楚华人的人口、居住的街道、房屋等情况。因此，澳葡政府开始对澳门的华人街区进行详细的实地考察。1866年11月15日，澳门统计司根据澳门及帝汶省总督柯打发布第19号训令成立，委任曼努埃尔·德·卡斯特罗·桑帕约（Manuel de Castro Sampaio）为统计司司长。澳门统计司分别认真考察了澳门城区和11个居民点，历时2年多，统计司完成了澳门城市的道路及房屋的统计工作，并刊登了一份名单在1869年《澳门宪报》上[①]。挨家挨户的统计工作不仅辛苦而且得不到华人的理解，“通过这些图示和我的分期报告，阁下得到的信息我认为都是准确的、真实的。当然在统计过程中也遇到很多困难。尽管我耐心且温和地向华人解释我的使命，他们却不相信，认为我没有讲真话，我经常不得不挨家挨户解释”[②]。这说明了推行管治初期华葡之间的矛盾。桑帕约先从华人村落沙梨头开始，到望厦、望德堂、西望洋山、竹仔室，最后到达妈阁，给所有的公共街道都命名，为所有房屋编号，

① “Reportição do Estatistica do Macao—No. 59”, *Boletim da Provincia de Macau e Timor*, 6 de Maio1867, Vol. 13, No. 18, p. 91.

② “Reportição do Estatistica do Macao—No. 59”, *Boletim da Provincia de Macau e Timor*, 6 de Maio1867, Vol. 13, No. 18, p. 91.

登记华人户口，特别是将华人村落的居屋都编了号码。1883 年澳门物质改善委员也经历为期几个月的调查研究，“必须亲自进入一些肮脏的街区和散发着恶臭的角落，亲眼看到毫无整洁观念的市民堆积起来的垃圾”①。这是澳门公共卫生建设的第一步。

桑帕约说：“华人聚居的街区，他们大部分的商业活动和所有机构都集中于此，不卫生的原因是多方面的。在亚马留政府时期有显著改善。华人街区的小街巷有传染源。对其进行改善难度很大，因为需要巨额开支，而且华人的生活习俗是根深蒂固的。但经常的检查和清洗能有效减少华人街区的不卫生条件。”②“葡人街区也有一些不卫生的因素应该引起特别注意，而这些因素应该也是能够消除或适当减少的。”这段话也深刻揭露出澳门公共卫生华人居住环境整改之困难，经常的检查和清洗有助于改善，但是华人的不卫生的习惯是根深蒂固的。

（一）市场整治——重建、迁移、集中

营地街市的不卫生在政府档中早有备案，澳葡政府一直想要倾注力量拔掉这个城市卫生的毒瘤。1870 年卫生局局长卢西奥提出了改变运送海鲜的路线，将市场迁移到内河港口附近，来减小臭味对于澳门环境较好地区居住人群的影响：

> 如果在这里（营地大街）建造一些房子用于其他商业活动，中间保留一个广场或一条大街，消除这些不卫生因素就非常容易了。设置这样一个市场，卸鱼地点就可以在澳门主要街道南湾（Praia Grande）的某一地点，而运送鱼的路线可走大堂斜巷（calçada de S. João）、大堂前地（largo da Sé）、板樟堂（travessa de S. Domingos）和板樟堂前地（largo de S. Domingos）。这里散发出的刺鼻臭味飘散到澳门其他环境较好且人多的地方，长久不散。此外，鱼的运送会骚扰路人和弄湿路面。

① “Relatório A commissao encarregadade estudar os melhoramentos materiaes da cidade de Macau”, *Boletim da Provincia de Macan e Timer*, No. 1, 5 de Janeiro de Anno 1884，田渝译，《澳门近代城市法规条例汇编》，未刊稿。

② Dr. Lucio Augusto Da Silva, “Relatorio acerca do saude de Macau respectivo ao anno de 1870”, *Boletins Oficiais de Tomor*, 1875, No. 14, pp. 64－65.

善良的居民想不起对此表示抗议。因此，这个市场应该迁到靠近内河的地方，这样鱼的装卸和运送会更加容易更加便利①。

1883年的物质改善报告对于澳门市场的改造有了更加明确并且成熟的建议：

三个市场足以满足本市的供求，在原营地街市附近搭建一个大的中心市场，在新村里和沙梨头各建两个小市场，此外，美基街和燕主教街之间的填海地段正在建造一个新市场。为了达到理想的效果，征用的土地要空间开阔。除建筑物外，还要有利于通风的周围环境、便利的人行通道，市场入口至少有两个，一个在板樟堂前地旁边，另一个面对华人区。与其他市场相比，沙梨头和新村里的两个小市场修建难度不是很大，因为不需要征用土地。实现市场的改善还必须绝对禁止拓展到马路上，堆到马路上的菜篮、菜筐对路人造成严重不便，使澳门本就极为狭窄的街道更加拥挤②。

根据委员会的意见，营地街市要重新建设，建设地点要通风，并且有两个入口，一个与葡人居住区较近，一个面对华人区，同时要利用美基街正在建设的这个新街市。

商人美基1884年在海边街与通商新街之间建成了一个卖鱼街市，并且将其赠送给了澳门公会③。澳葡政府接受美基赠送的卖鱼街市后，开始着手整顿半岛所有的卖鱼街市及其他旧街市。首先，澳葡政府将美基赠送的街市取名为公局街市，于1884年1月29日开张，从1884年2月2日开始将街市中的16间鲜鱼铺向澳门社会公开招租，租约3年为期；其次，从3月24日开始撤销卫生状况糟糕的柴船尾街及沙栏仔两处卖鲜鱼街市，并将这两处街市的卖鱼档全部迁至公局街市，如仍在柴船尾、沙栏仔街市摆卖新鱼，将

① Dr. Lucio Augusto Da Silva, "Relatorio acerca do saude de Macau respectivo ao anno de 1870", *Boletins Oficiais de Tomor*, 1875, No. 14, pp. 64 - 65.

② *Relatório A commissao encarregadade estudar os melhoramentos materiaes da cidade de Macau*（《1883年澳门城市物质改善报告》），田渝译，《澳门近代城市法规条例汇编》，未刊稿。

③ 〔葡〕施白蒂：《澳门编年史（十九世纪）》，姚京明译，澳门基金会，1998，第234～235页。

处以罚款；最后，将卖鱼商贩全部集中到4个街市，分别是公局街市、板樟庙街市（即米糙街街市）、新村尾街市及沙梨头街市[①]。

因此，直到1885年，通过整合再分配的方法对街市内鱼铺进行了整治，取得了一定的成效，这也证明了澳葡政府的权威性逐步得到华人社会的承认与接受。

（二）垃圾粪便的处理——清理、规范、承充

1883年，卢西奥的公共卫生报告提出：

> 清除城市不同区域的堆积残渣、垃圾及污秽物，包括澳门市政厅东南部临墙下和圣米格尔公墓东西墙下，从病人街（马忌士街）最后一间屋至公墓对面的街边，还有雀仔园坊和和隆街这两处污秽的中国市区。……严格禁止形成新的垃圾堆积地，每天在适当的时间让城市清洁车在以上地区收取城市居民制造的垃圾。……明令禁止猪或者其他牲畜在其经过地区随意排泄，同时也禁止孩童们在街上或者建筑物门前随意大小便。这些措施须在疯堂巷的所有街区执行，在圣保禄教堂遗迹（大三巴地区）也同样执行，那里有很多污秽物聚集处和人畜同居的破旧房屋草舍。注意打扫整条连贯马路，移除连贯马路末尾靠近中国医院地区、顺成街、同安街、新胜街街头以及新屠宰场对面的垃圾。……移除烧灰炉街、龙嵩正街、营地街市、和隆街和雀仔园坊的堆积粪便并彻底清扫公共积污地。……结束不当的不良习惯，在房屋的外墙、墙角或街角随意小便，这些地方会因此形成泛着恶臭的水沟……有必要提前在城市的各个不同角落为这种需求建立必要场所（修建厕所）。

1884年，澳门物质改善委员对于公共厕所的要求更为明确："委员会认为，现存的公共厕所都应该关闭，以更舒适、更易于接受的厕所代之，通过U形管与总管道或者活动粪坑连接起来，每处必须有一个看守人负责维护，定时清洁。对此，委员会一致建议在城市的不同地点建造一些铁制小便池，

① 转引自曾金莲《澳门近代城市史》，未刊稿；《澳门宪报》1884年2月23日第8号；《澳门宪报》1884年3月29日第13号。

这样可以避免每行一步碰到的拐角都有尿液腐烂后散发出的令人作呕的气味。这些小便池和厕所必须有充足的供水，这是整个清理工作的基本要素。”

根据上文，为处理澳门的垃圾到处乱放和华人随地小便的习惯，澳葡政府做了以下几点：第一，彻底清理街道垃圾，安排城市垃圾车定时收取垃圾；第二，明确规定不可以乱扔垃圾或随处大小便，并且要求改变不良习惯，否则处以相应的罚款；第三，建议在城市的各个角落修建更多厕所，以满足需求，同时对现有厕所进行整改，不仅需要将粪坑与下水管道相连，并且安排专人看守清理等。委员会在报告中还提出了铺设下水管道将人的粪便排出城外，并且觉得这样非常便利；但是由于问题复杂，没有一种方法能够满足条件。

根据资料，澳门在 1877 年之前就已经成立了“洁净街道馆”(Companhia de limpera)①，并且这个部门是政府的公务部门，与“救火公馆”“工程公所”相并列。在 1879 年 4 月 12 日，澳葡政府在《澳门宪报》上公开向澳门社会招人承充“洁净街道馆之牛栈粪料，并巡捕营马房粪料”②。粪料可以做施肥之用，做这种处理即可免了清洁费，又能够赚钱，不可不谓是澳葡政府的聪明之举。1885 年 6 月 20 日，澳葡政府继续将承充粪料这一招发扬光大，向社会招人承充住宅粪料，并公布华人陈梅轩出价最高，得到承充权。在这条谕令中明确规定了收粪的时间，“夏天早晨八点钟止，冬天早晨九点钟止”，挑粪的船只必须停在青洲等等③。

19 世纪澳门的街道问题，在城市建设方面存在规划不合理的问题，这属于城市建设的范畴，但是在公共卫生领域，最关键的问题就是随意丢垃圾和随地大小便的问题，事实上这两种现象在现如今的中国社会仍然存在，而澳门社会的这种现象却得到了很好的解决，这就是因为早期城市公共卫生建设阶段打下良好的基础。

（三）食品安全的管理

1881 年 2 月 17 日，澳葡政府在《澳门宪报》向社会公开招人承充牛肉

① 《澳门宪报》1822 年 5 月 12 日，第 19 号。

② 《澳门宪报》1879 年 4 月 5 日，第 14 号。

③ 《澳门宪报》1879 年 4 月 5 日，第 14 号。

生意，并且提出了《牛肉贩卖管理章程》，要求“澳官须派医生一名为查验牛只，于未宰之先，该医生应查验此牛无病，方可宰为食用”。但是，仅仅如此，澳门的食品卫生是不能得到保证的。澳门物质改善委员会认为：

> 就屠宰场本身而言，最大的不便是屠宰场的设备条件不尽如人意，通风不畅，空间不足，碎石地面，容易渗水等。考虑到搬迁是不可避免的，寻找合适的地点成为关键。委员会建议将其迁至海边马交石炮台附近，因为这里可以获取充足的供水。其位置在上坡，通过一条水管，水流可以瞬间将屠宰后所有无用的有机物质冲走。建造新的屠宰场，除了要遵守这类建筑的总规则外，还要考虑建造精炼肥油，腌制肉皮，烹制猪血和猪肠的附属工厂。这些产品到达直接可以进行加工才可以离开。……必须在屠宰场边搭建一个牲畜圈，对牲畜进行四十八小时观察，因为根据优秀的兽医的经验，许多疾病仅仅通过对牲畜肉进行简单表面的检查是不能诊断出来的，而对活的牲畜进行检查则非常容易诊断出来。必须建立肉类检查监督的保障体系，因为不仅猪的旋毛虫病威胁消费者的健康，牛也容易患有一些复杂难治的疾病，某天它可能突然造成机体的严重改变，而且不容易根除。

对于肉类食品的安全，承充制度对于宰杀牛肉的要求非常严格，要求建立“肉类检查监督的保障体系”，要提前 48 小时开始检查。但是值得注意的是，澳葡政府似乎特别重视牛肉的卫生问题，但是对于猪肉问题关注并不多，这说明澳葡政府在公共卫生建设早期，更多的是从自身出发（欧洲人食用牛肉较多），而对于华人社会的一些问题存在着双重标准。对于华人食用动物内脏的问题，澳葡政府也试图在屠宰场旁加建相应的加工厂来解决。但值得注意的是，这些内脏必须达到“直接可以进行加工才可以离开市场”，可见澳葡政府的目的是避免这种动物内脏对外部环境造成污染，对于内脏的清洁要求却只字未提，澳葡政府在早期公共卫生建设问题上的立场和态度可见一斑。

（四）污水的整治——清理、排放、安装

事实上，在澳门史上，排水系统并不是一个新名词，从清道光年间在澳

门城市就存在着一个下水道系统。

> 米糙街水，中分二小支，一向十八间尾转旧杜元铺侧出海；一向钩尾街转旧泰隆铺入旧茂记铺尾出海；太平巷水，落营地，入珰珠围转第头巷尾直出海；红窗门水，落桥仔头过桔仔围口向植槐里出海；墟亭水，分入门关围，吉庆里，珰珠围，茅头巷等处出海；石闸门关前水，由船澳口出海。各渠日久淤积，水不通流，皆因铺户民居压塞管道，兼之豪强填筑海旁地段，几无水口可寻，每大雨滂沱，多受淹浸之患①。

这里记载了澳门城的五条下水管道，一般都是下大雨时段排水所用。澳门地势高低不平，下水道的设置是早期城市建设的重要方面，这几条下水管道都是从集市或者人口聚集区向海边流，米糙街、营地市、墟亭都是集市及华人聚居区，红窗门是一个葡人聚居区，石闸门也是澳门的商业中心地带。所有的水都引向北湾的水口。在明清时期东波塔档案中记录了 1808 年华人建屋堵塞渠口的事件："案据该夷目具禀：铺民黎东利与韦亚元买受土名芦石塘海边白地一段，枕骑渠口，建造铺宇，阻塞水渠。禀请勘验，勒令拆毁，以通水道，以利行人。"② 此处渠口当为下水道口。此事件也与上文所说的"因铺户民居压塞管道，兼之豪强填筑海旁地段"相印证。

根据上文所说，澳门多处存在排水困难，形成了积污地的情况，筷子基、雀仔园、南湾等多处都存在着这样的问题。"城市排污管道系统的检查结果也同时由这位官员报备，结果很容易令人理解。一部分管道内流经的水渗入了城市地下土，还有一部分水以及其他固体材料就堆积在那里，直到大雨将它们冲走，除此之外，腐臭的发酵物制造的挥发气体从排水沟流出，四散在空气里。"③根据当时澳门的情况分析，澳门排污系统堵塞的原因有三：第一，没有形成垃圾回收、定点堆放的制度，导致大量的生活垃

① （清）王廷钤等：《香山县下恭常都十三乡采访册》（卷上）《澳门纂略》，国家图书馆出版社出版，2010，第 27 页。

② 《署澳门同知熊为铺民黎利东在卢石塘建铺营生应听其开张行事理事官牌》，载刘芳辑《清代澳门中文档案汇编》（上册），章文钦校，澳门基金会，1999，第 25 页。

③ "Relatório A commissao encarregadade estudar os melhoramentos materiaes da cidade de Macau", *Boletim da Provincia de Macan e Timer*, No. 1, 5 de Janeiro de Anno 1884，田渝译，《澳门近代城市法规条例汇编》，未刊稿。

圾、建筑垃圾被风吹、雨水冲刷而冲到下水道；第二，大雨来临，将山上松散的泥沙、树叶等冲刷到下水道，并且在低洼地形成污水坑或者垃圾坑。

关于澳门排污管道系统的问题，卫生局局长卢西奥摘抄了现任督理工程公所官贡士旦甸奴（Constantino de Brito）的报告片段，如下：

> 城市管道系统的现状很可悲，仅仅在干石墙内和石板地下挖洞，是地下和沙下的，还不包括碎石路下……没有满足任何一个好的城市管道系统的条件。工程师建议铺设管道系统的墙壁应该平滑，每一次转换方向都应当尽量柔和不生硬，不存在调整角度的转角，管道横切面应是圆形的，绝对禁止任何其他形状；……而澳门的管道系统则恰恰相反，墙壁粗糙不平还有突起，管道横切面是四边形的，在很多街道的转弯处都有明显的拐角，使管道内部形成泥水堆积的水洼，而且管道的倾斜角度也各不相同。更令人奇怪的是有些街道竟然有管道从私人住宅地下经过。并且仍然有大胆的屋主用基石阻拦管道系统，就像柴船尾街对面新国王街的屋主做的那样……管道系统的重整将强制征收或拆除城市里的一部分建筑。

现有的地下管道铺设存在各种问题，或是铺设不合理，或是缺乏规划，或是根本没有下水管道的铺设。针对这种情况，1882 年年初，澳督贾拉沙重整地下排污系统。他首先委派澳门工务局局长制定一系列的措施：首先设定下水道的主干及分流布局情况，其次“以较多中国人聚居的地方，为首要工厂地，在那里超过 3 米的街道先安置地下管道，在宽度不能少于两米的地方加装水管”，如果必要，“会征用土地，或拆卸部分房屋”。

1882 年 7 月 10 日，澳门议事公局发布第 367 号决定：“尊敬的先生：日前，我、您、尊敬的议事公局主席和西政厅厅长对和隆园和雀仔园进行了视察。根据视察，了解到，这两个地方是城市内已经形成的传染病发源地，道路狭窄、房屋破败，其卫生和治安完全无法达标，因此呼吁采取非常措施，将其置于常规物质条件下，拆除陋舍，清除成堆的垃圾，消除永久传染源，除此之外别无他法。……估算这些征用的价值加以说明。您还可以进行其他任何您认为必需的改善，将这些脏乱不堪的危险街区变得规范卫生。”①

① 《1882 年 7 月 10 日秘书处第 367 号决定》，田渝翻译，澳门历史档案馆，未刊稿。

同时，澳葡政府1882年12月5日[1]成立了一个研究改善澳门内港情况的小组。“该研究同时有利于航海和公共卫生，因此，城市的海外省医生之一参与了该小组的研究。……这里河床是澳门的病原驻留地带，就像我在其他报告里说的那样。”[2] 1883年，卢西奥提到：“每天清理上述污秽地区（马忌士街、雀仔园坊和和隆街）的街道，小巷和胡同；关闭运输腐坏黑水的管道和排水沟，并在以上地区建立独立水池，连接排放污水的下水管道。”[3]

澳葡政府的这一系列努力是颇有成效的。在1882年7月10日澳门议事公局发布的另一份决定中这样写道：“工程公所工务司对和隆园及其他地方的下水道和排水沟进行清洗和疏通，改善了城市的卫生条件。”[4]

（五）环境绿化改造——植树、规范、再植树

欧洲人向来重视绿化，但是澳门土地贫瘠，并不是草木生长的最佳场所。卫生局局长在1862年的报告中就提到：“澳门半岛的主要地区以及邻近岛屿土壤都是花岗岩，其山脉样式及生长不良的植被都说明了这一点。”[5]根据资料，1851年，澳门在贾多素总督的领导下开始进行绿化澳门的山坡，并且修整道路，开始澳门的造林运动[6]。但是，“前人植树，后人乘凉”的传统却没能维持下来。在1870年卢西奥的公共卫生报告当中说：

> 如今人们普遍认识到在人口集中的中心种植树木有益于身心的健康。小小的澳门半岛，一片荒芜，被光秃秃的山丘包围，因此不仅在城市，

---

① 《澳门宪报》1883年2月15日，见黄远娜《十九世纪末澳葡政府的基本建设》，澳门大学硕士学位论文，2003年，第105~106页。转引自曾金莲《澳门近代城市史》，未刊稿。

② “Relatório A commissao encarregadade estudar os melhoramentos materiaes da cidade de Macau”, *Boletim da Provincia de Macan e Timer*, No. 1, 5 de Janeiro de Anno 1884, 田渝译，《澳门近代城市法规条例汇编》，未刊稿。

③ “Relatório A commissao encarregadade estudar os melhoramentos materiaes da cidade de Macau”, *Boletim da Provincia de Macan e Timer*, No. 1, 5 de Janeiro de Anno 1884, 田渝译，《澳门近代城市法规条例汇编》，未刊稿。

④ *Secretária geral do governo da província de Macau e Timor—No. 381*，《1882年7月10日辅政司第381号决定》，澳门历史档案馆，未刊稿。

⑤ *Dr.* Lucio Augusto Da Silva, *Relatorio sobre a Epodemia de Cholera Morbus em Macau no anno de 1862*, Macau: Typographia Mercantil, 1883, p. 6.

⑥ 阿马罗（Ana Maria Amaro）：《19世纪一位土生葡人迄今未发表的日记》，引自1851年《澳门和帝汶省政府宪报》，《文化杂志》2000年第40~41期。

> 而且在一些山的斜坡和山顶上，都需要有规划地栽种树木。澳门的树木很少，而且大多属于修道院和私人住宅。贾多素（Gonsalves Cardoso）和亚马留（Coelho do Amaral）政府时期曾种植了一些树木，其中一些已经死了，另一些被拔掉了。那时南湾最东端林荫道上的30棵大树非常漂亮，从海边公园开始，沿着马路向前直至嘉思栏炮台，其中前面9棵和后面3棵被砍掉，为了在那里建造一间军人协会之家。我指出这些事实不是为了让人们产生痛心的印象。另外靠近步兵营的7棵也被拔掉[①]。

因此，1871 年澳门议事公局就发布了一份关于保护树木的市政条例（见上文第三节）。与此同时，植树的脚步没有停止。根据记载，自 1877 年起两年的时间内，澳门种植了大量的“塔树”，在洗衣塘种了 22 棵，在南湾街重了 107 棵，在伽思栏马路种了 27 棵，在望厦马路种了 86 棵，在亚婆井和妈阁街种了 13 棵[②]。1882 年，澳葡政府花费 160.25 澳元在澳门城内及二龙喉一带种植了 500 多株各种树木，其中大部分成活。但是在西洋坟场的塔石山上、仁伯爵所在的若宪山以及二龙喉后边山上播种的松籽却未能成活，因为这些地方均有华人坟墓。华人认为，松树的根会打搅其祖先的安宁，故他们千方百计将树种挖出来，长出来的几棵也被他们拔掉[③]。中葡文化的差异在澳门城市绿化的问题上造成了一定的障碍。

1882 年在卢西奥局长的报告中提到澳门公共工程局局长提到绿化树木不能成活的原因：“我们第一次进行松树播种，用的是从葡萄牙的山林间带来的松子，将 550 棵树种在城市的不同位置，由于现任公共工程局局长报告中提及的原因，它们并没有全部长成。这些原因是——很难保证在雨季到来前每天给它们浇水，在少人区域对茎干、幼苗以及支撑杆的偷窃，以及牲畜和中国民众们对它们的破坏——他们可以被劝阻，需要投以必不可少的关注以及一定量的花费。对于给城市带来的极大便宜来说，1882 年用于种树和买种子的 160 澳门币，以及种植青州对面柳树林的 70 澳门币，都是非常微不足道的。值得注意的是，不仅仅是每年为

① Dr. Lucio Augusto Da Silva, “Relatorio acerca do saude de Macau respectivo ao anno de 1870”, *Boletins Oficiais de Tomor*, 1875, No. 14, pp. 64－65.

② 阿丰索：《澳门的绿色革命：19 世纪 80 年代》，《文化杂志》1998 年第 36～37 期。

③ 阿丰索：《澳门的绿色革命：19 世纪 80 年代》，《文化杂志》1998 年第 36～37 期。

实现绿化标准而进行的植树很重要，对它们的维护防止牲畜和民众破坏也同样重要，这种破坏无二于狂风暴雨。”①

在同时期，与澳门毗邻的香港的绿化工作已经非常成熟。“1882 年在香港共种植树木 211015 棵。野生松树中的短叶松单株共 206365 棵，60555 棵是用种子在该种植地点播种的，其他是移栽的；此外还有尤加利树科属和其他植物分类下的 1537 棵树。种树的工作在 1881 年继续进行，通过多个系统种植的松树有 751058 棵，尤加利树科属 4347 棵。”②

1882 年，澳门城市物质改善委员会对澳门绿化也提出了一些新的建议：

> 绿化的三大主要目的是美化城市，吸收大地表面多余的液体以及调节气候。另一个颇为重要的目的就是美化城市，并在炎热的时候提供舒适的交通条件。应当考虑进行两个方面的绿化。第一是城区内花园和道路旁的植树；第二是附近山头上的造林，改变今天荒山野岭的面貌。市内道路的绿化，应选择那些生长快、易于成荫、根深的树种，但其根部不可过分横向伸展，以免影响城市的建筑物的地基。公园里种植的树木，树根的问题可以不必顾忌，应该更多关注的是种类多样化和美观，可以选择那些树冠庞大、品种繁多的外来树种。各种金合欢科树木符合种植在道路两旁的所有绿化要求。山上缺少能抵御台风袭击的树种，因而在山冠栽种能在贫瘠土壤里生长的松树及其他树脂类树木，而山坡上则栽满修正整齐的榕树和芒果树。在可耕层比较深的地区，栽种大片的桑树好处很大，桑叶还能饲养桑蚕，一种能产出昂贵工业原料的昆虫。澳门的气候非常适宜广泛种植桑树，并且自从在澳门、氹仔和路环大片种植桑树后，丝织业很可能也应运而生③。

1882 年 5 月 27 日，《澳门宪报》用中文刊登了《绿化保护方案》（详见上文），这次的方案较 10 年前更加成熟，对于华人破坏绿化的行为有了具体划分，并且充分体现了“因地制宜”的特点。对于一些动物食草行为

① *Repartição de saude*, *Boletim da Provincia*, 1883, pp. 188 – 211.

② *Repartição de saude*, *Boletim da Provincia*, 1883, pp. 188 – 211.

③ Dr. Lucio Augusto Da Silva, *Relatorio sobre a Epodemia de Cholera Morbus em Macau no anno de 1862*, Macau: Typographia Mercantil, 1882, p. 6.

通过“领取执照”的方法进行了合法化处理。总体来讲，到了 1882 年澳门城市的绿化方案日趋成熟，对于澳门绿化方案的实施有了更加实际的了解；关于澳门华人对政府绿化行为的抵触，也进行了合理具体的分析，使得澳门绿化制度更加人性化。虽然在 1883 年对于澳门绿化状况有更为直观的统计，但是仅仅从制度建设、报告建议等方面看，澳门公共卫生之绿化工程已经步入正轨，逐步走向成熟。

（六）对工业污染及其他方面的处理

澳门的缫丝业的发展要追溯到海南地区的缫丝工业，中国最早的缫丝厂出现在 1859 年，是怡和洋行在上海设立的。而在华南地区，机器缫丝创于南海简村堡陈启沅的继昌隆厂。后来因为华南的缫丝工厂和丝织行业出现恶性竞争，清粤东地方政府只好关闭缫丝厂以息事宁人[①]。在这样的背景下缫丝厂由内地迁往澳门。根据《澳门宪报》记载，1882 年年初澳门先后建立了 3 家缫丝厂，年中又有 2 家，总共 5 家缫丝厂。

1882 年 10 月，“有数人求将白马行街之缫丝厂迁往别处”，因为“厂喷出吐呕之气，骚扰邻舍，以致禀者当白昼之时有数点钟不敢开窗等语”。“该气系由蚕茧除去其壳而腐烂堆积在厂，并所有洗涤蚕茧之水，必由街上水渠放出，是其臭气即由蚕茧及其水所致。”[②] 澳葡政府派遣了卫生局值班医生几次前去查看，情况属实，但却并非这么严重。因此提出了一些整改措施。一共 9 条，主要是注重通风，并且用含有铅醋酸的药水冲洗下水道等方面的内容。

1883 年，澳门公共卫生报告同样提到了这次投诉事件，这份材料也与当时的《澳门宪报》相互印证：从卫生方面考虑，卫生局发表了声明，延缓关于开设 3 个拆丝工厂的行政程序，1 个在市内，已投入运营 4 个月，2 个在市外，分别位于和隆街和筷子基园地。鉴于 1863 年 10 月 21 日法令第二条第二款的有关规定，3 个厂对此（卫生问题）有了一定考虑，并将规定中所指出的一些措施付诸实践，卫生局认为这些工厂可以在不影响邻近地区居民健康的前提下继续运营。关于市内医院路上的工厂，卫生局在观察过它

---

① 汤开建：《澳门工业史》，未刊稿；赵利峰：《晚清澳门环境问题两则》，《澳门历史研究》2004 年第 3 期。

② 《澳门宪报》1882 年 10 月 21 日，第 42 号。

在新条件下的运营情况和新环境后作出决议，虽然已满足上述法令的有关规定，这些工厂仍不被允许开设在卫生条件不算很好的城市主城区。这一内容以及公共工程部部长所提出的关于此问题的内容共同构成了第五十一条省级训令，要求继续寻找适合在未来开设这些工厂的土地。5个月后，由于一些市民提出了新的投诉，卫生局对最后一家工厂进行了检查，检查意见为，该工厂想要继续运营下去，就必须严格执行上述提及的制定措施，否则将根据1863年10月21日法令的有关规定将其关闭。这一意见公布在1882年第42期省公报上①。

但是根据当时的华商曹有计算，依法整改所花费的银钱比建设一座新厂还多②。因此，1887年，白马行街的缫丝厂（即市内医院路上的工厂）就关闭了③。

对于监狱的卫生问题，澳葡政府同样重视。物质改善委员会提出：“关押犯人的环境与正常人是不同的。监狱不是社会对犯人的报复，而应该是伦理上患有疾病的病人，即犯人，接收相应治疗的医院。”因此，委员会提出：“公共监狱应该迁移，因为通风不好，不符合这类建筑要求的卫生条件，且无有效监管犯人的内部机制。城内不缺建造一栋新建筑的合适地方，委员会建议比较理想的地方是大三巴遗址后面的大三巴高地，地势较高，空间开阔，易于通风，有足够的空地建造附属工场和供犯人种植花草的花园，充足、优良的供水，而且临近的大炮台也是在其他地方很难找到的环境。”但是，直到1911年，澳门才建设新监狱。“澳门工程处现大兴工程，拟再拨3800元为建筑新监狱的费用。”④

五 结语

1862~1885年是澳门城市公共卫生运动的第一阶段，也是最重要的阶段，这一阶段基本决定了澳门城市公共卫生建设的方向及今后的发展。

① *Repartição de saude*, *Boletim da Provincia*, 1883, pp. 188 - 211.

② 金英杰：《有利缫丝厂，招抗议改行开赌贩烟》，《新报》2009年8月27日。

③ 《光绪十四年拱北口华洋贸易情形论略（1888）》，载莫世祥、虞和平、陈奕平编译《近代拱北海关报告汇编》，澳门基金会，1998，第129页。

④ 《香山旬报》，宣统三年五月十日第101期。

第一阶段主要经历几个步骤：瘟疫－暴发－调查－提出建议－制度建设－整改落实。从《1862 年关于流行性霍乱的报告》《1870 年公共卫生报告》可见，澳葡政府对于环境卫生仍然停留在抱怨、调查阶段，即使提出建议，其实施性也不强；但是到了 19 世纪 80 年代，从政府的报告、宪报上刊载的通知可以看到，澳葡政府已经对公共卫生建设出手了。从成立统计司到 1883 年澳门城市物质改善委员会建立，它们都在澳门公共卫生建设当中起到了非常重要的作用。当然对于城市每一个方面的整改步伐是不可能完全一致的。总体来讲，市场、绿化、街道洁净等方便已经取得了一定的成效，但是对于排污、垃圾清理、监狱整改等方面成效尚不明显。但无论如何，盲目抱怨华人“根深蒂固的不卫生”的阶段已经过去，更多的是通过理性的思考、合理的规划，逐步解决澳门公共卫生存在的问题。

澳门公共卫生建设看起来是澳葡政府为澳门社会做实事，但仔细分析，则发现这其中有更深一层的含义。1847 年，澳葡政府强行对澳门社会推行管治，征地税、修马路等遭到了华人的一致抵制，出现了 1850 年的澳门华商纷纷迁出澳门的局面。那么如何更好地在澳门推行管治管理成为澳葡政府必须考虑的一个问题。通过瘟疫引发的公共卫生问题就成为这样一个完美的借口，既可以对澳门的华人社会进行调查统计，又可以对公共设施推行整改，这样的管治手段不可谓不完美。公共卫生建设不仅是城市管理的重要方面，更是城市化的必要前提。因此这一阶段公共卫生建设的意义也就不仅仅停留在城市建设的层面，对于研究澳门城市化也是非常重要的。同时，澳门在这个时期脱离清朝政府，开始由葡萄牙全面管理，从当时的世界局势来看，这一时期的公共卫生建设也带上了管治的色彩。

这一阶段的公共卫生建设是澳门城市化的重要部分，为澳门社会步入文明社会做好了铺垫。公共卫生建设中对澳门居民的不卫生习惯，都做到了逐条列出，逐条处罚，逐步培养澳门居民的公众意识和公德心。由此培养出澳华人对澳门社会的认同，逐步调和了华葡之间的文化冲突，呈现出了独具特色的澳门城市。通过这样一个阶段的建设，澳门的城市发展步入正轨，更为重要的是，澳葡政府通过这一阶段的公共卫生建设在澳门社会逐渐打下了统治基础。

澳门“新北区”的形成与城市化发展（1919～1957年）

曾金莲*

一 前言

近代澳门城市化发展速度颇受中葡两国关系的影响，澳门总督亚马留因下令在半岛北部华人土地上开辟3条新路而于1849年招致杀身之祸，导致后继澳葡政府迟迟不敢在北部轻举妄动。直至1887年签订《中葡和好通商条约》，规定葡萄牙人拥有“永居管理澳门”的权利后，澳葡政府才逐步拉开大规模开发北部的序幕。在北部城市化发展的历程中，明显分为两大阶段：第一阶段是北部旧有陆地的发展，此北部区域的范围包括北城墙以北至关闸茎之间的陆地，有华人村落沙梨头、新桥、沙岗、望厦、龙环、龙田等，多为华人田地、菜园乃至墓地；第二阶段则是20世纪头20年开始在关闸茎两边进行的填海，这片填海地逐渐发展为“新北区”，包括筷子基、青洲、台山、马场和黑沙环，而原来的旧北部则逐渐成为城区的一部分。“新北区”是本文为方便区分老北区与北部填海区而使用的一个名词，并不是史料上实际存在的词语。如今谈论澳门北区，均指关闸马路两边区域，即本文所言“新北区”的范围。而旧北部经历从华人村落向城市化的发展历程后，已逐步成为城区的一部分，不再被称为北部，而今的澳门北部是指当年旧北部的填海地。

研究者在研究城市史时，尤应注意城市地理的历史变迁，严格区分不同

---

* 曾金莲，澳门大学历史学系博士研究生。

历史时期内，北区的空间范围。学界对此点也非常重视，如邢荣发先生《澳门马场区沧桑六十年（1925～1985）》[1] 一文详细论述了新北区之赛马场区域发展史，赵利峰先生《民国时期的澳门跑狗事业》[2] 仔细梳理了新北区之跑狗场从开办到停办的过程。本文从城市史视角出发，论述“新北区”的形成及其城市化发展历程，探索其城市化背后的各种推力，并分析其城市化过程大起大落的原因。

“新北区”的土地是经过填海而获得的。19世纪末，澳葡政府曾修筑了土堤，将关闸茎与青洲岛连接。然而“新北区”大片填海地的首次获得是在20世纪的头20年里。该次填海工程招来中国政府的抗议，从而引发了一场持续6年的中葡谈判。在这场中葡纠纷中，澳督及葡萄牙外交大使采取极其灵活的外交手腕，并利用当时中国南北分裂的局面，在北京政府外交部及广州军政府外交部之间迂回周旋，妥善解决了填海外交问题。近代澳门在城市化过程中，避免不了要受到中葡关系的影响。

当旧北部填海还在进行中时，澳葡政府便开始将这片填海地规划为工业区，还配备了相关的码头、修船厂等设施。除旧有的青洲水泥厂之外，新开办了砖厂、烧灰厂、炮竹[3]厂、冰厂等，这些工厂主要分布在关闸茎与青洲之间的填海地及望厦山东麓对面的黑沙环填海地。随着填海地的填成，澳门慈善组织及华商在澳葡政府的同意下，在关闸茎至青洲东北之填海地上搭建棚屋予贫民居住。棚屋迭遭火灾后，被改建为砖屋，整洁且井然有序，发展为巴波沙坊和五二八坊。两坊均有特定的管理团体，在此租房必须经过相关的调查批准手续。财力雄厚的华商联同上海巨贾，也在关闸茎东面的填海地上兴建赛马场，陈设华丽，美名远播，成为远东佳景之一。接着，上海申园跑狗场也移驻澳门，在望厦山至筷子基之间的填海地兴建跑狗场，建有现代化的电力控制塔，安装有300盏电灯，每当晚上赛狗时，灯光齐放，赛狗场上的夜空如同白昼。工厂、

① 邢荣发：《澳门马场区沧桑六十年（1925～1985）》，《文化杂志》2005年第56期。

② 赵利峰：《民国时期的澳门跑狗事业》，2012年9月8日至10日举办的“澳门历史文化研究会2012年学术年会：澳门对外关系史研究”会议论文。

③ 该文中所用“炮竹”一词，应为“爆竹”，但是，鉴于文中多处提及含有“炮竹”一词的机构名称，为保留上述机构名称原貌，且出于全文统一原则，该文中所有“炮竹”一词保留不变。——编者注

贫民坊以及摩登十足的赛马场和跑狗场纷纷出现在这片旧北部填海地上，可谓意义深远，“新北区”填海地城市化发展背后的推力既有澳葡政府，也有慈善组织，更有澳门、上海、香港乃至英国等地的商人巨贾。然而，“新北区”填海地城市化发展却缺乏发展后劲，工业结构偏向手工作坊，赛马及跑狗只是外地游客冒险游玩的乐园，在经济不景气、游客不至的情况下，摩登的气息便瞬时转变为门可罗雀的衰败景象，贫民坊则跃身为新北区的新鲜血液，不但在已关门的跑狗场中增建贫民屋，还将赛马场及周边开辟为菜园农地。新北区大起大落的城市化发展历程正是以冒险商业资本为主投入城建的商业城市发展过程中常见的现象。

二　填海与“新北区”的出现

（一）旧北部

自澳门总督亚马留在北部陆地区修筑了3条新路，并对该地华民征收税款之后，旧北部便开始了其缓慢的城市化历程。1863年，澳葡政府拆毁北城墙之沙梨头、三巴及水坑尾3座城门及部分城墙，进一步加强了城区与郊区之间的交通，并规划发展城墙及3座城门外的华民居住区，表现为：①在城门外建造兵房，维持治安；②在城墙城门外地区，修筑街道，建造商铺房屋，租给华人，以收取租金；③对城墙城门外至关闸茎地区的华民，登记房屋门牌，收取租金。早在1849年，澳门总督亚马留已下令在望厦山上修筑炮台，通过加强城防力量，有力地实行对北部华民地区的统治。此外，还修筑马交石炮台。1871年，在关闸茎上建成关闸拱门。稍后，在关闸门两边设立兵房，以利于守卫。1874年，分别在先峰庙、龙田村后设立兵房一座。

1887年，《中葡和好通商条约》签订后，北部地区的城市化速度开始加快。澳葡政府一方面大力整顿北部华人村落的环境卫生，修筑公共道路；一方面鼓励华民开设工厂，发展商业。据1921年《澳门宪报》报道：“1921年，澳葡政府用了近20年时间，对澳门市北部（norte da cidade），包括新桥、沙冈、沙梨头、塔石、龙田村和望厦，进行环境卫生及道路整顿，将其变成宽坦且整洁的坊。”[①]北部地区的主要交通网络也得以形成。根据 1919 年 2 月 1 日澳门政府宪报公布的 22 条新路名单[②]，北部地区形成了四横六纵的主要交通网络。“四横”有东西走向的高士德大马路、罗利老马路、美的路主教街和味基斜巷，连通东望山麓和镜湖内港地区。“六纵”有南北走向的荷兰园大马路、贾伯乐提督街、高地乌街、俾利喇街、亚利鸦架街和连胜马路，沟通关闸望厦和北城墙。同时，东望洋山麓筑成得胜街和罗沙达街，镜湖及三盏灯地区筑成飞能便度街、光复街、柯利维喇街、嘉野度将军街、墨山街、意那素俾苏亚街、高美施利华街和亚美打街等。1925 年，又在望厦村前筑成东西走向的美副将大马路和雅廉访大马路；筑成罅些喇提督大马路，连接沙梨头和关闸茎。

澳门政府改建旧北部道路系统的方案，给该片华人村落带来了一系列的新变化。首先是促使村落用地商业化，活跃了村落的土地买卖。其次是促使村落有限度地进行建立炮竹厂及开采石场等实业活动。最后是为简单的村民生活增添了新元素，葡人警察站、学校、球场等公共设施的建立，丰富了村民的生活，由此从生活层面促使该片华人村落逐渐由农村向城镇转变。

（二）北部填海及“新北区”填海地的形成

作为天然良港的香港开埠及崛起，极大冲击了澳门的商港地位，改变了澳门港的商品贸易结构，苦力、鸦片贸易成为澳葡政府的大宗收入来源。而随着苦力、鸦片贸易的被禁止，澳葡政府的收入开始受到严重的打击。再加上珠江流域的冲积导致澳门港口淤积、变浅，影响了澳门港口经济的正常进行。因此，自 19 世纪开始，历届澳葡政府均重视港口的治理。早在 20 世纪初填海之前，澳葡政府已经从港口发展的角度，开始关注澳门北部。1883 年，一份港口调查报告建议在澳门北部填海和建

---

① “Plano Geral dos Arruamentos e das novasavenidas a construirna Parte Norte da Cidade de Macau”, in *ano de 1921*, *Boletimoficial de Macau*, N. °42 – 22 de Outubro, p. 789。参考葡文原文：E bemassimosplanos dos arruamentos e das novas avenidas que entendemos devem completar as importantíssima-sobras de saneamento geral que ha perto de 20 anos veem sendo executadas ao norte da cidade, transforman-do em vastos e lindos bairros as insalubres várzeas em que existiam as infectas povoações de San-Kiu, Sa-Kong, Patane, Tap-Seac, Long-Tin-Chin e Mong-Há。

② 《澳门宪报》1919 年第 5 期，第 54 页。

造码头，但其后未付诸实践①。20世纪伊始，葡萄牙国内发生1910年政治革命，政府从帝制走向共和。新成立的共和政府授予海外属地更大的自治权，这为属地提供了良好的发展机遇。同时，中国也爆发了1911年辛亥革命，推翻清王朝统治，成立了中华民国，但国内政局风云多变，这为澳葡政府谋求更大的发展提供了良好时机。于是，澳葡政府雄心勃勃，于1910年3月26日成立澳门口岸工程处②，专门致力于港口治理工程。在这种历史背景下，澳葡政府逐步开展旧北部的填海工程。不过，这场旷日持久的旧北部填海工程持续受到中葡关系的影响。

1915年前后，澳葡政府开始在关闸茎西边至青洲之间进行填海工程。据1921年《澳门年鉴》记载，1915年至1917年之间，澳门总督米那（José Carlos da Maia）已着手进行若干填海工程③。1918年，继任澳门总督巴波沙成立了港口改善项目小组（Missão de Melhoramentos），修改完善此前的港口工程计划，主要的目的是兴建一个中间港口（见图1），以服务香港港口，供大型船只进出④。由于中葡之间复杂政治形势的影响，新计划要求减少青洲北部的填海面积，同时增加对黑沙环（enseada da Areia Preta）进行填海以作为补偿⑤。至1921年，澳葡政府已获得关闸茎至青洲之间的大片填海地，图1和图2直观地表现了填海地从无到有的变化及其位置、面积大小。从图3和图5可以看出，至1925年7月，关闸茎东边的土地已填成。从图4和图5可以得知，至1929年，澳葡政府获得望厦山、螺丝山及马交石山东麓沿岸的填海地。

---

① "Porto de Macau", *Anuá rio de Macau 1921*, p. 40。葡文原文见：Mas o documentomais antigo em que são reclamados melhor amentos do pôrto, de que temos conhecimento, é o relatório de umacomissão, nomeadaem 1883, para estudar êste assunto; pediam-se já, então, aterros e docas ao norte de Macau。

② 〔葡〕施白蒂：《澳门编年史（二十世纪）1900～1949》，金国平译，澳门基金会，1994，第40页。

③ "Porto de Macau", *Anuário de Macau 1921*, p. 41.

④ Duarte Abecassia, "As Obras do Pôrto de Macau", *Boletim da Agência Geral das Colónias*（《殖民总局简报》），Ano 1. º Julho de 1925 N. º1, p. 40。葡文原文见 Como se sabe, todos os planos de obras elaborados atéà instituição, em 1918, da Missão de Melhoramentos, consideravam apenas, pelo menos nos seus objectivos principais e imediatos, o estabelecimento dum modesto pôrto intermediário do pôrto de Hong-Kong, e, quando muito, um moderado serviço para a navegação de grande cabotagem。

⑤ "Porto de Macau", *Anuário de Macau 1921*, p. 42.

图1　1919年澳门港口示意

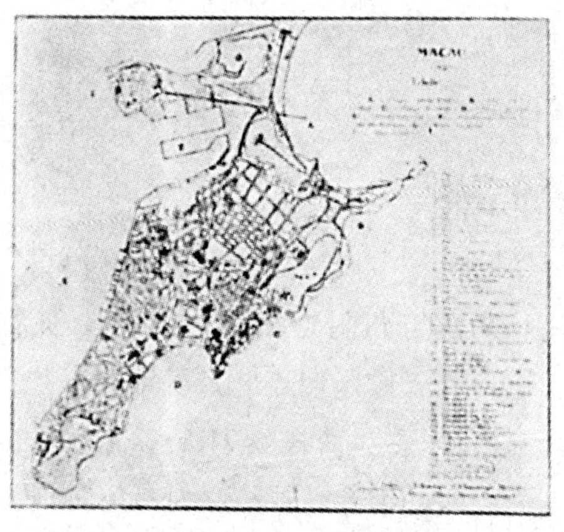

图2　1921年的澳门示意

1915～1921年，澳葡政府填筑关闸茎至青洲海面的行为，招来中国政府的抗议，从而引发了一场持续6年的中葡纠纷。在这场纠纷中，澳督及葡萄牙外交大使采取极其灵活的外交手腕，并利用当时中国南北分裂的局面，在北京政府外交部及广州军政府外交部之间迂回周旋，妥善解决了青洲填海外交问题。这场青洲填海中葡谈判的经过如下。

民国四年（1915），由澳葡政府继续开展河道疏浚工作，并“置有轻便

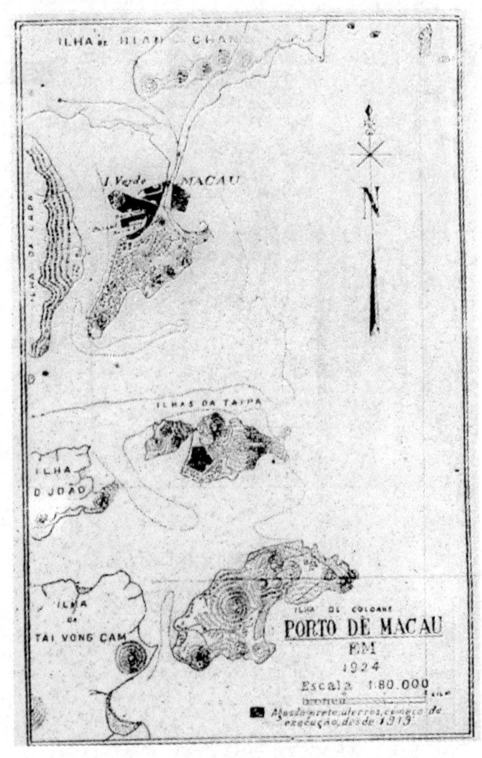

图 3　1924 年澳门港口示意

汽车一架，以备……将来在青州附近填地之用”①。澳葡政府此举首先引起了旅港商民的注意，该商民于民国四年九月函请北京外交部阻止澳葡政府浚海行为②。北京外交部收到旅港商民函件后，即派驻前山陆军团长陆奈珍、香山知事厉式金前往澳门调查。结果证实澳葡政府“将莲峰庙左之炮台山毁掘坭，由青洲筑路之上，关闸之内，及莲峰庙前一带填筑海圩，坭工用至数百人，载坭汽车共有三辆，另用挖泥机由岸上吸取海泥，其

① 拱北关税务司师范西呈报，超等帮办张玉堂译汉，文案赵锡名（铭）撰述（民国五年四月二十九日）《中华民国四年拱北口华洋贸易情形论略（1915 年）》，载莫世祥、虞和平、陈奕平编译《近代拱北海关报告彙编（一八八七——一九四六）》，澳门基金会，1998，第 297、302 页。

② 《外交部收旅港商民杨端阶稟文（民国四年十月十二日）》，载张海鹏主编《中葡关系史资料集》（下卷），四川人民出版社，1999，第 1932、1934 页。

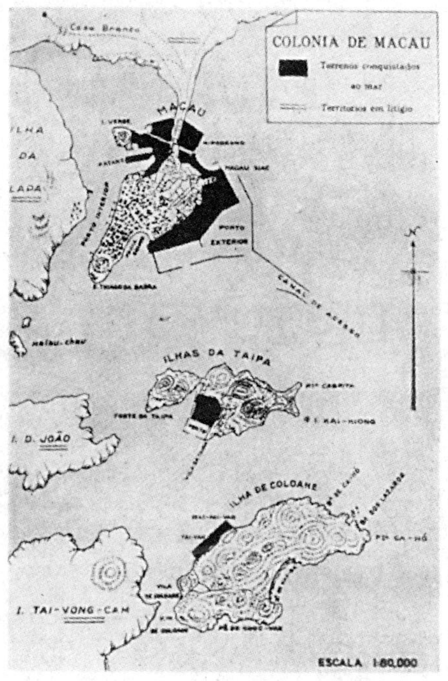

图4　1929年澳门填海图解

莲峰庙前地，均密筑铁轨驾驶坭车，又在关闸海边大兴工作，建筑兵房”[①]。对于民国四、五年澳葡政府疏浚填地的做法，广东将军巡按使龙济光认为是违约行为：“今葡人忽行兴工浚河，填筑海圩，起建兵房，显图侵占海权界址，实与界务未定以前不得增减改变之约大相违背。”[②] 并主张与之力争，“应请大部主持迅与葡使严重交涉，以保主权”[③]。北京外交部发电要求驻葡萄牙代办与葡萄牙外部交涉[④]。不过，葡外部只言，须藩部详

① 《外交部收广东将军巡按使电澳门葡人浚河筑圩谋占界址事（民国五年二月二十五日）》，载张海鹏主编《中葡关系史资料集》（下卷），四川人民出版社，1999，第1967页。

② 《外交部收广东将军巡按使电澳门葡人浚河筑圩谋占界址事（民国五年二月二十五日）》，载张海鹏主编《中葡关系史资料集》（下卷），四川人民出版社，1999，第1967页。

③ 《外交部收广东将军巡按使电澳门葡人浚河筑圩谋占界址事（民国五年二月二十五日）》，载张海鹏主编《中葡关系史资料集》（下卷），四川人民出版社，1999，第1967页。

④ 《外交部发驻葡郭代办电澳门浚河事（民国五年二月二十六日）》，载张海鹏主编《中葡关系史资料集》（下卷），四川人民出版社，1999，第1967页。

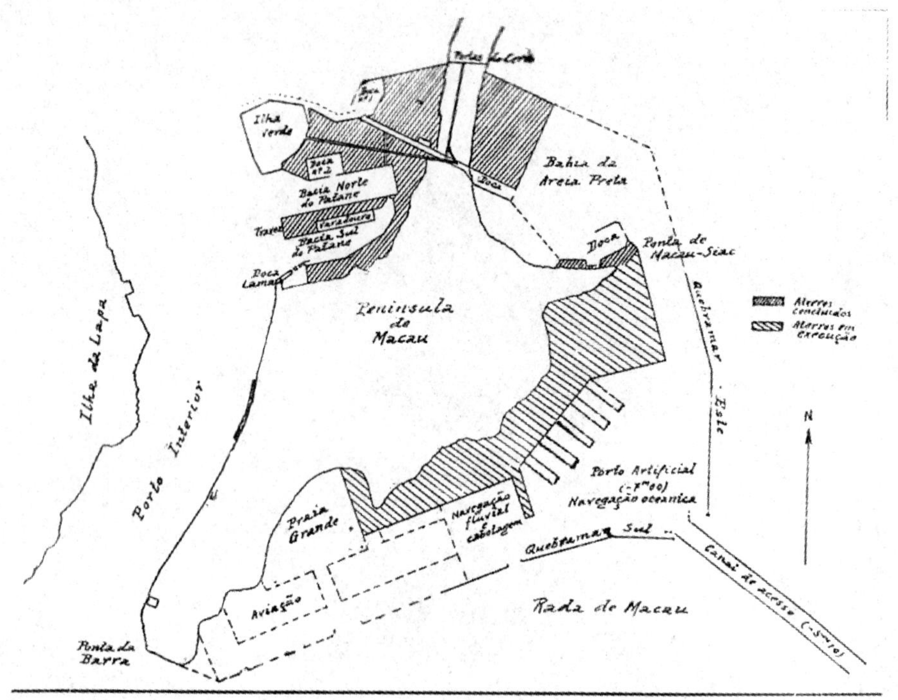

图 5　《1925 年 7 月之前已完成之澳门港口工作图解》

资料来源：图 1、图 2 和图 4 载于 Almerindo Lessa, *Macau: ensaio de antropologia portuguesa dos trópicos*, Lisboa: Internacional, 1996, pp. 315, 316；图 1 又载于 Anuário de Macau 1924, p. 14；图 3 载于 Anuário de Macau 1924, p. 14；图 5 载于 Duarte Abecassia, "As Obras do Pôrto de Macau", *Boletim da Agência Geral das Colónias*（《殖民总局简报》）, Ano *1*° Julho de 1925 N. °1, p. 61。

询情形后，始能确实答复①。

民国六、七年（1917、1918）之交，澳葡政府数次遣艇载运泥土，填塞附澳海道。广东交涉员罗诚致函北京外交部，诉说："数次遣艇载运泥土，填塞附澳海道。种种行为，直欲实行强占海界，遂其吞食野心，据理与争，彼则以其所至之处，皆属葡馆管辖范围，饰词狡辩。"②民国七年二月六日，外交部朱鹤翔秘书就此澳门界务事前往葡萄牙使馆会晤葡萄

① 《外交部秘书朱鹤翔整理澳门界务交涉纪要（民国十二年三月十四日）》，载张海鹏主编《中葡关系史资料集》（下卷），四川人民出版社，1999，第 1994 页。

② 《外交部收广东交涉员罗诚为澳门界务事呈文（民国七月一月二十四日）》，载张海鹏主编《中葡关系史资料集》（下卷），四川人民出版社，1999，第 1973 页。

牙符公使，声称澳葡政府近数月“遣艇载运泥土，填塞附澳海道”等行为，“以致广东绅商群怀愤恨”[①]，并要求澳督出面阻止，同时命令驻葡郭代办向该政府交涉。三月二十三日，葡萄牙符公使致函回复北京外交部，作出辩解，认为澳葡政府“谴艇载运泥土填塞海道”的行为发生在葡萄牙管辖境内，并未侵犯中国的领海权[②]。二十五日，北京外交部复函葡萄牙符公使，义正词严驳复，并强调“现在澳门中葡界址既未勘定，彼此只有按照一千八百八十七年条约维持原状，不能有所更改”[③]。驻葡萄牙代办的交涉也毫无结果，“七月十四日，收驻葡郭代办电称，根据刘公使与葡国所约停止浚海之案，与葡外部交涉，彼以无据不认，意在乘广东多事，大动工程”[④]。

“民国八年（1919年），葡人擅在澳门关闸斜线对开青洲岛堤岸附近，挑浚海道，填筑坦地，已成路面长约五十丈，宽约十丈，经广东军政府照会葡领，转向澳督抗议，嘱令停止，拆卸回复原状。葡领以青洲系其属地，有权填筑海坦，华官不合干预，规划工程仍复进行。”[⑤] 十月二日，广东省公署致电北京外交部详细禀明了一切情形，“切据探报，葡人此次填海工程，曾订十年合同，全堤告竣，面积当在二顷有奇”，并指出不能再姑息澳葡政府的填海行为[⑥]。十四日，北京外交部致函葡萄牙那代公使，商请其转电澳督，停止浚海填地[⑦]。二十五日，葡萄牙那代公使致函外交部照会青洲岛浚海一事，极力辩解，认为澳葡政府“此次浚深海道，所挖出之泥土，亦仍皆填于本国所

① 《外交部朱鹤翔秘书为澳门界务事赴葡馆会晤符使问答（民国七年二月六日）》，载张海鹏主编《中葡关系史资料集》（下卷），四川人民出版社，1999，第1974页。

② 《外交部收葡符使节略（民国七年三月二十三日）》，《中葡关系史资料集》（下卷），第1976页。

③ 《外交部为澳门事发葡符使节略（七年三月二十五日）》，《中葡关系史资料集》（下卷），四川人民出版社，1999，第1976页。

④ 《外交部秘书朱鹤翔整理澳门界务交涉纪要（民国十二年三月十四日）》，载张海鹏主编《中葡关系史资料集》（下卷），四川人民出版社，1999，第1995页。

⑤ 《外交部秘书朱鹤翔整理澳门界务交涉纪要（民国十二年三月十四日）》，载张海鹏主编《中葡关系史资料集》（下卷），四川人民出版社，1999，第1995页。

⑥ 《外交部收广东省公署代电：葡人在澳门青洲浚海填堤事由（民国八年十月二日）》，载张海鹏主编《中葡关系史资料集》（下卷），四川人民出版社，1999，第1977页。

⑦ 《外交部为澳门事发葡那代使照会请电澳督停止浚海修堤工程（民国八年十月十四日）》，载张海鹏主编《中葡关系史资料集》（下卷），四川人民出版社，1999，第1978页。

辖之海中"[①]。

较于北京政府外交部模棱两可的态度，广州军政府的态度则强硬得多。自民国八年十月二日开始，广州军政府与北京政府外交部均与葡萄牙公使展开外交交涉，但葡萄牙公使态度骄横，认为澳葡政府的浚海填地工程均系在界内进行，中方要求停止工程是无理之举。同年十一月八日，梁澜勋受广州军政府委派前往澳门勘测："查探葡人筑堤工程，澳门政府近因财政支绌，前委堤工督办业经回国，并与承包堤工公司所订合同亦已取消。现由西洋人二画全料理工程，所有经费由伊代垫，凡各工程经二画全核定后，多交其伴李二转向五和公司经理人麦棉商办，每填坭一笏（葡语），合华尺二尺七寸立方，发给辛工六仙，现在只用仅坐一人之小坭艇，在涌口取泥，驶回堤旁，再由工人堆填堤上，每日工人约三四十人，或五六十人不等，遇风雨星期则停工作。据该处工人称，二画全积欠艇租及泥匠辛工，为数甚巨，不能清偿，将有罢工之势。日来葡人小轮常在青洲来往梭巡，闻系借以防察工人逃走。"[②] 十二月四日，香山县知事林正烇致函广州军政府，称："窃知事于本年七月间抵任，查得葡人关闸二十密达之海岸，直至青洲尽行填筑使成陆地，经即一再前往勘察形势，调查一切情形。"[③]

在外交交涉尚在进行之际，广东军政府密探得葡人已开始进行军事布置[④]。广东军政府见外交交涉无效，便于民国九年一月八日"以葡人蔑视条约难以理喻，似非实力抵制不能就范，当即遣派卢旅长带队前往镇压，并派雷龙、永丰各军舰前往九州岛一带逡巡"[⑤]。在军事实力对比之下，葡方态

① 《外交部收葡使那代使照会青洲岛浚海境地事（民国八年十月二十五日）》，载张海鹏主编《中葡关系史资料集》（下卷），四川人民出版社，1999，第1978页。

② 《军政府外交部收梁澜勳呈遵将办理青洲测勘本案附呈图说察核由（民国九《疑为民国八年——引者注》年十一月八日）》，载张海鹏主编《中葡关系史资料集》（下卷），四川人民出版社，1999，第1979页。

③ 《军政府外交部收香山县知事林正烇呈（民国八年十二月四日）》，载张海鹏主编《中葡关系史资料集》（下卷），四川人民出版社，1999，第1980～1981页。

④ 《澳门葡人擅在青州填堤浚海案节略》（此件系外交部存件，原件无作者、时间，据有关文件推断为1921年以后），载张海鹏主编《中葡关系史资料集》（下卷），四川人民出版社，1999，第1991页。

⑤ 《澳门葡人擅在青州填堤浚海案节略》，载张海鹏主编《中葡关系史资料集》（下卷），四川人民出版社，1999，第1991页。

度出现明显转变。同月二十六日，葡萄牙驻广州总领事司路华赶紧致函广东军政府伍厅长，函告葡方已停止青洲附近的浚海填地工程，以稳定广东军政府使其不至于采取过激军事行为[①]。同时，葡公使利用中方南北分裂之际，撇开态度强硬的广东军政府，转向态度温和的北京政府外交部。同月三十一日，葡使那代公使致函北京政府外交部，采取褒北京贬广东的措施，言辞之间颇露献媚之意，声称："前准本月八日文，称关于澳门填筑海岸一事，当经据情转达本国政府在案。仍于静候训令之际，不意广东军政府忽用仇视之举，遣派兵舰及陆军队伍至澳门附近地方驻扎。以上想亦皆已为贵代总长所知。既然如此，本国若不念其两国睦谊甚久，将该处工程暂停，则必生出重大事端。况本国系用自有之主权施行工作也。更深悉贵政府并不以该军政府之举动为是，而且本国总以邦交为重，故将该工暂行停止。但查事虽如此，倘若该工停至三阅月之后，则该海道必然归于废弃，其所有之船只，亦难以往来。因此谨代表本国政府之意，恳请贵国派员会同本国所派出之员，将界址速行划清，以我两国之最久之交谊，而足能使两国之员从事，速得美满之结果。并望贵政府竭诚使该军政府能一致同意。以便日后所订明之界址，能以力为遵守不生妨碍，并免其对于澳门政厅应有修浚海首之权，而不发生争辩之事。"[②] 但不知是否山高皇帝远的缘故，澳葡政府联合北京政府的战略貌似不奏效，九月二十一日，广东军政府与葡萄牙代表签订了澳门港口工程合约及修改港口章程、澳门交解华犯章程[③]。

1921年的《澳门年鉴》也认为：澳葡政府与广东军政府达成共识，才能排除中葡外交辞令所造成的障碍和干涉，才能使填海等项工作继续得以进行[④]。不久，即民国十年三月，广东军政府解散，葡方与广东军政府签订的条约也因此不了了之。青洲填海工程继续进行："澳门浚港工程次第进行，其尤著者，系澳门接连之陆路东西两旁之处。该处地方填筑颇多，并建堤岸，以备民

① 《军政府外交部收政务会议谘（民国九年二月四日）——译葡总领事致伍厅长公函（由葡副领事面交）》，载张海鹏主编《中葡关系史资料集》（下卷），四川人民出版社，1999，第1983页。

② 《外交部收葡使那代使照会（民国九年二月三日》，载张海鹏主编《中葡关系史资料集》（下卷），四川人民出版社，1999，第1982页。

③ 《澳门葡人擅在青州填堤浚海案节略》，载张海鹏主编《中葡关系史资料集》（下卷），四川人民出版社，1999，第1991～1992页。

④ "Porto de Macau", *Anuário de Macau 1921*, p. 43.

船与小轮船湾泊；又辟船厂，为民船装造修理之所。从前因青州海湾泥淤，愈积愈浅，船只遂逐渐退往湾仔；现既有船坞，各船可望复回澳门。"[①] 至 1921 年，在青洲与关闸茎之间已填成大片土地（见图 2）。1923 年拱北海关也说："惟关闸迤东一带，早有多处按照全部工程之策画填筑完备，而海底工作又复逐渐经营。"[②] 1925 年，进而在关闸茎东边填出一片土地。1929 年，继续在望厦山东麓沿海填成一片土地（见图 3、图 4）。根据图 5 至图 11，可以发现 1929 年填成的填海地面积，至 1980 年，基本未出现明显的扩增情况。

至 1925 年 7 月，关闸茎两边、沙梨头与青洲岛之间的填地面积已约有 75 公顷，包括旧有陆地面积，共 85 公顷，其中 64 公顷可用于出租[③]。根据图 4 所示，在林茂码头和青洲之间的海面，已填成一条宽 100 米、长 750 米

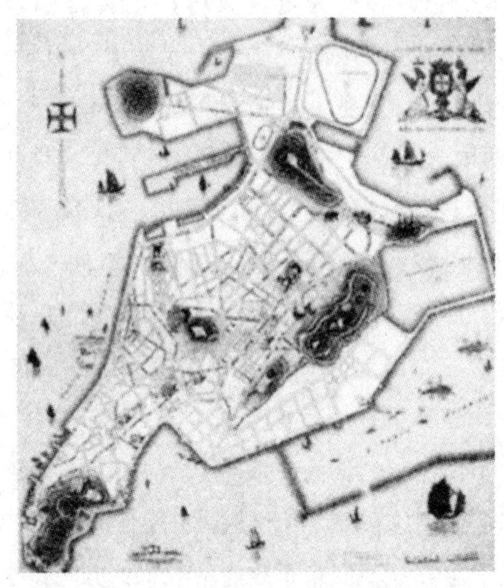

图 6 1936 年的澳门

资料来源：吴志良、汤开建、金国平主编《澳门编年史》（第五卷民国时期）（1912—1949），广东人民出版社，2009，第 2550 页。

---

① 拱北关署税务司贝泐呈报，超等帮办张玉堂译汉，文案赵锡铭撰述（民国十一年二月二十一日）《中华民国十年拱北口华洋贸易情形论略（1921 年）》，载莫世祥等编译《近代拱北海关报告汇编（1887～1946）》，澳门基金会，1998，第 334～335 页。

② 《中华民国十二年拱北口华洋贸易情形论略（1923 年）》（民国十四年三月五日），载莫世祥等编译《近代拱北海关报告汇编（1887～1946）》，澳门基金会，1998，第 345 页。

③ Duarte Abecassia, "As Obras do Pôrto de Macau", *Boletim da Agência Geral das Colónias*, Ano 1. o Julho de, 1925 No. 1, pp. 42－43.

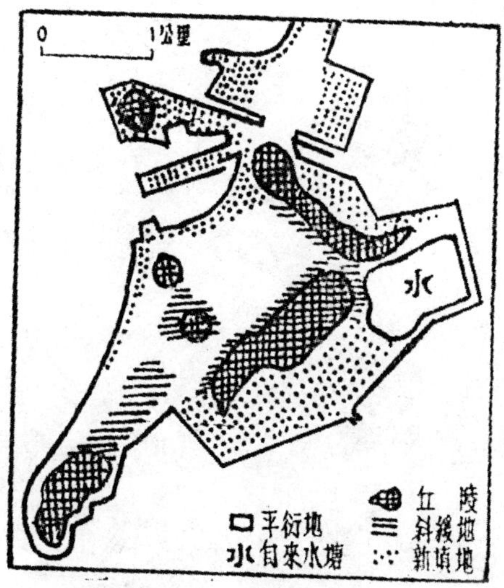

图7 澳门地形（1946年6月出版）

资料来源：何大章、缪鸿基：《澳门地理》，广东省立文理学院，中华民国三十五年六月。

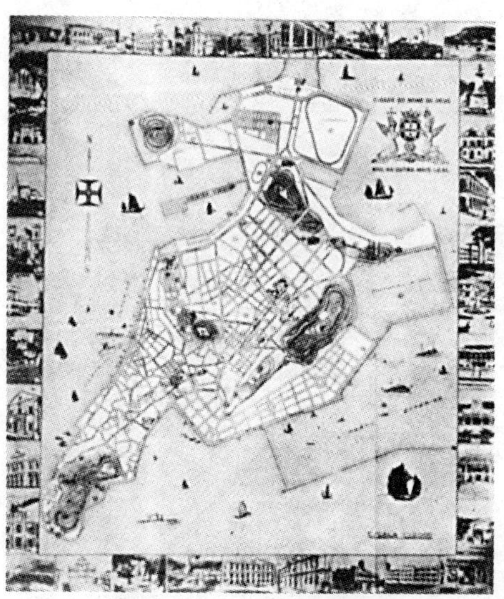

图8 1949年澳门地图

资料来源：Almerindo Lessa, *Macau*: *ensaio de antropologia portuguesa dos trópicos*, Lisboa: Internacional, 1996, p. 316。

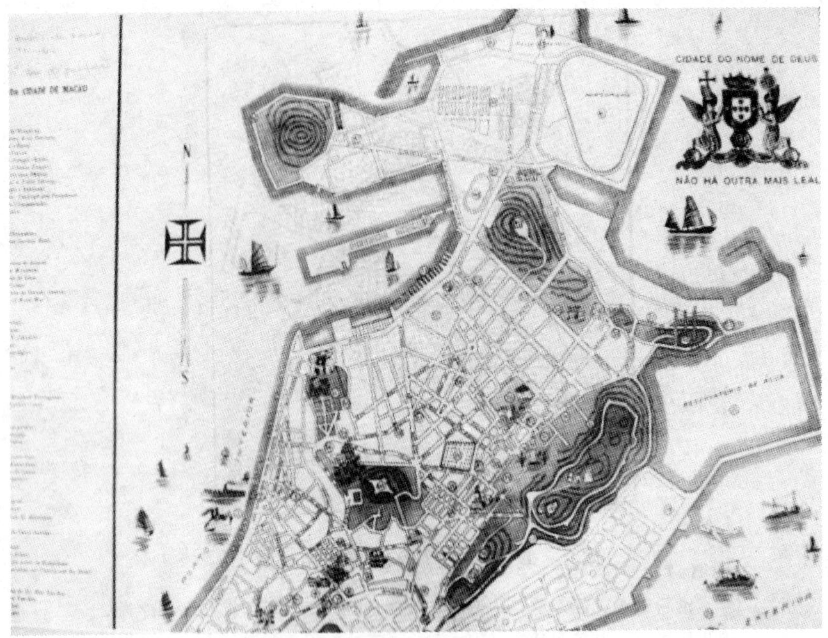

图 9 澳门地图（1952 年出版）

资料来源：*Anuário de Macau 1951 - 1952*。

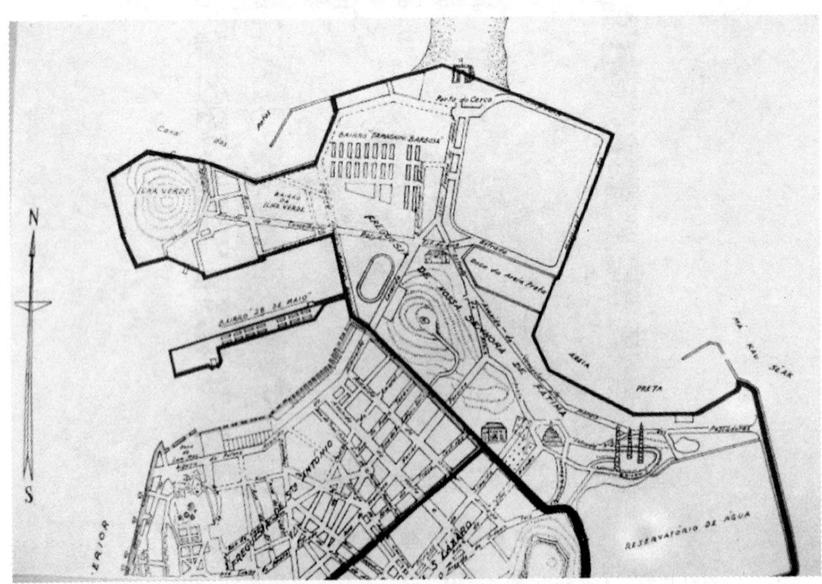

图 10 澳门地图（1971 年出版）

资料来源：*Anuário de Macau 1971*。

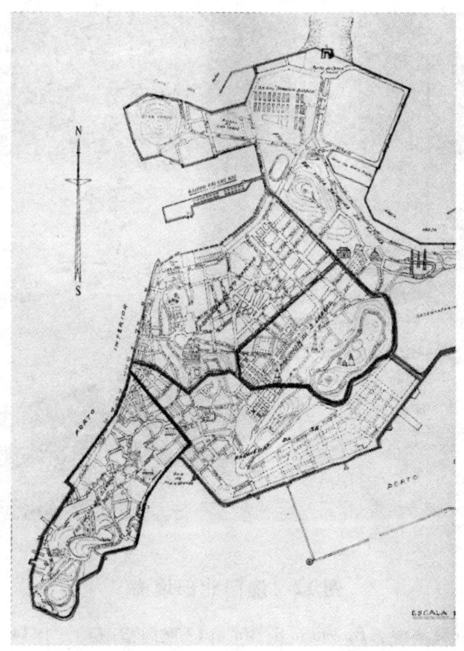

图 11　澳门地图（1980 年出版）

资料来源：载于 *Anuário de Macau 1980*。

的长堤，取名 Través do Patane，意为“沙梨头侧堤”，后译作“筷子基”。筷子基南边水域为 Bacia Sul do Patane（后译作“筷子基南湾”）；北边水域称 Bacia Norte do Patane（后译作“筷子基北湾”），该片水域呈长方形，长 750 米、宽 200 米，水域北边筑有二号码头（Doca N.°2）。青洲东北至关闸茎之间，筑有一号码头（Doca N.°1）①。自林茂码头，沿着沙梨头至关闸茎，与青洲之间海面的填海地面积约达 41 公顷②。从关闸茎至马交石之间的黑沙环也进行了填海工程，开辟为码头及避风港（见图 12）。

① Duarte Abecassia, “As Obras do Pôrto de Macau”, *Boletim da Agência Geral das Colónias*, Ano 1.° Julho de 1925, N.°1, p. 43, 49; *Cadtro das vias Públicas e Outros Lugares da Cidade de Macau* 1957, pp. 251, 269.

② Duarte Abecassia, “As Obras do Pôrto de Macau”, *Boletim da Agência Geral das Colónias*, Ano 1.° Julho de, 1925, N.°1, p. 50.

图 12 澳门北部填海

资料来源：*Directório de Macau*(《澳门指南》)，1934。

三 “新北区”的城市化发展

（一）“新北区”填地之工业

澳葡政府拟将北部填海地规划为工业区，范围自马交石至林茂码头(Doca Laman)，并配备了相应的码头设施，既可为船只提供避风港湾①，又方便工业原材料及成品的运输。当北部填海还在继续进行时，澳葡政府已开始规划该片填地的发展，拟用作避风港、船只维修处及工业用地②。并特别重视配备避风港、码头及船只修理设施，适合各类轻型船只使用，

① Duarte Abecassia, “As Obras do Pôrto de Macau”, *Boletim da Agência Geral das Colónias*, Ano 1.° Julho de, 1925, N.°1, p.38.

② *Anuário de Macau 1921*, p.43。葡文原文参考：Em linhas gerais o plano de obras que estú sendo considerado é o seguinte. 1.° – Continuar as obras ao norte de Macau – Patane, norte da Ilha Verde e Areia Preta – que estavam autorizadas e, de uma forma geral, foram encetadas ou estão em grande desenvolvimento, para abrigos, reparação de juncos e operações industriais。

以助于工业原材料及成品的运输①。1922年，澳葡政府再次强调港口工程与工业发展两者之间的关系②。据拱北海关报告，1926年澳门"迤北新垦之地已有一大部分批出，经营工业；青洲附近船坞及避风塘左右地段，亦建设工厂货仓"③。下文拟重点介绍关闸茎两边填海地的工业历史（见图13）。

图13 澳门青州英坭厂

资料来源：*Directório de Macau*（《澳门指南》），1932，第57页。

早在1922年前，青洲水泥公司（Green Island Cement CD.）④已在青洲开办砖厂⑤。1925年，新增2家砖厂，均位于黑沙环斜路（又称马交石斜

① Hugo C. De Lacerda, *Porto de Macau*, *Anuário de Macau 1921*, p. 117.

② Hugo C. De Lacerda, *Porto de Macau*, *Anuário de Macau 1921*, p. 121。葡文原文参考：A propaganda para ser completa como se torna necessário, deve atender ás seguintes questões capitais, orientando - as para o fim geral em vista e em relação ao pôrto: ás características industriais, que constituem já hoje a principal significação de Macau, revelando as possibilidades do seu desenvolvimento。

③《拱北关民国十五年华洋贸易统计报告书（1926年）》，载莫世详、虞和平、陈奕平编译《近代拱北海关报告汇编（1887～1946）》，澳门基金会，1998，第362页。

④ 青洲士敏土厂早在1889年成立。见 *Directório de Macau 1932*, p. 395。

⑤ Hugo C. De Lacerda, *Porto de Macau*, *Anuário de Macau 1922*, p. 356.

坡)[①]。至1927 年，又在青洲北部填海地上增加一家砖厂，名叫 Firma-Macao Brick Work Ltd.，至此共有 4 家砖厂[②]。至1932 年，澳门半岛只剩下青洲砖厂（Fabrica de Tijolos da Ilha Verde de Macau）一家[③]。青洲砖厂颇具盛名，据 1932 年澳门指南记载："在本澳门最盛之实业中，砖业居其一。其出品有五拾万元。该青洲砖厂乃殷商高可宁资创办。现经改组，重新办理。查该厂共有拾个，每次可出砖四拾万。其原料即由该厂对开之坦取出坦泥，应用其配制工作，乃以电力机运用机器配制之。附近有广地一段，将取出之泥及制成之泥块曝晒，然后入炉。兹闻该厂近来接得各处定货超过出品额数，诚可喜也。该厂砖不特本地喜用之，即香港及邻近各地均喜购用。云往昔澳门建筑家购用外地之砖，尝有因贼匪勒收砖船行水不敢运来，以致停止供给而无砖用，不得不改用别种砖，参差不齐者。今澳门设有砖厂，各建筑家可无顾虑矣。"[④] 1933 年，青洲砖厂改名为 Kon-Ieong，该名至少沿用至 1941 年（见图 14 ~ 图16)[⑤]。

1925 年前，在今台山新城市花园位置（即巴波沙坊旧址）已建成了台山炮竹厂。1924 年 6 月 9 日，澳葡政府批准和顺（Hoisun）公司经理华人吴云丰（Woo Iuen Fun）在青洲北部填地上设立一炮竹厂[⑥]。文德泉称：该厂规模相当大，其老板在中国台山出生[⑦]。王文达认为"一九二五年台山炮竹厂失慎爆炸"[⑧]，"遭难工友逾千人，尸骸遍地，救殓为难"[⑨]。《澳门保安

---

① Hugo C. De Lacerda, *Porto de Macau*, *Anuário de Macau 1925*, p. 89.

② Hugo C. De Lacerda, *Porto de Macau*, *Anuário de Macau 1927*, p. 309.

③ 《澳门商业工业表》, *Directório de Macau 1932*, 第XL页。

④ *Directório de Macau 1932*, p. 394。另见吴志良、汤开建、金国平主编《澳门编年史》（第五卷民国时期）(1912 ~ 1949)，广东人民出版社，2009，第 2512 页。

⑤ 《澳门商业工业表》, *Directório de Macau1933*, 第LXXII页；《澳门商业工业表》, *Directório de Macau1934*, 第LXX页；《澳门商业工业表》, *Directório de Macau 1935*, 第LXV页；《澳门商业工业表》, *Directório de Macau 1936*, 第LXIV页；《澳门商业工业表》,《澳门年鉴（一九四零年一九四一年）》，澳门经济总局，第LXXXI页。

⑥ 澳门历史档案馆室，民政管理档案，第 147 号卷宗，第 S－F 号文件，转引自〔葡〕施白蒂《澳门编年史（二十世纪）1900 ~ 1949》，金国平译，澳门基金会，1994，第 177 页。

⑦ Manuel Teixeira, *Toponímia de Macau* Ⅱ, p. 128。葡文原文参考：o nome T'oi-Sán deriva duma grande fábrica de panchões ali situada, cujos donos eram natuais do distrito chinês de T'oi-Sán.

⑧ 王文达：《澳门掌故》，澳门教育出版社，1999，第 173 页。

⑨ 王文达：《澳门掌故》，澳门教育出版社，1999，第 172 页。

图14　澳门旺厦炮台（右）及青洲与青洲士敏土厂

资料来源：*Directório de Macau*（《澳门指南》），1933，第136页。

图15　《青洲北部填地之砖厂》

资料来源：*Anuário de Macau 1927*，p. 81。

图 16　澳门工业之一——烧砖窑

资料来源：何大章、缪鸿基：《澳门地理》，广东省立文理学院，中华民国三十五年六月。

部队》也记载：1925 年 12 月在关闸发生火药厂及烟花厂事故[①]。就笔者目前所见，当时的英文和葡文史料未见有台山炮竹厂的记录。如 1925 年 12 月 31 日的香港报纸《士蔑西报》报道：1925 年 12 月 30 日，澳门一间新开办的炮竹厂发生了特大爆炸，造成 150 人伤亡[②]。该报道未道明是“台山炮竹厂”。再查阅 1922、1924 和 1925 年《澳门年鉴》，也未见有台山炮竹厂的记载。据有关统计，1922 年澳门半岛有 7 间炮竹厂，一是 Firma – T'ong-cheong（位于望厦北便街），二是 Firma – Chou-iek（位于海边马路），三是 Firma – Im-ling（位于沙岗白灰里），四是 Firma – Veng-i-seng（位于望厦），五是 Firma – Kong-in（位于东望洋马路），六是 Firma – Keng-fok-chan（位于二龙喉马路），七是 Firma – Chan-hong-sang（位于 Chacara da Maria Filipa）[③]。

① 保安政务司办公室编《澳门保安部队》（Forças de Segurança de Macau），澳门，1999，第 235 页。

② The Hong Kong Telegraph，1925 年 12 月 31 日，p. 2。英文原文见：Terrible explosion in Macao. One hundred and fifty casualties.（Our Own Correspondent.）Macao，December. 30. As the result of an explosion at a new fire cracker factory，150 people were killed and wounded。

③ Hugo C. De Lacerda，*Porto de Macau*，*Anuário de Macau 1922*，p. 357.

后又减少到5间，记载中没有了第三间和第六间，但在1925年的《澳门年鉴》中又出现。至1925年在海边马路增加一座新炮竹厂，取名Firma－Kuong-Lung-long①。1927年《澳门年鉴》的记载和1925年的一样，同为8间炮竹厂②。分析这5份《澳门年鉴》的记录，从厂名和厂址判断，均未能找到位于关闸茎西边填海地上的新炮竹厂——台山炮竹厂的迹象。但1938年出版的中文史料《崔诺枝先生善绩纪略》记载："澳门北郊，有台山炮竹厂焉。某岁，不戒于火，职工死于难者百数十人。"③ 因此看来，台山炮竹厂的存在及1925年发生的爆炸事件应该实有其事④。台山炮竹厂爆炸事件后若干年，又在其旧址附近先后开办了5间炮竹厂。据1932年《澳门指南》记载，"前有瑞典国商店一家，亦拟在澳门设火柴厂乙所，经在关闸批得地段乙坵，嗣因别故，未能开办，特将该地转让与一中国公司，改设炮仗厂"，取名华德（Va-tac）炮竹厂⑤。华德炮竹厂位于青洲；青洲北边填地上还建有2间炮竹厂，一是Veng-un-cong-si炮竹厂（又写作Veng-iun-cong-si），二是Hun-yuen-yci-kee炮竹厂（又写作Hun-yuen-yick-kee或Hun-yuan-yicc-kei或Him-yuen-yick-ki或Him-Un-Ico-Kei）。前者在1938年的《澳门指南》中已不见载，推测可能是停办或转手。1938年《澳门指南》增载Nam-Ieong炮竹厂一间。据1944年街道名册记载，Nam-Ieong炮竹厂周边街道有菜园涌边街、菜园涌巷和工厂街；Him-Un-Ico-Kei炮竹厂位于工厂街；此外还有位于菜园涌边街的Tin-Seng炮竹厂⑥工厂街

---

① Hugo C. De Lacerda, *Porto de Macau*, *Anuário de Macau 1925*, pp. 86－87.

② *Hugo C. De Lacerda*, *Porto de Macau*, *Anuário de Macau 1927*, p. 307.

③ 《崔诺枝先生善绩纪略》，澳门中华印务公司，中华民国二十七年（1938）十二月。

④ 不过，王文达称台山炮竹厂爆炸事件后，"澳葡为曲突徙薪计，迺令澳中所有炮竹厂迁移氹仔"（见王文达《澳门掌故》，第172页）的说法是不符合历史事实的，因为1927年《澳门年鉴》记载有8间炮竹厂分布在望厦和东望洋山一带。

⑤ 《澳门商业工业表》（*Directório de Macau 1932*），p. 388；p. 393。

⑥ 《澳门商业工业表》，（*Directório de Macau 1932*），第XXXII页；《澳门商业工业表》（*Directório de Macau 1933*），第LX页；《澳门商业工业表》（*Directório de Macau 1934*），第LVIII页；《澳门商业工业表》（*Directório de Macau 1935*），第LIV页；《澳门商业工业表》（*Directório de Macau 1936*），第LIII页；《澳门商业工业表》（*Directório de Macau 1937*）；《澳门商业工业表》（*Directório de Macau 1938*），第XLVIII页；《澳门商业工业表》（*Directório de Macau 1939*），第LVII （转下页注）

附近的炮竹厂直至1952年仍存在[①]。

1928年开始在沙梨头横线即（青）洲马路第二号船澳附近筹建中山冰厂，至1930年正式成立。该冰厂自建筑以至安配机器，均由一青年工程师陈桂眉监督，陈君乃留美毕业者，其家族在美国从事冷藏行业，所以冰厂机器直接由美国约克洋行运至澳门，制冰技术也从美国引进。又由于澳门缺乏制冰技术人才，所以特地从上海聘请工程师及技术人员[②]。1932年，"该厂现有亚摩呢发动机弍副，用三位相发电机弍副使其转动，计有三十匹马力四十唵啤。又设电力水泵五个，以两个抽水至天台上蛇形管。每日出冰壹百四拾四片，每片三百磅，共重十二吨，足供本澳鱼铺所用"[③]。并计划"拟制造雪糕、冰条、雪菓等，转发市上售卖，使出品陆续增加。云该项机器亦经在厂安好，预算每小时可出五十磅"[④]。不过，直至抗战期间香港沦陷之前，中山冰厂制造的冰条一直未能打开市场，澳门市面上销售的冰条仍由香港牛奶公司供应。香港沦陷后，香港牛奶公司无法运送冰条至澳门，中山冰厂把握时

（接上页注⑥）页；《澳门商业工业表》，《澳门年鉴（一九四零年一九四一年）》，第LXⅦ页；*Cadastro das vias e outros lugarespublicos da cidade de Macau 1944*, pp. 389, 128, 245。菜园涌边街（Rua Marginal do Canal das Hortas）较早见载于1937年12月11日的《澳门宪报》，据1944年街道名册记载，它位于巴波沙坊之北，街边面临Tin-Seng和Nam-Iong炮竹厂建筑物及华人Tam IaoNgao物业的墙壁。见《澳门年鉴（一九四零年一九四一年）》，第151页；*Cadastro das vias e outros lugares publicos da cidade de Macau 1944*, 389; Leal Senado da Camara Municipal de Macau, *Cadastro das vias Públicas e outros lugares da cidade de Macau 1957*, p. 156;《澳门市街道及其它地方名册》，1993，第131页。

菜园涌巷（Travessa do Canal das Hortas）最早见载于1941年11月1日《澳门宪报》；据1944年街道名册记载，它位于巴波沙坊之北，始于菜园涌边街，止于工厂街之Nam Iong炮竹厂前。见*Cadastro das vias e outros lugares publicos da cidade de Macau 1944*, p. 128; Leal Senado da Camara Municipal de Macau, *Cadastro das vias Públicas e outros lugares da cidade de Macau 1957*, p. 70;《澳门市街道及其它地方名册》1993，第40页。工厂街（Rua da Fábrica）较早见载于1941年11月1日的《澳门宪报》，据1944年街道名册记载，它位于Him-Un-Ico-Kei炮仗厂门前，均在巴波沙坊之北。见*Cadastro das vias e outros lugares publicos da cidade de Macau 1944*, p. 245; Leal Senado da Camara Municipal de Macau, *Cadastro das vias Públicas e outros lugares da cidade de Macau 1957*, p. 115;《澳门市街道及其它地方名册》，1993，第88页。

① *Anuário de Macau*, 1951 - 1952.

② 吴志良、汤开建、金国平主编《澳门编年史》（第五卷民国时期）（1912~1949），广东人民出版社，2009，第2491~2492页；陈子良主编《澳门百业三编：培正学生历史报告选集》，培正史地学会，2001，第71页；《澳门的实业》（*Directório de Macau 1932*），p. 393。

③ 《澳门的实业》（*Directório de Macau 1932*），p. 393。

④ 《澳门的实业》（*Directório de Macau 1932*），p. 393。

机，拓展业务，不但占领澳门市场，还把冰条运往珠三角城市销售。其后，更是扩大厂房面积，设立分销处及办事处，成为澳门最具规模的冰厂①。该中山冰厂在1932~1941年历年的《澳门指南》之《澳门商业工业表》均有记录。

除水泥厂、砖厂、炮竹厂及冰厂外，关闸茎两边的填海地还短暂开办过食品加工厂及铸造厂等。1927年，关闸茎马路上还开办了一间食品加工厂②。青洲曾短暂开办过铸造厂，该厂于1937年开办，名为Malcom e Co.铸造厂，约至1939年停办。其时，澳门仅两间铸造厂，除位于青洲之外，还有一间位于妈阁，名为Ofioinas Navais铸造厂，约于1937年开办，至1941年仍在营业。青洲铸造厂开办之前，澳门半岛仅一间铸造厂，名Kuong-sze-cheong铸造厂，位于罅些喇提督大马路（Avenida Almirante Lacerda，又称提督马路）143~149号，约于1937年停办③。黑沙环马路则多开办鲜鱼栏及咸鱼栏，1942年有两间鱼栏，分别是Sang-tai鱼栏和Son-kei鱼栏④。此外，黑沙环靠近关闸茎横路处也开办了一间烧灰厂。

20世纪30年代末，关闸茎附近的填海地开始开辟为种菜地，1937年辟成菜园涌边街，1941年建成了菜园涌巷即为证据（见图17、图18）。

（二）娱乐场所：赛马场、跑狗场及运动场

1. 赛马场

1924年3月19日，澳葡政府发布第14号法令订立澳门赛马专营权⑤。

① 吴志良、汤开建、金国平主编《澳门编年史》（第五卷民国时期）（1912~1949），广东人民出版社，2009，第2491~2492页；陈子良主编《澳门百业三编：培正学生历史报告选集》，培正史地学会，2001，第71页。

② *Anuário de Macau 1927*, p. 208。参考葡文原文：Firma – Ioc-qui, Gerente – Lo-iok, Estrada das Portas do Cêrco, s/n. Canjas。

③ 《澳门商业工业表》（*Directório de Macau 1932*），第XX页；《澳门商业工业表》（*Directório de Macau 1933*），第XLI页；《澳门商业工业表》（*Directório de Macau 1934*），第XXXIX页；《澳门商业工业表》（*Directório de Macau 1935*），第XXXVIII页；《澳门商业工业表》（*Directório de Macau 1936*），第XXXVI页；《澳门商业工业表》（*Directório de Macau 1937*），第XXXV页；《澳门商业工业表》（*Directório de Macau 1938*），第XXXV页；《澳门商业工业表》（*Directório de Macau 1939*），第XLII页；《澳门商业工业表》，《澳门年鉴（一九四零年一九四一年）》，第XLVIII页。

④ 《澳门商业工业表》，《澳门年鉴（一九四零年一九四一年）》，第LXXI页。

⑤ 邢荣发：《澳门马场区沧桑六十年（1925~1985）》，《文化杂志》2005年第56期。另见吴志良、汤开建、金国平主编《澳门编年史》（第五卷民国时期）（1912~1949），广东人民出版社，2009，第2403~2404页。

图 17　澳门工业之二——烧灰窑（缪鸿基摄）

资料来源：何大章、缪鸿基：《澳门地理》，广东省立文理学院，中华民国三十五年六月。

图 18　菜地

资料来源：何大章、缪鸿基：《澳门地理》，广东省立文理学院，中华民国三十五年六月。

同年4月，澳门国际赛马和娱乐俱乐部有限公司（The International Race and Recreation Club of Macao Limited）成立，在澳葡政府登记，并获得30年内在澳门举办赛马的特权。赛马公司由一群热心人士合作，包括进取的上海商人，他们拟合作赛马举办为商业娱乐活动。该公司资金为500000元，其中200000元分成股份，每股20元。推动有澳门方面的Loo Lim-yok先生和Long Pat先生，上海方面的K. H. Chua，T. U. Yih，H. C. Wong和K. D. Soo 4位先生。同年7月，当赛马公司的组织者正在马不停蹄地开展赛马俱乐部（Racecourse Club）的相关事宜时，即有人预见他们开办赛马场的方案将会彻底失败。后来，赛马场的筹备工作非常艰难地进行，一方面来自赞助者的固执己见，另一方面则主要由于官方的阻力，尤其是里斯本议会（The Parliament at Lisbon）的不同意[①]。在该公司营运早期，有上海的W. L. Gorrard先生对该公司投入了极大的热情及期望，然而几个星期过去后，由于该公司依然未能获得政府的全力支持，于是他便退出了赛马公司，从澳门撤退[②]。赛马公司在澳门开办赛马场的提议虽然获得了时任澳门总督罗德礼（Rodrigo José Rodrigues）的批准，但却在赛马场选址及租金上面临巨大困难。8月4日，卢廉若致函澳门总督，请求其按照赛马专营权合同的规定，协助投得专营者征地，以建造赛马场及配套设施[③]。该公司最初选择the Fields of Macao（1926年用作足球赛场及西班牙飞行员降落飞机的场所）作为赛马场地，并与澳葡政府展开商谈。但由于选址部分土地属于私人地产，他们要求支付大笔金钱才愿意卖出手中的土地。如果政府从私人手中收购回这片土地，再租给赛马公司（the Racecourse Company），损失将会很大。因为澳葡政府要花1000000元或更多金钱收购这片土地，虽然赛马公司每年支付10000元租金并将部分收益支付给政府，但显然不能弥补政府收购土地的支出。况且，赛马公司也无法承受前期巨额的开支。其时的报纸*South China Morning Post*曾有人撰文提出解决方案，即租赁关闸茎东边的填海地辟为跑马道。起初澳葡政府丝毫没有将该片填海地辟为跑马场的

① *The Hong Kong Telegraph*, 1926. 10. 12. , p. 1.

② *The Hong Kong Telegraph*, 1926. 10. 12. , p. 1.

③ 邢荣发：《澳门马场区沧桑六十年（1925～1985）》，《文化杂志》2005年第56期。另见吴志良、汤开建、金国平主编《澳门编年史》（第五卷民国时期）（1912～1949），广东人民出版社，2009，第2418～2419页。

意思，他们拟计划将该填海地辟为供管治区年轻人使用的足球场及其他体育运动场所。然而辟为赛马场则是一个更好的方案，因为赛马场的相关建筑物可以改变这片填海地丑陋的棚屋景观，使其变为现代性特强而且更漂亮的面貌。而且最重要的是，辟为跑马场能为澳葡政府带来更大的收益。

以关闸茎东边填海地作为跑马场址，使赛马公司筹备商业赛马活动的情况出现了转机。1925 年 10 月 8 日的香港报纸《士蔑西报》迫不及待地向读者报道了其时澳门关于租赁黑沙环填海地作赛马场地的洽谈正在顺利进行，并预测这块填海地将能满足赛马设施的全部用地需求，明显比之前的选址望厦运动场更适合于赛马。赛道周长 1 英里，有足够的空间用作观赛的站台及其他附属建筑物。这个赛马场将致力于达到国际水平①。

不过，受制于填海进度及其地质条件，赛马跑道及相关设施的建筑不得不往后拖延。当填海地准备妥当后，赛马道形状才得以最终确定，集中所有中国劳动力在泥泞的填海地上铺设砂石。至 1926 年 10 月 26 日，跑道工程才进入尾声，只差在其上铺上草皮。同时，其他赛马设施的建造也在进行中。赛马道边上的看台，由上海建筑师负责设计，因为选址的变化，设计曾有过细微的改动。赛马道边兴建一个会员看台及一个公众看台，还建造一所必要的建筑物以备观看长期赛马之需。除这些建筑物外，赛马公司还在 the Centre of the Town 建造了一栋建筑，用作公司办公大楼，该建筑还配备舒适及设施齐备的客房及大堂，可供会员及贵宾享用。当赛马道等设备即将竣工之际，赛马公司将吸收香港、广东、澳门、上海及其他地方人士成为公司俱乐部成员，入会费拟定为 40 元，成为会员后每年缴纳 12 元会费。赛马培训学校也将开办，为初学者提供驯顺的马匹，把那些赛马活动的热衷者培养成赛手②。

当所有设施建筑进入尾声后，1926 年 10 月 12 日的香港报纸《士蔑西报》报道：澳门赛马公司拟在 1927 年年初，即中国农历春节期间举办首场赛马比赛③。同年 12 月 29 日的（《士蔑西报》）还预报：如果天气允许，澳门赛马公司将在 1927 年 2 月 6 日举办首场比赛；4 月 16 日、17 日、18 日和 24 日举行首届年度春季赛；4 月 18 日举行冠军总决赛④。撰写于 1927 年 3

① *The Hong Kong Telegraph*, 1925. 10. 8. , p. 4.

② *The Hong Kong Telegraph*, 1926. 10. 12. , p. 12.

③ *The Hong Kong Telegraph*, 1926. 10. 12. , p. 12.

④ *The Hong Kong Telegraph*, 1926. 12. 4. , p. 4.

月8日的拱北海关报告也称“关闸大路之东设有跑马场一所，不日行将开幕”①。

1927年3月9日，赛马公司终于成功举办首场商业赛马活动，拱北海关报告盛赞该场赛马“在澳门历史中此为创见，诚盛举也。其赛马场设于新填海岸之内，密迩关闸，佳景回环，雅丽如画”②。同年5月7日的《香港孖剌西报》刊登了澳门赛马结果③。同年12月4日，还在赛马场举办了首届汽车比赛④。此后，每逢澳门赛马场赛事，开辟专门的港澳轮船专线，搭送看客前来观看。“澳门万国赛马体育会本年（1928年——引者注）预定时日，依期赛马，甚得群众欢迎。香港方面则专备一快捷轮船，于赛马期间往来港澳，凡兴高采烈者，率趁搭此船，以快其心意。而马场陈设华丽，亦堪称为远东佳景之一。”⑤

1933年3月25日，靠近黑沙环的赛马场娱乐联合公司（Sociedade da União Recreativa，史料最初翻译为“澳门协和体育会”⑥）大厦启用。《澳门之声》对该物业作了如下的描绘：“壮丽的大厦，线条简朴铺设合理，十分宽敞。在附属于它的宽阔地面上，右手已有一座停车场，并将设立足球场、网球场、高尔夫场、篮球场、曲棍球场和一个会员子女使用的儿童乐园，公司董事已作出最大的努力以兴建一个大游泳池。”⑦

---

① 《拱北关民国十五年华洋贸易统计报告书（1926年）》，载莫世祥、虞和平、陈奕平编译《近代拱北海关报告汇编（一八八七——九四六）》，澳门基金会，1998，第362页。

② 《拱北关民国十六年华洋贸易统计报告书（1927年）》，载莫世祥、虞和平、陈奕平编译《近代拱北海关报告彙编（一八八七——九四六）》，澳门基金会，1998，第366页。另见吴志良、汤开建、金国平主编《澳门编年史》（第五卷民国时期）（1912～1949），广东人民出版社，2009，第2450页；〔葡〕施白蒂：《澳门编年史（二十世纪）1900～1949》，金国平译，澳门基金会，1994，第208页。

③ *Hong Kong Daily Press*, 1927. 5. 7. , p. 5.

④ 《求实》（A Verdade），1927年11月17日。转引自吴志良、汤开建、金国平主编《澳门编年史》（第五卷民国时期）（1912～1949），广东人民出版社，2009，第2459页；〔葡〕施白蒂：《澳门编年史（二十世纪）1900～1949》，金国平译，澳门基金会，1994，第214页。

⑤ 《拱北关民国十七年华洋贸易统计报告书（1928年）》，载莫世祥、虞和平、陈奕平编译《近代拱北海关报告汇编（一八八七——九四六）》，澳门基金会，1998，第370页。另见〔葡〕施白蒂：《澳门编年史（二十世纪）1900～1949》，金国平译，澳门基金会，1994，第2472页

⑥ *Directório de Macau 1933*, pp. 349, 492.

⑦ 飞历奇：《澳门电影历史：有声影片时期（1932～1936）》，《文化杂志》1995年。

图 19　澳门黑沙环新填地及赛马场

资料来源：*Directório de Macau*(《澳门指南》)，1932，第 384 页。

图 20　澳门协和体育会址正面

资料来源：*Directório de Macau*(《澳门指南》)，1933，第 349、492 页。

1938 年，有游客路过澳门赛马场，认为：“它的面积与跑马的途径，比香港的还大。但设备上不及香港的完善。闻说那赛马场最初是上海万国体育

图 21　澳门协和体育会会址后面及网球球场

资料来源：*Directório de Macau*（《澳门指南》），1933，第349、492页。

会经营的。至今马夫及马场杂役，完全是上海人。”[①] 随着抗战的继续，物资供应愈感困难，澳门赛马场的马匹也被迫宰杀用以果腹。经过此劫后，赛马场便结束了光荣的历史。旧址一度被开辟为菜园农田[②]。

2. 跑狗场与运动场

1931年，由于上海方面下令禁止赛狗，所以资本最雄厚的赛狗场申园决定移足澳门，另觅出路及发展（见图22～图25）。据《香港工商日报》报道：“惟查沪上赛狗获利最丰，而又资本最雄厚者，厥推申园。该园自接到停止营业令后，知难力争，然又不忍弃置，乃思向华南择地发展。现闻该园由干部议决迁往澳门，乃派人往谒澳督。经几番之磋商，结果甚为完满。现在场址仍未择定。大约本年四五月间，当可开始经营。此业一开，马交石上，又不知多却几许游客矣。”[③] 大约过了3个月，跑狗场的经营许可证（the dog-racing licence）由申园跑狗场的 William Logan

① 柯绍明：《东方蒙特卡罗观光记》，1938年第12卷第10期。另见赵利峰《民国时期的澳门跑狗事业》，英文原文载 *The Hong Kong Telephaph*。

② 关于赛马场结束营业后，旧址的用途详见邢荣发《澳门马场区沧桑六十年（1925～1985）》，《文化杂志》2005年第56期。

③《澳门将有赛狗场出现》，《香港工商日报》1931年2月27日，第3张第2版。另见赵利峰所著《民国时期的澳门跑狗事业》。

图 22　澳门赛马路

资料来源：*Directório de Macau*（《澳门指南》），1938，第 265 页。

图 23　澳门青洲赛狗场及砖窑

资料来源：*Directório de Macau*（《澳门指南》），1932，第 464 页。

图24 赛狗场

资料来源：*Directório de Macau*（《澳门指南》），1933，第72页。

图25 跑狗场及制砖厂暨劳工住区鸟瞰

资料来源：Directório de Macau（《澳门指南》），1936，第310页。

Gerrard 先生转让给一个由英国、葡萄牙和中国商人组成的辛迪加（a Syndicate of British, Portuguese and Chinese Merchants），该辛迪加的发起人有 Henrique Nolasco da Silva 先生、Antonio Maria da Silva 先生和华商范洁

朋先生（Fan Kit-pang）。澳门跑狗事宜交由一家香港公司办理，该公司资本大约为150000元或200000元。上海方面的L. F. Jovino先生被任命为该公司的总经理，在上海置购赛狗各项设备及犬只，并负责运送回澳。然而，至同年5月9日，还不清楚澳门方面何时建造跑狗场赛道、看台及狗舍等，开业显然仍需要一段时间[①]。由于难以购置相关设备及恶劣天气的影响，赛狗场建造工程进度极为缓慢，直到同年年底才陆续竣工。在这些陆续完工的建筑物中，最吸引人眼球的是电力控制塔（the electric control tower），为中式建筑风格。它独立于其他建筑之外，发挥着重大的作用：一可以控制赛事中电子兔的奔跑动作，电子兔由一机械手托着，另一端则连接到隐藏在绝缘木盒里的小电车，电力控制塔可以通过控制小电车而使电子兔完成奔跑的动作；二还可以控制赛道上300盏电灯的开关，赛事开始前，电力控制塔可以一并打开赛道上的300盏电灯，同时熄灭赛道以外的照明设施。这样一来，观众的注意力将全部被赛道灯光吸引，从而集中精力观看赛道上的跑狗追逐电子兔的精彩一幕。驱动电子兔奔跑的小电车外罩绝缘体，避免漏电或触电事件发生，从而确保了观众的安全。看台为钢筋混凝土结构，座位舒适，能同时容纳2000名观众；所有看台对赛狗俱乐部会员免费开放，非会员需要缴纳少量费用才被允许在公众看台观赛。现代化的狗舍整洁美观，能容纳300只格力犬，并采取科学方法照料这些格力犬，配备专业兽医及食谱。赛狗场的工作人员多为专业人员，如电力控制塔的主管I. Manturoff先生曾在上海体育馆（the Stadium at Shanghai）相同岗位上服务了3年，M. McGrath先生有澳大利亚赛狗训练师许可证，赛狗训练主要负责人为3位欧洲培训师。在赛狗场设施基本竣工的情况下，同年12月19日香港《士蔑西报》预告：赛狗将在翌年1月首个星期内举办[②]。在开赛前夕，赛狗会一边紧锣密鼓地招募会员，举办赛狗选号抽签、命名等活动，还在报纸上加强宣传力度，预言澳门跑狗将会像其他地方一样大获成功[③]。

---

① *The Hong Kong Telegraph*, 1931. 5. 9. , p. 12.

② *The Hong Kong Telegraph*, 1931. 12. 19, p. 19；另见赵利峰《民国时期的澳门跑狗事业》，英文原文载 *The Hong Kong Telephaph*。

③ 中译文见赵利峰《民国时期的澳门跑狗事业》，英文原载 *The Hong Kong Telegraph*, 1931年12月22日，第4页；1931年12月24日，第16页。

1932年1月2日（周六）晚上，澳门跑狗场如期举办了首场跑狗比赛；翌日晚上，继续进行第二次比赛。这两次比赛，吸引了香港和广州的看客。《士蔑西报》报道：“澳门跑狗场举行了两次跑狗，在澳门掀起了热潮。赛事引人入胜，包括不少来自香港和内地的观众都对此感到满意。因赛狗时间设在周六和周日的晚间举行，第一次赛狗后，就有一些人议论，周日的赛事如能改在下午举行，将会更好。这样可以方便来自香港或广州的观众。”[①]其后，赛狗场的赛事陆续进行，由于不少香港、广州看客前往观看，因此安排了专门轮渡接送看客，《香港华字日报》报道：“会友及各界注意，澳门赛狗会夏季开赛时间：星期三晚九时正，星期六晚九时半（开赛日期有大船往来港澳）。”[②] 据9月27日报道，澳门赛狗日期将更改为逢周六晚9点15分开赛，逢周日下午2点15分开赛，并安排专门轮渡接送观赛者[③]。

赛狗场之所以能吸引如此多的香港、广州看客前往观看，不外于它新奇的赌注方式、摩登感十足的灯光装饰，以及犬只闪电般的跑速。1934年，有游记生动描述了让人如痴如醉的澳门赛狗场：“黑压压的人头，波音机的音乐，十光五色的电炬，喧哗的声和博客喝彩之声，混成一片，使人目眩神迷，真不愧是南中国的‘堂天’（应为‘天堂’——引者注）了。”[④] 当然，该名游客也毫不忌讳地称道：“澳门位于广东之南，北接中山，南接香港，是葡人的居留地，交通利便，人口繁盛，它有热闹繁盛的马路，规模宏大的电影院，高耸入云的洋楼，堂皇富丽的百货商店，可称是一个繁盛的都市了，虽然是受着不景气的影响，商务冷落；但是市上流行的‘嫖赌饮吹’都很盛行，那里的娱乐场，妓馆，番摊，烟室，跑狗场……林立市内，于是澳地变成了畸形的繁盛了。”[⑤]

不过，澳门跑狗场的繁荣很快呈现衰败的景象[⑥]。尽管历次组织者均苦心经营，尤其1936年努力进行重振澳门跑狗赛事，其时赛事已经中断了

① 转引自赵利峰所著《民国时期的澳门跑狗事业》，英文原文载 *The Hong Kong Telephaph*。

② 《香港华字日报》1932年6月20日，第2张第3页。

③ *The Hong Kong Telegraph*, 1932年9月28日, p. 7.

④ 志明：《澳门一瞥（澳门通讯）》，《人言周刊》1934年第1卷第26～50期（下册）。

⑤ 志明：《澳门一瞥（澳门通讯）》，《人言周刊》1934年第1卷第26～50期（下册），第529页。

⑥ 关于澳门赛狗场的兴衰详见赵利峰《民国时期的澳门跑狗事业》，英文原文载 *The Hong Kong Telephaph*。

相当长的时间，但组织者有信心使跑狗比赛成为一项时髦的运动。他们对赛道周围的看台做出了巨大改造，并引入多种多样的娱乐项目，包括打靶、套圈、露天舞场、溜旱冰、台球、粤剧等[①]。但跑狗场却不幸遭遇同年8月17日凌晨的风灾，损失惨重，据报道："十七晨一时卅五分，飓风抵澳时，因风口来得甚速，又在黑夜，故猝不及防。……赛狗场损失亦重，所有游艺木屋、戏院茶室、发令台、电兔室、门面装饰，均被吹塌，围绕全场之木板，亦被吹去甚多，损失万余元。"[②] 此后便一蹶不振，甚至关门大吉。同年，有游客目睹："跑狗场是一种新的玩艺儿，从前每到华灯初上，红绿士女，纷纷赴场，而现在已是门前冷落，车马稀少，关门大吉了。由此可知，澳门已给不景气重重的压迫，几至喘不过气来。从前的盛况，而今已矣。回首前尘，真令当局啼笑皆非。"[③] 1938年，也有游客前往赛狗场旧址，写下感受："过了一会，便是赛狗场，该场建于一九三一年。上海公共租界禁止赛狗之后，申园主人将他的营业搬到这里来的。因为不景气的影响，游客减少，而当地人士对于赛狗又不发生兴趣，结果只有关门大吉。迄今尚没有人接办。"[④]

1940年5月28日，澳葡政府收回赛狗场，并改建为一运动场（见图20、图25～图28），取名"五二八运动场"，以纪念葡萄牙"五二八"起义，又称"莲峰球场"[⑤]。澳葡政府还在赛狗场旧址增建了几座贫民房屋，以供留澳上海葡侨居住[⑥]。

---

① 中译文见赵利峰《民国时期的澳门跑狗事业》，英文原文载 *The Hong Kong Telegraph*, 1936, p. 9; *The Hong Kong Telegraph*, 1936, p. 1。

② 《港澳风灾续即：濠江覆舟亦溺毙数榜人——跑狗场一扫而空，损失万余元》，《香港华字日报》1936年8月19日，第2张第4页。另见赵利峰《民国时期的澳门跑狗事业》，英文原文载 *The Hong Kong Telephaph*。

③ 阿森：《各地通讯：闲话澳门（澳门通讯）》，《人言周刊》1936年第3卷第11期，转载自赵利峰《民国时期的澳门跑狗事业》，英文原文载 *The Hong Kong Telephaph*。

④ 柯绍明：《东方蒙特卡罗观光记》，1938年第12卷第10期，第63页。另见赵利峰《民国时期的澳门跑狗事业》，英文原文载 *The Hong Kong Telephaph*。

⑤ 施白蒂：《澳门编年史（二十世纪）1900～1949》，金国平译，澳门基金会，1994，第285页；李鹏翥：《澳门古今》，第32页；吴志良、汤开建、金国平主编《澳门编年史》（第五卷民国时期）（1912～1949），广东人民出版社，2009，第2607页。

⑥ 《澳门赛狗尚无定期：公司代表赴澳付款六万、狗场工程短期内将恢复》，《大公报》1962年3月17日，第4版。

图26 澳门运动场

资料来源：《澳门年鉴（一九四零年——一九四一年）》，澳门经济总局，第360页。

图27 澳门运动场观众位置

资料来源：《澳门年鉴（一九四零年——一九四一年）》，澳门经济总局，第360页。

直至20世纪60年代，有关方面再次筹划在赛狗场旧址恢复跑狗比赛。1962年《大公报》刊登了相关报道：“澳门赛狗会娱乐有限公司的代表人程

图 28 “五二八”（澳门）运动场

资料来源：*Anuário de Macau*, 1951 - 1952。

伯庵及高级人员吕维藩等，昨天自港来澳，在中午十二时向当局缴纳了六万元。该款系补偿赛狗场内政府贫民屋的建筑费，因原来的贫民屋拆卸建为狗屋，而狗会出资六万元，交由政府另建新贫民屋给予留澳上海葡侨居住。记者问吕维藩：关于狗场何日开工？什么时候能开始赛狗？据说，目前狗会尚有许多事情要做，狗场工程希望于最短期内开始。至于今年八月间能否开办赛狗，吕维藩说，希望是这样，但尚不能作出正确日期，因为有不少工作尚在进行。他对记者表示歉意说：目前暂时没有什么可以奉告，将来有消息时，自当发表。据悉：关于狗场工程，照葡当局规定，如今年四月底以前，狗场倘不复工，可能取消承办人合约，故预计狗场工程将于不久恢复。至于一些狗场工程器材，是由澳洲及其他地方运来的；如这些器材未及时运到，可能阻延狗场复工日期。”①

① 《澳门赛狗尚无定期：公司代表赴澳付款六万、狗场工程短期内将恢复》，《大公报》1962年3月17日，第4版。

（三）贫民坊：巴波沙坊和五二八坊

1924年，随着关闸茎西边填海地的完成，澳葡政府和同善堂合力在该地盖了上百所茅草屋，以供贫苦平民居住[①]。1925年年底，由于受台山炮竹厂影响而遭到极大破坏，“澳门北郊，有台山炮竹厂焉。某岁，不戒于火，职工死于难者百数十人。政府禁复业，地成焦土，……平民无力僦居者，多露宿道旁，每届冬寒，北风虎虎，瑟缩如虾状”[②]。其时有关方面正筹备在关闸茎东面填地开办赛马场，1926年10月12日的香港报纸《士蔑西报》也提到赛马场用地对面，即关闸茎西边填海地，被中国棚屋占用，澳葡政府已着手改善，“附近一片填海区土地被中国的棚户区居民占用了，这些窝棚区显得很丑陋，严重影响了当地的景观，但其时的澳门总督（Manuel Firmino de Almeida Maia Magalhães）已成功改变了棚户区的面貌”[③]。1927年，中国海丰县的天主教人士因受到严重迫害而纷纷逃亡至澳门。为安置这些流离失所的难民，同善堂联合澳葡政府，“在青洲西北部建搭蓬寮二座”以供难民居住，澳葡政府为“兼顾难民儿女教育，及宣传天主教真理以化导之”，又命令工务厅，由工程师 Carlos Alves 带领，在该处加搭广大棚厂（o amplo barracão），“设立传教会第一学校，最初收生六十人”。由于居住人口日益增多，翌年又陆续增建了13座蓬寮[④]。同时，神父 Monteiro 在澳门总督巴波沙及 Estado-Maior 局长 Pinto de França 的帮助下，为天主教人士建造了一排房屋，共有18间[⑤]。

---

① p. Manuel Teixeira, *Toponímia de Macau II*, p. 128. 葡文原文参考：Com o auxílio do Governo de Macau e da instituiççaochinesa de beneficência Tong Sin Tong foramconstruídas, em 1924, neste local centenas de barracas de olaparaospobres。

② 《崔诺枝先生善绩纪略》，澳门中华印务公司，中华民国二十七（1938）年十二月，第7页。

③ *The Hong Kong Telegraph*, 1926.10.12, p.1. 参考英文原文：A section of the land near this reclaimed area was occupied by Chinese squatters, whose shanties were an eyesore to the district, but the subsequent Governor of Macao, Col. Maia Magalhaies, succeeded in transferring them to another。

④ p. Manuel Teixeira, *Toponímia de Macau II*, P. 128; *Directório de Macau - 1936*, pp. 385 - 386.

⑤ p. Manuel Teixeira, *Toponímia de Macau II*, p. 129. 葡文原文参考：O Pe. Monteiro, coadjuvado pelo governador Tamagnini Barbosa e pelo chefe do Estado-Maior Pinto de França, conseguiu que ali fosse construída uma fila de 18 aposentos para os cristãos, servindo-lhes de oratório uma pequena sala ao cento。

然而，1928 年 10 月 8 日的一场大火几乎摧毁了这一切[①]，其中 490 间木屋被大火吞灭[②]。火灾两日后，澳葡政府发布第 33 号立法令，一方面表示对灾民的问候，另一方面下令财政厅（Direcção dos Serviços de Fazenda）拨出 3500000 元专款赈灾，并妥善安置灾民，先将灾民迁至花王堂教区神父住所居住了数天，再迁移至镜湖医院大堂，最后在“青洲内菲洲兵营旧址之棚厂”居住了数月[③]。27 日，澳葡政府发布第 186 号政府训令，指定由仁慈堂负责为灾民建造住房[④]。负责监督建筑工程的委员会有“仁慈堂主席、陆军上校奥古斯托·山度士，仁慈堂当值主席罗巴度，卫生局长葛施打（Pedro Joaquim Peregrin da Costa），镜湖医院首总理冯作霖、许祥，澳门商会主席卢焯荪，同善堂主席崔诺枝、高可宁等，绅商名流陆翼南、罗余、麦明、崔六、黄苏、黎振华、吴发等从旁协助。其中赌王高可宁捐赠甚巨，崔诺枝劝捐最力”[⑤]。由“建筑家崔六、罗余、麦明等，规定筑费，每屋可弍百金，复谋诸当地殷富，如高可宁先生等，各认筑若干屋”[⑥]，在火灾旧址兴建平民住宅房屋正式开始。由于棚屋易遭火灾，所以澳葡政府决定此番兴建的平民住宅房屋一律为砖屋。至 1929 年，在灾区上建成 400 间砖屋[⑦]。建成后，每间砖屋以月租港币一元五角租给平民居住，所有租金积累用作第二期建筑经费[⑧]。同年，圣安多尼堂神父奥古斯托·蒙特罗（José António Augusto Monteiro）在该处兴建了一座圣堂（Capela，即花地玛圣母堂），除礼拜外，还“将圣堂暂作学校，教授学生四十人，经过一年矣”[⑨]。1930 年

---

① 1936 年的《澳门指南》第 383 及 386 页认为该场大火发生于“一九二八年八月二十五日”，这个时间是按照农历计算，对应公历时间恰好为“1928 年 10 月 8 日”。

② p. Manuel Teixeira, *Toponímia de Macau II*, p. 129.

③ p. Manuel Teixeira, *Toponímia de Macau II*, p. 129; *Directório de Macau – 1936*, p. 383, p. 386.

④ p. Manuel Teixeira, *Toponímia de Macau II*, p. 129。关于成立委员会一事，另见 Manuel Teixeira, *Toponímia de Macau II*, p. 129。“Para isso foi nomeada uma comissão composta pelo Provedor da Sta. Casa, por um médico, o Presidente da Associação Comercial Chinesa, Presidente do Hospital Chinês e da Tong Sin Tong”。

⑤ 吴志良、汤开建、金国平主编《澳门编年史》（第五卷民国时期）（1912～1949），广东人民出版社，2009，第 2469 页。

⑥《崔诺枝先生善绩纪略》，澳门中华印务公司，中华民国二十七（1938）年十二月，第7 页。

⑦ *Directório de Macau – 1936*, p. 386。

⑧《崔诺枝先生善绩纪略》，澳门中华印务公司，中华民国二十七（1938）年十二月，第7 页。

⑨ 吴志良、汤开建、金国平主编《澳门编年史》（第五卷民国时期）（1912～1949），广东人民出版社，2009，第 2492 页；*Directório de Macau – 1936*, p. 386。

至1931年间，又先后在该处设立男女小学各一所，"学校家俬器具书籍，俱由澳门善士捐赀购置，至于圣堂及学校二间，共享建筑费一万三千元，包连花地麻传教会地段之围墙工程在内"[①]。至1931年3月25日，11条街道已全部建成，按顺序分别命名为第一街至第十一街。同时，在靠关闸茎马路一边建筑了一座牌坊，横额题名"巴波沙坊"，以颂扬时任澳门总督巴波沙[②]。至此，贫民所居之地巴波沙坊正式形成，内有几百间砖房住宅、一座教堂和两所学校，砖屋排列整然有序，两排砖屋中间有一条街道由东至西贯通而过，而入口之牌坊即位于中间街道的东边，面临关闸茎马路。

此后，巴波沙坊继续发展（见图29～图31）。1931年4月至8月，在该坊安装地下排水管[③]。1932年，在该坊东边的关闸茎马路开办有一间为Iun-Chan-Inn的酸果店[④]；该坊北面，在菜园涌东边的E街有一间有名为Lam-iok-kei的什货店，F街的什货店名为Veng-cheong，G街的名为Tac-cheong[⑤]；该坊南面，在莲峰庙旁边有一间名为Cheang-kei的什货店[⑥]。1933年，建成巴波沙路（Avenida de Artur Tamagnini Barbosa，后改称"巴波沙大马路"），该路南始于青洲大马路[⑦]。至1936年，该坊两所学校招收的学生共有120人，其中有20名学生为信教及预备信教者[⑧]。至1938年，该坊有"屋宇凡九百余间，即青洲之平民宫是也，游客过之，见低檐囗日，栋宇整齐"[⑨]。同年10月15日第42号政府宪报公布了《巴波沙坊章程》，共分10

---

① *Directório de Macau - 1936*, p. 386.

② 吴志良、汤开建、金国平主编《澳门编年史》（第五卷民国时期）（1912～1949），广东人民出版社，2009，第2492页；Manuel Teixeira，*Toponímia de Macau II*，p. 129。

③ 见Drenagens a fazer no terreno onde se encontra edificado o Bairro "Tamagnini Barbosa"，澳门历史档案馆藏，档号MO/AH/AC/SA/01/13436，A1175，AH/AC/P-13366。

④ 《澳门商业工业表》（*Directório de Macau 1932*）。

⑤ 《澳门商业工业表》（*Directório de Macau 1932*），第XXIV，XXVIII页。

⑥ 《澳门商业工业表》（*Directório de Macau 1932*），第XXVII页。

⑦ *Vias Públicas e Outros sítios da Cidade de Macau*（*com as alterações havidas até* 31 *de Dezembro de* 1933）《澳门地名街名表（本年七月一日前修正》（*Directório de Macau - 1934*，）p. 237；*Cadastro das vias e outros lugares publicos da cidade de Macau 1944*；Leal Senado da Camara Municipal de Macau，*Cadastro das vias Públicas e outros lugares da cidade de Macau 1957*，p. 49；Cadastro das vias publicas e outros lugares da cidade de Macau = 澳门市街道及其他地方名册，1993。

⑧ *Directório de Macau - 1936*，p. 386.

⑨ 《崔诺枝先生善绩纪略》，澳门中华印务公司，中华民国二十七（1938）年十二月，第7页。

图 29　澳门贫民所居之地巴波沙坊

资料来源：*Directório de Macau*(《澳门指南》)，1932，第 240 页。

图 30　青洲贫民屋纪念石坊摄影

资料来源：《崔诺枝先生善绩纪略》，澳门中华印务公司，中华民国二十七年（1938）十二月。

图31 青洲贫民屋舍远眺摄影

资料来源：《崔诺枝先生善绩纪略》，澳门中华印务公司，中华民国二十七年（1938）十二月。

章，明确了巴波沙坊设立的目的及委员会，规定该坊的行政管理事宜交由仁慈堂主席团负责，介绍了该坊卫生公所的工作时间，重点说明了该坊基金来源、分配使用及收支往来的账目管理[①]。

1932年，澳葡政府在沙梨头和青洲之间的填海地筷子基上建造了14座两层砖瓦平民房屋，分成两列，每列有7座，每座有32间房屋。1936年10月第44号《澳门宪报》刊登第2210号政府训令，规定每屋楼上楼下每层每月租金为西纸2元，管理人均免交房租[②]。1937年第21号《澳门宪报》刊登：议事公局决定将筷子基平民房屋命名为“五月二十八日坊”，以纪念葡萄牙5月28日起义。该坊房屋，先由工务局管理，后由公共救济总会管理[③]。1938年11月22日，著名诗人廖平子携带家人避难至澳

① *Anuário de Macau - 1939*, pp. 107 - 112.

② 吴志良、汤开建、金国平主编《澳门编年史》（第五卷民国时期）（1912～1949），广东人民出版社，2009，第2513、2548页；《澳门宪报》1936年10月第44号。

③ 吴志良、汤开建、金国平主编《澳门编年史》（第五卷民国时期）（1912～1949），广东人民出版社，2009，第2513页；《澳门宪报》1937年第21号，第354页。

门，在筷子基“五二八坊”贫民区中租到一屋安顿家人[①]。

1948 年，澳葡政府颁布第 4809 号训令，制定《平民房屋管理条例》，对巴波沙坊和筷子基五二八坊进行规范管理。条例主要内容有：指定两坊房屋仅供中葡贫民居住，如仍有空闲房间，可由慈善救济会酌情租给经济条件略佳者；规定凡欲租该两坊房屋者，由市行政局派员先行调查，接着由慈善救济会按其情况予以先后租赁；还规定房租金额及相关惩罚[②]。

由于该两坊聚居了不少贫民，又与赛马场及跑狗场相邻，所以澳葡政府尤为注重该片填海区的治安问题。在青洲大马路和关闸横路相接处的南面，设立了警察站，即警察第九区。

四 余 论

澳门旧北部进行填海的过程中，曾一度受到中方南北两个政府的反对，而当中葡填海谈判结束后，旧北部填海地在城市化发展历程中，却极少再受到中方的干涉。可以说，澳门近代城市化进程中，在清季民初曾陆陆续续受到中葡政治格局的影响，但 20 世纪 20 年代以后，却极少再受到中葡关系的影响。

而今澳门北部主要为填海地，其中 20 世纪 20 年代获得最初的填海地，在澳葡政府的规划下，陆续建成工厂、赛马场（见图 32、图 33）、贫民坊和跑狗场等，该片填海地陆续被赋予新地名，标志着“新北区”的形成。而新地名的出现，虽有澳葡政府官方规定，但民间却另有自取的地名。例如，1931 年，随着关闸茎西边填海地上的贫民坊砖屋建成后，澳葡政府在靠近关闸茎的入口处建造了一座牌坊，将该坊命名为“巴波沙坊”；翌年澳葡政府的官方出版物《澳门指南》（*Directório de Macau*）也称为“贫民所居之地巴波沙坊”。然而，华人 1938 年出版的《崔诺枝先生善绩纪略》却称牌坊为“青洲贫民屋纪念石坊”，称坊内砖屋为“青洲贫民屋舍”。抗战期间曾一度避难澳门的广东省立文理学院教员何大章等在 1946 年出版的《澳门地理》一书中，也不称巴波沙坊，而名“台山”。这反映出中葡不同文化

① 吴志良、汤开建、金国平主编《澳门编年史》（第五卷民国时期）（1912～1949），广东人民出版社，2009，第 2581 页。

② 吴志良、汤开建、金国平主编《澳门编年史》（第五卷民国时期）（1912～1949），广东人民出版社，2009，第 2750 页。

在城市化发展中的共存现象，或许也可以看做是华民抵制管治区文化的不自觉的隐性体现。

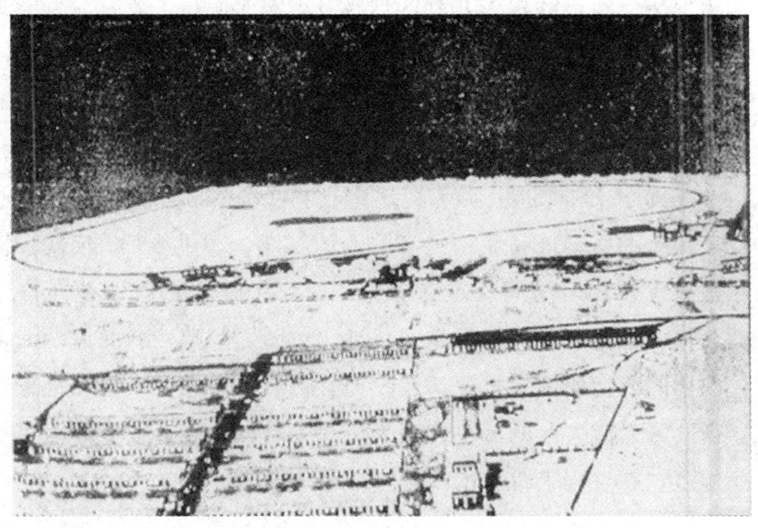

图32 巴波沙坊及赛马场

资料来源：*Directório de Macau*(《澳门指南》)，1939，第64页。

图33 门牌楼

资料来源：*Número especial dedicado a sua exa*, O ministro do Ultramar Comandante Manuel Maria Jarmento Rodrigues comemorando a sua visita oficial a Macau, 1952。

新北区填海地上，1926 年建成号称“远东佳景”之一的赛马场，以其现代化的建筑及赛马活动压倒附近容貌简陋的贫民屋，塑造出新北区填海地摩登的城市容貌。在前往观看赛马的港客及粤客等眼里，赛马场即是澳门的代表，报道上的宣传也称为去澳门看赛马，这一方面可以体现澳门的小，而另一方面也可以看出赛马场代表的是澳门城市现代性特别强的因子，所以赛马场所处的新北区填海地的地位在不自觉中被提升到代表澳门城市的高度。1932 年年初建成并开幕的跑狗场达到了同样的效果。然而，高额商业资本投建的城市娱乐场所却极易受到经济波动的影响，20 世纪 30 年代，世界经济危机也波及了澳门赛马场及跑狗场的经营，跑狗场在 1936 年年底已遭遇无法经营运作的危机，赛马场迟至抗战期间也随之衰败。新北区填海地再度成为平民的乐园。他们不但扩建房屋，而且还在荒废的赛马场旧址开辟了菜园农地。新北区大起大落的城市化发展历程正是以冒险商业资本为主投入城建的商业城市发展过程中常见的现象（见图 34 ~ 图 38）。

图 34　赛马场鸟瞰

资料来源：*Macau Ensaios de antropologia Portuguesa dos trópicos*，p. 354。

图35 赛马场内部

资料来源：*Macau Ensaios de antropologia Portuguesa dos trópicos*，p. 354。

图36 五二八贫民区

资料来源：*Directório de Macau*（《澳门指南》），1937，第172页。

图 37　中央大马路（Rua Gentral）

资料来源：*Macau Ensaios de antropologia Portuguesa dos trópicos*，p. 355。

图 38　关闸及青洲附近警察第九区

资料来源：*Directório de Macau*（《澳门指南》），1933，第 349 页。

图书在版编目（CIP）数据

全球视野下的澳门学：第三届澳门学国际学术研讨会论文集/澳门大学澳门研究中心编．—北京：社会科学文献出版社，2014.3
（澳门学论丛）
ISBN 978-7-5097-5262-3

Ⅰ.①全… Ⅱ.①澳… Ⅲ.①澳门-地方史-近现代-文集 Ⅳ.①K296.59-53

中国版本图书馆 CIP 数据核字（2013）第 265174 号

·澳门学论丛·
全球视野下的澳门学
——第三届澳门学国际学术研讨会论文集

编　　者／澳门大学澳门研究中心

出 版 人／谢寿光
出 版 者／社会科学文献出版社
地　　址／北京市西城区北三环中路甲 29 号院 3 号楼华龙大厦
邮政编码／100029

责任部门／全球与地区问题出版中心（010）59367004
电子信箱／bianyibu@ssap.cn
项目统筹／王玉敏
责任编辑／王玉敏　董晓舒　张志伟
责任校对／杜若佳　杜若普
责任印制／岳　阳
经　　销／社会科学文献出版社市场营销中心（010）59367081　59367089
读者服务／读者服务中心（010）59367028

印　　装／北京季蜂印刷有限公司
开　　本／787mm×1092mm　1/16
印　　张／39.75
版　　次／2014 年 3 月第 1 版
字　　数／671 千字
印　　次／2014 年 3 月第 1 次印刷
书　　号／ISBN 978-7-5097-5262-3
定　　价／129.00 元